Edition Angewandte – Buchreihe der
Universität für angewandte Kunst Wien
Hrsg. von Petra Schaper Rinkel, Rektorin

edition:'ʌngewʌndtə
Universität für angewandte Kunst Wien
University of Applied Arts Vienna

„Sonderfall" Angewandte

Die Universität für angewandte Kunst Wien im Austrofaschismus, Nationalsozialismus und in der Nachkriegszeit

Bernadette Reinhold und Christina Wieder (Hg.)

DE GRUYTER

Inhalt

Vorworte

Petra Schaper Rinkel 7

Cosima Rainer 9

Einleitung

Vexierbilder. Die Kunstgewerbeschule, (Reichs-)Hochschule, Akademie für angewandte Kunst Wien zwischen 1933 und 1955
Bernadette Reinhold 12

Im Fokus – eine Gedenkinitiative

Schaukasten #7.1.
Margarete Berger-Hamerschlag 44

Schaukasten #7.2.
Hans Felix Kraus 50

Schaukasten #7.3.
Fritz Janeba 56

Zeit. Kunst. Kontext. 1933–1955

1

Die Kunstgewerbeschule Wien im Austrofaschismus 1933–1938

Christina Wieder 64

1.1. Personelle Entwicklungen 68
1.1.1. Personelle Dynamiken und ministerielle Einflussnahmen 68
1.1.2. Nationalsozialistische Netzwerke im kunstgewerblichen Kontext 77
1.1.3. Personelle Dis/Kontinuitäten im Schatten politischer Debatten 83

Agi Lamm 84

1.2. Strukturelle Entwicklungen 90
1.2.1. Grundzüge austrofaschistischer Kulturpolitik 91
1.2.2. Die Debatten zur „Architekten-Frage“ 93
1.2.3. Sektion „Schülerangelegenheiten“ 96

Bil Spira 100

1.3. Vaterländische Erziehung und künstlerische Praxis 107
1.3.1. Die ideologische Verortung der Kunstgewerbeschule 107
1.3.2. Werkstätte für Kirchliches Kunstgewerbe 110
1.3.3. Werkstätte für Bühne und Film 117

Fini Rudiger-Littlejohn 118

1.3.4. Fachklasse für Malerei und Werkstätte für Druckverfahren 127

2

Von der Kunstgewerbeschule zur Reichshochschule für angewandte Kunst 1938–1945

Christina Wieder 144

2.1. Personelle Entwicklungen 149

Marianne Zels 158
Jadwiga Orzech & Hans Vetter 166

2.2. Strukturelle Veränderungen im nationalsozialistischen Schulalltag 172
2.2.1. Antisemitismus – ein Grundpfeiler der nationalsozialistischen Bildungspolitik 173
2.2.2. Von der Denkschrift zum politischen Programm 175

Kitty Goldman 176

2.2.3. „Sonderfall" Wiener Kunstgewerbeschule? 185

Leo Glückselig & Ita Goldberg 188

2.2.4. Die Re/Politisierung der Studierendenschaft 201
2.2.5. Kriegsalltag an der Reichshochschule für angewandte Kunst 212
2.3. Völkische Erziehung und künstlerische Praxis 218
2.3.1. Werkstätte für Volks- und Brauchtum 219
2.3.2. Fachklasse für Gebrauchs-, Illustrations- und Modegraphik 226
2.3.3. Die Werkstätten für Mode und Textilarbeiten 239

3

Der lange Weg von der ~~Reichs~~-/Hochschule zur Akademie für angewandte Kunst 1945–1955

Christina Wieder 264

3.1. Personelle Entwicklung 267
3.2. Strukturelle Entwicklung 280
3.2.1. Entnazifizierung und Demokratisierung – Herausforderungen im Hochschulalltag 281
3.2.2. Kulturpolitik in der Nachkriegszeit: Rückkehr zum nationalen Idyll oder Öffnung hin zu internationalen Perspektiven? 287
3.3. Bildungsprinzipien eines demokratischen Kunstgewerbes 296
3.3.1. Fachklasse für Gebrauchs-, Illustrations- und Modegraphik 298

Heinrich Sussmann 300

3.3.2. Fachklasse für Raumkunst, gewerbliche und industrielle Entwürfe 311
3.3.3. Fachklasse für Angewandte Malerei 318

Erna Kopriva 324

Innenperspektiven

Ein Archiv schaut nach innen
Bettina Buchendorfer, Silvia Herkt 334

Zur Studienatmosphäre der Angewandten zwischen 1945 und 1955 – exemplarische Einblicke
Sophie Geretsegger 358

Katalog

Austrofaschismus 376
Nationalsozialismus 406
Nachkriegszeit 428

Anhang

Chronologie 454
Die Angewandte, ihre Bezeichnungen sowie ihre Direktoren, Präsidenten und Rektor*innen 456
Abkürzungen 457
Dank 457
Bildnachweis – Bildrechte 458
Autorinnen 459
Namensregister 460
Impressum 464

Petra Schaper Rinkel
Rektorin der Universität für angewandte Kunst Wien

> *Nie sollten wir die Dinge statisch betrachten wie eine Momentaufnahme aus dem Blickwinkel unserer eigenen Zeit, sondern immer nur dynamisch, in ihrer Bewegung, in Verbindung mit Vergangenheit und Zukunft.*
>
> — Margarete Schütte-Lihotzky

Zukunft beruht auf der Reflexion von Gegenwart und Vergangenheit. Das gilt auch für die Universität für angewandte Kunst Wien, die sich in ihrer Verbindung der Künste mit interdisziplinärer Forschung als Institution mit hoher gesellschaftlicher Verantwortung versteht. Mit der Gründung eines eigenen Archivs 1979/80 schuf die Angewandte die Rahmenbedingung, sich der eigenen Geschichte forschend zu widmen. Mit Ausstellungen wie *Die Vertreibung des Geistigen aus Österreich. Zur Kulturpolitik des Nationalsozialismus* (1985) und *Zeitgeist wider den Zeitgeist. Eine Sequenz aus Österreichs Verirrung* (1988) setzte sie sich mit der Kunst und Kulturpolitik im Nationalsozialismus in Österreich auseinander und reflektierte dabei die Rolle der Institution. Mit dem Archiv wurde zugleich die Kunstsammlung der Angewandten begründet, in der auch Arbeiten weitgehend vergessener, vertriebener und ermordeter Künstlerinnen und Künstler gesammelt werden. Durch die Bewahrung und Erforschung dieser vergessen gemachten Positionen können wichtige Facetten der Moderne in Österreich entdeckt werden. Die Vergegenwärtigung der verdrängten Vergangenheit macht die zerstörten und vergessenen Zukünfte der Vergangenheit sichtbar und zugänglich.

Das nunmehr von Kunstsammlung und Archiv initiierte Forschungsprojekt *„Sonderfall" Angewandte. Die Universität für angewandte Kunst Wien im Austrofaschismus, Nationalsozialismus und in der Nachkriegszeit* setzt sich mit dem Thema multiperspektivisch auseinander. Wesentlich ist die Ausweitung des Zeitrahmens auf die Jahre 1933 bis 1955, in der über die NS-Zeit hinausgehend die Konstellationen der Brüche und Kontinuitäten in den Blick genommen werden. Die Entwicklung der Angewandten in dieser Zeit wird als Geschichte der Selbstinstrumentalisierung und Instrumentalisierung einer Kunstinstitution sowie der angewandten Künste analysiert, für die Nachkriegszeit werden entsprechende Kontinuitäten dargestellt. Deutlich wird dabei, wie die Zerstörung der Demokratie auf der Ebene der Institution wirksam wurde und wie langsam und schwierig es war, demokratische Strukturen wieder zu verankern – eine Dimension, die aktueller denn je ist.

Mit dem Forschungsvorhaben verbunden sind ein Digitalisierungsprojekt für künftige weiterführende Recherchen, Gedenkinitiativen, Ausstellungen, universitäre Lehre und unterschiedliche Vermittlungsformate. Ich danke dem Projektteam unter der Leitung von Bernadette Reinhold sowie Christina Wieder, der Archivleiterin Silvia Herkt, Bettina Buchendorfer und Sophie Geretsegger für ihr Engagement. Mit der vorliegenden Publikation folgt die Angewandte ihrem Anspruch, die eigene Geschichte als Institution immer wieder kritisch zu reflektieren und damit neue Sichtweisen für die Zukunft zu öffnen.

Cosima Rainer
Leiterin von Kunstsammlung und Archiv

Die vorliegende Studie widmet sich vertieft der wechselhaften Geschichte der heutigen Universität für angewandte Kunst Wien in den Zeiten des Austrofaschismus und im Nationalsozialismus bis hin in die frühe Nachkriegsphase. Die Angewandte als eine der wichtigsten österreichischen Kunstinstitutionen, die 1941 von den Nationalsozialisten zur Reichshochschule für angewandte Kunst erhoben wurde, ist ein exemplarischer Kristallisationsort, an dem sich viele Widersprüche der Moderne und sowohl progressive als auch regressive Bestrebungen in Form von verklärenden Gestaltungskonzepten, Opportunismus und rücksichtslosen Machtbestrebungen ablesen lassen.

Das von Kunstsammlung und Archiv initiierte wissenschaftliche Forschungsprojekt. *„Sonderfall" Angewandte. Die Universität für angewandte Kunst Wien im Austrofaschismus, Nationalsozialismus und in der Nachkriegszeit* zeichnet sich durch eine kritische und prozessorientierte Auseinandersetzung mit den Sammlungs- und Archivbeständen sowie mit darüber hinausreichenden Quellenmaterialien aus, in denen neue Perspektiven auf vergessene und verdrängte Positionen der Moderne erarbeitet werden. Neben einem umfangreichen Digitalisierungsprojekt aller Akten von 1933 bis 1955, das einen Grundstein für nachhaltiges Recherchieren legt, wurde das Projekt auch durch eine Gedenkinitiative diskursiv begleitet und künstlerisch erweitert. In Zusammenarbeit mit dem Künstler Robert Müller entstanden drei Einzelpräsentationen der Künstler*innen Margarete Berger-Hamerschlag, Hans Felix Kraus und Fritz Janeba, die begleitend zum Projekt im Schaukasten von Kunstsammlung und Archiv über mehrere Monate sichtbar waren.

Das Projekt steht im Kontext unserer Sammlungspolitik, mit der wir beabsichtigen, das Nachdenken über Kunst, ihre Geschichte(n) und ihre Kontexte zu aktualisieren. Die kritische Auseinandersetzung mit dem künstlerischen Kanon durch Gegenerzählungen und (Wieder-)Entdeckungen ist ein wichtiger Teil unseres Programms. Dafür beziehen wir unterschiedliche Felder kultureller Produktion wie die Konzeption und Gestaltung von Ausstellungen und von interdisziplinären Vermittlungsformaten, die Durchführung von Forschungsprojekten, die Betreuung von Forscher*innen ebenso wie die Zusammenarbeit mit zeitgenössischen Künstler*innen mit ein.

Das besondere Potenzial der Sammlung liegt in ihrem Reichtum an lange unterschätzten oder marginalisierten Positionen der Kunst- und Gestaltungsgeschichte. Dem Gründer der Sammlung, Oswald Oberhuber, ging es um alternative Fortschreibungen ästhetischer Narrative im Sinne einer Pluralisierung des kunsthistorischen Kanons. Künstler*innen, die in Österreich während des NS-Regimes ermordet oder vertrieben wurden, rückte Oberhuber wieder in den Mittelpunkt der Aufmerksamkeit. Mit Ausstellungen und Publikationen wie *Die Vertreibung des Geistigen aus Österreich. Zur Kulturpolitik des Nationalsozialismus* (1985) und frühen Einzelpräsentationen weitgehend vergessener Künstler*innen setzte er gemeinsam mit der damaligen Sammlungsleiterin Erika Patka wichtige Akzente.

Mit unseren Ausstellungen und Publikationen wie *Margarete Schütte-Lihotzky. Architektur. Politik. Geschlecht. Neue Perspektiven auf Leben und Werk* (2019), *Oskar Kokoschka. Neue Einblicke und Perspektiven* (2021), *Schule Oberhuber. Eine Sammlung als Programm* (2022) oder *Dicker-Brandeis. Werke aus der Sammlung der Universität für angewandte Kunst Wien* (2023) etc. knüpfen wir an diese Ausrichtung an.

Ein ganz besonderer Dank gilt hier meiner Kollegin Bernadette Reinhold, die mit ihrer umfassenden Expertise und ihrem beeindruckendem Engagement das Projekt *„Sonderfall" Angewandte* geleitet hat, sowie der Historikerin und Kulturwissenschaftlerin Christina Wieder, die wesentliche Forschungsarbeit leistete. Durch die enge Kooperation mit dem Universitätsarchiv unter der Leitung von Silvia Herkt und gemeinsam mit den Kolleginnen Bettina Buchendorfer und Sophie Geretsegger wurde ein Modell der Zusammenarbeit verwirklicht, das neue und tiefere Erkenntnisse in die Geschichte der Angewandten ermöglicht.

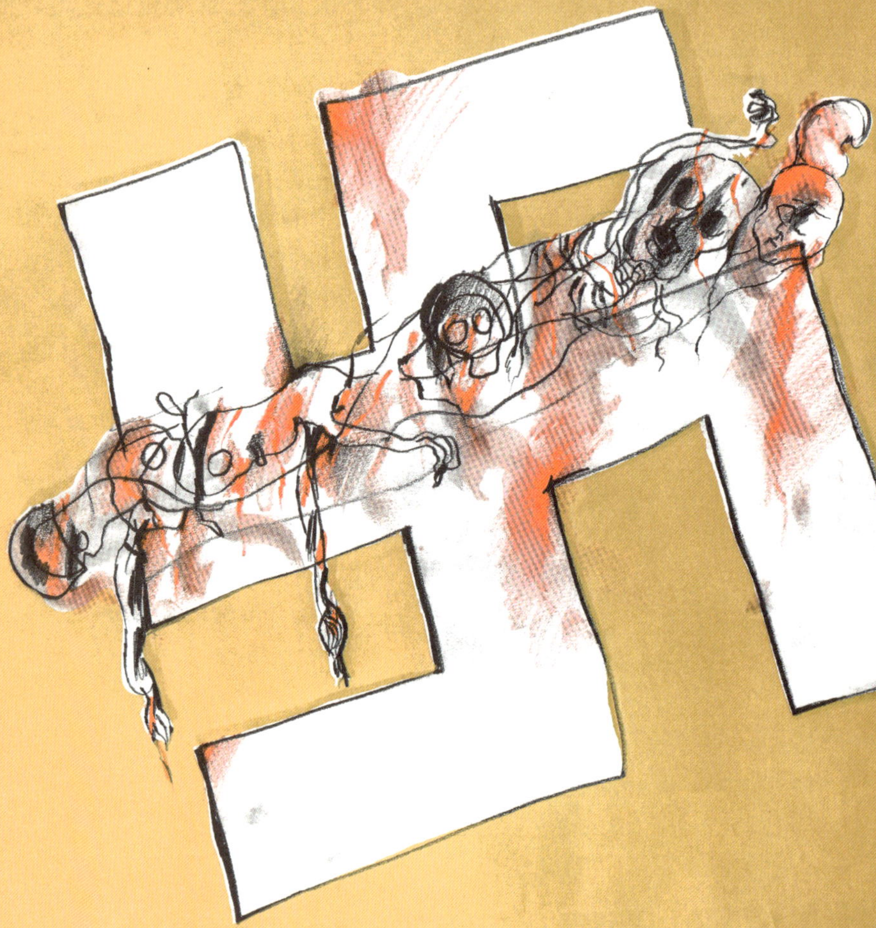

ZEITGEIST WIDER DEN ZEITGEIST

Eine Sequenz aus Österreichs Verirrung

1010 Wien, Heiligenkreuzerhof
Eingang: Grashofgasse 3 oder Schönlaterngasse 5
21. Jänner bis 13. März 1988
Täglich von 10 bis 18 Uhr

Bernadette Reinhold

Vexierbilder. Die Kunstgewerbeschule, (Reichs-)Hochschule, Akademie für angewandte Kunst Wien zwischen 1933 und 1955

Überlegungen zu einem Forschungsprojekt und seiner Vorgeschichte

> *Aber lasst euch doch zumindest reizen, verschanzt euch nicht, sagt von vornherein, das gehe euch nichts an oder es gehe euch nur innerhalb eines festgelegten, von euch im voraus mit Zirkel und Lineal säuberlich abgegrenzten Rahmens an, ihr hättet ja schon die Photographien mit den Leichenhaufen ausgestanden und euer Pensum an Mitschuld und Mitleid absolviert. Werdet streitsüchtig, sucht die Auseinandersetzung.*
>
> — Ruth Klüger (1992)[1]

Im Frühsommer 1980 nahm die Österreichische Galerie in einer Ausstellung die österreichische Kunst der Zwischenkriegszeit in den Fokus. Ausgangspunkt war die geplante Neuaufstellung der Kunst des 20. Jahrhunderts, die die blinden Flecken in der österreichischen Kunstgeschichte offenbarte: Von vielen Künstlerinnen und Künstlern kannte man kaum die Lebensdaten oder ihre Arbeiten. Mehr als vier Jahrzehnte nach dem „Anschluss" wurde um passende Formulierungen gerungen – ein Umstand, der sich im Ausstellungstitel *Die uns verließen. Österreichische Maler und Bildhauer der Emigration und Verfolgung* niederschlug.[2] Der poetisch-euphemistische Titel suggeriert ein freiwilliges Verlassen des Landes; in den Katalogtexten sind die „zerstörerischen Ereignisse von 1938“[3] erwähnt, doch an keiner Stelle ist von Faschismus, Nationalsozialismus, Diktatur, Rassismus oder Antisemitismus, von Gewalt, Vertreibung, Vernichtung oder gar der Shoah die Rede. Der Untertitel der Ausstellung stand im Widerspruch zu ihrem nur vage angedeuteten, aber nicht explizit artikulierten Inhalt.

Fünf Jahre später fand im Wiener Künstlerhaus die Ausstellung *Traum und Wirklichkeit – Wien 1870–1930* mit rund 620.000 Besucher*innen statt – eine Initialzündung für das Interesse am Wiener Fin de Siècle, ein Boom, der bis heute Ausstellungshäuser, den Kunstmarkt und nicht zuletzt die Tourismusindustrie weltweit nachhaltig befeuert. „Wien um 1900“ wurde, wie Heidemarie Uhl feststellte, zum „Gedächtnisort von nachgerade ikonischer Qualität, der Wien [...] als Geburtsort für die Kunst und Kultur der Moderne positionierte.“[4] Einmal mehr zeigte sich allerdings die Ausblendung der eigenen jüngeren Vergangenheit durch den im Untertitel auf 1930 begrenzten Zeitrahmen, der bezeichnenderweise bei der Folgestation der Schau in Paris auf 1938 erweitert wurde.

Die strategische Auslöschung der Erinnerung an unzählige, teilweise sehr erfolgreiche Kunstschaffende und an die facettenreiche Moderne in Österreich hatte viele Ursachen. So befanden sich nach einer nur kurzzeitig forcierten Entnazifizierung in der Kunst- und Kulturpolitik (und nicht nur dort) bald wieder ehemalige Nationalsozialist*innen in einflussreichen Positionen. Zudem zeigte man – mit wenigen Ausnahmen, wie dem kommunistischen Wiener Kulturstadtrat Viktor Matejka (1901–1993) – kein oder kaum Interesse, vertriebene Künstler*innen und Wissenschaftler*innen zurückzuholen. Aus Kalkül, Ignoranz und einem eng gesetzten kunsthistorischen Kanonverständnis heraus begannen Museen erst sehr spät und nur zögerlich wiederzuentdecken, was man in einer verschleiernden Verlust-Rhetorik oft als die „verlorene Moderne“ bezeichnete.

Im Rückspiegel

Die vorliegende Publikation basiert auf dem Forschungsprojekt *„Sonderfall“ Angewandte. Die Universität für angewandte Kunst Wien im Austrofaschismus, Nationalsozialismus und in der Nachkriegszeit.*[5] Bevor dieses mit seinen vielfältigen Vermittlungsformaten, dem im Universitätsarchiv umgesetzten Dokumentations- und Digitalisierungsprojekt vorgestellt und nicht zuletzt auch sein quellenbezogener Titel erläutert wird, soll ein Blick auf dessen lange Vorgeschichte geworfen werden. Mit dem Kunsthochschul-Organisationsgesetz 1970 war die über hundert Jahre zuvor gegründete Wiener Kunstgewerbeschule nach Aufwertungen, aber auch Degradierungen nachhaltig in den akademischen Rang einer Hochschule getreten.[6] Unter der sozialdemokratischen Regierung mit Bruno Kreisky an der Spitze setzte eine Reihe wichtiger politischer Reformen, auch in der jahrzehntelang extrem konservativ geprägten Bildungs- und Kulturpolitik, ein. An der Angewandten war es vor allem Oswald Oberhuber (1931–2020), der als Rektor (1979–1987; 1991–1995) die Aufbruchstimmung zu nutzen und vielfach zu verstärken wusste.[7] Wie viele der in den 1930er-Jahren geborenen Künstler*innen war er begierig, die internationale Moderne sowie zeitgenössische Kunsttendenzen kennenzulernen, zumal er schon als (Südtiroler) Jugendlicher vom avancierten Kulturprogramm der französischen Besatzungsmacht in Innsbruck profitiert hatte.[8] In der bildenden Kunst, der Architektur, der Literatur, der Musik, den performativen Künsten wurde ihm aber, wie etlichen anderen aus seiner Generation, bald klar, dass der geistige Schutt des Nationalsozialismus und der konservativ-spätfaschistischen Nachkriegszeit den Blick auf die frühe Moderne in Österreich verstellt hatte.

Für Oberhuber war die Beschäftigung mit der Geschichte der Angewandten keine aus Traditionalismus gespeiste Pflicht, sondern – im Gegenteil – die Aufgabe, progressive, aber vergessene oder marginalisierte Positionen der Kunst für die Gegenwart fruchtbar zu machen. So wurden 1979/80 ein Hochschularchiv sowie eine eng damit verknüpfte, strategisch angelegte und kontinuierlich wachsende Sammlung institutionell verankert, wofür deren Gründungsleiterin Erika Patka in den Jahren von 1980 bis 2004 wesentliche Pionierarbeit leistete. Das Ziel dieser Einrichtung, heute: Kunstsammlung und Archiv[9], war (und ist), historisch sowie zeitgenössisch relevante Arbeiten und Materialien von Lehrenden, Studierenden und auch aus deren Umfeld zusammenzutragen – es entstand *Eine Sammlung als Programm*.[10] Der Rahmen nicht zuletzt für ambitionierte Forschungsprojekte zur eigenen Geschichte war damit bald geschaffen: Gottfried Fliedl legte 1986 mit *Kunst und Lehre am Beginn der Moderne. Die Wiener Kunstgewerbeschule 1867–1918* eine erste umfassende Studie zur Frühzeit der Angewandten vor.[11] Diese war nach einer Reform um 1900 mit prominenten (weitgehend männlichen) Lehrern wie Josef Hoffmann (1870–1956), Koloman Moser (1868–1918), Bertold Löffler (1874–1960), aber auch Alumni wie Gustav Klimt (1862–1918) und Oskar Kokoschka (1886–1980) ein internationaler Hotspot der frühen Moderne geworden. Das Folgeprojekt *Kunst: Anspruch und Gegenstand. Von der Kunstgewerbeschule zur Hochschule für angewandte Kunst in Wien 1918–1991* setzte einen weiteren Meilenstein in der Erschließung der Moderne in Österreich.[12]

Ausstellungen als künstlerisches und politisches Medium

> *Mit der Sichtbarmachung von Fehlern kann eine Zeit besser erkannt und kritisch betrachtet werden.*
>
> — Oswald Oberhuber (1982)[13]

Oswald Oberhuber initiierte Ausstellungen, die sich mit kaum beleuchteten künstlerischen und kulturpolitischen Themen der Moderne in Österreich auseinandersetzten. Dazu zählen frühe Entwicklungen der Abstraktion und die Bedeutung des Ornaments in der Wiener Moderne, kritische Reflexionen zum hegemonialen Expressionismus-Diskurs in der österreichischen (Kunst-)Geschichte oder zur Neuen Sachlichkeit und zu ihren Spielarten. Wie in einem experimentellen Freiraum setzte die Hochschule für angewandte Kunst, nur wenige hundert Meter von den großen Museen und Kunstinstitutionen entfernt, mit Ausstellungen Gegenpositionen zu Stereotypen der Kunstgeschichte Österreichs, machte (damals wenig beachtete) zentraleuropäische und internationale Kontexte sichtbar und stellte Kanongrenzen in Frage. Während die Wiener Akademie erst 1919/20 Studentinnen regulär zuließ, bot die Kunstgewerbeschule, wenngleich diese im akademischen Rang nicht gleichgestellt war, für Frauen seit ihrer Gründung 1867 wichtige Ausbildungsmöglichkeiten und Alternativen zu den Kunstakademien.[14] Frauen stellten oft mindestens die Hälfte der Studierenden, was – nicht zuletzt durch die enge Verflechtung der Kunstgewerbeschule mit der Wiener Werkstätte (WW) – kritische Bemerkungen zum „Wiener Weiberkunstgewerbe" hervorrief.[15] Patriarchale Grundstrukturen halten sich auch im Kunstbetrieb hartnäckig und deswegen ist es erwähnenswert, dass an der Angewandten ab den späten 1970er-Jahren

Arbeiten von Künstlerinnen nicht nur gesammelt, sondern auch in alle Ausstellungsprojekte integriert wurden. Exemplarisch seien in unserem Kontext Sonderschauen wie etwa *Die verlorenen Österreicher 1918–1938? Expression – Österreichs Beitrag zur Moderne. Eine Klärung der kulturellen Identität* (1982) sowie *Abbild und Emotion. Österreichischer Realismus 1914–1944* (1984) genannt Abb. B u. C.[16]

Das „Sichtbarmachen von Fehlern" oder besser von Fehlstellen in der (Kunst-)Geschichte wurde zum Programm und kulminierte erstmals im Jänner und Februar 1985 in der Ausstellung *Vertreibung des Geistigen aus Österreich. Zur Kulturpolitik des Nationalsozialismus* Abb. D.[17] Man stellte prominente, aber auch kaum bekannte Protagonist*innen aus allen Kunstbereichen, auch aus Literatur, Theater und Musik in einer Art Lexikon der Vertriebenen, Ermordeten und Vergessenen vor. Oberhuber war zweifellos die treibende Kraft hinter diesem und ähnlichen Projekten. Er verstand es, viele Künstler*innen, Intellektuelle und nicht zuletzt Wissenschaftler*innen zur Mitarbeit zu gewinnen. Dabei ist insbesondere Gabriele Koller[18] zu nennen, die grundlegende Arbeit für alle wichtigen Ausstellungen und Publikationen leistete. Für den Katalog zur Ausstellung *Die Vertreibung des Geistigen aus Österreich* lieferte sie neben anderen Autor*innen bis dato „ungeschriebene Kapitel"[19] zur heimischen Kunst- und Kulturgeschichte. Mit klaren Worten ortete Erich Fried (1921–1988) in seinem Vorwort (kultur-)politische blinde Flecken und schrieb gegen das lange Schweigen an.[20]

Schweigen und Vergessen waren im Frühjahr 1985, unmittelbar nach der Ausstellung, zur causa prima geworden: Kurt Waldheim (1918–2007), Diplomat und ehemaliger UNO-Generalsekretär, war von der ÖVP als Kandidat für die Bundespräsidentenwahl 1986 aufgestellt worden. Seine verschwiegene problematische Kriegsvergangenheit sowie seine SA-Mitgliedschaft hatten im Wahlkampf eine Diskussion um die „Pflichterfüllung" im NS-System in Gang gesetzt, die einen Paradigmenwechsel in der Auseinandersetzung mit der österreichischen jüngeren Vergangenheit weit über akademische Kreise hinaus nach sich zog vgl. Abb. C, Buchendorfer/Herkt.[21]

In dieser Zeit jährte sich der 100. Geburtstag von Oskar Kokoschka, was 1986 Anlass zu großen Ausstellungen in internationalen Museen und Galerien bot. Die Oskar Kokoschka Dokumentation Pöchlarn, die 1973 noch unter Protesten einer sogenannten Liga gegen entartete Kunst im Geburtsort des

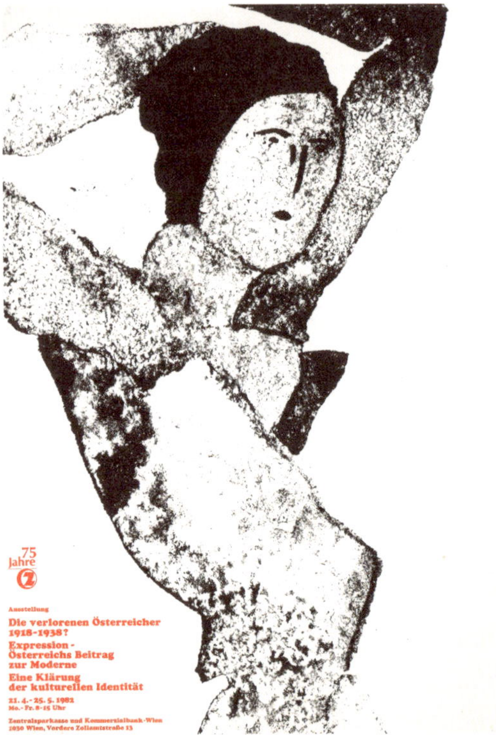

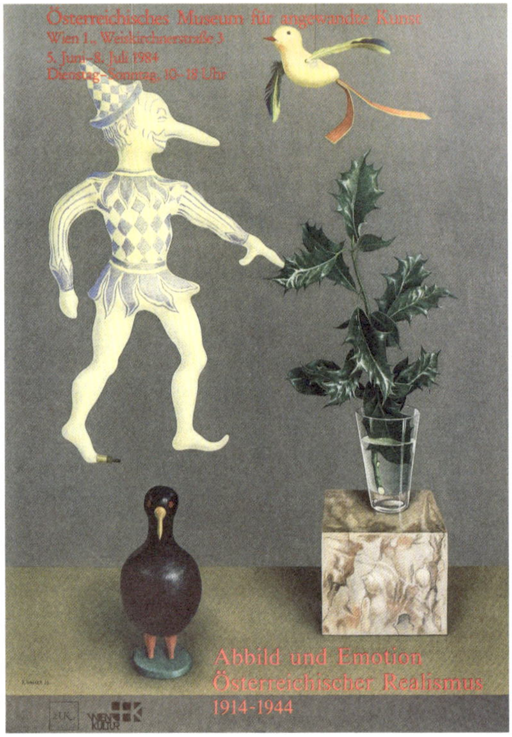

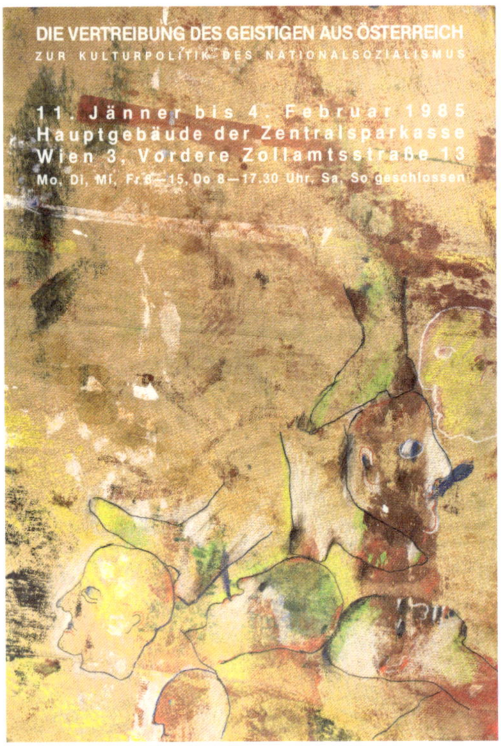

Abb. A (Seite 12)
Zeitgeist wider den Zeitgeist. Eine Sequenz aus Österreichs Verirrung, Ausstellungsplakat, 1988, Entwurf: Oswald Oberhuber, UaK, IN HS/1/88/3/Pl

Abb. B
Die verlorenen Österreicher 1918–1938? Expression – Österreichs Beitrag zur Moderne. Eine Klärung der kulturellen Identität, Ausstellungsplakat, 1982, Entwurf: Oswald Oberhuber, UaK, IN HS/4/82/1/Pl

Abb. C
Abbild und Emotion. Österreichischer Realismus 1914–1944, Ausstellungsplakat, 1984, Entwurf: Oswald Oberhuber, UaK, IN HS/6/84/5/Pl

Abb. D
Vertreibung des Geistigen aus Österreich. Zur Kulturpolitik des Nationalsozialismus, Ausstellungsplakat, 1985, Entwurf: Oswald Oberhuber, UaK, IN HS/1/85/1/Pl

Künstlers begründet wurde, hatte unter deren wissenschaftlichem Leiter Johann Winkler maßgeblich diese Ausstellungstour mitgestaltet. Doch keine der großen Wiener Kunstinstitutionen hatte sich, getrieben vom Kleingeist der offiziellen Kulturpolitik, daran beteiligt. Die Angewandte unter Oberhuber sprang als Partnerin ein, sodass es gelang, im Frühjahr 1986 im Museum für angewandte Kunst Wien (MAK) die Schau *Oskar Kokoschka – Städteportraits* zu zeigen.[22] Zugleich widmete man dem vom NS-Regime als „entartet" diffamierten, antifaschistisch engagierten Künstler ein Symposium, das auch dessen schwieriges Verhältnis zum Nachkriegsösterreich thematisierte.[23] Zudem wurde der ehemalige Kopal-Platz vor dem Haupteingang der Hochschule nach dem Künstler benannt – ein symbolischer Akt, der mehrheitsfähig war.[24] Wenn auch noch manche den Begriff der „Entartung" mit der Kunst Kokoschkas in Verbindung brachten, galt er doch als prominenter Österreicher mit größtem internationalen Ansehen.[25]

Zeitgeist wider den Zeitgeist – ein Appell

Großes Aufsehen und auch Widerstand erregte hingegen die Ausstellung *Zeitgeist wider den Zeitgeist. Eine Sequenz aus Österreichs Verirrung*, die von 21. Jänner bis 13. März 1988, also 50 Jahre nach dem „Anschluss" Österreichs an NS-Deutschland, gezeigt wurde Abb. A.[26] Im Katalog hatte man neben einem Vorwort von Bundeskanzler Franz Vranitzky (SPÖ) und dem damaligen Rektor Wilhelm Holzbauer (1987–1991) etliche Beiträge von Kolleg*innen der Angewandten und eine Fülle von originalen Dokumenten versammelt. Darunter finden sich Auszüge aus Hitler-Reden, nationalsozialistische, antisemitische Hetz- und Bildpropaganda sowie Archivmaterial der 1941 zur Reichshochschule für angewandte Kunst erhobenen Institution selbst: Programmschriften oder etwa eine ideologisch linientreue Festansprache Paul Kirnigs (1891–1955), der in Folge noch näher beleuchtet wird, Spitzel- und Verleumdungsprotokolle, nationalsozialistische Verordnungen bis hin zu Entlassungen, Zwangspensionierungen und dem Ausschluss „rassisch" und politisch Geächteter und Verfolgter.

Die Ausstellung fand im Wiener Heiligenkreuzerhof (heute: Universitätsgalerie der Universität für angewandte Kunst Wien) statt, einem im Hochmittelalter gegründeten und erneut im 17. und 18. Jahrhundert ausgestatteten

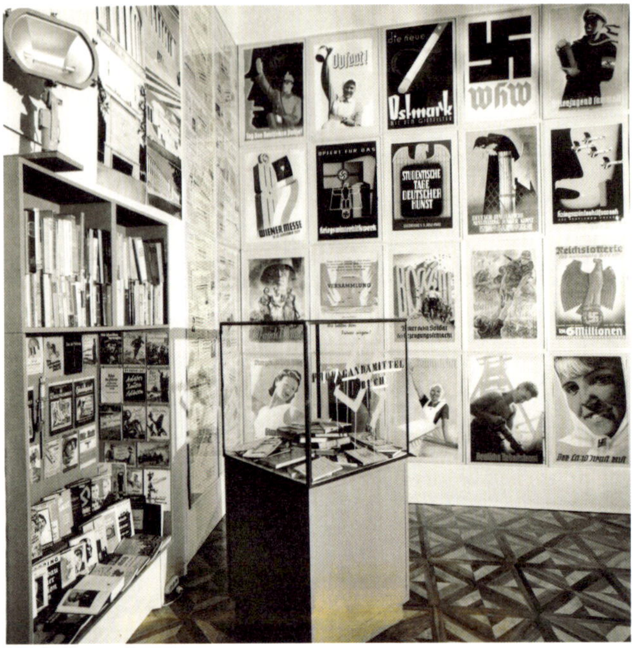

Abb. E
Zeitgeist wider den Zeitgeist. Eine Sequenz aus Österreichs Verirrung, Ausstellungsansicht mit Arbeiten (Plakaten) aus der Klasse Paul Kirnig, 1988, UaK, IN 16.489/6/FW

Abb. F
Zeitgeist wider den Zeitgeist. Eine Sequenz aus Österreichs Verirrung, Ausstellungsansicht – Wandgestaltung mit Fotocollagen, Entwurf: Oswald Oberhuber, 1988, UaK, IN 16.489/12/FW

Ort, wo man seit 1939 Räume angemietet hatte, die lange von der Architekturklasse Oswald Haerdtls (1899–1959) genutzt worden waren vgl. Abb. H, Wieder, Kap. 2. Das Ausstellungskonzept Oberhubers entfaltete sich in sechs Räumen bzw. Kapiteln. Es spannte – unter Einbeziehung zahlreicher Arbeiten auch der Reichshochschule – den Bogen von den ideologischen Wurzeln der NS-Kunst- und Kulturpolitik im 19. Jahrhundert, über die Instrumentalisierung von Kunst und Kunstgewerbe im Dienst der Propaganda bis hin zur Auslöschung und „Vertreibung des Geistigen". Immer noch ist die Frage virulent, wie man Propagandakunst des Nationalsozialismus ausstellt. Oberhuber nahm jedenfalls *nicht* den White Cube als Ausgangspunkt oder den Weg der De-Kontextualisierung. Im Gegenteil: Er lud die stark wirkenden historischen Räume des Heiligenkreuzerhofs in einer All-over-Gestaltung, in einer Art Hyper-Kontextualisierung dichtest mit Arbeiten und Objekten auf. So waren etwa vom Boden bis zur Decke reichend Plakatentwürfe der Klasse Paul Kirnig zu sehen, die oft Aufträge des NS-Reichspropagandaministeriums übernommen hatte Abb. E. Überdimensionale, raumgreifende Collagen mit Fotos von KZ-Opfern evozierten eine emotionale Ausweglosigkeit beim Gang durch die Ausstellung Abb. F. Eine derart drastische Bildrhetorik wäre heute nicht mehr denkbar und erhitzte damals die Gemüter. Doch Oberhuber spielte gekonnt auf der Klaviatur der Provokation, exponierte die verharmlosend-gefällige

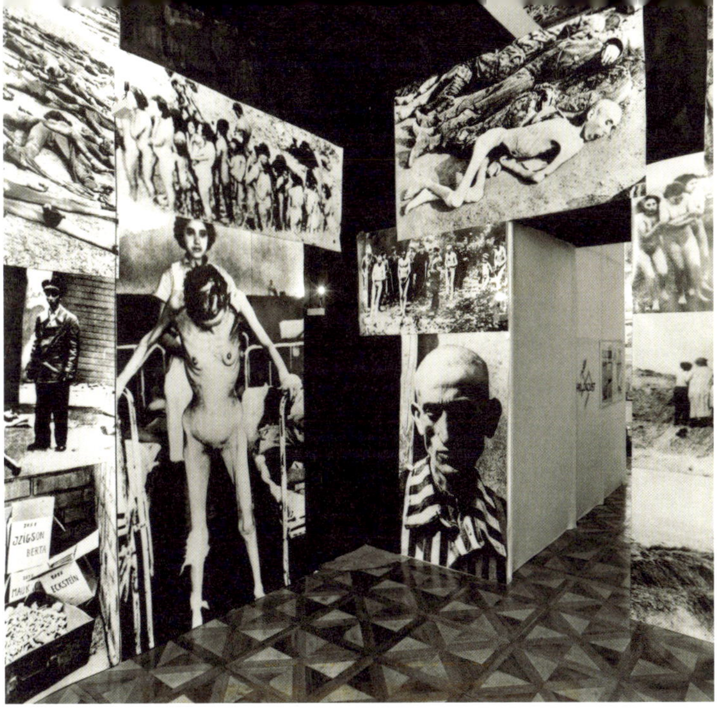

Kunst im Nationalsozialismus ebenso wie dessen sichtbare Spuren von Gewalt, riskierte das Kippmoment zwischen Betroffenheit und Voyeurismus.

Den aktuellen politischen Bezugsrahmen bildeten damals die Diskussionen um die Mitverantwortung vieler Österreicher*innen an der NS-Gewaltherrschaft. Zugleich aber nahm die FPÖ ab 1986 unter ihrem Obmann Jörg Haider (1950–2008) als rechtspopulistische Partei ihre ersten Höhenflüge und machte rechtsextremistische Positionen partiell wieder salonfähig. Das Archivmaterial zur Ausstellung dokumentiert neben intensiver Veranstaltungs- und Pressearbeit auch externe politische Aktionen wie an Bundespräsident Waldheim gerichtete Rücktrittsaufforderungen durch den Republikanischen Club, in dem sich Angewandte-Professoren wie Adolf Frohner (1934–2007) oder Alfred Hrdlicka (1928–2009) engagierten. Man findet Korrespondenz im Zusammenhang mit der Überklebung von Ausstellungsplakaten durch die ÖVP („Dr. Kurt Waldheim / Der Bundespräsident / den wir jetzt brauchen"), Flugblätter der in den 1980er-Jahren stark wachsenden Neo-Nazi-Szene, wie der rechtsradikalen Kameradschaft Niederösterreich, für deren inhaltliche wie grafische Gestaltung Hans Jörg Schimanek jun. verantwortlich war, und nicht zuletzt eine anonyme Postkarte an „Professor Oberhuber dem [sic] marxistisch-jüdischen rachesüchtigen Hetzer" Abb. G.[27]

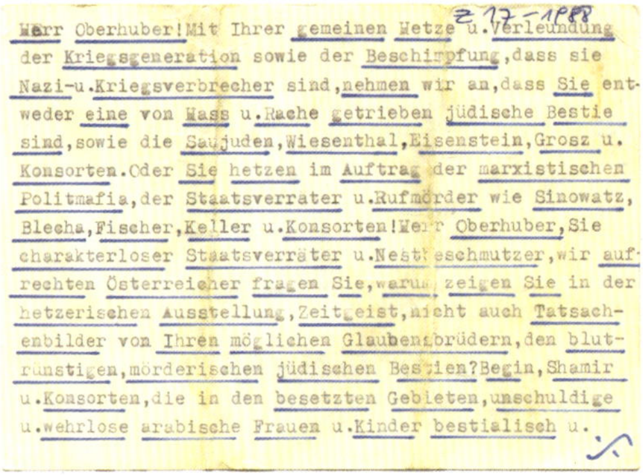
Z17-1988

Herr Oberhuber! Mit Ihrer gemeinen Hetze u. Verleundung
der Kriegsgeneration sowie der Beschimpfung, dass sie
Nazi-u. Kriegsverbrecher sind, nehmen wir an, dass Sie ent-
weder eine von Hass u. Rache getrieben jüdische Bestie
sind, sowie die Saujuden, Wiesenthal, Eisenstein, Grosz u.
Konsorten. Oder Sie hetzen im Auftrag der marxistischen
Politmafia, der Staatsverrater u. Rufmörder wie Sinowatz,
Blecha, Fischer, Keller u. Konsorten! Herr Oberhuber, Sie
charakterloser Staatsverräter u. Nestbeschmutzer, wir auf-
rechten Österreicher fragen Sie, warum zeigen Sie in der
hetzerischen Ausstellung, Zeitgeist, nicht auch Tatsach-
enbilder von Ihren möglichen Glaubensbrüdern, den blut-
rünstigen, mörderischen jüdischen Bestien? Begin, Shamir
u. Konsorten, die in den besetzten Gebieten, unschuldige
u. wehrlose arabische Frauen u. Kinder bestialisch u. ./.

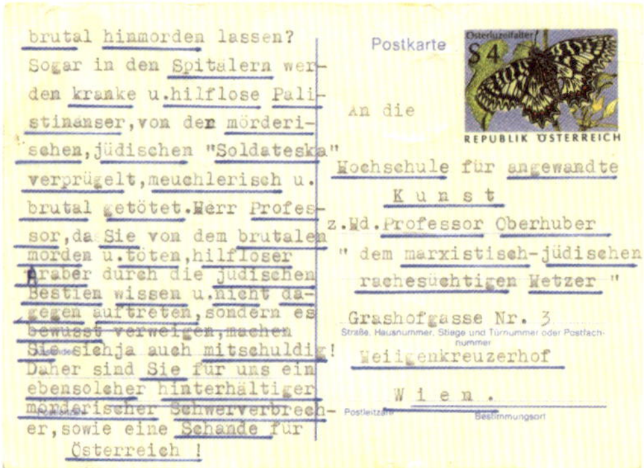
brutal hinmorden lassen?
Sogar in den Spitalern wer-
den kranke u. hilflose Pali-
stinanser, von den mörderi-
schen, jüdischen "Soldateska"
verprügelt, meuchlerisch u.
brutal getötet. Herr Profes-
sor, da Sie von dem brutalem
morden u. töten, hilfloser
Araber durch die jüdischen
Bestien wissen u. nicht da-
gegen auftreten, sondern es
bewusst verweigen, machen
Sie sich ja auch mitschuldig!
Daher sind Sie für uns ein
ebensolcher hinterhältiger
mörderischer Schwerverbrech-
er, sowie eine Schande für
Österreich !

Postkarte

Osterluzeifalter S 4 REPUBLIK ÖSTERREICH

An die
Hochschule für angewandte
K u n s t
z. Hd. Professor Oberhuber
" dem marxistisch-jüdischen
rachesüchtigen Hetzer "
Grashofgasse Nr. 3
Straße, Hausnummer, Stiege und Türnummer oder Postfachnummer
Heiligenkreuzerhof
W i e n .
Postleitzahl Bestimmungsort

Abb. G
Anonyme Postkarte an „Professor Oberhuber dem [sic] marxistisch-jüdischen rachesüchtigen Hetzer“ in Reaktion auf die Ausstellung *Zeitgeist wider den Zeitgeist*, 1988, UaK, IN Z17-1988

Abb. H
Simon Wiesenthal pflanzt anlässlich der Verleihung der Ehrenmitgliedschaft der Hochschule für angewandte Kunst gemeinsam mit Rektor Wilhelm Holzbauer einen Baum am Oskar-Kokoschka-Platz, April 1989, UaK, IN 19.005/48/FP

VERGESSEN GIBT ES NICHT – eine Aufgabe

> *Wir kannten Hitlers Buch „Mein Kampf“ – aber wir kämpften nicht dagegen. Dann kam Hitler, und alles stürzte über uns zusammen, nicht nur die Häuser, die ich gebaut hatte, sondern alles, von dem wir uns geschützt wähnten, und die Trümmer begruben unter sich Menschen und unseren Glauben an den Fortschritt, an die Gerechtigkeit, an Freundschaft und Menschlichkeit.*
>
> — Simon Wiesenthal (1989)[28]

In der Vergangenheit bzw. vor allem in der NS-Zeit verliehene Ehrungen werden von (Kunst-)Universitäten systematisch einer kritischen Prüfung unterzogen.[29] Die (damals) Hochschule für angewandte Kunst in Wien hatte erst ab 1980 Ehrenmitgliedschaften an Vertreter*innen der österreichischen Kunst- und Wissenschaftspolitik (z. B. Hertha Firnberg, 1980; Hans Tuppy, 1982; Heinz Fischer, 1987), vor allem aber an herausragende Absolvent*innen der Angewandten vergeben, wie Friedrich Berzeviczy-Pallavicini (1982), Margarete Schütte-Lihotzky (1987) oder Olda Kokoschka (1998), die

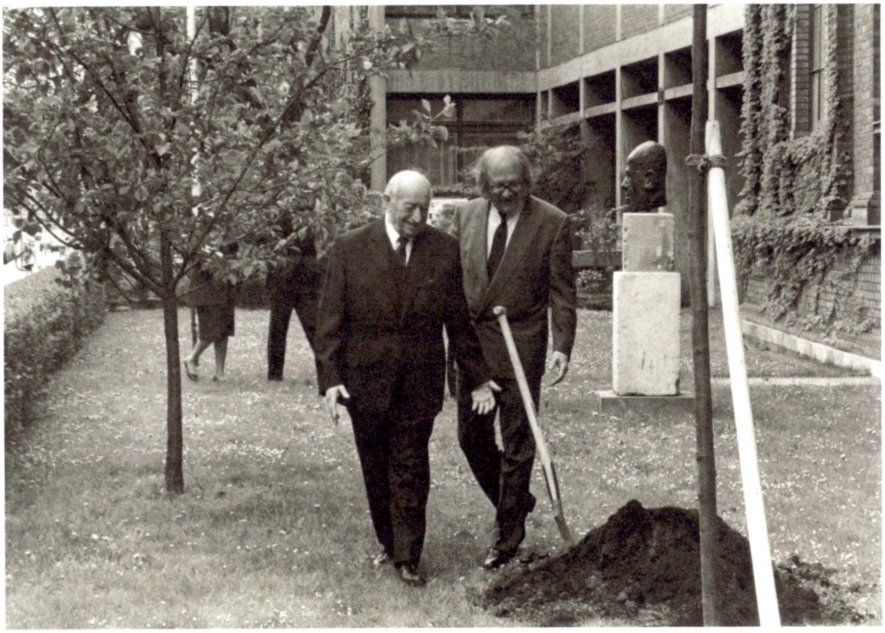

mit einer großzügigen Schenkung den Grundstein des Oskar Kokoschka Zentrums an der Angewandten gelegt hatte. Um und nach 2000 wurden nur noch emeritierte Professor*innen (auch einige ehemalige Rektoren) zu Ehrenmitgliedern ernannt, wie Carl Unger (1995), Maria Lassnig, Johannes Spalt und Wilhelm Holzbauer (alle 2007). Ab 2002 etablierte sich die Verleihung eines Ehrenrings an Künstler*innen und Wissenschaftler*innen der Angewandten.[30]

Eine kultur-, vor allem aber geschichtspolitisch motivierte Ausnahme war die Ernennung Simon Wiesenthals (1908–2005) zum Ehrenmitglied im Jahr 1989. Der ursprünglich als Architekt tätige Wiesenthal verfolgte bekanntlich, nachdem er mehrere KZs überlebt hatte, unter dem Motto „Recht, nicht Rache“[31] das Ziel, weitgehend ungeschoren gebliebene NS-Täter*innen vor Gericht zu bringen. Seine konsequente und kompromisslose Vorgangsweise stieß im Nachkriegsösterreich vielfach auf Ablehnung.[32] Im Zuge der Ehrung pflanzte Wiesenthal in einem symbolischen Akt einen Baum auf dem Areal des Kokoschka-Platzes, der später von Christian Ruschitzka einen künstlerisch gestalteten Ring erhalten sollte Abb. H.[33]

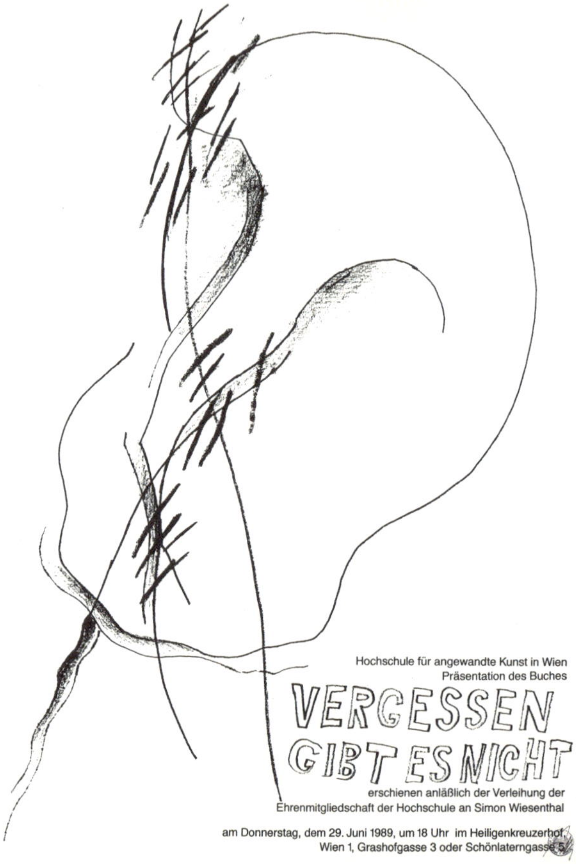

Abb. 1
VERGESSEN GIBT ES NICHT, Plakat, 1989, Entwurf: Oswald Oberhuber, UaK, IN HS/6/89/1/Pl

Der Festakt fand unter dem Motto *VERGESSEN GIBT ES NICHT* statt, dessen Plakat und Festschrift von Oswald Oberhuber gestaltet wurde Abb. 1.[34] Der Titel greift in positiver Affirmation auf die legendäre antifaschistische Ausstellung *Niemals vergessen!* im Wiener Künstlerhaus 1946 zurück. An dieser hatten einige vom NS-Regime zwangspensionierte bzw. verfolgte Lehrende der ehemaligen Kunstgewerbeschule mitgewirkt. In führender Rolle waren aber auch Künstler*innen mit durchgängiger Karriere beteiligt, wie der schon erwähnte Paul Kirnig, der von 1935 bis 1954 als Professor für Malerei bzw. Gebrauchs-, Illustrations- und Modegraphik wirkte.[35] Kirnig, ab 1940 NSDAP-Mitglied, war eng mit der nationalsozialistischen Schulleitung verbunden und eine der führenden Kräfte bei der später noch näher erläuterten akademischen Aufwertung zur Reichshochschule (1941). Wie die Cover-Vorderseite der vorliegenden Publikation mit einer Werkstattaufnahme von 1939/40 zeigt, waren er und auch seine Klasse vielfach im Dienst der NS-Propaganda, etwa bei Plakatgestaltungen engagiert. Die Buchrückseite hingegen zeigt dieselbe Klasse bei der Arbeit an der besagten Ausstellung von 1946, deren programmatischem Titel man offenkundig nicht konsequent gefolgt war.

Mehr als vier Jahrzehnte später war die demokratische Basis der Zweiten Republik zwar gefestigt, die politische Gemengelage aber komplex. So erscheint der Titel der Würdigungsfeier für Wiesenthal – entgegen der gesellschaftlichen und politischen Realität der langen Nachkriegsjahrzehnte – als eine in doppelte Verneinung gerahmte, ostentativ-trotzige Affirmation *gegen* das Vergessen und Schweigen. Das blasse, beinahe verblassende Totenkopfmotiv auf dem Plakat der Wiesenthal-Ehrung verweist auf Vernichtung, Schmerz, Auslöschung. Doch mit wenigen, narbenartigen Strichsetzungen, als evozierter Stacheldraht, wird das fast verschwindende Bild aufgebrochen, an die Oberfläche gehoben, sichtbar gemacht, bleibt unbequem.

Die intensive Auseinandersetzung mit der Geschichte der Angewandten bzw. deren Wiederentdeckung trat in der Mitte der 1990er-Jahre durch neue Forschungsansätze, zunehmende (auch digital unterstützte) Wissensvernetzung und nicht zuletzt durch realpolitische Veränderungen in ein neues Stadium. Probleme der ab 1945 oft fragwürdig praktizierten Restitution waren wieder höchst aktuell. Schweizer Banken, die jahrzehntelang Vermögen von NS-Opfern einbehalten hatten, sahen sich mit Klagen konfrontiert. Anfang 1997 wurden im Museum of Modern Art in New York zwei Schiele-Gemälde der Wiener Sammlung Leopold als „Diebesgut" beschlagnahmt. Die neu gegründete Kommission für Provenienzforschung begann zweifelhafte Erwerbungen österreichischer Bundesmuseen und -sammlungen zu untersuchen.[36] Auf freiwilliger Basis schloss sich auch die Angewandte nach dem 1998 beschlossenen Kunstrückgabegesetz an: Die vor 1945 entstandenen und für die Kunstsammlung der Angewandten (meist erst nach 1979) erworbenen Objekte wurden von René Schober beforscht.[37] Im Mai 2013 kam es zur Restitution eines Gemäldes von Jehudo Epstein an die rechtmäßigen Erbinnen.[38] Etwa zugleich wurden die umfangreichen, während der NS-Zeit entstandenen gebrauchsgrafischen Bestände der Kirnig-Klasse aufgearbeitet.[39] Spätestens im Vorfeld des 150 Jahre-Jubiläums der Universität für angewandte Kunst Wien im Jahr 2017[40] stand unter Patrick Werkner, dem damaligen Leiter von Kunstsammlung und Archiv (2004–2018), eine nötige Revision der eigenen jüngeren Geschichte im Raum.

„Sonderfall" Angewandte – Titelgebung und Parameter eines Forschungsprojekts

Das Forschungsprojekt *„Sonderfall" Angewandte. Die Universität für angewandte Kunst Wien im Austrofaschismus, Nationalsozialismus und in der Nachkriegszeit* konnte 2022 unter Rektor Gerald Bast (2000–2023) begonnen werden. Wie schon in Gabriele Kollers wichtigem Aufsatz „Die verlorene Moderne. Von der Kunstgewerbeschule zur (Reichs-)Hochschule für angewandte Kunst, Wien" (1990)[41] wurde der Bogen von den frühen 1930er-Jahren bis in die Nachkriegszeit gespannt. Die vorliegende Studie offenbart nicht nur eine „von außen" auferlegte, quasi passiv erduldete politische Vereinnahmung der Kunstgewerbeschule, später (Reichs-)Hochschule und Akademie. Vielmehr wurde im autoritären „Ständestaat" wie auch in der NS-Zeit aktiv eine politische Aufladung „von innen" her betrieben. Dabei spielen natürlich persönliche politische Überzeugungen, Allianzen, aber auch Konflikte auf allen Ebenen eine wichtige Rolle. Doch auch das angespannte Verhältnis zur Akademie der bildenden Künste und die Anstrengungen, die eigene Institution in einen (gleichwertigen) akademischen Rang zu erheben, waren von Bedeutung. So wurde der Kunstgewerbeschule beispielsweise 1934 das Recht entzogen, Kunsterzieher*innen und 1937, nach 70 Jahren, Architekt*innen auszubilden, die somit nur noch an der Akademie (bzw. Technischen Hochschule) ein Abschlussdiplom erhalten konnten. Zeitweise stand sogar eine Subordination im Verband der Akademie im Raum, was einer Auflösung gleichgekommen wäre.

Der Terminus *„Sonderfall"* im Projekttitel geht auf die NS-Zeit zurück, der unter anderem die zuvor skizzierten Konflikte und die vielschichtigen politischen Legitimationsbemühungen anklingen lässt. Bald nach dem „Anschluss" wurden etwa vom in Wien tätigen Gauleiter Josef Bürckel Hoffnungen auf eine Aufwertung der Kunstgewerbeschule geweckt.[42] Doch die Situation verschärfte sich und im Sommer 1940 erfolgte per Erlass die Degradierung zu einer Meisterschule. Durch intensives Lobbying vor allem der zwei Professoren Paul Kirnig und Franz Schuster (1892–1972) konnte jedoch 1941 die Erhebung zur Reichshochschule erreicht werden.[43] Letzterer betonte in etlichen programmatischen Schriften und Vorträgen die Gleichwertigkeit der angewandten Kunst mit den „Freien Künsten" und deren Bedeutung als essenzieller, alle Lebensbereiche gestaltender Kulturträger für ein breites, nicht-elitäres, nationalsozialistisches Kulturverständnis. Dabei, so Schuster, spiele die Kunstgewerbeschule (und dann Reichshochschule) eine wichtige Rolle als Ausbildungsinstitution und sei zugleich ein „Sonderfall" unter allen anderen reichsdeutschen Kunsteinrichtungen.[44]

Nach Kriegsende strich man in der Bezeichnung der nunmehrigen Hochschule lediglich das mittlerweile politisch unerwünschte Präfix. Den in der NS-Zeit zuerkannten akademischen Status wollte man aber beibehalten, wofür es erneut Erklärungs- und Legitimationsbedarf gab. Max Fellerer (1889–1957), der 1934 zum Direktor der Kunstgewerbeschule bestellt worden war, wurde 1938 zwangspensioniert, übte aber unmittelbar nach Kriegsende bis 1954 wieder seine frühere Funktion aus. Die Argumente, die Fellerer nun vorbrachte, knüpfen in ihrer Rhetorik und mit beinahe identen Begriffen unmittelbar an den Austrofaschismus an. Altbekannte Österreich-Narrative, wie die – schon im späten 19. Jahrhundert und speziell nach 1918 kultivierten – Vorstellungen vom kleinen Land als von einer „großen Kulturnation" waren wieder präsent. Das Kunstgewerbe wurde als deutungselastischer Begriff erneut politisch-ideologisch aufgeladen. Im Kontext der österreichischen Identitätskonstruktion wurde es einmal mehr zum politischen Vehikel und nicht zuletzt von Vertreter*innen der Angewandten als Aushängeschild apostrophiert. Fellerer nutzte jede Gelegenheit, das Kunstgewerbe und vor allem die Hochschule/Akademie als wesentlichen Kulturträger Österreichs zu betonen. Unmittelbar nach dem Krieg sprach er sogar davon, dass die Rückbesinnung auf die österreichische Kunst in der großen Nachkriegsnot von höchster moralischer Bedeutung sei und insbesondere die Musik und das Kunstgewerbe – ausgehend vom „Weltruf" durch die Kunstgewerbeschule – die „zwei Herzstücke Wiens" darstellten.[45]

Die Selbstdefinition als „Sonderfall" und die Frage, in welche Diskurse, insbesondere zum (Kunst-)Handwerk, man sich schon vor und auch nach der NS-Zeit einschrieb, sind wichtige Themenkomplexe des Forschungsprojektes. Neben Recherchen in österreichischen und internationalen Archiven waren der Dreh- und Angelpunkt das eigene Universitätsarchiv und die eng damit verbundene Kunstsammlung. Hier wurde auch das Unternehmen konzeptionell entwickelt und umgesetzt. Christina Wieder hat diese Forschungen maßgeblich betrieben. Deren Ergebnisse bilden den Hauptteil „Zeit. Kunst. Kontext. 1933–1955" der vorliegenden Publikation. Dieser ist – ergänzt durch einen umfangreichen Katalog – in drei große Kapitel unterteilt. Die Grundstruktur der

Kapitel „Die Kunstgewerbeschule Wien im Austrofaschismus (1933–1938)“[46], weiters „Von der Kunstgewerbeschule zur Reichshochschule (1938–1945)“ und „Der lange Weg von der Reichs-/Hochschule zur Akademie für angewandte Kunst (1945–1955)“, entwickelt sich anhand „personeller, struktureller, kulturpolitischer sowie künstlerischer Veränderungen [...]“, die „nur schwer voneinander zu trennen [sind], da sie sich gegenseitig bedingen und stets ineinandergriffen“.[47] So werden nicht nur die Lehrpläne, einzelne Lehrende und ihre Klassen, sondern auch die Verwaltung und die Student*innen betreffenden Vorgänge in den Blick genommen.

Generell stellt sich die Frage nach politischer Einflussnahme etwa bei Personalentscheidungen wie Berufungen oder Entlassungen, der politisch motivierten Etablierung einer Werkstätte für Kirchliches Kunstgewerbe im klerikal-faschistischen „Ständestaat“ (Leitung: Albert Paris Gütersloh) oder einer nationalsozialistisch ausgelegten Werkstatt für Volks- und Brauchtum (Leitung: Reinhold Klaus). Dazu kommen unterschiedliche Verordnungen wie die verpflichtende Mitgliedschaft der Lehrenden in der Vaterländischen Front (1934), die Einführung von Unterrichtsfächern wie „Erblehre und Rassenkunde“ sowie die schnelle Implementierung antisemitischer Gesetze in der NS-Zeit.

Nachzuspüren gilt es auch den Entwicklungen und Umständen, unter denen es zur systematischen Unterwanderung und Zerstörung demokratischer Strukturen kam und auf welche Weise sich ihre nur mühsame Reetablierung (Stichwort: Entnazifizierung) vollzog. So wurden in vielen (Kultur-)Institutionen Jüdinnen und Juden schon lange vor 1938 nicht mehr eingestellt, was auf einen inoffiziellen „Arier-Paragraphen“ zurückzuführen ist. Durch das Verbot kommunistischer Aktivitäten wurden de facto auch exponierte Sozialist*innen ausgeschlossen. Darüber hinaus zeichnet das Forschungsprojekt für die Angewandte, an der von Anbeginn an Frauen aufgenommen wurden, ein ernüchterndes Bild hinsichtlich geschlechtsdiskriminierender Praktiken. Die misogyne Grundhaltung verschärfte sich im Austrofaschismus, etwa durch die 1933 eingeführte „Doppelverdiener-Verordnung“, die verheiratete Frauen aus dem öffentlichen Dienst ausschloss. Sie setzte sich im Nationalsozialismus fort, wobei NS-Frauenverbände an der Reichshochschule eine wichtige Rolle spielten.[48] Das hier geprägte Frauenbild griff zwar wichtige Elemente der Neuen Frau auf, um sie aber letztlich in traditionellen, rein auf die Reproduktion ausgerichteten „Idealen" aufgehen zu lassen – eine Entwicklung, die bekanntlich viele Jahrzehnte nachwirkte.

Mit der nationalsozialistischen Machtübernahme im März 1938 kam es aus politischen und antisemitischen Gründen zu Zwangspensionierungen und Entlassungen im Lehrkörper – einige wurden mit dem Verweis auf die Unvereinbarkeit mit dem nationalsozialistischen Kunstverständnis begründet. Die nationalsozialistischen „Rassengesetze" griffen schnell und jüdische Student*innen, die 1937/38 noch rund 12 % der Gesamtstudierendenzahl ausmachten, wurden vom Studium ausgeschlossen. Unerwünschte politische studentische Aktivitäten wurden schon davor offiziell meist in Disziplinarverfahren abgehandelt, wobei das Vorgehen gegen Nationalsozialist*innen mit wenigen Ausnahmen meist milder oder zumindest zögerlicher ausfiel. Lange vor 1938 hatten sich illegale Nazi-Zellen gebildet, in der Lehre, in der Verwaltung, dort besonders im Kreis der Schulwarte und im Sekretariat, wo Josef Fitzthum (1896–1945) als extremistischer NS-Verbindungsmann fungierte, dessen Agitationsarbeit nach 1933 – nach seiner Verhaftung im Zuge eines Bombenanschlags – unter anderem von Reinhold Klaus (Werkstätte für Glasmalerei und Verbleiung) weitergeführt wurde.[49]

Eine kritisch-reflektierte Institutionengeschichte wirft nicht nur die Frage nach Verantwortung oder sogar Schuld, blinden Flecken oder Exkulpierungsstrategien ab 1945 (Stichwort „Persilscheine") auf, sondern muss es sich zur Aufgabe machen, bislang wenig oder gar nicht Beleuchtetes in den Blick zu nehmen. Konkret heißt das: Wie kann man verfolgten, geflüchteten und exilierten Künstler*innen Raum geben – vor allem, wenn es sich im stark hierarchischen Studienbetrieb nicht um Lehrende handelte? Für die vorliegende Publikation hat Christina Wieder exemplarisch elf Kurzbiografien in den Fluss des Haupttextes „Zeit. Kunst. Kontext. 1933–1945" eingewoben. Die meisten Künstler*innen sind, wenn überhaupt, nur in Fachkreisen bekannt und zu Unrecht in Vergessenheit geraten: Leo Glückselig und Ita Goldberg, Kitty Goldman, Erna Kopriva, Agi Lamm, Fini Littlejohn, Jadwiga Orzech und Hans Adolf Vetter, Heinrich Sussmann, Bil Spira und Marianne Zels.

In ihrem Beitrag „Ein Archiv schaut nach innen" geben Silvia Herkt, Leiterin des Universitätsarchivs, und ihre Kollegin Bettina Buchendorfer projektspezifische Einblicke in das Archiv und erläutern ihr Konzept, bei dem relevantes Material zwischen 1933 und 1955 auch digital erfasst wurde.

Fast 5000 Verwaltungs- und Personalakten sind in der Datenbank von Kunstsammlung und Archiv aufgenommen und können wie die knapp drei Dutzend transkribierten und datenmäßig verknüpften Indexbücher (zusätzlich auch über Schlagworte) recherchiert werden. Sitzungsprotokolle des Professorenkollegiums und Jahresberichte stehen nun vollständig gescannt zur Verfügung; Letztere liefern wichtige statistische Daten sowie Informationen zu Studienschwerpunkten, zu Aktivitäten der Kunstgewerbeschule bzw. (Reichs-) Hochschule in genere und den einzelnen Klassen und Werkstätten im Detail. Sophie Geretseggers (Abteilung Kunstgeschichte) Beitrag „Zur Studienatmosphäre der Angewandten zwischen 1945 und 1955 – exemplarische Einblicke" gründet sich auf Archivrecherchen und vor allem eine Reihe von Interviews mit Studienkolleg*innen ihrer Eltern, die in den frühen 1950er-Jahren bei Oswald Haerdtl Architektur bzw. bei Eduard Josef Wimmer-Wisgrill (1882–1961) in der Modeklasse studierten. Sie geben einen durchaus persönlich gefärbten, aber lebendigen Eindruck von der ambivalenten Stimmung der frühen Nachkriegszeit. Zweifellos kam es 1938 zu einem Umbruch, dem schon ab 1933 starke Bruchlinien aufgrund der staatlichen, politisch-ideologischen Einflussnahme vorausgegangen waren. Wie Christina Wieder anhand der Klasse von Wimmer-Wisgrill darlegt, gab es aber selbst in dem von Denunziantentum geprägten Klima der NS-Zeit zumindest subkutan laufende Devianzen und Widerstandsformen, die, wie Sophie Geretsegger an Fallbeispielen nachzeichnet, für die junge Nachkriegsgeneration wirksam wurden.

Starke Narrative, Kippmomente und Kippfiguren

Einige komplexe Fragestellungen ziehen sich wie ein roter Faden durch die vorliegende Forschungsarbeit. Zunächst geht es um das Verständnis von Moderne im Spiegel der Geschichte der Angewandten, das einer kritischen Reflexion bedarf. Ausgehend von der erwähnten Reform um 1900 waren die Kunstgewerbeschule und ihre wichtigen Vertreter*innen kosmopolitisch orientiert und mit der internationalen Avantgarde bestens vernetzt. Die angewandte Kunst wurde mit all ihren miteinander verbundenen Gattungen – im Gegensatz zu den stark akademisch geprägten „Freien Künsten" – als großes Experimentierfeld angesehen. Doch spätestens 1918, mit dem Ende der Donaumonarchie, dem Wegfall ihres kulturell und wirtschaftlich potenten Umfelds und nicht zuletzt durch den Tod von Gustav Klimt, Egon Schiele, Koloman Moser und Otto Wagner geriet die Moderne in Österreich in eine Krise – das ist zumindest ein bis heute wirkmächtiges Narrativ, das in einer Verlust- und vor allem Verfallsrhetorik vorgetragen wird, die zahlreiche Folgen aufzeigt. Wenngleich sich die Staatsgrenzen eingeengt hatten, blieb Wien, ebenso wie auch andere „avantgardefähige Metropolen", so Primus-Heinz Kucher im Sammelband *Verdrängte Moderne – vergessene Avantgarde*, in der Zwischenkriegszeit geprägt durch eine „transnationale, tendenziell mehrsprachige Identität, die kulturell-künstlerische Mobilität ihrer Protagonistinnen und Protagonisten sowie ihre Vernetzung in eine[m] gesamteuropäischen Kontext".[50] Letztendlich geht es um eine Definition des „großen Kanons", der – wie schon im Zusammenhang mit Oswald Oberhubers Engagement erläutert – den Blick auf wichtige Positionen der Moderne in all ihrer Vielfalt und Fülle verstellt und notabene viele Künstler*innen im Wirkungskreis der Kunstgewerbeschule betrifft.

Der Begriff der Moderne steht bekanntlich in unterschiedlichen Forschungskontexten schon länger auf dem Prüfstand, wofür die jüngere Auseinandersetzung mit der Kunst im Nationalsozialismus mitverantwortlich ist. Die apodiktisch-binäre Trennung in „entartete" und „deutsche/nationalsozialistische" Kunst, wie sie die NS-Kunstpolitik propagierte, etablierte sich bald nach 1945 in reziproker Weise: „‚Nazikunst' sei keine Kunst, qualitäts- und belanglos, ja sie sei ‚Unkunst' [...]".[51] Die Forschungen zur Kulturpolitik sowie zur regimekonformen Kunst in der NS-Zeit vermitteln inzwischen ein sehr viel differenzierteres Bild.[52] Ähnliche Fragen stellen sich auch in Bezug auf die austrofaschistische Kunstpolitik, die allerdings in ihrer geplanten „ständischen" Organisation nur in Ansätzen konzipiert wurde und de facto nicht zur Entfaltung kam.

Doch selbst scheinbar erschlossene Felder wie die frühe Wiener Moderne und ihre Rezeption erfordern hinsichtlich ihrer politischen Verflechtungen eine kritische Reflexion. So hatte die Wiener Secession nach dem Weggang der Klimt-Gruppe 1905 ihre ausgeprägte internationale Orientierung allmählich abgelegt. Zudem zeichnete sich spätestens um 1910, deutlich vor dem Ersten Weltkrieg, eine zunehmend nationalistisch gefärbte, teils explizit deutschnationale Haltung in der Kunstszene und bei prominenten Künstlerinnen und Künstlern ab. Allen voran ist Carl Moll (1861–1945), Secessions-Mitbegründer und eine/r der kulturpolitisch einflussreichsten Persönlichkeiten, Kuratoren,

Kunsthändler und internationalen Netzwerker zu nennen, der früh ein glühender Nationalsozialist war.[53] Auch bekannte Vertreter*innen der Kunstgewerbeschule sind dazuzuzählen, die in dieser Publikation ausführlich behandelt werden. Jahrzehntelang Leiter der Klasse für Malerei und der Werkstätte für Drucktechnik, war Bertold Löffler in alle wesentlichen Projekte der Wiener Moderne involviert und seit 1929 NSDAP-Mitglied. Seine Klasse war zweifellos lange vor 1938 eine wichtige Nazi-Zelle; im Jahr 1935 wurde er aufgrund seiner politischen Aktivitäten zwangspensioniert.[54] Alfred Roller (1864–1935), von 1909 bis 1934 Langzeitdirektor der Kunstgewerbeschule, steht nicht im Fokus unseres Forschungsprojektes.[55] Es soll aber nicht unerwähnt bleiben, dass er Mitglied der einschlägigen Verbindung Deutscher Kunstakademiker Athenaia war. Seine neuartige Bühnengestaltung für die Wiener Oper hat auch den jungen Adolf Hitler beeindruckt, der mit Roller in Verbindung stand. Aus dem Kontext der Wiener Werkstätte ist als einer ihrer wichtigsten Manager der Architekt Philipp Häusler (1887–1966) zu nennen, der ab 1911 als Hilfslehrer an der Kunstgewerbeschule wirkte. Er erwies sich im Frühjahr 1938 als ein wichtiger Protagonist im Machtkampf um den Direktionsposten, der aufgrund seiner exzellenten Beziehungen zum NS-Apparat terrorartigen Schrecken verbreitete und nach wenigen Wochen durch Intervention des nunmehrigen stellvertretenden Wiener Polizeipräsidenten Fitzthum verhaftet wurde. Die zu ihm verfassten Biografien enden meist mit seinem Engagement für die WW und berichten nicht über seine Anklage beim Volksgerichtshof ab 1947, der nur im Zusammenhang mit dem Kriegsverbrechergesetz angerufen wurde.[56] Eine politische Kippfigur war der erwähnte Maler und Schriftsteller Albert Paris Gütersloh (1887–1973), ein Multitalent der frühen Wiener Moderne, der – so die biografische Kurzformel – im Nationalsozialismus mit Berufsverbot belegt wurde und ab 1945 als Professor an der Akademie und wichtiger Förderer der jungen Wiener Kunstszene im legendären Art Club und bei den Wiener Phantastischen Realisten wirkte. Politisch hatte er sich als einer der eloquentesten Vertreter des klerikal-faschistischen „Ständestaats" exponiert. So trat er 1934 als prominenter Trauerredner nach der Ermordung von Kanzler Engelbert Dollfuß auf und begründete und leitete, wie erwähnt, an der Kunstgewerbeschule die Werkstätte für Kirchliches Kunstgewerbe Katalog, Abb. 6 u. 7.[57] Nur wenige Jahre später begrüßte Gütersloh euphorisch den „Anschluss".[58] Doch sein Opportunismus rechnete sich nicht: Seine Ablehnung durch die

Reichskulturkammer und die Zwangspensionierung durch die Kunstgewerbeschule wurden politisch und künstlerisch begründet. Oswald Haerdtl, ab 1935 Architekturprofessor, war keine Kippfigur, sondern verfügte als Lehrender sowie als freiberuflicher Architekt über ausreichende politische Elastizität und beste Netzwerke, um eine kontinuierliche Karriere zu verfolgen.[59] Nicht nur mit seinem eindrucksvollen Österreich-Pavillon für die Weltausstellung 1937 in Paris war er ein wichtiger Repräsentant des „Ständestaats" geworden, sondern er befand sich auch im engen Umkreis des omnipotenten Staatsrates Clemens Holzmeister. Auch in der NS-Zeit war er erfolgreich und unterhielt zusätzlich Architekturbüros im polnischen Generalgouvernement.[60] Im Nachkriegsösterreich wurde er zu einem der produktivsten Architekten. Zahlreiche öffentliche Bauten, darunter das (heutige) Wien Museum am Karlsplatz, oder die Ausstattung der Repräsentationsräume im Bundeskanzleramt gehen auf ihn zurück. Haerdtl hatte ein kosmopolitisches Auftreten, seine Planungen sind von der sogenannten „Wiener Note", einem mondän-modernen, leichtfüßig eleganten Grundton geprägt.

Das Wiener Kunsthandwerk – österreichisch und/oder deutsch

> *Allem Leben, allem Tun, aller Kunst muss Handwerk voran gehen [...].*
>
> — Johann Wolfgang von Goethe[61]

Wiener Note, Wiener Stil, Wiener Wohnkultur, Wiener Mode, Wiener Edelarbeit, Wiener Geschmackskultur und Geschmacksindustrie, Wiener Kunsthandwerk und nicht zuletzt die Wiener Werkstätte. Diese Begriffe und das, wofür sie stehen, sind eng mit der Wiener Kunstgewerbeschule, mit ihren Künstlerinnen und Künstlern verbunden. Sie sind im größeren Bezugsrahmen Teil des (früh-)modernen Handwerksdiskurses, der sich durch die drei Hauptkapitel „Zeit. Kunst. Kontext. 1933–1955" zieht und 1941 der Drehpunkt für die affirmative Selbstbezeichnung als „Sonderfall" wurde.

Die Wurzeln des Handwerksdiskurses liegen in den sozialen und politischen Umbrüchen der Industrialisierung und der Massenproduktion ab dem späten 18. Jahrhundert und – als Reaktion darauf – in den einflussreichen Utopien der englischen Arts and Crafts-Bewegung. Kapitalistisch befeuerte, technische Innovation, aber auch ansprechende Produktgestaltung

(Stichwort: Warenfetischismus) waren zentrale Themen der nationalistisch-kompetitiven Weltausstellungen. Das heutige Victoria and Albert Museum in London wurde 1852, das k. k. Österreichische Museum für Kunst und Industrie (heute MAK)[62] elf Jahre später als Mustersammlung gegründet und konsequenterweise die Kunstgewerbeschule 1867 als Aus- und Weiterbildungsstätte für Kunst, Industrie und das Handwerk eingerichtet.

Wie man auch an der Geschichte der Kunstgewerbeschule resp. (Reichs-)Hochschule nachvollziehen kann, wurde das Handwerk in all seinem Anachronismus bald und über Jahrzehnte hinweg zur ideologisch aufladbaren Zauberformel, einem Phantasma, das quer durch die politischen und künstlerischen Lager virulent war. Die von Deutschland ausgehende Werkbund-Bewegung (ab 1907) spielte dabei eine zentrale Rolle, wobei auch ganz der Moderne verpflichtete Persönlichkeiten wie Edwin Redslob (1884–1973), Reichskunstwart der Weimarer Republik, die Wiederbelebung des Handwerks, mehr noch die Auflösung der Grenzen zwischen Kunst, Handwerk und Volkskunst, Letztere als Ausdruck des deutschen „Gemeinschaftsgeistes", propagierten.[63] Das eröffnete, wie Rosemarie Burgstaller in ihrer Studie zu NS-Handwerksausstellungen festhält, „Spielraum für nationalsozialistische Propaganda", zumal die Handwerks- und Mittelstandsideologie schon in den 1920er-Jahren von „antidemokratischen, antikapitalistischen und antimarxistischen" sowie von Anbeginn auch antisemitischen „Ressentiments geprägt" war.[64]

In der Wiener Moderne, im Umfeld der Kunstgewerbeschule, der 1903 gegründeten Wiener Werkstätte und des Österreichischen Werkbunds (ab 1912) zeichnete sich eine Entwicklung ab, wie sie auch in vielen europäischen Avantgardebewegungen anzutreffen war. So kam es aus einer anti-akademischen Haltung und dem Impetus heraus, die vermeintlichen Ursprünge der Kunst mit oft binnenkolonialistisch-verkürztem Blick aufzuspüren, zu einer Wiederentdeckung sogenannter Volkskunst.[65] Zudem wurde die Idee des Gesamtkunstwerks, also alle Lebensbereiche, auch alle Objekte, mit Kunst und Schönheit zu durchdringen, oder mehr noch Kunst im Leben aufgehen zu lassen, zu einer treibenden Kraft.

Zwei Künstlerpersönlichkeiten, Josef Hoffmann und Franz Schuster, seien in diesen Zusammenhängen näher beleuchtet. Hoffmann war, auch wenn er 1936 emeritierte, für die Kunstgewerbeschule bzw. (Reichs-)Hochschule eine relevante, generationenübergreifende Figur geblieben. Der Stellenwert, den er „dem Kunstgewerbe als identitätsstiftender Kulturträger eines Staates bzw. einer Gesellschaft" beimaß, durchzog, so Christian Witt-Döring, sein gesamtes Œuvre.[66] Im Austrofaschismus hatten sich neue Lobby-Konstellationen um Holzmeister gebildet, darunter waren jüngere Architektenkollegen wie Oswald Haerdtl oder Max Fellerer, beide einst Chefarchitekten bzw. Partner in Hoffmanns Ateliers. Hoffmanns Netzwerk und sein internationales Renommee waren ausschlaggebend dafür, dass er den prestigereichen Auftrag für den Entwurf des Österreich-Pavillons in Venedig erhielt. Dieser wurde 1934 eröffnet – in einem ereignisreichen Jahr, war es doch zur maßgeblich politisch motivierten Spaltung des Werkbunds gekommen. Im selben Jahr fanden zudem wichtige Kunstgewerbe-Ausstellungen statt, die von Hoffmann und Haerdtl ausgerichtet wurden, darunter *Das befreite Handwerk. Geschmack und Wohnkultur* im Österreichischen Museum für Kunst und Industrie. Der Titel sollte auf die Befreiung von den „Ketten einer vom Nützlichkeitsdenken bestimmten und auf eine reine Nutzen-Kostenrechnung beschränkte Produktion"[67] verweisen und, wie Hoffmann im Katalog schrieb, nicht weniger als eine „Bereicherung und Veredelung unserer Umwelt" bewirken.[68] Diese positiv-affirmativ formulierte Forderung offenbart erst auf den zweiten Blick die massive politische Indienstnahme des Kunstgewerbes, galt doch in der Ausstellung auch als „explizite Zielsetzung [...] die Neuerfindung eines ‚österreichischen Stils' [...]".[69] Im Sinne der geplanten ständischen Ordnung des Staates war das Plakat mit fiktiven Zunftwappen verschiedener Kunstgewerbe gestaltet. Diese und ähnliche Ausstellungen sind als politisches Medium zu werten und stehen in engem Zusammenhang mit den von Clemens Holzmeister für das austrofaschistische Regime entwickelten kulturpolitischen Konzepten.[70]

Hoffmann sah im „Anschluss" 1938 die Chance für eine starke Belebung des Kunstgewerbes. Wien und der „Wiener Geschmack" waren auch in der NS-Zeit eine Marke geblieben, obwohl Österreich von der politischen Landkarte verschwunden war. Unter engagierter Mithilfe der Kunstgewerbeschule bzw. Reichshochschule wurde Wien – neben Paris – als „Reichsmodestadt" apostrophiert.[71] Josef Hoffmann sollte unter großer medialer Aufmerksamkeit das neue „Haus der Mode" im barocken Palais Lobkowitz in der Wiener Innenstadt einrichten.[72] Wie Ingrid Holzschuh und Sabine Plakolm-Forsthuber festhalten, hatte Oswald Haerdtl, mit dem Hoffmann bis 1939 ein gemeinsames

Atelier betrieb, schon im Herbst 1938 an den einflussreichen Staatssekretär Kajetan Mühlmann ein Konzeptpapier gerichtet, in dem er seine Ideen zur „Errichtung eines Amtes für Kunsthandwerk und Mode" formulierte.[73] Im Juni 1941 wurde Hoffmann vom späteren Gauleiter Baldur von Schirach die Funktion des „Sonderbeauftragten des Kulturamtes der Stadt Wien für die künstlerische Neubildung des Wiener Kunsthandwerks" zuerkannt – welche Agenden damit konkret verknüpft waren, ist bislang unklar.[74] Hoffmann sowie Haerdtl als renommierte Vertreter der Kunstgewerbeschule waren zweifellos auch in der NS-Kulturpolitik sehr gut vernetzt. Dennoch darf nicht ausgeblendet werden, dass Hoffmanns politisch-künstlerische Beurteilung kritisch ausfiel: Dabei wird er aufgrund seiner Lehre an der Kunstgewerbeschule, als „Vertreter der modernen Kunst" sowie als jahrzehntelanger Leiter der Wiener Werkstätte, die in der NS-Diktion „vollkommen verjudet war", und nicht zuletzt wegen seiner Nähe zum „Ständestaat" als nur bedingt systemkonform bezeichnet.[75] Die NS-Kulturpolitik stellte sich in der Theorie und Praxis als eklektisch und höchst widersprüchlich dar. Und auch Wien bzw. die „Wiener Note" trafen auf Skepsis, da Hitler und Goebbels, wie Elisabeth Boeckl-Klamper anschaulich zeigt, keinen Separatismus duldeten und auch mit der „Wiener Geschmackskultur" eines Hoffmann nicht viel anzufangen wussten.[76]

Der um eine Generation jüngere Franz Schuster war an der Kunstgewerbeschule, wie auch seine Studienkollegin Margarete Schütte-Lihotzky (1897–2000), von Oskar Strnad (1879–1935) und Heinrich Tessenow (1876–1950) im Geist einer pragmatisch-funktionalen Moderne geprägt worden. Seine für das Rote Wien und das Neue Frankfurt geplanten Wohnbauten und Möbel, Kindergärten und Schulen („Schuster-Typus") orientierten sich in hohem Maß an den Bedürfnissen der Benutzer*innen. Das gilt auch für seine schlichten modernen, funktionalen und vor allem preisgünstigen *Aufbaumöbel* der späten 1920er-Jahre in Frankfurt. Nach dem Krieg lieferte er für den 1952 gegründeten Verein Soziales Wohnen Entwürfe für die beliebten, bis in die 1970er-Jahre erhältlichen SW-Möbel. Schuster war zwar kein Mitglied der NSDAP, erwies sich aber durch seine Lehrtätigkeit, seine – wie schon erläutert – theoretischen sowie praktischen Arbeiten, die nicht zuletzt in Ausstellungen und Messen große Resonanz fanden, als eine der tragenden Figuren der Reichshochschule. Beispielhaft ist die Schau *Deutscher Hausrat* (Wien 1941), die Prototypen für die „Schönheit des Wohnens" als Geschmackbildung im nationalsozialistischen

Abb. J
Wohnraum einer Volkswohnung, Gestaltung: Franz Schuster, aus dem Katalog der Ausstellung *Deutscher Hausrat*, Wien 1941 (S. 8), UaK, IN 3055/Q

8

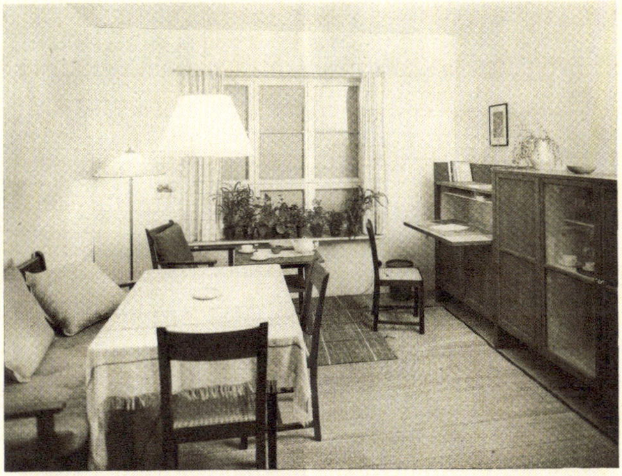

Prof. Schuster, Wohnraum einer Volkswohnung — Raum 7

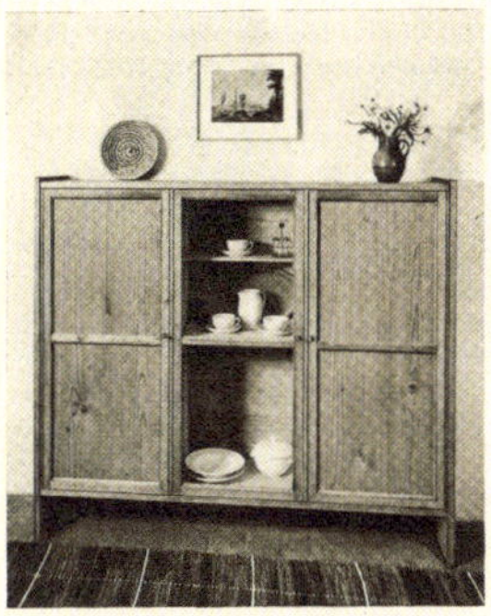

Prof. Schuster,
Schrank aus Wohnraum 7

RAUM 7

Wohnraum einer Volkswohnung

Entwurf: Architekt Prof. Franz Schuster

Ausführung: Tischler-Lago, Wien I, Regierungsgasse 1

Holz: Fichte, dunkel gebeizt

1 Wohnzimmerschrank, dreiteilig
1 Schreibschrank
1 Eßtisch
4 Sessel mit Rohrsitz . . . . RM 375·—
1 Teetisch . . . . „ 44·—
1 Bank mit Holzsitz . . . . „ 30·—
1 Polster hierzu mit Bezug, jedoch ohne Bezugstoff . . . . „ 21·—
1 Lehnsessel mit Bastsitz . . . . . „ 28·—
derselbe mit Holzsitz . . . . „ 18·50

Verständnis vorstellt.[77] Die im Katalog gezeigten möblierten Musterräume samt Preisangaben für die Meublage sind ausschließlich von den Reichshochschulprofessoren Carl Witzmann und Franz Schuster entworfen Abb. J. In niederschwelligen Ausstellungen und Publikationen, die oft in einer vom NS-Apologeten und Kunsttheoretiker Paul Schultze-Naumburg vorgezeigten Gegenüberstellung „Gutes-versus-schlechtes-Beispiel" aufbereitet waren, sollte das „Kulturempfinden" auch gegenüber der „Entartung" geschult werden.[78] Schusters Entwürfe unterscheiden sich kaum von seinen späteren, stets sehr schlichten SW-Möbeln. Und dennoch gibt es in der Grundhaltung wesentliche Unterschiede: In der NS-Zeit propagierte man, dass es nur *eine* verbindliche

Form, nur *eine* überzeitlich definierte Kunst geben könne und dürfe – ein Anspruch, der in all seiner inhärenten Widersprüchlichkeit unerfüllbar war.

„Sonderfall" Angewandte. Im Fokus – eine Gedenkinitiative

Das Forschungsprojekt, das auch online Einblicke bietet[79], fand seinen Niederschlag in der wissenschaftlichen sowie künstlerischen Lehre, etwa in einem Projekt mit dem Institut für Sprachkunst (2024). Darüber hinaus entstand bald die Idee zu einer Gedenkinitiative, die kritische Fragen zu vergangenen sowie rezenten Erinnerungsformen aufwarf. Der von Wiesenthal gepflanzte Baum war bedauerlicherweise nach ein paar Jahren abgestorben. Andere manifeste Zeichen, wie ein Denkmal, eine Tafel o. Ä. erschienen aus vielen Gründen nicht opportun. Nach Diskussionen im Projektteam, mit Kolleg*innen und dem Rektorat entstanden Ideen zu unterschiedlichen, prozessual angelegten Erinnerungs- und Vermittlungsformaten im Jahr 2023. Den Mitarbeiter*innen der Angewandten angebotene Workshops zur eigenen „Hausgeschichte" gaben anhand ausgewählter künstlerischer Arbeiten und Archivalien Einblick in die Forschungsarbeit.[80] Im Rahmen des alljährlichen Angewandte Festivals fand eine Guided Tour statt, die an verschiedenen Orten mit kurzen Imputs und performativen Lesungen die Geschichte der Angewandten aufrollte.[81] In der Podiumsdiskussion *Kunst gegen das Vergessen?*[82] wurde der Frage nach der Rolle von Kunst in sich transformierenden Kontexten des Gedenkens nachgegangen, welche Zugänge des Erinnerns künstlerische Praktiken erlauben und welche Herausforderungen sich daraus ergeben. Last but not least war die Frage nach vergessenen Künstlerinnen und Künstlern behandelt worden.

In dieser Hinsicht kam einer eigenen Ausstellungsserie besondere Bedeutung zu. Im stark frequentierten Foyer des Angewandte-Universitätsgebäudes in der Vorderen Zollamtsstraße wurden im großen Schaukasten von Kunstsammlung und Archiv von März bis September 2023 Arbeiten von drei herausragenden, (nahezu) vergessenen Künstler*innen gezeigt. Wie in Extra-Beiträgen im Anschluss erläutert, hatten alle drei – Margarete Berger-Hamerschlag (1902–1958), Hans Felix Kraus (1916–1973) sowie Fritz Janeba (1905–1983) – mit großem Engagement an der Angewandten studiert und zum Teil auch gelehrt.[83] Sie alle mussten spätestens 1938 aus Österreich fliehen und gingen ins Exil nach Palästina und England, in die USA und nach Australien. Im Zuge des Projekts konnte der Kontakt zu deren Nachkommen und ehemaligen Kolleg*innen aufgebaut oder vertieft werden.

Dank

Das Forschungsprojekt *„Sonderfall" Angewandte. Die Universität für angewandte Kunst Wien im Austrofaschismus, Nationalsozialismus und in der Nachkriegszeit* und die zugehörige Publikation wären nicht ohne die Mitwirkung vieler verschiedener Personen möglich gewesen. Dabei ist Gerald Bast, dem früheren Rektor der Universität für angewandte Kunst Wien, zu danken, der das Unternehmen von Anfang an mit großem Interesse sowie den nötigen Mitteln gefördert hat. Dankenswerterweise haben auch der Nationalfonds der Republik Österreich für Opfer des Nationalsozialismus und der Zukunftsfonds der Republik Österreich die Publikation finanziell unterstützt. Als Projektleiterin gilt mein Dank vor allem meinen Kolleginnen und zugleich Mitautorinnen, die in allen Projektphasen und den vielfältigen Vermittlungsformaten mitgewirkt haben. Meine Mitherausgeberin Christina Wieder hat die wesentliche Forschungsarbeit geleistet, bislang Unbekanntes aufgedeckt und die Geschichte der Angewandten in relevante Kontexte gesetzt. Silvia Herkt brachte ihre Expertise als langjährige Leiterin des Universitätsarchivs bei inhaltlichen und organisatorischen Aufgaben ein und konzipierte das Digitalisierungsprojekt mit Bettina Buchendorfer, die es mit größter Akribie umsetzte und die Website betreute. Sophie Geretsegger (Abteilung Kunstgeschichte) hat eine Guided Tour mitkonzipiert und kuratierte u. a. die Fritz Janeba-Ausstellung. Dank gebührt ebenfalls unseren Kolleg*innen im Universitätsarchiv, speziell Dominik Buda für die vielen Reproduktionen, Stefanie Schabhüttl für das Publikationsmanagement der Edition Angewandte, Verena Moritz für das umsichtige Lektorat und Nina Ober für die grafische Gestaltung.

In besonderer Weise haben Helen Kraus und Stephen Moody das Projekt *„Sonderfall" Angewandte* begleitet. Ich durfte die beiden im Frühjahr 2013 bei ihren Recherchen im Archiv der Angewandten kennenlernen: Lediglich zwei Arbeiten ihres Vaters Hans Felix Kraus, die mehr zufällig in den Bestand der Kunstsammlung gelangt waren, und seine offiziellen Studienunterlagen hatten sich erhalten. Nicht die großen Namen, die Aufdeckung möglicher „brauner Flecken“ in ihren Künstlerkarrieren, die zweifellos auch wichtige Aspekte in der Schulgeschichte sind, waren meine persönliche Triebfeder für das Projekt. Vielmehr sollten großartige Künstlerinnen und Künstlern, die Vertreibung und Verfolgung erlebten und diese oft nur knapp überlebten, sichtbar gemacht werden. Ihr Schicksal, ihr Mut, ihr Engagement, oft auch ihr Humor, vor allem aber ihre Arbeiten beeindrucken. Diese Entdeckungen zu teilen und ihnen Raum in der Geschichte der Angewandten zu geben, war eine zentrale Motivation. Sich auf Ruth Klügers eingangs zitierten Appell einzulassen, bedeutet – über ein Forschungsprojekt zu den „dunklen Jahren“ einer Kunstuniversität hinaus – hinzusehen, sich nicht wegzuducken vor dem, was gewaltvoll in der jüngeren Vergangenheit zerstört wurde. Es bedeutet vor allem in der Gegenwart, acht- und wachsam zu sein für die geringsten Anzeichen der Zerstörung und Bereitschaft zu zeigen, diese nicht zuzulassen.

Wien, im Jänner 2024

Anmerkungen

1 Ruth Klüger, weiter leben. Eine Jugend (Erstausgabe: Göttingen 1992), München 2020[26], 142.
2 Die uns verließen. Österreichische Maler und Bildhauer der Emigration und Verfolgung, Ausstellungskatalog Österreichische Galerie Belvedere in Wien, Wien 1980.
3 Hans Bisanz, Österreichische Kunst der Zwischenkriegszeit – Hoffnung und Enttäuschung, in: ebd., 11–24, 11.
4 Heidemarie Uhl, „Wien um 1900" – das *making of* eines Gedächtnisortes, in: Monika Sommer/Marcus Gräser/Ursula Prutsch (Hg.), Imaging Vienna. Innenansichten, Außenansichten, Stadterzählungen, Wien 2006, 47–70, 47.
5 Vgl. URL: https://kunstsammlungundarchiv.at/universitaetsarchiv/sonderfall-angewandte (abgerufen 21.12.2023).
6 Vgl. Silvia Herkt, Universität für angewandte Kunst Wien / Die Angewandte und das Kunsthochschul-Organisationsgesetz (KHOG): Weg und Wirkung, in: Susanne Prucher/Silvia Herkt/Susanne Kogler/Severin Matiasovits/Erwin Strouhal (Hg.), Auf dem Weg zur Kunstuniversität: das Kunsthochschul-Organisationsgesetz von 1970, Wien 2021, 147–172; Heinz P. Adamek, Die „Hohe Schule" der angewandten Kunst – Im Wandel der Gesetzeslandschaft Österreichs seit 1945, in: ebd., 173–185.
7 Vgl. Cosima Rainer/Eva Maria Stadler (Hg.), Schule Oberhuber. Der Künstler, Rektor, Ausstellungsmacher und sein Programm, Berlin/Boston 2023.
8 Günther Dankl, „...über das Chaos des Augenblicks hinausführende Denkanstöße..." (Maurice Besset). Zur Rezeption der französischen Kunst in Österreich von 1945 bis 1960, in: Patrick Werkner (Hg.), Kunst in Österreich 1945–1995. Ein Symposion der Hochschule für angewandte Kunst in Wien im April 1945, Wien 1996, 64–83.
9 URL: https://kunstsammlungundarchiv.at (abgerufen 21.12.2023).
10 *Schule Oberhuber. Eine Sammlung als Programm*, Ausstellung in der Universitätsgalerie der Angewandten im Heiligenkreuzerhof, Wien, 4.5.–30.7.2022, kuratiert von Cosima Rainer und Robert Müller; vgl. Rainer/Stadler, Schule Oberhuber.
11 Gottfried Fliedl, Kunst und Lehre am Beginn der Moderne. Die Wiener Kunstgewerbeschule 1867–1918, Salzburg/Wien 1986.
12 Kunst: Anspruch und Gegenstand. Von der Kunstgewerbeschule zur Hochschule für angewandte Kunst in Wien 1918–1991, hg. von der Hochschule für angewandte Kunst in Wien, Redaktion: Erika Patka, Salzburg/Wien 1991.
13 Oswald Oberhuber, Die Expression – Österreichs Beitrag zur modernen Kunst, in: Die verlorenen Österreicher 1918–1938? Expression – Österreichs Beitrag zur Moderne. Eine Klärung der kulturellen Identität, Ausstellungskatalog Zentralsparkasse und Kommerzialbank Wien, hg. vom Kunstverein Wien, Wien/München 1982, 7.
14 Grundlegend dazu: Fliedl, Kunst und Lehre und vor allem Barbara Doser, Das Frauenstudium in Österreich 1870–1935, Diss. Univ. Innsbruck 1988 und Sabine Plakolm-Forsthuber, Künstlerinnen in Österreich 1897–1938. Malerei Plastik Architektur, Wien 1994; vgl. auch Bernadette Reinhold, „Weibliche artistische Arbeitskräfte" in spe – Frauenstudium an der frühen Kunstgewerbeschule. Ein unbequemer Rückblick, in: Gerald Bast/Anja Seipenbusch-Hufschmied/Patrick Werkner (Hg.), 150 Jahre Universität für angewandte Kunst Wien. Ästhetik der Veränderung, Berlin/Boston 2017, 158–163.
15 Plakolm-Forsthuber, Künstlerinnen in Österreich, 95–96.
16 Vgl. Die verlorenen Österreicher? 1918–1938 und Abbild und Emotion. Österreichischer Realismus 1914–1944, Ausstellungskatalog Österreichisches Museum für angewandte Kunst Wien, hg. von der Hochschule für angewandte Kunst in Wien, Wien 1984. Erwähnenswert sind auch Ausstellungen wie *Österreichische Avantgarde 1900–1938* gemeinsam mit Peter Weibel (1976) oder Oberhubers Installation *Museum im Museum* (1978), vgl. Cosima Rainer, Schule Oberhuber. Eine Sammlung als Programm, in: Rainer/Stadler, Schule Oberhuber, 64–69.
17 Die Vertreibung des Geistigen aus Österreich. Zur Kulturpolitik des Nationalsozialismus, Ausstellungskatalog Zentralsparkasse und Kommerzialbank Wien, hg. von der Hochschule für angewandte Kunst in Wien, Wien 1985.
18 Koller hatte ihre Dissertation über die Reformzeit der Kunstgewerbeschule um 1900 geschrieben, war als Kunsthistorikerin eine der wichtigsten Mitarbeiterinnen in Oberhubers Team und wurde in den frühen 1990er-Jahren die Leiterin der Universitätsbibliothek. Vgl. Gabriele Koller, Die Kunstgewerbeschule des k. k. österreichischen Museums für Kunst und Industrie Wien: 1899–1905, Diss. Univ. Wien 1983.
19 Exemplarisch siehe Friedrich Achleitner, Die geköpfte Architektur. Anmerkungen zu einem ungeschriebenen Kapitel der österreichischen Architekturgeschichte, in: Die Vertreibung des Geistigen aus Österreich, 196–198.
20 Erich Fried, Die Vertreibung des Geistigen aus Österreich, in: ebd., 5–9.
21 Vgl. u. a. Anton Pelinka (Hg.), Das große Tabu: Österreichs Umgang mit seiner Vergangenheit, Wien 1997[2]; WALDHEIMS WALZER, Dokumentarfilm von Ruth Beckermann (2018).
22 Oskar Kokoschka. Städteportraits, Ausstellungskatalog Österreichisches Museum für angewandte Kunst Wien, hg. von der Hochschule für angewandte Kunst in Wien in Zusammenarbeit mit der Oskar Kokoschka Dokumentation Pöchlarn, Wien/München 1986; vgl. Bernadette Reinhold, Ein halbes Jahrhundert Oskar Kokoschka Dokumentation, in: Oskar Kokoschka Dokumentation/Anna Stuhlpfarrer/Bernadette Reinhold (Hg.), Kokoschka im Fokus – Stürmische Jahre in Berlin. Oskar Kokoschka Dokumentation Pöchlarn. Ein halbes Jahrhundert 1973–2023, Pöchlarn 2023, 10–44, 32–34. Die OKD ist seit 1998 mit der Angewandten in einer engen Kooperation verbunden; 1996 wurde das Oskar Kokoschka Zentrum gegründet. Vgl. URL: https://kunstsammlungundarchiv.at/oskar-kokoschka-zentrum/ueber-uns (abgerufen 22.12.2023).
23 Oskar Kokoschka. Symposion abgehalten von der Hochschule für angewandte Kunst in Wien anlässlich des 100. Geburtstags des Künstlers, hg. von der Hochschule für angewandte

Kunst in Wien, Redaktion: Erika Patka, Salzburg/Wien 1986.

24 Nach dem Tod Kokoschkas 1980 hatte die Angewandte den Oskar-Kokoschka-Preis angeregt, der seit 1981 alle zwei Jahre als einer der bestdotierten österreichischen Staatspreise vergeben wird, siehe URL: https://kunstsammlungundarchiv.at/oskar-kokoschka-zentrum/oskar-kokoschka-preis (abgerufen 8.1.2024).

25 Vgl. Bernadette Reinhold, Oskar Kokoschka und Österreich. Facetten einer politischen Biografie, Wien/Köln 2023.

26 Zeitgeist wider den Zeitgeist. Eine Sequenz aus Österreichs Verirrung, Ausstellungskatalog Heiligenkreuzerhof Wien, hg. von der Hochschule für angewandte Kunst in Wien, Wien 1988.

27 UaK, Z17/1988 (Waldheim-Aktionen / Zeitgeist wider den Zeitgeist / Gedenkveranstaltungen 1938).

28 Simon Wiesenthals Dankrede, in: VERGESSEN GIBT ES NICHT. Eine Dokumentation der Akademischen Feier am 27. April 1989 in der Säulenhalle des Österreichischen Museums für angewandte Kunst anläßlich der Verleihung der Ehrenmitgliedschaft der Hochschule für angewandte Kunst in Wien an SIMON WIESENTHAL, Wien 1989, 40–41, 40.

29 Beispielhafter Umgang mit kritischen Ehrungen der Universität Wien: URL: https://geschichte.univie.ac.at/de/themen/kritische-reflexion-der-bisherigen-ehrungen sowie an der Akademie der bildenden Künste Wien, URL: https://www.akbild.ac.at/de/universitaet/ehrenmitglieder; siehe auch: honoris causa. Geschichtspolitiken an (Kunst-)Universitäten, Tagung an der Akademie der bildende Künste Wien, 7.11.2023, URL: https://www.akbild.ac.at/de/universitaet/veranstaltungen/konferenzen/2023/honoris-causa-geschichtspolitiken-an-kunst-universitaeten (abgerufen 22.12.2023).

30 Vgl. URL: https://www.dieangewandte.at/universitaet/profil/ehrenmitglieder (abgerufen 22.12.2023).

31 „Recht, nicht Rache" ist der Titel eines der Bücher Simon Wiesenthals, das seit 1988 in zahlreichen Auflagen erschienen ist.

32 Vgl. URL: https://www.vwi.ac.at/index.php/institut/simon-wiesenthal/lebenslauf-simon-wiesenthal (abgerufen 22.12.2023).

33 Christian Ruschitzka, Baumring, 2008, Metall 3D-Druck, UaK, IN 19.085/O.

34 VERGESSEN GIBT ES NICHT (Dokumentation).

35 Christina Wieder geht in dieser Publikation in allen drei Großkapiteln auf Paul Kirnig näher ein.

36 Vgl. URL: https://provenienzforschung.gv.at/kommission (abgerufen 22.12.2023).

37 Vgl. René Schober, Vorläufiger Endbericht zur Provenienzforschung: Kunstsammlung der Universität für angewandte Kunst Wien, Wien 2011, UaK, IN HS 11/35.

38 Siehe den Beitrag von Bettina Buchendorfer und Silvia Herkt in dieser Publikation, v. a. Anm. 5–7.

39 Dieses Projekt wurde von Konstantin Ferihumer betrieben, siehe auch ders., Paul Kirnig und die „Fachklasse für Gebrauchs-, Illustrations- und Modegraphik" – zwischen Gaupropaganda und „Niemals Vergessen", in: Bast/Seipenbusch-Hufschmied/Werkner, 150 Jahre Universität für angewandte Kunst Wien, 182–185.

40 Vgl. Bast/Seipenbusch-Hufschmied/Werkner, 150 Jahre Universität für angewandte Kunst Wien.

41 Gabriele Koller, Die verlorene Moderne. Von der Kunstgewerbeschule zur (Reichs-)Hochschule für angewandte Kunst, Wien, in: Hans Seiger/Michael Lunardi/Peter Josef Populorum (Hg.), Im Reich der Kunst. Die Wiener Akademie der bildenden Künste und die faschistische Kunstpolitik, Wien 1990, 183–216.

42 Anonym, Wien bleibt die Stadt der Künste, in: Neuigkeits-Weltblatt, 11.5.1938, zit. nach Ingrid Holzschuh/Sabine Plakolm-Forsthuber, Kommunal produziert. Die Wiener Institutionen der Mode und das Kunsthandwerk, in: Dies., Auf Linie. NS-Kunstpolitik in Wien. Die Reichskammer der bildenden Künste, Ausstellungskatalog Wien Museum, Basel 2021, 181–243, 205.

43 Vgl. Christina Wieders Ausführungen in Kap. 1.2.2. Die Debatten zur „Architekten-Frage" und 2.2.3. „Sonderfall" Wiener Kunstgewerbeschule?

44 Vortrag gehalten am 5. November 1941 von Professor Franz SCHUSTER bei der Schulfeier in der Reichshochschule für angewandte Kunst in Wien, in: Feierliche Eröffnung der Wiener Kunsthochschule. UaK, VA 1941/180, 10; siehe auch Protokoll der VI. Sitzung des engeren Lehrkörpers vom 1. April 1941. UaK, Sitzungsprotokolle, 4. Ausführlich erläutert in Christina Wieder, Kap. 2.2.3. „Sonderfall" Wiener Kunstgewerbeschule?

45 FG, Hochschule für angewandte Kunst in Wien (Ein Gespräch mit dem Leiter der Anstalt, Arch. Prof. Fellerer), in: Direktor Fellerer: Interview im Radio. UaK, VA 1945/75, 3, zit. nach Christina Wieder, Kap. 3.2.2. Kulturpolitik in der Nachkriegszeit: Rückkehr zum nationalen Idyll oder Öffnung hin zu internationalen Perspektiven?

46 Die Bezeichnung für das politische System Österreichs von 1933/34 bis 1938 steht seit langer Zeit in Diskussion. Wie Christina Wieder näher erläutert, haben wir uns für den Begriff „Austrofaschismus" entschieden, um in unserer Studie insbesondere die „Kontinuitäten faschistischer Regime im kunstgewerblichen Kontext aufzuzeigen". Siehe Christina Wieder, Kap. 1 Die Kunstgewerbeschule Wien im Austrofaschismus (1933–1938), Anm. 7.

47 Siehe Christina Wieder, Kap. 1. Die Kunstgewerbeschule im Austrofaschismus (1933–1938).

48 Vgl. Gabriella Hauch, Frauen unter Druck: Rekatholisierung – (Re) Maskulinisierung – Frauendiskriminierung, in: Bernhard Hachleitner/Alfred Pfoser/Katharina Prager/Werner Michael Schwarz (Hg.), Die Zerstörung der Demokratie. Österreich: März 1933 bis Februar 1934, Ausstellungskatalog Wienbibliothek im Rathaus, Salzburg/Wien 2023, 66–71, 70. Genderspezifische Aspekte sind in den Beiträgen Christina Wieders eingehend behandelt.

49 Christina Wieder, Kap. 1.1.2. Nationalsozialistische Netzwerke im kunstgewerblichen Kontext (zu Fitzthum) und 2.3.1. Werkstätte für Volks- und Brauchtum (zu Klaus).

50 Primus-Heinz Kucher, Einleitende Bemerkungen zu „Moderne" und „Avantgarde" in Österreich, in: Ders. (Hg.), Verdrängte Moderne – vergessene Avantgarde. Diskurskonstellationen zwischen Literatur, Theater, Kunst und Musik in Österreich 1918–1938, Göttingen 2016, 7–18, 8.

51 Christian Fuhrmeister, Kunst und Kunstpolitik im Nationalsozialismus. Eine Forschungsbilanz der letzten 20 Jahre, in: Meike Hoffmann/Dieter Scholz (Hg.), Unbewältigt?

Ästhetische Moderne und Nationalsozialismus. Kunst, Kunsthandel, Ausstellungspraxis, Berlin 2020, 14–35.

52 Wichtige Grundlagenforschung bieten etwa die Forschungsstelle „Entartete Kunst", URL: https://www.geschkult.fu-berlin.de/e/db_entart_kunst/index.html und GDK Research – Bildbasierte Forschungsplattform zur Großen Deutschen Kunstausstellung 1937–1944 in München, URL: https://www.gdk-research.de/db/apsisa.dll/ete (abgerufen 22.12.2023). Zu „Kategorisierungen und Begrifflichkeiten zu Kunst und Nationalsozialismus" siehe etwa Olaf Peters, Nationalsozialistische Kunst oder: Die Verneinung des Außerordentlichen, in: Hoffmann/Scholz, Unbewältigt, 38–51.

53 Bernadette Reinhold, „Widersprüche und Gegensätze in diesem jugendlichen Graukopf". Carl Molls kulturpolitisches Engagement, in: Stella Rollig/Christian Huemer (Hg.), Carl Moll. Monographie und Werkverzeichnis, Wien/Klagenfurt 2020, 92–103.

54 Löfflers politische Haltung und Aktivitäten werden ausführlich bei Christina Wieder in Kap. 1 Die Kunstgewerbeschule Wien im Austrofaschismus (1933–1938) besprochen.

55 Vgl. Manfred Wagner, Alfred Roller in seiner Zeit, Salzburg/Wien 1996.

56 Dazu siehe Christina Wieders Ausführungen zur Nachkriegszeit, Kap. 3.1. Personelle Entwicklungen.

57 Vgl. Christina Wieder, Kap. 1 Die Kunstgewerbeschule Wien im Austrofaschismus (1933–1938).

58 Ingrid Holzschuh/Sabine Plakolm-Forsthuber, Albert Paris Gütersloh, in Kap. Abgelehnt und sondergenehmigt. Einzelschicksale von Wiener Künstler*innen, in: Dies., Auf Linie, 114.

59 Haerdtl ist in allen drei Kapiteln Christina Wieders thematisiert, v. a. in Kap. 3.3.2. Fachklasse für Raumkunst, gewerbliche und industrielle Entwürfe.

60 Vgl. Adolph Stiller, Oswald Haerdtl. Architekt und Designer 1899–1959, Salzburg 2000; Birgit Knauer, Oswald Haerdtl. Ein „deutscher" Designer mit Wiener Note, in: „Wien. Die Perle des Reiches". Planen für Hitler, Ausstellungskatalog Architekturzentrum Wien (AzW), Zürich 2015, 86–102.

61 Johann Wolfgang von Goethe, Wilhelm Meisters Wanderjahre oder die Entsagenden, Erstes Buch, Kap. 12 (Erstausgabe: Stuttgart und Tübingen 1821).

62 Vgl. Peter Noever (Hg.), Kunst und Industrie. Die Anfänge des Museums für angewandte Kunst in Wien, Ausstellungskatalog MAK Wien, Ostfildern-Ruit 2000 sowie Fliedl, Kunst und Lehre.

63 Rosemarie Burgstaller, Inszenierung des Hasses. Feindbildausstellung im Nationalsozialismus, Frankfurt/New York 2022, 90; vgl. auch Christian Welzbacher, Edwin Redslob. Biografie eines unverbesserlichen Idealisten, Berlin 2009, v. a. Kap. 4 Der ästhetische Staat.

64 Burgstaller, Inszenierung des Hasses, 87 und 90.

65 Mit wichtigen Beiträgen auch außerhalb der Architektur siehe Anita Aigner (Hg.), Vernakulare Moderne. Grenzüberschreitungen in der Architektur um 1900. Das Bauernhaus und seine Aneignung, Bielefeld 2010.

66 Christian Witt-Döring, Individualität versus Gleichschaltung. Das Kunstgewerbe 1938–1956, in: Christoph Thun-Hohenstein/Christian Witt-Döring/Rainald Franz/Matthias Boeckl (Hg.), Josef Hoffmann 1870–1956. Fortschritt durch Schönheit, Ausstellungskatalog MAK Wien, Basel 2021, 419–423, 419.

67 Witt-Döring, Ein Arbeiten ohne die Wiener Werkstätte. Das Kunstgewerbe 1933–1938, in: Thun-Hohenstein/Witt-Döring/Franz/Boeckl, Josef Hoffmann 1870–1956, 371–375, 371.

68 Das befreite Handwerk. Geschmack und Wohnkultur, Ausstellungskatalog Wien 1934, zit. nach Elisabeth Boeckl-Klamper, Temporärer Karriereknick. Josef Hoffmann und der „Ständestaat", in: Thun-Hohenstein/Witt-Döring/Franz/Boeckl, Josef Hoffmann 1870–1956, 359–363, 361.

69 Josef Hoffmann 1934–1938, in: Thun-Hohenstein/Witt-Döring/Franz/Boeckl, Josef Hoffmann 1870–1956, 356.

70 Wilfried Posch, Clemens Holzmeister. Architekt zwischen Kunst und Politik, Salzburg 2010, v. a. Kap. Bewegte Jahre 1934–1938, 228–259.

71 Vgl. Christina Wieder, Kap. 2.3.3. Die Werkstätten für Mode und Textilarbeiten.

72 Holzschuh/Plakolm-Forsthuber, Kommunal produziert, 181–243, v. a. 183–185; Elisabeth Boeckl-Klamper, Josef Hoffmann und der Nationalsozialismus. Eine Bestandsaufnahme, in: Thun-Hohenstein/Witt-Döring/Franz/Boeckl, Josef Hoffmann 1870–1956, 389–397.

73 Oswald Haerdtl an Kajetan Mühlmann, Typoskript 4.9.1938, ÖStA, RSth III 200.665/38, zit. nach Holzschuh/Plakolm-Forsthuber, Kommunal produziert, 205.

74 Ebd., 212.

75 Politische Beurteilung Hoffmanns durch Gauhauptstellenleiter Franz Kamba, 13.4.1940, ÖStA, Gauakt Nr. 4892: Josef Hoffmann, zit. nach Boeckl-Klamper, Josef Hoffmann und der Nationalsozialismus, 394.

76 Ebd., 395.

77 Ausstellung „Deutscher Hausrat", Wien, hg. von der NSDAP Gauleitung Wien, Deutsche Arbeitsfront, Gauheimstättenamt Wien, Wien 1941, UaK, IN 3055/Q.

78 Kulturempfinden und Entartung, Ausstellungskatalog Künstlerhaus Salzburg, hg. von der Gebietsführung der Hitler-Jugend und der Gauwirtschaftskammer Salzburg, 1944, UaK, IN 1463/Q; vgl. etwa Paul Schultze-Naumburg, Kunst und Rasse, München 1928.

79 Sämtliche Unterprojekte und Veranstaltungen im Zusammenhang mit dem Projekt sind zu finden unter der URL: https://kunstsammlungundarchiv.at/universitaetsarchiv/sonderfall-angewandte (abgerufen 22.12.2023).

80 Der Workshop, der über die universitätsinterne Abteilung für Weiterbildung angeboten wurde, fand am 15.5.2023 statt und wurde aufgrund des großen Interesses am 8.11.2023 in leicht veränderter Form wiederholt.

81 „Sonderfall" Angewandte (1933–1955). Guided Tour, Angewandte Festival, Wien 28.6.2023 mit Sophie Geretsegger und Bernadette Reinhold.

82 Podiumsdiskussion „Kunst gegen das Vergessen?", Universität für angewandte Kunst Wien, 27.4.2023, mit Gerald Bast, Rosemarie Burgstaller, Daniela Hammer-Tugendhat, Birgit Kirchmayr, Moderation: Christina Wieder.

83 Schaukasten #7.1. (Margarete Berger-Hamerschlag) kuratierten Christina Wieder und Bernadette Reinhold, Schaukasten #7.2. (Hans Felix Kraus) Bernadette Reinhold, Schaukasten #7.3. Sophie Geretsegger. Ausstellungsgestaltung: Robert Müller, Organisation: Laura Egger-Karlegger.

Margarete Berger-Hamerschlag

Wien 10. Mai 1902 –
5. April 1958 London

„Sonderfall“ Angewandte. Im Fokus – eine Gedenkinitiative

Schaukasten #7.1.

Kunstsammlung und Archiv,
9. März – 27. April 2023,
Universität für angewandte Kunst Wien,
Vordere Zollamtsstraße 7, Foyer

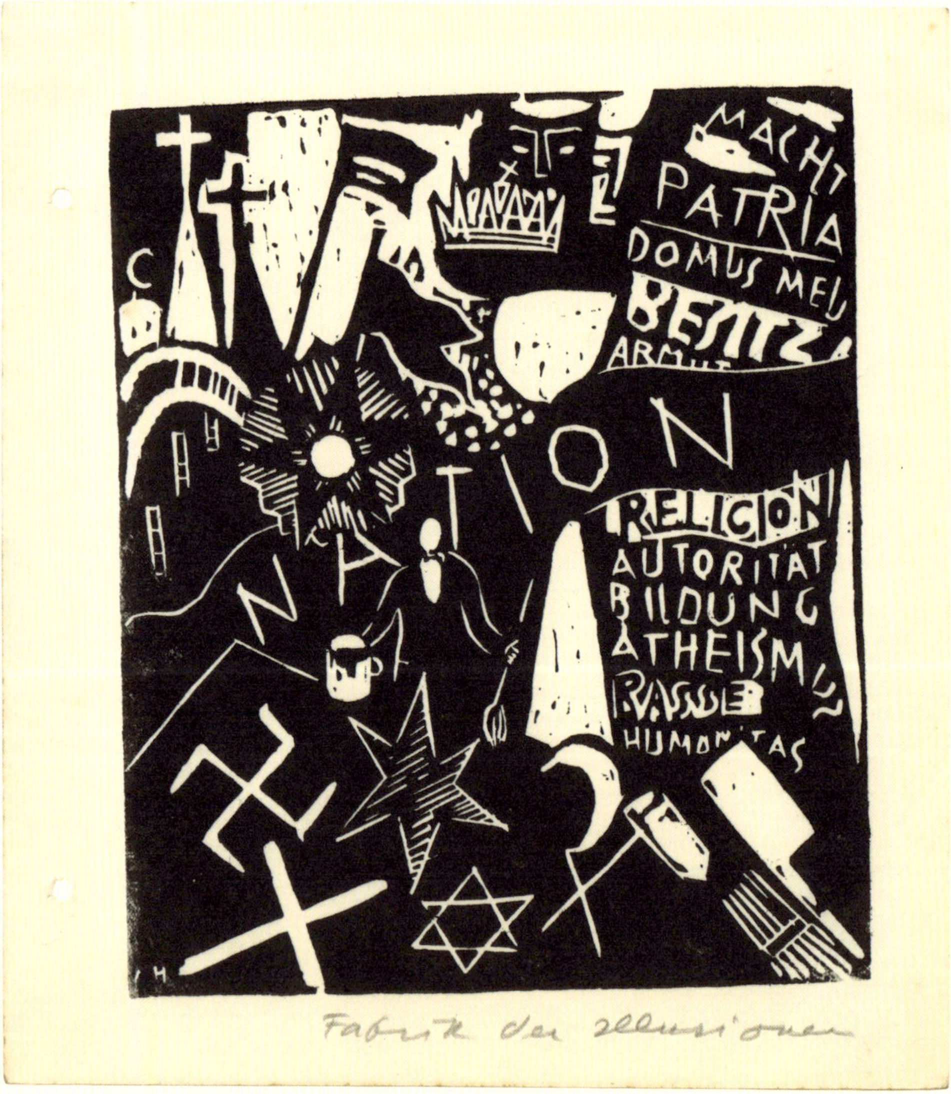

Margarete Berger-Hamerschlag,
***Der Spiegel*, 1932**

Die Zwischenkriegszeit ist geprägt von politischen Kämpfen, dem Wettstreit konfliktiver Dogmen und dem Erstarken diverser Ismen, von Nationalismus über Sozialismus hin zu Katholizismus und Atheismus. Während die Weimarer Republik dem nationalsozialistischen Aufstieg entgegenblickt und Italien ein diktatorisch-imperialistisches Regime erschafft, erlebt auch in Österreich der Faschismus einen massiven Aufschwung. Antisemitismus und rassistische Ausgrenzung bilden spätestens mit der Errichtung des austrofaschistischen Herrschaftssystems tragende Elemente der politischen Ideologie.

Die Künstlerin Margarete Berger-Hamerschlag, die aus einer jüdisch-katholischen, sozial engagierten Familie stammt, thematisiert in ihren expressiven Holzschnitten die tiefgreifenden politischen Konflikte der frühen 1930er-Jahre. Prägend ist ihre Zeit in der Jugendkunstklasse Franz Čižeks (1913–1917) und das Studium bei Oskar Strnad, Bertold Löffler und Eduard Josef Wimmer-Wisgrill (1917–1922) an der Kunstgewerbeschule. Ab den frühen 1920er-Jahren ist sie erfolgreich als Illustratorin, Karikaturistin, Buchkünstlerin sowie als Bühnen- und Kostümbildnerin tätig und stellt u. a. bei der linksorientierten *Wiener Frauenkunst* (1927) aus.

In ihren Holzschnittserien (z. B. *Die Stadt*, 1923) greift sie sozialkritische Themen auf, wie politische Radikalisierung, religiösen Fanatismus, Eskapismus durch die damalige Modedroge Opium, aber auch Prostitution und die allgegenwärtige sexuelle Gewalt. In der Serie *Der Spiegel* (1932) steht in mehrdeutigen Blättern wie *Die Fabrik der Illusionen* das Künstler-Ich (mit Pinsel und Farbeimer) in einem urban anmutenden, wild gebauten Bild-Text-Konglomerat von politischen und religiösen Symbolen – eine Reflexion der Rolle von Kunstschaffenden als Teil der Propagandamaschinerie. Weitere Blätter der Serie setzen explizit politisch-rassistische Verhetzung und Massenhysterie ins Bild. Die drastische Bildsprache, aber auch die überdeutlichen Titel – *Die Menschheit verherrlicht ihre Henker* – sowie ihre teils repetitiv und nivellierend wirkende Aneinanderreihung – *Die Christen sind schuld! Tötet sie!, Die Juden sind schuld! Tötet sie!, Die N[...] sind schuld! Tötet sie!* – sorgen heute wie damals für Irritation. Zeitgleich entstehen aber auch sensible Porträts und lyrische Landschaftsbilder.

Berger-Hamerschlag emigiert nicht zuletzt aufgrund des zunehmend politisch vergifteten und antisemitischen Klimas mit ihrem Mann, dem Architekten und Loos-Schüler Josef Berger, 1934 nach Palästina und bereits 1935/36 weiter nach England. Dort ist die Künstlerin, Autorin und Kunstpädagogin in Exilgruppen politisch aktiv. Ihre vielgelesene Autobiografie *Journey into a Fog* (1955, 2. Auflage 1959) schildert ihre kunsttherapeutische Sozialarbeit mit „Teddy Boys and their girlfriends" in Jugendclubs der Londoner Slums. Sie stirbt 1958 unerwartet an Krebs.

Konzept und Text: Bernadette Reinhold, Christina Wieder
Gestaltung und Organisation: Robert Müller, Laura Egger-Karlegger

Schaukasten #7.1., Abb. 1
Margarete Berger-Hamerschlag, *Fabrik der Illusionen*, aus der Serie *Der Spiegel*, 1932, Holzschnitt, UaK, IN 12.165/2

Seiten 46–49
Schaukasten #7.1., Abb. 2, 3
Margarete Berger-Hamerschlag – *„Sonderfall" Angewandte. Im Fokus – eine Gedenkinitiative*, Schaukasten Kunstsammlung und Archiv #7.1.

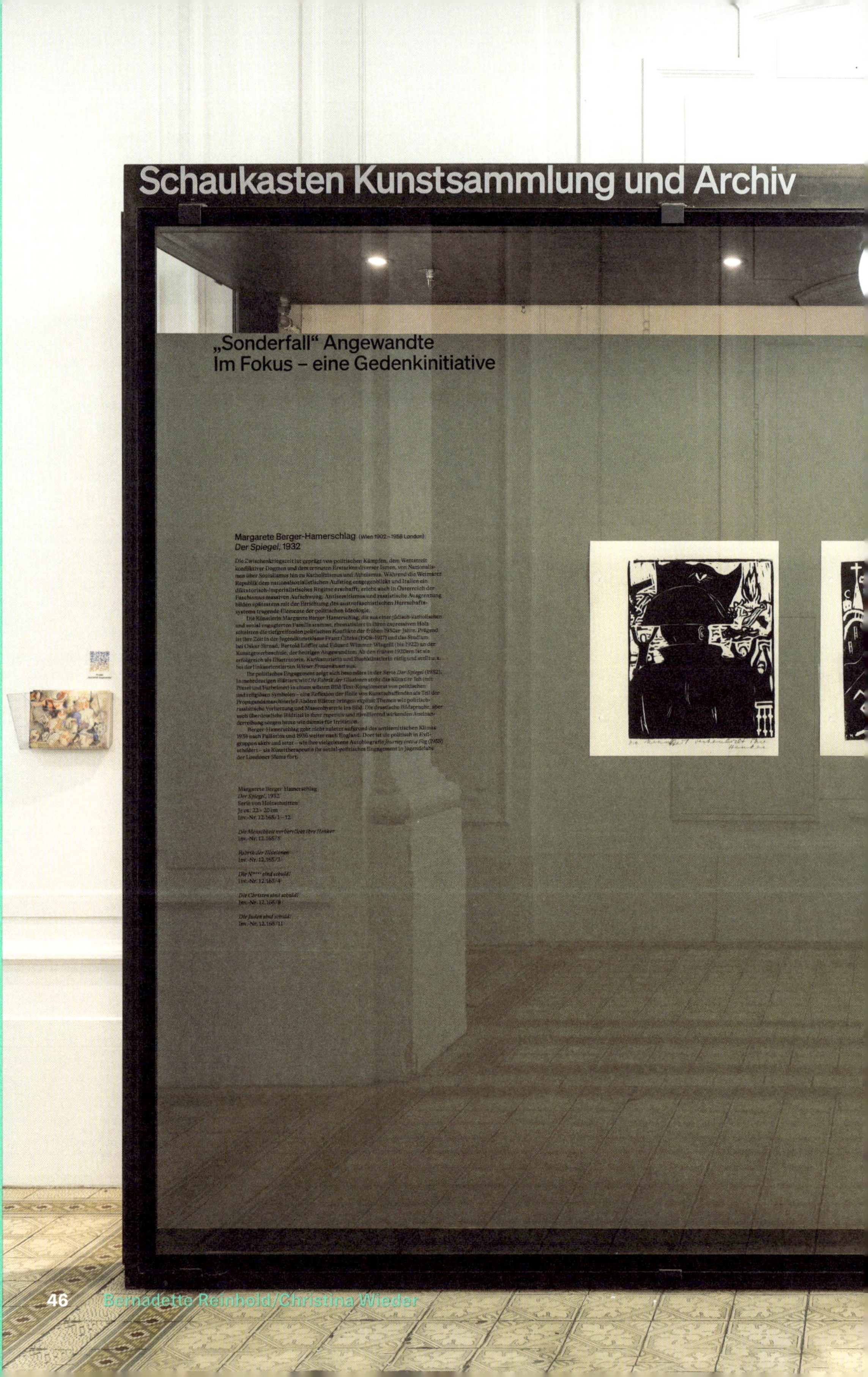
Schaukasten Kunstsammlung und Archiv
„Sonderfall" Angewandte
Im Fokus – eine Gedenkinitiative
Margarete Berger-Hamerschlag (Wien 1902–1958 London)
Der Spiegel, 1932

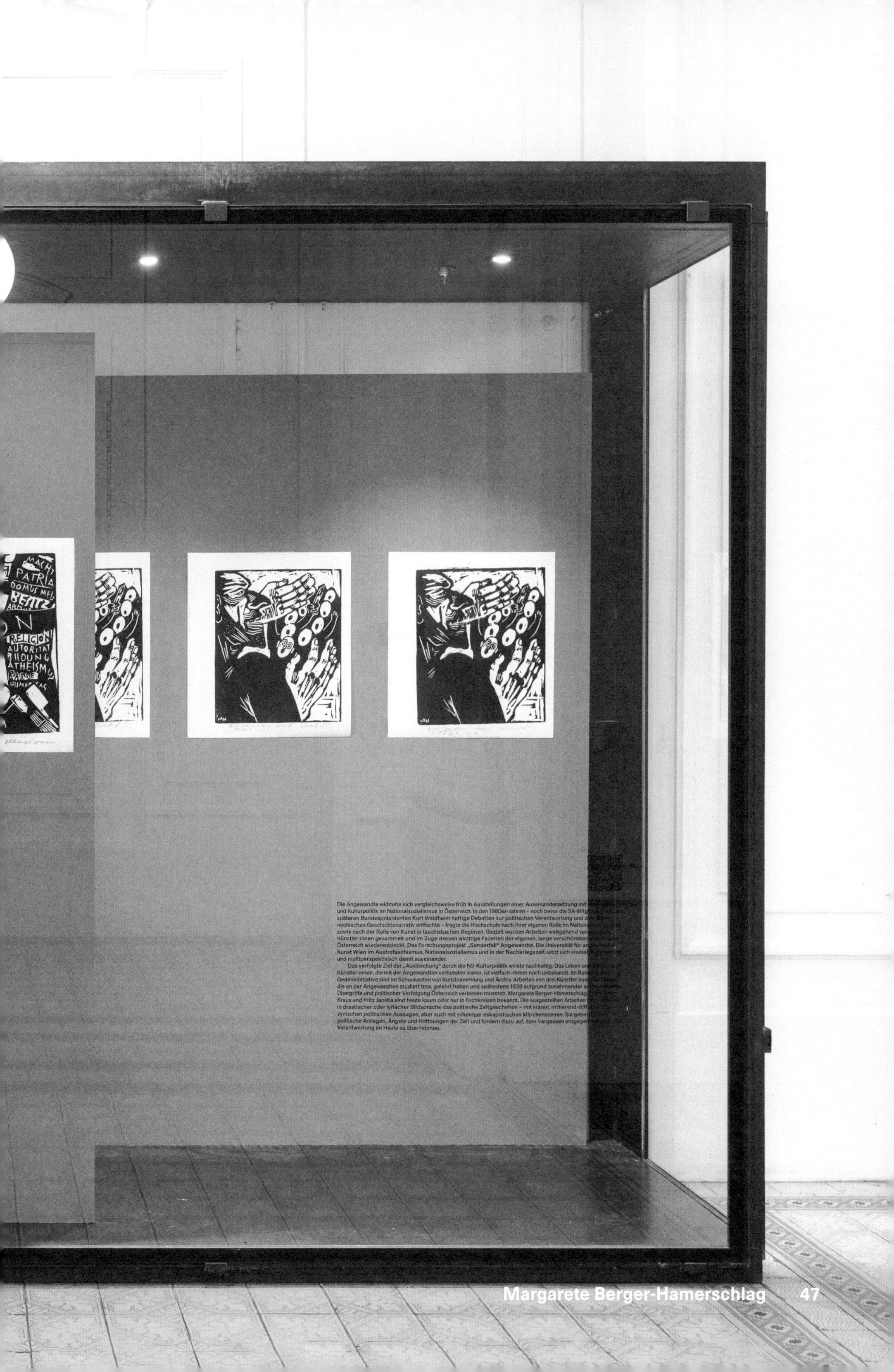

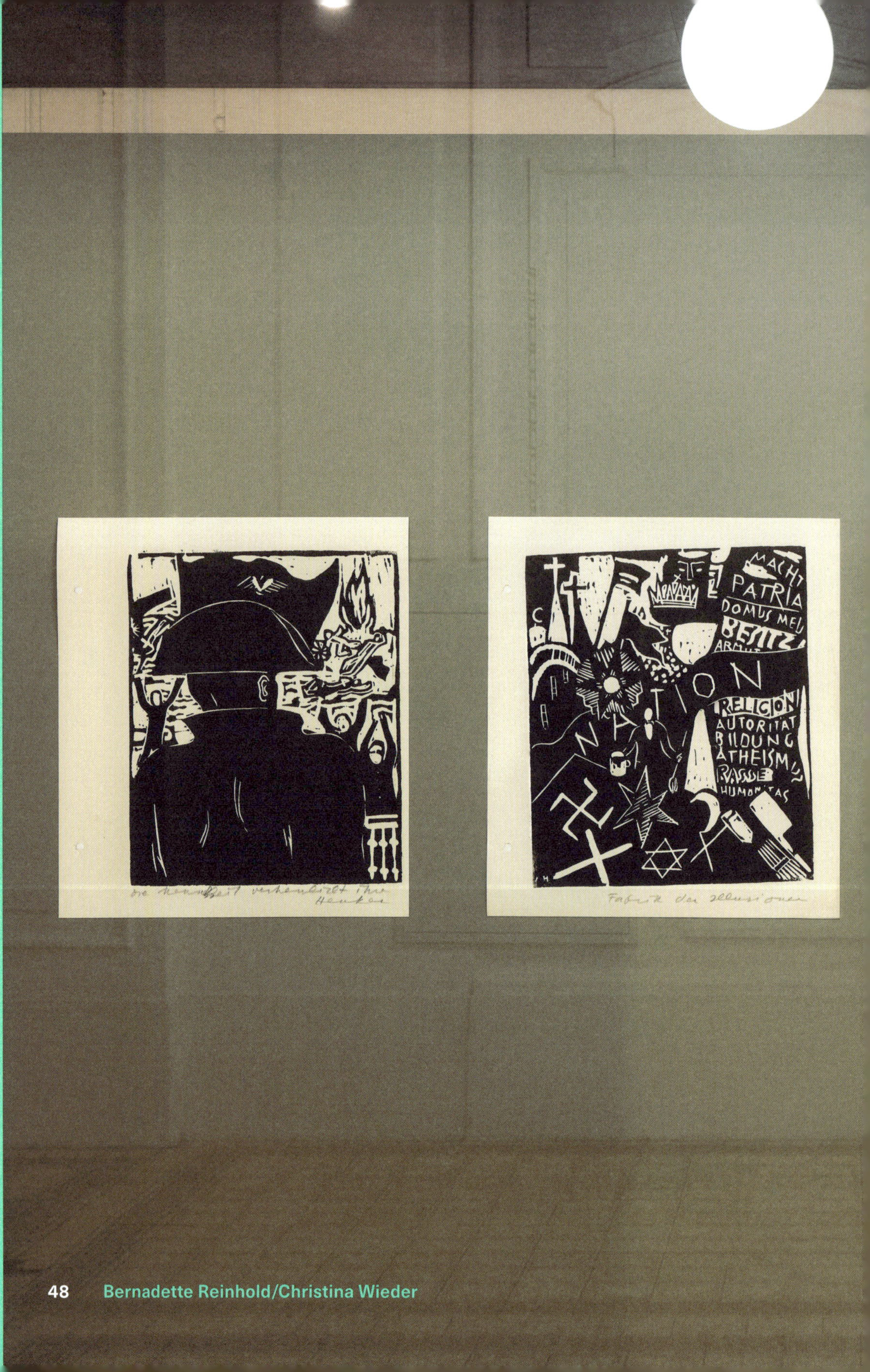
MACHT
PATRIA
BESITZ
NATION
RELIGION
BILDUNG

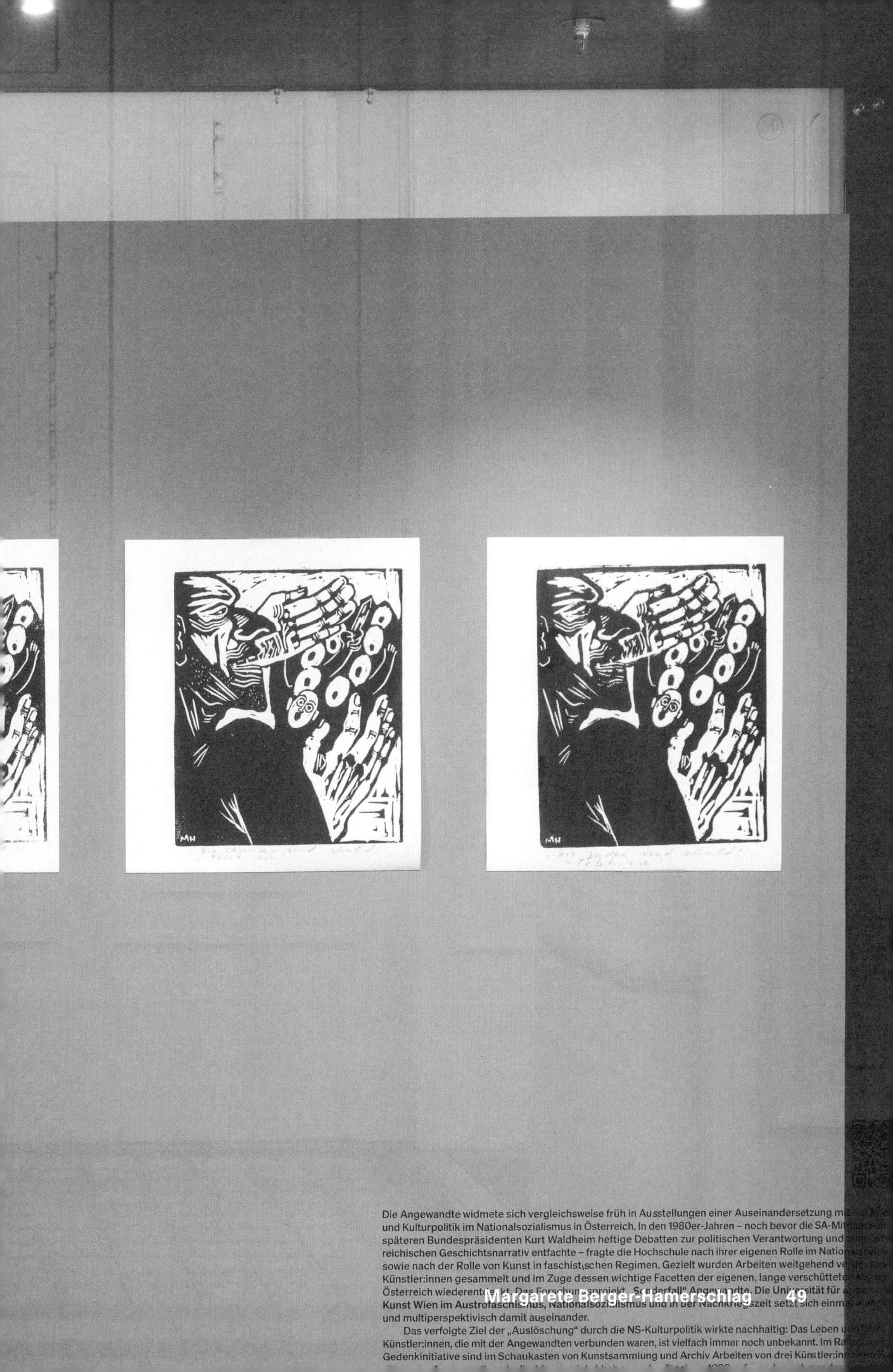
MH
MH
Die Angewandte widmete sich vergleichsweise früh in Ausstellungen einer Auseinandersetzung
und Kulturpolitik im Nationalsozialismus in Österreich. In den 1980er-Jahren – noch bevor die SA-
späteren Bundespräsidenten Kurt Waldheim heftige Debatten zur politischen Verantwortung und
reichischen Geschichtsnarrativ entfachte – fragte die Hochschule nach ihrer eigenen Rolle im
sowie nach der Rolle von Kunst in faschistischen Regimen. Gezielt wurden Arbeiten weitgehend
Künstler:innen gesammelt und im Zuge dessen wichtige Facetten der eigenen, lange
Kunst Wien im Austrofaschismus, Nationalsozialismus und in der Nachkriegszeit setzt sich
und multiperspektivisch damit auseinander.
Das verfolgte Ziel der „Auslöschung“ durch die NS-Kulturpolitik wirkte nachhaltig: Das Leben
Künstler:innen, die mit der Angewandten verbunden waren, ist vielfach immer noch unbekannt. Im
Gedenkinitiative sind im Schaukasten von Kunstsammlung und Archiv Arbeiten von drei

Hans Felix Kraus

Wien 19. Jänner 1916 –
13. Oktober 1973 Guadalajara

„Sonderfall" Angewandte. Im Fokus – eine Gedenkinitiative

Schaukasten #7.2.

Kunstsammlung und Archiv,
3. Mai – 30. Juni 2023,
Universität für angewandte Kunst Wien,
Vordere Zollamtsstraße 7, Foyer

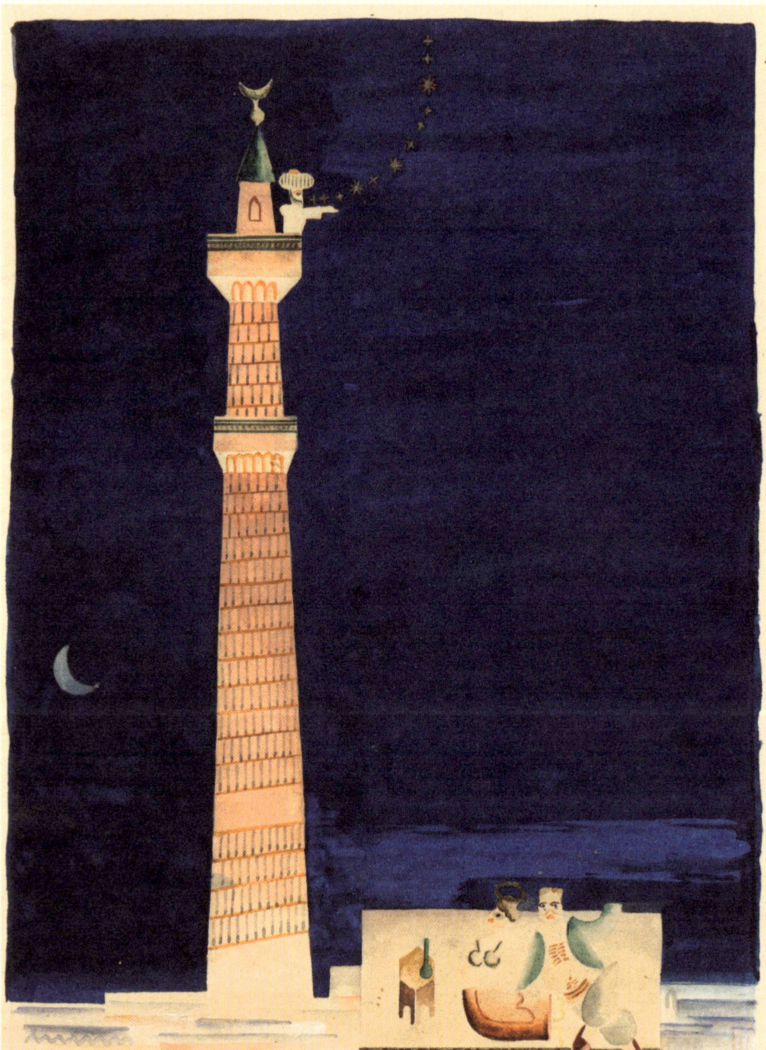

Hans Felix Kraus, *Tartarin de Tarascon*, 1933/34

Hans Felix Kraus studiert als Jugendlicher an der Kunstgewerbeschule (1930–1935) bei Franz Čižek, Bertold Löffler und Wilhelm Müller-Hofmann und zählt zu den begabtesten Studierenden. Seine Arbeiten werden bald in der Secession (1934), im Österreichischen Museum für Kunst und Industrie (heute: MAK), in einigen Wiener Galerien, aber auch in Rom und auf der Weltausstellung in Brüssel (1935) ausgestellt. Er arbeitet zudem als Kurator, etwa der Schau zu japanischen Kinderzeichnungen (Galerie Würthle Wien), als international geschätzter Kunstkritiker und ist im Österreichischen Kulturbund aktiv. Mit dem „Anschluss" Österreichs an Nazi-Deutschland im März 1938 ist die Karriere des 22-Jährigen mit einem Schlag beendet. Nach einer strapaziösen Flucht über Italien, Frankreich und Spanien nach Portugal besteigt er mit seiner Mutter Elsa Scheibner (1886–1972), die vermutlich als Journalistin in Wien gearbeitet hatte, im März 1939 in Lissabon ein Schiff nach Southampton. Von dort aus geht es wenige Tage später nach New York. Viele Jahre später erzählt er seiner Tochter Helen über die Flucht mit dem Zug in Italien:

> *I was talking to a young man in my compartment on the train. We were talking about politics. All of a sudden, I realized he had some sort of Mussolini label on his clothing. 'Now, I'm sunk,' he thought. Nothing happened.*

Hans Felix Kraus ist in New York als Künstler, Autor und Verleger tätig, arbeitet unter anderem für „La Voix de France", die Zeitung der weltweit agierenden Bewegung gegen das Vichy-Regime, was eventuell auf während der Flucht geknüpfte Kontakte schließen lässt. Er ist mit Alexander Archipenko und vielen Künstlern und Intellektuellen auch in Mittel- und Südamerika befreundet, übersiedelt nach Mexiko, wo er mit nicht einmal 60 Jahren stirbt.

Kraus ist heute selbst in Fachkreisen völlig unbekannt. Die Illustrationen zu Alphonse Daudets Roman *Tartarin de Tarascon* (1872), in der Wiener Secession 1934 ausgestellt, offenbaren eine einzigartige, witzig-fantasievolle Bildsprache und raffinierte Abstrahierung des Figurativen. Vor dem Hintergrund der Ausschaltung des Parlaments 1933, der blutigen Februarkämpfe 1934 und des Führerkults um Engelbert Dollfuß widmet sich der (kultur-) politisch engagierte Künstler nicht zufällig dem Maulhelden und tragikomischen Löwenjäger Tartarin und illustrierte zeitgleich die Geschichten des Lügenbarons Münchhausen. Die Ausstellung im Kontext der Gedenkinitiative *„Sonderfall" Angewandte. Im Fokus* zeigte erstmals seit 1937 die Arbeiten von Hans Felix Kraus in Österreich – ein Versuch, den weitgehend in Vergessenheit geratenen Künstler ins kollektive Gedächtnis zurückzuholen und ihm als kritische Stimme der österreichischen Moderne Gehör zu verschaffen.

Konzept und Text: Bernadette Reinhold
Gestaltung und Organisation: Robert Müller, Laura Egger-Karlegger

Schaukasten #7.2., Abb. 1
Hans Felix Kraus, *Singender Muezzin am Minarett in Algier, Illustration zu: Alphonse Daudet, Tartarin de Tarascon*, 1933/34, Wasserfarben auf Papier, Jewish Museum New York

Seiten 52–55
Schaukasten #7.2., Abb. 2, 3
Hans Felix Kraus, *„Sonderfall" Angewandte. Im Fokus – eine Gedenkinitiative*, Schaukasten Kunstsammlung und Archiv #7.2.

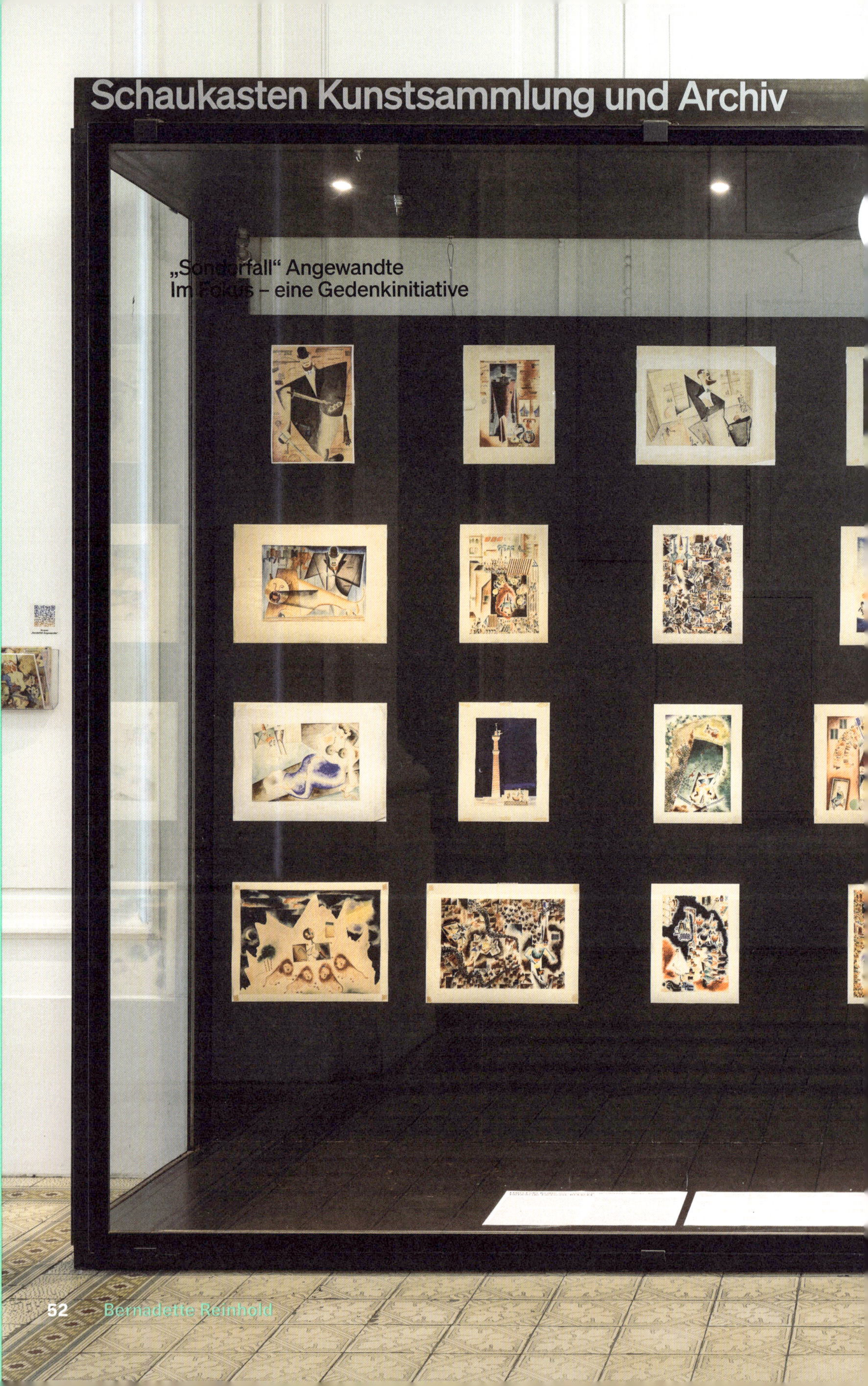
Schaukasten Kunstsammlung und Archiv
„Sonderfall" Angewandte
Im Fokus – eine Gedenkinitiative

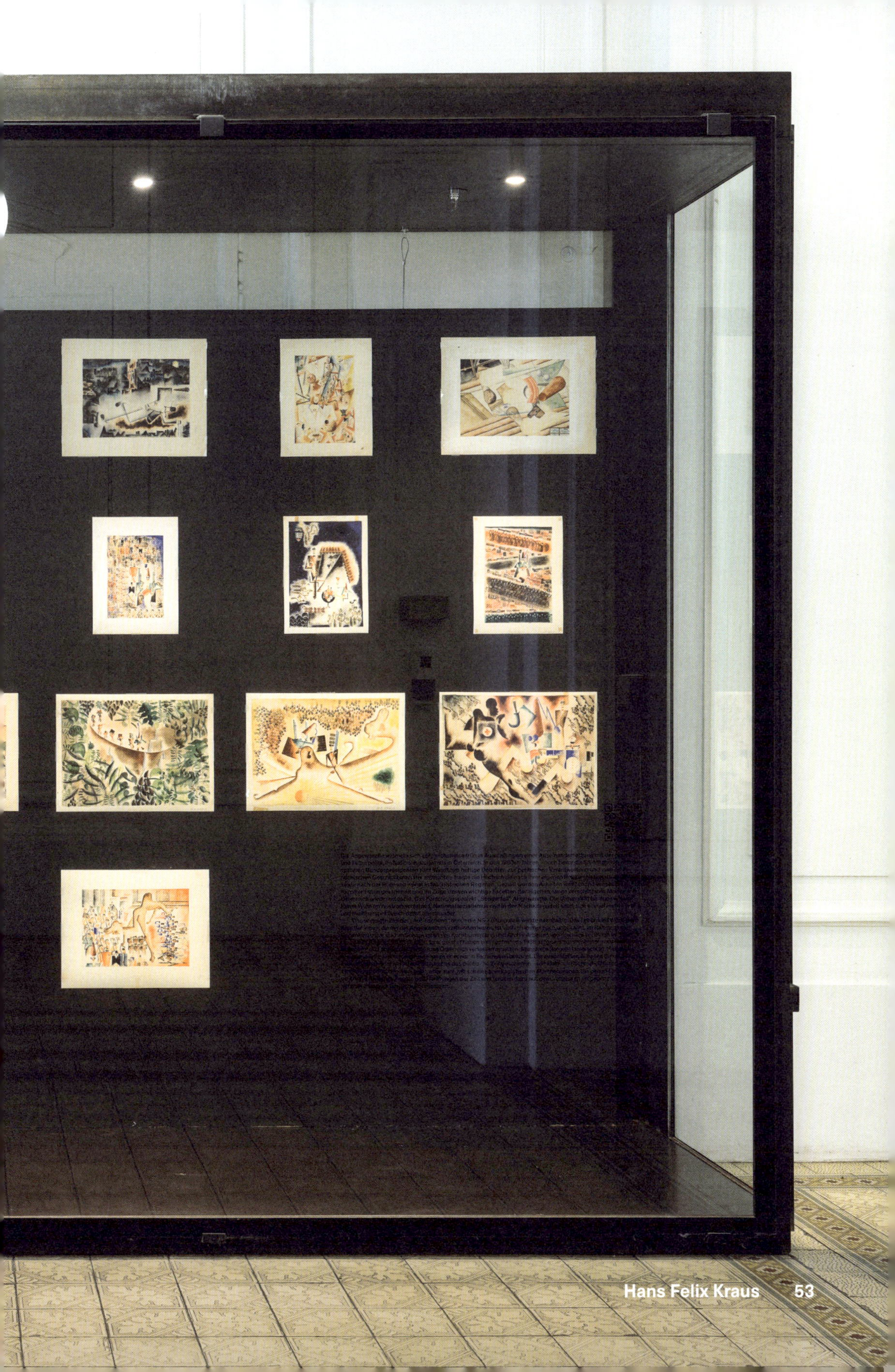

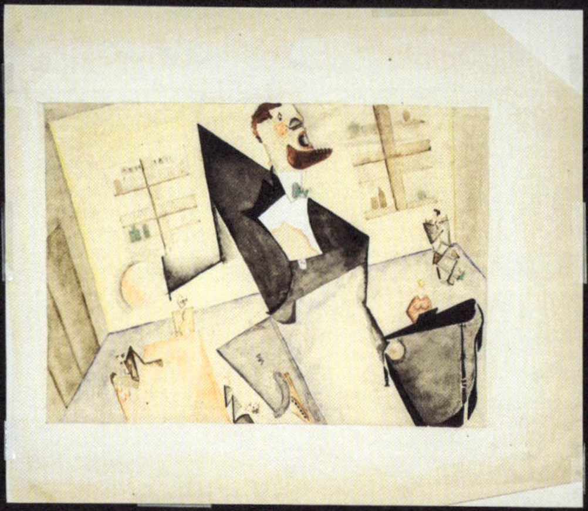

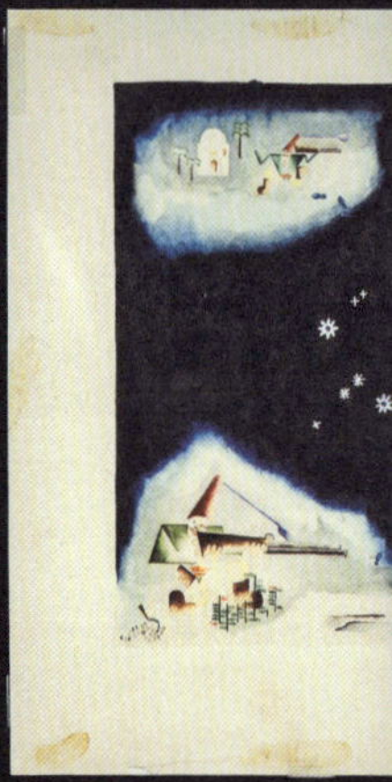

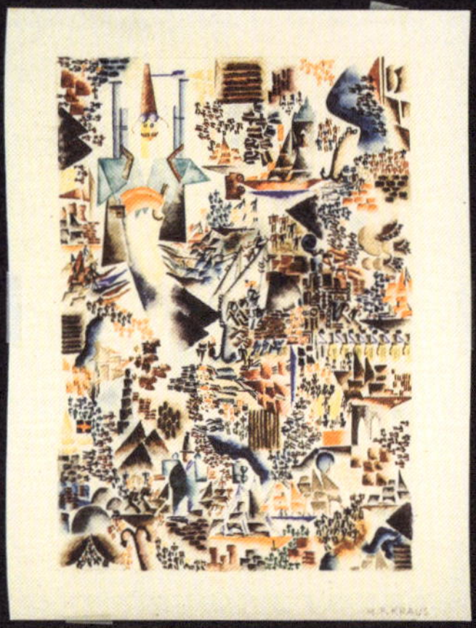

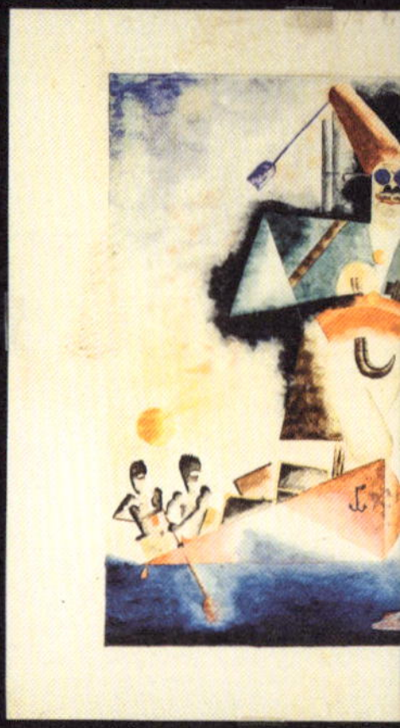

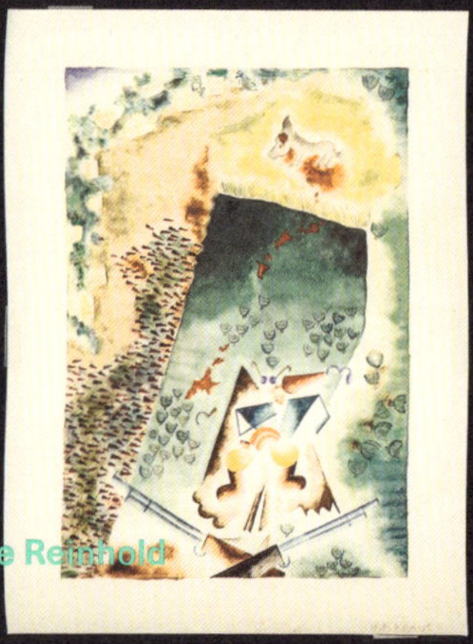

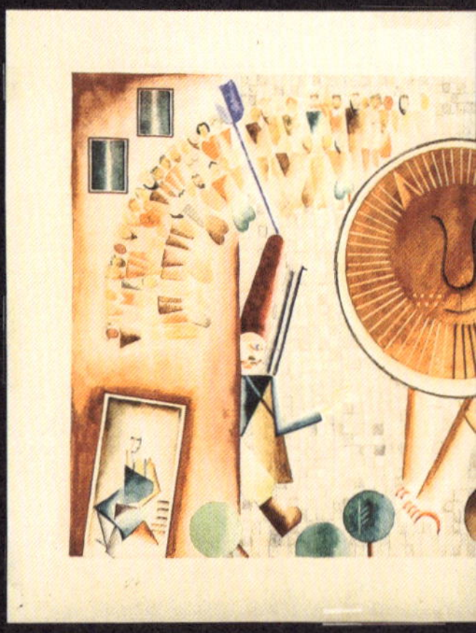

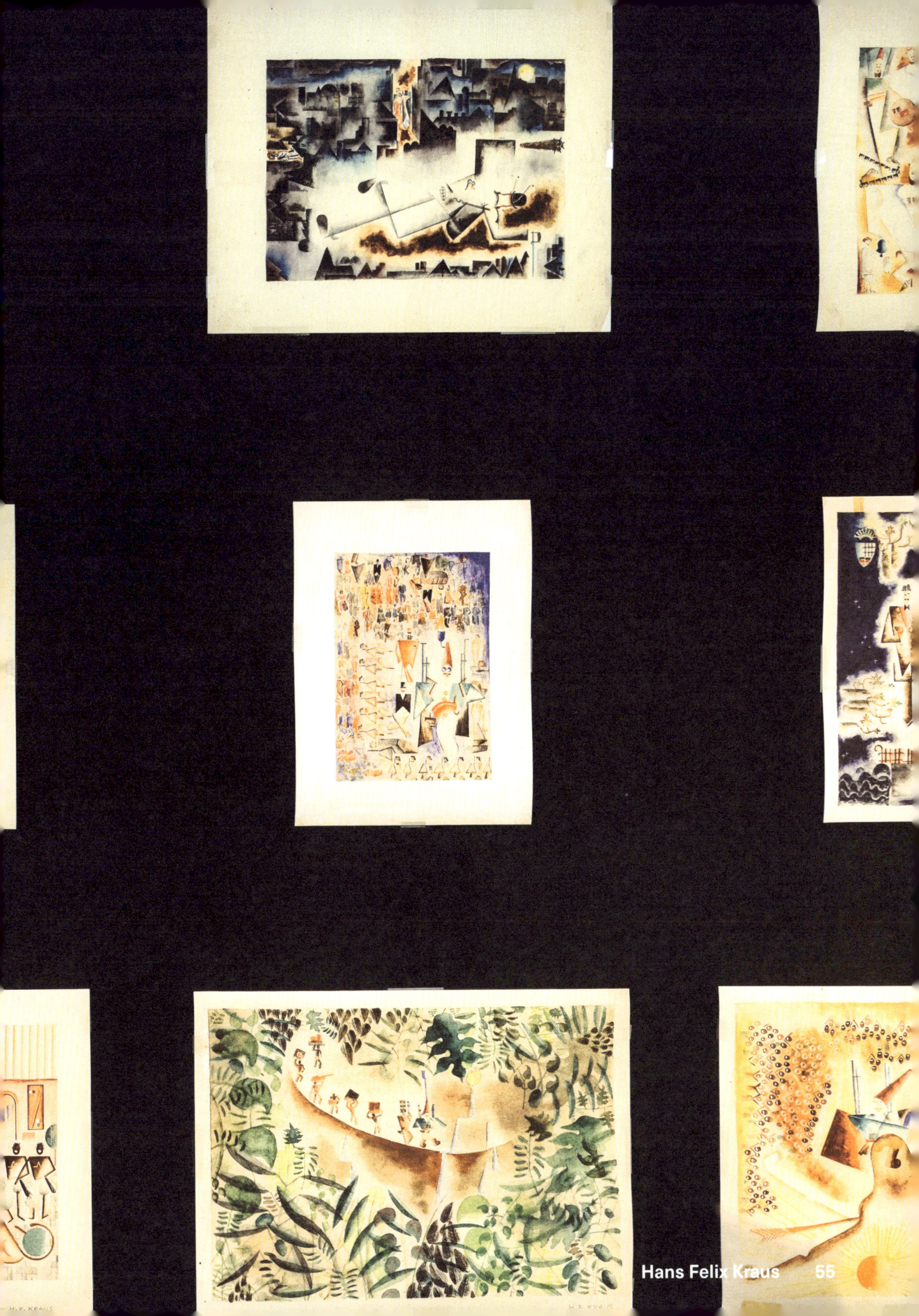

Fritz Janeba

Wien 19. Dezember 1905 –
25. August 1983 Wien

„Sonderfall“ Angewandte. Im Fokus – eine Gedenkinitiative

Schaukasten #7.3.

Kunstsammlung und Archiv,
3. Juli – 30. September 2023,
Universität für angewandte Kunst Wien,
Vordere Zollamtsstraße 7, Foyer

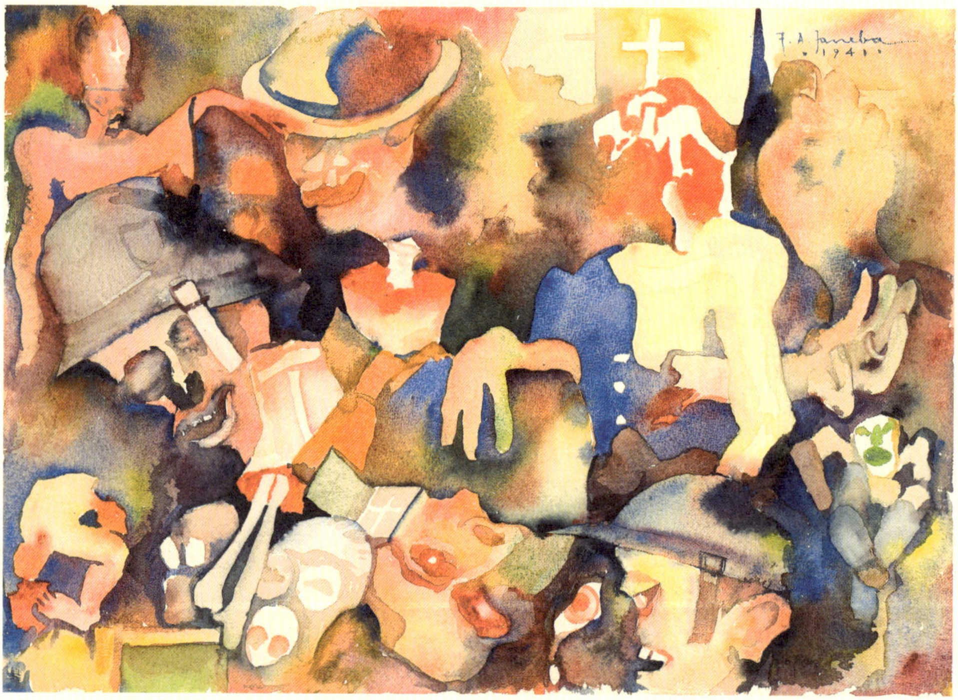

Fritz Janeba, *Krieg I, II und III*, 1941

Im Jahr 1968 demonstrieren Studierende in Wien gegen Professor*innen, die nach wie vor NS-Doktrinen anhängen. Zugleich beginnt man sich vereinzelt zu erinnern, wen man durch die „Vertreibung des Geistigen“ verloren hat. All das geht auch an der Angewandten nicht spurlos vorüber. Hier lehrt Fritz Janeba, der 1967, nach 28 Jahren im Exil, unter enormen bürokratischen Hürden die Architekturklasse von Franz Schuster übernimmt und bis 1977 leiten wird. Beide haben, wenn auch zeitversetzt, bei Oskar Strnad an der Kunstgewerbeschule studiert. Janeba schließt noch bis 1933 ein Studium in der Meisterklasse bei Clemens Holzmeister an der Akademie der bildenden Künste an. Die Karriere der beiden hätte sich nicht unterschiedlicher entwickeln können: Schuster wirkt von 1937 bis 1966 als Professor, ist NS-Profiteur und maßgeblich an der ideologischen Ausrichtung der Angewandten beteiligt. Janeba hingegen verlässt 1938 Österreich, ist überzeugter Antifaschist und Kriegsgegner. Seine Freundin und Studienkollegin, die Keramikerin Käthe Pollak (1906–1985), ahnt, dass für sie als Jüdin die Lage in Österreich unhaltbar wird. Beide beschließen, Europa zu verlassen und emigrieren unter nervenaufreibenden Umständen nach Australien. Sehr bescheidenen Anfängen folgen bald ansehnliche Architekturaufträge, seine malerischen Arbeiten kann Janeba mit Erfolg ausstellen.

Die Aquarellserie *Krieg I–III* fällt mit dem Kriegseintritt Australiens 1941 zusammen. Ihre farbintensive, abstrahiert-anthropomorphe Formensprache zeugt unmissverständlich von Janebas Entsetzen über den Krieg. Zudem wird es ihm unmöglich gemacht, als Architekt zu arbeiten, da die gut integrierten Eheleute aufgrund des Kriegsgeschehens plötzlich als „Enemy Aliens“ gelten. Sie gründen gemeinsam eine Keramikwerkstatt und kommen nur knapp über die Runden. In Warrandyte beginnen sie, teils mit eigenen Händen, ihr in vieler Hinsicht außergewöhnliches Haus zu bauen. Janeba wird 1944 australischer Staatsbürger und 1947 an die University of Melbourne berufen, wo er das Architekturstudium reformiert und auf internationales Niveau bringt. Durch seinen Ruf als hervorragender Lehrer wird die UNESCO auf ihn aufmerksam und betraut ihn 1962 mit der Professur für Architektur an der Middle East Technical University Ankara. 1967 folgt der Ruf nach Wien, wenngleich mit der zynischen Auflage, auf die Pensionsansprüche aus der Professur zu verzichten. Trotz dieses für den österreichischen Umgang mit Vertriebenen bezeichnenden Angebots gewinnt die Angewandte einen weltoffenen Pädagogen mit humanistischem Engagement, der auch bei der 68er-Studierendenschaft Anerkennung genießt. Janebas künstlerischer Nachlass sowie auch autobiografische Schriften befinden sich dank des Architekten Heiner Fürst und des Fotografen Thomas Römer im Universitätsarchiv der Angewandten.

Konzept und Text: Sophie Geretsegger
Gestaltung und Organisation: Robert Müller, Laura Egger-Karlegger

Schaukasten #7.3., Abb. 1
Fritz Janeba, *Krieg I*,
1941, Aquarell auf Karton,
Uak, IN 4454/1

Seiten 58–61
Schaukasten #7.3., Abb. 2, 3
Fritz Janeba, *„Sonderfall“ Angewandte. Im Fokus – eine Gedenkinitiative*, Schaukasten Kunstsammlung und Archiv #7.3.

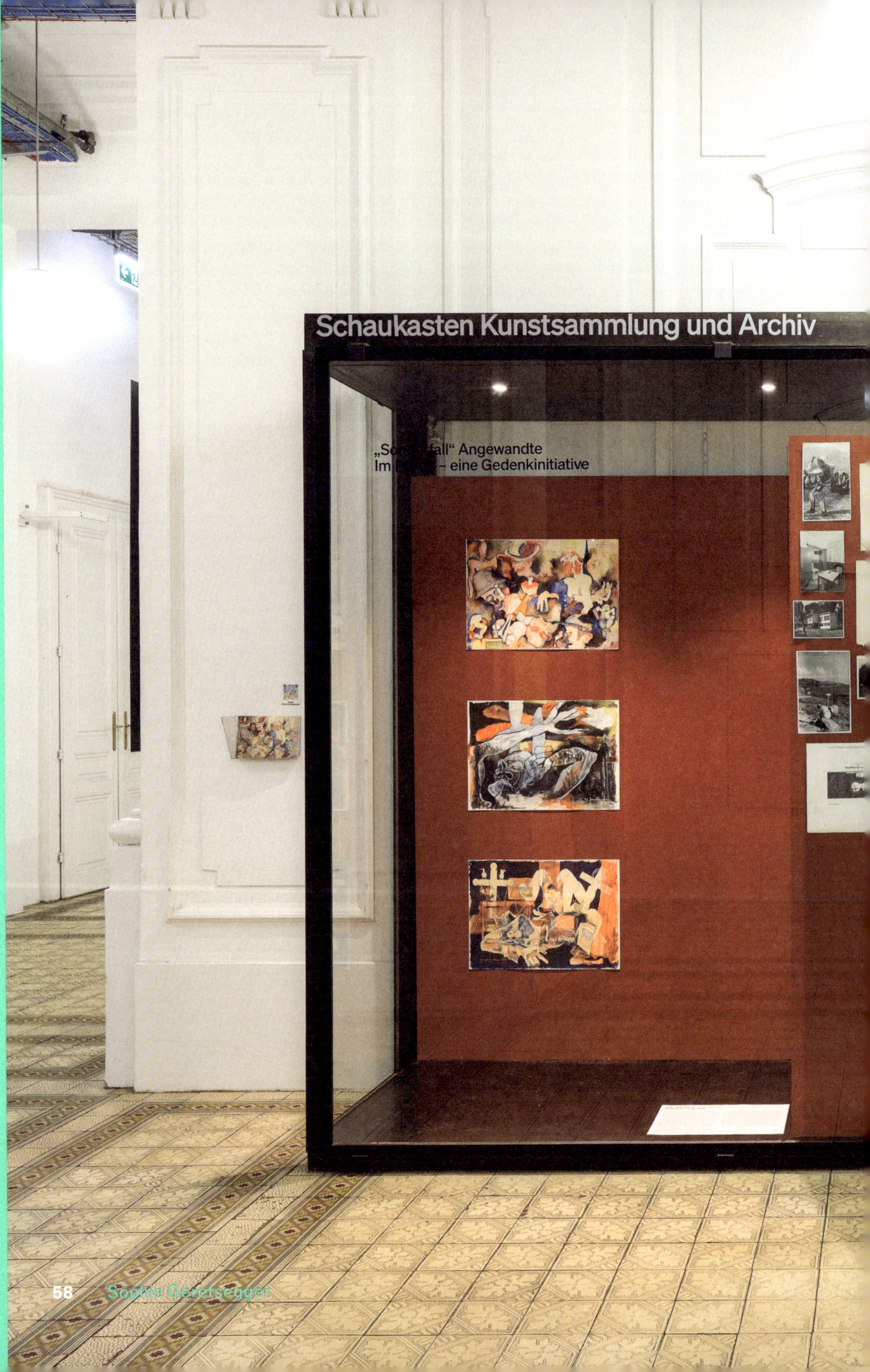
Schaukasten Kunstsammlung und Archiv
Angewandte
– eine Gedenkinitiative

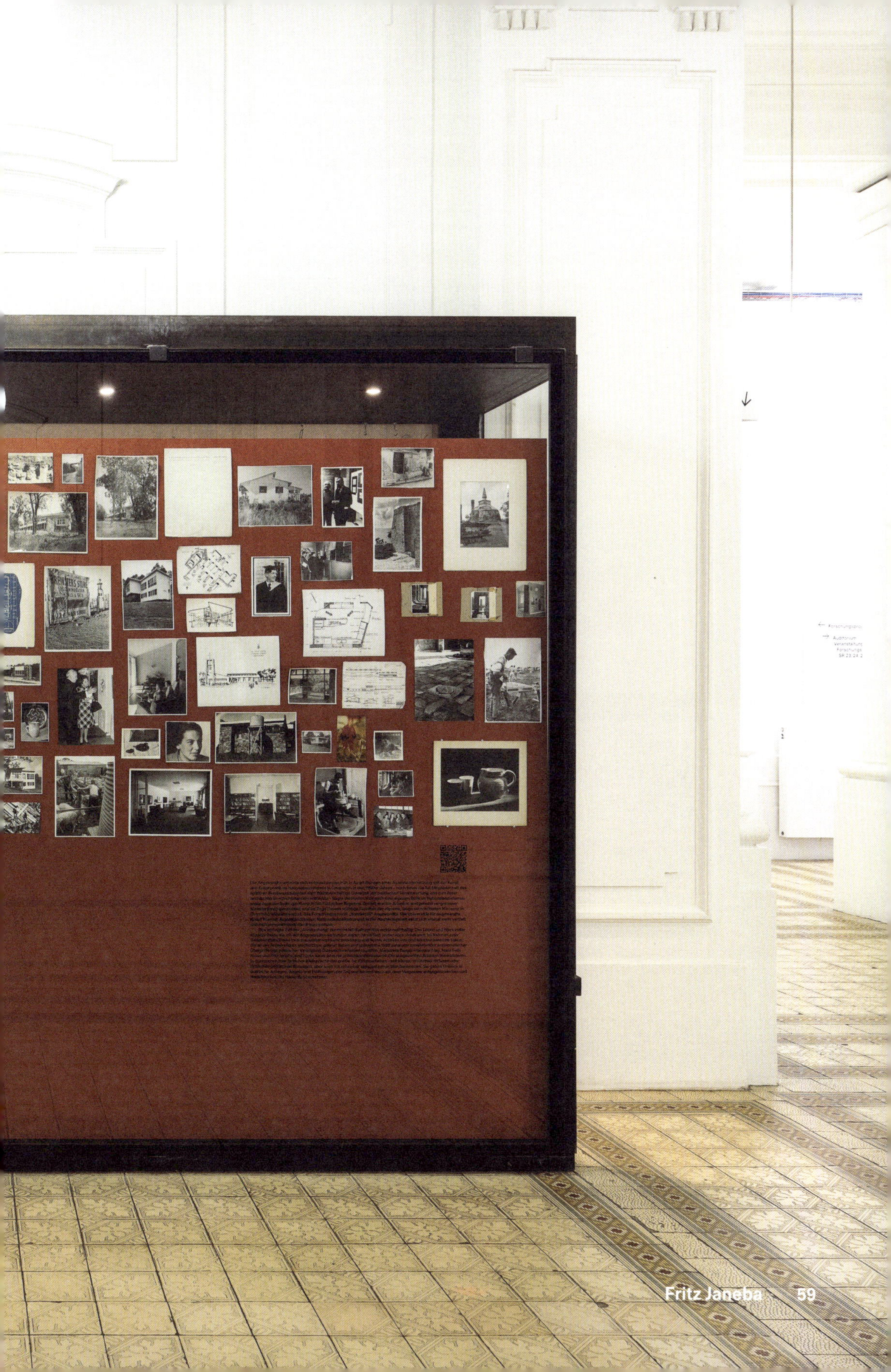

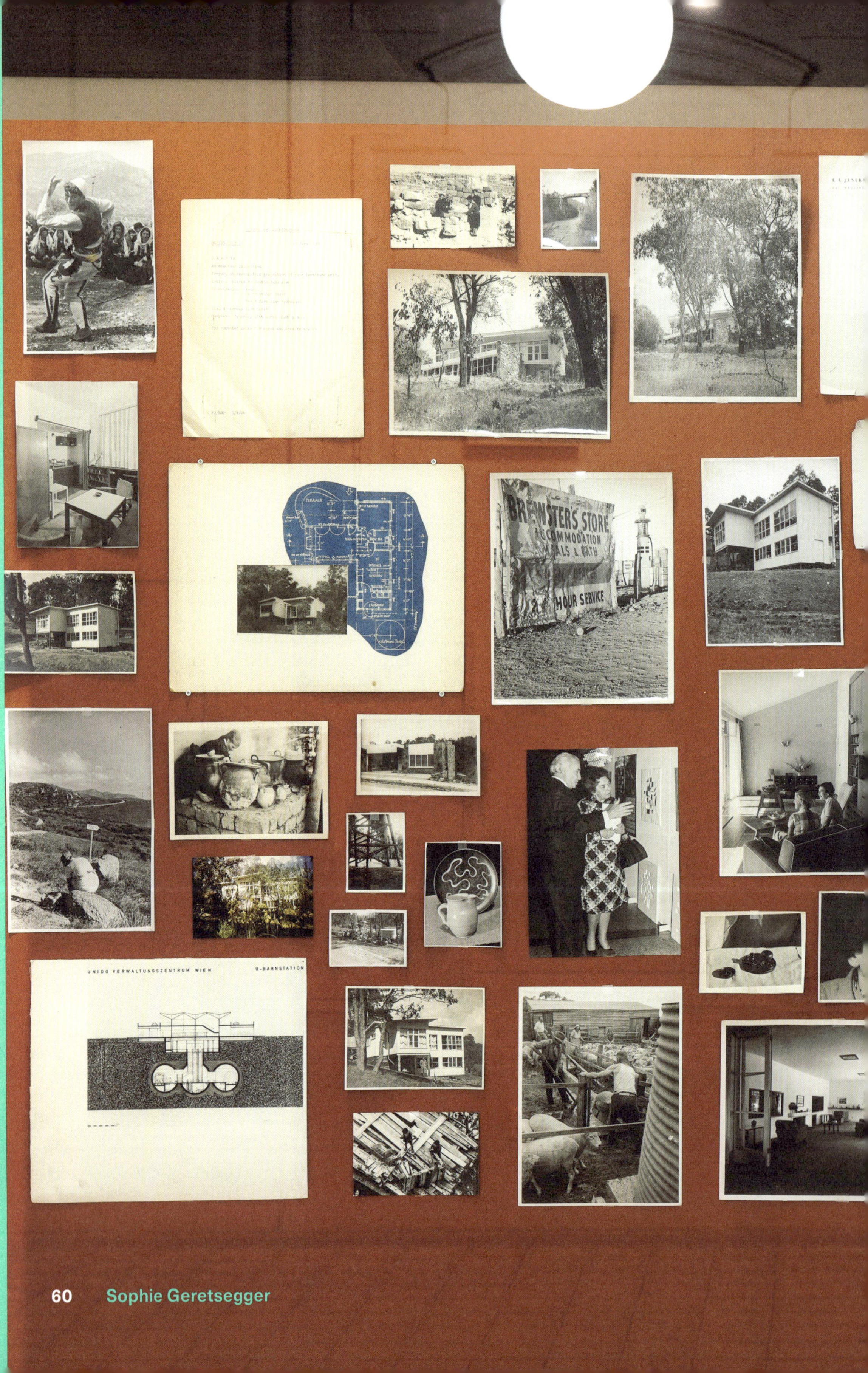
BREWSTER'S STORE
ACCOMMODATION
MEALS & BATH
HOUR SERVICE
UNIDO VERWALTUNGSZENTRUM WIEN
U-BAHNSTATION

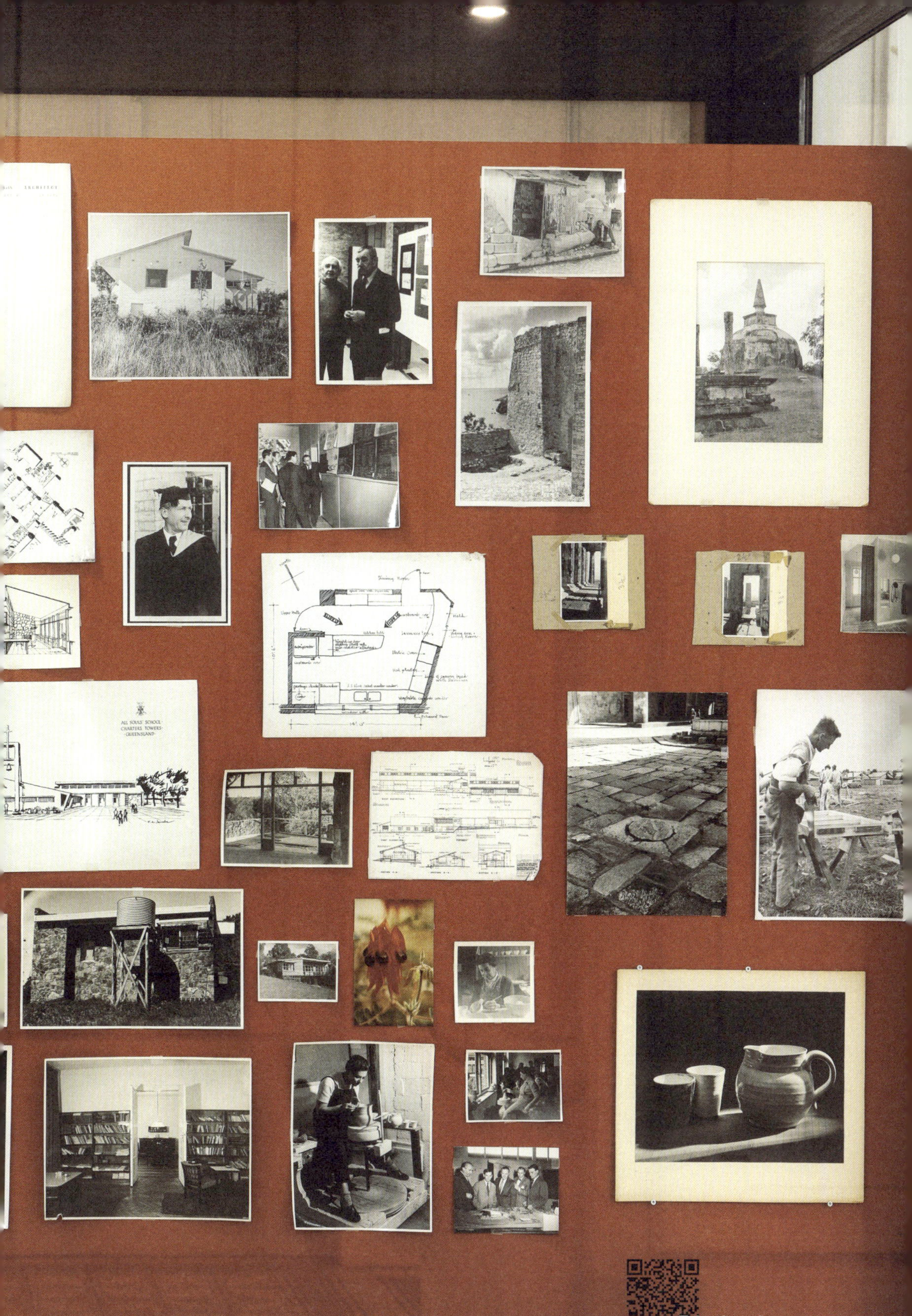

Die Angewandte widmete sich vergleichsweise früh in Ausstellungen einer Auseinandersetzung mit der Kunst und Kulturpolitik im Nationalsozialismus in Österreich. In den 1980er-Jahren – noch bevor die SA-Mitgliedschaft des späteren Bundespräsidenten Kurt Waldheim heftige Debatten zur politischen Verantwortung und zum öster-

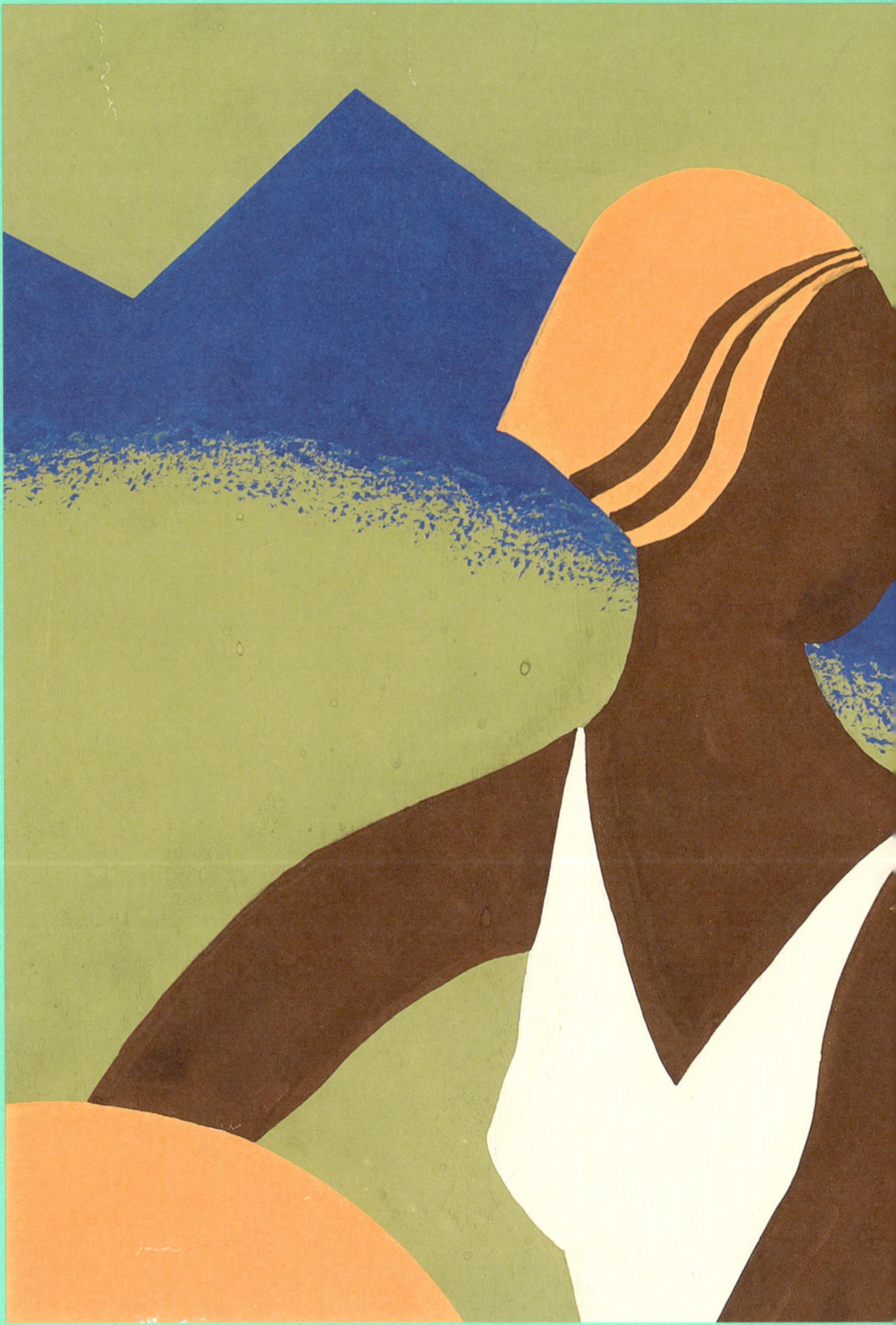

Zeit. Kunst. Kontext.

1933–1955

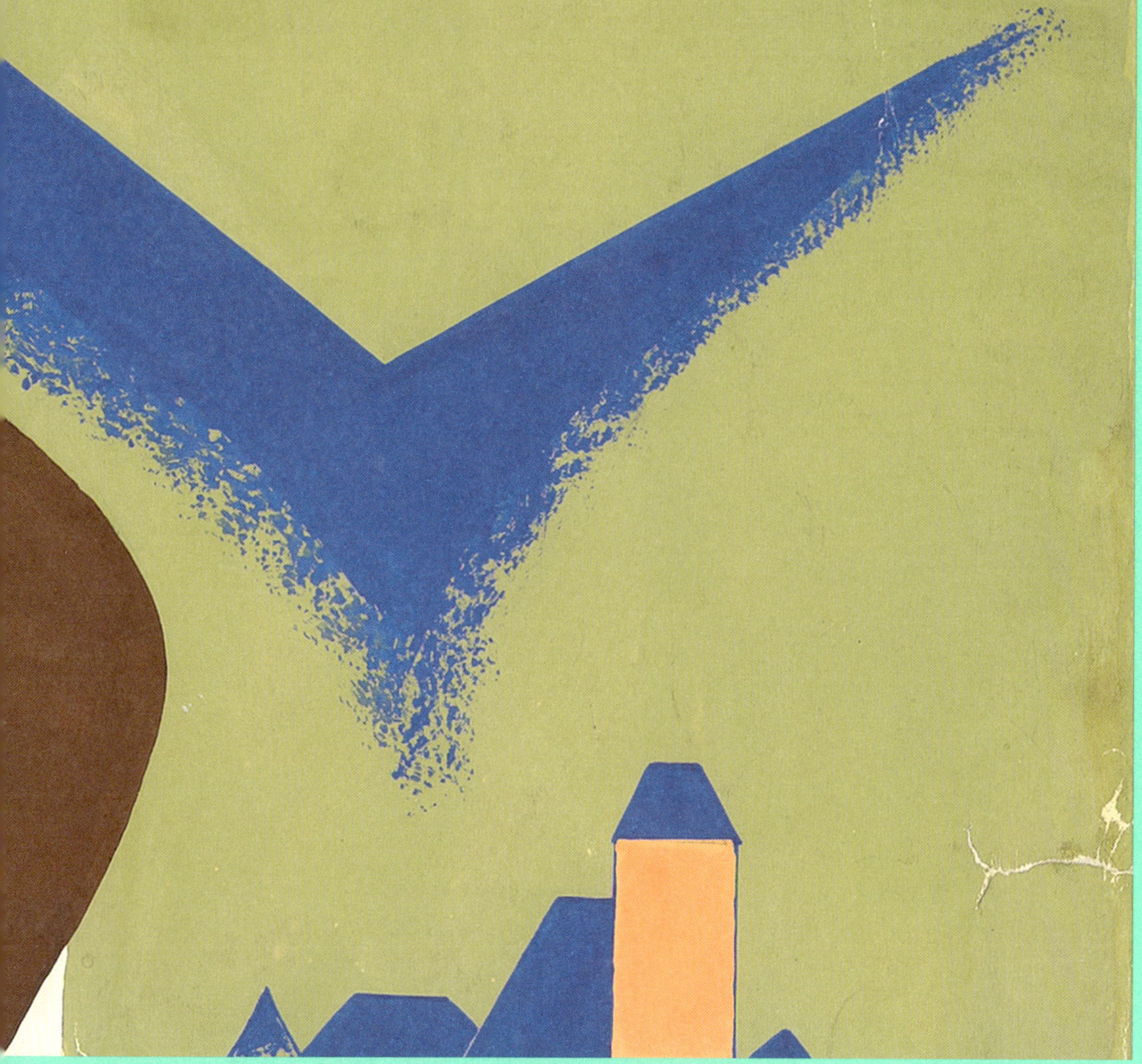

1

Christina Wieder

Die Kunstgewerbeschule Wien im Austrofaschismus 1933–1938

Das Schuljahr 1933/34 begann an der Kunstgewerbeschule in Wien mit einem Paukenschlag. Das Protokoll zur ersten Sitzung des engeren Lehrkörpers am 3. Oktober 1933 zeichnet ein Bild des Umbruchs und der Aufregung. Es zeugt von Irritation und Verunsicherung über die zahlreichen Verordnungen, die den Schulalltag der Kunstgewerbeschule markant verändern sollten. Durch eine ministerielle Verordnung aus dem Jahr 1933, die das Rentenalter für Bundesbeamte auf das sechzigste Lebensjahr senkte, stand eine massive Pensionierungswelle bevor, die die Schulleitung dazu zwang, sich von renommierten Kunsttreibenden ebenso wie von langjährig tätigem Lehrpersonal zu trennen. Franz Čižek (1865–1946),[1] Michael Powolny (1871–1954),[2] Oskar Strnad (1870–1935)[3] und Josef Hoffmann (1870–1956)[4] stehen stellvertretend für andere bekannte Vertreter der Wiener Moderne, die in den Jahren nach 1933 aufgrund der Pensionierungsverordnung ihre Tätigkeit an der Kunstgewerbeschule beenden mussten. Wie der seit 1909 amtierende Direktor Alfred Roller (1864–1935) in besagter Sitzung des Professor*innengremiums mitteilte, hatte sich das Ministerium für Handel und Verkehr, dem die gewerblichen Lehranstalten und damit auch die Wiener Kunstgewerbeschule unterstellt waren, bereits auf eine kooperative Lösung eingelassen. Diese, führte Roller aus, sehe eine schrittweise Verabschiedung des betreffenden Lehrpersonals in den Ruhestand vor und garantiere die Aufrechterhaltung des Schulbetriebs sowie die qualitative Sicherung des Unterrichts.[5] Er selbst werde – mit damals 69 Jahren – das Amt des Direktors niederlegen und die Schulleitung neu ausschreiben.[6]

Die Pensionierung Alfred Rollers war eine der ersten drastischen Veränderungen und einer der vielen – vorerst indirekten – Eingriffe in den Schulbetrieb durch die austrofaschistischen Machthaber.[7] Ihr sollten zahlreiche weitere Abgänge des Lehrpersonals, aber auch Verordnungen und Verbote für Lehrende, Verwaltungspersonal und Schüler*innen folgen. Neben der Pensionsverordnung traf die „Doppelverdienerverordnung“[8] etwa verheiratete Mitarbeiterinnen der Schule. Beides war ein Versuch des Regimes, nicht nur auf Frauenerwerbsarbeit (bzw. im Falle der Kunstgewerbeschule insbesondere auf die künstlerische Weiterbildung) zuzugreifen, sondern hatte zugleich eine allgemein beschränkende Wirkung auf die gesellschaftliche Sichtbarkeit von Frauen.[9] Der vom politischen Katholizismus gestützte Vorstoß, Frauen in die Familien zurück- und aus dem öffentlichen Bereich hinauszudrängen, stellte nur einen von vielen staatlichen Eingriffen dar, die in den folgenden Jahren zu einer zunehmenden Entdemokratisierung Österreichs führten.[10] Zahlreiche Verbote, darunter jenes der Mitgliedschaft von Schüler*innen in Vereinen oder einer Teilnahme an parteipolitischen Demonstrationen – abgesehen von katholischen und solchen der Vaterländischen Front (VF) –, wurden ebenso in der ersten Arbeitssitzung des Schuljahres 1933/34 verkündet wie die Einführung neuer Lehrfächer und Vortragsreihen, darunter Körperliche Übungen oder Geschichte und Theorie des Kunstgewerbes.[11] Letzteres war dem persönlichen Engagement des Malers Albert Paris Gütersloh (1887–1973)[12] zu verdanken, einem zentralen Förderer moderner Kunst, der sich rasch nach der Etablierung des austrofaschistischen Systems als Lehrervertreter der Vaterländischen Front und Leiter der ebenfalls neugegründeten Werkstätte für Kirchliches Kunstgewerbe[13] als regimetreuer Schulangehöriger und ideologischer Mitgestalter des „Neuen Österreichs“ hervortun sollte.

Obgleich die Ausschaltung des Parlaments durch Engelbert Dollfuß (1892–1934) und damit die Errichtung eines diktatorischen Regimes bereits in den März 1933 datiert, wirkte sich die austrofaschistische Machtübernahme erst ab dem Studienjahr 1933/34 direkt auf die personellen, strukturellen und künstlerischen Entwicklungen der Kunstgewerbeschule aus. Die scheinbare Ruhephase der Sommerferien brachte keine Entspannung der politischen Situation; vielmehr überrollte die Schule im Oktober 1933 eine massive Welle an autoritären Maßnahmen. Die unmittelbare Wirksamkeit der Erlässe und die damit einhergehenden personellen Veränderungen schlugen sich prompt auf die vorhandenen Strukturen und internen Prozesse nieder. Sie führten nicht zuletzt auch zu einer neuen kulturpolitischen und künstlerischen Ausrichtung der Wiener Bildungseinrichtung.

Wie es im Folgenden zu zeigen gilt, sind personelle, strukturelle und kulturpolitische sowie künstlerische Veränderungen von 1933 bis 1938 – ebenso wie in den darauffolgenden Jahren – nur schwer voneinander zu trennen, da sich diese gegenseitig bedingten und stets ineinandergriffen. Um allerdings insbesondere den Blick auf individuelle Handlungsmöglichkeiten sowie auf die institutionelle und ästhetisch-formale Weiterentwicklung der Kunstgewerbeschule lenken zu können, ist es notwendig, zwischen unterschiedlichen Dimensionen der Schulgeschichte zu differenzieren und jeweils spezifische Entwicklungslinien herauszuarbeiten. Die folgenden Unterkapitel gliedern sich deshalb nach den angesprochenen personellen, strukturellen und kulturpolitischen Schwerpunkten und gehen der Frage nach, wie die jeweilige Ebene die Entwicklung der Schule und insbesondere ihre kunstgewerbliche Ausrichtung beeinflusste. Zunächst soll ein Überblick zu personellen Entscheidungen und Umgestaltungen die diversen Akteur*innen und ihre gestalterischen Arenen beleuchten. Hier werden bereits erste wegweisende Veränderungen sichtbar, die in der Folge anhand von für die Schule relevanten Themenkomplexen genauer erörtert werden. An personelle Fragen schließen den Schulalltag und damit auch die Schüler*innen der Anstalt betreffende politische Debatten und Entwicklungen an. Abschließend sollen diese in einem breiteren kulturpolitischen Kontext eingebettet und anhand einzelner, für die Zeitspanne repräsentativer Klassen aufgezeigt werden, wie die künstlerische Praxis dadurch beeinflusst wurde.

1.1. Personelle Entwicklungen

Aufgrund der Vielzahl an Neubesetzungen und Umstrukturierungsmaßnahmen in den Jahren zwischen 1933 und 1938 sollen exemplarisch einige Schwerpunkte gesetzt werden, die einen Einblick in die für die Folgejahre richtungsweisenden Entscheidungen geben. Zu allererst werden jene Neubesetzungen besprochen, die den Direktionsposten sowie andere Stellen betrafen, die infolge der Pensionierungswelle vakant wurden. Anschließend wird insbesondere auf Profiteure der austrofaschistischen Machtstrukturen und Aufsteiger innerhalb des neuen politischen Systems eingegangen. Dabei wird wiederum die Rolle der Direktion als künstlerische und politische Entscheidungsträgerin beleuchtet, und es werden außerdem konfliktgeladene Interaktionen mit dem Ministerium für Handel und Verkehr erörtert. Weiters im Fokus stehen nationalsozialistische Netzwerke innerhalb des Kollegiums und politische Eingriffe sowie Aktionen auf unterschiedlichen personellen Ebenen der Schule.

1.1.1. Personelle Dynamiken und ministerielle Einflussnahmen

Die Pensionierung des langjährigen Direktors Alfred Roller bedeutete nicht nur eine Umorientierung hinsichtlich der künstlerischen Ausgestaltung des kunstgewerblichen Unterrichts und einer darüber hinausgehenden beruflichen Praxis; es ging vor allem ein Generationenwechsel damit einher. Zu den ausschließlich männlichen Bewerbern um den neu zu besetzenden Direktionsposten zählten bekannte Namen aus Architektur, Design, Malerei und Bildhauerei sowie aktive Mitglieder des Lehrkörpers, darunter Anton Brenner (1896–1957), Max Fellerer (1889–1957), Josef Frank (1885–1967), Albert Paris Gütersloh, Anton Hanak (1875–1934), Philipp Häusler (1887–1966), Eugen Kastner (1897–1945), Ferdinand Kitt (1887–1961), Edmund Misterka (1904–1992), Arnold Nechansky (1888–1938), Robert Oerley (1876–1945), Otto Prutscher (1880–1949), Thilo Schoder (1888–1979), Oskar Strnad und Wolfgang von Wersin (1882–1976).[14] Eine Bewerbung von Oskar Kokoschka (1886–1980) traf nach Ende der Einreichfrist ein und wurde daher nicht für die Neubesetzung berücksichtigt.[15] In die engere Auswahl gelangten der Architekt Fellerer sowie der ebenfalls als Architekt und Designer tätige von Wersin. Sie wurden vom Arbeitsausschuss „aequo loco für die Besetzung der Direktorsstelle“[16]

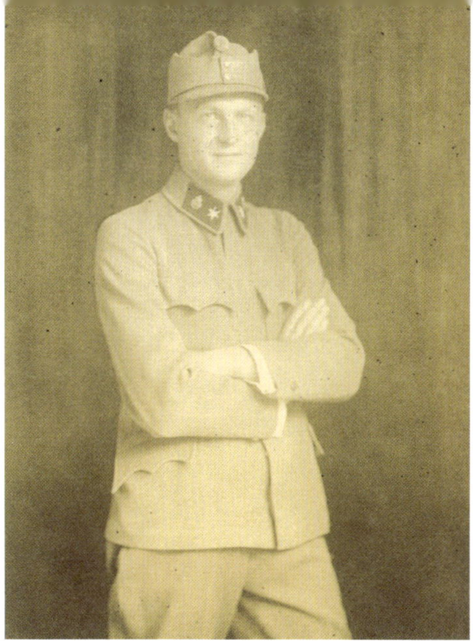

Abb. A
Maximilian (Max) Fellerer in Uniform, 1914–1918, Fotograf: Albin Cobe, UaK, IN 12.535/2/FP

vorgeschlagen. Wie zur Sitzung vom 15. Dezember 1933 protokolliert, sprachen für Fellerer insbesondere „der Wert seiner bisherigen Tätigkeit als Architekt, seine erwiesenen organisatorischen und Verwaltungsfähigkeiten, seine persönliche Frische und Energie und der Umstand, dass er verhältnismässig jung an Jahren ist […]".[17] Der europaweit und ab 1933 nicht zuletzt in Österreich stark zunehmende Nationalismus sowie verschärfende Maßnahmen, die Personen mit österreichischer Staatszugehörigkeit für Besetzungen im öffentlichen Dienst bevorzugten, mögen schließlich den entscheidenden Anstoß dazu gegeben haben, dass Fellerer mit dem Direktionsposten betraut wurde. Denn im Gegensatz zu von Wersin, dessen deutsche Staatszugehörigkeit als Argument gegen seine Berufung angeführt wurde, verfügte Fellerer über den „richtigen" Heimatschein[18] und über ein scheinbar ausreichendes patriotisches Österreich-Bewusstsein, das er, wie sich aus dem Protokoll zur Sitzung herauslesen lässt, durch seinen Kriegsfreiwilligendienst in der k.u.k. Armee unter Beweis gestellt habe Abb. A.[19]

Max Fellerer, der Teilen des Kollegiums aus seiner Zeit an der Wiener Werkstätte und seiner Zusammenarbeit mit Josef Hoffmann bereits bekannt war, zählte bis zu seiner Berufung als Direktor zum engen Mitarbeiter*innenkreis im Atelier von Clemens Holzmeister (1886–1983), der wiederum im Austrofaschismus als einflussreicher Staatsrat für Kunst agierte.[20] Neben Arbeiten, die gemeinsam mit Eugen Wörle (1909–1996) durchgeführt wurden und Projekte in der österreichischen Hauptstadt betrafen – etwa der

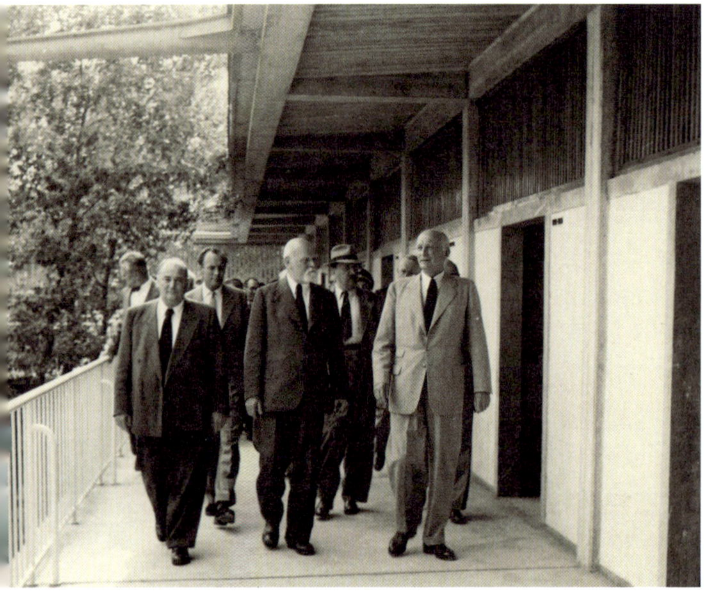

Abb. B
Strandbad Gänsehäufel, Uhrturm – Eröffnung mit Bundespräsident Theodor Körner, Max Fellerer u. a., 1950, Fotograf*in: unbekannt, UaK, IN 12.830/1/FW

Wiederaufbau des bekannten Wiener Strandbads Gänsehäufel in den Nachkriegsjahren Abb. B oder Renovierungsarbeiten am Parlamentsgebäude[21] –, realisierte Fellerer in seiner langen Karriere diverse nationale und internationale Planungs- und Bauaufträge.[22] Mit nur 44 Jahren wurde er zum neuen Direktor der Kunstgewerbeschule bestellt und sollte diese Position bis zu seiner Zwangspensionierung im Jahr 1938 – sowie erneut von 1945 bis 1955 – innehaben. Die Phase der Amtsübergabe von Alfred Roller an Max Fellerer schien kurz und unbürokratisch vonstattenzugehen, denn bereits in der Sitzung vom 13. Juni 1934 hatte nunmehr Max Fellerer den Vorsitz des Professor*innengremiums von seinem Vorgänger Roller bzw. dem provisorischen Übergangsvorsitzenden Michael Powolny übernommen.[23] Nur wenige Monate nach seiner Pensionierung verstarb Alfred Roller 1935 im Alter von 70 Jahren. Die neu installierte Schulleitung verabschiedete sich von dem langjährigen Direktor mit einer öffentlichen Trauerkundgebung.[24]

Neben Rollers Pensionsantritt im Schuljahr 1933/34 zählte jener Anton Kenners (1871–1951) zu einem der ersten in einer ganzen Reihe. Letzterer war seit 1894 an der Kunstgewerbeschule, erst als Assistent, dann Dozent sowie Professor im Bereich der Lehramtsausbildung, später als Fachvorstand für den Hilfsunterricht, Lehrender für Stilgeschichte sowie als Leiter des Offenen Abend-Aktzeichensaales tätig gewesen.[25] Ähnlich wie Josef Hoffmann (Fachvorstand der Klasse für Architektur) oder Michael Powolny (Fachvorstand der Klasse für Bildhauerei), deren Versetzungen in den Ruhestand im Schuljahr 1936/37 folgten, blieb auch Kenner trotz der offiziellen Pensionierung weiterhin an der Kunstgewerbeschule tätig.[26] Er hielt etwa immer noch Vorträge zur Stilgeschichte und Anatomie; auch Josef Hoffmann, der als Gründungsmitglied der Wiener Werkstätte eine Symbolfigur der Wiener Moderne wurde, blieb trotz des offiziellen Ruhestandes aktiv und in das künstlerische Geschehen inner- und außerhalb der Schule involviert. Dieses indirekte Wahren von künstlerischen und ausbildnerischen Einflussbereichen seitens ehemaliger Lehrpersonen und Künstler*innen war eine gängige Praxis und ist als Versuch zu deuten, die forcierten Pensionierungen hinauszuzögern bzw. überhaupt zu verhindern. Allerdings wurden diesbezügliche Anstrengungen bald unterbunden, denn von Seiten des Ministeriums war „es nicht erwünscht, dass pensionierte Lehrkräfte wieder an der Schule beschäftigt werden".[27] Es müsse daher, so forderte Direktor Fellerer, die Neubesetzung und Nachfolge pensionierter Kollegen schleunigst vorangetrieben werden – eine Entscheidung, die letztendlich zu einer massiven Verjüngung des Kollegiums, aber auch zu politisch kontroversiell diskutierten Beschlüssen im Personalwesen führte.

Wie die jährlichen Klassenberichte der Kunstgewerbeschule in Wien dokumentieren (1933/34–1937/38), wurden in nur fünf Schuljahren austrofaschistischer Herrschaft fast sämtliche Klassenleitungen, Fachvorstände und Führungspositionen der Werkstätten neu besetzt.[28] Als Übergangskandidat übernahm im Schuljahr 1933/34 Reinhold Klaus (1881–1963)[29] von Anton Kenner die Leitung des Offenen Aktzeichnens, was jedoch „nur als Provisorium"[30] betrachtet wurde. Denn Klaus, der zugleich Leiter der Werkstätte für Glasmalerei, Verbleiung und Mosaik war, beklagte schon bald die Unvereinbarkeit mit seinen parallel dazu zu betreuenden Aufgabenbereichen. Ceno Kosak (1904–1985)[31] und Otto Niedermoser (1903–1976)[32] wurden mit der Allgemeinen Formenlehre nach Franz Čižek betraut, Oswald Haerdtl (1899–1959)[33] avancierte zum neuen Leiter der Fachklasse für Architektur, der ehemals Oskar Strnad vorgestanden war, und Franz Schuster (1892–1972)[34] folgte Josef Hoffmann als Architekturprofessor nach. Die zuvor von Michael Powolny geführte Fachklasse für Bildhauerei wurde im Schuljahr 1935/36 unter lauten Protesten des Kollegiums und der Direktion von Theodor Otto Georgii (1883–1963)[35] übernommen bzw. übergangsweise von beiden Professoren gleichzeitig geführt. Georgii, der aus München an die Wiener Kunstgewerbeschule geholt wurde, sorgte mit seiner künstlerischen und politischen Verortung für Kontroversen innerhalb des Kollegiums. Dieser Fall zeigt – ähnlich wie jener des Malereiprofessors Bertold Löffler (1874–1960),[36] der noch gesondert besprochen wird –, dass personelle Veränderungen in den Jahren von 1933 bis 1938 durchaus auf politische Einflussnahmen des Ministeriums zurückzuführen waren und dabei gegebenenfalls mit künstlerischen Bestrebungen in Konflikt gerieten.

Theodor Otto Georgii hatte an mehreren Kunsthochschulen studiert, bevor ihn sein Weg an die Münchner Akademie der bildenden Künste zum Bildhauer Adolf von Hildebrand (1847–1921) führte. Dieser wurde daraufhin nicht nur Georgiis prominentester Förderer; neben künstlerischen Kollaborationen verband die beiden auch ein verwandtschaftliches Verhältnis, denn Georgii heiratete Hildebrands Tochter Irene. Deren Bruder Dietrich von Hildebrand (1889–1977) war glühender Anhänger des „christlichen Ständestaates"[37] und exponierte sich in seinem katholisch motivierten philosophischen Werk als Bewunderer von Engelbert Dollfuß. Vermutlich ermutigt durch die engen Kontakte, die Georgiis Schwager zu Bundeskanzler Kurt Schuschnigg (1897–1977) pflegte, bewarb sich der Bildhauer für die betreffende Stelle an der Wiener Kunstgewerbeschule,[38] welche eine politische Einflussnahme auf Personalangelegenheiten allerdings tunlichst vermeiden wollte. In einem direkt an das Ministerium adressierten Schreiben intervenierte Direktor Max Fellerer massiv gegen die Berufung Georgiis:

> *Nach reiflicher Ueberlegung und eingehendem Studium des Werks Georgii's bin ich zur Ueberzeugung gelangt, dass Georgii nicht die Kraft ist, die wir brauchen. [...] die tiefe Ueberzeugung, dass unsere Schule mehr zu leisten hat, dass sie immer wieder einen Schritt nach vorwärts tun muss – dies hat ihren Ruf in der Welt gegründet – zwingen mich, auch die negativen Eigenschaften des Bildhauers Georgii in Betracht zu ziehen. Seine Abhängigkeit von seinem Lehrer Hildebrand, sein Eklektizismus, also sein Unvermögen zukunftsweisend zu arbeiten, neu und anregend zu sein, stehen zu diesem unserem Ziel im Gegensatz. Seine künstlerische Persönlichkeit ist kennzeichnend für eine Epoche von*

einigen Jahrzehnten vor dem Krieg und dies nur für ein beschränktes Gebiet, Süddeutschland und insbesondere München, denn zur selben Zeit haben Bildhauer wie etwa Rodin weit Fruchtbareres und allgemein Gültiges geschaffen.[39]

Fellerer begegnete dem offenkundig politischen Beschluss des Ministeriums für Handel und Verkehr mit einer künstlerisch-begründeten Intervention. Der Direktor bemängelte die schöpferischen Fähigkeiten Georgiis in ihrer künstlerischen Qualität zwar nicht grundlegend, jedoch hinsichtlich des Inhalts und des Ziels. Max Fellerer zweifelte nicht nur an Theodor Otto Georgiis Ambitionen, im Sinne des Modernitätsanspruchs der Kunstgewerbeschule gestalterisch tätig zu werden. Er sprach letztlich auch seine Bedenken bezüglich einer allzu stark regionalisierenden – nicht zuletzt auch nationalisierenden – Ausrichtung der Kunst und des Kunstunterrichts aus, die den kosmopolitischen Charakter der Einrichtung gefährden würde. Die moderne Selbstverortung und Positionierung als avantgardistische Speerspitze der angewandten Kunst, die die Schule über Jahrzehnte aufgebaut und breitenwirksam etabliert hatte,[40] sollte schließlich nicht aufgrund politischer Eingriffe dem christlichsozialen Konservativismus zum Opfer fallen. Allerdings trafen Fellerers Vorstöße, die Berufung zu verhindern, auf wenig Gehör im Ministerium, und es trat im Schuljahr 1935/36 mit der Berufung des Münchner Professors für Bildhauerei „ein neuer Garant und Vertreter des staatlichen Kunstwollens in den Lehrkörper ein".[41] Theodor Otto Georgii, dessen Werk trotz seiner familiär-austrofaschistischen Verstrickungen und seiner Zwangspensionierung 1938 auch später im Nationalsozialismus Anerkennung fand – einige seiner Werke wurden etwa in der *Großen Deutschen Kunstausstellung* in München präsentiert[42] –, blieb über die Dauer seiner Tätigkeit an der Wiener Kunstgewerbeschule stark in einer sakralen Tradition verwurzelt. Damit verband sich sein Schaffen mit dem Kunst- und Kulturverständnis des Dollfuß-Schuschnigg-Regimes und gliederte sich auch innerhalb der Kunstgewerbeschule in eine Entwicklung ein, die vermehrt auf religiöse Inhalte setzte. Wie allerdings der Fall Gütersloh, auf den im Folgenden noch eingegangen wird, beweist, sollte eine religiös-katholische und ideologisch-austrofaschistische Orientierung nicht zwangsläufig im Gegensatz zum künstlerischen Moderneverständnis der Schule stehen.

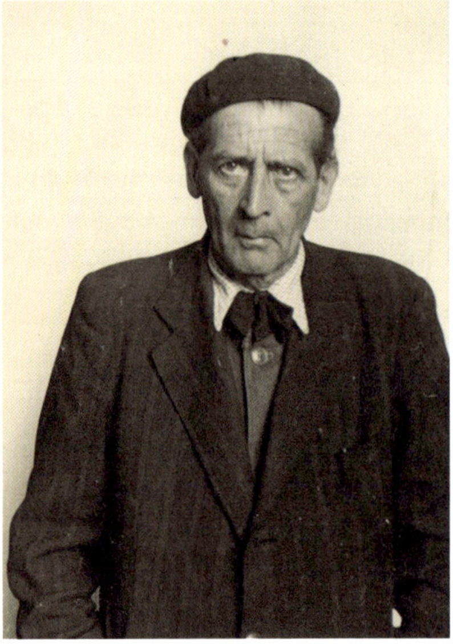

Abb. C
Albert Paris Gütersloh, undatiert, Fotograf*in: unbekannt, UaK, IN 12.093/FP

Nachdrücklicher als Georgii und womöglich auch nachhaltiger exponierte sich Albert Paris Gütersloh als Verfechter einer austrofaschistischen Ideologie, die auch in seiner Interpretation stark vom politischen Katholizismus gespeist war Abb. C. Er begründete etwa gemeinsam mit Anselm Weissenhofer (1883–1961), Professor an der Universität Wien mit Schwerpunkt auf kirchliche Kunst und vertragsmäßiger Lehrer an der Kunstgewerbeschule, die Werkstätte für Kirchliches Kunstgewerbe,[43] deren ideologische und gestalterische Ausrichtung an späterer Stelle noch ausführlich thematisiert wird. Der seit dem Schuljahr 1933/34 als Leiter des Studiums der menschlichen Gestalt tätige Gütersloh galt als Multitalent der Wiener Kulturszene des frühen 20. Jahrhunderts. Ursprünglich im Schauspiel ausgebildet, fand er als Autodidakt zur bildenden Kunst und Literatur. Seit 1931 war er an der Kunstgewerbeschule anfänglich als Hilfslehrer beschäftigt und genoss im Gegensatz zu Georgii aufgrund seiner herausragenden Verdienste, seines avantgardistischen Engagements sowie seiner Fördertätigkeit im Bereich des modernen Kunstschaffens Anerkennung innerhalb des Kollegiums.[44] Selbst Skeptiker*innen der neuen politischen Verhältnisse schienen deshalb darüber hinwegsehen zu können, dass Gütersloh als regimetreue Lehrkraft klar zu den Profiteuren und autoritären Ideologen in den Jahren zwischen 1933 und 1938 zählte.

Eine ministerielle Verordnung verlangte seit dem 29. Jänner 1934, dass Lehrpersonen im öffentlichen Bereich der Vaterländischen Front beitreten mussten, was einen weiteren massiven Eingriff in das Schulwesen sowie in die demokratischen Rechte der Lehrenden bedeutete.[45] Zwar beugte sich der Großteil des Kollegiums der angeordneten Zwangsmitgliedschaft – inklusive der automatisierten Abzüge der Mitgliedsbeträge von den Monatsgehältern;[46] allerdings präsentierte sich Gütersloh aus freien Stücken wiederholt als Unterstützer des Regimes. Er agierte nicht nur in künstlerischer, sondern auch in politischer Hinsicht als austrofaschistischer Gefolgsmann – schließlich meldete er sich rasch nach Errichtung des diktatorischen Herrschaftssystems als Vertreter des Lehrer*innenkollegiums der Vaterländischen Front und wusste diese Position in den folgenden Jahren gekonnt zu nutzen. „Für die Stelle des Dienststellenleiters und des Kassenwartes haben sich freiwillig gemeldet: Professor Albert Paris GUETERSLOH und Ob. Kontr. Wallishauser,"[47] wurde etwa zur Sitzung am 11. Dezember 1933 protokolliert. Die beiden freiwilligen Kandidaten wurden sogleich bestätigt, Josef Wallishauser (1885–?), der als Verwaltungsbeamter an der Kunstgewerbeschule tätig war, sollte jedoch im Gegensatz zu Gütersloh die genannte Funktion nicht lange ausüben können. Schon bald folgte seine Versetzung an das Technische Gewerbemuseum Wien[48] – eine Entscheidung, die, wie anzunehmen ist, nicht unwesentlich durch eine vorangegangene anonyme Anzeige gegen Wallishauser wegen „nationalsozialistischer Werbetätigkeit an der Anstalt"[49] beeinflusst war.

Als Folge ebendieser Anzeige fanden eine vom Ministerium angeordnete „kriminalpolizeiliche Durchsuchung der Büroräume und Schreibtische" sowie eines im Hause befindlichen „Depotraumes" und die „Fahndung nach nationalsozialistischem Prapagandamaterial [sic]"[50] statt. Zwar wurden keine rechtskräftigen Beweise für die mutmaßlichen Straftaten gefunden, wohl aber verdeutlicht der Vorfall, dass die seit 1933 in Österreich verbotene NSDAP weiterhin im Untergrund der Schule agierte und für Konflikte innerhalb des Kollegiums sorgte. Dass diese zumeist weniger explizit und kaum basierend auf tatsächlich politischen Auseinandersetzungen ausagiert wurden, beweist auch eine innerschulische Disziplinarmeldung gegen Albert Paris Gütersloh, die auf den Schulwart Ludwig Schredl (1874–?) zurückzuführen ist. Dieser bemängelte die Disziplin der Schüler*innen aus der Klasse Gütersloh und beschuldigte den Klassenleiter der unregelmäßigen Anwesenheit, die das unkontrollierte Treiben der Jugendlichen befördern würde. Schredls Disziplinarmeldung blieb allerdings ohne Konsequenzen für Gütersloh, der argumentierte, dass die Vorfälle in der Zeit seiner Abwesenheit passiert wären und es sich hierbei um einen von der Direktion genehmigten Sonderurlaub gehandelt hatte.[51] Eine politische Motivation des Schulwarts im nationalsozialistischen Sinn kann in diesem Fall zwar nicht eindeutig nachgewiesen werden,[52] sie klingt jedoch zwischen den Zeilen der Anklageschrift gegen den als Anhänger des Austrofaschismus geltenden Gütersloh durch. Bis 1938 können immerhin mehrere nationalsozialistische Aktionen an der Kunstgewerbeschule auf die Schulwarte der Einrichtung zurückgeführt werden, nicht zuletzt auf Oberschulwart Johann Schwarzenbrunner (1893–?), der nach eigenen Angaben allerdings erst im Juli 1938 NSDAP-Mitglied wurde und demnach nicht als sogenannter „Illegaler“ galt.[53]

Der Konflikt zwischen Gütersloh und Schredl ist in seiner Uneindeutigkeit zugleich ein anschauliches Beispiel dafür, dass zwischen 1933 und 1938 Personalfragen im Bereich der künstlerischen Vermittlung durchwegs anders behandelt wurden als im Verwaltungswesen. Für künstlerisches Personal schienen eine politische Betätigung im austrofaschistischen Regime bzw. diesbezügliche Verstrickungen zwar förderlich zu sein – wie die Fälle Georgii und Gütersloh beweisen –, sie waren aber nicht das einzige Entscheidungskriterium, das die Direktion berücksichtigte. Vielmehr hatte aus Sicht der Schule der Modernitätsanspruch oberste Priorität im Prozess der Personalfindung und Neubesetzung der Professuren, wenngleich Max Fellerer diesen Kurs insbesondere im Falle direkter Einflussnahmen durch das Ministerium nicht immer durchsetzen konnte (siehe Georgii). Zudem ist eine deutliche Hierarchisierung zwischen künstlerischem Lehrpersonal, Hilfslehrer*innen und Verwaltungspersonal zu erkennen, die erklärt, warum gewisse Versetzungen, Neueinstellungen oder Umstrukturierungen seitens der Direktion weitgehend widerstandslos hingenommen wurden, während sie andere intensiv anfocht. Der Oberkontrollor Wallishauser war beispielsweise weder künstlerischer Fachlehrer noch Werkstättenleiter, weshalb seine Versetzung seitens der Direktion ohne jegliche Interventionsversuche angenommen wurde. Ein ähnliches Verhalten zeigte sich etwa im Umgang mit dem Hilfslehrer für Körperliche Übungen Major Oskar Zambach (1879–1951). Dieser konnte sich während des Ersten Weltkriegs als militärisch-patriotische Kraft profilieren und war laut eigenen Angaben bereits seit 1931 NSDAP-Mitglied.[54] Mit der Einführung des Unterrichtsfachs Körperliche Übungen im Schuljahr 1933/34 war er für dessen Abhaltung an der Kunstgewerbeschule zuständig.[55] Die Bestrebungen

Zambachs, durch den Ausbau seiner Aufgabengebiete auf den Schulalltag einzuwirken, wurden zwar weitgehend toleriert; doch weder die Einführung noch die vorübergehende Abschaffung bzw. Aussetzung des Fachs, das aus Sicht der Schule eher untergeordneten Charakter hatte, rief im Kollegium große Reaktionen hervor. Vielmehr wurden Zambachs Interventionen schlicht als ministerielle Maßnahmen akzeptiert, da sie ohnehin keinen Einfluss auf die künstlerische Entwicklung nahmen, der das Hauptaugenmerk der Schule galt.

Obgleich die künstlerischen und die politischen Positionen unterschiedliche Schnittmengen aufweisen konnten und der Modernitätsanspruch der Schule im Laufe der Zeit durchaus mit austrofaschistischen Agenden seitens der Lehrenden verknüpft wurde, muss dennoch betont werden, dass Fellerers ambivalentes Handeln opportunistische Züge aufweist. Solange die Kunstgewerbeschule – unter anderem gegenüber der anderen zentralen künstlerisch bildenden Einrichtung, der Akademie der bildenden Künste[56] – ihren modernen, künstlerischen Anspruch wahren konnte, wurden personelle Eingriffe durch das Ministerium für Handel und Verkehr sowie austrofaschistische und nationalsozialistische Tendenzen innerhalb des Hauses weitgehend toleriert bzw. gestützt. Letztendlich trug diese, dezidiert der künstlerischen Entwicklung dienliche, Haltung der Direktion aber auch dazu bei, dass die Schule gewissermaßen einen Schutzschirm für faschistische Netzwerke und Ideologien spannte. Geleitet vom Irrglauben, dass die künstlerische Praxis und Erziehung über den politischen Entwicklungen stehen und agieren würde können bzw. nur vor modernekritischen Tendenzen geschützt werden müsse, wurde Fellerer letztlich von der politischen Realität eingeholt, die autoritäre Maßnahmen setzte und die Schule für politische Zwecke instrumentalisierte.

1.1.2. Nationalsozialistische Netzwerke im kunstgewerblichen Kontext

Auch in personaltechnischen Fragen, die insbesondere nationalsozialistische Gruppierungen betrafen, agierte die Direktion ähnlich wie vorab geschildert. Zwar können hier nur exemplarische Fälle genauer erörtert werden, feststeht aber, dass nationalsozialistische Netzwerke an der Schule auf allen personellen Ebenen vorhanden waren. Aktionen, die auf diese Netzwerke zurückzuführen sind, wurden innerhalb der Wiener Kunstgewerbeschule ab 1933 im Zuge zweier Disziplinarverfahren umfassender diskutiert. Einerseits handelte es sich um jenes des Sekretärs Josef Fitzthum (1896–1945), der bereits 1931 der NSDAP beigetreten war und nach dem sogenannten „Anschluss" 1938 als „Alter Kämpfer" eine rasante Karriere erlebte. Andererseits verdeutlicht das Verfahren gegen Bertold Löffler, Fachklassenvorstand für Malerei, dass die künstlerischen Leistungen gegenüber der politischen Orientierung priorisiert und nationalsozialistisch agierenden Personen damit weitreichende Freiheiten eingeräumt wurden.

Josef Fitzthum geriet aufgrund von zwei strafrechtlich relevanten Angelegenheiten ins Visier der ermittelnden Behörden. Als Sekretär der Kunstgewerbeschule wurde ihm die Veruntreuung von Geldern vorgeworfen, weshalb es bereits im Mai 1933 zu einer Überprüfung der Finanzen durch den Obersten Rechnungshof kam.[57] Allerdings sollte eine politisch motivierte Handlung weitaus folgenreicher für Fitzthums weitere Beschäftigung an der Schule werden. In einer Meldung der Kunstgewerbeschule an das Bundesministerium hieß es: „Die Direktion meldet, dass Sekretär Josef Fitzthum am 21. d. M. polizeilich eingezogen worden ist unter der Beschuldigung, an dem Tränengas-Anschlag, der am 18. Dezember v. M. in dem Kaufhaus Gerngross stattgefunden hat, beteiligt zu sein".[58] Bei der geschilderten Tat handelte es sich um einen politischen Anschlag des Jahres 1932 bzw. um eine frühe antisemitische Aktion der NSDAP-Hitlerbewegung in Österreich. An besagtem 18. Dezember 1932 warfen nationalsozialistische Akteure Flaschen mit Tränengas, die zuvor im nahegelegenen Adolf-Hitler-Haus[59] gelagert waren, auf das Kaufhaus Gerngross in der Mariahilfer Straße in Wien. Der sogenannte „Goldene Sonntag", an dem die Geschäfte ausnahmsweise für vorweihnachtliche Einkäufe geöffnet hatten, wies traditionell ein hohes Aufkommen an Kund*innen im Kaufhaus Gerngross auf, das von einer jüdischen Familie geleitet wurde. Der Anschlag verfolgte damit nicht nur das Ziel, dem Unternehmen wirtschaftlich zu schaden, sondern sollte zugleich gezielt die Wiener jüdische Gemeinde in Schrecken versetzten.[60] Fitzthum wurde aufgrund seiner führenden Beteiligung am Anschlag zu zwei Monaten Haft verurteilt, während die anderen Angeklagten mit einer drei- bis vierwöchigen Freiheitsstrafe davonkamen. Dem Sekretär gelang es in weiterer Konsequenz nicht mehr, an die Kunstgewerbeschule zurückzukehren. Nach seiner Haftentlassung wandte er sich in einem

Abb. D
Bertold Löffler, undatiert, Fotograf*in: unbekannt, UaK, IN 15.139/1/FW

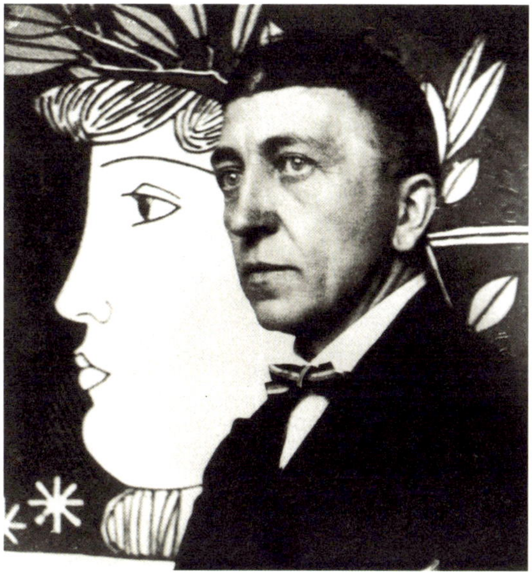

Schreiben an die Direktion, in dem er seine langjährigen Dienste im Schulwesen betonte und um Nachsicht bat. Er würde fürderhin „seine private politische Tätigkeit“[61] nicht mit beruflichen Agenden vermengen – ein Versprechen, das die Schulleitung wohl nicht überzeugte, denn am 5. August 1933 folgte die „[s]trafweise Entlassung“ des Sekretärs.[62] Obgleich das Disziplinarverfahren gegen den illegalen Nationalsozialisten Fitzthum sich über mehrere Monate erstreckte und die Entscheidung der Direktion hinsichtlich der Kündigung durchaus zögerlich kam, scheint ihr auch in diesem Fall die Sanktionierung des Verwaltungspersonals leichter gefallen zu sein als jene künstlerischer Fachkräfte Katalog, Abb. 1–2.

Dies veranschaulicht nicht zuletzt die parallel dazu laufende Auseinandersetzung mit Bertold Löffler. Wesentlich länger und undurchsichtiger gestaltete sich dieses Disziplinarverfahren gegen einen Künstler, der über 28 Jahre die Fachklasse für Malerei sowie die Werkstätte für Druckverfahren an der Wiener Kunstgewerbeschule geleitet hatte Abb. D. Löffler hatte selbst als Jugendlicher die Kunstgewerbeschule besucht und bei Franz Matsch (1861–1942) und Koloman Moser (1868–1918) studiert. Gemeinsam mit seinem Kollegen Michael Powolny gründete er 1905 die Wiener Keramik und wurde 1907 zum Professor für Malerei an der Kunstgewerbeschule ernannt. Zu seinen Studierenden zählten spätere Vorreiter der internationalen Malerei und Grafik, wie Oskar Kokoschka oder Joseph Binder (1898–1972). Löfflers Plakate, Postkarten, Buchgestaltungen und Keramiken transportierten die Tradition

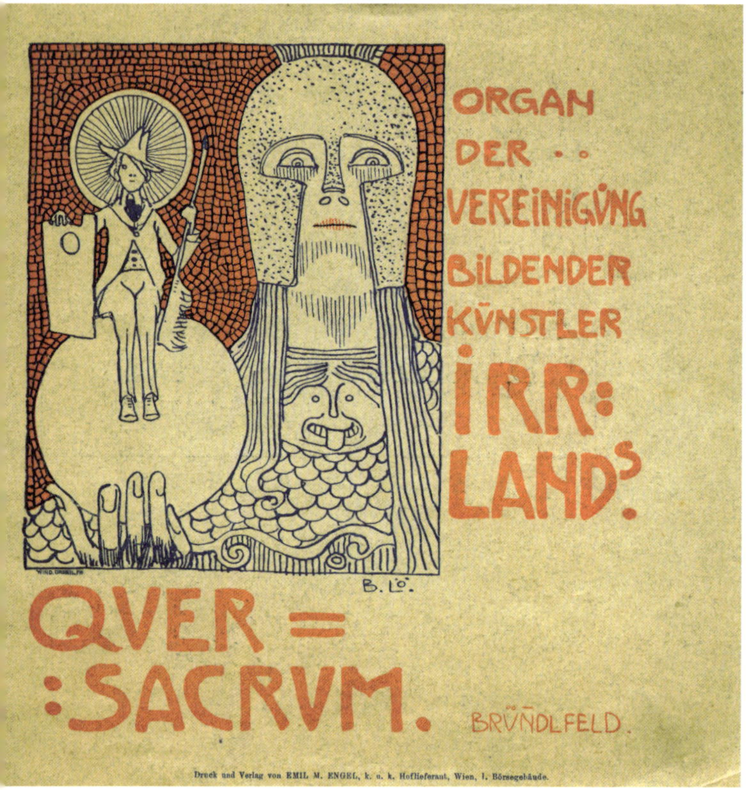

Abb. E
Bertold Löffler, *Quer Sacrum. Organ der Vereinigung bildender Künstler*, 1899, Druck, UaK, IN 14.799/Q

der Wiener Secession und der Wiener Werkstätte und sind klar innerhalb der österreichischen Moderne verortet Abb. E.[63]

Die 1934 erhobene Anklage gegen Löffler lautete auf Verdacht der „Förderung staats- und regierungsfeindlicher Betätigung“[64] und hatte eine knapp einjährige Suspendierung des Lehrers zur Folge. Nach der Verhaftung Fitzthums soll Löffler, so die Anklageschrift, gemeinsam mit Schüler*innen an einem Demonstrationszug teilgenommen und an der Produktion von Plakaten mitgewirkt haben, auf denen „Gebt Fitzthum frei, nieder mit Fey!“ (Anm. d. A.: Emil Fey, Heimwehrführer, Vizekanzler und Sicherheitsminister) zu lesen war.[65] Der bekannte Künstler, der nach eigenen Angaben seit 1929 Mitglied der NSDAP war,[66] genoss trotz seiner politischen Gesinnung nicht nur innerhalb der Schule hohe Anerkennung; insbesondere der ehemalige Direktor Alfred Roller hatte Löffler in seiner beruflichen Laufbahn tatkräftig unterstützt. Noch 1933 wurde etwa seine Beförderung zum Fachvorstand für die theoretischen Fächer diskutiert. Das Kollegium sprach sich damals allerdings für den Bildhauer und Keramikdesigner Michael Powolny aus, der mit nur einer Gegenstimme – jener Rollers, der für Löffler votiert hatte – für die Position gewählt wurde.[67]

Max Fellerers Verhalten in Bezug auf Bertold Löfflers Disziplinarverfahren zeugt im Gegensatz zu Rollers förderndem Engagement von Zurückhaltung und Zögerlichkeit. Zwar wurde in den Sitzungen des Lehrkörpers regelmäßig über das Disziplinarverfahren berichtet, allerdings nahm der Direktor stets eine abwartende und beschwichtigende Position ein. Im Zeitraum von 1933 bis 1935, als Löffler letzten Endes doch des Dienstes an der Schule enthoben wurde, ermöglichte Fellerer dem zumindest künstlerisch hoch geachteten Kollegen immer wieder die Rückkehr zum Unterricht. Bertold Löffler, der am 12. Juli 1935 vorzeitig und strafweise pensioniert wurde, unterstellte im Zuge des Verfahrens der Schule und den Kolleg*innen „böswillige Ausstreuungen“[68], denn seine Bemühungen hätten allein dem Fortkommen seiner Schüler*innen gedient – ein Argument, das im Grunde der bisherigen Haltung der Schulleitung entsprach, allerdings schlussendlich nicht für den Verbleib des Lehrers an der Kunstgewerbeschule ausreichen sollte.

Dass Löffler seinen Schüler*innen ein engagierter Lehrer war, wurde weder innerhalb der Schule in Frage gestellt, noch war seine eigentliche Lehrtätigkeit Gegenstand des Disziplinarverfahrens wegen nationalsozialistischer Betätigung. Wie die ehemalige Bibliotheksdirektorin der Angewandten und Kunsthistorikerin Gabriele Koller allerdings betont, hatte seine politische Prägung durchaus Einfluss auf etliche seiner Schüler*innen. „Einige von ihnen kehrten nach 1938 als Lehrkräfte wieder an die Schule zurück, wie etwa Hans Sanders, Rudolf Pallhuber, Walter Braun, Josef Jakopitsch oder Franz Kralicek, manche nunmehr als SS-Angehörige“.[69] Der zeitgleich als Leiter der zweiten Malereiklasse aktive Professor Wilhelm Müller-Hofmann (1885–1948) behauptete in einem Schreiben an das Künstlerhaus aus dem Jahr 1946 sogar, dass Löfflers Klasse eine bis zu „80 Mann starke Zelle“[70] der NSDAP gewesen sei. Nachweislich beteiligten sich einige Löffler-Studierende an Aktionen der zum Zeitpunkt des Disziplinarverfahrens bereits verbotenen Partei. Auch Verbindungen zu Schulwarten und Hilfslehrer*innen, die sich nationalsozialistisch betätigten, tauchen in den Unterlagen zu Löffler immer wieder auf,[71] was darauf hindeutet, dass der Malereiprofessor maßgeblich am Aufbau einschlägiger Netzwerke an der Schule mitwirkte. Diese, durch alle Ebenen der Schule laufenden, Verstrickungen machen aber ebenso deutlich, dass das Vorgehen der Direktion, die wiederholt in ihren Sanktionierungen politischer Vergehen nach personellen Zuordnungen unterschied, erfolglos bleiben musste. Es beweist außerdem, dass Max Fellerer durchaus über die bestehenden nationalsozialistischen Netzwerke Bescheid wusste und ihm wohl auch die weitreichende diesbezügliche Zustimmung oder Billigung seitens des Kollegiums bekannt waren.

Nach Bertold Löfflers Pensionierung führte die Frage seiner Nachfolge erneut zu Diskussionen im Kollegium. Sein ehemaliger Schüler Oskar Kokoschka, Robin Christian Andersen (1890–1969), Joseph Binder, Hans Böhler (1884–1961), Ferdinand Kitt (1887–1961), Karl Rössing (1897–1987), Alfred Wickenburg (1885–1978) sowie Franz von Zülow (1883–1963) wurden als potenzielle Kandidaten geführt. Obwohl es für unwahrscheinlich gehalten wurde, Kokoschka für die Professur zu gewinnen, war der zuständige Arbeitsausschuss „einstimmig der Ansicht", dass er „ein[en] Glücksfall für die Schule" bedeuten würde.[72] Joseph Binder, der nach seinem Studium an der Kunstgewerbeschule internationale Karriere machte und in den USA ein erfolgreiches Grafikbüro leitete, war ebenfalls ein Wunschkandidat der Direktion.[73] Dennoch wurde etwas überraschend Paul Kirnig (1891–1955),[74] dessen Bewerbung erst später bekannt wurde und der langjähriger Assistent von Löffler gewesen war, mit der Nachfolge betraut. In den Jahren des Disziplinarverfahrens hatte er die Klasse immer wieder provisorisch geleitet und war dementsprechend bereits mit den Studierenden vertraut.[75]

Zwar trat Paul Kirnig in den Jahren seiner Assistenztätigkeit nur zurückhaltend politisch in Erscheinung; allerdings setzte er in ähnlicher Weise wie sein Vorgänger eine durchaus politisch motivierte Unterrichtspraxis fort: Er folgte ebenfalls dem künstlerischen Modernitätsprinzip der Schule, forcierte aber gleichzeitig – sowohl im Austrofaschismus als auch später im Nationalsozialismus – Kooperationen mit den jeweiligen faschistischen Ministerien sowie mit Trägervereinen und -organisationen der betreffenden Regime. Diese Vorgehensweise erlaubte es dem Professor für Druckverfahren, nach 1938 die Karriereleiter rasant hinaufzusteigen und sowohl politisch als auch künstlerisch zu einer zentralen Figur an der Schule zu werden. Bertold Löffler konnte hingegen trotz seiner frühen nationalsozialistischen Tätigkeit nach dem „Anschluss“ nicht mehr dort anknüpfen, wo er vor seinem Disziplinarverfahren beruflich gestanden war. Selbst unter nationalsozialistischer Schulführung gelang ihm die Rückkehr auf seinen Posten nicht.[76] Er wechselte 1937 an die Wiener Frauenakademie, wo er Grafik unterrichtete und unter anderem wieder auf seinen Kollegen und Kollaborationspartner in keramischen Projekten, Michael Powolny, stieß.[77] Powolny, der zwar nicht aus offensichtlich erkennbar gewordenen politischen Gründen die Kunstgewerbeschule verlassen musste, sondern das nunmehr geltende gesetzliche Pensionsalter erreicht hatte, arbeitete an der Frauenakademie mit Löffler weiterhin zusammen. Er konnte später allerdings an die Kunstgewerbeschule zurückkehren und seine politische Anpassungsfähigkeit im Nationalsozialismus unter Beweis stellen.

1.1.3. Personelle Dis/Kontinuitäten im Schatten politischer Debatten

Trotz der Welle an Pensionierungen und Neuberufungen sowie der diversen Verordnungen und Disziplinarverfahren, die aufgrund der direkten und indirekten politischen Einflussnahmen des Regimes den Personalstand maßgeblich veränderten, blieben einige wenige Professor*innen und Hilfslehrer*innen in den Jahren zwischen 1933 und 1938 konstant im Personalstand. Albert Paris Gütersloh nutzte die Jahre des Austrofaschismus geschickt, um Karriereziele voranzutreiben und sicherte sich seine Position durch seine eigens geschaffene Werkstätte für Kirchliches Kunstgewerbe. Der bereits erwähnte Malereiprofessor Wilhelm Müller-Hofmann, obgleich auch er deklarierter Anhänger des „christlichen Ständestaats“ war, trat in diesem Zeitraum innerschulisch selten explizit politisch hervor. Ebenso wenig taten dies Eduard Josef Wimmer-Wisgrill (1882–1961), Leiter der Werkstätten für Mode und Textilarbeiten, oder Carl Witzmann (1883–1952), Leiter der Fachklasse für Tischlerei und Möbelbau. Sie konnten zwar berufliche Fortschritte verzeichnen und diverse Klassenprojekte im Sinne der austrofaschistischen Kulturpolitik umsetzen, hielten sich als Privatpersonen aber politisch eher im Hintergrund. Reinhold Klaus, Leiter der Werkstätte für Glasmalerei, Verbleiung und Mosaik, war bereits 1932 bis 1934 und erneut ab 1937 NSDAP-Mitglied,[78] zog als solches im Schulkontext bis 1938 jedoch kaum Aufmerksamkeit auf sich,

Agi Lamm, auch Magdalena Agnes Lamm

Budapest 7. Juni 1914 – 25. August 1996 Buenos Aires

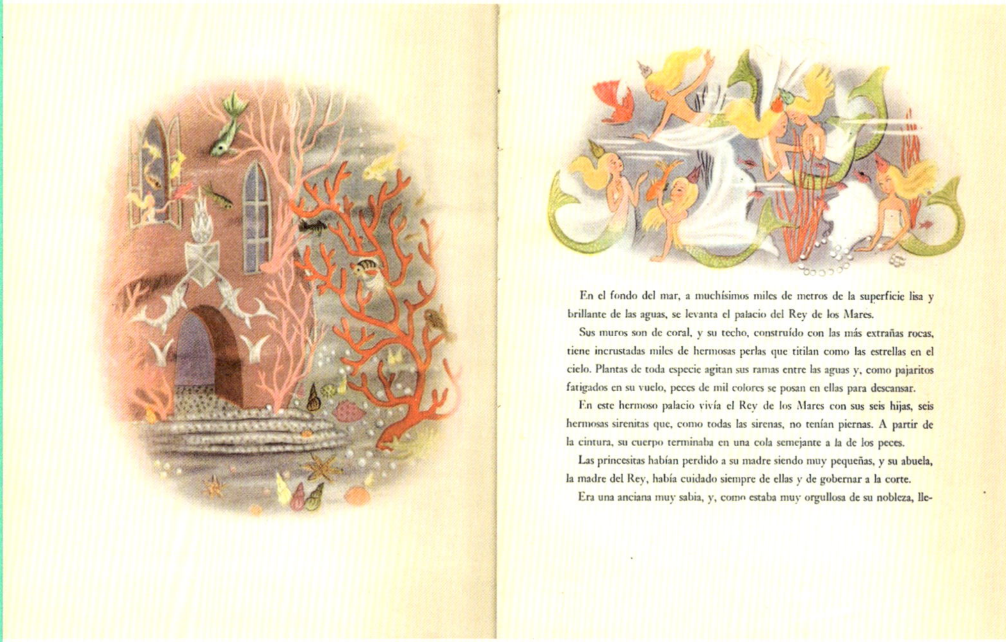

En el fondo del mar, a muchísimos miles de metros de la superficie lisa y brillante de las aguas, se levanta el palacio del Rey de los Mares.

Sus muros son de coral, y su techo, construído con las más extrañas rocas, tiene incrustadas miles de hermosas perlas que titilan como las estrellas en el cielo. Plantas de toda especie agitan sus ramas entre las aguas y, como pajaritos fatigados en su vuelo, peces de mil colores se posan en ellas para descansar.

En este hermoso palacio vivía el Rey de los Mares con sus seis hijas, seis hermosas sirenitas que, como todas las sirenas, no tenían piernas. A partir de la cintura, su cuerpo terminaba en una cola semejante a la de los peces.

Las princesitas habían perdido a su madre siendo muy pequeñas, y su abuela, la madre del Rey, había cuidado siempre de ellas y de gobernar a la corte.

Era una anciana muy sabia, y, como estaba muy orgullosa de su nobleza, lle-

Abb. Lamm 1
Auszug aus Hans Christian Andersens *La Sirenita* (1950), mit Illustrationen von Agi Lamm, Editorial Abril

Magdalena Agnes Lamm, später vornehmlich als Agi Lamm tätig, zählte in den frühen 1930er-Jahren zu den vielen Studentinnen der Kunstgewerbeschule, die durch ihr künstlerisches Schaffen emanzipatorische Ziele verfolgten. Bevor die Illustratorin und Grafikerin nach Wien kam, um bei Eduard Josef Wimmer-Wisgrill (1882–1961) zu studieren, genoss sie bereits eine Ausbildung in Budapest. Später zog sie gemeinsam mit der Mutter nach Belgrad, wo sie bei dem Bildhauer Petrus Pallavicini

(1886–1956) lernte, der sich auf Bronzeplastiken spezialisierte.[1] In Wien fand Lamm rasch Anschluss an eine lebendige Kunstszene und war als Bühnenbildnerin für Kabarettstücke tätig. Die Wiener Kabarett- und Kleinkunstszene widmete sich in den Jahren des Austrofaschismus insbesondere der Satire und bot jüdischen sowie Kunstschaffenden aus dem linken Spektrum Auftrittsmöglichkeiten. Während 1933 noch viele regimekritische Theater- und Kabarettkünstler*innen aus Deutschland nach Wien flüchteten, bedeutete das Jahr 1938 auch für die Wiener Kleinkunst eine markante Zäsur.[2] Nach dem „Anschluss“ sahen sich viele Kunstschaffende gezwungen, Wien und Österreich zu verlassen. Auch Agi Lamm zählte zu jenen, die der Stadt den Rücken kehrten. Sie emigrierte erst nach Frankreich, später weiter nach Bolivien und gelangte 1940 nach Argentinien, wo sie in Buenos Aires sesshaft wurde.

Argentinien wies eine weit zurückreichende Einwanderungstradition auf, die ihren Ursprung in der Mitte des 19. Jahrhunderts hatte, als sich zahlreiche Arbeitssuchende aus europäischen Ländern auf den Weg über den Atlantik machten. Aus diesem Grund traf Lamm auf bereits bestehende und gut ausgebaute Aufnahmestrukturen, wenngleich das Land gerade erst im Begriff war, die Folgen einer massiven Wirtschaftskrise zu bewältigen. Offiziell blieb Argentinien bis kurz vor Kriegsende neutral und trat später nur aufgrund des steigenden Drucks durch die USA auf Seiten der Alliierten in den Krieg ein. So war die Position der Regierung in vielerlei Hinsicht ambivalent, genauso ihre Aufnahmepolitik, die neben jüdischen Geflüchteten und politisch Verfolgten auch zahlreiche untergetauchte Nationalsozialist*innen ins Land ließ.

Parallel dazu entwickelte sich in den 1930er- und 1940er-Jahren in Buenos Aires eine rege Kunstszene, die in intensivem Austausch mit Europa stand und zugleich ihre eigene lokale sowie indigene Kultur erkundete. Lamms Schaffen integrierte sich in diese Entwicklungen; so erhielt sie in ihren ersten Jahren in Argentinien mehrfach Illustrationsaufträge, beispielsweise für europäische Kinderlieder oder -märchen. Dazu zählten *Canciones de Navidad. Recopiladas, armonizadas y transcripta para piano por Rita Kurzmann Leuchter* (1940, Weihnachtslieder), *Canciones infantiles Europeas. Para piano (von letra). Recopiladas por Rita Kurzmann Leuchter* (1941, Europäische Kinderlieder) sowie *Grimm: Hansel y Gretel* (1948, Grimm: Hänsel und Gretel) oder Hans Christian Andersens' *La Sirenita* (1950, Die kleine Meerjungfrau). Zwar bedeuteten diese Arbeiten für Lamm einen markanten Wandel in ihrer künstlerischen Tätigkeit; allerdings konnte sie dabei besonders von jenem Wissen profitieren, das sie aus Wien mitgenommen hatte. Franz Čižek (1865–1946), seine reformpädagogischen Ansätze und die Arbeit seiner Jugendklasse waren ihr wohl bestens bekannt. Wie viele andere Kunstgewerblerinnen, die sich im Exil künstlerisch umorientieren mussten, widmete sich Lamm später vornehmlich dem Medium des Kinderbuches, in dem sie ein besonderes gestalterisches Potenzial entfaltete.[3] Gefördert wurde dieses Engagement nicht zuletzt von Editorial Abril, einem jungen, jedoch international renommierten Verlag. Dessen Gründer, der in Italien geborene Cesare Civita (1905–2005), nutzte seine einflussreiche Position, um zahlreichen jüdischen und/oder politischen Geflüchteten unter die Arme zu greifen.[4]

Lamm interessierte sich später vermehrt für die indigenen Kulturen des Landes und war insbesondere vom Norden Argentiniens fasziniert. Offenbar erinnerten sie die indigenen Lebensweisen an die Traditionen ihres Herkunftslandes.[5] Allerdings blieb die Künstlerin dabei einer verklärten und simplifizierenden Perspektive verhaftet und glaubte, in den einfachen Lebensverhältnissen des Nordens eine „friedvolle Kinderwelt wiederzufinden“.[6] Diese bildete Lamm später auch in Kinderbüchern ab, etwa in *Cholita y Clavel* (1958), das die Geschichte eines indigenen Mädchens und ihrer Ziege erzählt. Parallel dazu kehrte die Künstlerin zur Beschäftigung mit Textilien zurück, die ihre Ausbildung an der Kunstgewerbeschule entscheidend geprägt hatte, und entwarf Tapisserien und Stoffpuppen, welche sie mit indigenen Traditionen verband. Agi Lamm verstarb 1996 in Buenos Aires, nachdem sie an Parkinson erkrankt war.

Abb. Lamm 2
Cover von Beatriz Ferros' *Cholita y Clavel* (1958), mit Illustrationen von Agi Lamm, Editorial Abril

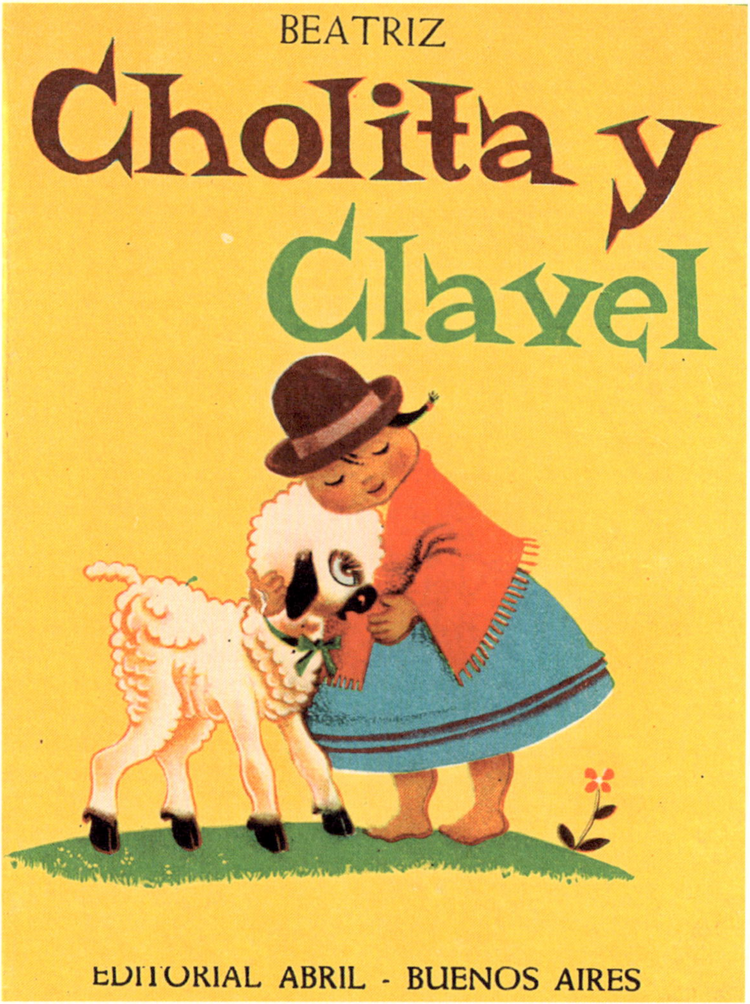

1 Exemplarisch zu Lamm: Zlata Fuss Phillips, German Children's and Youth Literature in Exile, 1933–1950. Biographies and Bibliographies, München 2001, 21–24; Lamm, Agi, in: Susanne Blumesberger/Michael Doppelhofer/Gabriele Mauthe, Handbuch österreichischer Autorinnen und Autoren jüdischer Herkunft 18. bis 20. Jahrhundert. Band 2: J–R, hg. von der Österreichischen Nationalbibliothek, München 2002, 771.

2 Vgl. Hilde Haider-Pregler, Exilland Österreich, in: Frithjof Trapp/Werner Mittenzwei/Henning Rischbieter/Hansjörg Schneider (Hg.), Handbuch des deutschsprachigen Exiltheaters 1933–1945, Bd. 1, Verfolgung und Exil deutschsprachiger Theaterkünstler, München 1999, 97–155.

3 Vgl. Edith Blaschitz/Ursula Seeber, „... mit treffenden zeitgemäßen Untertönen". Konzepte, Genres, Themen, in: Ursula Seeber/Edith Blaschitz/Alisa Douer, Kleine Verbündete. Vertriebene österreichische Kinder- und Jugendliteratur, Wien 2002, 54–88, 64–71.

4 Vgl. Christina Wieder, Visuelle Transformationen. Das Exil der jüdischen Künstlerinnen Grete Stern, Hedy Crilla und Irena Dodal in Argentinien, phil. Diss. Univ. Wien 2021, 219–223.

5 Fran Folsom/Jean Boyd, Fun with Folklore, undatiert. Österreichische Exilbibliothek, Sammlung Lamm.

6 Blaschitz/Seeber, „... mit treffenden zeitgemäßen Untertönen", 68.

sodass seine Stelle zu keinem Zeitpunkt gefährdet schien. Vielmehr sollten ihm seine Parteimitgliedschaft sowie seine diesbezügliche Zurückhaltung in den Jahren des Austrofaschismus nach dem „Anschluss" sogar die Unterstützung des Kollegiums einbringen, das ihn im Zuge der „Gleichschaltungsbestrebungen" als neuen Schuldirektor vorschlug. Schließlich zeigte sich ein nicht zu vernachlässigender Anteil der Kolleg*innenschaft – teils im Stillen, teils ganz offenkundig – bereits in den Jahren davor dem NS-Regime zugeneigt.[79]

Als eine der wenigen Frauen im Professor*innenkollegium dieser Jahre konnte auch Hertha Larisch-Ramsauer (1897–1972)[80] ihre Position als Professorin für Ornamentale Schrift und Heraldik weitgehend ungestört fortführen.[81] Dennoch landete ihr Name ab 1933 auf den jährlich an das Ministerium übermittelten Listen von verheirateten Frauen im Personalstand, die aufgrund der „Doppelverdienerverordnung" eingeführt wurden. Davon betroffen waren außerdem die Hilfslehrerin und Assistentin der Klasse Müller-Hofmann, Hilda Schmid-Jesser (1894–1985), die Dienstaushilfskräfte Leopoldine Huyser und Karoline Kopp, Waschfrau Marie Polzer sowie Kanzleiadjuktin Emma Westhoff Katalog, Abb. 3.[82] Die Schulleitung hatte offenkundig kein Interesse daran, hochqualifizierte bzw. langjährige Mitarbeiterinnen aus dem Personalstand zu entlassen. Sie übermittelte jährlich aufs Neue und fristgerecht die geforderten Berichte ans Ministerium – allerdings stets einschließlich der Begründung, weshalb die jeweiligen Mitarbeiterinnen nicht von der gesetzlichen Regelung betroffen seien.[83]

Obwohl dieses Vorgehen das bereits in der Historiografie zur Wiener Kunstgewerbeschule festgeschriebene Narrativ zu bestärken scheint, dass sie einen stark emanzipativen Gestus und im Hinblick auf die Frauenbildung fortschrittlichen Geist aufwies,[84] gilt es, dies dennoch im Kontext der Jahre 1933 bis 1938 zu differenzieren und kontextualisieren. Neben Hertha Larisch-Ramsauer (seit 1931 Professorin), Eleonore Zanoskar (1898–1976), seit 1935 wirkliche Lehrerin mit dem Titel „Professor" an der Werkstätte für Emailarbeiten,[85] und Emmy Zweybrück-Prohaska (1890–1956), die allerdings an der Kunstgewerblichen Privatanstalt bzw. ihrer eigenen Werkstätte aktiv war,[86] gab es im Untersuchungszeitraum kaum weibliche Professorinnen. Die Hilfslehrerin Hilda Schmid-Jesser bemühte sich stark um eine Vertragsentfristung und versuchte darüber hinaus, gestalterisch an der Kunstgewerbeschule tätig zu werden, was allerdings wiederholt auf Widerstand stieß. Die ambitionierte

Künstlerin entwarf sogar einen neuen Lehrplan für eine Werkstätte für gewerbliche Malerei und wollte damit bewirken, parallel zu Wilhelm Müller-Hofmann, dessen Assistentin sie im Zeitraum von 1932 bis 1935 war, eine eigene Klasse zu leiten.[87] Das Professor*innengremium lehnte ihren Vorschlag nach kurzer, kaum inhaltlich geführter Diskussion ab, vor allem mit der Begründung, dass Müller-Hofmann sie zwar als Assistentin weiterbeschäftigen wolle, er eine Paralleltätigkeit unter ihrer Leitung aber schlicht für unmöglich hielt.[88] Schmid-Jessers „Exposé wird einstimmig verworfen",[89] vermerkte man im Sitzungsprotokoll knapp.

Abseits parteipolitischer Streitigkeiten und der reglementierenden Maßnahmen durch die austrofaschistischen Ministerien, die berufstätige Frauen nachhaltig aus dem öffentlichen Raum drängten, hatte auch der Förderungswille der Wiener Kunstgewerbeschule geschlechterspezifische Grenzen. Unbestrittenermaßen leistete die Kunstgewerbeschule seit ihrer Gründung zentrale Arbeit im Bereich der Mädchenbildung und insbesondere im Kontext der künstlerischen Ausbildung von Frauen. Dennoch bildeten sich in ihr weiterhin geltende gesellschaftliche Grundzüge ab, die eine Geschlechtertrennung und berufliche Hierarchisierung vorsahen und vornehmlich dort Frauenerwerbstätigkeit und Mädchenbildung förderten, wo diese einen wirtschaftlichen Nutzen bringen konnten. Dieser Umstand wurde durch Maßnahmen wie die „Doppelverdienerverordnung" massiv verstärkt, war aber bereits in den Jahren davor prägend für die personelle Struktur der Schule. Hilda Schmid-Jesser wurde 1935 zur wirklichen Lehrerin mit Professorentitel ernannt, dies sollte jedoch vorerst der Höhepunkt ihrer beruflichen Laufbahn an der Kunstgewerbeschule bleiben.[90] Dass Hertha Larisch-Ramsauers Position nicht weiter in Frage gestellt wurde, lag an der vielfach gelobten Qualität ihrer künstlerischen Praxis und Lehre – diese war aber bei Schmid-Jesser ebenfalls gegeben, zumal sie Müller-Hofmann für eine qualifizierte und unentbehrliche Assistentin hielt. Zugleich galt Larisch-Ramsauers 1934 verstorbener Vorgänger und Ehemann Rudolf Larisch als unbestrittene Koryphäe der österreichischen Typografie.[91] Der Schutzschirm der Ehe bzw. das Ansehen ihres Ehemanns dürften also ein förderlicher Faktor gewesen sein, der der Lehrerin ein beruhigtes Arbeiten erlaubte. Er trug dazu bei, dass ihre Qualitäten von männlichen Kollegen und Ministeriumsangehörigen nicht unentwegt in Frage gestellt wurden, wenngleich dies noch nicht bedeutete, dass ihre

Tätigkeit als gleichwertig anerkannt wurde. In den Sitzungsprotokollen, die eher das Bild eines exklusiven Männerzirkels zeichnen, wird ihre Stimme dennoch kaum hörbar bzw. taucht die Professorin künstlerisch zumeist nur als Kooperationspartnerin in von anderen Kollegen geführten Projekten auf. Eine aktive Einbindung bzw. Unterstützung Larisch-Ramsauers seitens der Schulleitung blieb über die Jahre ihrer Tätigkeit an der Schule aus und ihr Schicksal als weibliche Lehrende ist damit repräsentativ für den selektiven Förderungswillen der Wiener Kunstgewerbeschule. In späteren Jahren trat Larisch-Ramsauer politisch allmählich mehr in Erscheinung, etwa im Zuge der Bewerbung um eine Lehrstelle an der Kunstgewerbeschule von Johannes Kunz. Die Leiterin der Schriftwerkstätte exponierte sich dabei durch antisemitische Aussagen als Vertreterin des NS-Gedankenguts. So meinte sie, dass es dank des Ausschlusses jüdischer Studierender seit dem März 1938 kaum mehr „Schreibantitalente“ an der Schule geben würde.[92]

Eine antisemitische Grundhaltung im schulischen Umfeld zeigt sich auch insofern, als von 1933/34 bis zum „Anschluss“ keine Jüdinnen und Juden mehr an der Kunstgewerbeschule eingestellt wurden. Inwiefern diese Personalpolitik auf die Direktion oder das Kollegium zurückzuführen ist, kann zwar nur schwer beurteilt werden, denn es fehlten explizite ministerielle Richtlinien, die eine Beschäftigung jüdischer Lehrpersonen ausgeschlossen hätten. Dennoch zeichnete sich zu dieser Zeit auch an anderen staatlichen Einrichtungen eine ähnliche Entwicklung ab, die darauf schließen lässt, dass ein inoffizieller „Arierparagraph“ bereits vor 1938 wirksam war.[93] Spätestens mit dem Juli-Abkommen von 1936 verschärfte sich die Situation für Jüdinnen und Juden im austrofaschistischen Österreich massiv, was in weiterer Folge auch die wenigen jüdischen Angestellten der Kunstgewerbeschule akut betraf. Durch die darin beschlossene politisch-vertragliche Normalisierung der Beziehungen mit dem nationalsozialistischen Deutschland legte Schuschnigg schließlich den Grundstein für den sogenannten „schleichenden Anschluss“ und eine rechtlich legitimierte Ausgrenzung und spätere Verfolgung von Jüdinnen und Juden in Österreich.[94] Auch linke politische Netzwerke wurden durch diese Entwicklung und insbesondere durch personelle Eingriffe und Verbote im Schulwesen stetig weiter an den gesellschaftlichen Rand oder in die Illegalität gedrängt. Einige, etwa Max Fellerer oder der Hoffmann-Nachfolger Franz Schuster, die um 1930 noch Bauaufträge oder Gestaltungsaufgaben für das

Rote Wien (1919–1934) umgesetzt hatten, fügten sich rasch und unbekümmert in die neuen Strukturen des Austrofaschismus ein. Andere, wie Franz Čižek, dessen reformistische Ansätze sowohl künstlerisch als auch pädagogisch tief in einer sozialdemokratischen Tradition verwurzelt waren,[95] mussten aufgrund der Pensionierungsverordnung den Ruhestand antreten und ihr Engagement an der Kunstgewerbeschule verkümmern sehen. Čižek wurde buchstäblich aus der Schule verdrängt, ihm mit seiner Jugendklasse ein anderer Standort zugewiesen, was nicht zuletzt zur Folge hatte, dass er weit weniger aktiv am Schulgeschehen teilnehmen konnte. Dennoch gilt darauf hinzuweisen, dass auch er später versuchte, durch seine Anbiederung an das NS-Regime künstlerische Einflussbereiche zu wahren. Čižeks Bemühungen blieben jedoch weitgehend erfolglos. Ein solches indirektes Auslöschen sozialdemokratischer oder sozialistischer Spuren an der Schule wurde begünstigt durch das aktive Verbot kommunistischer Betätigung bzw. als Folge der Februarkämpfe auch durch das Verbot der sozialdemokratischen Partei.[96] Die ambivalente Positionierung der Kunstgewerbeschule im Hinblick auf die politischen Entwicklungen führte letzten Endes auch zur Distanzierung von einigen (nun schon ehemaligen) Schulangehörigen und einer Verlagerung kunstgewerblichen Wissens, Lehrens und Praktizierens auf andere Einrichtungen und nicht zuletzt auch auf das Wirken im Exil.

1.2. Strukturelle Entwicklungen

Im Folgenden sollen Entwicklungen im Zentrum stehen, die zwar an bereits erörterte personelle Entscheidungsprozesse anschließen, allerdings weitere Handlungsräume und Akteur*innen in den Blick nehmen und über den innerschulischen bzw. das Personal betreffenden Rahmen hinausgehen. Dabei wird beleuchtet, welche Debatten seitens der Schule mit dem Ministerium für Handel und Verkehr und anderen zentralen Entscheidungsträgern des kunst- und kulturpolitischen Bereichs geführt wurden. Außerdem liegt der Fokus auf strukturellen Maßnahmen, die die Kunstgewerbeschule setzte, um sich – insbesondere in Abgrenzung zur Akademie der bildenden Künste – als eigenständige kunstgewerbliche Ausbildungsstätte zu positionieren.

1.2.1. Grundzüge austrofaschistischer Kulturpolitik

Obgleich bis 1938 kein explizit ausformuliertes Kunst- und Kulturprogramm des „christlichen Ständestaats“ existierte, bot die Errichtung von monopolisierenden Institutionen die Möglichkeit, die autoritären Agenden und kulturpolitischen Anliegen zentral zu steuern und durchzusetzen. Das „zerfahrene Gebiet“[97] der Kunst, wie der Literaturhistoriker Horst Jarka es nannte, sollte fortan staatlich-autoritär reguliert werden, wenngleich dabei weitgehend unklar blieb, welche Maßnahmen explizit strategische Ziele verfolgten. Wie der Germanist Friedbert Aspetsberger pointiert formuliert, waren Kunst und Kultur im Austrofaschismus zwar „nicht gesetzlich geregelt“, aber definitiv „staatlich bestimmt“.[98] Durch die Neugründung einiger Einrichtungen ebenso wie durch die autoritäre Ausrichtung bereits bestehender Vereine und Organisationen sollte schließlich weniger eine definierte künstlerische Richtung eingeschlagen, als vielmehr Politisches mittels Kunst transportiert werden. Diesem Ansatz der austrofaschistischen Kulturpolitik stellten auch der Historiker und Bibliothekar Alfred Pfoser und der Literaturwissenschaftler Gerhard Renner ein nüchternes Attest aus, indem sie kritisierten, „daß man sich im Umkreis der Macht nicht für Kultur – nicht einmal für ideologisch nahestehende –, sondern für deren politische Verwertung interessierte“.[99] Obgleich dieser Analyse entgegengestellt werden muss, dass mit Figuren wie Clemens Holzmeister oder Carry Hauser (1895–1985) – ehemaliger Schüler der Kunstgewerbeschule und führender Kunstideologe des Austrofaschismus[100] – durchaus kulturell engagierte und künstlerisch versierte Personen in ministerielle Kreise eintraten, ist die austrofaschistische Instrumentalisierung der Kunst für politische Zwecke, wie sie Pfoser und Renner betonen, evident.

Das Bundeskulturamt wie auch andere kollaborierende Organe sollten dem Regime ein „vaterlands- und regierungstreue[r] Helfer bei der autoritären Führung des Staates“[101] sein. Die Pflicht der Vaterländischen Front und ihrer Teilorganisationen war es gleichsam, „der Regierung restlos Gefolgschaft zu leisten und den Willen der Regierung bis hin in die Doppelreihe der Ortsgruppen hinein verständlich zu machen“.[102] Die bereits erwähnte Verpflichtung zur Mitgliedschaft der öffentlichen Bediensteten in der Vaterländischen Front trug dieses Anliegen auch in die diversen Berufsfelder bzw. in den Schulalltag hinein. Um explizit kulturelle Angelegenheiten regeln zu können, begründete die Vaterländische Front ein eigenes Kulturreferat, das die Formulierung von kunst- und kulturspezifisch einheitlichen Grundzielen des Austrofaschismus zum Ziel hatte.[103] Deutlicher als kaum anderswo bildete sich darin der kulturpolitische Anspruch des Regimes ab, der sich weitgehend mit den allgemeinen Zielen des „Neuen Österreichs“ deckte. Man wollte, in den Worten des austrofaschistischen Kulturideologen Guido Zernatto (1903–1943), vor allem solche künstlerischen Arbeiten fördern, die „Achtung vor den Lehren des Christentums (Ethik, Ordnung), Achtung vor dem wahren Deutschtum, vor allem in seiner österreichisch-nationalen Prägung, Achtung vor der neuen Volksgemeinschaft“[104] versprachen. Neben der Förderung der Kunstproduktion wurde auch die Überwachung ebendieser als zentrale Aufgabe der Vaterländischen Front verstanden.[105] Unterschiedlichen Arbeitskreisen für bildende Kunst, für Schrifttum, Film, Musik sowie Theater kam im Zuge dieser Entwicklung sowohl eine steuernde Rolle als auch eine netzwerkende Funktion zu. Dabei trat erneut auch Clemens Holzmeister hervor, der schon bald zum Leiter des Kulturreferats für bildende Kunst und damit zu einer zentralen Figur und zu einem maßgeblichen Entscheidungsträger in kunstpolitischen Fragen wurde.[106] Der Maler und Bühnenbildner Carry Hauser stieg zu seinem Stellvertreter auf.[107]

Als Fortsetzungsprojekt der Kulturreferate diskutierte die Regierung auch die Einführung eines Kammerwesens, das gewissermaßen nach nationalsozialistischem Vorbild die berufsständische Ordnung organisieren wollte. Der Gesetzesentwurf von 1936 sah vier Kammern der Schönen Künste vor: die Kammer der bildenden Künste, die Kammer des Schrifttums, die Kammer der Musik, die Kammer der darstellenden Kunst.[108] Pläne zur Gründung von Künstlerkammern existierten zwar bereits in der Ersten Republik, der Einfluss Nazi-Deutschlands, das bereits 1933 eine ebensolche Struktur eingeführt hatte, lässt sich für die Konzeptualisierung des Kammerwesens im Austrofaschismus aber schlicht nicht leugnen. Die Kammern der Schönen Künste sollten schließlich nicht allein Interessensvertretungen sein, sondern die dem jeweiligen Berufsstand entsprechenden hierarchischen Strukturen aufweisen, die dem autoritären Monopolisierungsanspruch der Regierung Rechnung trugen. Neben der Verortung künstlerischer Berufe innerhalb der ständischen Ordnung versprach man sich auch wirtschaftliche Vorzüge, vor allem am deutschen Markt, der bereits 1933 hemmende Auflagen, wie die Tausend-Mark-Sperre, festgesetzt hatte. Dieser Anspruch wurde spätestens mit dem

Juli-Abkommen von 1936 obsolet. Zu einer Umsetzung des Bundesgesetzes für die Errichtung der Kammern der Schönen Künste mit austrofaschistischer Ausrichtung kam es nicht.

Ungeachtet dessen hatten diese Bestrebungen durchaus Einfluss auf die Abläufe und Strukturen an der Kunstgewerbeschule. Wie im Gesetzesentwurf festgehalten, sollten sowohl der Rektor der Akademie der bildenden Künste als auch Max Fellerer als Direktor der Kunstgewerbeschule, „kraft ihres Amtes beratende Mitglieder des Kammervorstandes in künstlerischen Angelegenheiten", zu den betreffenden Verhandlungen hinzugezogen werden. Insbesondere die Kammer der bildenden Künste, die unter anderem die Fachgebiete Malerei, Grafik und Bildhauerei umfasste, sollte als Vertretungsorgan der „berufsständigen Künstler" und damit vorwiegend selbstständigen Kunstschaffenden im Bereich der angewandten und bildenden Kunst dienen. Diese mussten nur „staatsgültige Zeugnisse über die erfolgreiche Zurücklegung des Kunststudiums an der Akademie der bildenden Künste, der Kunstgewerbeschule des Oesterreichischen Museums für Kunst und Industrie in Wien [sic] oder einer über Ausspruch des Bundesministers für Unterricht in dieser Hinsicht diesen Lehranstalten gleichzuhaltenden inländischen oder ausländischen Lehranstalt ausweisen können".[109] Explizit wurde jedoch darauf verwiesen, dass Architekt*innen von dieser ständischen Vertretung in Form der Kammer der bildenden Künste ausgenommen seien. Dieser Verweis verdeutlichte nicht nur die impliziten Auswirkungen der austrofaschistischen Kulturpolitik auf die Kunstgewerbeschule. Er barg zugleich – wie im Folgenden genauer erörtert wird – großes Konfliktpotenzial im alten Konkurrenzverhältnis zwischen der Kunstgewerbeschule und der Akademie der bildenden Künste in sich.

1.2.2. Die Debatten zur „Architekten-Frage"

Rasch nach der Berufung Max Fellerers als Direktor der Kunstgewerbeschule wurden Neuorganisationspläne laut, die eine Umstrukturierung des Lehrplans, der Hilfsfächer aber auch der Berufsgruppenvertretung vorsahen.[110] Dabei rückte insbesondere die kontroversiell debattierte „Architekten-Frage" in den Fokus, die ab 1934 und intensiv ab 1936/37 debattiert wurde. Die berufsständische Ordnung forderte, wie erwähnt, eine obligatorische Vertretung sämtlicher Berufsgruppen, die allerdings in einigen Fällen nicht eindeutig zu definieren war. Eine Verortungsfrage im berufsständischen Sinn ergab sich für die Kunstgewerbeschule insofern, als zwar seit 1921 rechtlich verankert war, dass der Titel „Zivilarchitekt“ ausschließlich von Absolvent*innen der Akademie der bildenden Künste und der Technischen Hochschule geführt werden durfte, jene der Kunstgewerbeschule allerdings als „freie Architekten“ mehr oder minder denselben Beruf ausübten.[111] Damit drängte sich die Frage auf, wo deren berufsständische Vertretung liegen sollte. Es entwickelte sich erneut eine Debatte über die Kompetenzen der Kunstgewerbeschule, nämlich konkret darüber, ob sie als Bildungseinrichtung ohne akademischen Rang überhaupt qualifiziert war, um „selbstständige Architekten“ oder „Zivilarchitekten“ auszubilden.

Die Akademie der bildenden Künste beanspruchte insbesondere die künstlerische Architekturausbildung seit geraumer Zeit für sich – ein Umstand, der neben der Konkurrenzsituation im Hinblick auf die moderne Ausgestaltung der jeweiligen Einrichtung für weitere Konflikte zwischen den beiden Wiener Kunstschulen sorgte. Unter dem Vorwand einer prioritären Relevanz wurde seitens der Akademie vor allem die fehlende technische Ausbildung im Architektur-Lehrplan der Kunstgewerbeschule bemängelt und als Grund dafür angeführt, weshalb die Vergabe des Architektentitels der Akademie sowie der Technischen Hochschule vorbehalten bleiben sollte. In Wirklichkeit waren die an der Kunstgewerbeschule lehrenden Architekten aber gleichermaßen technisch und künstlerisch qualifiziert wie jene an der Akademie – zum Teil waren sie selbst dort ausgebildet worden. Trotz der Einführung zusätzlicher Lehrangebote, um vermeintliche technische Defizite im Lehrplan auszumerzen, blieb der Konflikt zwischen den beiden künstlerisch bildenden Anstalten einer um die Vorrangstellung der kreativen Ausbildung.[112]

Fellerer versuchte durch intensives Intervenieren, die Position der Kunstgewerbeschule gegenüber dem Ministerium für Handel und Verkehr sowie gegenüber Clemens Holzmeister, der neben seiner politischen Trägerrolle im Kulturreferat der Vaterländischen Front weiterhin seine Professur an der Akademie der bildenden Künste innehatte, durchzusetzen.[113] Als sich jedoch sein Scheitern in den Verhandlungen abzeichnete, bemühte sich der neu berufene Architekturprofessor Franz Schuster aus eigener Initiative, die Berechtigung der Kunstgewerbeschule auf Vergabe des Architektentitels zu verteidigen. Er wandte sich mit einem 15 Seiten starken Manuskript an zentrale Entscheidungsträger, unter anderem an den Sektionschef Dr. Emil Wohlgemuth, den Ministerialrat Freiherr von Romanskan, den Präsidenten des Kuratoriums der Kunstgewerbeschule Graf Colloredo-Mansfeld sowie an den Direktor des Kuratoriums Dr. Richard Ernst. Schuster erklärte in einem Brief an Fellerer, er habe bewusst nicht den Weg über die Direktion der Kunstgewerbeschule gewählt, da er glaube, eine unabhängige Stellungnahme parallel zur Schulleitung wäre der Sache zuträglicher. Inhaltlich kritisierte Schuster die geplante Aberkennung des Architektentitels für Absolvent*innen der Kunstgewerbeschule, da der Schutz des Titels, „wie er geplant ist [...] vorerst nichts und wahrscheinlich auch in seinen künftigen Auswirkungen nur sehr wenig mit der Gesamtheit aller kulturellen, sozialen und wirtschaftlichen Fragen des Bauens überhaupt zu tun“[114] habe. Besagte Aberkennung würde zwar für einen Teil des Standes eine privilegierte Position schaffen, dabei aber auf die Interessen der Allgemeinheit vergessen. Schuster betonte weiter, dass die „weitaus größere Zahl der jährlichen Bauten“ von „Baumeistern, Maurer- und Zimmermeistern“ geplant würden, „die auch die Bauausführung“[115] innehätten. Im Gegensatz zu den Hochschulen bestünde der große Vorteil der Kunstgewerbeschule in der Ausbildung von Architekt*innen schließlich darin, dass sie keine rein wissenschaftliche oder künstlerische Zielsetzung verfolge, sondern die „Zusammenfassung aller gestaltenden Künste und Handwerke“, die letztendlich auch dem „Berufe im tätigen Leben“[116] entspreche. Weitere Abteilungsleiter und Assistenten schlossen sich den Bemühungen Fellerers und Schusters an. Oswald Haerdtl, sein Assistent Hans Vetter (1897–1963) und Carl Witzmann, seit 1934/35 Leiter der Werkstätte für Tischlerei und Möbelbau, sammelten eigenständig Unterschriften in ihren Klassen. Der kurz davor pensionierte Architekturprofessor Josef Hoffmann, der weiterhin einflussreich in und rund um das Schulgeschehen wirkte, warnte sogar davor, die „Kunstgewerbeschule zu einer Vorschule der Akademie herabzustemplen [sic]“ und prophezeite einen „nie wieder gutzumachende[n] Fehler“.[117]

Trotz aller Appelle und Warnungen musste Max Fellerer am 18. März 1937 in der Sitzung des engeren Lehrkörpers verkünden, dass die Kunstgewerbeschule fortan nicht mehr das Recht besitze, „die Erziehung zum Architekten durchzuführen“[118] – gemeint war jene zum „Zivilarchitekten“. Die damit verbundene Titelfrage sollte dennoch nicht abflauen, vielmehr wurde wiederholt die Hoffnung und Notwendigkeit ausgesprochen, „dass die Absolventen unserer Schule im ständischen Aufbau und in den gewerblichen Organisationen ihren rechtlichen Platz finden und die Absolventen unserer Bauabteilungen wieder Rechte erhalten, die ihre Existenz im Leben sichern".[119] Die Debatte, die durch die Einführung der ständischen Ordnung im Austrofaschismus massiv verschärft wurde, führte zu neuen Herausforderungen für die Kunstgewerbeschule. Letztendlich legten diese strukturellen Maßnahmen den Grundstein für die weiteren Entwicklungen der Schulführung unter dem NS-Regime. Mit der „Architekten-Frage" war schließlich stets die Diskussion um die Erhebung der Kunstgewerbeschule zur Hochschule verbunden, um damit eine Gleichstellung mit dem Rang der Akademie der bildenden Künste zu erwirken. Die Realisierung dieses Vorhabens gelang jedoch erst im Jahr 1941 und wurde damit als nationalsozialistischer Erfolg verbucht.

1.2.3. Sektion „Schülerangelegenheiten"

Was bedeuteten diese Entwicklungen nun für den innerschulischen Alltag und insbesondere für Schüler*innen der Bildungsanstalt? Die austrofaschistische Ausrichtung der Schule wirkte sowohl organisatorisch als auch kulturell auf die Abläufe ein und prägte die täglichen Lebenswelten der Lehrpersonen ebenso wie jene der Schüler*innen. Bereits erwähnte ministerielle Beschlüsse zur Senkung des Pensionsalters oder zur Erwerbstätigkeit von verheirateten Frauen trafen primär Personen in Angestelltenverhältnissen. Die „Architekten-Frage" sowie die berufsständische Eingliederung formulierten arbeitsrechtliche Probleme, die wiederum Lehrende und vor allem Absolvent*innen der Kunstgewerbeschule betrafen. Verbote von politischen Parteien und Vereinen wirkten sich jedoch gleichermaßen auf die Schüler*innen wie auf das gesamte Personal der Anstalt aus. Neben dem generellen Verbot der NSDAP, der Kommunistischen Partei (KPÖ) sowie der Sozialdemokratischen Arbeiterpartei (SDAP) war es Schüler*innen ab 1933 nicht mehr gestattet, an politischen Demonstrationen teilzunehmen sowie sich in Vereinen zu organisieren Katalog, Abb. 4–5.[120] Ausgenommen waren nur Vereinigungen „zur Pflege österreichisch-vaterländischer Gesinnung und sittlich-religiösen Erziehung".[121] Die Anweisung von Engelbert Dollfuß, der zufolge in Amtsgebäuden die „Vaterländische Wandzeitung" angebracht werden musste, war eine verstärkende Maßnahme, um die Erziehung zu christlich-ständestaatlichen Werten zu fördern.[122] Ein Verbot von Anschlagtafeln für Vereinszwecke war begleitet von der Verpflichtung zum Tragen des Schülerabzeichens der Vaterländischen Front[123] – allerdings nicht auf den Arbeitsmänteln, „da wegen des häufig schmutzigen Zustandes dieser Mäntel dies als eine Entwürdigung angesehen werden könnte".[124]

Wie diese Beispiele zeigen, lässt sich auch auf der Ebene der Schüler*innenrechte ein zunehmender Abbau demokratischer Strukturen verzeichnen, welcher mitunter zu diversen Disziplinarmaßnahmen und Schulverweisen führte. Die Sitzungsprotokolle des Lehrer*innenkollegiums, insbesondere der darin enthaltene Abschnitt zu „Schülerangelegenheiten", geben einen Einblick in Debatten und Diskussionen, die in Bezug auf die Studierenden geführt wurden. Zwei Disziplinarfälle, die repräsentativ für den Umgang mit politischen „Vergehen" von Schüler*innen des Hauses stehen, demonstrieren anschaulich, welche inhaltlichen Schwerpunkte sich von 1933 bis 1938 herauskristallisierten und vor allem, wie politische Betätigung je nach ideologischer Ausrichtung unterschiedlich bewertet und sanktioniert wurde.

Neben den Schülern Rudolf Bass und Franz Pixner, die wegen ihrer „Tätigkeit für die kommunistische Partei" sowie wegen der Verteilung von kommunistischen Flugblättern mit Polizeiarrest abgestraft wurden,[125] sorgte der Fall Egon Grabner für heftige Diskussionen an der Kunstgewerbeschule. Ein vermeintlicher Diebstahl Grabners war bereits am 21. November 1933 Gegenstand der Kollegiumssitzung gewesen. Wie der Direktion gemeldet wurde, hatte der Schüler zwei Hefte der Zeitschrift „Deutsche Kunst und Dekoration" aus der Bibliothek entwendet. Darüber hinaus beklagten die Lehrenden Bertold Löffler und Anton Kenner, „dass sich der Schüler GRABNER entgegen dem an allen Abteilungstüren angeschlagenen Verbot in fremden Abteilungen herumtreibe und sich in auffallender Weise an bemittelte Ausländer herandränge".[126] Dieses Verhalten des Schülers würde außerdem den Verdacht erwecken, dass Grabner „mit den in letzter Zeit in mehreren Abteilungen vorgekommenen Diebstählen in Verbindung" stehe.[127]

Diese Beschreibung ist in vielerlei Hinsicht charakteristisch dafür, wie politische Konflikte in den Anfängen des Austrofaschismus an der Schule, aber auch außerhalb von ihr ausgetragen wurden. Durch den Hinweis auf Grabners vermeintliche Annäherungsversuche an internationale und wohlhabende

Schüler*innen schwingt in der Anschuldigung des Diebstahls eine zusätzliche politisch-motivierte Aussage der Lehrpersonen mit. Der von Löffler und Kenner konstruierte Zusammenhang zwischen dem Diebstahl und den Bemühungen des kommunistischen Schülers Grabner, internationale und finanziell ertragreiche Kontakte zu knüpfen, scheint gespeist von damals kursierenden Verschwörungstheorien über einen jüdischen Bolschewismus. Mithilfe ausländischer Kapitalquellen, so die verquere Argumentation dahinter, wolle dieser die Gesellschaft und hier konkret auch die Schulgemeinschaft zersetzen.[128] Grabner, der – wie die Unterlagen zum Disziplinarfall dokumentieren – Materialien aus der Bibliothek zu spät retourniert hatte, wurde vorerst verwarnt. Wenig später sorgte aber ein weiterer Zwischenfall für Aufsehen: Bereits an anderer Stelle wurde erwähnt, dass Anfang September 1934 eine anonyme Anzeige gegen Josef Wallishauser sowie gegen andere Schulangehörige wegen nationalsozialistischer Werbetätigkeit einging, die eine kriminalpolizeiliche Untersuchung zur Folge hatte. Betroffen waren die Aushilfskräfte Eve Küchler und Oskar Zambach. Am 31. Jänner 1934 erschien daraufhin abermals die Polizei in der Kunstgewerbeschule, „da eine Anzeige vorlag, es seien im Keller des Hauses Kisten verpackt und versendet worden. [...] An demselben Nachmittag erschien ein Kriminalbeamter bei Prof. LOEFFLER infolge einer Anzeige, dass dieser in seinem Atelier Gewehre verwahrte“. Während die polizeilichen Ermittlungen keine Beweise für das mutmaßliche Waffendepot sicherstellen konnten, wurde innerhalb des Lehrer*innenkollegiums der Verdacht formuliert, „dass der Schüler Egon GRABNER der Anzeiger war“.[129] Die betreffende Meldung wandte sich in erster Linie gegen nationalsozialistische Schulangehörige; allerdings erachteten sie auch dem Austrofaschismus zugeneigte Lehrpersonen als unangebracht. Zwar wurde Grabners kommunistische Betätigung nie explizit als Grund für seinen folgenden Schulverweis genannt, die vermeintlich intriganten Machenschaften des Schülers sorgten jedoch über mehrere Sitzungen hinweg für Diskussionsstoff. Deutlich wird im Zuge der Debatten, dass Fellerer und andere Kolleg*innen des Professor*innengremiums durchaus dazu bereit waren, sich regimetreu zu zeigen und kommunistische Aktivitäten unnachgiebig zu sanktionieren, wenn ihnen diese nicht genehm waren bzw. den öffentlichen Ruf der Schule zu beschädigen drohten. Mit dem Ziel, kommunistische Bestrebungen auszuschalten, schloss man sich, wenn nötig, auch mit nationalsozialistischen Schulangehörigen zusammen.

Grabners Klassenlehrer Müller-Hofmann, der als austrofaschistischer Sympathisant die kommunistische Agitation seines Schülers unterbinden zu müssen glaubte, meinte nur, dass er bei Grabner zwar „ein gewisses Talent feststellen muss", aber dennoch nicht vermochte, „ihn zu einer ernsten Arbeit zu bringen". Grabner mache einen „übernervösen Eindruck", weise „ausgesprochen hysterische Merkmale", ja sogar „etwas vom Zwang einer Psychose" auf, weshalb er „kein Interesse habe, ihn zu halten".[130] Grabners ursprüngliche Verwarnung führte – verstärkt durch unsachliche und stigmatisierende Zuschreibungen – wenig später zum Schulausschluss.

Dass es allerdings auch Interventionen des Lehrkörpers zugunsten der Studierenden gab, beweisen einige Fälle wegen nationalsozialistischer Betätigung etwa aus der Klasse Löffler, deren Tragweite der Fachklassenleiter gekonnt gegenüber der Direktion zu schmälern wusste. Der Schüler Walter Braun (1912–1941) – nach seinem Diplom ab 1939 als Hilfslehrer an der Kunstgewerbeschule tätig[131] – wurde etwa aufgrund der „Uebertretung des Waffenpatentes zu einer Geldstrafe von 30 S und 3 Tagen Arrest verurteilt".[132] Klassenlehrer Löffler setzte sich vermeintlich uneigennützig für den Schüler ein, den er als den „fleissigsten und begabtesten" seiner Abteilung bezeichnete. Ob es einen Zusammenhang zwischen dem Waffenpatent-Fall des Schülers Braun und der Anzeige Egon Grabners wegen Waffenlagerung im Schulgebäude gab, konnte zwar nicht nachgewiesen werden, scheint aber aufgrund der zeitlichen Nähe durchaus plausibel. Bertold Löfflers Intervention für den Schüler war offenbar erfolgreich, denn ohne langwierige Debatten und Disziplinierungsgespräche, nahm der Lehrkörper „die Anzeige zur Kenntnis" und beschloss, „von einer weiteren Verfolgung der Angelegenheit abzusehen".[133] Dieser Fall dokumentiert neben weiteren Vorkommnissen, dass Löffler weitreichenden Einfluss innerhalb der Schulstrukturen besaß und damit seinen Schüler*innen illegales nationalsozialistisches Engagement ohne weitere Konsequenzen für ihren Studienfortgang ermöglichen konnte.

Auch die Namen der Schüler Rudolf Tiefenbrunn und Jürgen Lassmann (Klasse Hoffmann) befanden sich mit Verweis auf „pol. Ordn. Störung. NSDAP" auf einer Liste der Polizeidirektion Wien, welche die Betätigung von Schüler*innen und Hörer*innen von mittleren Lehranstalten und Hochschulen dokumentierte, denen „seit 1. Juli 1933 rechtskräftig eine Verwaltungsstrafe wegen eines politischen Vergehens"[134] auferlegt wurde. Aus den polizeilichen

Wilhelm Spira, auch bil/Bil Spira oder Willi Freier

Wien 25. Juni 1913 – 1. August 1999 Paris

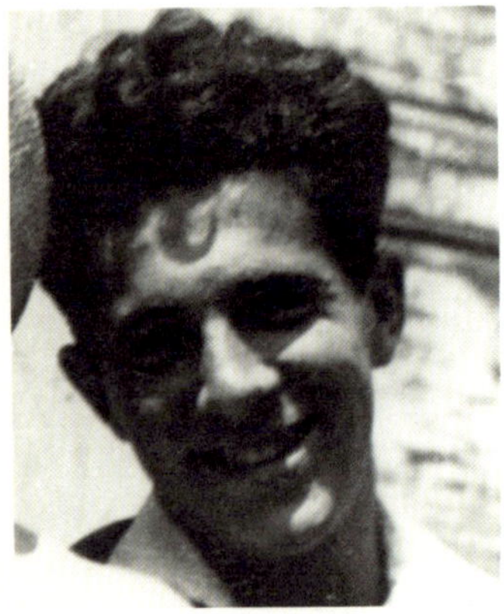

Im Jahr 1932 absolvierte Wilhelm Spira[1] die Aufnahmeprüfung bei Wilhelm Müller-Hofmann an der Kunstgewerbeschule und beschrieb diese Szene später in seinen Lebenserinnerungen: Die Aufgabenstellung war simpel und lautete, eine Landschaft zu zeichnen. Da er vorzeitig damit fertig wurde, habe er begonnen, andere Prüfungskandidat*innen zu skizzieren. Hilda Schmid-Jesser (1894–1985), die Assistentin der Malereiklasse, vermutete bereits in diesem Moment: „Ich glaube, Sie werden aufgenommen".[2] Das besondere Talent Spiras, sein politisches Engagement sowie sein humoristischer Ansatz wurden auch darüber hinaus vielfach geschätzt. So war er schon früh als Karikaturist für sozialdemokratische Zeitungen, wie „Das kleine Blatt" oder die „Arbeiter-Zeitung" tätig. Als Folge der Februarkämpfe 1934 verlor er jedoch besagte Anstellungen; innerhalb der Kunstgewerbeschule hatte er als Protegé Müller-Hofmanns aber offenbar mit keinen oder zumindest weniger harten Konsequenzen als sein Kommilitone Egon Grabner zu kämpfen.

1935, noch als Student, ging er mit einem Klassenkameraden für einige Monate nach Paris, wo der Trickfilm DER FALSCHE MUSTAFA entstand.[3] Zurück in Wien, lernte Spira den Schriftsteller Jura Soyfer (1912–1939) kennen, mit dem er in der Folge vielfach kooperierte: Für die Sonntagsbeilage der Tageszeitung „Der Wiener Tag" gestalteten sie gemeinsam Text-Bild-Reportagen. Außerdem entwarf Spira mehrere Bühnenbilder für Soyfers Theater- und Kabarettstücke. Das Jahr 1938 bedeutete für beide – als Juden und politisch exponierte Personen – eine markante Zäsur: Soyfer wurde als Kommunist bereits vor 1938 mehrfach festgenommen, nach dem „Anschluss" ins KZ Dachau und später nach Buchenwald deportiert, wo er 1939 an Typhus starb. Spira gelang hingegen nach seiner Inhaftierung durch die Gestapo in der Volksschule der Karajangasse die Flucht nach Paris.

Im Jänner 1939, nach mehreren Monaten in der französischen Hauptstadt, kontaktierte Spira brieflich seinen ehemaligen Lehrer Müller-Hofmann. Offenbar wusste Spira von dessen schwieriger Situation, bedingt durch die Dienstenthebung 1938 und den daraufolgenden gescheiterten Emigrationsversuch (vgl. S. 161–162). Wenngleich mit selbstironischem Einschlag, berichtete Spira in besagtem Brief über seine täglichen Herausforderungen im Exil, etwa von der Schwierigkeit, „mit einem

Abb. Spira 1
Bil Spira an der Kunstgewerbeschule Wien, 1934, Fotograf*in: unbekannt, UaK, Mappe Bil Spira, IN 19.466/1/FP

Abb. Spira 2
Bil Spira, Still aus DER FALSCHE MUSTAFA (F 1935), Filmstill (Foto), UaK, Mappe Bil Spira, IN 19.466/1/FP

Abb. Spira 3
Bil Spira, Porträt *Joseph Roth*, Paris 1939, Tusche auf Papier, Deutsches Exilarchiv 1933–1945 der Deutschen Nationalbibliothek, Frankfurt am Main, IN EB autograph 302

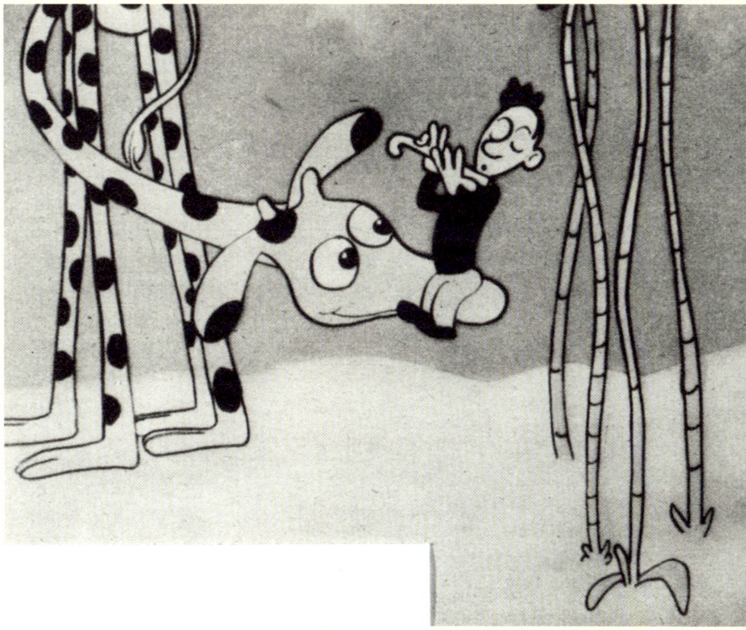

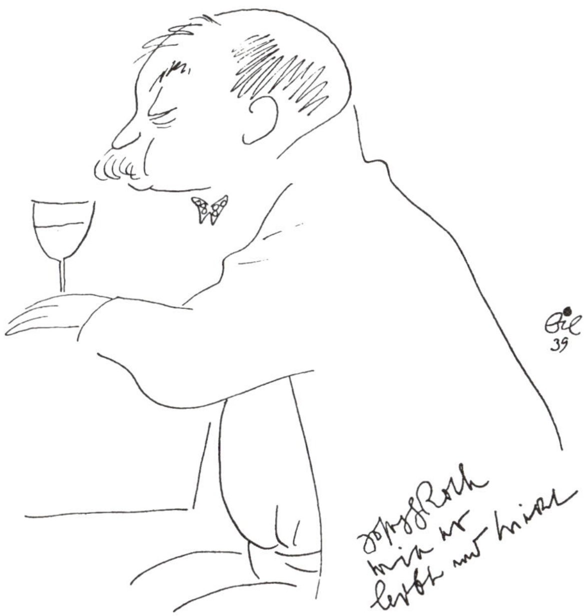

kleinen Gehalt als Trickfilmzeichner"[4] zu überleben. Neben finanziellen Sorgen plagten ihn solche um seine berufliche Zukunft. Auch die Angst um seine Angehörigen, die zwar überlebt hatten, aber in Schweden waren, prägte seinen Alltag.[5] Zudem berichtete Spira, dass er den „Radierer [Oskar] Stößel [Stössel], den Bruder des Schauspielers [Ludwig Stössel]" kennengelernt hatte. Der bekennende Bewunderer Müller-Hofmanns wollte Spira beruflich unterstützen, doch Stössls Weiterreise in die USA erfolgte schneller als gedacht. Der Bericht aus Paris verdeutlicht, wie sehr das Exil eine Erfahrung darstellte, die durch eine Abfolge von Ankünften in verschiedenen Ländern, Abschieden, Begegnungen und Herausforderungen geprägt war.

In Paris hielt sich Spira die meiste Zeit in Cafés auf, wo er für kleine Einkünfte die Besucher*innen – u. a. den bekannten österreichischen Schriftsteller und Journalist Joseph Roth (1894–1939) – portraitierte. Mit spitzer Feder fügte Spira diesem Portrait, das ihrer Begegnung im Café Le Toirnin entsprungen war, den Untertitel „Joseph Roth wie er leibt und trinkt" hinzu. Die Schlichtheit der Darstellung bringt die Stimmung der Geflüchteten, das Warten und das Hoffen, aber ebenso die Hoffnungslosigkeit in einer bedrückenden Stille zum Ausdruck. In Paris arbeitete Spira vornehmlich unter dem Pseudonym Willi Freier, u. a. für die Exilzeitung „Österreichische Post", in der auch Friedrich Torberg (1908–1979) publizierte. Seiner Internierung im Jahr 1939 folgte die Flucht nach Marseille. Dort engagierte er sich neben zahlreichen weiteren Exilierten sowie dem amerikanischen Journalisten Varian Fry (1907–1967) im Emergency Rescue Committee (ERC), das zahlreichen Geflüchteten die Ausreise ermöglichte. Wie Fry später berichtete, erwies sich Spira für die Arbeit des ERC als „sehr geschickter Zeichner und machte Stempel so perfekt nach, dass nur ein Experte erkennen konnte, dass es mit dem Pinsel gemalt war".[6] Spira wurde aber verraten. Als er 1941 erneut verhaftet wurde, lieferte ihn das Vichy-Regime an das „Deutsche Reich" aus.

Spira überlebte nach einigen Zwischenstationen in französischen Internierungslagern insgesamt sieben Konzentrationslager, darunter das KZ Buchenwald. Die Befreiung erlebte er im Ghetto Theresienstadt. Bald darauf kehrte er nach Frankreich zurück. Als bil bzw. Bil Spira arbeitete er nach 1945 für die französische Presse und zeichnete für Zeitschriften wie „Combat", „Action" und den Schweizer „Nebelspalter".

Bereits die Geschehnisse vom Februar 1934 und insbesondere die politische Radikalisierung nach dem „Anschluss" hatten dazu geführt, dass der ehemalige Student der Kunstgewerbeschule sein zeichnerisches und karikaturistisches Hauptwerk nach Frankreich verlegte und auch nach Kriegsende Wien weitgehend den Rücken kehrte.

1 Exemplarisch zu Spira: Sabine Bergler/Michael Freund (Hg.), Die drei mit dem Stift: Lily Renée, Bil Spira & Paul Peter Porges, Wien 2019; Claude Winkler-Bessone (Hg.), Bil Spira. Pariser Impressionen (1935–1939). Zeichnungen und Karikaturen, München/Salzburg 1998; Dies., Bil Spira. Vom Roten Wien zu den französischen Internierungslagern, Berlin 2016. Außerdem finden sich mehrere Hinweise zu Spira in Publikationen von Konstantin Kaiser, Vladimir Vertlib und Alexander Emanuely in der Zeitschrift „Zwischenwelt. Literatur / Widerstand / Exil", hg. von der Theodor Kramer Gesellschaft.

2 Bil Spira, Die Legende vom Zeichner. Wien – Vernet – Groß-Rosen – Paris, hg. von Konstantin Kaiser in Zusammenarbeit mit Vladimir Vertlib, Wien 1997, 21.

3 Ebd., 34–44.

4 Willi Freier (Bil Spira) an Wilhelm Müller-Hofmann, Paris, 7.1.1939, UaK, Autographen, Wilhelm Spira, 9407/Aut/3.

5 Ebd.

6 Varian Fry, Auslieferung auf Verlangen. Die Rettung deutscher Emigranten in Marseille 1940/41, Frankfurt am Main 1997 (englische Originalausgabe 1945), 60–61.

und innerschulischen Unterlagen geht hervor, dass die beiden Schüler wegen „Verhöhnung der Vaterländischen Front" angezeigt und zu 14 Tagen Haft und 14 Schilling Strafe verurteilt wurden.[135] Tiefenbrunn und Lassmann erhielten von der Schulleitung eine Rüge; doch auch in diesen Fällen nationalsozialistischer Betätigung wurde von weiteren Disziplinarmaßnahmen Abstand genommen.[136] Bei genauerer Betrachtung der innerschulischen Disziplinarfälle zeigt sich also, dass zwar das nationalsozialistische Engagement von einigen Schüler*innen – ebenso wie jenes der Lehrenden – durchaus bekannt war, es aber bei weitem nicht so umfassend und unnachgiebig sanktioniert wurde wie der politische Aktivismus von kommunistischen Jugendlichen an der Kunstgewerbeschule.[137]

Trotz des Verbots der NSDAP und der Mitgliedschaft in ihr nahestehenden Vereinen räumte die Direktion im Zeitraum von 1933 bis 1938 nationalsozialistischen Lehrenden und Schüler*innen weitreichende Freiheiten ein. Dass die Schüler Lassmann und Tiefenbrunn nicht aus der Klasse Hoffmann suspendiert wurden, liegt speziell an der einflussreichen Position ihres Klassenlehrers, der trotz seiner Pensionierung in den Jahren des Austrofaschismus eine zentrale Figur der Kunst- und Architekturszene blieb. Er vermochte sich weitgehend problemlos an die austrofaschistischen ebenso wie an die nationalsozialistischen Strukturen als Parteimitglied anzupassen.[138]

Die ambivalente Positionierung der Kunstgewerbeschule hinsichtlich illegaler politischer Betätigungen war begleitet von einer Reihe ministerieller Maßnahmen, die weitgehend duldend hingenommen wurden. Ab 1933 wurden etwa schulische Listen geführt, die die Namen von Schüler*innen dokumentierten, die wegen „illegaler politischer Betätigung" mit dem Ausschluss aus dem öffentlichen Schulwesen sanktioniert wurden. Solche Sanktionierungen, ebenso wie bereits genannte Verbote von Vereinen und Parteien, führten zu einem massiven Abbau der Schüler*innenautonomie und ihrer demokratischen Rechte, was in der Folge bedeutete, dass Jugendliche weitgehend aus den Entscheidungsprozessen im Schulalltag ausgeklammert wurden. Die Studierendenvertretung, die sich zuvor immer wieder zu Wort gemeldet hatte, wurde auch stetig mehr in den Hintergrund gedrängt. Eine der wenigen politischen Interventionen seitens der zu Beginn des Austrofaschismus noch aktiv auftretenden Organisation richtete sich gegen die erfolgte Einführung des Fachs Körperliche Übungen, dessen Abschaffung allein schon aufgrund

Abb. F
„Lied der Jugend", 1935, UaK, VA 1935/132

des ohnehin bereits hohen Arbeitsaufwands, unter dem die Studierenden der Anstalt litten, gefordert wurde. Ihr Ansuchen wurde zwar im Kollegium diskutiert, ihm wurde allerdings nicht stattgegeben, was erneut demonstriert, dass Schüler*innen als eigenständige politische Subjekte im Austrofaschismus weit weniger Platz hatten als zuvor.[139]

Zugleich spielten Kinder und Jugendliche im Austrofaschismus für die Inszenierung visionärer Gesellschaftsentwürfe eine zentrale Rolle und wurden vielfach für Repräsentationszwecke des Regimes funktionalisiert. Die Historikerin Julie Thorpe argumentiert sogar, dass die diktatorischen Regierungen Dollfuß und Schuschnigg die Jugend als Hoffnungsträger der Nation inszeniert hätten; schließlich sollte sie den zukünftigen Erhalt des „Neuen Österreichs" garantieren.[140] Um Kinder und Jugendliche mit den Werten des austrofaschistischen Regimes vertraut zu machen, wurden deshalb auch diverse Förderungen eingeführt und Initiativen gesetzt, die teils direkt, teils indirekt politische Inhalte des Systems transportierten. Jährliche Schikurse ebenso wie Ermäßigungen für die Nutzung der Bundesbahnen verweisen etwa einerseits auf das austrofaschistische Vorhaben, Österreich als Tourismusregion zu stärken, andererseits zeugen sie vom Anliegen, das Österreich-Bewusstsein durch die nationale Ausrichtung der Wirtschaft zu konsolidieren.[141] Große Feste wie jene anlässlich der „Türkenbefreiung" am 7. Oktober,[142] die „Andreas-Hofer-Gedenkveranstaltung"[143] oder das „Heldengedenken" am 26. Oktober[144] wurden genutzt, um auf diese Weise Regimeinteressen und teils stark forcierte historische Referenzen auf die habsburgische Vergangenheit zu transportieren.[145] Studierende wurden in solche Feierlichkeiten stets performativ eingebunden und übernahmen auf diese Weise eine repräsentative Funktion in der öffentlichen Zurschaustellung von politischen Agenden. Wie der Historiker Béla Rásky argumentiert, dienten derartige Massenchoreografien bereits im Roten Wien der öffentlichen Inszenierung von politischen Interessen. Diese Ansätze der Massenästhetik wurden jedoch ebenso

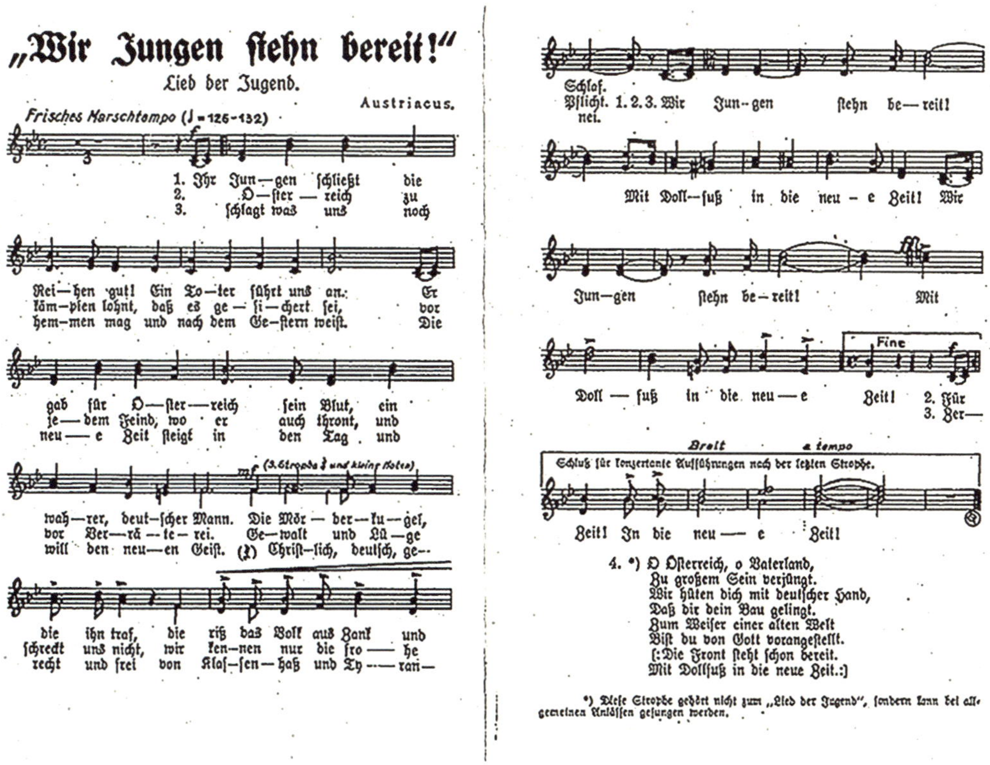

von austrofaschistischer Seite adaptiert und instrumentalisiert sowie dazu genutzt, die „Welt der Harmonie und Eintracht“ sowie die „Überwindung der Gegensätze“ zu präsentieren.[146]

Wie vom Ministerium angeordnet, sollte am 11. Oktober 1934 an der Kunstgewerbeschule, ebenso wie in allen anderen öffentlichen Bildungseinrichtungen, außerdem ein Trauergottesdienst für den ermordeten Kanzler Engelbert Dollfuß stattfinden.[147] Die Veranstaltung, an der die Schüler*innen verpflichtend teilnehmen mussten, prägte damit jenen Mythos mit, der den Altkanzler und Diktator als Führungsperson aus dem Jenseits und als Märtyrer im Kampf für eine ständische Ordnung inszenierte[148] – nicht zuletzt auch, da sie in den folgenden Jahren Gelegenheit bot, um das „Lied der Jugend“, inoffiziell als „Dollfußlied“ bekannt, gemeinsam zu singen Abb. F.[149] Die Seipel-Dollfuss-Gedächtnis-Bau-Lotterie,[150] die Sammlung für das Dollfuß-Denkmal[151] oder die von der Kanzlerwitwe Alwine Dollfuß initiierte Spendenaktionen für Kinderheime der Vaterländischen Front[152] sollten die Erinnerung an den Schöpfer des austrofaschistischen Systems lebendig erhalten. Gleichzeitig dienten sie der erneuten Streuung von politischen Agenden im

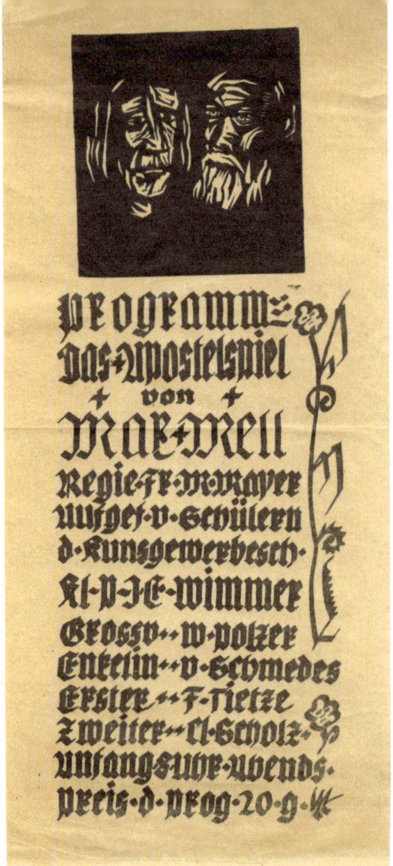

Abb. G
Einladung zum Apostelspiel von Max Mell, unter Mitwirkung von Schüler*innen der Klasse Wimmer-Wisgrill, 1935, UaK, IN 14.476

Schulalltag – sei es in Form eines katholisch-konservativen Familienbildes, einer autoritären Gesellschaftsstruktur durch patriarchale Heroisierungen oder des bereits erwähnten und lange Zeit prägenden Narrativs, Engelbert Dollfuß habe sich im Kampf gegen den Nationalsozialismus für ein unabhängiges Österreich geopfert. Solche, teils ministeriellen teils privaten und innerschulischen, Initiativen finden sich bis 1938 zahlreich. Auch Kooperationen der Kunstgewerbeschule, etwa mit Vera Schuschnigg, der Ehefrau des Bundeskanzlers, anlässlich des Muttertags, zeugen vom Vorhaben, das austrofaschistische Frauen- und Familienbild auf schulischer Ebene zu verankern. Diese symptomatischen Erscheinungen der zunehmenden (Re-)Katholisierung zeichneten sich nicht zuletzt auch in diversen kreativen Bemühungen ab, etwa im Engagement Eduard Josef Wimmer-Wisgrills, der wiederholt mit seiner Klasse Krippen- und Apostelspiele oder Ähnliches inszenierte Abb. G.[153] Es ist daher wenig überraschend, dass sich die politischen und gesamtgesellschaftlich prägenden Entwicklungen auch auf den künstlerischen Unterricht auswirkten, der exemplarisch im Folgenden erörtert werden soll.

1.3. Vaterländische Erziehung und künstlerische Praxis

Wie die Historikerin Julie Thorpe betonte, bildet die Auseinandersetzung mit Kindheit und Jugend im Austrofaschismus weiterhin ein Forschungsdesiderat. Sie zeigte allerdings anschaulich, dass insbesondere die Analyse schulischer Curricula in den Jahren von 1933 bis 1938 die ideologischen Agenden hinter ministeriell gestützten Erziehungsaufträgen sichtbar macht.[154] Auch die allmähliche Neuausrichtung und Adaptierung der Lehrpläne an der Kunstgewerbeschule im Sinne des Regimes wirkten auf vielen Ebenen und transportierten zentral die offizielle, katholische, nationale, deutsche und ständisch geordnete Österreich-Ideologie.[155] Bevor deshalb auf einzelne Klassen eingegangen wird, die besonders repräsentativ für das austrofaschistische Kulturprogramm stehen, sollen allgemeine Leitsätze des Bildungs- und Kunstverständnisses dieser Jahre hervorgehoben und anhand von eigens ausgearbeiteten Vorgaben der Kunstgewerbeschule für die „Vaterländische Erziehung“ vorgestellt werden.[156]

1.3.1. Die ideologische Verortung der Kunstgewerbeschule

Wie schon bei den personellen Entscheidungen zeigt sich auch im Hinblick auf die Lehrinhalte, dass Max Fellerer nur widerwillig ministerielle Eingriffe zuließ, die die künstlerische Selbstverortung der Schule beeinflussten. Bereits seit Beginn des Schuljahres 1933/34 wurden Bildungseinrichtungen dazu angehalten, den Unterricht nach den Prinzipien der „Vaterländischen Erziehung“ zu gestalten.[157] Neben der Einführung von separaten Kursen zur „vormilitärischen Erziehung“ bedeutete dies, dass austrofaschistische Inhalte in die bereits bestehenden Fächer integriert wurden. Fellerer war anfänglich der Meinung, dass der kunstgewerbliche Unterricht ohnehin den ministeriellen Ansprüchen genügen müsse. Schließlich folgten insbesondere die Lehrziele der allgemeinen Fächer Deutsche Sprache und Staatsbürgerkunde den bildungspolitischen Prinzipien des Regimes. Dies dokumentiert etwa auch die Beschreibung des letztgenannten Fachs im Jahresbericht 1935/36, wobei das Hauptgewicht darauf lag, „der Hörerschaft die Bedeutung eines geordneten Staatslebens insbes. für das Gewerbe und die sich daraus ergebenden vaterländischen Pflichten zum Bewusstsein zu bringen. Hierauf wurde die österreichische Verfassung erörtert, wobei deren charakteristischen [sic] Merkmale ‚Bundesstaat‘ und ‚Ständestaat‘ mit autoritärer Führung herausgearbeitet wurden. [...] Ein besonderes Gewicht wurde auf die ‚Berufsstände' und deren Eingliederung in das Staatsganze gelegt".[158] Auch im allgemeinen Fach Deutsch lag der Fokus auf dem Verhältnis zwischen „Volk und Staat" oder auf dem Einfluss des Barocks in Österreich – ein thematischer Verweis, der dem austrofaschistischen Kulturideal entsprach und durch Bezüge auf die kulturelle Vielfalt im Habsburgerreich das Nationalbewusstsein im „Neuen Österreich" zu stärken versuchte.[159]

Diese teilweise Anpassung des Lehrplans an die Vorgaben zur „Vaterländischen Erziehung" sollte jedoch dem Ministerium nicht genügen. Auf ein Schreiben Max Fellerers, in dem er argumentierte, dass der kunstgewerbliche Unterricht rein künstlerisch ausgerichtet sei und deshalb weitere politische Einflussnahmen durch das Ministerium nicht erlaube, antwortete es prompt:

> *Der Ansicht der Direktion, daß mit Rücksicht auf die Eigenart der Schule Referate über die vaterländische Erziehung der Jugend erhofften Zweck nicht erreichen können, da die einzelnen Unterrichtsgegenstände nicht geeignet seien, Stoff für die vaterländische Erziehung zu geben, kann nicht beigepflichtet werden. Nach h. a. Ansicht ist gerade das Kunstgewerbe wie kein anderes Fachgebiet der gewerblichen Lehranstalten dazu geeignet durch Pflege von Darstellungen heimischer Eigenart sowie durch Ausdruck vaterländischer Ideen in Gebilden der Kunst, im gewünschten Sinne zu wirken.*[160]

Die Forderung des Ministeriums war damit klar ausgesprochen und die Schule wurde beauftragt, bis 1. April 1936 ein Konzept zur „Vaterländischen Erziehung" vorzulegen. Unter dem Vorsitz der beiden Gründer der Werkstätte für Kirchliches Kunstgewerbe, Anselm Weissenhofer und Albert Paris Gütersloh, wurde eine Kommission gebildet, die sich dieser Aufgabe pflichtbewusst stellte. Verfasser des Konzeptpapiers war der Vorstand der Malereiklasse Wilhelm Müller-Hofmann, der auf diesem Wege seine Regimetreue unter Beweis stellte. Bemerkenswert an diesem Papier ist, dass Müller-Hofmann auf diverse künstlerische Strömungen der Zeit Bezug nahm und erneut das vielzitierte moderne Selbstverständnis der Schule mit den austrofaschistischen Prinzipien und dem damit einhergehenden Österreich-Bild verband. Sein Entwurf zur „Vaterländischen Erziehung" ist somit ein patriotisches und autoritäres Manifest für Österreich, „ein kleines Land und ein kleines Volk", das jedoch, so der Autor, keineswegs einen „provinziellen Charakter“ aufweise. Während es sich bei Provinzialismus um eine Geisteshaltung handle, sei „der österreichische Mensch“ trotz „der ihm angeborene[n] Bescheidenheit“ geprägt von einem „universalistischem Charakter“.[161] Dieser Beschreibung des österreichischen Wesens, das sich zwischen politisch-katholischer Devotion und künstlerischer Weltoffenheit positionierte, folgten ausufernde patriotische Lobgesänge auf die kulturelle Größe des Kleinstaates, die insbesondere auf die landschaftliche, kulturelle und ethnische Diversität im Habsburgerreich zurückgeführt wurde:

> *Wie dieses Land – auch in seiner heutigen Kleinheit – eine geographische Mitte und das wahre Herzstück-Europas bildet, so befasst es auch, in wohltuender Abgestimmtheit, landschaftlich alles, was der Kontinent an Gegensätzen birgt: das Grossartige der Alpennatur mit der Lieblichkeit seiner Alpenländer, den Reichtum seiner weiten Flussgebiete, vom Osten herausstossend die Fruchtbarkeit seiner Ebenen, und im nördlichen Westen die Waldgebiete. Unsere Landkarte, wahrhaft verstanden, mit den urslawischen Orts- und Bergnamen mitten in scheinbar deutschem Land, wie da und dort etwa ein Ortsname wie, Stoder auftaucht, das nichts anderes ist als Stodor, das slawische Wort für Oednis – erweist die Kühnheit der germanischen Besiedlung über eingesessenem slawischem Urvolk und erhellt blitzartig wie hier die Rassen und geistigen Einflüsse einander begegneten und sich mischten – denn vom Süden her drang das Romanische hinzu […].*[162]

Zwar ist an dieser Charakterisierung bemerkenswert, dass Müller-Hofmann sich weder exponiert deutschnational zeigte noch durch Bezüge auf die slawischen und romanischen Einflüsse eine allzu starre Fokussierung auf das Deutschtum als zentrales Merkmal des „christlichen Ständestaates“ vollzog.[163] Dennoch argumentierte der Autor im Weiteren, dass die „übernationale Idee des deutschen Kaisertums“ der bisherige „Höhepunkt der Geschichte“ gewesen sei. Nach dem Zerfall der Habsburgermonarchie bestehe die „gegenwärtige Mission“ nun darin, den „christlichen deutschen Ständestaat“ aufzubauen: „Denn hier vollzieht sich als erstes die zielbewusste Rückkehr der christlichen Auffassung von Gemeinschaft und insbesondere von Staat in einer Zeit, in der Bolschewismus und Nationalsozialismus in Europa die letzten Spuren des christlichen und abendländischen Geistes hinwegzuschwemmen versuchen“.[164] Nach dieser dezidierten Abgrenzung und vielfach wiederholten Gleichsetzung von Kommunismus (hier im propagandistisch-diffamierenden Sinne als Bolschewismus integriert) und Nationalsozialismus, die insbesondere auf ihren religionskritischen Positionen beruhte, betonte der Autor, dass die Durchsetzung des Katholizismus als dominante religiöse Strömung in Europa der Habsburgermonarchie zu verdanken sei. Der „unvergessliche Dollfuss“ wurde schließlich als Nachfolger dieser „großen“ österreichischen Idee inszeniert, welche die Erziehung, die Kunst und „alle Gebiete des privaten wie des öffentlichen Lebens“ mit christlichen Werten zu durchdringen vermochte. Müller-Hofmann hielt am Ende seiner Fürsprache für die „Vaterländische Erziehung“ im kunstgewerblichen Kontext fest: „Menschliche und religiöse Vertiefung sind nicht voneinander abzulösen; wahrhafte künstlerische Erziehung ist gleichbedeutend mit Steigerung der menschlichen Vertiefung“.[165]

Obgleich Fellerer anfänglich die Integration vaterländischer Ziele in den Lehrplan der Kunstgewerbeschule für überflüssig hielt, fand er mit Wilhelm Müller-Hofmann einen regimetreuen Gefolgsmann, der den Auftrag des austrofaschistischen Ministeriums gewissenhaft erfüllte. Geprüft und genehmigt von Weissenhofer und Gütersloh, ging das Schreiben an das Ministerium für Handel und Verkehr, das offenkundig keine Einwände mehr einzubringen hatte. Müller-Hofmanns Konzeptpapier war ein offenes Bekenntnis zum „Neuen Österreich“, das den künstlerischen Unterricht – diesmal nicht nur jenen der Pflichtfächer Deutsch oder Staatsbürgerschaftskunde – fortan prägen sollte.

1.3.2. Werkstätte für Kirchliches Kunstgewerbe

Albert Paris Gütersloh, der Gründer der Werkstätte für Kirchliches Kunstgewerbe, war bereits mehrfach als wortstarker Verfechter austrofaschistischer Agenden in Erscheinung getreten. Am deutlichsten wurde seine Bewunderung für die Werte des „Neuen Österreichs“ und insbesondere für Engelbert Dollfuß, als er am 11. Oktober 1934 die offizielle Trauerrede während der Feierlichkeiten zu Ehren des ermordeten Diktators an der Kunstgewerbeschule hielt – eine Veranstaltung, die auf Anweisung des Ministeriums in sämtlichen öffentlichen Schulen verpflichtend abzuhalten war. Kaum besser könnte Güterslohs politisches und künstlerisches Verständnis zum Ausdruck kommen als im folgenden Auszug aus seiner Rede:

Diejenigen, die sich für die erhabenen Dichtwerke unseres Stammes interessieren, denken an Stifter, Grillparzer und Stelzhammer. Diejenigen, die den Pinsel handhaben, an Maulpertsch, Kremser-Schmidt, Waldmüller, Gustav Klimt und jene, welche das jetzige Angesicht der Epoche bestimmen, nämlich die Architekten gedenken Kornhäusers [sic], Otto Wagners und seines grossen Schülers [Josef Hoffmann], den wir in unserer Mitte zu sehen das Glück haben. Die Musiker berufen sich auf Mozart, Schubert, Bruckner, Hugo Wolff. Nur politisch waren die Oesterreicher ohne Ausdruck. Er war sozusagen überall und nirgends zu Hause, ein wahrer Kosmopolitismus erfüllte ihn und willenlos beugte er sich jedem Nationalem, das stärker war als er oder das er für stärker hielt. Das wurde mit einem Schlage anders, als nach dem verehrenswürdigen Dr. SEIPEL, der in erster Linie Priester, Römer, im besten Sinne übernational geworden ist, Dr. DOLLFUSS, der niederösterreichische Bauernspross das Steuer dieses kleinen Staates ergriff. Mit einem Eigensinn sondergleichen, den man wegen seiner unbedenklichen Geradlinigkeit genial nennen kann – dem auch Charaktereigenschaften, wenn sie ein normales Mass überschreiten, kann man das Epethyton ornans [sic] genial geben – nannte er sich und uns: Oesterreicher.[166]

Bemerkenswert ist, dass Gütersloh sich durch die Referenz auf die genannten Künstlerpersönlichkeiten weitgehend mit kanonisierten Repräsentationsfiguren der nationalen Kultur sowie mit dem Kulturprogramm des Austrofaschismus identifizierte. Im Grunde gestaltete er die kulturpolitischen Agenden des Regimes durch seine Trauerrede maßgeblich mit, war er doch 1934 einer von dessen frühen öffentlichen Vertretern Katalog, Abb. 6. Schließlich stellt er Barock-Künstler ebenso wie solche des Biedermeiers in den Fokus, deren Schaffen einerseits tief im kulturellen Wirkungsbereich der Habsburgermonarchie verwurzelt war bzw. im Falle des Biedermeiers in der Tradition des Wiener Kongresses stand. Vor allem war aber das Barock jene Kunstströmung, die im Zuge der Gegenreformation als Vehikel im Kampf um die religiöse und politische Vormachtstellung sowie als Manifestation des „christlichen Abendlandes" fungierte. Hier lassen sich auch klare Kontinuitäten zur bekannten „Rede über Österreich" (1929) des Lyrikers und Dramatikers Anton Wildgans (1881–1932) erkennen, der bereits vor der Etablierung des austrofaschistischen

Herrschaftssystems eine ideologische Rahmung für die von ihm hochgepriesene österreichische Kultur schuf. In seiner Definition zeichnete sich diese maßgeblich durch ihre übernationale Idee im Sinne der Habsburgermonarchie und des Katholizismus aus. Dieser wiederum sei unweigerlich mit dem Deutschtum – in seiner österreichischen bzw. übernationalen, nicht aber in seiner deutschnationalen Definition – verbunden und habe, so Wildgans, im Barocken seine höchste Ausformung gefunden.[167] Das austrofaschistische Kulturverständnis, das Gütersloh hier also nachdrücklich manifestierte und reproduzierte, war stark von historischen Referenzen auf das Habsburgerreich geprägt, die eine patriotische und vor allem autoritär-katholische Führung des Landes legitimieren sollten. Unterstrichen wurde dies implizit auch dadurch, dass es ausschließlich nicht-jüdische Künstler waren, die Gütersloh als Vordenker und Vorreiter des nunmehr geltenden Kulturideals präsentierte. Sein geringschätzender Verweis auf den Kosmopolitismus trug nicht zuletzt einen antisemitischen Subton in sich; schließlich verband er diesen mit einem fehlenden Heimatbegriff und integrierte damit zeitgleich kursierende, stark antisemitisch geprägte Narrative, die in der diasporischen Kultur von Jüdinnen und Juden ein Unterlaufen von nationalen Bestrebungen witterten.

Wie Müller-Hofmann, Fellerer und andere betonte Gütersloh erneut die kulturelle Vielfalt des Landes, kritisierte jedoch zugleich das fehlende Nationalbewusstsein, das – so kann die Referenz auf die unterwürfige Willenlosigkeit interpretiert werden – für den kleinen Staat Österreich zu existenziell bedrohenden Anschlussideen an Deutschland führe. Während bei Müller-Hofmann der kosmopolitische Charakter Österreichs noch eine deutlich positivere Bewertung erfuhr, schien er bei Gütersloh ins Negative überzulaufen. Erst Ignaz Seipel (1876–1932) bzw. dann Dollfuß hätten den Nationalstolz in das politische (Selbst-)Verständnis zurückgebracht. Die nachdrückliche Betonung der bäuerlichen Herkunft von Dollfuß, mittels derer ihm fast ein provinzieller Charakter attestiert wurde, führte nicht zuletzt dazu, dass die regionale Identität als zentraler Grundwert aufschien. Solche patriotischen und regionalisierenden Ansätze würden, so Güterslohs Argumentation, das nationale „Wir" im kleinen Österreich bestärken. Auch hier unterscheidet sich Güterslohs Interpretation graduell von Müller-Hofmanns Ansatz. Während Provinzialismus bei Müller-Hofmann als eine dem „österreichischen Menschen" fremde Geisteshaltung vorgestellt wird, erfährt er in Güterslohs

Trauerrede eine viel stärker nationalistische und regionalisierende Färbung. Der Verweis auf die kulturelle Vielfalt abseits der Hauptstadt, auf Regionen wie Niederösterreich, Salzburg oder Tirol, ist damit zugleich eine Kritik an der starken kulturpolitischen Orientierung an der Stadt Wien, die wiederholt als Ressourcen fressende Metropole verunglimpft wurde. Kosmopolitismus und Provinzialismus wurden damit als sich ausschließende Pole festgeschrieben und sollten nicht weiter, wie bei Müller-Hofmann, als sich wechselseitig fördernde und miteinander harmonierende Phänomene bestehen.

Das „österreichische Wir" sollte laut Gütersloh zudem markant von der katholischen Lehre geprägt sein, die er in der Folge in seine Unterrichtstätigkeit integrierte. Die Gründung der Werkstätte für Kirchliches Kunstgewerbe erfolgte anscheinend ohne Einwände und langwierige Diskussionen in den innerschulischen und ministeriellen Bewilligungsgremien. Gemeinsam mit Anselm Weissenhofer wurde ein Lehrplan für die neue Werkstätte präsentiert und bereits zu Beginn des Schuljahrs 1933/34 umgesetzt. Obgleich der Kunsthistoriker Heribert Hutter anmerkte, dass Gütersloh ein Gelehrter war, „der theologisierend häretische Dogmen und dogmatische Häresien in eine von Thomas von Aquin bestimmte Geisteslandschaft einbringt"[168], und ihn damit in einer kritischen Denktradition verortet, scheinen die Lehrinhalte der Werkstätte für Kirchliches Kunstgewerbe weitgehend am geltenden Mainstream des politischen Katholizismus orientiert gewesen zu sein. Explizit plädierte Gütersloh im Konzeptpapier zur neuen Werkstätte für ein „Wiedererwachen religiösen Lebens und die damit verbundene erhöhte Tätigkeit auf dem Gebiet des Kirchenbaus".[169] Die Errichtung von Gotteshäusern sowie eine Umorientierung des Kunstgewerbes auf „Fragen der Gestaltung des sakralen Raums und der Kultgegenstände" sollten schließlich die christliche Lehre in den Alltag der Österreicher*innen bringen und nicht zuletzt auch deren Nationalbewusstsein stärken. Diese Beschreibung machte überdies deutlich, dass kirchliche Kunst erwartungsgemäß im katholischen Sinne zu verstehen war und keine zumindest allzu offensichtliche oder gar gleichberechtigte Involvierung anderer Religionen vorgesehen war. Güterslohs Vorsatz wohnte demnach nicht nur ein missionarisches Anliegen inne, es schwang zugleich ein exkludierender Gestus mit, der den öffentlichen Raum aktiv für bestimmte religiös-politische Zwecke beanspruchte. Dies machte der Maler und Autor erneut deutlich, wenn er meinte, dass *die Kunstgewerbeschule als erste geschmacksbildende Anstalt des Landes, an einem Wendepunkt der vaterländischen Geschichte und auch, und nicht zuletzt, des kirchlichen Lebens, den entscheidenden Augenblick nicht versäumen [dürfe], mit ihren Ideen von Materialgerechtheit zweckmässiger Schönheit, Zeit- und Schollenverbundenheit gerade da weitestens, geschmackbildenden Einfluss zu gewinnen, wo die grösstmögliche Menschenzahl am Besten und am Tiefsten zu erfassen ist: Im Gotteshaus.*[170]

Für Gütersloh stand die neu gegründete Werkstätte für Kirchliches Kunstgewerbe damit klar im Dienst der Anliegen des sogenannten „christlichen Ständestaats". Nicht umsonst verortete er sie an besagtem „Wendepunkt der vaterländischen Geschichte" und wandte sich damit bewusst von säkularen Standpunkten und Erziehungskonzepten ab. Gleichzeitig kreierte er eine Wechselbeziehung zwischen katholischen Lehren und Kunstgewerbe, die sich gegenseitig befruchten würden, während die Fokussierung allein auf die weltliche Kunst „unsere Schule ins Hintertreffen"[171] führen würde Katalog, Abb. 7.

Obgleich Güterslohs ideologisches Fundament, wie die angeführten Textausschnitte illustrieren, stark von den Ideen des Katholizismus und des Austrofaschismus geprägt war und er wiederholt nationalistische und traditionalistische Formen der Kunst anpries, ist dennoch bemerkenswert, dass er sehr wohl moderne Formen des Kunstschaffens förderte und diese in seinem eigenen Werk präsent waren. Sein malerisches Schaffen ist der Moderne entsprechend geprägt von einer paradoxen Synchronität: Neben reaktionären und reformistischen Positionen, die ineinander übergehen, verwebt er Ansätze eines katholischen Nationalismus mit der bereits erwähnten übernationalen Idee des habsburgischen Österreichs. Als früher Vertreter des Expressionismus integrierte Gütersloh schließlich auch barocke Elemente insbesondere in sein Frühwerk, etwa durch eine intensive Farbgebung und opulente Bildkompositionen Abb. H u. I.

Diese scheinbare Paradoxie manifestiert sich ebenso in Güterslohs Lehrtätigkeit, was unter anderem darin deutlich wird, dass er neben seinem explizit religiösen und regimetreuen Engagement als Leiter der Werkstätte für Kirchliches Kunstgewerbe im Jahr 1933/34 zeitgleich als Referent für Geschichte und Theorie des Kunstgewerbes agierte. Die neu eingeführte Vortragsreihe

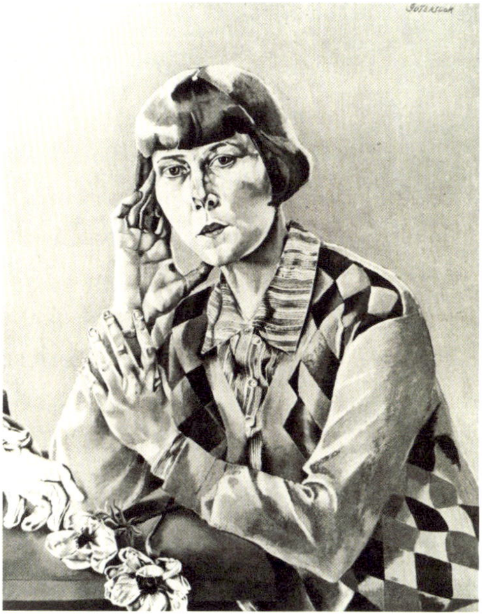

Abb. H
Albert Paris Gütersloh,
Vera G., 1927,
UaK, IN 16.668/FW

Abb. I
Albert Paris Gütersloh,
Christliche Szene,
Gobelin, undatiert,
Fotograf*in: unbekannt,
UaK, IN 11.152/3/FW

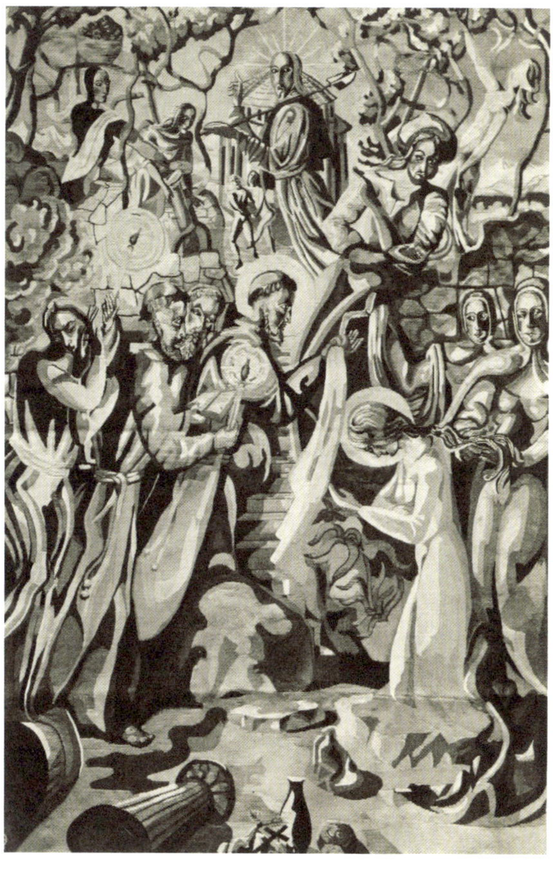

stellte zwar ebenso wie die Einführung in das Kirchliche Kunstgewerbe historische Grundlagen des Fachs vor, war dabei aber weitaus weniger nationalistisch und im Sinne des politischen Katholizismus regimetreu ausgerichtet. Allerdings wurden die Veranstaltungen bereits im März 1934 wieder eingestellt, da es Gütersloh „aus Gesundheitsrücksichten" nicht mehr möglich war, den damit verbundenen Arbeitsaufwand zu bewältigen.[172] Der inhaltliche Fokus seiner Unterrichtstätigkeit blieb damit langfristig auf der kirchlichen Kunst und sollte fortan ebenso sein künstlerisches Werk prägen. Die neue Werkstätte für Kirchliches Kunstgewerbe, die von Gütersloh bereits mit dem Schuljahr 1933/34 eingeführt und bis zu seiner Zwangspensionierung nach dem „Anschluss" gemeinsam mit Anselm Weissenhofer geleitet wurde, bildete in den Jahren des Austrofaschismus einen Ort für regimefreundliche und v. a. katholisch-missionarische Kunstproduktion. Ihre künstlerische und edukative Funktion ging damit sogar noch weiter als beispielsweise die Wirkungsmacht von Theodor Otto Georgii nach dessen umstrittener Berufung zum Professor für Bildhauerei. Dieser war zwar ebenfalls politisch und aufgrund familiärer Verstrickungen im Wertesystem des „christlichen Ständestaat" verankert, allerdings bot sein Fachgebiet nur begrenzte Möglichkeiten zur Ausgestaltung im eigenen politischen Interesse.[173] Albert Paris Gütersloh hingegen, der moderne künstlerische Ansätze mit den ideologischen Grundlagen des Regimes verband, sogar einen eigenen Lehrplan gestaltete und dabei explizit religiöse Bestrebungen verfolgte, genoss bis 1938 sämtliche gestalterischen Freiheiten, die die Schule und die austrofaschistische Kulturpolitik anzubieten hatten. Dies mag ein Grund dafür gewesen sein, dass er nach dem „Anschluss" – obgleich er dem Nationalsozialismus keineswegs feindselig gegenüberstand, sondern vielmehr hohe Erwartungen an seine Kulturbestrebungen knüpfte – nicht in die Reichskammer der bildenden Künste aufgenommen und vielmehr mit einem Berufsverbot belegt wurde.[174] Auch seine Werkstätte für Kirchliches Kunstgewerbe wurde mit der nationalsozialistischen „Gleichschaltung" der Kunstgewerbeschule im Jahr 1938 aufgelöst und als reines Hilfsfach im Ausmaß von zwei Wochenstunden weitergeführt. In den Jahren des Berufsverbots lebte Gütersloh weitgehend zurückgezogen, nach Kriegsende trat er jedoch wieder als engagierter Künstler hervor. Er erhielt eine Professur an der Akademie der bildenden Künste, wurde zu einem wegweisenden Gestalter für die Schule des Phantastischen Realismus in Österreich und kooperierte bis in die 1950er-Jahre mit zentralen Figuren der hiesigen Kunstszene. Dazu zählte etwa auch Josef Hoffmann, mit dem er 1950 die Föderation Moderner Bildender Künstler Österreichs gründete. Nicht zuletzt agierte Gütersloh von 1950 bis 1954 als Präsident der Wiener Secession und war in dieser Funktion maßgeblich an der kulturpolitischen Ausrichtung der jungen Zweiten Republik beteiligt.

1.3.3. Werkstätte für Bühne und Film

Neben der Gründung der Werkstätte für Kirchliches Kunstgewerbe gliederte sich im Schuljahr 1937/38 auch jene der Werkstätte für Bühne und Film in das Kulturprogramm des Austrofaschismus ein. Allerdings war diese bei weitem autarker und politisch unvoreingenommener ausgerichtet als Güterslohs Werkstätte, die sich explizit als katholisch-missionarisches Projekt verstand. Bereits unter der Tätigkeit des 1935 verstorbenen Professors Oskar Strnad wurden innerhalb seiner Architekturklasse Kurse zur Bühnengestaltung angeboten. Dennoch kam es zu diesem Zeitpunkt noch zu keiner dauerhaften Verankerung im Lehrplan; dies sollte erst Otto Niedermoser gelingen. Der Architekt Niedermoser war bereits seit 1930 an der Kunstgewerbeschule aktiv, erst als Hilfslehrer und Assistent, ab 1935/36 als Professor für Allgemeine Formenlehre und ab dem Schuljahr 1937/38 auch als Leiter der Werkstätte für Bühne und Film. Bereits 1936 bot Niedermoser gemeinsam mit dem Max-Reinhardt-Seminar an der Kunstgewerbeschule einen Theaterkurs an, der offenbar auf großes Interesse stieß: Er wurde, wie im Programm angekündigt, mit zeitlicher Verzögerung sogar „im vergrösserten Umfang abgehalten".[175] Die im folgenden Jahr gegründete Werkstätte für Bühne und Film zeichnete sich ebenso durch ihren institutionenübergreifenden Charakter und die Kooperation mit dem Max-Reinhardt-Seminar an der Staatsakademie für Musik und darstellende Kunst aus;[176] schließlich war ihr eine jahrelange transdisziplinäre Zusammenarbeit schon in der Schaffensphase von Oskar Strnad vorausgegangen Katalog, Abb. 8.

Max Reinhardt (1893–1943), bis heute ein unbestrittener Theaterpionier, stieß nicht nur die Gründung der Schauspielschule 1928 an, sondern trat auch gemeinsam mit Hugo von Hofmannsthal (1874–1929) im Jahr 1920 als Gründer der Salzburger Festspiele hervor. Nach einigen Jahren in Berlin nach Österreich zurückgekehrt, fand der Regisseur und Theatermacher auf diese Weise

Fini Rudiger-Littlejohn
auch Josefine/Fini Vogelbaum/Littlejohn/Rudiger

Wien 25. November 1914 –
15. Juni 2004 Malibu

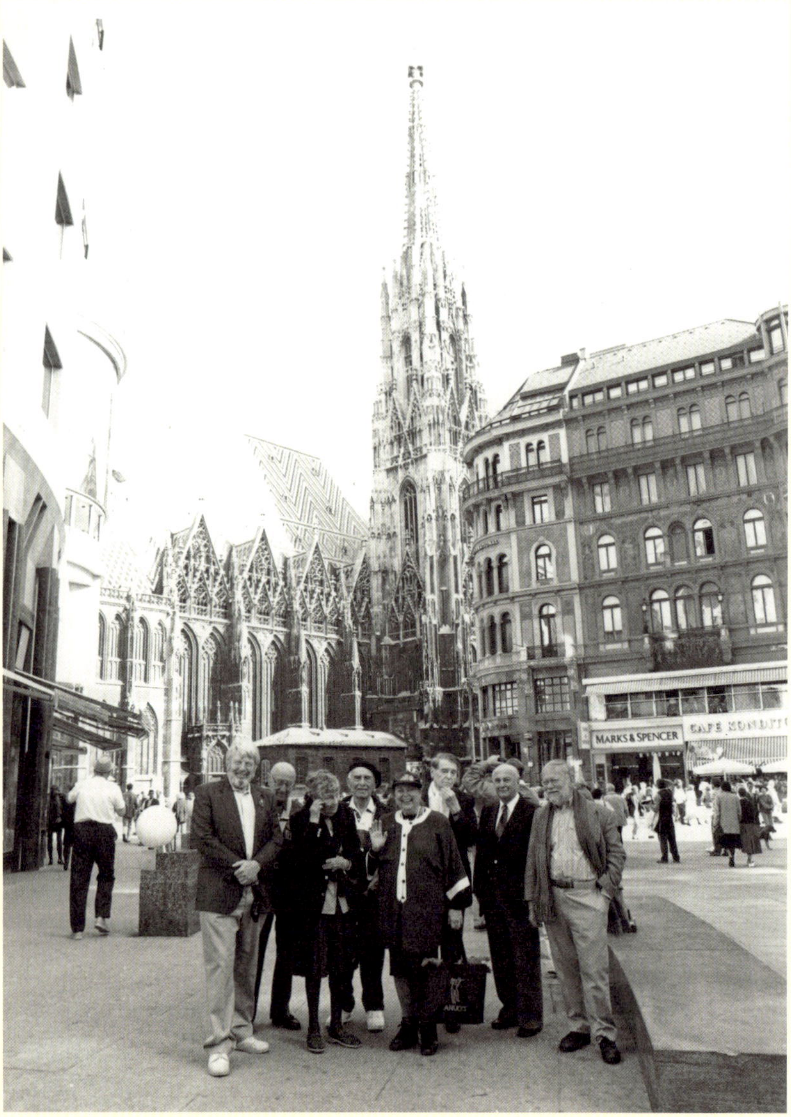

Abb. Rudiger-Littlejohn 1
Am Stephansplatz, v.l.n.r.: Theodore Bikel, Curt Siodmak, Fini Rudiger-Littlejohn, John Alton, Vanessa Brown, Francis Lederer, Kurt Land, Amos Vogel, Fotograf: Alexander Tuma, Österreichisches Filmmuseum

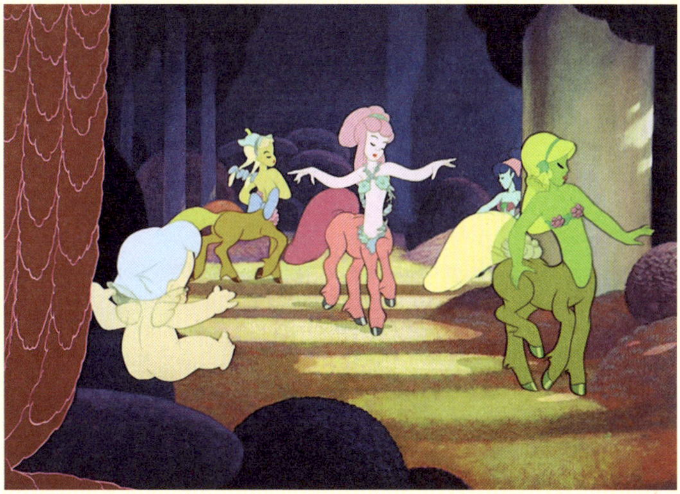

Abb. Rudiger-Littlejohn 2
Zentaurinnen aus FANTASIA (USA 1940), Filmstill, Walt Disney Company

Die vielen Namen der Künstlerin – so scheint es – sind nicht nur Ausdruck unterschiedlicher Facetten ihrer Persönlichkeit und ihrer Lebensstationen, sondern zugleich ihrer vielfältigen künstlerischen Talente. Selbst wählte sie nach der Emigration den Namen Fini Rudiger-Littlejohn, der ein Konglomerat aus Geburts- und Künstlerinnenname, einer Heirat sowie der Erfahrung des Exils darstellt.

Ihre künstlerische Karriere begann zu Beginn der 1930er-Jahre an der Kunstgewerbeschule, wo sie u. a. bei Albert Paris Gütersloh (1887–1973) und Eduard Josef Wimmer-Wisgrill (1882–1961) studierte.[1] Von den künstlerischen und kunstpädagogischen Methoden und Schwerpunkten der Schule sollte sie lange zehren, so erinnerte sie sich noch Jahre später daran, was ihr die Schule mitgegeben hatte, als sie als Zeichnerin für Disney zu arbeiten begann:

> *Ich hatte nie gelernt, wie man richtig Perspektiven zeichnet und all dies, das Beste, was mir die Schule mitgegeben hat, war ein ganz individueller Stil – wenn man den hatte, ließen sie [Disney] einen in Ruhe.*[2]

Ihre Individualität behielt sich Fini Rudiger-Littlejohn stets bei, egal ob als Illustratorin, Schauspielerin oder Trickfilmzeichnerin. Eine solche künstlerische Vielseitigkeit war in dieser Zeit durchaus üblich. Schon ihr Lehrer Gütersloh war bekannt dafür, mit mehreren Kunstformen gleichzeitig zu experimentieren. Rudiger-Littlejohn übernahm in jungen Jahren etwa auch diverse Nebenrollen in mitunter bekannten Filmproduktionen, beispielsweise in MASKERADE (Ö 1934) unter der Regie von Willi Forst (1903–1980). Auch im Theater engagierte sie sich, bei Literatur am Naschmarkt, das ab 1933 für politische und insbesondere aus Deutschland geflüchtete Kunsttreibende ein wichtiger Ort wurde, wo gesellschaftskritische Themen noch Platz hatten.[3] Dennoch wurde ihr rasch klar, dass ihre beruflichen Perspektiven in Europa sehr eingeschränkt waren. Insbesondere der zunehmende Antisemitismus erwies sich als unmittelbare und wachsende Herausforderung für eine Künstlerin jüdischer Herkunft.

Bereits 1937 emigrierte sie deshalb in die USA, wo sie ihre Karriere als Schauspielerin endgültig beendete. Wie viele andere deutschsprachige Emigrant*innen brachte auch Fini Rudiger-Littlejohn ihren „strange Viennese accent“[4] mit, der in der US-amerikanischen Filmproduktion nur bedingt auf Gefallen stieß. So kehrte sie bald zu ihren kunstgewerblichen Wurzeln zurück und bestritt ihren Lebensunterhalt hauptsächlich mit der Dekoration von Schaufenstern für Warenhäuser sowie einigen Illustrationsarbeiten. Rudiger-Littlejohn illustrierte beispielsweise für den renommierten Harpers & Brothers Verlag das Kinderbuch *The Story of Li-Lo*, später entwarf sie das Cover für *Cher Papa* des Drehbuchautors und Schriftstellers Friedrich/Frederick Kohner (1905–1986).

Allmählich gelang es ihr, Kontakte nach Hollywood zu knüpfen und sie begann 1939 bei Walt Disney zu arbeiten. Trotz dieser vielversprechenden Tätigkeit blieb sie dem Unternehmen gegenüber skeptisch. Immerhin hatte sie mehrfach die Erfahrung gemacht, dass Frauen nur niedrige Hilfsarbeiten zugewiesen wurden. Ihre Arbeiten für PINOCCHIO (USA 1940) schienen das Studio jedoch zu überzeugen, und so gelang es Rudiger-Littlejohn, ihre Stellung bei Walt Disney abzusichern. Ihr filmisches Schaffen war jedoch geprägt von immer restriktiver werdenden Vorgaben des Hays Office, das Hollywood-Produktionen durch die Einführung eines strengen Sittenkodex, den „Production Code“, kontrollierte. So wurde die Künstlerin etwa bei den Arbeiten zu FANTASIA (USA 1940) herangezogen, um den ursprünglich von Fred Moore (1911–1952) entworfenen Zentaurinnen züchtigere Kostüme zu verleihen. Obgleich Rudiger-Littlejohn aus ihrer künstlerischen Sozialisierung in Wien weit größere körperliche Freizügigkeit gewohnt war, schuf sie den Zensurbestimmungen entsprechende Büstenhalter für die Figuren. Ihre bewegt-florale Gestaltung erinnert vielfach an die Stoffmuster und Dekorelemente der Wiener Werkstätte und verlieh den Figuren in ihrer Naivität einen gewissen sinnlich-subversiven Charakter.

Die wirtschaftliche Notlage Disneys führte zu Beginn der 1940er-Jahre zu einer Welle an Entlassungen, und so musste die Künstlerin – trotz ihrer innovativen Arbeit – das Unternehmen wieder verlassen. Erneut folgte eine berufliche Umorientierung. Rudiger-Littlejohn widmete sich vermehrt der Filmausstattung, der Plakatkunst und der Kinderbuchillustration. Dem Trickfilm blieb sie dennoch stets verbunden, nicht zuletzt auch durch ihre 1943 erfolgte Heirat mit dem Animationsfilmemacher William „Bill“ Littlejohn (1914–2010), mit dem sie in den folgenden Jahren zahlreiche Projekte umsetzte. Fini Rudiger-Littlejohn war zudem in der International Animated Film Association aktiv und entwickelte später mit ihrem Mann die Idee einer Animationsfilm-Olympiade, der Olympiad of Animation, die 1984 mit 14 teilnehmenden Nationen stattfand.

Auf Einladung des Österreichischen Filmmuseums im Jahr 1993 besuchte Fini Rudiger-Littlejohn gemeinsam mit anderen in die USA emigrierten Filmschaffenden Wien; ihr Lebensmittelpunkt blieb allerdings Malibu, wo sie 2004 verstarb.

1 Vgl. Aufbruch ins Ungewisse. Fini Rudiger-Littlejohn. Video Interview mit Christian Cargnelli, Wien 1993.

2 Fini Rudiger-Littlejohn, zit. nach Helmut G. Asper, Filmexil in Hollywood. „Etwas Besseres als den Tod …“ Porträts, Filme, Dokumente, Marburg 2002, 473–483, 473.

3 Vgl. Fini (Josephine) Rudiger-Littlejohn (1914–2004). Interview by Helmut G. Asper in 1986–1987, in: Didier Ghez (Hg.), Walt's People. Talking Disney with the Artists Who Knew Him (Vol. 24), San Francisco 2020, 83–127, 88.

4 Helmut G. Asper, Filmexil in Hollywood. „Etwas Besseres als den Tod …“ Porträts, Filme, Dokumente, Marburg 2002, 473–483, 476.

die Möglichkeit zur Schaffung eines neuen kulturellen Zentrums. In seiner Studie zu den Salzburger Festspielen argumentiert der Historiker Michael P. Steinberg, dass diese ursprünglich als kosmopolitisches Kulturereignis in den Sommermonaten geplant waren, wenngleich dabei stets – auch schon vor der Errichtung des austrofaschistischen Herrschaftssystems – ein barockes und katholisches Österreich-Bild (re)produziert wurde. Steinberg spricht in diesem Zusammenhang von einer „nationalisierten Weltoffenheit", die die ideelle Widersprüchlichkeit der Salzburger Festspiele sowie der allgemeinen Kulturpolitik bis 1938 präzise fasst.[177] Im barocken Ambiente Salzburgs und der national-kulturellen Homogenität der Stadt glaubte man schließlich, eine vielversprechende kulturelle Alternative zu Wien gefunden zu haben, das in weiten Teilen des Landes als Ressourcen verzehrende Belastung wahrgenommen wurde. Wie es die Kunsthistorikerin Julia Secklehner pointiert formuliert: „Für alles, was Wien nach 1918 ungeeignet als Hauptstadt erscheinen ließ, war Salzburg eine bessere österreichische Alternative. Insofern hinterfragten die Salzburger Festspiele auch den kulturellen Hegemonieanspruch Wiens in einer Stadt, die sichtbar machte, was Hofmannsthal als das ‚Wesen' österreichischer Identität verstand: deutsch-österreichischer Katholizismus, verwurzelt in barocker habsburgischer Kultur".[178] Diese kulturelle Identifikation der szenischen Künste mit der Habsburgermonarchie kann bereits auf Debatten des 19. Jahrhunderts zurückgeführt werden, in denen das Theater die „Formulierung und Verkörperung genuin österreichischer Eigenschaften"[179] ins Zentrum rückte, und sie schlug sich auch in Niedermosers Unterricht nieder. Seine Ansätze weisen damit nicht nur Parallelen zum bereits ausgeführten Kulturbegriff Wilhelm Müller-Hofmanns auf, sondern auch zu jenem von Albert Paris Gütersloh, der in der Werkstätte für Kirchliches Kunstgewerbe Anwendung fand. Etwa standen neben dem ideellen Bezug auf die Salzburger Festspiele auch Ausflüge in die Wachau laut Lehrplan am Programm. Dort wurde u. a. durch den konservativen Wachauer Künstlerbund intensiv an der Pflege der Heimatkunst und der romantischen Inszenierung der Region und ihrer Natur gearbeitet Abb. J.[180]

Die an das habsburgische Ideal orientierte, das genuin Österreichische suchende Gründungsidee der Salzburger Festspiele ebenso wie die Wachau-Bezüge durch romantisierende Landschaftsdarstellungen des ländlichen Österreichs gehen bereits auf Entwicklungen in den Jahren vor 1933 zurück.

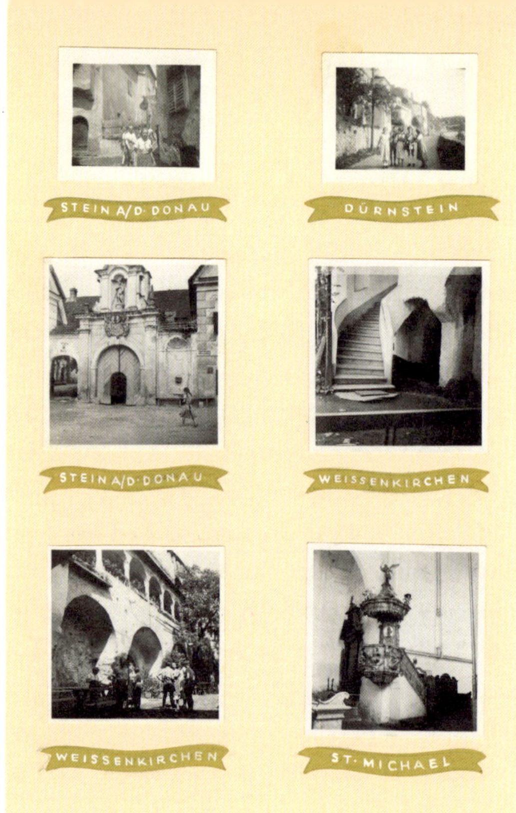

Abb. J
Wachauausflug, Fotoalbum Emma Reif, 1937, UaK, IN Reif 15.346/11/FP

Allerdings wurden sie im Austrofaschismus verstärkt betont und manifestierten sich auch stetig mehr in kunstgewerblichen Kontexten, nicht zuletzt in der Werkstätte für Bühne und Film von Otto Niedermoser. Ähnlich wie die Salzburger Festspiele den Hegemonieanspruch Wiens durch ihre kulturpolitischen Agenden herausforderten,[181] bot die Gründung der Klasse für Bühne und Film der Kunstgewerbeschule erneut die Möglichkeit, die Vormachtstellung der Akademie der bildenden Künste im Bereich der Kunsterziehung in Frage zu stellen. Im Lehrplanentwurf von 1937 hieß es etwa:

> *Die Kunstgewerbeschule ist die einzige Kunstschule in Österreich die auf Grund ihrer eigenartigen Struktur berufen ist eine selbstständige Theater- und Filmklasse zu bilden ohne daß dem vorsichtig Abwägenden schwere Bedenken gegen die Gründung einer solchen Klasse überhaupt kommen müssen.*[182]

Diese Einzigartigkeit, hieß es, ergebe sich insbesondere durch die Kombination aus dem Entwerfen und Ausführen, aus künstlerisch und technisch praktischen sowie theoretischen Ansätzen, die die Kunstgewerbeschule zur idealen Institution für die neugegründete Werkstätte mache. Zudem hätten sich bereits etliche Anfragen diverser Bühnen des Landes gesammelt, die die Ausbildung zum „Film- und Bühnengestalter“ sowie zum „Dekorationsmaler“ und „dec. Plastiker“ dringend nötig machen würden. Dass sich nicht nur in der Darstellung der einzigartigen Strukturen der Kunstgewerbeschule, sondern auch darüber hinaus die Konkurrenzsituation mit der Akademie abbildete, zeigt sich auch in einem Gedächtnisprotokoll Max Fellerers nach einer Unterredung im Ministerium für Handel und Verkehr. Denn dort hieß es, dass „in nächster Zeit eine Konferenz zwischen Akademie und Kunstgewerbeschule stattfinden [müsse], um die Möglichkeit einer Abgrenzung zur Vermeidung von Doppelgeleisigkeit [sic] zu beraten“.[183]

Neben Hilfsfächern zu Techniken des Innenbaus und Kostümdesign standen Entwurf, Herstellung und bühnenmäßige Einrichtung am Lehrplan. Diese praktischen Schwerpunkte waren begleitet von theoretischen Kursen zur Kulturgeschichte, Kostümgeschichte, Bühnentechnik, Beleuchtungswesen und Fotografie. Als Unterrichtsräumlichkeiten dienten sowohl die Gebäude der Kunstgewerbeschule als auch das Schönbrunner Schlosstheater des Max-Reinhardt-Seminars, wo Bühnentechnik – „Bühnenbau, Bühneneinrichtung, Schnürboden, Drehbühnen, Schiebebühnen, Wagenbühnen, Elektrischeeinrichtung [sic], Beleuchtungswesen, Akustik, usw.“[184] – zum Gegenstand wurde. Zu den Kursen wurden gleichermaßen Schüler*innen der Kunstgewerbeschule sowie des Max-Reinhardt-Seminars zugelassen, wodurch das paritätische Verhältnis der beiden Einrichtungen abgebildet werden sollte.

Wie der Lehrplan verdeutlicht, stand zwar die allgemeine szenische Gestaltung im Vordergrund, diese war aber schon bedingt durch die Räumlichkeiten vornehmlich auf das Theater und weniger auf den Film konzentriert. Klassenleiter Niedermoser fertigte bereits seit den 1920er-Jahren Bühnenbilder für prominente Theaterregisseure wie Max Reinhardt, Hans Thimig (1900–1991) oder Otto Preminger (1905–1986) an. Neben der Präzision und Detailtreue, von der seine Arbeit zeugt, lassen sich darin auch deutliche Bezüge auf das barocke und biedermeierliche Kulturerbe Österreichs erkennen. Teils geprägt von üppiger Ausstattung und opulenten Stoffen – wie beispielsweise in *Sissy* von Ernst und Hubert Marischka (Theater an der Wien, 1932, Musik: Fritz Kreisler) – erscheinen Niedermosers Entwürfe oft als historische Innenraumstudien der Architektur der Donaumonarchie Abb. K. Niedermosers

Bühnengestaltung ging stets auf das Studium vielfältiger kulturhistorischer Hintergründe zurück und war damit gleichzeitig Ausdruck der „nationalisierten Weltoffenheit", mit der Steinberg schon die Salzburger Festspiele beschrieb. Intensiv beschäftigte sich der Klassenlehrer mit der Architektur des frühneuzeitlichen Spaniens, etwa für seine szenische Gestaltungen der Werke von Calderón de la Barca, noch 1936 mit dem jiddischen Theater Warschaus für das Bühnenbild und Kostüm von *Nathan der Weise* von Gotthold Ephraim Lessing Abb. L[185] oder mit der britischen Kolonialarchitektur in Indien für *Kalkutta,* 1928 inszeniert von Regisseur Rolf Jan Abb. M. Diese Arbeiten waren zwar in ihrer künstlerischen Umsetzung durchaus anspruchsvoll und detailgetreu und beweisen Niedermosers technische Akribie. Sie waren allerdings ebenso wie ihre historischen Vorbilder durchzogen von Orientalismen, Exotisierungen und kultureller Aneignung, die mitunter rassistische Stereotypisierungen reproduzierten. Dass Niedermoser wiederholt mit jüdischen Theaterschaffenden zusammenarbeitete und als Bühnenbildner bei Stücken wie *Nathan der Weise* oder *Die Jüdin von Toledo* agierte, lässt hingegen vermuten, dass der in den 1930er-Jahren immer radikaler werdende Antisemitismus in seinen Arbeiten wenig Repräsentanz fand.[186]

Niedermosers Werkstätte für Bühnen- und Filmgestaltung wurde im ersten Jahr von acht eingeschriebenen Schüler*innen der Kunstgewerbeschule besucht – laut Jahresbericht kategorisiert nach sieben weiblichen und einem männlichen Studierenden[187] –, was auf eine ähnliche Frequenz wie in den Werkstätten für Kirchliches Kunstgewerbe, Druckverfahren oder Ornamentale Schrift hinweist. Der verhältnismäßig hohe Anteil an Schülerinnen ist nicht nur dadurch zu erklären, dass die Klasse einen Schwerpunkt auf Kostüm-, Mode- und Textilgeschichte legte – also vermeintlich weibliche Kunstformen abdeckte –, sondern ist vermutlich auch auf das große Interesse am noch relativ neuen Medium Film zurückzuführen, das ähnlich wie die Fotografie jungen Künstlerinnen in den 1920er- und 1930er-Jahren vielfältige künstlerische Gestaltungs- und ökonomische Emanzipationsmöglichkeiten bot.[188] Das Medium Film – selbst wenn es im Unterricht eine gegenüber dem Theater untergeordnete Stellung einnahm – wurde zu diesem Zeitpunkt im nationalsozialistischen Deutschland bereits intensiv für propagandistische Zwecke eingesetzt. Die österreichische Filmproduktion, die in den 1920er-Jahren mit zahlreichen Monumentalfilmproduktionen einen ersten

Abb. K
Otto Niedermoser, Entwurf Bühnenbild für *Sissy*, 1932, Bleistift, Tusche, Farbstift auf Transparentpapier, UaK, IN ON 47/5

Abb. L
Otto Niedermoser, Entwurf Bühnenbild für *Kalkutta*, 1928, Bleistift, Tusche auf Transparentpapier, UaK, IN ON 75/6

Abb. M
Otto Niedermoser, Kostümblatt für *Nathan der Weise*, 1936, Bleistift, Aquarell auf Papier, UaK, IN ON 81/20

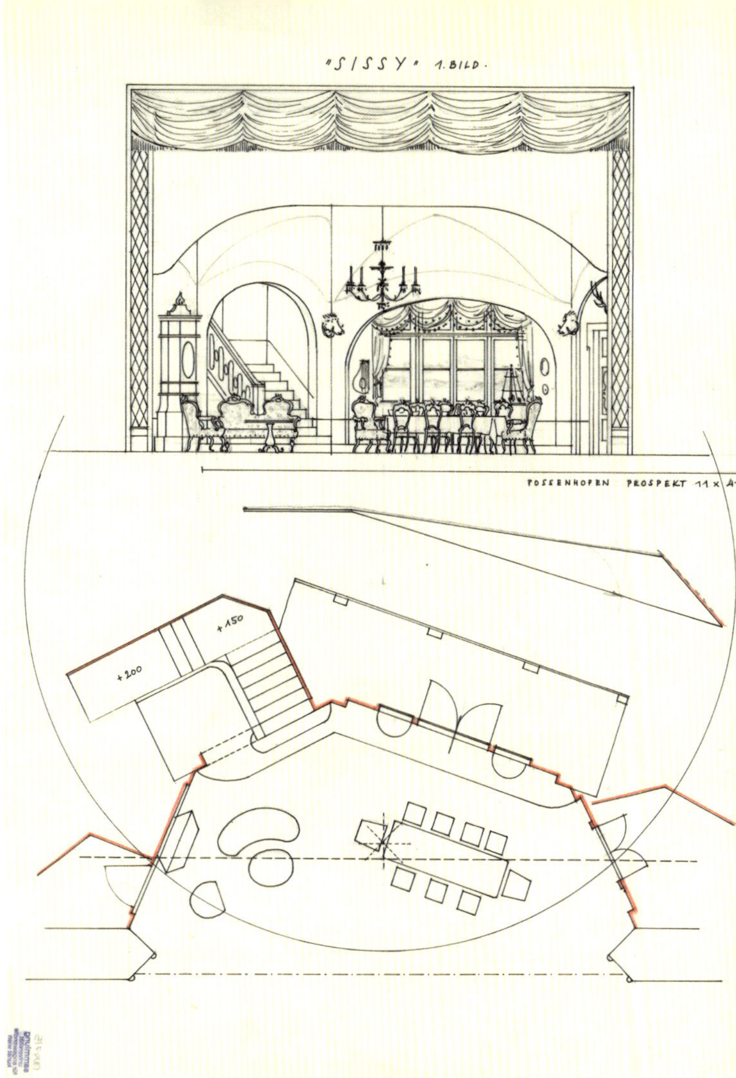

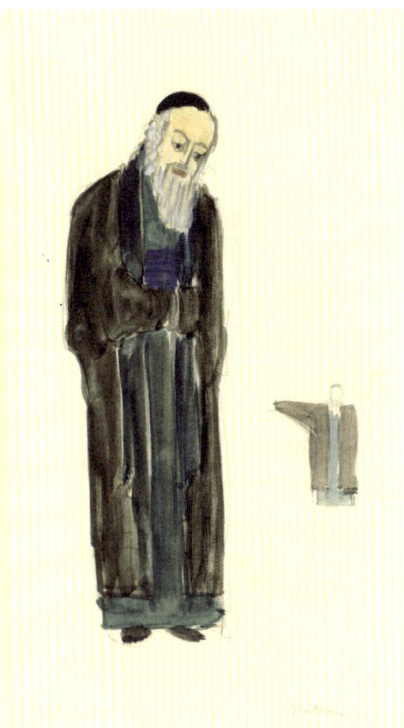

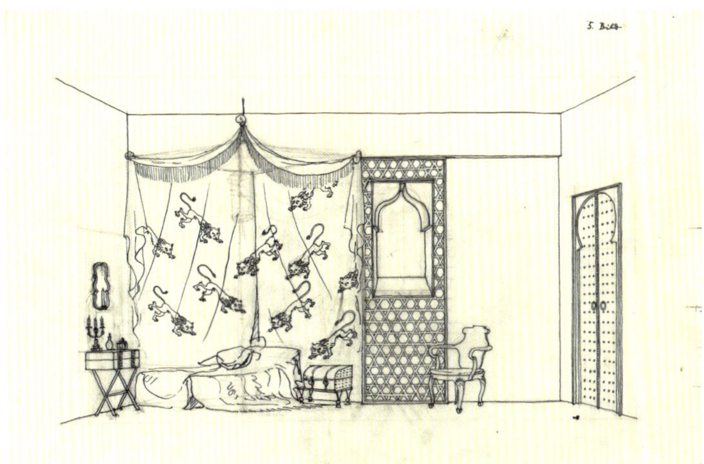

Höhepunkt erlebt hatte, setzte hingegen im Austrofaschismus vermehrt auf seichte Unterhaltung.[189] Sie schuf damit allerdings zugleich neue Berufsfelder insbesondere für kunstgewerblich tätige Frauen und legitimierte die Notwendigkeit der Einführung des Fachs an der Kunstgewerbeschule. Auch an dieser Stelle lässt sich also erneut die Ambiguität des emanzipativen Engagements der Schule erkennen. Schließlich war die Ausbildung von Frauen einmal mehr primär an ökonomische Interessen gebunden, und diese waren wiederum an der Entwicklung der nationalen Wirtschaft zur Stärkung des österreichischen Nationalbewusstseins orientiert. Wie aus den Klassenberichten ersichtlich wird, wurde die praktische Arbeit der Werkstätte Niedermosers schon deshalb nicht unwesentlich durch staatliche Aufträge gefördert. Die Klasse entwarf etwa auf „Einladung der Staatlichen Schauspielschule" zahlreiche Kostüme für verschiedene öffentliche Theaterstätten, u. a. für das prestigereiche Wiener Akademietheater.[190]

Der Gründung der Werkstätte für Bühne und Film ging zwar eine längere Entwicklung voraus, dennoch ist der Zeitpunkt der Umsetzung im Schuljahr 1937/38 bezeichnend, dienten doch Film und Theater im „christlichen Ständestaat" wiederholt der indirekten Propaganda, die durch leichte Kost das Publikum in schweren wirtschaftlichen und politischen Zeiten bei Laune halten wollte. Insbesondere der Werbefilm verfolgte das Ziel, Österreich als facettenreiches Tourismusland anzupreisen und zu vermarkten. Die scheinbar harmonische Gleichzeitigkeit von Provinzialismus und Kosmopolitismus spiegelte sich in den szenischen Kunstformen vielfach wider und trug maßgeblich dazu bei, das austrofaschistische Kulturverständnis im Sinne der „nationalisierten Weltoffenheit" mitzugestalten.

Otto Niedermoser führte die Klasse im Nationalsozialismus weiter, wobei die ästhetischen Interventionen des neuen Regimes durchaus Spuren hinterließen. Die jüdischen Theaterschaffenden, mit denen der Klassenleiter zuvor zahlreiche gemeinsame Projekte umgesetzt hatte, wurden 1938 ins Exil getrieben, mussten flüchten oder wurden in Konzentrations- und Vernichtungslager verschleppt. Gleichzeitig fand Wien als Theaterstadt vermehrt Anerkennung, was mit einer weitreichenden Institutionalisierung des theaterspezifischen Wissens einherging – 1941 etwa mit der Gründung des Theaterhistorischen Instituts an der Universität Wien unter nationalsozialistischer Führung.[191] Niedermoser gelang im Austrofaschismus und genauso von 1938 bis 1945 der Balanceakt zwischen künstlerischer Arbeit im Sinne der Schule sowie des jeweiligen Regimes. Er konnte auf diese Weise und durch seinen politischen Anpassungswillen seine Position als Leiter der Werkstätte für Bühne und Film weitgehend sicherstellen. Seine Tätigkeit in den Nachkriegsjahren ist schließlich geprägt von Theater- und Filmproduktionen, die sich erneut auf das genuin Österreichische bezogen und dabei nicht unwesentlich eine genuin österreichische Form des Antisemitismus – den Antisemitismus ohne Antisemit*innen[192] – mittrugen. Niedermoser wirkte etwa als Bühnenbildner an den Erfolgsfilmen DER ENGEL MIT DER POSAUNE (R: Karl Hartl, 1948) und 1. APRIL 2000 (R: Wolfgang Liebeneiner, 1952) mit. Erstgenannter Film basiert auf dem gleichnamigen Roman von Ernst Lothar, der 1938 als Direktor des Theaters in der Josefstadt und Jude aus Österreich flüchten musste. So nahm man zwar das Werk eines Exilierten in den Blick. Zugleich präsentierte der Film Paula Wessely und Attila Hörbiger in den Hauptrollen, was ihre Anbiederung an das NS-Regime überblenden sollte[193] – u. a. indem zynischerweise Wessely im Film die Rolle einer Jüdin übernahm. Der wenige Jahre später gedrehte 1. APRIL 2000 zeichnet sich hingegen insbesondere durch die Auslassung antisemitischer Brutalität aus und verdeutlicht, der Historikerin Lisa Silverman folgend, wie die Vorkriegsvorstellungen von jüdischer Differenz – also einer jüdischen „Andersartigkeit", die insbesondere durch die nicht-jüdische Norm definiert wird – auch nach 1945 im kulturellen Selbstverständnis Österreichs weiterwirkten.[194]

1.3.4. Fachklasse für Malerei und Werkstätte für Druckverfahren

Eine weitere Einrichtung, die bereits während des Austrofaschismus massiven Aufschwung erlebte und später im Nationalsozialismus verstärkt durch öffentliche Aufträge profitierte, war die Werkstätte für Druckverfahren. Wie bereits ausgeführt, war die Leitung der Werkstätte von diversen Disziplinarangelegenheiten durch die illegale nationalsozialistische Betätigung Bertold Löfflers geprägt und wurde bis 1935 mehrfach provisorisch von seinem Assistenten Paul Kirnig geführt, der nach der Pensionierung Löfflers endgültig die Werkstätte wie auch die Fachklasse für Malerei übernahm. Bemerkenswert ist, dass sowohl unter der Leitung Löfflers als auch jener Kirnigs die Werkstätte für Druckverfahren mit zahlreichen Aufträgen von öffentlicher Seite betraut

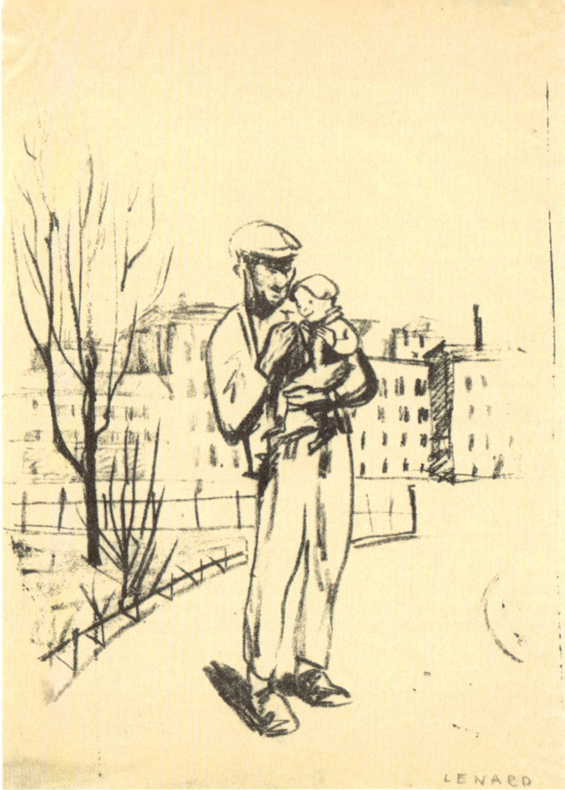

Abb. N
Johanna Lenard, *Arbeiter mit Kind im Arm*, Lithografie, 1932, UaK, IN 10.104

Abb. O
Unbekannte*r Künstler*in, *Vor dem Priester*, Linolschnitt, undatiert, UaK, IN 10.108/2

Abb. P
Grete Jost, *Ganoven*, Linolschnitt, 1935, UaK, IN 10.335/8

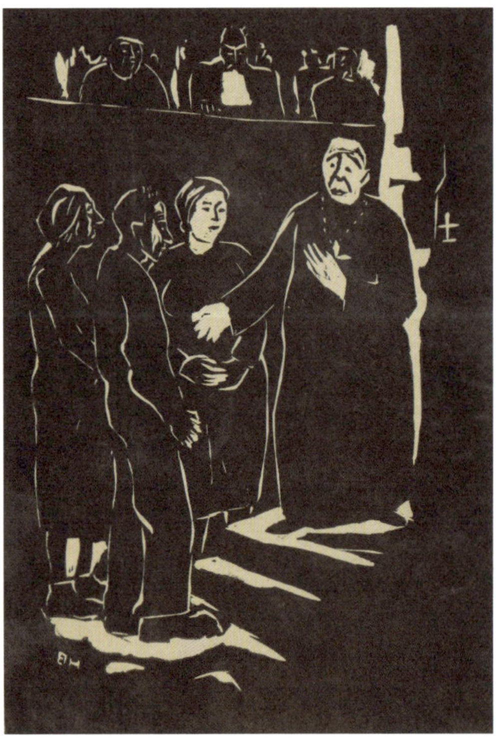

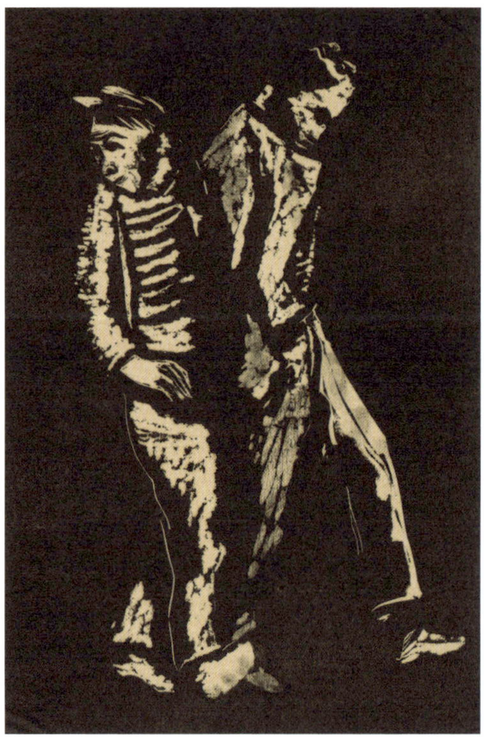

wurde, an unzähligen Wettbewerben teilnahm und die Studierenden mehrfach für ihre Arbeiten ausgezeichnet wurden. Es lag im Wesen des Fachs, dass es – im Gegensatz beispielsweise zu Ornamentaler Schrift oder aber Bildhauerei – eine breitere Öffentlichkeit bediente und schnellere Produktionsformen anwandte. Gleichzeitig schien die hohe und qualitätvolle Produktivität der Studierenden durchaus auch auf das künstlerische und politische Engagement der Lehrenden zurückzuführen zu sein. Löffler sowie Kirnig genossen unter ihren Schüler*innen große Beliebtheit und wurden auch innerhalb des Kollegiums für ihre künstlerischen Fertigkeiten und innovativen Ideen geschätzt. Dennoch kann nicht geleugnet werden, dass im Laufe der faschistischen Herrschaft, erst von 1933 bis 1938 und später auch im Nationalsozialismus, die Klassenarbeiten mehr und mehr eine politisch-regimetreue Ausrichtung erfuhren und damit die öffentliche Formsprache und Motivik transportierten ebenso wie sie autoritäre und totalitäre Inhalte mittrugen.

Motivik, Formsprache und Inhalte der Löffler Schüler*innen waren in den frühen 1930er-Jahren durchaus breit angelegt: Neben traditionellen Arbeitsszenarien im ländlichen Raum wurden die zunehmende Industrialisierung in Form von Fabrikgebäuden sowie ihre Folgen zum Thema einiger Arbeiten, was einen sozialkritischen bzw. reformistischen Ansatz vermuten lässt Abb. N. Während einige Studierende religiöse Rituale in den Blick nahmen Abb. O, thematisierten andere die zunehmende Armut oder Kriminalität. Auf diese Weise zeugten ihre Arbeiten von einer kritisch-politischen Befragung des Zeitgeschehens Abb. P. Wieder andere bedienten vermehrt die Vielfalt der Unterhaltungsindustrie, die zu Beginn der 1930er-Jahre einen vorübergehenden Höhepunkt erreichte. Sie bildeten Zirkusszenarien, Ringelspiele, Urlaubsreisen mit Badespaß, Liebespaare beim Flanieren oder das urbane Leben in Nachtclubs und Kabaretts ab. Einerseits lässt sich darin eine verstärkte Orientierung des Kunstgewerbes an modernen Konsumpraktiken ablesen, andererseits aber auch eine gesellschaftliche Entwicklung, die von der Gleichzeitigkeit künstlerischer und ideologischer Gegensätze gekennzeichnet ist. Manche Schüler*innen der Werkstätte für Druckverfahren zeigten die Schlichtheit der Provinz in ihrer ökonomischen Bescheidenheit, während andere das städtische Vergnügen mit zunehmend hedonistischen Zügen darstellten. Oft finden sich innerhalb eines Œuvres solche thematischen Gegensätze vertreten, die repräsentativ für die Dynamiken der Zeit stehen: Die Schülerin Anna Pavlik präsentierte etwa in

Abb. Q
Anna Pavlik, *Mutter und Kind*, Linolschnitt, 1935, UaK, IN 10.348/6

Abb. R
Anna Pavlik, *Liebespaar*, Linolschnitt, 1935, UaK, IN 10.348/3

Mutter und Kind (1935) ein traditionelles Frauenbild, das durch Mutterschaft und Privatheit gekennzeichnet ist und gar in der Tradition der christlichen Pietà erscheint, integrierte aber schon in die nächste Arbeit mit dem Titel *Liebespaar* (1935) eine Frauenfigur, die durch ihre selbstbewusste Körperhaltung und ihr sexuell emanzipiertes Auftreten an die Neue Frau erinnert. Und diese war schließlich zu diesem Zeitpunkt bereits zu einer aufstrebenden und modernen Ikone der jungen Generation avanciert Abb. Q u. R.[195]

Die Figur der Neuen Frau tritt unter anderem in diversen Plakatentwürfen für einen Wettbewerb, ausgeschrieben vom Land Vorarlberg, auf und erweist sich hier als medial und ökonomisch wirksame Werbeträgerin. Diese Wettbewerbsbeteiligung soll nur exemplarisch vorgestellt werden, denn sie gliedert sich in eine Reihe von Projekten der Werkstätte ein, die den Tourismus in Österreich bewarben und neben der ländlichen Idylle das kulturelle Angebot betonten.[196] Im Schuljahr 1934/35 entwarfen die Studierenden der Klasse Löffler/Kirnig Poster für das Strandbad Bregenz und übersetzten darin eine Entwicklung, die stellvertretend für das austrofaschistische Kulturengagement stand. Die Plakate zeugen wiederum von der Gleichzeitigkeit einer modernen Formsprache bzw. moderner Figuren, die einen kosmopolitischen Charakter andeuten, und von nationalistischen Bestrebungen durch spezifisch regionale Bezüge. Neben der Integration von betont rot-weiß-roten Motiven, etwa im Entwurf von Luise Wetzig, verweist die Charakterisierung der Landschaft durch teils schneebedeckte Bergketten auf die Lokalität des Bades am Alpenrand Katalog, Abb. 9. Andere Entwürfe fokussieren das Wasser und präsentieren die darin möglichen Aktivitäten zwischen Sport und Spaß: Segeln, Wasserball oder Schwimmen, so scheint es, waren hinsichtlich der

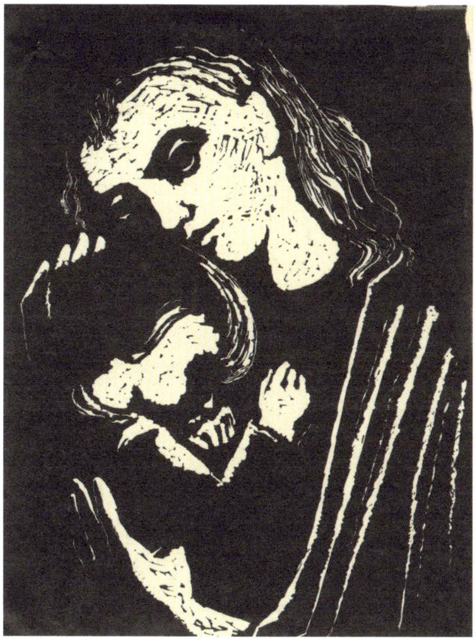

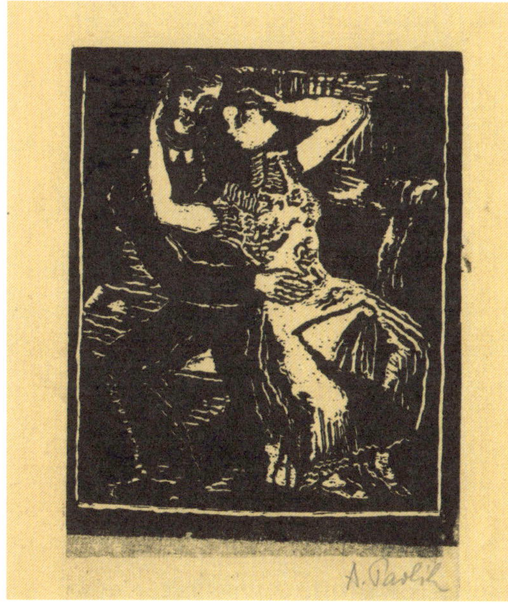

vorherrschenden Sujets die sommerlichen Pendants zum Schifahren im Winter Katalog, Abb. 10–14. Sowohl für winterliche als auch für sommerliche Aktivitäten in Österreich hatte nicht zuletzt der Klassenleiter Paul Kirnig besonders stilprägende Bilder vorgelegt, deren Formsprache deutlich in den Arbeiten der Studierenden erkennbar ist Katalog, Abb. 15–16.

Die Plakatentwürfe scheinen die Frage aufzuwerfen, wer bei all dem Angebot überhaupt noch ans Meer nach Italien fahren müsse, schließlich inszenieren sie mit gelbem Sandstrand, dem wolkenfreien Himmel und der Weite des blauen Horizonts ein Urlaubsambiente von besonderem Erholungswert. Auffallend ist zudem, dass das Vergnügen am See scheinbar nur von Frauen und Kindern erlebt wird. Obgleich codiert durch Bubikopf, Körperhaltung und modische Erscheinung der abgebildeten Frauen zwar Repräsentantinnen der Neuen Frau auf den Plakaten zu sehen sind, reproduzieren die Bilder dennoch die Logik einer binären Geschlechterordnung. Diese verschärfte sich zwar markant im Austrofaschismus, wies allerdings eine deutlich länger zurückreichende Kontinuität auf. Während Männer den wirtschaftlichen Aufschwung erarbeiten, können sich Frauen und Kinder vergnügen und das touristische Angebot in Österreich nutzen, das wiederum als Resultat der blühenden Nationalökonomie präsentiert wird.[197] Blonde junge Frauen und energiegeladene Buben und Mädchen scheinen zudem das deutsche Ideal des Austrofaschismus widerzuspiegeln und gliedern sich in ihrer Naturverbundenheit wie organisch in die See- und Berglandschaft ein.[198] Die erhaltenen Klassenentwürfe zur Bewerbung des Bregenzer Strandbads zeigen anschaulich, wie austrofaschistische Inhalte in eine moderne Formsprache übersetzt wurden. Sie verbinden touristische Bestrebungen, die die nationale Wirtschaft fördern sollten, mit scheinbar modernen Geschlechterbildern Abb. S. Allerdings sollte die Zeit des Sommerurlaubs oder die Zeit der Jugend nur für eine gewisse Zeitspanne emanzipative Freiräume schaffen, denn das Ziel war schließlich die Rückkehr der präsentierten Figuren in das katholisch geprägte Eigenheim.[199] Die Zeit in der Natur, gerahmt von den Alpen und dem Bodensee, ist begleitet von allerlei sportlichen Aktivitäten und verspricht Vergnügen und Spaß. Die staatliche Kontrolle und nationale Ausrichtung der Wirtschaft im Austrofaschismus geht nicht zuletzt mit einem Glücksversprechen einher, das insbesondere an Frauen gerichtet ist und ebenso zur Entdeckung der Frau als Konsumentin führt. Doch wenngleich in diesem Versprechen ein emanzipatives Potenzial mitschwingen mag, so bleibt diese Entwicklung dennoch zutiefst in einer kapitalistisch-patriarchalen Logik verwurzelt. Kombiniert mit katholischen Werten entspricht diese letztendlich dem Kern des austrofaschistischen Projektes, in dem Handlungsräume von Frauen primär auf den familiären und privaten Bereich beschränkt bleiben. Implizit repräsentieren die Plakatentwürfe zum Bregenzer Strandbad also ein austrofaschistisches Familienideal. Bedingt durch die Thematik der Ausschreibung, die primär auf Vergnügen und Freizeit fokussiert, greifen die Entwürfe hierfür aber nicht auf den Einsatz christlicher Symboliken zurück, wie es in Familiendarstellungen der Zeit sonst oft der Fall war.

Im Gegensatz dazu wurde in den Plakatentwürfen für das österreichische Jugendhilfswerk Pro Juventute eine christliche Symbolik exzessiv betont, wahrscheinlich mit dem Ziel, das Prinzip der Nächstenliebe durch religiöse Bezüge zu aktivieren. Erneut handelte es sich um einen Plakatwettbewerb, an dem sich die Klasse Kirnig beteiligte. Das besagte Hilfswerk wurde als Verein „im vaterländischen Sinne“ gegründet, der sich als „Jugendfürsorge-Einrichtung“ verstand und in enger Zusammenarbeit mit der katholischen Frauenorganisation und dem katholischen Schulwesen agierte.[200] Neben der Bekämpfung von Kinder- und Jugendarmut verfolgte die Organisation das Ziel einer „Eingliederung der Jugend in den Wirtschaftsprozeß“.[201] Dass es sich dabei um ein Anliegen von nationalem Interesse handelte, wird in den

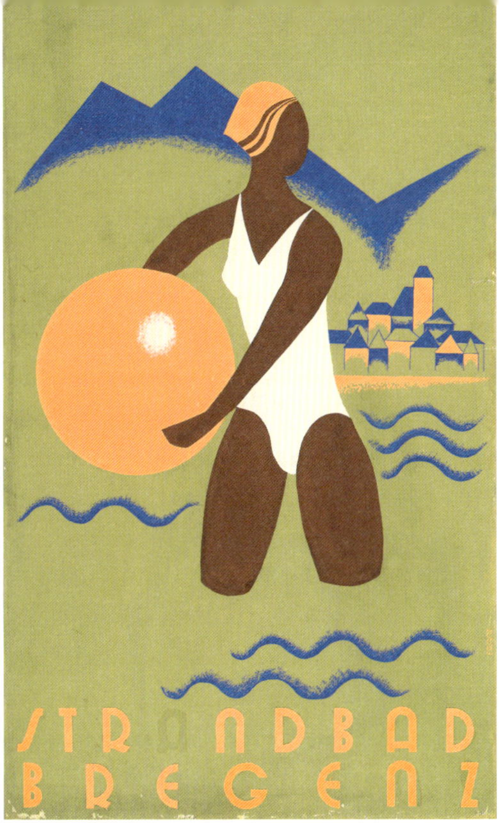

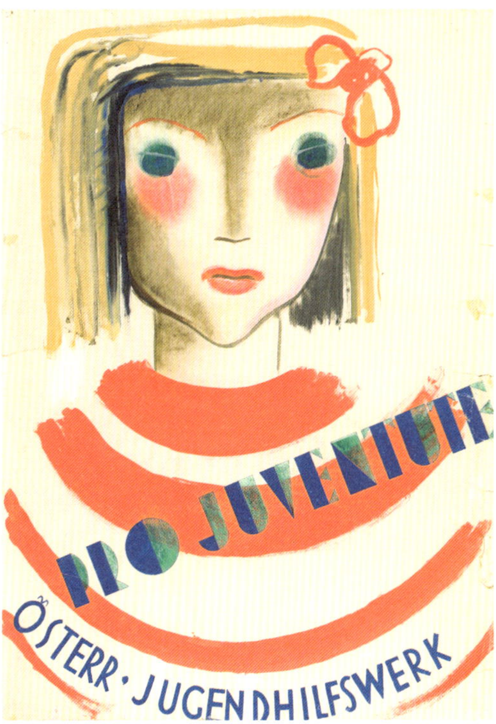

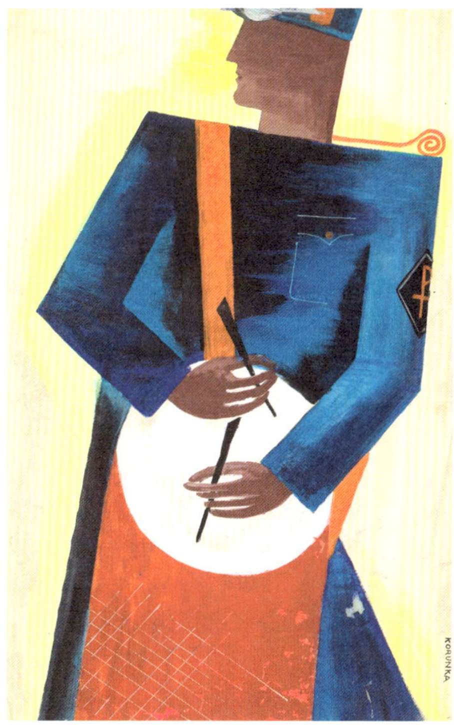

Abb. S
Johann Franz, Plakatentwurf *Strandbad Bregenz*, 1934/35, Collagetechnik, Deckfarben auf Papier, UaK, IN 17.261/5

Abb. T
Unbekannte*r Künstler*in, Plakatentwurf *Pro Juventute. Österreichisches Jugendhilfswerk*, 1935, Deckfarben auf Papier, UaK, IN 17.262/2

Abb. U
Rudolf Korunka, Plakatentwurf *Pro Juventute. Österreichisches Jugendhilfswerk*, 1935, Tempera auf Papier, UaK, IN 9305/16

Plakatentwürfen intensiv durch rot-weiß-rote Farbkompositionen betont. Die Plakate präsentieren eine rot gekleidete Mutter, die ihr in weiße Tücher gehülltes Kind schützt, ein blondes Mädchen mit Schleife in den Haaren und einem rot-weiß-rot gestreiften Pullover Abb. T, oder einen in die Ferne blickenden Jungen, der vor einer wehenden Flagge steht – in der Hoffnung auf eine bessere Zukunft Katalog, Abb. 17. Bedienen diese Entwürfe bereits stark das Bild der Unschuld – nicht zuletzt durch ethnisch und kulturell homogenisierende Darstellungen etwa von blonden, deutlich als deutsch bzw. österreichisch markierten Kindern, die Haare brav zu Zöpfen gebunden oder seitlich zum Scheitel gekämmt –, werden sie überdies mit christlichen Symboliken und Darstellungsweisen kombiniert. Die Mädchenfigur in einer Arbeit von Elisabeth Cech hält die Hände zum Gebet gefaltet, ähnlich wie im Entwurf von Ruth Wilson Kalmar, in dem die dargestellte junge Frau zudem ein Cape über den Kopf gestülpt trägt und betont unschuldig, fast marienhaft-jungfräulich erscheint Katalog, Abb. 18–20. Der dunkle Schatten hinter ihr deutet hingegen das bedrohliche Szenario der Armut an und fordert durch intensive Bezüge auf das christliche Wertesystem die Betrachter*innen dazu auf, dieses durch ihr Eingreifen und ihre emotionale und finanzielle Anteilnahme zu verhindern. Die Entwürfe zeugen zwar größtenteils von einem collagenhaften Charakter und wenden moderne Techniken an; dennoch erscheinen sie in ihren moralisch-aufgeladenen, ästhetischen Bezügen weniger modern bzw. mondän als die Plakate zum Bregenzer Strandbad.

Mithilfe christlicher Symbolik wird schließlich eine Assoziation der Nächstenliebe erzeugt, die allerdings primär auf ethnischer und kultureller Nähe beruht und vor allem österreichische, insbesondere katholische Kinder vor der Armut schützen sollte. Dass es sich hierbei um ein explizit austrofaschistisches Programm handelte, machte der Entwurf von Rudolf Korunka (1915–2003) deutlich, der einen durch seine Uniform und sein Crux-monogrammatica-Abzeichen gekennzeichneten Vertreter der Ostmärkischen Sturmscharen zeigt Abb. U. Die paramilitärische Organisation wurde bereits 1930 von Kurt Schuschnigg gegründet und verstand sich als „katholische politische Bewegung radikal gesinnter Jungösterreicher, die eine christlichsoziale Politik“ forderten.[202] Mit dem Ziel, den Vereinskatholizismus nach dem Vorbild Karl Luegers zu stärken, wurden die Sturmscharen rasch nach der Errichtung des austrofaschistischen Herrschaftssystems zu einer tragenden

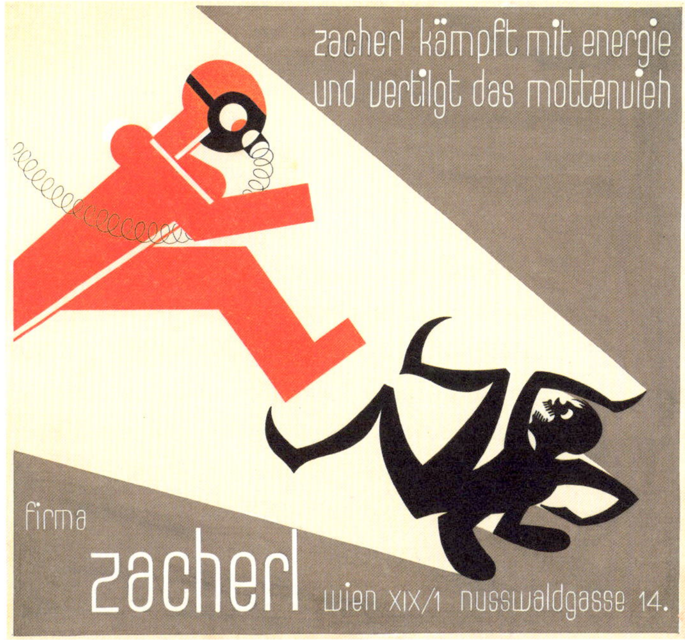

Abb. V
Unbekannte*r Künstler*in, Plakatentwurf *zacherl kämpft mit energie und vertilgt das mottenvieh*, 1934/35, Deckfarben auf Papier, UaK, IN 17.261/12

Organisation im Regime. Zudem waren sie nicht unwesentlich daran beteiligt, Antisemitismus und Rassismus als Grundpfeiler der austrofaschistischen Ideologie zu etablieren. Weder konnten Jüdinnen und Juden Mitglieder werden, noch konnten sie sich durch Konversion zum Katholizismus dafür qualifizieren, was bedeutete, dass die Sturmscharen schon früh eine der radikalsten Formen des Rassenantisemitismus propagierten und praktizierten.[203]

Es ist angesichts der Entwicklungen seit 1933 wenig verwunderlich, dass antisemitische Positionen in etlichen Entwürfen aus der Werkstätte für Druckverfahren sowie in Teilen der Arbeiten von Bertold Löffler und Paul Kirnig immer wieder erkennbar werden. In manchen Fällen scheinen antisemitische Ressentiments in Form von impliziten Verweisen durch, wie etwa bei Korunka; in anderen Fällen bedienten sich die Studierenden direkt einer antisemitischen Symbolik und adaptierten diese für kommerzielle Zwecke. Dies wird etwa im anonymen Plakatentwurf der Klasse Löffler/Kirnig evident, der eine rote Figur mit Schutzmaske im Kampf gegen eine am Boden liegende schwarze Figur präsentiert. Der Schriftzug am Plakat offenbart, dass es sich dabei um eine Motte handeln soll: „zacherl kämpft mit energie und vertilgt das mottenvieh“ Abb. V. Formsprache ebenso wie der Einsatz der „kleinschreibung“[204] verleihen dem Entwurf eine moderne Rahmung. Gleichzeitig erinnern die rot-schwarze Farbkombination sowie die Platzierung der Gliedmaßen der maskierten Figur an die nationalsozialistische Hakenkreuz-Symbolik und scheinen kompositorisch ein antisemitisches Feinbildkonstrukt zu integrieren, welches in der faschistischen Propaganda intensiv durch Tier- und Ungeziefermetaphern befeuert wurde. Die Motte als stoff- und im übertragenen Sinn gesellschaftszersetzendes Wesen taucht hier als zu bekämpfendes Ungeziefer auf. Obgleich es sich bei der Firma Zacherl um ein Unternehmen handelte, das bereits seit Jahrzehnten Mittel zur Schädlingsbekämpfung erzeugte, ist auffallend, dass derart offensiv antisemitische Elemente und eine an die nationalsozialistischen Prinzipien angelehnte Formsprache für Werbezwecke herangezogen wurden. Wie bereits vorab erörtert, war Bertold Löffler glühender Verfechter des Nationalsozialismus und scharte in seiner Klasse gleichgesinnte Schüler*innen um sich. Wenngleich Paul Kirnig in den Jahren des Austrofaschismus sich nicht übermäßig als Vertreter der nationalsozialistischen Ideologie exponierte, zeugen seine wenig später entstandenen Arbeiten ebenso wie jene seiner Schüler*innen bereits von einer raschen Anpassung nach dem „Anschluss“. Im Jahresbericht 1937/38 wurde etwa bereits vermerkt, dass zahlreiche Arbeiten mit NS-Bezug durchgeführt wurden:

> *Graphische Arbeiten für den Landdienst der NS.-Studentenschaft, für Veranstaltungen der Schülerschaft; Dekorierung des Schulgebäudes; graphische Arbeiten des Nationalsozialistischen Verkehrsbüros, der Universität usw., Plakate, Inserate, Reklameblätter, Prospekte, Schutz- und Klebemarken, Kalenderblätter, Zeitungsknöpfe […].*[205]

Während für die einen das Jahr 1938 drastische Veränderungen brachte, bedeutete es für andere, wie Paul Kirnig, schlicht eine Intensivierung der Auftragslage. Ohne große Probleme bewegte sich der Klassenleiter von der austrofaschistischen hin zur nationalsozialistischen Auftragsproduktion und fügte sich geschmeidig in die neuen Strukturen ein, in denen er zahlreiche weitere Karrierechancen für sich zu nutzen wusste.

Anmerkungen

1 Grundlegend zu Franz Čižek: Rolf Laven, Franz Cižek und die Wiener Jugendkunst, Wien 2006; siehe auch Monika Platzer (Hg.), Kinetismus. Wien entdeckt die Avantgarde, Ausstellungskatalog, Wien Museum, Wien 2006; Elke Wikidal, Die Jugendkunstklasse des Franz Čižek. Freude am schöpferischen Gestalten, 4.9.2020, Wien Museum/Magazin, URL: https://magazin.wienmuseum.at/die-jugendkunstklasse-des-franz-cizek (abgerufen 17.2.2023).

2 Vgl. Elisabeth Frottier, Michael Powolny: Keramik und Glas aus Wien 1900 bis 1950. Monografie und Werkverzeichnis, Wien 1990; Thomas Arlt/Arthur Weilinger, Wiener Keramik. Bertold Löffler – Michael Powolny. Werkverzeichnis-Catalogue Raisonné, Wien 2018.

3 Vgl. Caroline Wohlgemuth, Mid-Century Modern: visionäres Möbeldesign aus Wien, Basel 2022, 144–147; Ruth Hanisch, Moderne vor Ort: Wiener Architekten 1889–1938, Wien/Köln 2018, 295–336; Iris Meder (Hg.), Oskar Strnad 1897–1935, Ausstellungskatalog Jüdisches Museum Wien, Salzburg 2007; Ulla Weich, Die theoretischen Ansichten des Architekten und Lehrers Oskar Strnad, Dipl. Arb., Univ. Wien 1995.

4 Exemplarisch zu Josef Hoffmann: Eva B. Ottillinger (Hg.), Wagner, Hoffmann, Loos und das Möbeldesign der Wiener Moderne. Künstler, Auftraggeber, Produzenten, Wien/Köln/Weimar 2018; Christoph Thun-Hohenstein/Christian Witt-Döring/Rainald Franz/Matthias Boeckl (Hg.), Josef Hoffmann 1870–1956. Fortschritt durch Schönheit, Ausstellungskatalog Museum für angewandte Kunst Wien, Basel 2021; Christoph Thun-Hohenstein (Hg.), Wege der Moderne – Josef Hoffmann, Adolf Loos und die Folgen, Ausstellungskatalog Museum für angewandte Kunst Wien, Basel 2015; Eduard F. Sekler, Josef Hoffmann: das architektonische Werk. Monographie und Werkverzeichnis, Salzburg 1986.

5 Vgl. Protokoll der I. Sitzung des engeren Lehrkörpers vom 3. Okt. 1933. UaK, Sitzungsprotokolle, 2–3.

6 Vgl. Direktor Alfred Roller, Ansuchen um Versetzung in den dauernden Ruhestand, 4.7.1933. UaK, VA 1933/115.

7 Die Frage nach der richtigen Bezeichnung des politischen Systems in Österreich von 1933/34 bis 1938 sorgt noch heute für Debatten und Konflikte. Neben den aus der Zeit stammenden Begriffen „Austrofaschismus" und „Ständestaat" kursierten in den vergangenen Jahren diverse Alternativvorschläge, darunter „autoritärer Ständestaat", „Kanzlerdiktatur" oder „Dollfuß-Schuschnigg-Diktatur". Letzteren beiden ist gemein, dass sie die diktatorischen Merkmale des Systems betonen, während der Begriff (autoritärer) „Ständestaat" weiterhin die vom Regime selbstproduzierte Propaganda der 1930er-Jahre fortschreibt. In der vorliegenden Studie, die in der Folge auch die Zeit des Nationalsozialismus behandelt, wird primär mit dem Begriff des Austrofaschismus gearbeitet, da sie mitunter das Ziel verfolgt, Kontinuitäten faschistischer Regime im kunstgewerblichen Kontext aufzuzeigen. Dabei soll jedoch angemerkt werden, dass wenngleich Gemeinsamkeiten mit dem nationalsozialistischen oder italienischen Faschismus bestehen, die austrofaschistische Ausrichtung der Kunstgewerbeschule und der Kunst- und Kulturpolitik in ihrer eigenen Spezifik behandelt wird. Zur Namensdiskussion vgl. Hannes Leidinger, Diktatur, Faschismus, Ständestaat, in: Carlo Moos (Hg.), (K)ein Austrofaschismus? Studien zum Herrschaftssystem 1933–1938, Wien 2021, 178–191; Jennifer Carvill-Schellenbacher/Georg Hoffmann/Monika Sommer/Heidemarie Uhl, Die Diktatur der vielen Namen. Austrofaschismus? Ständestaat? Kanzlerdiktatur?, Haus der Geschichte Österreich (hdgö), URL: https://hdgoe.at/diktatur_der_vielen_namen (abgerufen 17.10.2023).

8 Vgl. Abbau verheirateter weiblicher Personen im Bundesdienst, 15.12.1933. UaK, VA 1934/11.

9 Zu Frauen im Austrofaschismus, vgl. Irene Bandhauer-Schöffmann, Der „Christliche Ständestaat" als Männerstaat?, in: Emmerich Tálos/Wolfgang Neugebauer (Hg.), Austrofaschismus. Politik – Ökonomie – Kultur. 1933–1938, Wien/Münster 2014[4], 254–281; Veronika Duma/Linda Erker/Veronika Helfert/Hanna Lichtenberger (Hg.), Perspektivenwechsel: Geschlechterverhältnisse im Austrofaschismus, Österreichische Zeitschrift für Geschichtswissenschaften 27 (2016) 3.

10 Vgl. Irene Bandhauer-Schöffmann, Hausfrauen und Mütter im Austrofaschismus. Gender, Klasse und Religion als Achsen der Ungleichheit, in: Österreichische Zeitschrift für Geschichtswissenschaft 27 (2016) 3, 44–70; Neda Bei weist außerdem auf Kontinuitäten der Arbeitsdiskriminierung von Frauen im Kontext der „Doppelverdienerverordnung" seit 1918 hin, vgl. Neda Bei, Austrofaschistische Geschlechterpolitik durch Recht: Die „Doppelverdienerverordnung", in: Ilse Reiter-Zatloukal/Christiane Rothländer/Pia Schölnberger (Hg.), Österreich 1933–1938. Interdisziplinäre Annäherungen an das Dollfuß-/Schuschnigg-Regime, Wien 2012, 197–206.

11 Protokoll der I. Sitzung des engeren Lehrkörpers vom 3. Okt. 1933. UaK, Sitzungsprotokolle, 1–2.

12 Vgl. Ingrid Holzschuh/Sabine Plakolm-Forsthuber, Auf Linie. NS-Kunstkammer in Wien. Die Reichskammer der bildenden Künste, Ausstellungskatalog Wien Museum, Basel 2021, 114.

13 Vgl. Bericht über das Schuljahr 1935/36. UaK, Jahresberichte, 2.

14 Vgl. Unterlagen zur Ausschreibung der Direktorsstelle und zu den Bewerbern. UaK, VA 1933/158.

15 Vgl. Protokoll der VI. Sitzung des Arbeitsausschusses vom 11. Dez. 1933. UaK, Sitzungsprotokolle, 11.

16 Ebd., 13.

17 Ebd.

18 Ein Heimatschein musste laut Verordnung zwar erst ab 1936 vorgelegt werden, allerdings zeichneten sich bereits davor Entwicklungen ab, die eine zunehmende Nationalisierung sowie Bestrebungen, diese rechtlich zu verankern, dokumentieren. Vgl. Aussendung des Bundesministeriums für Handel und Verkehr, Bestätigung über das Heimatrecht der öffentlichen Angestellten, 31.12.1935. UaK, VA 1938/8.

19 Vgl. Protokoll der VI. Sitzung des Arbeitsausschusses vom 11. Dez. 1933. UaK, Sitzungsprotokolle, 13.

20 Vgl. Gertrude Enderle-Burcel (unter Mitarbeit von Johannes Kraus), Christlich – ständisch – autoritär. Mandatare im Ständestaat 1934–1938. Biographisches Handbuch der

Mitglieder des Staatsrates, Bundeskulturrates sowie des Bundestages. Hg. vom Dokumentationsarchiv des österreichischen Widerstandes und der Österreichischen Gesellschaft für historische Quellenstudien, Wien 1991, 105–106.

21 Eugen Wörle arbeitete insbesondere in den Nachkriegsjahren intensiv mit Max Fellerer zusammen, nicht zuletzt am Wiederaufbau des Parlamentsgebäudes. Dabei wurde zugleich bekannt, dass Wörle bereits vor 1938 illegales Parteimitglied der NSDAP war. Da er sich nach 1945 allerdings nicht als solches registrieren ließ, wollte man seine politischen Verstrickungen im NS auch während der Arbeiten am Parlamentsgebäude nicht weiter aufrollen. Vgl. Ina Markova, Stolzes Haus der Demokratie (1945–1956), in: Bertrand Perz/Verena Pawlowsky/Ina Markova (Hg.), Inbesitznahme. Das Parlamentsgebäude in Wien 1933–1956, Salzburg/Wien 2018, 265–270.

22 Vgl. Curriculum Vitae, PA Max Fellerer. UaK, Personalakten.

23 Vgl. Protokoll der XIII. Sitzung des Arbeitsausschusses vom 13. Juni 1934. UaK, Sitzungsprotokolle.

24 Vgl. Protokoll der III. Lehrkörper-(Schluss-)Sitzung des Schuljahres 1934/35. UaK, Sitzungsprotokolle, 2.

25 Vgl. Gottfried Fliedl, Kunst und Lehre am Beginn der Moderne. Die Wiener Kunstgewerbeschule 1867–1918, Salzburg/Wien 1986, 396.

26 Kenner und andere (z. B. Powolny und Schufinsky) wurden während des Nationalsozialismus wieder an die Schule zurückgeholt und ihre Pensionierung rückgängig gemacht.

27 Protokoll der XII. Sitzung des Arbeitsausschusses vom 12. September 1935. UaK, Sitzungsprotokolle, 4.

28 Vgl. Jahresberichte der Kunstgewerbeschule 1933–1938. UaK, Jahresberichte.

29 Standesausweis, PA Reinhold Klaus. UaK, Personalakten.

30 Protokoll der XII. Sitzung des Arbeitsausschusses vom 12. September 1935. UaK, Sitzungsprotokolle, 4.

31 Standesausweis, PA Ceno Kosak. UaK, Personalakten.

32 Standesausweis, PA Otto Niedermoser. UaK, Personalakten; vgl. Annemarie Bönsch, Wiener Bühnen- & Filmausstattung. Otto Niedermoser 1903–1976, Wien/Köln/Weimar 2003.

33 Vgl. Birgit Knauer, Oswald Haerdtl. Ein „deutscher“ Designer mit Wiener Note, in: Ingrid Holzschuh/Monika Platzer (Hg.), „Wien. Die Perle des Reiches“. Planen für Hitler, Ausstellungskatalog Architekturzentrum Wien, Zürich 2015, 86–103; Adolph Stiller (Hg.), Oswald Haerdtl. Architekt und Designer 1899–1959, Ausstellungskatalog Architektur im Ringturm Wien, Salzburg 2000.

34 Vgl. Georg Vasold, Der Architekt Franz Schuster. Funktionalist im Wandel der Zeit, 30.8.2022, Wien Museum/Magazin, URL: https://magazin.wienmuseum.at/der-architekt-franz-schuster (abgerufen 17.2.2023).

35 Vgl. Regine Stefani, Der Bildhauer Theodor Georgii 1883–1963. Biografie und Werkverzeichnis, Diss. LMU München 2013.

36 Vgl. Erika Patka (Hg.), Bertold Löffler. Vagant zwischen Secession und Neobiedermeier, Ausstellungskatalog Universität für angewandte Kunst Wien, Wien 2000.

37 Im Jahr 1933 gründete Dietrich von Hildebrand die anti-nationalsozialistische Zeitung „Der christliche Ständestaat“ (1933–1938), in der er sich zwar gegen Antisemitismus und Rassenideologie aussprach, allerdings ausdrücklich das austrofaschistische Regime unterstützte. Vgl. Rudolf Ebneth, Die österreichische Wochenschrift „Der christliche Ständestaat“: deutsche Emigration in Österreich 1933–1938, Mainz 1976.

38 Vgl. Stefani, Der Bildhauer Theodor Georgii, 74–75.

39 Bericht an das Ministerium für Handel und Verkehr, Konzept, Juli 1935. UaK, VA 1935/228.

40 Zum modernen Selbstverständnis der Kunstgewerbeschule seit ihrer Gründung 1867 sowie zu Beginn des 20. Jahrhunderts vgl. Gottfried Fliedl, Kunst und Lehre am Beginn der Moderne; Hochschule für angewandte Kunst Wien (Hg.), Kunst: Anspruch und Gegenstand. Von der Kunstgewerbeschule zur Hochschule für angewandte Kunst in Wien 1918–1991, Salzburg/Wien 1991; Eva Kernbauer, Bildende und angewandte Kunst. Grundkonflikte zu Beginn der Moderne, in: Gerald Bast/Anja Seipenbusch-Hufschmied/Patrick Werkner (Hg.), 150 Jahre Universität für angewandte Kunst Wien. Ästhetik der Veränderung, Berlin/Boston 2017, 144–149.

41 Gabriele Koller, Die verlorene Moderne. Von der Kunstgewerbeschule zur (Reichs-)Hochschule für angewandte Kunst, Wien, in: Hans Seiger/Michael Lunardi/Peter Josef Populorum (Hg.), Im Reich der Kunst. Die Wiener Akademie der bildenden Künste und die faschistische Kunstpolitik, Wien 1990, 183–216, 195.

42 Sowohl Georgiis Statue *Speerwerfer* als auch seine *Jünglingsbüste* wurden in der *GDK* ausgestellt, vgl. Große Deutsche Kunstausstellung 1937–1944, Theodor Otto Georgii, URL: https://www.gdk-research.de/db/apsisa.dll/ete (abgerufen 10.3.2023).

43 Standesausweis, PA Anselm Weissenhofer. UaK, Personalakten.

44 Vgl. Standesausweis, PA Albert Paris Gütersloh. UaK, Personalakten.

45 Vgl. Erlass des Bundesministeriums für Handel und Verkehr, Vaterländische Erziehung der Jugend; Beitritt der Lehrer zur Vaterländischen Front, 29.1.1934. UaK, VA 1934/48.

46 Entrichtung der Mitgliedsbeiträge für die Vaterländische Front im Gehaltsabzugswege, 24.4.1935. UaK, VA 35/112.

47 Protokoll der VI. Sitzung des Arbeitsausschusses vom 11. Dez, 1933. UaK, Sitzungsprotokolle, 3.

48 Vgl. Josef Wallishauser, Oberkontrollor, Versetzung an das Techn. Gewerbe-Museum, 23.3.1934. UaK, VA 1934/86.

49 Anzeige des Schülers GRABNER gegen Schulangehörige, 3.2.1934. UaK, VA 1934/35.

50 Ebd.

51 Vgl. Protokoll der IX. Sitzung des Arbeitsausschusses vom 14. März 1934. UaK, Sitzungsprotokolle, 2–4.

52 Wie Robert Obsieger später nach dem Pensionsansuchen Schredls an das Ministerium für innere und kulturelle Angelegenheiten meldete, bestünden „[h]insichtlich der politischen Einstellung des Schulwarts Ludwig SCHREDL und seiner arischen Abstammung“ keine Bedenken, er hätte „dem Deutschen Volke“ treue Dienste geleistet. Robert Obsieger an das Ministerium für innere und kulturelle Angelegenheiten, 31.5.1939, in: Schulwart Ludwig SCHREDL, Ansuchen um Versetzung in den dauernden Ruhestand. UaK, VA 1939/83.

53 Wie in seinem Personalbogen von 1945 vermerkt wurde, soll Philipp Häusler, 1938 interimistischer Leiter der Anstalt, den Beitritt Schwarzenbrunners zur NSDAP veranlasst haben. Schwarzenbrunners Aktionen noch während des Austrofaschismus, sein Karriereaufstieg und seine Treue zum NS-Regime zeichnen jedoch ein Bild, das seine kontinuierliche nationalsozialistische Überzeugung erkennen lässt. Vgl. PA Johann Schwarzenbrunner. UaK, Personalakten.

54 Parteimitglieder unter den Lehrpersonen. Verzeichnis. Anfrage des Fachgruppenleiters für technische Lehranstalten im Gauamt für Erzieher Wien I., Minoritenplatz 5, Prof. Ing. Josef Huber. UaK, VA 1939/93.

55 Vgl. Lebenslauf, PA Oskar Zambach. UaK, Personalakten.

56 Vgl. Koller, Die verlorene Moderne, 195.

57 Vgl. Protokoll der I. Sitzung des Arbeitsausschusses vom 4. Oktober 1933, 1.

58 Meldung über Sekretär Josef FITZTHUM, 30.1.1933. UaK, VA 1933/22.

59 Das Adolf-Hitler-Haus befand sich in der Hirschengasse 25 im sechsten Wiener Gemeindebezirk. Es war zwischen 1931 und 1933 das Hauptquartier der Wiener NSDAP-Hitlerbewegung. Vgl. Christiane Rothländer, Das „Adolf-Hitler-Haus" in der Hirschengasse 25, Mariahilf, in: Kilian Franer/Ulli Fuchs (Hg.), Erinnern für die Zukunft. Ein Projekt zum Gedächtnis an die Mariahilfer Opfer des NS-Terrors, Wien 2009, 147–150.

60 Vgl. Anschlag auf das Kaufhaus Gerngroß, Wien Geschichte Wiki, URL: https://www.geschichtewiki.wien.gv.at/Anschlag_auf_das_Kaufhaus_Gerngro%C3%9F (abgerufen 10.3.2023); Georg Gänser, Organisationen und Vereine der Wiener NSDAP-Hitlerbewegung in ihrer Formierungsphase, in: Wiener Geschichtsblätter 71 (2016) 3, 183–190.

61 Meldung ueber Sekretaer Josef Fitzthum, Juni 1933, Suspendierung. UaK, VA 1933/108.

62 Ebd.

63 Erika Patka, Materialien zu Bert(h)old Löffler als Künstler und Lehrer, in: Patka, Bertold Löffler, 7–11.

64 Regierungsrat Prof. Bertold Löffler, Disziplinaranzeige, Wien. UaK, VA 1934/85.

65 Ebd.

66 Vgl. Standesausweis, PA Bertold Löffler. UaK, Personalakten.

67 Protokoll der 12. Sitzung des Arbeitsausschusses vom 28. Juni 1933. UaK, Sitzungsprotokolle, 2–4.

68 Abschrift, An das Bundesministerium für Handel und Verkehr, von Berthold Löffler, 29.3.1935. UaK, VA 1935/84.

69 Gabriele Koller, Die versagte Anerkennung. Bertold Löffler und der Nationalsozialismus, in: Patka, Bertold Löffler, 139–144, 143.

70 Wilhelm Müller-Hofmann, Schreiben an das Künstlerhaus, gegen die Wiederaufnahme Berthold Löfflers, 1946. Künstlerhausarchiv, Mitgliederunterlagen, Müller-Hofmann.

71 Vgl. Koller, Die versagte Anerkennung, 139–144.

72 Protokoll der XI. Sitzung des Arbeitsausschusses vom 20. Juli 1935. UaK, Sitzungsprotokolle, 5.

73 Protokoll der XII. Sitzung des Arbeitsausschusses vom 12. September 1935. UaK, Sitzungsprotokolle, 2.

74 Vgl. Konstantin Ferihumer, Kunst als „politischer Soldat". Schlussbericht zum Projekt Paul Kirnig und die Fachklasse für Gebrauchs-, Illustrations- und Modegraphik, unveröffentlichtes Manuskript 2014.

75 Vgl. Reg. Rat Prof. Bertold Löffler, Vorlage der Empfangsbestätigung über den Bescheid Nr. 149.379-3/34 des Bundeskommissärs für Personalangelegenheiten. UaK, VA 1934/115.

76 Vgl. Koller, Die versagte Anerkennung, 139–144.

77 Vgl. Sabine Forsthuber, Vom Ende der Wiener Frauenakademie in der NS-Zeit, in: Seiger/Lunardi/Populorum, Im Reich der Kunst, 236. Zu Löfflers und Powolnys Zusammenarbeit, siehe außerdem: Arlt/Weilinger, Wiener Keramik.

78 Vgl. Personaldatenblatt, PA Reinhold Klaus. UaK, Personalakten; Parteimitglieder unter den Lehrpersonen. Verzeichnis. Anfrage des Fachgruppenleiters für technische Lehranstalten im Gauamt für Erzieher Wien I., Minoritenplatz 5, Prof. Ing. Josef Huber. UaK, VA 1939/93.

79 Vgl. Protokoll der I. ausserordentlichen Sitzung vom 9. Mai 1938. UaK, Sitzungsprotokolle, 2.

80 Vgl. Larisch-Ramsauer Hertha, in: Ilse Korotin (Hg.), biografiA. Lexikon österreichischer Frauen. Band 2: I–O, Wien 2016, 1919.

81 Vgl. Standesausweis, PA Hertha Larisch-Ramsauer. UaK, Personalakten.

82 Vgl. Bundesministerium für Handel und Verkehr, Durchführungserlaß zur Verordnung der Bundesregierung vom 15. Dezember 1933, BGBl. Nr. 545, über den Abbau verheirateter weiblicher Personen im Bundesdienst und andere dienstrechtliche Maßnahmen. UaK, VA 1934/11.

83 Wie die Historikerin Linda Erker u. a. anhand von Wissenschaftlerinnen an der Universität Wien zeigte, gelang es im Austrofaschismus nur bedingt, durch die „Doppelverdienerverordnung" Frauen aus dem Bildungswesen zu drängen. Vgl. Linda Erker, Der „gottgewollte" Platz der Frau an der Uni Wien ab 1933, in: [fernetzt] Junges Forschungsnetzwerk Frauen- und Geschlechtergeschichte, URL: https://fernetzt.univie.ac.at/20220515 (abgerufen 12.7.2023).

84 Für eine kritische Auseinandersetzung mit dem Frauenstudium an der Kunstgewerbeschule vgl. Bernadette Reinhold, „Weibliche artistische Arbeitskräfte" in spe – Frauenstudium an der frühen Kunstgewerbeschule. Ein unbequemer Rückblick, in: Bast/Seipenbusch-Hufschmied/Werkner, 150 Jahre Universität für angewandte Kunst Wien, 158–163.

85 Vgl. Standesnachweis, PA Eleonore Zanoskar. UaK, Personalakten.

86 Vgl. Friedrich C. Heller, Emmy Zweybrück – Werkstätte und Schule, Wien 2017; Christoph Thun-Hohenstein/Anne-Kathrin Rossberg/Elisabeth Schmuttermeier (Hg.), Die Frauen der Wiener Werkstätte / Women Artists of the Wiener Werkstätte, Ausstellungskatalog Museum für angewandte Kunst Wien, Basel 2020, 279.

87 Vgl. Lebenslauf und Standesausweis, PA Hilda Schmid. UaK, Personalakten. Siehe außerdem Janis Staggs, Hilda Schmid-Jesser: Career, Interrupted, Reinvented, in: Régine Bonnefoit/Marie-Eve Celio-Scheurer (Hg.), Tracing Wiener Werkstätte. Viennese Textiles from the Cotsen Textile Traces Study Collection, Basel 2023, 125–137; Thun-Hohenstein/Rossberg/Schmuttermeier, Die Frauen der Wiener Werkstätte, 231.

88 Vgl. Protokoll der V. Sitzung des Arbeitsausschusses vom 21. November 1933. UaK, Sitzungsprotokolle, 9–10.
89 Ebd. 9.
90 Vgl. Standesausweis, PA Hilda Schmid. UaK, Personalakten.
91 Zu Rudolf Larisch vgl. Friedrich C. Heller, Die „Larisch-Pflegestätte für Schrift- und Buchgestaltung“, in: Bast/Seipenbusch-Hufschmied/Werkner, 150 Jahre Universität für angewandte Kunst Wien, 172–177; Friedrich Friedl/Nicolaus Ott/Bernard Stein/Philipp Luidl, Typographie – wann, wer, wie, Köln 1998, 342.
92 Vgl. Bewerbung Johannes Kunz um Lehrstelle an der Schriftklasse. UaK, VA 1938/227.
93 Vgl. Gertrude Enderle-Burcel/Ilse Reiter-Zatloukal, Einleitende Streiflichter, in: Dies. (Hg.), Antisemitismus in Österreich 1933–1938, Wien/Köln/Weimar 2018, 17–36, 22.
94 Vgl. Gabriele Schneider, Antisemitismus in der Alltagsjustiz zwischen Juliabkommen 1936 und „Anschluss“ 1938, in: Enderle-Burcel/Reiter-Zatloukal, Antisemitismus in Österreich 1933–1938, 1001–1019.
95 Vgl. Elke Wikidal, „Aus dem Leben des Kindes für das Leben!“ Franz Cizeks Jugendkunstklasse und die Kunstpädagogik der Wiener Schulreform, in: Werner Michael Schwarz/Georg Spitaler/Elke Wikidal (Hg.), Das Rote Wien 1919–1934. Ideen, Debatten, Praxis, Basel 2019, 142–151.
96 Vgl. Paul Dvořak, Die Geschichte der österreichischen Sozialdemokratie 1930–1938. Ein Forschungsüberblick, in: Florian Wenninger/Lucile Dreidemy (Hg.), Das Dollfuß-Schuschnigg-Regime 1933–1938. Vermessung eines Forschungsfeldes, Wien/Köln/Weimar 2013, 17–40.
97 Horst Jarka, Zur Literatur- und Theaterpolitik im „Ständestaat“, in: Franz Kadrnoska (Hg.), Aufbruch und Untergang: Österreichische Kultur zwischen 1918 und 1938, Wien/München/Zürich 1981, 499–538, 520 u. 563.
98 Friedberg Aspetsberger, Übergänge. Zur Kulturpolitik des Ständestaates am Beispiel des Dichters Josef Wenter, in: Kadrnoska, Aufbruch und Untergang, 561–578, 561.
99 Alfred Proser/Gerhard Renner, „Ein Toter führt und an!“, in: Emmerich Tálos/Wolfgang Neugebauer (Hg.), Austrofaschismus: Politik, Ökonomie, Kultur 1933–1938, Wien 2005[5], 338–357, 343.
100 Vgl. Ralph Gleis, Otto Rudolf Schatz und Carry Hauser. Versuch einer konstruktiven Konfrontation, in: Ders. (Hg.), O. R. Schatz & Carry Hauser. Im Zeitalter der Extreme, Ausstellungskatalog Wien Museum, Salzburg/Wien 2016, 8–17.
101 Emmerich Tálos, Das austrofaschistische Herrschaftssystem, Wien 2013, 96.
102 VF-Infodienst, Nr. 18, 4.6.1935, 9, zit. nach Emmerich Tálos/Walter Manoschek, Aspekte der politischen Struktur des Austrofaschismus, in: Tálos/Neugebauer, Austrofaschismus, 123–159, 153.
103 Robert Kriechbaumer, Ein Vaterländisches Bilderbuch. Propaganda, Selbstinszenierung und Ästhetik der Vaterländischen Front 1933–1938, Wien/Köln/Weimar 2002, 91.
104 Guido Zernatto, AdR – Vaterländische Front, Karton 37, zit. nach Elisabeth Klamper, Die böse Geisteslosigkeit. Die Kulturpolitik des Ständestaates, in: Jan Tabor (Hg.), Kunst und Diktatur. Architektur, Bildhauerei und Malerei in Österreich, Deutschland, Italien und der Sowjetunion 1922–1956, Bd. 1., Ausstellungskatalog Künstlerhaus Wien, Baden bei Wien 1994, 124–133, 126.
105 Zu Zensur im Austrofaschismus, vgl. Emmerich Tálos, Zum Herrschaftssystem des Austrofaschismus: Österreich 1934–1938, in: Erwin Oberländer (Hg.), Autoritäre Regime in Ostmittel- und Südosteuropa 1919–1944, Paderborn 2017, 143–163, 158.
106 Vgl. Helmut Wohnout, Im Zeichen des Ständeideals. Bedingungen staatlicher Kulturpolitik im autoritären Österreich 1933–1938, in: Tabor, Kunst und Diktatur, 134–142; Wilfried Posch, Clemens Holzmeister. Architekt zwischen Kunst und Politik, Salzburg/Wien 2010.
107 Vgl. Wohnout, Im Zeichen des Ständeideals, 134–142.
108 Vgl. Bundesgesetz – Entwurf über die Errichtung der Kammern d. Schönen Künste, Abschrift. UaK, VA 1937/181, 1.
109 Ebd., 6.
110 Vgl. Protokoll der IV. Sitzung des Arbeitsausschusses vom 9. November 1934. UaK, Sitzungsprotokolle, 2–14; Protokoll der IX. Sitzung des Arbeitsausschusses vom 4. Juni 1935. UaK, Sitzungsprotokolle, 8–9.
111 Vgl. Koller, Die verlorene Moderne, 183–216, 196.
112 Für einen Überblick über die grundsätzliche Konfliktlinie zwischen angewandter und bildender Kunst, vgl. Kernbauer, Bildende und angewandte Kunst, 144–149.
113 Vgl. Architektenfrage. UaK, VA 1936/101.
114 Franz Schuster an Max Fellerer, im Anhang Architekturerziehung und Kunstgewerbeschule, 5. August 1936, in: Architektenfrage. UaK, VA 1936/101, 2.
115 Ebd.
116 Ebd, 13.
117 Josef Hoffmann, 5.1936. UaK, VA 1936/101, 5.
118 Architekturverordnung, Protokoll der IV. Sitzung des engeren Lehrkörpers vom 18. März 1937. UaK, Sitzungsprotokolle, 2–5.
119 Protokoll der II. Sitzung des engeren Lehrkörpers am 13. Dezember 1937. UaK, Sitzungsprotokolle, 12.
120 Vgl. Aussendung des Bundeministeriums für Handel und Verkehr, Verbot der Teilnahme von Schülern gewerblicher Lehranstalten an parteipolitischen Demonstrationen, 6.6.1933. UaK, VA 1933/100.
121 Aussendung des Bundesministeriums für Handel und Verkehr, Bund der Industrieangestellten Österreichs in Wien. Verbot der Teilnahme der Schüler der gewerbl. Lehranstalten an Vereinen, 5.10.1933. UaK, VA 1933/98.
122 Vgl. Aufruf des von der Regierung bestellten Kuratoriums des österr. Heimatdienstes (Vaterländische Wandzeitung), 22. 5. 1933. UaK, VA 1933/90.
123 Vgl. Bundesministerium für Handel und Verkehr, Vaterländisches Schülerabzeichen, 13.11.1933. UaK, VA 1933/197.
124 Protokoll der VIII. Sitzung des Arbeitsausschusses vom 19. Februar 1934. UaK, Sitzungsprotokolle, 3.
125 Ad Bass vgl. Protokoll der VI. Sitzung des engeren Lehrkörpers vom 30. April 1934. UaK, Sitzungsprotokolle, 3–6; Ad Pixner: Franz Pixner, ehemaliger Schüler der Kunstgewerbeschule des Österr. Museums für Kunst und Industrie. Bestrafung wegen eines politischen Vergehens, 12.7.1935. UaK, VA 1935/194.

126 Protokoll der II. Sitzung des engeren Lehrkörpers vom 21. November 1933. UaK, Sitzungsprotokolle, 3.

127 Ebd.

128 Wie der Nationale Grabners (1933/34) zu entnehmen ist, war das Religionsbekenntnis des Schülers römisch-katholisch, dies sollte jedoch nicht bedeuten, dass er nicht genauso mit antisemitischen Vorurteilen konfrontiert werden konnte.

129 Anzeige des Schülers GRABNER gegen Schulangehörige, 3.2.1934. UaK, VA 1934/35.

130 Protokoll der III. Sitzung des engeren Lehrkörpers vom 2. Februar 1934. UaK, Sitzungsprotokolle, 8.

131 Vgl. Wiederbestellung der Hilfslehrer für das Schuljahr 1939–40. UaK, VA 1939/210.

132 Protokoll der III. Sitzung des engeren Lehrkörpers vom 2. Februar 1934. UaK, Sitzungsprotokolle, 4.

133 Ebd.

134 Bundespolizeidirektion in Wien, Verzeichnis. Österreichisches Staatsarchiv (ÖStA), Unterricht Allgemein (1848–1940), Hochschule 1934/35, Ktn. 371, Sign. 2D2.

135 Ebd.

136 Protokoll der I. Sitzung des engeren Lehrkörpers vom 4. Oktober 1934. UaK, Sitzungsprotokolle, 4.

137 Dies deckt sich auch mit den Analysen von Thomas Prammer, Austrofaschismus und Jugend: gescheiterte Beziehung und lohnendes Forschungfeld?, in: Wenninger/Dreidemy, Das Dollfuß-Schuschnigg-Regime 1933–1938, 399.

138 Vgl. Thun-Hohenstein/Witt-Dörring/Franz/Boeckl, Josef Hoffmann 1870–1956, insbesondere die Beiträge für die Jahre 1934–1938 und 1939–1945, 347–406.

139 Vgl. Protokoll der III. Sitzung des Arbeitsausschusses vom 7. November 1933. UaK, Sitzungsprotokolle, 5–7.

140 Vgl. Julie Thorpe, Education and the Austrofascist State, in: Wenninger/Dreidemy, Das Dollfuß-Schuschnigg-Regime 1933–1938, 381–393.

141 Vgl. Oliver Kühschelm, Einkaufen als nationale Verpflichtung. Zur Genealogie nationaler Ökonomien in Österreich und der Schweiz, 1920–1980, Berlin 2022, 34–66.

142 Vgl. Erlass 20.9.1933, Zahl 138.136-15, Türkenbefreiungsfeier, in: Protokoll der I. Sitzung des engeren Lehrkörpers vom 3. Okt. 1933. UaK, Sitzungsprotokolle, 2.

143 Vgl. Aussendung des Bundesministeriums für Handel und Verkehr, Gedenkstunde für den Tiroler Freiheitshelden Andreas Hofer, 16.2.1935. UaK, VA 1935/52.

144 Vgl. Aussendung des Bundesministeriums für Handel und Verkehr, Heldengedenkfeier am 26. Oktober 1935, VA 1935/291.

145 Vgl. Eva Michel, Große Vergangenheit. Das Barock und die österreichische Identitätskonstruktion in der Zwischenkriegszeit, in: Wolfgang Kos/Sándor Békèsi (Hg.), Kampf um die Stadt. Politik, Kunst und Alltag um 1930, Ausstellungskatalog Wien Museum, Wien 2013, 230–234.

146 Béla Rásky, Choreografie der Massen. Politische Großinszenierungen als Bühne für Propaganda und Festkultur, in: Kos/Békèsi, Kampf um die Stadt, 87–97, 93.

147 Vgl. Aussendung des Bundesministeriums für Handel und Verkehr, Trauergottesdienst und vaterländische Gedenkstunde für den verewigten Bundeskanzler Dr. Engelbert Dollfuß, 6.9.1934. UaK, VA 1934/201.

148 Vgl. Lucile Dreidemy, Der Dollfuß-Mythos. Eine Biographie des Posthumen, Wien/Köln/Weimar 2014, 61–90.

149 Vgl. Aussendung des Bundesministeriums für Handel und Verkehr, Lied der Jugend, in: Einführung an den Schulen, 26.4.1935. UaK, VA 1935/132.

150 Vgl. Seipel-Dollfuss-Gedächtnis-Bau-Lotterie, 8.4.1935. UaK, VA 1935/107.

151 Vgl. Sammlung für das Dollfussdenkmal, 1.10.1935. UaK, VA 1934/219.

152 Frau Alwine Dollfuss; Wertlotterie der Sozialen Hilfe. (Spenden der KlG. Sch), 4.5.1937. UaK, VA 1937/108.

153 Vgl. Krippenspiele „Oberrufer Christi-Geburtsspiel" Aufführung d. Klasse Prof. Wimmer, 12. 1934. UaK, VA 1934/313; Apostelspiel von Max Mell; Aufführung durch Schüler der Abteilung Professor Wimmer. 6.1935. UaK, VA 1935/207.

154 Vgl. Thorpe, Education and the Austrofascist State, 381.

155 Vgl. Anton Staudinger, Austrofaschistische „Österreich"-Ideologie, in: Tálos/Neugebauer, Austrofaschismus: 2005[5], 28–53, 39–41.

156 Zwar wurde die Kunstgewerbeschule erst im Nationalsozialismus zur Hochschule mit akademischem Rang, dennoch weist sie diverse Ähnlichkeiten mit anderen Universitäten auf. Für Studien zu Universitäten im Austrofaschismus vgl. Linda Erker, Die Universität Wien im Austrofaschismus. Österreichische Hochschulpolitik 1933 bis 1938, ihre Vorbedingungen und langfristigen Nachwirkungen, Göttingen 2021; Markus Wurzer, Der autoritäre Griff nach den Hochschulen, in: Moos, (K)ein Austrofaschismus?, 390–402.

157 Vgl. Protokoll der VIII. Sitzung des Arbeitsausschusses vom 19. Februar 1934. UaK, Sitzungsprotokolle, 2–4.

158 Staatsbürgerkunde im Studienjahr 1935/36, 15.6.1936. UaK, Jahresbericht 1935/36.

159 Vgl. Michel, Große Vergangenheit, 230–234.

160 Wohlgemuth, Bundesministerium für Handel und Verkehr an die Kunstgewerbeschule Wien, 31.1.1936. UaK, VA 1936/11.

161 Hauptreferat zur Frage der Vaterländischen Erziehung der Jugend an der Kunst- und Gewerbeschule. UaK, VA 1936/11, 3.

162 Ebd.

163 Auch eine Abgrenzung zum nationalsozialistischen Ideal des „Nordischen" lässt sich klar erkennen; vgl. dazu: Susen Krüger Saß, „Nordische Kunst", in: Olaf Peters/Ruth Heftrig/Barbara Schellewald (Hg.), Kunstgeschichte im „Dritten Reich". Theorien, Methoden, Praktiken, Berlin 2008, 224–244.

164 Hauptreferat zur Frage der Vaterländischen Erziehung der Jugend an der Kunst- und Gewerbeschule. UaK, VA 1936/11, 3.

165 Ebd, 12.

166 Albert Paris Gütersloh, Trauerrede, 11.10.1934. UaK, VA 1934/201, 4.

167 Vgl. Anton Wildgans, Rede über Österreich (1929), URL: http://www.antonwildgans.at/page87.html (abgerufen 29.8.2023).

168 Heribert Hutter, Begegnungen mit Gütersloh, in: Hans P. Gysper (Hg.), Albert Paris Gütersloh Retrospektive. Eine Ausstellung der Niederösterreich-Gesellschaft für Kunst und Kultur, Wien 1982, 7.

169 Konzeptpapier zur Errichtung einer Klasse für „Kirchliche Kunst". (Prof. Albert Paris Gütersloh). UaK, VA 1935/117.

170 Ebd.

171 Ebd.

172 Protokoll der IX. Sitzung des Arbeitsausschusses vom 14. März 1934. UaK, Sitzungsprotokolle, 2.
173 Vgl. dazu die Tätigkeitsberichte Georgiis in den Schuljahren 1935/36, 1936/37 und 1937/38. UaK Jahresberichte.
174 Vgl. Holzschuh/Plakolm-Forsthuber, Auf Linie, 114.
175 Führung eines Theaterkurses durch Prof. Niedermoser. UaK, VA 1936/210.
176 Ehemals k. u. k. Akademie, später zeitgleich mit der Kunstgewerbeschule zur Reichshochschule erhoben. Zur Geschichte der mdw im Austrofaschismus, Nationalsozialismus und in der Nachkriegszeit läuft derzeit ein Forschungsprojekt, vgl. Archiv, Forschungsprojekt: Die mdw – Universität für Musik und darstellende Kunst Wien im Austrofaschismus, Nationalsozialismus und in der frühen Nachkriegszeit, URL: https://www.mdw.ac.at/arc/?PageId=2988 (abgerufen 17. 2. 2023).
177 Vgl. Michael P. Steinberg, Austria as Theater and Ideology. The Meaning of the Salzburg Festival, Ithaca, NY 2000, ix.
178 Julia Secklehner, Eine andere Moderne? Neue Frauen am Land in den 1930er-Jahren, in: Christina Wieder/Marie-Noëlle Yazdanpanah/Heidrun Zettelbauer (Hg.), Verhandlungen von Geschlecht und Sexualität in visuellen Kulturen der 1920er- und 1930er-Jahre, zeitgeschichte 50 (2023) 1, 43–70.
179 Birgit Peter, Antisemitismus und Theater. Über Stereotypisierungen und Widerstand, in: Enderle-Burcel/Reiter-Zatloukal, Antisemitismus in Österreich 1933–1938, 443–450, 443.
180 Vgl. Wolfgang Krug (Hg.), Wachau. Bilder aus dem Land der Romantik, aus der Sammlung des Niederösterreichischen Landesmuseums und der Topographischen Sammlung der Niederösterreichischen Landesbibliothek, Wien 2020.
181 Dass die Salzburger Festspiele mehr waren als ein kurzzeitiges Kulturevent im Sommer, beschreibt nicht nur Michael S. Steinberg, der die besondere kulturpolitische Bedeutung des Festivals sowie seine politische Selbstverortung im christlichen Wertesystem des Austrofaschismus herausstellte. Auch Andreas Novak betonte in seiner Studie zu dem bekannten Musik- und Theaterfestival, dass es insbesondere seit der Machtübernahme 1933 den deutschen Kulturbehörden ein Dorn im Auge war. Das betont österreichische bzw. später austrofaschistische Programm der Festspiele stand schließlich in Konkurrenz zur nationalsozialistischen Kunstauffassung und sorgte für anhaltende außenpolitische Konflikte. Vgl. Andreas Novak, „Salzburg hört Hitler atmen". Die Salzburger Festspiele 1933–1944, München 2005; Steinberg, Austria as Theater and Ideology.
182 Klasse für Film- und Bühnengestaltung. UaK, VA 1937/117, 1.
183 Max Fellerer, Gedächtnisprotokoll. Besprechung über die Frage der Theaterklasse mit den Herren Müller Hofmann, Obsieger, Niedermoser, 25.11.1935. UaK, VA 1937/117.
184 Konzept, 2. 6. 1937. UaK, VA 1937/117.
185 Im Nachlass Otto Niedermosers, der im Archiv der Universität für angewandte Kunst Wien liegt, finden sich etwa Rechercheunterlagen, Bücher und Bildmaterial, die diese Beschäftigung dokumentieren.
186 Ad *Jüdin von Toledo* vgl. Die Novitäten des Theaters i. d. Josefstadt, Die Stunde, 19. 1. 1937, 4.
187 Bericht über das Schuljahr 1937/38. UaK, Jahresberichte, 2.
188 Vgl. Elisabeth Otto/Vanessa Rocco: Introduction: Imagining and Embodying New Womanhood, in: Dies. (Hg.), The New Woman International, Ann Arbor 2011, 21–68.
189 Für eingehende Analysen insbesondere von Spielfilmproduktionen im Austrofaschismus, vgl. Robert Dassanowsky, Screening Transcendence. Film under Austrofascism and the Hollywood Hope, 1933–1938, Bloomington 2018; Armin Loacker, Anschluss im ¾ Takt. Filmproduktion und Filmpolitik in Österreich 1930–1938, Trier 1999.
190 Bericht über das Schuljahr 1937/38. UaK, Jahresberichte, 15.
191 Vgl. Birgit Peter/Martina Payr (Hg.), „Wissenschaft nach der Mode"? Die Gründung des Zentralinstituts für Theaterwissenschaft an der Universität Wien 1943, Wien 2008.
192 Vgl. Bernd Marin, Antisemitismus ohne Antisemiten. Autoritäre Vorurteile und Feindbilder, Frankfurt am Main 2000.
193 Vgl. Georg Markus, Die Hörbigers. Biografie einer Familie, Wien 2006, 221.
194 Vgl. Lisa Silverman, Jewish Absence and National Self-identification in The Book of Austria (1948) and 1. April 2000 (1952), Vortrag bei der Tagung „Österreichische Identität und die Moderne / Die Moderne und österreichische Identität", 17.–18. November 2022, Universität für angewandte Kunst Wien, URL: https://www.dieangewandte.at/aktuell/aktuell_detail?artikel_id=1665492972443 (abgerufen 16. 8. 2023); außerdem zur Produktion: Ernst Kieninger/Nikolaus Langreiter/Armin Loacker/Klara Löffler (Hg.), 1. April 2000, Filmarchiv Austria, Wien 2000.
195 Zu gesellschaftlichen Verortung der Neuen Frau vgl. Nancy F. Cott, Die moderne Frau. Der amerikanische Stil der zwanziger Jahre, in: Françoise Thébaud (Hg.), Geschichte der Frauen, Bd. 5: 20. Jahrhundert, Frankfurt am Main 1995, 93–110; Alys Eve Weinbaum (Hg.), The Modern Girl Around the World: Consumption, Modernity, and Globalization, Durham 2008; Johanna Gehmacher, Die „moderne Frau". Prekäre Entwürfe zwischen Anspruch und Anpassung, in: Werner Michael Schwarz/Ingo Zechner (Hg.), Die helle und die dunkle Seite der Moderne. Festschrift für Siegfried Mattl zum 60. Geburtstag, Wien 2014, 152–161, 157. Für die medialen Erscheinungsformen der Neuen Frau vgl. Susanne Breuss, Inszenierungen des modernen Körpers. Mode, Konsum und Geschlecht um 1930, in: Kos/Békési, Kampf um die Stadt, 168–176.
196 Dazu zählen etwa die Projekte, die das Reiseland Österreich bewerben, z. B. „Österreich. Besuchet Stadt und Land" oder „Travel & Sport in Austria" und viele weitere.
197 Wie insbesondere Freizeitdarstellungen von Frauen in der österreichischen Presse der Zwischenkriegszeit Geschlechterbilder verhandelten, analysiert anschaulich Marie-Noëlle Yazdanpanah, „Gut Weekend. Das Wochenende ohne Männer"? Zur Inszenierung von Geschlechterrollen im Magazin „Die Bühne", in: Wieder/Yazdanpanah/Zettelbauer, Verhandlungen von Geschlecht und Sexualität in visuellen Kulturen der 1920er- und 1930er-Jahre, 19–42, 39–41.
198 Wie sich diverse Facetten österreichischer Landschaftsbilder in Debatten

zur nationalen Identitätskonstruktion einschrieben, analysiert eingängig der Historiker Ernst Hanisch, Landschaft und Identität. Versuch einer österreichischen Erfahrungsgeschichte, Wien/Köln/Weimar 2019.

199 Yazdanpanah, „Gut Weekend. Das Wochenende ohne Männer"?, 19–42.

200 o. A., Österreichisches Jugendhilfswerk Pro Juventute, Frauen-Brief / Österreichische Frauenzeitung / Katholische Frauenzeitung, 6 (1934), 6.

201 o. A., Pro Juventute, Die Baugenossenschaft. Zeitschrift für Bau- und Wohnungswesen, 20.4.1935, 48.

202 Jungösterreich erwache, Folge 8, 9, 10, S. 3, zit. nach Walter Reich, Die Ostmärkischen Sturmscharen. Für Gott und Ständestaat, Frankfurt am Main 2000, 13.

203 Vgl. Reich, Die Ostmärkische Sturmscharen, 289–294; Die antisemitische Ausrichtung der Sturmscharen gleicht dabei jener der Burschenschaften, die bekanntlich seit dem 19. Jahrhundert bereits einen „Ariernachweis" von Mitgliedern verlangten. Vgl. Bernhard Weidinger, Studentisches Korporationswesen im 19. und 20. Jahrhundert, 650 plus – Geschichte der Universität Wien, Antisemitismus an der Universität Wien, URL: https://geschichte.univie.ac.at/de/artikel/studentisches-korporationswesen-im-19-und-20-jahrhundert (abgerufen 16.10.2023).

204 Ansätze der kleinschreibung fanden insbesondere in avantgardistischen Kreisen in den 1920er- und 1930er-Jahren weite Verbreitung. Ein zentraler Vertreter war der Bauhaus-Designer und Typograf Herbert Bayer (1900–1985), der die kleinschreibung als Gegenposition zur als verstaubt wahrgenommenen deutschen Tradition der Zierschrift verstand. Für eine kompakte Textsammlung mit Auszügen von Bayers Theorie der kleinschreibung vgl. die kleinschreibung am bauhaus, bauhaus bookshelf, URL: https://www.bauhaus-bookshelf.org/bauhaus_kleinschreibung.html (abgerufen 10.3.2023).

205 Bericht über das Schuljahr 1937/38. UaK, Jahresberichte, 14–15.

2

Christina Wieder

Von der Kunstgewerbeschule zur Reichshochschule für angewandte Kunst 1938–1945

Protokoll der I. ausserordentlichen Sitzung vom 9. Mai 1938
[...] Als altes Parteimitglied wurde er [Reinhold Klaus] sofort nach der Machtübernahme für die kommissarische Leitung der Schule in Betracht gezogen, was er jedoch ablehnte. Er berichtet nun über die einzelnen Phasen die Leitung der Schule betreffend, die damit begann, dass Assistent Bichler am ersten Tag kommissarischer Leiter der Schule war und eine ganze Reihe anstaltsfremder Personen eine rege Geschäftigkeit entwickelten, dass SS-Oberscharführer Arch. Schöler mit einer SS-Standarte die Schule besetzte und einige Tage als kommissarischer Leiter amtierte. Inzwischen war Direktor Fellerer im Ministerium vereidigt worden und die Zustände an der Schule waren völlig unklar. Es erfolgte dann die den Anwesenden bekannte Köpenickiade des Arch. Häusler, dem Prof. Obsieger als Lehrkörpermitglied beigegeben wurde, dem jedoch durch die Art des Arch. Häusler jede Einflussnahme auf die Direktionsgeschäfte unmöglich gemacht wurde. Der Vorsitzende führt einzelne Beispiele an, die bezeichnend sind, wie schädigend und keineswegs im nationalsozialistischem [sic] Sinne sich die Amtstätigkeit Häuslers gestaltete. Er erinnert

> *an die den Anwesenden bekannte Rede anlässlich der Schuleröffnung im Oesterr. Museum und zeigt seine Tendenz auf, alles was die Schule betraf, im schlechtesten Lichte darzustellen, sodass schliesslich in der Oeffentlichkeit die Meinung entstehen musste, an der Schule hätten die ärgsten Zustände geherrscht. Tatsächlich aber war der Betrieb der Schule all die Jahre her vollkommen in Ordnung und nur nach dem Abgange des Arch. Häusler hinterliess er völlig zerrüttete Verhältnisse.*[1]

Der hier protokollierte Bericht von Professor Reinhold Klaus (1881–1963) – dem nunmehrigen nationalsozialistischen „Vertrauensmann“ der Partei innerhalb der Kunstgewerbeschule – zur ersten dokumentierten Sitzung des Professor*innengremiums am 9. Mai 1938 nach dem „Anschluss“ im März desselben Jahres gibt Einblick in die personellen Zusammenhänge nach der nationalsozialistischen Machtübernahme. Noch bevor die für den 13. März 1938 geplante Volksbefragung über die politische Zukunft Österreichs stattfinden konnte, veranlassten deutsche und zu diesem Zeitpunkt noch illegale österreichische Nationalsozialist*innen die Eingliederung Österreichs in das „Deutsche Reich“. Nachdem Bundeskanzler Kurt Schuschnigg bereits am 11. März zurückgetreten war und sich mit den berühmten Worten „Gott schütze Österreich“ von seinem Amt verabschiedet hatte, folgte in der Nacht auf den 12. März die Machtübernahme durch österreichische NS-Anhänger*innen. Damit war der Weg geebnet, dass nur wenige Stunden später deutsche Truppen unter Jubelgeschrei der österreichischen Bevölkerung die Grenze passieren und in Wien einziehen konnten. Bereits kurz nach Schuschniggs Rücktritt begannen selbstorganisierte Gruppierungen die Wiener jüdische Bevölkerung zu bedrohen und zwangen sie im Zuge sogenannter „Reibpartien“, Pro-Schuschnigg-Slogans von den Straßen und Häuserwänden zu entfernen – ein gezielter Akt der öffentlichen Demütigung, dem weitere antisemitischen Übergriffe folgten. Unter Mitwirkung breiter Teile der Bevölkerung und gestützt auf deren Zustimmung kam es in den ersten Stunden der Machtübernahme zu pogromartigen Ausschreitungen. Am 15. März 1938 hielt Adolf Hitler seine Rede am Wiener Heldenplatz und am 10. April fand schließlich die ursprünglich für März geplante „Anschluss“-Volksabstimmung statt. Da dieser bereits intensive Propagandaaktionen vorausgegangen waren, die jüdische Bevölkerung von den Wahlen ausgeschlossen blieb und die berechtigte

Annahme bestand, dass Gegenstimmen nicht anonym bleiben würden, kann die Abstimmung allerdings weder als demokratische noch als freie, allgemeine oder geheime Wahl bezeichnet werden.[2] Auch an der Kunstgewerbeschule in Wien wurde an besagtem Tag gewählt und die Direktion im Vorfeld dazu angehalten, „der Schuljugend den Sinn und die Bedeutung der Volksabstimmung [...] vor Augen zu führen".[3] Ein Gesamtergebnis von 99,6 Prozent Ja-Stimmen zum „Anschluss" Österreichs an das „Deutsche Reich" sollte die nationalsozialistische „Gleichschaltung" legitimieren und für die Kunstgewerbeschule und ihren Unterrichtsalltag sowohl unmittelbare als auch langfristige Folgen haben.

Die vorab geschilderte, durchwegs chaotische Personalsituation und der Konflikt um die Schulleitung im Zuge der nationalsozialistischen Übernahme scheinen dafür verantwortlich gewesen zu sein, dass erst wieder im Mai 1938 ein geregeltes Zusammentreffen der an der Schule tätigen Professor*innen möglich wurde. Reinhold Klaus' Schilderung der Geschehnisse halten die undurchsichtigen Strategien und Machtansprüche einiger Kollegen fest – insbesondere des Architekten Philipp Häusler (1887–1966) –, die sich vom Regimewechsel den eigenen Aufstieg in führende Positionen versprachen. Wie bereits erörtert, existierten bereits vor 1938 nationalsozialistische Netzwerke auf allen Ebenen der Schulorganisation. Es dauerte dementsprechend nicht lange, bis sich das Kollegium dem Regime zuwandte und sich auch bis zu diesem Zeitpunkt unauffällige Mitglieder des Lehrkörpers und des Verwaltungsapparates pro-nationalsozialistisch positionierten. Evident ist dabei, dass im Laufe der „Gleichschaltungsbestrebungen" insbesondere jene Angehörigen der Kunstgewerbeschule als lautstarke Akteur*innen hervortraten, die als Assistent*innen oder administrative Mitarbeiter*innen bis dahin den Professor*innen deutlich untergeordnet waren. Die während des Austrofaschismus verfestigten Schulstrukturen, die eine klare Hierarchisierung von Professor*innen gegenüber den übrigen Mitarbeiter*innen der Schule vorsahen, stießen nun auf massiven Widerstand. Mit der Unterstützung mitunter militanter Einheiten sahen sich einige dazu berufen, diesem Zustand entgegenzuwirken. Bereits längere Zeit als Illegale agierende Nationalsozialist*innen sahen in der Übernahme der Schule die Möglichkeit, sich zu profilieren und eine prominente Rolle in der kulturellen und politischen Umgestaltung der Bildungseinrichtung im nationalsozialistischen Sinn einzunehmen.

Das Professor*innengremium, das nicht weniger nationalsozialistisch geprägt war als die restlichen Mitarbeiter*innen – Reinhold Klaus war etwa schon vor dem „Anschluss“ NSDAP-Mitglied geworden –, wollte die Darstellung Häuslers, wonach an der Schule derart verheerende Zustände geherrscht hätten, allerdings nicht auf sich sitzen lassen. Offenkundig bemüht darum, rasch wieder einen geordneten Schulalltag zu ermöglichen und das Bild einer funktionierenden Bildungseinrichtung zu wahren, eröffnete Klaus deshalb in besagter Sitzung sogleich die Diskussion, welche Personen für die Neubesetzung des Direktionspostens in Frage kommen würden. Solche personellen Fragen, die bereits zu Beginn des Schuljahres 1933/34 im Zuge der austrofaschistischen Ausrichtung der Kunstgewerbeschule debattiert wurden, führten 1938 erneut zu einer eklatanten politischen Radikalisierung. Insbesondere verknüpfte sie die Schulleitung in der Folge mit nationalsozialistischen Maßnahmen, etwa der Übernahme der Nürnberger Gesetze von 1935, die vor allem für jüdische Schulangehörige eine massive Bedrohung darstellten.[4] Obgleich die Besetzung des Direktionspostens und die damit verbundene Personalrochade für vorübergehende Unsicherheit sorgten, zeichnen die Dokumente zur „Gleichschaltung“ der Schule ein Bild, das einer militärischen Operation gleicht und durch die rasche, weitgehend reibungslose Einführung von Erlässen und Weisungen unterstreicht, dass dem „Anschluss“ bereits eine lange Planungs- und Vorbereitungsphase vorausgegangen war.[5]

Wie schon in Kapitel 1.1.2. ausgearbeitet, existierten seit geraumer Zeit nationalsozialistische Netzwerke in unübersehbarem Ausmaß an der Schule und griffen direkt nach dem „Anschluss“ aktiv in die Organisation ein. Das illegale NSDAP-Mitglied Bertold Löffler kehrte zwar nicht an die Kunstgewerbeschule zurück; sein ehemaliger Schüler und ebenfalls NSDAP-Mitglied Walter Braun (1912–1941) wurde jedoch schon bald zum Hilfslehrer ernannt.[6] Auch Josef Fitzthum (1896–1945), der nach seiner Suspendierung vom Dienst an der Kunstgewerbeschule innerhalb der Partei Karriere gemacht hatte und noch im März 1938 zum stellvertretenden Polizeipräsidenten Wiens ernannt wurde, trat sogleich wieder als richtungsweisende Figur in den Debatten rund um die Schule in Erscheinung. So hieß es im Protokoll zur Sitzung am 9. Mai 1938, dass in der Besetzung der Direktionsstelle die „stärkste Einflussnahme [...] wohl der Partei und dem Gewerbe zu[komme]; massgebend ist ferner das Landeskulturamt, SS-Oberführer Fitzthum, das Ministerium und verschiedene andere Stellen".[7] Nicht zuletzt waren neben der NSDAP-Mitgliedschaft von Wilhelm Öller (1899–1978), seit 1930 Leiter des chemischen Laboratoriums,[8] auch jene des im Protokoll erwähnten Architekten Philipp Häusler, der seit 1911 als Hilfslehrer an der Kunstgewerbeschule tätig war,[9] ebenso wie jene von Hans Bichler (1904–1980), seit 1935 Assistent in der Klasse von Oswald Haerdtl, dem Kollegium weitgehend bekannt.[10] Zahlreiche Mitglieder des Lehrkörpers sowie der Administration traten in den folgenden Monaten und Jahren ebenfalls der NSDAP bei oder schlossen sich nationalsozialistischen Teilorganisationen an.

Dass der Austrofaschismus bereits den Weg für eine weitere Faschisierung nationalsozialistischer Ausrichtung des Landes bereitet hatte, ist durch zahlreiche Forschungsarbeiten belegt.[11] Im Folgenden soll nun besonderes Augenmerk darauf gelegt werden, wie sich die Schule an der Wende vom Austrofaschismus zum Nationalsozialismus positionierte, welche Veränderungen und Kontinuitäten sich verzeichnen lassen und welche Auswirkungen die nationalsozialistische Übernahme der Schule auf das Personal und die Schüler*innen hatte. Neben personellen Veränderungen an der Kunstgewerbeschule wird in einem zweiten Schritt die Frage aufgegriffen, welche strukturellen Veränderungen sich ab 1938 abzeichneten und welche kulturpolitischen Fragen dabei in den Vordergrund rückten. Dazu zählte nicht zuletzt die institutionelle Aufwertung der Kunstgewerbeschule im Jahr 1941 und ihre Erhebung zur Reichshochschule von universitärem Rang. Drittens und abschließend werden einige Klassen exemplarisch vorgestellt und behandelt, wie sich die offizielle politische Ausrichtung nach NS-Vorgaben im Unterrichtsalltag niederschlug. Dazu zählt nicht zuletzt auch die Frage, welche Aspekte dieser künstlerischen Neuorientierung über den schulischen Rahmen hinaus wirkten und eine kunstgewerbliche Praxis nachhaltig beeinflussten.

2.1. Personelle Entwicklungen

Im Mai 1938 wurde Max Fellerer (1889–1957) offiziell in den Ruhestand versetzt,[12] mit der Begründung, dass die „von Herrn Architekten Professor FELLERER vertretenen Ansichten über Kunsterziehung und -Gestaltung [...] den Bestrebungen der NSDAP vielfach entgegengesetzt"[13] seien. Dies habe laut Vertrauensmann Klaus der nunmehr ehemalige Direktor sogar selbst bestätigt, weshalb eine weitere Beschäftigung ausgeschlossen sei. Weitere Beschwerden beim Ministerium für Handel und Verkehr über Fellerer übten einen derart starken Druck auf ihn aus, dass er letztendlich selbst das Gesuch stellte, in den dauernden Ruhestand versetzt zu werden.[14] Bereits am 19. März 1938 hatte das Ministerium „Herrn Architekten Philipp Häusler“ mitgeteilt, dass er „mit der künstlerischen Leitung der Kunstgewerbeschule des Oesterr. Museums für Kunst und Industrie in Wien“[15] betraut werde. Häusler sollte jedoch nicht lange in der Position bleiben, denn sein Handeln in den ersten Wochen nach der Übernahme sorgte nicht nur im Kollegium, sondern auch im Ministerium für Handel und Verkehr für Unmut. Wie aus dem Akt zur Einsetzung Häuslers als Leiter hervorgeht, hatte sich der Architekt Kolleg*innen gegenüber derart übergriffig verhalten, dass seine kurze Zeit als künstlerischer Leiter, obwohl er aktives Mitglied der NSDAP war, mit seiner Verhaftung durch Josef Fitzthum beendet wurde.[16] Wie in der politischen Einschätzung seiner Person vermerkt, habe er „Lehrer durch die SS vorführen [lassen] und unterzieht sie peinlichen und brutalen Verhören. Ausdrücke wie altes Schwein, Gauner, Verbrecher, werden dabei gebraucht. Bedroht alle, sowohl Lehrer als auch Gefolgschaft, die nicht der NSDAP angehören, oder sich nicht sofort um Mitgliedschaft bewerben, mit Entlassung vom Dienst“.[17] Selbst Mitarbeiter*innen des Ministeriums habe er derb beschimpft, etwa indem er ihnen mitteilte, sie sollen ihre „mit Hämorrhoiden behafteten Arschlöcher von Ihren Armstühlen“ heben und ihre „verkalkten Schädel beim Fenster hinaus[stecken]“, um zu sehen, „dass eine andere Zeit angebrochen ist“.[18] Häuslers Verhalten gegenüber Kolleg*innen und Ministeriumsmitarbeiter*innen bezeugt, dass sich der Ton an der Schule maßgeblich verändert hatte. Verbale sowie physische Übergriffe im Zuge von Verhören und öffentliche Demütigungen prägten fortan den Schulalltag und wurden insbesondere von jenen NSDAP-Mitgliedern intensiv praktiziert, die schon geraume Zeit aus der Illegalität auf die Machtübernahme hingearbeitet hatten.

Nach der Festnahme Häuslers entbrannte im Mai 1938 erneut die Diskussion, wer eine geeignete Nachfolge für den bereits im März desselben Jahres vorübergehend suspendierten Direktor Fellerer sein könnte. Reinhold Klaus Abb. A hatte aus freien Stücken die ihm angebotene Schulleitung abgelehnt und schlug aus diesem Grund alternative Kandidaten vor: Der Architekt

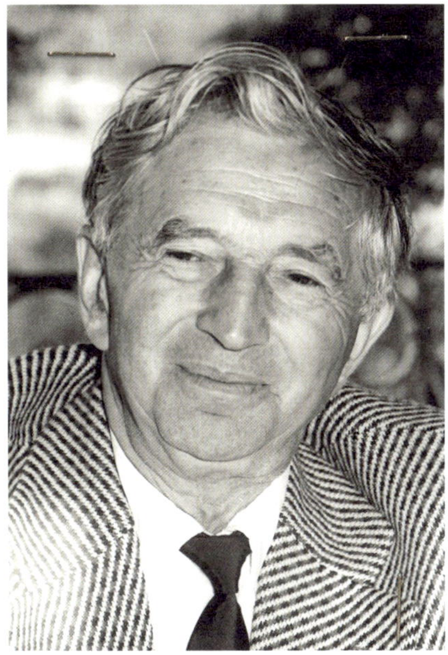

Abb. A
Reinhold Klaus, undatiert,
Fotograf*in: unbekannt,
UaK, PA Reinhold Klaus

Robert Oerley (1876–1945), der selbst schon an der Kunstgewerbeschule studiert hatte, wurde als potenzieller Nachfolger geführt, wäre allerdings „weder von der Partei noch vom Gewerbe gewünscht“.[19] Hans Sanders (1904–?) gehöre hingegen der Partei an, sei jedoch „verhältnismässig noch jung und unerfahren“.[20] Der Architekt Gustav Schöler, der als SS-Oberscharführer zunächst zu den Unterstützern Häuslers zählte, habe hingegen „in der kurzen Zeit seiner Tätigkeit an der Schule bewiesen [...], dass er ein Mann von Charakter mit klarem Blick für die gegebenen Dinge ist und seine Amtsgeschäfte in neutralem Sinne führen würde und als Parteifunktionär der Schule sicherlich mancherlei Anfeindungen ersparen und Wege ebnen würde“.[21] Robert Obsieger (1884–1958), der bereits seit März gemeinsam mit Häusler die Geschäfte an der Schule geführt, allerdings keinesfalls dessen allzu ordinäre Interpretation des Amtes gutgeheißen habe, wäre als integriertes Mitglied des Lehrkörpers und „zum Wohle des Ganzen“[22] eine geeignete Wahl. Sowohl Oswald Haerdtl (1899–1959), Hans Bichler, Eugen Mayer (1890–1961), seit 1936/37 technischer Leiter an der Werkstätte für Metallarbeiten, als auch Paul Kirnig (1891–1955) sprachen sich im Laufe der Sitzung am 9. Mai 1938 für Obsieger aus, dessen, so Haerdtl, „aussergewöhnliche[n] künstlerische[n] Qualitäten als Keramiker weltbekannt sind und der in engster Verbindung mit dem Kunsthandwerk und Kunstgewerbe steht“.[23] Nicht zuletzt plädierte auch Reinhold Klaus für Robert Obsieger, „der, wenn auch nicht Parteimann, doch gesinnungsmässig immer

Abb. B
Robert Obsieger, undatiert, Fotograf*in: unbekannt, UaK, IN 17.827/FP

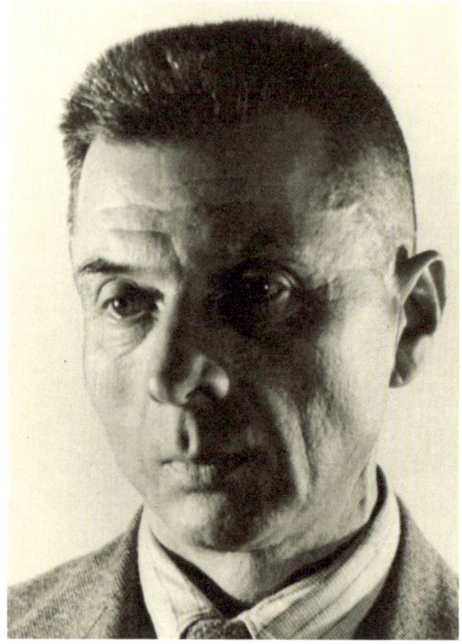

im Sinne der n. s. Partei gehandelt und gearbeitet hat".[24] Schließlich brachte Eduard Josef Wimmer-Wisgrill (1882–1962) erneut Klaus als Kandidaten ins Spiel und stellte fest, dass, sollte „unbedingt ein Parteimann für die Stellenbesetzung"[25] fungieren, er diesen als Direktor wünsche. Dieses Anliegen wurde zum Abschluss der Sitzung durch eine Abstimmung aller Anwesenden bestätigt und man einigte sich darauf, dass Robert Obsieger als erster Kandidat für die Besetzung vorgeschlagen und Reinhold Klaus als Ersatz dienen sollte, falls die Parteimitgliedschaft bei der Besetzung der Direktion ausschlaggebend sein würde. Mit breiter Unterstützung des Lehrkörpers wurde die Entscheidung an das Ministerium übermittelt,[26] das schließlich nach einer provisorischen Lösung am 1. August 1939 Robert Obsieger offiziell mit der Funktion des Schulleiters betraute.[27]

Bereits als Jugendlicher hatte Obsieger Abb. B an der Kunstgewerbeschule bei Bertold Löffler (1874–1960), Michael Powolny (1871–1954), Anton Kenner (1871–1951) und Rudolf Larisch (1856–1934) studiert. Später wurde er Assistent bei Oskar Strnad (1879–1935) im Bereich der Allgemeinen Formenlehre und – nach einem kurzen Aufenthalt an der Fachschule für Tonindustrie – im Jahr 1932 zum Leiter der Werkstätte für Keramik an der Kunstgewerbeschule.[28] Seine Berufung fiel damit noch in die Amtszeit Alfred Rollers (1864–1935). In den folgenden Jahren austrofaschistischer Schulführung blieb der Keramiker politisch allerdings weitgehend im Hintergrund. Ob er erst nach seiner Berufung zum Direktor Mitglied in der NSDAP wurde oder bereits vor Amtsantritt der Partei angehörte, ist angesichts der undurchsichtigen Quellenlage schwer zu beurteilen. Wie allerdings einem Schreiben vom 4. Oktober 1938 zur politischen Zuverlässigkeit Obsiegers zu entnehmen ist, war „der Genannte seit dem Jahr 1933 Parteimitglied", besaß „einen guten Leumund" und müsste „als charakterlich einwandfrei bezeichnet werden".[29] Unabhängig davon ist sowohl in seiner künstlerischen Tätigkeit als auch seiner Unterrichtspraxis und der Positionierung als Direktor eine klare Orientierung an den kulturpolitischen Agenden des Nationalsozialismus zu erkennen. Neben naiven Tierdarstellungen, bäuerlichen Figuren und schlicht gehaltenen Gefäßen fertigten Obsieger und seine Schüler*innen auch Büsten nach antikem Vorbild an, die mitunter rassistische Darstellungsweisen reproduzierten Abb. C u. D.[30] Obsiegers Amtszeit als Direktor der Kunstgewerbeschule war, vergleicht man sie mit jener seiner Vorgänger Alfred Roller und Max Fellerer, weniger danach ausgerichtet, das künstlerische Engagement der Schule als oberste Devise zu erhalten. Natürlich spielte die künstlerische Verortung als moderne Bildungseinrichtung weiterhin eine Rolle; allerdings lag sein Fokus primär auf der institutionellen Aufwertung zur Hochschule, auf die an späterer Stelle noch ausführlich eingegangen wird. Obsiegers Position an der Schule war bis 1945 weitgehend gefestigt. Nach der Machtübernahme stellte lediglich Hans Sanders vorübergehend Leitungsansprüche, die Obsiegers Position jedoch nicht nachhaltig gefährdeten.

Wie aus der politischen Beurteilung von Hans Sanders ersichtlich wird, hatte dieser versucht, Robert Obsieger den Posten als Direktor streitig zu machen. Er berief sich dabei auf hohe Entscheidungsträger, etwa den Reichskommissar Otto Wächter (1901–1949).[31] Sanders hatte selbst von 1925 bis 1932 an der Kunstgewerbeschule studiert, war illegales Parteimitglied seit 1932 und später zudem als Referent für Kunsthandwerk in der Reichskammer der bildenden Künste tätig.[32] Der Fall Sanders, der für heftige Diskussionen an der Schule sorgte – vor allem da der Amtsanwärter keine offizielle Bestätigung vonseiten eines politischen Entscheidungsträgers für die personelle Übernahme vorweisen konnte – ging daraufhin ans Ministerium für Handel und Verkehr zurück, wo sich weitere NSDAP-Funktionäre in die Debatte einschalteten. Dazu zählte auch der einflussreiche Staatssekretär Kajetan Mühlmann (1898–1958),[33] der sich als Unterstützer von Sanders entpuppte.

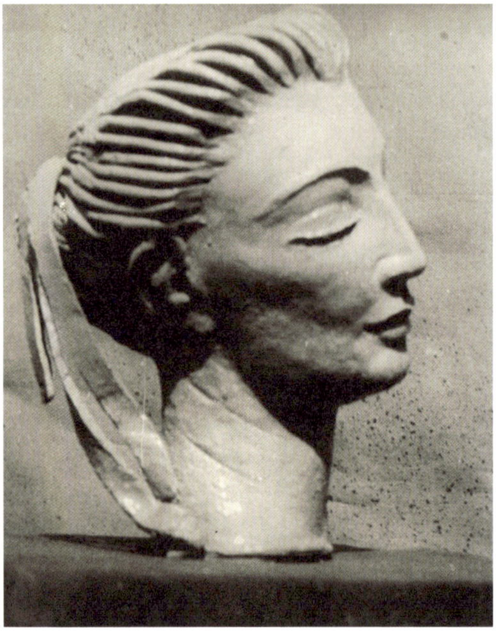

Abb. C
Unbekannte*r Künstler*in, Klasse Obsieger, Kopf, roter Scherben, 1938–1945, UaK, IN 17.830/1/FW

Abb. D
Blick in die Klasse Obsieger, undatiert, Fotograf*in: unbekannt, UaK, IN 16.661/2/F

Die Ministerialräte Dr. Zenker und Rudroff, die sich hingegen von seinem Verhalten empört zeigten, forderten im Falle des wiederbetretens der Schule durch Sanders dessen Festnahme. Dieser Appell wurde jedoch von der Schule selbst mit dem Argument zurückgewiesen, man könne einen „illegalen Pg. nicht verhaften lassen".[34] Hans Sanders besetzte daraufhin mehrere Monate das Direktionszimmer, lud zahlreiche Gäste ein, mit denen er Neubesetzungen besprach, und verließ die Schule erst wieder, als ihm das Ministerium eine andere prestigereiche Position in Aussicht stellte. Das Beispiel illustriert, wie Personaldebatten nach dem „Anschluss" nicht nur innerschulisch, sondern auch im ministeriellen Bereich geführt wurden, und es zeigt, dass keine einheitliche nationalsozialistische Postenbesetzungsstrategie existierte. Vielmehr zeichnet der Fall Sanders ein Bild, das von inneren Streitigkeiten, internen Machtansprüchen, organisatorischem Chaos und intriganten Praktiken zeugt. Erneut handelte es sich um eine Darstellung der vorherrschenden Verhältnisse, die man im Lehrer*innenkollegium nur ungern nach außen tragen wollte. Innerhalb der Kunstgewerbeschule – sowohl vonseiten der Lehrenden als auch der Studierendenschaft – gab es deshalb breiten Zuspruch für Robert

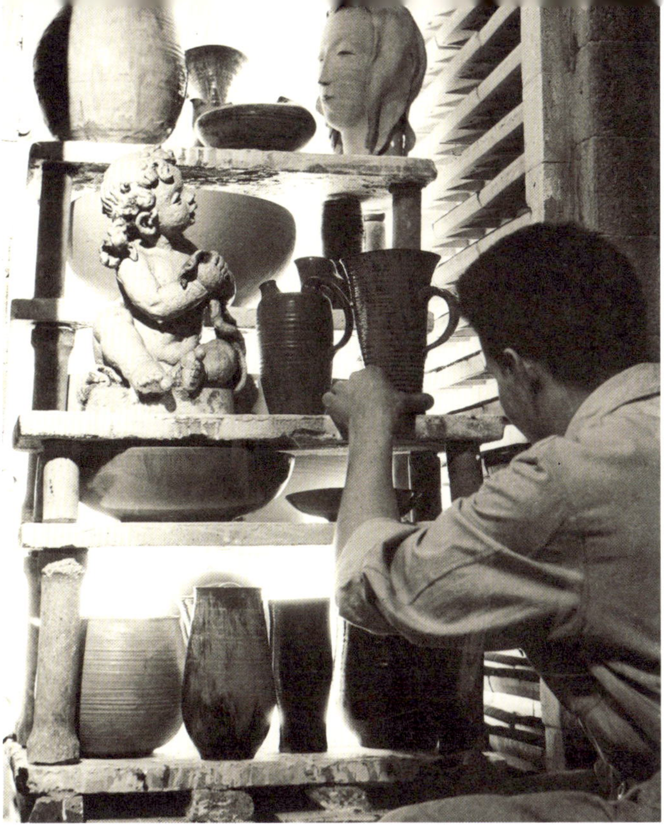

Obsieger, der auch während der Bürobesetzung die Direktionsgeschäfte de facto weiterführte.[35]

Während die Neubesetzung der Direktion innerhalb des Kollegiums und im Ministerium für hitzige Diskussionen sorgte, durchliefen die Zwangspensionierungen und Suspendierungen eines nicht zu vernachlässigenden Teils der Lehrpersonen weitgehend unkommentiert und widerstandslos sämtliche offizielle Gremien. Insbesondere Reinhold Klaus als Vertrauensmann und Robert Obsieger als kommissarischer Leiter bzw. Direktor waren maßgeblich für die „Säuberungen" an der Kunstgewerbeschule verantwortlich.[36] Allerdings wurden diese weder in den Sitzungen diskutiert noch auch nur ansatzweise öffentlich kritisiert. Allein die Notwendigkeit, rasch neues Lehrpersonal zu finden, um aus den Zwangspensionierungen und Suspendierungen resultierende Personallücken wieder füllen zu können, wurde wiederholt in Sitzungsprotokollen und Korrespondenzen artikuliert.

„Wunschgemäss werden anbei die Enthebungen der h. o. Mitglieder des Lehrkörpers Prof. Arch. Max FELLERER, Frau Prof. Hilde SCHMID-JESSER, Prof. Wilhelm MUELLER HOFMANN und Prof. Albert Paris

GUETERSLOH begründet"[37], schrieb Reinhold Klaus am 19. April 1938 an das Ministerium für Handel und Verkehr Katalog, Abb. 21. Die genannten Personen sollten per Erlass zum nächstmöglichen Termin des Dienstes enthoben werden, wobei die Zwangspensionierungen unterschiedlich argumentiert wurden. Der Großteil der Entlassungen bzw. Pensionierungen wurde zwar primär politisch begründet, parallel bzw. ergänzend zu den personalpolitischen Verordnungen wurden aber auch diverse antisemitische Maßnahmen erlassen. Der anfängliche Fokus auf politische Suspendierungen ist, wie in Kapitel 1.1.3. bereits ausgeführt, dadurch zu erklären, dass schon unter austrofaschistischer Führung der Schule keine Jüdinnen und Juden mehr neu angestellt wurden. Oskar Strnad war als jüdisches Kollegiumsmitglied bereits 1935 verstorben, sodass einzig Marianne Zels (1876–1957), seit 1925 Hilfslehrerin in der Werkstätte für Mode bei Eduard Josef Wimmer-Wisgrill,[38] explizit aus „rassischen Gründen" des Dienstes enthoben wurde Abb. E. Die Designerin, die bereits früh Bühnenkostüme entwarf, einen eigenen Modesalon betrieb und als technische Leiterin der Modeabteilung der Wiener Werkstätte aktiv war, musste aufgrund ihrer jüdischen Herkunft die Kunstgewerbeschule und schließlich auch das Land verlassen. Nach ihrer Zwangspensionierung floh sie im Jahr 1939 zu ihrem Bruder nach Nizza, wo sie die Kriegsjahre überlebte.[39] Erst nach Kriegsende kehrte sie nach Österreich zurück, wo sie 1957 in Bad Ischl verstarb.

Da sich die Schulleitung zudem bereits während des Austrofaschismus sozialdemokratischer und kommunistischer Lehrender weitgehend entledigt hatte, galt deren Suspendierung aus praktischen Gründen ebenfalls nicht mehr als oberste Priorität der „Säuberungen". Theodor Otto Georgii (1883–1963) musste als austrofaschistischer Protegé als einer der Ersten gehen und wurde rasch durch den regimetreuen Bildhauer Ferdinand Opitz (1885–1960) ersetzt, der aufgrund der Dringlichkeit der Nachbesetzung erst als vertragsmäßiger Lehrer eingestellt und kurz darauf zum Professor ernannt wurde.[40] Opitz war neben seiner Tätigkeit als Professor an der Wiener Kunstgewerbeschule auch als Referent für Bildhauerei der Reichskammer der bildenden Künste sowie später als Kreisbeauftragter tätig und in diversen Gremien und Wettbewerbsjurys im Denkmalbereich aktiv.[41] Damit hatte er seine ideologische Nähe zum NS-Regime bereits vor seiner Berufung zum Professor für Bildhauerei in Wien vielfach unter Beweis stellen können. Zwar wurden seine Skulpturen schon bei den *Olympia*-Ausstellungen der Jahre 1928 und 1936

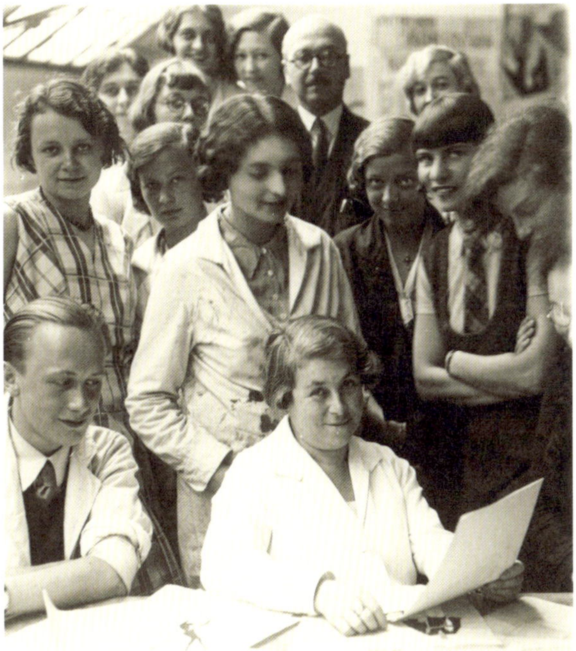

Abb. E
Gruppenfoto der Werkstätte für Mode, im Vordergrund sitzend Marianne Zels, um 1937, Fotograf*in: unbekannt, UaK, IN 12.895/2/FP

gezeigt; bemerkenswerterweise fand allerdings keine seiner Arbeiten Eingang in die *Große Deutsche Kunstausstellung*, die 1937 erstmals in München eröffnet wurde. Dies mag zwar Anlass geben, um über die Qualität seines Werks zu diskutieren; allerdings ist die Form seines Schaffens ein wohl nicht unwesentlicher Grund für die ausbleibende Präsenz in Ausstellungen, schließlich konzentrierte er sich primär auf Bauplastiken (u. a. auf Wiener Gemeindebauten) und Kriegerdenkmäler. Der Bildhauer orientierte sich dabei am antiken Ideal athletischer Körper, die neben Frauenakten zu den Hauptthemen seines Schaffens wurden – es entsprach damit weitgehend dem nationalsozialistischen Tenor der „nordischen Kunst".[42]

Albert Paris Gütersloh (1887–1973), der sich eine Fortsetzung seiner Karriere erhofft hatte, musste ebenfalls nach der Machtübernahme die Schule verlassen. Als ideologischer und künstlerischer Mitgestalter sowie prominenter Exponent der austrofaschistischen Kulturpolitik verlor er 1938 seine Professur und wurde später wider Erwarten sogar von der Reichskammer der bildenden Künste abgelehnt, was einem Berufsverbot gleichkam. Obgleich Gütersloh dem Nationalsozialismus – trotz seiner Sympathie für den Austrofaschismus – keineswegs ablehnend gegenüberstand, sah er sich nach dem „Anschluss"

Marianne Zels

Wien 10. Juni 1876 –
10. Juli 1957 Bad Ischl

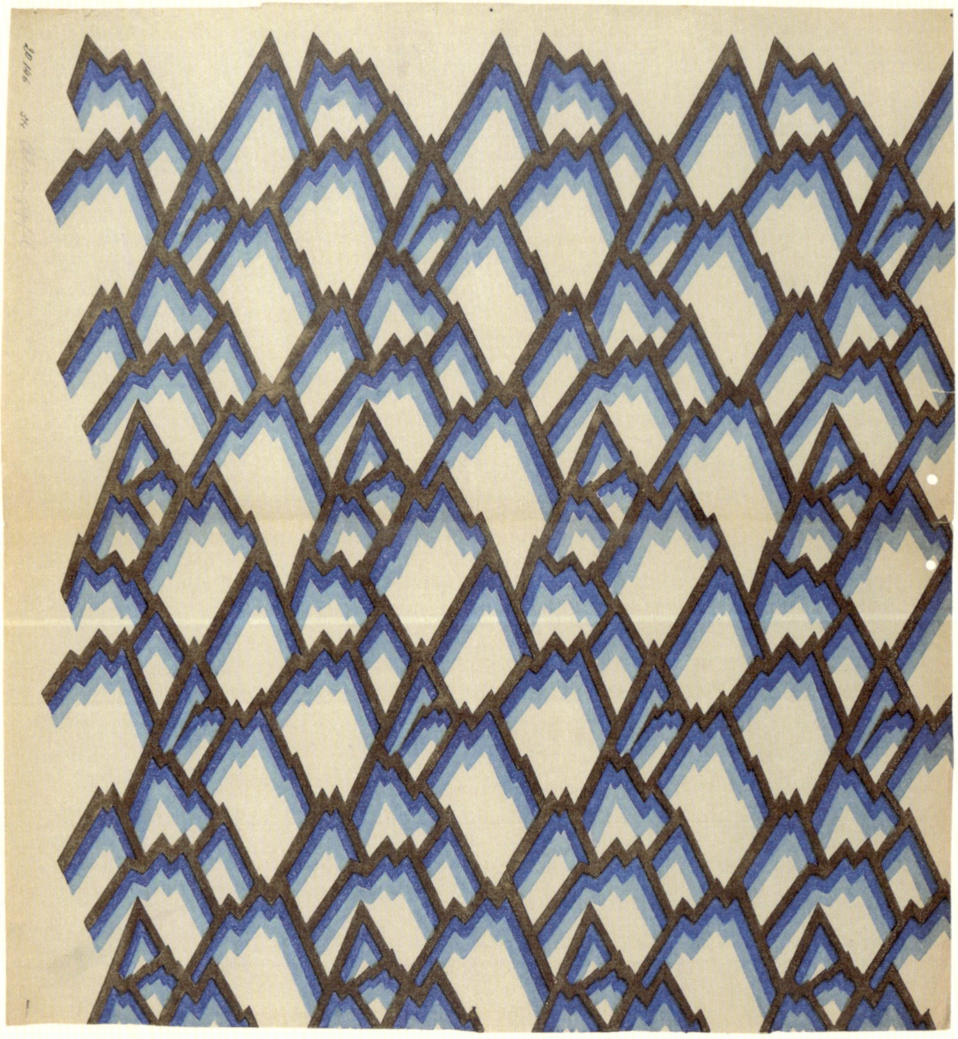

Abb. Zels 1
Stoffentwurf *Alpengipfel*, Andruck, Entwurf: Marianne Zels, MAK, Archiv der Wiener Werkstätte (1910–1926), IN WWAD 68-2

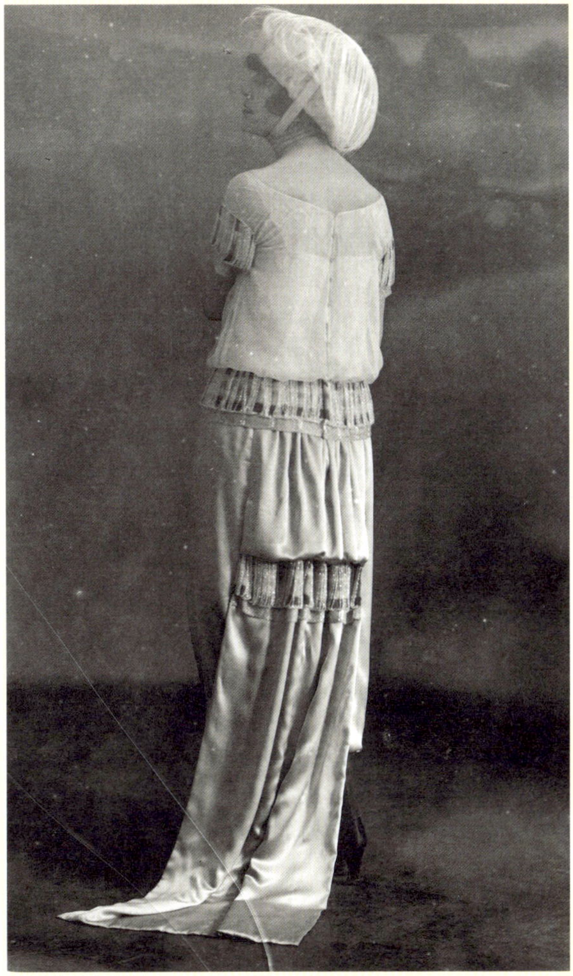

Abb. Zels 2
Abendkleid, 1919, Entwurf: Marianne Zels, Fotograf*in: unbekannt, MAK, Archiv der Wiener Werkstätte (1910–1926), IN WWF 169-159

Marianne Zels war schon früh künstlerisch als Mitglied der Wiener Werkstätte sowie unternehmerisch als Inhaberin eines Modesalons aktiv.[1] Ihr Vater Ludwig Zels (1846–1921) war Direktor der 1. Österreichischen Canalschiffahrt-Gesellschaft sowie Herausgeber der Zeitschrift „Danubius". Ihr Bruder Otto arbeitete als Ingenieur und hielt sich im April 1938 bereits in Nizza auf, wo später auch Marianne Zels hinflüchtete.[2] Die Mutter, Charlotte Zels (geb. Jellinek, 1855–1943), war Tochter des Rabbiners Adolf Jellinek (1820–1893). Dieser beschäftigte sich vor allem mit der zu diesem Zeitpunkt aufstrebenden Wissenschaft des Judentums, der Religionsphilosophie und insbesondere der Kabbala. In seinen Schriften setzte er sich schon früh gegen den wachsenden Antisemitismus zur Wehr und vertrat politisch eine liberale Haltung.[3]

Ihre Ausbildung erhielt Marianne Zels an der Kunstschule für Frauen und Mädchen in Wien, auch als Wiener Frauenakademie bekannt. Später legte sie die Gesellenprüfung für Modisterei sowie die Meisterprüfung für

Schneiderei ab.[4] Neben ihren künstlerisch-kunstgewerblichen Fertigkeiten beherrschte sie mehrere Sprachen (Englisch, Französisch und Italienisch). Bereits 1899 eröffnete Zels ihren eigenen Modesalon – „verbunden mit einer Schule für Schnittzeichnen und Kleidermachen"[5] –, den sie bis 1905 betrieb. Von 1910 bis 1926, also über einen beachtlichen Zeitraum hinweg, war sie erst künstlerische Mitarbeiterin und später sogar technische Leiterin der Modeabteilung der Wiener Werkstätte. Daraufhin folgte eine kurzfristige Anstellung als Werkstättenleiterin bei der Firma G. & E. Spitzer. Parallel dazu begann Zels ihre Tätigkeit an der Wiener Kunstgewerbeschule und war ab dem Schuljahr 1925/26 als Hilfslehrerin sowie später als Assistentin in der Werkstätte für Mode bei Eduard Josef Wimmer-Wisgrill aktiv.

Künstlerisch spezialisierte sich Zels auf Textil- und Modedesigns und entwarf für diverse Theaterstücke und Tanzproduktionen Bühnenkostüme, unter anderem für die Wiener Staatsoper. Auch Schmuckgegenstände sowie Stoffmuster finden sich in ihrem Arbeitssortiment, das sie mehrfach in Ausstellungen präsentierte. 1925 war Zels beispielsweise an *Deutsche Frauenkunst* im Wiener Künstlerhaus beteiligt, jener Ausstellung, die für Differenzen innerhalb des gleichnamigen Vereins sorgte und schließlich zur Abspaltung der Wiener Frauenkunst von der Vereinigung bildender Künstlerinnen Österreichs führte.[6] Trotz der damit verbundenen Kontroversen lobte die „Arbeiter-Zeitung" am 23. Oktober 1925 die in der Ausstellung präsentierten Werke und hob explizit die „Wolljacken, Sportgarnituren, Schals, Blusen und Stoffmuster von Marianne Zels, Lola Bacher, Hedi Landesmann und anderen"[7] anerkennend hervor.

Im Mai 1938 nahm die Karriere von Marianne Zels ein abruptes Ende, denn sie wurde als Jüdin zwangspensioniert und in der Folge zur Flucht nach Frankreich gezwungen. Dort kam sie im Juni 1939 an und konnte auf die Unterstützung ihres Bruders Otto zählen, der – wie erwähnt – bereits in Nizza arbeitete. Über ihren weiteren beruflichen und künstlerischen Fortgang ist allerdings nichts mehr bekannt.

Wie der Eintrag zu Zels im Lexikon der österreichischen Provenienzforschung festhält, sollen die Geschwister Marianne und Otto noch im April 1938 mit dem Technischen Museum Wien in Kontakt gewesen sein. Dieses nahm schließlich „30 Bücher und Broschüren, 24 Bände der Zeitschrift ‚Danubius', 13 Hefte der ‚Bilanz der Donaudampfschifffahrtgesellschaft' sowie eine Originalradierung von Hugo Ulbrich ‚Die Werft des Caesar Wollheim in Cosel in Breslau'"[8] aus dem Besitz des verstorbenen Vaters Ludwig Zels in seinen Bibliotheksbestand auf. Zwar habe Zels – dem Kunstrückgabebeirat zufolge – diese Objekte der Bibliothek freiwillig „zur Verfügung" gestellt, aufgrund des Zwangscharakters der Kündigung und der Flucht bestehe dennoch kein Zweifel daran, dass die rechtmäßige Rückgabe genannter Objekte an „die Erben nach Marianne und Ing. Otto H. Zels"[9] zu erfolgen habe. Da Marianne Zels bereits 1957 in Bad Ischl verstorben war, erlebte sie die Restitution des Familienbesitzes nicht mehr mit.

1 Exemplarisch zu Marianne Zels: Marianne Zels, in: Christoph Thun-Hohenstein/Anne-Kathrin Rossberg/Elisabeth Schmuttermeier (Hg.), Die Frauen der Wiener Werkstätte / Women Artists of the Wiener Werkstätte, Ausstellungskatalog Museum für angewandte Kunst Wien, Basel 2020, 278; Christian Klösch, Marianne Zels, Lexikon der österreichischen Provenienzforschung, URL: https://www.lexikon-provenienzforschung.org/zels-marianne (abgerufen 25. 10. 2023).

2 Beschluss des Kunstrückgabebeirats, Marianne und Ing. Otto H. Zels, 8.11.2006, URL: https://www.provenienzforschung.gv.at/beiratsbeschluesse/Zels_Marianne_OttoH_2006-11-08.pdf (abgerufen 25.10.2023).

3 Vgl. Jellinek, Adolf (Aaron) (1820–1893), Rabbiner und Theologe, in: Österreichisches Biographisches Lexikon, URL: https://biographien.ac.at/ID-0.3029392-1 (abgerufen 25.10.2023).

4 Vgl. Standesausweis, in: PA Marianne Zels. UaK, Personalakten.

5 Ebd.

6 Vgl. Sabine Plakolm-Forsthuber, Frauenbilder und Bilder von Frauen im Wiener Ausstellungsbetrieb (1925–1945), in: Herbert Posch/Gottfried Fliedl (Hg.), Politik der Präsentation. Museen und Ausstellungen in Österreich 1918–1945, Wien 1996, 97–118, 99.

7 A. M., Deutsche Frauenkunst im Künstlerhaus, Arbeiter-Zeitung, Wien, 23.10.1925, 10.

8 Beschluss des Kunstrückgabebeirats, Marianne und Ing. Otto H. Zels, 1.

9 Ebd.

dazu gezwungen, sich weitgehend aus der Öffentlichkeit zurückzuziehen.[43] In der politischen Begründung seiner Zwangspensionierung sprach Reinhold Klaus davon, dass Güterslohs „Tätigkeit als kommunistischer Schriftsteller, die schlechte pädagogische Führung und schlechte künstlerische Leistung seiner Klasse, die vorwiegend als Kunstentartung bezeichnet wird“[44], ausschlaggebend dafür gewesen sei, ihn nicht mehr weiter zu beschäftigen. Wie bereits anhand der internen politischen Konflikte in den Jahren von 1933 bis 1938 erörtert, wurde schon zuvor seitens nationalsozialistischer Schulangehöriger Güterslohs Klassenleitung bemängelt. Dieses Argument, das anlässlich seiner Enthebung erneut vorgebracht wurde, sollte sich allerdings vonseiten seiner Studierenden, die ihn aufgrund seiner modernen Ansätze durchwegs schätzen, nicht bestätigen. Zwar hatte der Künstler in der Vergangenheit vermehrt Kontakt zu sozialistischen oder kommunistischen Kunstschaffenden gepflegt; allerdings war sein Unterricht spätestens mit der Gründung der Werkstätte für Kirchliches Kunstgewerbe weit von einer kommunistischen Gesinnung entfernt. Vielmehr orientierte er sich intensiv am austrofaschistischen Kulturideal, sodass auch seine Werkstätte nach der Pensionierung aufgelöst wurde. Der von Klaus hergestellte Bezug auf die „Entartung“ der Klassenarbeiten ist insofern relevant, als Güterslohs malerisches Frühwerk durchaus vom Expressionismus geprägt war, um den sich insbesondere die nationalsozialistische Debatte zur künstlerischen Moderne entspann.[45] Bereits 1937 wurden zwei seiner Aquarelle aus dem Museum Folkwang in Essen beschlagnahmt und in der Folge vernichtet.[46] Zwar spiegelte sich der frühe expressionistische Einfluss auch in seiner Unterrichtstätigkeit zur Kirchlichen Kunst wider, doch verfemte Klaus nicht Güterslohs eigene Arbeiten als „entartet“, sondern die seiner Studierenden. Gütersloh sollte erst nach Kriegsende wieder in den Lehrbetrieb einsteigen können. Er kehrte aber nicht mehr an die Kunstgewerbeschule bzw. Hochschule für angewandte Kunst zurück, sondern ging als Professor an die Akademie der bildenden Künste in Wien.

Der Malereiprofessor Wilhelm Müller-Hofmann (1885–1948), ebenfalls ideologischer Anhänger und kreativer Gestalter des „christlichen Ständestaats“, wurde nicht nur aufgrund seiner politischen Ansichten zwangspensioniert, sondern auch da seine Ehefrau Hermine Zuckerkandl (1902–2000) nach den seit dem „Anschluss“ geltenden Nürnberger Gesetzen als Jüdin galt. Neben seiner „jüdischen Versippung“[47] wurden Müller-Hofmanns vermeintliche

Mitgliedschaft in einer Freimaurerloge und die Verfassung eines Spottgedichts auf Adolf Hitler als Gründe für seine Suspendierung genannt. Ohne Aussicht, weiter an der Kunstgewerbeschule beruflich tätig sein zu können, sah er sich nach einem gescheiterten Emigrationsversuch gezwungen, sich weitgehend aus der Öffentlichkeit zurückzuziehen. Während es den Söhnen gelang, nach Schweden zu emigrieren, zog sich das Ehepaar Müller-Zuckerkandl zu Bekannten nach Bayern zurück, wo es bis 1945 untertauchte bzw. unter falscher Identität lebte Abb. F. Aufgrund der fehlenden Einnahmequellen nach Müller-Hofmanns Suspendierung musste das Paar große Teile des Kunstbesitzes der Familie Zuckerkandl verkaufen. Der Erlös ermöglichte es den beiden, die Kriegsjahre finanziell zu überstehen.[48] Während noch im Jahresbericht zum Schuljahr 1936/37 die Verdienste der Fachklasse betont wurden – die Klasse gestaltete neben Plakaten, Bucheinbänden und Briefköpfen auch Textilien, Schmuck und Trickfilme[49] –, war bereits im darauffolgenden Jahr vermerkt worden, dass die Klasse von Reinhold Klaus übernommen wurde. Erst 1945 konnte Müller-Hofmann nach Wien zurückkehren und seinen Posten an der nunmehrigen Hochschule für angewandte Kunst wieder antreten. Im Jahr 1948 verstarb der Maler allerdings unerwartet. Die langwierige Restitution des Kunstbesitzes der Familie Zuckerkandl erlebte er nicht mehr mit.

Weder politisch noch antisemitisch, sondern rein künstlerisch wurde bemerkenswerterweise die Dienstenthebung von Hilda Schmid-Jesser (1894–1985) argumentiert:

> *Die Enthebung der Frau Prof. SCHMID-JESSER erfolgt auf Grund eines Antrages der NSDAP. Eine Weiterverwendung der Frau Prof. Schmid-Jesser wird mit der Begründung abgelehnt, dass sich ihre Tätigkeit als Lehrkraft im kunsterzieherischen Sinne mit den Richtlinien der Kunstbewegung in der NSDAP nicht vereinigen lässt. Die bis jetzt gezeigten Arbeiten, speziell die der letzten Schulausstellung, haben diese Tendenz bestätigt und können nicht entkräftigt werden.*[50]

Gezeichnet von dem Vertrauensmann Reinhold Klaus und abgesegnet von Robert Obsieger, machte die Zwangspensionierung Hilda Schmid-Jessers auch deutlich, dass die Schule durch die „Säuberungen“ nicht zuletzt eine künstlerisch-ideologische Neuorientierung vollziehen wollte.[51] Die in der Enthebung angeführten Argumente erscheinen allerdings selbst innerhalb der

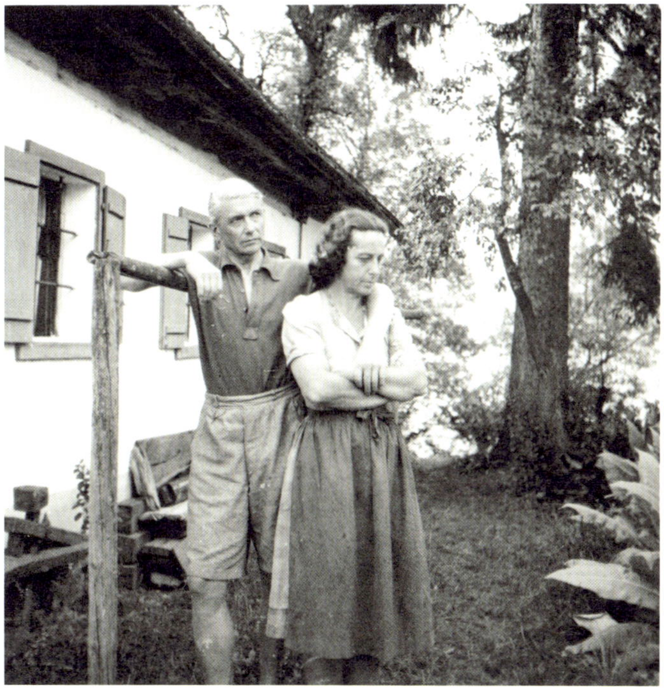

Abb. F
Hermine Müller-Zuckerkandl und Wilhelm Müller-Hofmann in Bayern, um 1942, Fotograf*in: unbekannt, Privatsammlung

nationalsozialistischen Logik wenig stringent, denn Schmid-Jessers Arbeiten waren zwar ganz der modernen Formsprache verpflichtet, zum Teil aber auch von einem lyrisch-spätimpressionistischen Charakter gezeichnet. Ihre großformatigen Landschaftsdarstellungen im Musikstudio der Österreichischen Rundfunkanstalt in der Wiener Argentinierstraße aus dem Jahr 1937 sind nur einige Beispiele dafür. Obgleich Schmid-Jesser im nationalsozialistischen Kunstverständnis als zu modern galt, halten diese Arbeiten zugleich fest, dass die Künstlerin, die schon in jungen Jahren für die Wiener Werkstätte gearbeitet hatte, alles andere als eine Vertreterin einer allzu radikalen Kunstauffassung gewesen war Abb. G. Es ist dementsprechend zu vermuten, dass die Zwangspensionierung auch dazu diente, sich von einer ambitionierten sowie moderat-modernen Kunstlehrenden zu trennen. Schließlich erregte sie durch ihr emanzipatives Engagement schon in den Jahren zuvor immer wieder den Unmut ihrer männlichen Kollegen. Erst nach 1945 konnte Hilda Schmid-Jesser als Lehrerin an die nunmehrige Hochschule für angewandte Kunst zurückkehren.[52]

Ebenfalls bereits im Mai 1938 wurden die Dienstverhältnisse der Hilfslehrer Ceno Kosak (1904–1985) und Hans Vetter (1897–1963) gekündigt. Kosak, bis zu diesem Zeitpunkt Leiter der Allgemeinen Formenlehre, und Vetter,

Abb. G
Hilda Schmid-Jesser, *Österreichischer Werkbund Verkaufsstelle*, undatiert, Linolschnitt, aquarelliert, UaK, IN 4833

zwischenzeitlicher Leiter einer der Architekturklassen, wurden ohne ausführliche Begründungen mittels einer Hilfslehrerverordnung des Dienstes enthoben.[53] Da Kosak als Leiter der Beratungsstelle für kirchliches Kunstgewerbe aktiv war, zum engen „Kreise Prof. Clemens Holzmeister und Prof. Fellerer"[54] gehörte und sein Standesausweis darauf verwies, dass das Dienstverhältnis „aus politischen Gründen"[55] gekündigt wurde, kann davon ausgegangen werden, dass die Entlassung auf seine Nähe zur austrofaschistischen Kulturpolitik zurückzuführen ist. Kosak kehrte ebenfalls nach 1945 an die Schule zurück und war von 1955 bis 1971 Präsident der Akademie für angewandte Kunst – wie die Hochschule von 1948 bis 1970 hieß.

Aus dieser ersten Welle von Zwangspensionierungen sticht der Fall Carl Witzmann (1883–1952) hervor. Ihn gilt es gesondert zu besprechen, da er anschaulich zeigt, welche Handlungsräume für die Direktion bestanden und dass Weisungen des Ministeriums mit ausreichender Unterstützung durchaus debattiert und zurückgewiesen werden konnten. Gleichermaßen wie Fellerer, Georgii, Gütersloh, Müller-Hofmann, Schmid-Jesser und Zels war der auf Innenarchitektur und Möbelbau spezialisierte Architekt Witzmann von den Pensionierungsmaßnahmen im Mai 1938 betroffen. Seit 1923/24 leitete er die Werkstätte für Möbel und Innenbau, die neben Wohnungseinrichtungen auch auf Ausstellungsausstattung spezialisiert war.[56] Witzmann wurde allerdings nach dem „Anschluss" aufgefordert, die Schule zu verlassen, woraufhin er eine vierseitige Verteidigungsschrift verfasste, die sein Fortwirken als Werkstättenleiter legitimieren sollte. Dabei betonte der Lehrer seine Verdienste für die Schule in den vergangenen Jahren, unterstrich insbesondere die intensive Zusammenarbeit mit den Studierenden und zog schließlich das Resümee, dass die Hauptaufgabe der Schule darin bestünde, Kunst und Handwerk zusammenzuführen – eine Aufgabe, die Witzmann, der unter anderem als bekannter

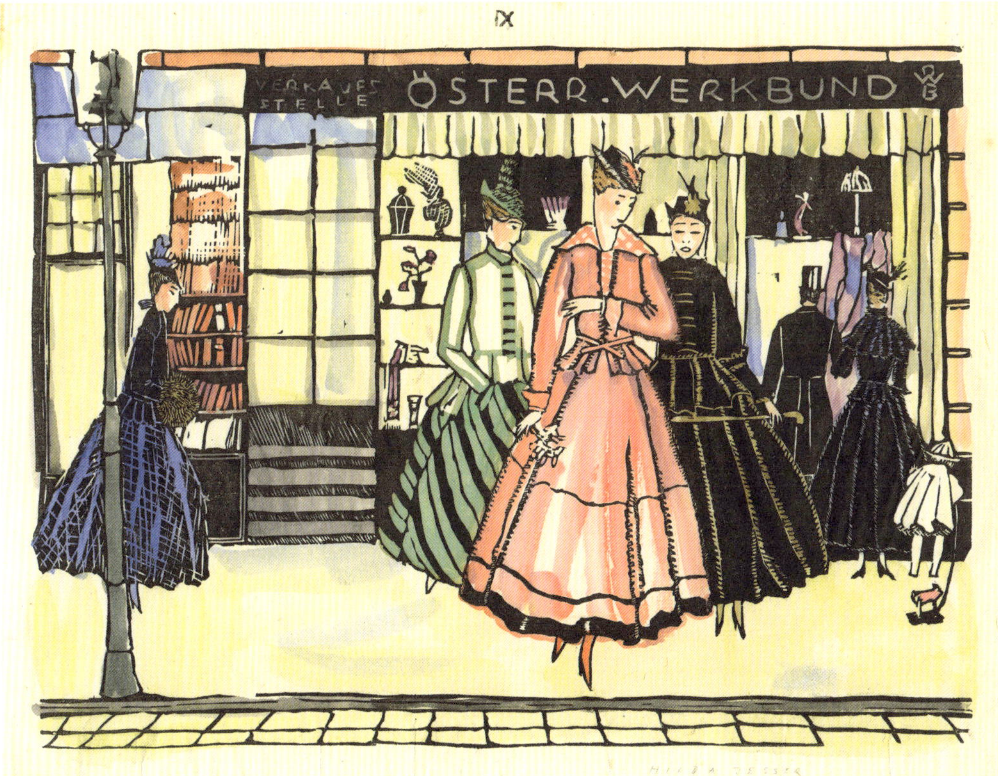

Vertreter der Wiener Moderne galt, bereits seit geraumer Zeit verfolge. Damit war wohl das wesentliche Argument genannt, das die nationalsozialistischen Behörden zu überzeugen schien, Witzmanns Zwangspensionierung wieder rückgängig zu machen. Denn insbesondere Handwerksdiskurse – die in Kap. 2.2.2. noch genauer analysiert werden – bildeten einen maßgeblichen Bezugspunkt für das Kunstgewerbe im Kontext der nationalsozialistischen Kunsttheorie.[57] Das Schreiben wurde von Robert Obsieger an das Ministerium für Handel und Verkehr übermittelt und mit der Bitte versehen, „Professor Witzmann bis zur Ernennung eines geeigneten Nachfolgers noch im Dienste zu belassen".[58] Obsiegers Anfrage kann als aktive Intervention gedeutet werden und die am 14. Mai 1938 folgende Korrespondenz, die festhält, „dass Reg. Rat Witzmann ab Montag den 16. Mai d. J. seinen normalen Dienst wieder versehen wird"[59], als Ergebnis der Verhandlungen mit dem Ministerium. Sowohl die Direktion als auch Reinhold Klaus waren augenscheinlich in Positionen, die durchaus Entscheidungen des Ministeriums hinterfragen konnten. Sie hätten wahrscheinlich – wäre der Wille vorhanden gewesen – weitere

Jadwiga Orzech

Warschau 10. Juni 1916 –
Sterbedaten unbekannt

Hans Adolf Vetter

Wien 13. Juli 1897 –
8. Mai 1963 Pittsburgh

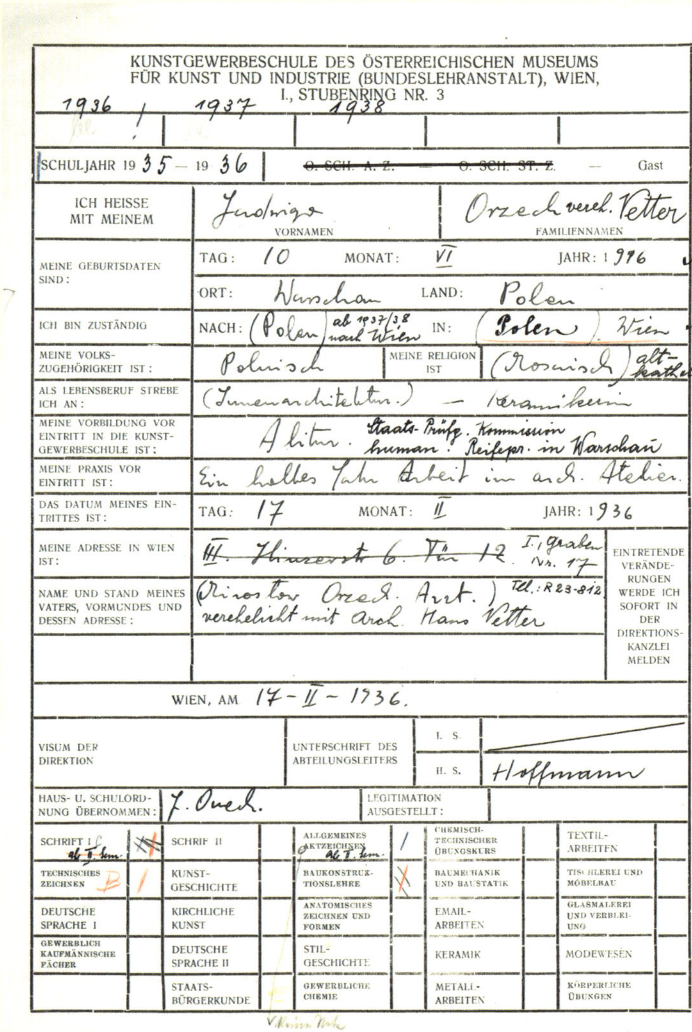

KUNSTGEWERBESCHULE DES ÖSTERREICHISCHEN MUSEUMS FÜR KUNST UND INDUSTRIE (BUNDESLEHRANSTALT), WIEN, I., STUBENRING NR. 3

1936 / 1937 1938

SCHULJAHR 1935 – 1936 | ~~O. SCH. A. Z.~~ – ~~O. SCH. ST. Z.~~ – Gast

ICH HEISSE MIT MEINEM	Jadwiga (VORNAMEN)	Orzech verehl. Vetter (FAMILIENNAMEN)
MEINE GEBURTSDATEN SIND:	TAG: 10 MONAT: VI JAHR: 1916	
	ORT: Warschau LAND: Polen	
ICH BIN ZUSTÄNDIG	NACH: (Polen) ab 1937/38 nach Wien	IN: (Polen) Wien
MEINE VOLKSZUGEHÖRIGKEIT IST:	Polnisch	MEINE RELIGION IST (Römisch) alt-kathol.
ALS LEBENSBERUF STREBE ICH AN:	(Innenarchitektin.) – Keramikerin	
MEINE VORBILDUNG VOR EINTRITT IN DIE KUNSTGEWERBESCHULE IST:	Abitur. Staats-Prüfg. Kommission human. Reifepr. in Warschau	
MEINE PRAXIS VOR EINTRITT IST:	Ein halbes Jahr Arbeit im arch. Atelier.	
DAS DATUM MEINES EINTRITTES IST:	TAG: 17 MONAT: II JAHR: 1936	
MEINE ADRESSE IN WIEN IST:	~~III. Hinzerstr. 6. Tür 12~~ I., Graben Nr. 17	EINTRETENDE VERÄNDERUNGEN WERDE ICH SOFORT IN DER DIREKTIONSKANZLEI MELDEN
NAME UND STAND MEINES VATERS, VORMUNDES UND DESSEN ADRESSE:	(Rinostor Orzech. Arzt.) Tel.: R23-812 verehelicht mit Arch. Hans Vetter	

WIEN, AM 17 – II – 1936.

VISUM DER DIREKTION	UNTERSCHRIFT DES ABTEILUNGSLEITERS	I. S.	
		II. S.	Hoffmann

HAUS- U. SCHULORDNUNG ÜBERNOMMEN: J. Orzech. | LEGITIMATION AUSGESTELLT:

SCHRIFT I ab I. Sem.	X	SCHRIFT II		ALLGEMEINES AKTZEICHNEN ab I. Sem.	/	CHEMISCH-TECHNISCHER ÜBUNGSKURS		TEXTILARBEITEN	
TECHNISCHES ZEICHNEN B	/	KUNSTGESCHICHTE		BAUKONSTRUKTIONSLEHRE	X	BAUMECHANIK UND BAUSTATIK		TISCHLEREI UND MÖBELBAU	
DEUTSCHE SPRACHE I		KIRCHLICHE KUNST		ANATOMISCHES ZEICHNEN UND FORMEN		EMAILARBEITEN		GLASMALEREI UND VERBLEIUNG	
GEWERBLICH KAUFMÄNNISCHE FÄCHER		DEUTSCHE SPRACHE II		STILGESCHICHTE		KERAMIK		MODEWESEN	
		STAATSBÜRGERKUNDE		GEWERBLICHE CHEMIE		METALLARBEITEN		KÖRPERLICHE ÜBUNGEN	

Abb. Orzech/Vetter 1
Nationale von Jadwiga Orzech, verh. Vetter, 1936–1938, UaK, Nationale

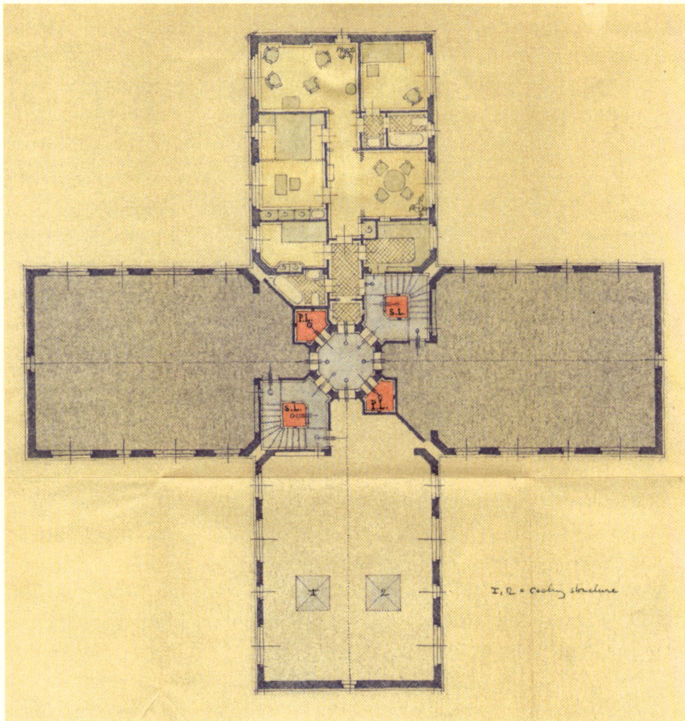

Abb. Orzech/Vetter 2
Plan aus dem Skizzenbuch *The Cross Block* von Hans Adolf Vetter, 1939, UaK, IN 16.188/13

Hans Adolf Vetter stammte aus einer bürgerlichen Wiener Familie und studierte von 1913 bis 1920 in der Fachklasse für Architektur bei Oskar Strnad (1879–1935), Heinrich Tessenow (1867–1950) und Josef Frank (1885–1967). Sein Studium wurde allerdings zwischen 1914 und 1918 durch seinen langjährigen Kriegsdienst unterbrochen. Bevor er im Jahr 1934 seine Lehrtätigkeit – erst als Hilfslehrer und Assistent und nach der Emeritierung Josef Hoffmanns (1870–1956) als provisorischer Leiter der Fachklasse für Architektur – aufnahm, sammelte Vetter in Österreich, Frankreich und Holland Erfahrung als selbstständiger Architekt.[1]

Vetter war in der Wiener Kunst- und Intellektuellenszene bestens vernetzt, ein aktives Mitglied im Österreichischen Werkbund, als Architekt für die Wiener Werkbundsiedlung tätig und international für seine theoretischen und praktischen Ansätze anerkannt. Parallel dazu engagierte er sich publizistisch etwa als Herausgeber der Kulturzeitschrift „profil" sowie als Lyriker. In den 1920er-Jahren lebte er in Paris, wo er mit dem Architekten Gabriel Guevrekian (1892–1970) zusammenarbeitete. 1924 heiratete Vetter dessen Schwester Lydia (1898–1989); die Ehe wurde jedoch nur wenige Jahre später wieder geschieden.[2]

Anfang der 1930er-Jahre heiratete Vetter ein zweites Mal: Jadwiga Orzech, die von 1936 bis 1938 an der Kunstgewerbeschule als Gastschülerin inskribiert war. Orzech stammte ebenfalls aus einer wohlsituierten und als liberal geltenden Familie, wuchs in Polen auf und übersiedelte für das Studium nach Wien. Sie besuchte Kurse bei Josef Hoffmann und Robert Obsieger (1884–1958); ihr kunstgewerbliches Interesse galt den Studienunterlagen zufolge insbesondere der Innenarchitektur und der Keramik. Arbeiten aus ihrer Zeit an der Kunstgewerbeschule sind nicht erhalten. Ihr Schulkollege Leo Glückselig (1914–2003, vgl. S. 188–190) erinnerte sich später an das aufgeweckte Wesen seiner Kommilitonin, aber auch an die schwierige Zeit, die es nach dem „Anschluss" zu bewältigen galt.[3] Aufgrund der antisemitischen Maßnahmen, die rasch nach dem März 1938 an der Kunstgewerbeschule implementiert wurden, war Orzech das Weiterstudium untersagt. Die Spuren ihres Werdegangs im Exil verlaufen sich weitgehend und führen letztendlich in die Unsichtbarkeit der Künstlerin. Dies mag auch daran liegen, dass bedingt durch die Flucht, diverse Sprachwechsel, bürokratische (Schreib-) Fehler sowie die Heirat mehrere Varianten ihres Namens existieren – darunter Orzech, Orzek, Orsul oder Vetter. Nur intensive Archivrecherchen würden hier Klärung bringen.

Die Beziehung mit der fast zwanzig Jahre jüngeren Jadwiga Orzech, die den Nürnberger Gesetzen zufolge als Jüdin galt, war schließlich auch der Grund für die Kündigung Vetters nach dem „Anschluss". Gemeinsam emigrierten sie erst nach London und später in die USA, wo Vetter einen Lehrauftrag für Architekturtheorie am Carnegie Institute of Technology in Pittsburgh erhielt. Über die Zeit in London ist wenig bekannt, einzig dass er dort mit Fritz Lampl (1892–1955), dem Gründer der Bimini-Werkstätte (eine international angesehene Wiener Glasmanufaktur), in regem Austausch stand und insbesondere seine publizistische Tätigkeit vorantrieb. Neben vielen anderen Arbeiten erschien 1948 etwa das Buch *English History at a Glance*, das maßgeblich zu Vetters Berufung an die Universität Pittsburgh beitrug.[4] Dort hielt er Vorlesungen über Architectural Philosophy und The Theory of Architecture und wurde auf diese Weise „seiner Aufgabe, der eher technischen Ausbildung einen theoretischen Überbau zu geben, absolut gerecht".[5] Nachdem Vetter in den 1930er-Jahren durch seine praktische Arbeit sowie durch die Entwicklung der (1934 durch ein deutsches Patent geschützten) Kreuzblockverbauung zu einer gestaltungsaktiven Figur der Wiener modernen Architektur wurde,[6] bewies er auch in den USA visionäre Qualitäten. Insbesondere bei den Studierenden wurde er nicht zuletzt aufgrund seiner theoretisch-konzeptuellen Schriften geschätzt. Er verband etwa lyrische und theoretische Studien in dem ironischen Traktat *Abacus tetralogico tectonicus, Computering Vetters Theory of Gradual Tetravalence in Architectology* und entwarf damit eine Art Kompass für Architekt*innen „zur Bestimmung seines [ihres] Standpunktes".[7]

Ab den 1950er-Jahren begann Vetter vermehrt seine Kontakte zu Österreich zu reaktivieren und begründete 1952 die Salzburg Summer School of Architecture, zu der er renommierte Persönlichkeiten der nationalen und internationalen Architekturszene einlud. Langfristig sollte er jedoch nicht mehr nach Österreich zurückkehren.

Die Ehe mit Jadwiga Orzech war von den Strapazen der Flucht und des Exils geprägt und ging nach mehreren gemeinsamen Jahren in Wien, London und Pittsburgh in die Brüche. Vetter heiratete 1952 allerdings ein weiteres Mal, und zwar die Gesangsprofessorin und Kollegin am Carnegie Institute Maria Malpi. Im Alter von 65 Jahren starb der Architekt und Architekturtheoretiker an einem Herzinfarkt; sein Werk ist bis heute zumeist nur in Fachkreisen bekannt.

1 Vgl. PA Hans Adolf Vetter. UaK, Personalakten.

2 Exemplarisch zu Hans Adolf Vetter: Hans Adolf Vetter, Architektenlexikon Wien 1770–1945, URL: https://www.architektenlexikon.at/de/664.htm (abgerufen 24.10.2023); Hans Adolf Vetter, in: Matthias Boeckl (Hg.), Visionäre & Vertriebene. Österreichische Spuren in der modernen amerikanischen Architektur. Ausstellungskatalog Kunsthalle Wien, Berlin 1994, 346–348; Maria Welzig, Entwurzelt. Sobotka, Wlach und Frank in Pittsburgh und New York, in: Boeckl, Visionäre & Vertriebene, 201–223.

3 Vgl. Leo Glückselig, Gottlob kein Held und Heiliger! Ein Wiener „Jewish-boy" in New York, Wien 1999, 103–108.

4 Vgl. Hans Adolf Vetter, English History at a Glance, London 1948.

5 Hans Adolf Vetter, in: Boeckl, Visionäre & Vertriebene, 347.

6 Vgl. Hans Adolf Vetter, Kreuzblockverbauung, Berlin 1939; siehe außerdem: Das Skizzenbuch *The Cross Block* einschließlich eines Aufsatzes und Planskizzen von Hans Adolf Vetter. UaK, IN 16.188/1–13.

7 Boeckl, Visionäre & Vertriebene, 347.

Zwangspensionierungen verhindern können. Langfristig konnte Carl Witzmann seine Stelle sichern, indem er noch 1938 die NSDAP-Mitgliedschaft beantragte und im Februar 1940 der Partei beitrat.[60]

Als bereits im Mai 1938 die ersten massiveren personellen Eingriffe besiegelt waren, glaubte die Schulleitung ihre Pflicht erfüllt zu haben; doch ließ eine Rüge seitens der NS-Betreuungsstelle nicht lange auf sich warten. Aus dem Büro Hanns Blaschkes (1896–1971), der von 1943 bis 1945 Bürgermeister der Stadt Wien war, erreichte am 19. Oktober 1938 Obsieger folgendes Schreiben:

> *Das Gauamt für Betreuung ist in Kenntnis von den dort noch herrschenden Zuständen Ihres Institutes. (Gemeint ist darunter, dass z. B. eine Halbjüdin noch immer ihren Dienst ausübt, ebenso, dass die Frau eines dort befindlichen Lehrers Volljüdin ist). Wir sind überzeugt, dass Sie im nationalsozialistischen Staat sich klar darüber sind, dass dieser Zustand eine Unmöglichkeit für die Partei bedeuten muss. Wir sind daher ebenso überzeugt, dass Sie sich bemühen werden, diese Tatsache in kürzester Zeit zu ändern und hierfür Nationalsozialisten in Arbeit bringen werden.*[61]

Der verschärfte Blick auf den Personalstand der Kunstgewerbeschule führte schließlich dazu, dass ab Dezember 1938 auch Otto Prutscher (1880–1949), seit 1909 Professor an der Kunstgewerbeschule und späterer Leiter des Offenen Entwurfszeichensaals für Gewerbetreibende, Ernestine Kopriva (1894–1984), seit 1928 Assistentin von Josef Hoffmann und später von Oswald Haerdtl, sowie Franz Herberth (1907–1973), seit 1931 vertragsmäßiger Lehrer und später Assistent der Löffler-Kirnig Malereiklasse und der Werkstätte für Druckverfahren, ins Visier der Behörden gerieten. Während die erste Welle an Zwangspensionierungen noch weitgehend politische Motive verfolgte und die Eliminierung austrofaschistischer Spuren zum Ziel hatte, war die zweite deutlich stärker von antisemitischen Anfeindungen getragen. Schließlich beriefen sie sich direkt auf die Verordnung zur „Neuordnung des österreichischen Berufsbeamtentums“ bzw. auf deren Paragraph 3 und damit konkret auf „Jüdische Beamte, Beamte, die jüdische Mischlinge sind, und Beamte, die mit einer Jüdin (einem Juden) oder mit einem Mischling ersten Grades verheiratet sind“.[62] Diese Personen sollten per Dekret in den Ruhestand versetzt werden, würden zwar eine Abfertigung erhalten, allerdings nur dann den

„fortlaufenden Ruhegenuß“ beanspruchen können, „wenn sie eine für die Ruhegenußbemessung anrechenbare Dienstzeit von mindestens 10 Jahren haben“.[63] Dies wurde jedoch mit allen Mitteln, darunter mit diversen Kürzungen von Anrechnungszeiten, quasi verunmöglicht.

Otto Prutscher war von der Verordnung betroffen, da er mit der als Jüdin geltenden Helene Süßmandl verheiratet war.[64] Trotz erschwerter Bedingungen durch die Zwangspensionierung Prutschers überlebte die Familie die Kriegsjahre in Wien.[65] Franz Herberth, der ebenfalls aufgrund seiner Ehe mit der nach den Nürnberger Gesetzen als Jüdin geltenden Bettina Freund zwangspensioniert wurde, bestritt seinen Lebensunterhalt bis Kriegsende mit Hilfsarbeiten und kehrte 1945 an die Hochschule für angewandte Kunst zurück, wo er bis kurz vor seinem Tod 1973 tätig war. [66] Ernestine Koprivas Versetzung in den Ruhestand wurde ebenfalls mit dem Paragraphen 3 der „Neuordnung des österreichischen Berufsbeamtentums“ begründet.[67] Da allerdings in ihrem Personalstandesblatt vermerkt wurde, dass sie römisch-katholischen Glaubens und ledig war,[68] ist davon auszugehen, dass sie entweder konvertiert war oder nach den Nürnberger Gesetzen als „Mischling“ eingestuft wurde. Sie wurde mit Ende Juni 1939 in den Ruhestand versetzt und kehrte ebenfalls nach 1945 an die Schule zurück, wo sie 1953 den Professor*innentitel erhielt.[69]

Von den verbleibenden Lehrpersonen wurde ab Februar 1939 ein sogenannter „Abstammungsnachweis“ verlangt, der eine „deutschblütige Abstammung“ bis zur Großelterngeneration nachverfolgbar machen sollte. Ersatzweise konnte dieser „Nachweis durch Vorlegung eines Ahnenpasses“[70] ersetzt werden – eine weitere antisemitische Maßnahme, die in enger Zusammenarbeit mit der Reichsstelle für Sippenforschung eingeführt wurde. Die durch die rigide Zwangspensionierungspolitik freigewordenen Posten wurden kontinuierlich mit gesinnungstreuen Personen nachbesetzt. Insbesondere bei der jährlichen Bestellung der Hilfslehrer*innen zeigte sich, dass NSDAP-Mitglieder bevorzugt behandelt wurden. Zudem wurden explizite Maßnahmen zur Beförderung „illegaler Parteigenossen“ gesetzt und vor allem „alte Kämpfer“ bei Postenvorschlägen bevorzugt.[71] Parallel dazu setzen auch sogenannte „Wiedergutmachungsmaßnahmen“ ein, die im konkreten Fall der Kunstgewerbeschule den 1935 pensionierten Malereiprofessor Bertold Löffler und den 1934 ins Technische Gewerbe-Museum versetzten Oberkontrollor Josef Wallishauer (1885–?) betrafen (vgl. Kap. 1.1.1. und 1.1.2.). Offenkundig bemühte man sich in der Kunstgewerbeschule nicht darum, Bertold Löffler ins Kollegium zurückzuholen, was mit seinem „dem notwendigen Gemeinschaftsgeist widersprechende[n] Verhalten in dienstlichen Angelegenheiten, sowie durch seine Streitsucht und Unverträglichkeit im Verkehr mit seinen Kollegen“[72] begründet wurde. Wallishauser wurde erst innerhalb des Gewerbe-Museums zum Amtssekretär befördert und später an die Kunstgewerbeschule zurückgeholt, während Löffler mit einer finanziellen Kompensation der Gerichtskosten, die aus seinem Disziplinarverfahren entstanden waren, entschädigt wurde.[73]

Rasch nach dem „Anschluss“ und den eben geschilderten nationalsozialistischen „Säuberungen“ an der Kunstgewerbeschule wurde unter den verbleibenden Lehrkräften aktiv für die Mitgliedschaft in der NSDAP[74] wie auch im NS-Lehrerbund geworben. Während diese freiwillig waren, war jene in der Reichskammer der bildenden Künste für Lehrer*innen an Meisterschulen des deutschen Handwerks sowie an Kunstgewerbeschulen verpflichtend.[75] Da mit diesen Beitritten allerdings auch Beitragszahlungen verbunden waren, zögerte das Kollegium der Wiener Kunstgewerbeschule anfänglich, sich kollektiv dem NS-Lehrerbund anzuschließen. Selbst der Vertrauensmann Reinhold Klaus hielt es für sinnvoll, vorerst mit dem Beitritt zu warten, weshalb es sich wohl tatsächlich um eine primär ökonomische und nicht ideologische Entscheidung handelte.[76] Da zudem ab 1939 diverse Listen über den Personalstand, politische Tätigkeiten und Mitgliedschaften geführt wurden, ist mehrfach dokumentiert, dass de facto der Großteil der an der Kunstgewerbeschule tätigen Lehrenden entweder NSDAP-Mitglieder waren, der SA, dem NS-Lehrerbund, der NS-Frauenschaft oder anderen nationalsozialistischen Organisationseinheiten angehörten.[77] Mit Blick auf diese Mitgliedschaften fällt jedoch auf, dass zum Teil auch Nicht-Mitglieder durchaus erfolgreiche Karrieren im Nationalsozialismus aufweisen konnten. Mehrere Personen, die in der Kunstgewerbeschule von 1938 bis 1945 künstlerisch sowie auch auf institutioneller Ebene als aktive Gestalter auftraten und die auf diese Weise die kulturellen Entwicklungen im Nationalsozialismus maßgeblich mitbestimmten, zählten nicht zu den exponiertesten Verfechtern des politischen Systems. So war etwa Paul Kirnig, der im Jahr 1940, also erst relativ spät, NSDAP-Mitglied wurde, eine der treibenden Kräfte im Prozess der institutionellen Aufwertung der Kunstgewerbeschule zur Reichshochschule. Ebenso war er als Leiter der Werkstätte für Druckverfahren maßgeblich daran beteiligt, Werke im Dienste der NS-Propaganda an der Schule zu produzieren. Sein Kollege und Mitstreiter Franz

Schuster (1892–1972), der gemeinsam mit Kirnig und Obsieger direkt mit den Behörden in Berlin verhandelte, um die Kunstgewerbeschule zur Hochschule mit universitärem Rang zu befördern, blieb sogar gänzlich der Partei wie auch dem NS-Lehrerbund fern.[78] Seine Schriften und Reden, z. B. zur Eröffnungsfeier der Reichshochschule für angewandte Kunst im Herbst 1941, zeugen dennoch von einer ideologischen Verwurzelung in der nationalsozialistischen Kunstauffassung. Auf ebensolche strukturelle und kulturpolitische Veränderungen soll im folgenden Kapitel eingegangen werden.

2.2. Strukturelle Veränderungen im nationalsozialistischen Schulalltag

Dass der Schulalltag nicht allein von personellen Veränderungen geprägt war, wurde bereits im Kapitel über den Austrofaschismus ausgeführt. Der Abbau der Schuldemokratie im Hinblick auf das studentische Mitspracherecht oder die Gestaltungsmöglichkeiten der Lehrenden, die zunehmende autoritäre Ausrichtung des Unterrichts sowie die Einführung faschistischer Strukturen im „christlichen Ständestaat“ ebneten insbesondere auf struktureller Ebene den Weg für eine rasche nationalsozialistische Ausrichtung der Kunstgewerbeschule. Dennoch gilt es darauf hinzuweisen, dass mit dem „Anschluss“ eine eklatante Radikalisierung insbesondere hinsichtlich antisemitischer Übergriffe und Gesetzesänderungen zu verzeichnen ist. Diese wirkten sich schließlich auch auf den Alltag der Studierenden aus, die im weiteren Verlauf in den Blick genommen werden. Die folgenden Unterkapitel konzentrieren sich deshalb auf unterschiedliche Akteur*innen, um die Differenzierung der parallellaufenden Entwicklungen im Schulaufbau sichtbar zu machen. Sie gliedern sich nach thematischen Schwerpunkten, die spezifische Phasen der Schulgeschichte von 1938 bis 1945 prägten. Neben antisemitischen Maßnahmen und der ideologischen Neuausrichtung der Kunstgewerbeschule sollen insbesondere die ausschließlich männlichen Akteure und von ihnen gestaltete Prozesse rund um die Erhebung zur Reichshochschule für angewandte Kunst im Jahr 1941 in den Blick genommen werden. Diverse Studierendenorganisationen werden ebenso beleuchtet wie jene Aspekte, die vor allem durch den spürbar werdenden Kriegsalltag auf die Schulentwicklung einwirkten.

2.2.1. Antisemitismus – ein Grundpfeiler der nationalsozialistischen Bildungspolitik

Antisemitische Maßnahmen trafen natürlich nicht nur Lehrende, sondern im Besonderen äußerst massiv und unmittelbar jüdische Schüler*innen der Kunstgewerbeschule.[79] Während im Schuljahr 1936/37 noch 59 Studierende von insgesamt 432 als „mosaisch" im Jahresbericht geführt wurden und es im darauffolgenden Jahr 1937/38 noch 52 von insgesamt 418 waren, wurde in den Jahresberichten ab der nationalsozialistischen Übernahme das Glaubensbekenntnis nicht mehr gesondert verzeichnet Katalog, Abb. 22 u. 23. Dieses ist nur mehr anhand der sogenannten „Nationale", den Immatrikulationsblättern, nachvollziehbar. Wie allerdings mittels diverser Erlässe und Regelungen in die Wege geleitet, sollte die Wiener Kunstgewerbeschule ohnehin bald als „judenrein" gelten. Bereits am 30. April 1938 kündigte der „Völkische Beobachter" den Ausschluss jüdischer Schüler*innen aus Mittelschulen und Gymnasien an.[80] Damit verwies man auf die reichsdeutsche rechtliche Grundlage von 1937,[81] die mit 13. Juni 1938 in Österreich in Kraft trat[82] und vorsah, dass jüdische Kinder zwischen 6 und 14 Jahren zwar der Schulpflicht unterlagen, jedoch in separaten Klassen unterrichtet werden und damit getrennt von nicht-jüdischen Kindern den Schulbesuch absolvieren sollten. Jugendliche, die das Alter von 14 Jahren bereits überschritten hatten, waren insofern von der Regelung betroffen, als ihnen der Schulbesuch damit weitgehend verwehrt blieb. Dies betraf schließlich auch die jüdischen Schüler*innen der Kunstgewerbeschule, wo per Statut ein Eintrittsalter von 16 Jahren galt.[83] Bereits am 24. Juni 1938 langte eine Verordnung betreffend „Jüdische[r] Schüler an österreichischen Gewerbe- und Frauenberufsschulen" in der Direktion Obsiegers ein, die folgende Regelung vorsah:

> *Vom Beginn des Schuljahres 1938/39 angefangen ist die Aufnahme jüdischer Schüler und Schülerinnen in die I. und höheren Jahrgänge (Klassen) der Staatlichen und privaten Gewerbe- und Frauenberufsschulen – mit der nachstehenden Ausnahme – unzulässig. Weiters findet ein Aufsteigen jüdischer Schüler und Schülerinnen der genannten Schulen in den nächst höheren Jahrgang (Klasse) nicht statt. Wer Jude ist oder als Jude gilt, bestimmt sich nach der Kundmachung des Reichsstatthalters in Österreich, wodurch die Verordnung über die Einführung der Nürnberger Rassengesetze im Lande Österreich vom*

30. V. 1938 bekanntgemacht wird, Gesetzblatt für das Land Österreich Nr. 150/1938.[84]

Die erwähnte Ausnahme bezog sich allein darauf, dass jüdischen Schüler*innen der Besuch der Frauenberufsschule des Vereins Dr. Krügerheim im zweiten Wiener Gemeindebezirk gestattet wurde, welche aber ebenfalls die Auflage erhielt, sich an eine begrenzte Studierendenzahl zu halten und den Unterricht allein durch jüdische Lehrkräfte zu bestreiten. Bereits im Oktober 1938 folgte der Erlass, der die „Zulassung von jüdischen Mischlingen zum Schulbesuche" reglementierte. Diese konnten zwar „jede Wahlschule (mittlere, höhere und Fachschule)" besuchen, wurden allerdings nicht mehr zu „Bildungsanstalten für Lehrer und Lehrerinnen"[85] zugelassen und mussten dem Ministerium namentlich gemeldet werden. Eine weitere Verschärfung folgte im November 1938, als der Reichsminister für Wissenschaft, Erziehung und Volksbildung Rektoren von Hochschulen dazu ermächtigte, jüdischen Studierenden das Betreten der Hochschulen zu verbieten. Dies sollte nicht zuletzt auch die Bibliotheksräumlichkeiten der Kunstgewerbeschule betreffen, die schon bald nur mehr nicht-jüdischen Studierenden zur Verfügung standen. Mit 9. Dezember 1938 wurde die genannte Regelung an der Kunstgewerbeschule – obgleich sie zu diesem Zeitpunkt noch nicht Hochschulrang hatte – geltend und die Direktion dazu angehalten, „zur Vermeidung von Unzukömmlichkeiten Juden überhaupt vom Besuch der Hochschulbibliothek auszuschliessen".[86]

Diverse weitere antisemitische Maßnahmen des Ministeriums wie auch anderer Einrichtungen verschärften den Schulalltag für Studierende und Lehrende massiv. Seitens des Gewerbeverbandes der Stadt Wien wurde die Kunstgewerbeschule etwa aufgefordert, offenzulegen, ob die ihr angehörenden Professor*innen Aufträge an jüdische Firmen vergeben hätten. Insbesondere der Architekt Oswald Haerdtl, der im Zuge der Renovierung des Hotels Imperial mit der Firma Oser zusammengearbeitet hatte, wurde gemaßregelt und darauf hingewiesen, dass dies nicht den Vorgaben des Gewerbeverbandes entspreche.[87] Von SS-Standartenführer Otto Wächter wurde wiederum ein Bericht eingefordert, „an welche Juden oder jüdische Mischlinge 1. und 2. Grades im Bereiche Ihrer Verwaltung, Gehälter oder Pensionen ausbezahlt werden".[88] Die Schule sollte die Namen der betroffenen Personen samt der Höhe des jeweiligen Bezugs an ihn übermitteln – wie später deutlich wurde, mit dem

Ziel, diese Summen zu kürzen bzw. gänzlich zu streichen. Im Dezember 1938 wurden die Gewerbe- und Frauenberufsschulen bereits dazu angehalten, den Unterrichtsgegenstand „Erblehre und Rassenkunde“ einzuführen, welcher in den Bereich des Geschichtsunterrichts oder der Staatsbürgerkunde integriert werden sollte.[89] Die rasche Implementierung immer radikaler werdender antisemitischer Maßnahmen auf unterschiedlichen Ebenen des Schulalltags stieß insgesamt auf wenig Widerstand in der Kunstgewerbeschule. Vielmehr gliederte sie sich in eine breite Entwicklung nach dem „Anschluss“ ein, die basierend auf der Mithilfe der österreichischen Bevölkerung und durch ein aktives Denunziantentum Jüdinnen und Juden vom Sozialleben ausschloss und in weiterer Folge zur Vertreibung und Ermordung in den Vernichtungslagern führte. Dieses antisemitisch motivierte Denunziantentum wurde sogar so weit getrieben, „daß deutsche Volksgenossen um deswillen denunziert wurden, weil sie früher einmal in jüdischen Geschäften gekauft, bei Juden gewohnt oder sonst mit Juden in geschäftlicher Beziehung gestanden haben“.[90] Dieses Verhalten ging, wie aus einem geheimen Schreiben an diverse öffentliche Stellen hervorgeht, trotz „aller Notwendigkeit“[91], selbst den nationalsozialistischen Behörden zu weit, sodass die adressierten Stellen dazu aufgefordert wurden, ein solches Vorgehen zu mäßigen. An der Wiener Kunstgewerbeschule waren insbesondere Robert Obsieger und Reinhold Klaus die treibenden Kräfte bei der Umsetzung antisemitischer Maßnahmen. Sie verfolgten damit das Ziel, nicht nur die „Säuberung“ der Schule so rasch wie möglich zu realisieren, auch forcierten sie eine ideologische Neuausrichtung, die sich sowohl in den Unterrichtsfächern als auch in der Kommunikation mit den zuständigen Ministerien manifestierte.

2.2.2. Von der Denkschrift zum politischen Programm

In den ersten Monaten nach der nationalsozialistischen Übernahme der Kunstgewerbeschule wurden bereits Bestrebungen laut, die Einrichtung ideologisch umzugestalten und innerschulisch neue kulturpolitische Impulse zu setzen. Damit wird auch deutlich, dass die „Gleichschaltung“ nicht allein ein extern forcierter Prozess war, sondern nicht unwesentlich auf innerschulische Bestrebungen zurückgeführt werden konnte. Symbolische Maßnahmen zur Zementierung des Führerkults sowie der Volksgemeinschaft, etwa das

Kitty Goldman/ Goldmann

Wien 9. Juni 1918 –
25. November 2002 Santiago de Chile

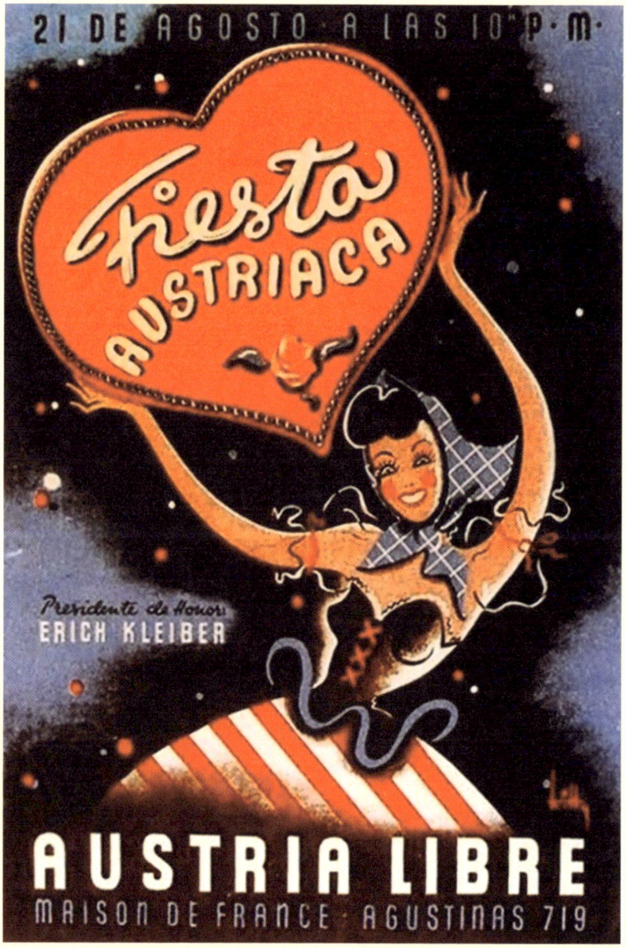

Abb. Goldman 1
Kitty Goldman, *Fiesta Austriaca*, Plakat für die Exilorganisation Austria Libre, 1942

Abb. Goldman 2
Kitty Goldman, *Berg St. Cristobal*, Tempera auf Karton, 1951

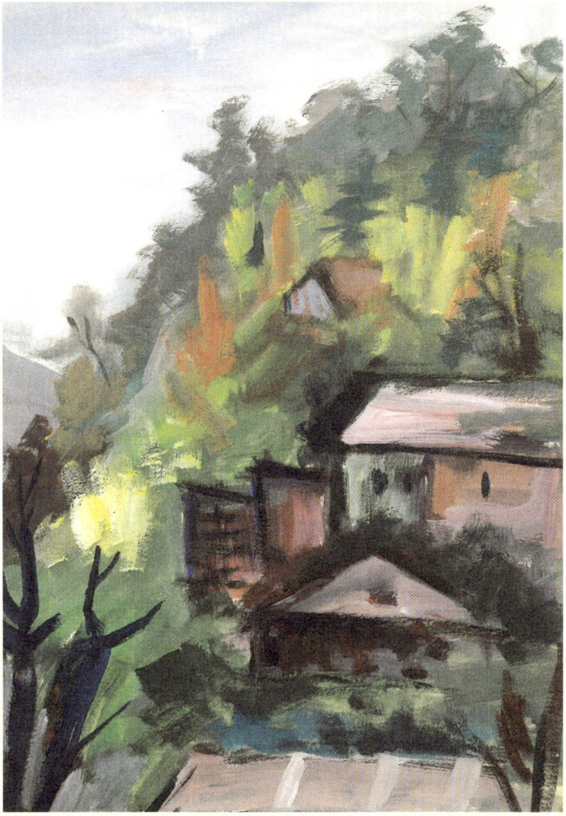

Der Name Goldman war zu Beginn des zwanzigsten Jahrhunderts in Wien vielen ein Begriff. Zahlreiche Herren, insbesondere aus dem modebewussten Bürgertum, frequentierten schließlich das von Kitty Goldmans Vater betriebene Modegeschäft Goldman & Salatsch. Das Ehepaar Leopold und Lilly Goldman verbuchte nicht nur wirtschaftliche Erfolge, es war auch bestens vernetzt in der Wiener Kunst- und Kulturszene. Unter anderem verband sie eine Freundschaft mit dem Architekten Adolf Loos (1870–1933). Dieser plante 1909 auch das neue Verkaufsgebäude für Goldman & Salatsch, das bekannte Looshaus am Michaelerplatz 3 in der Wiener Innenstadt.

Kitty Goldman war ein Kind des Fin de Siècle und wuchs inmitten der Entwicklungen der Wiener Moderne auf. Erst besuchte sie die bekannte Reformschule von Eugenie Schwarzwald (1872–1940), später wechselte sie an die Wiener Kunstgewerbeschule. Schon früh erhielt sie parallel zur schulischen Ausbildung auch privaten Malunterricht – Privileg einer Tochter aus wohlsituiertem Hause. An der Kunstgewerbeschule besuchte sie ab 1934 Kurse bei Franz Čižek (1865–1946) und Viktor Schufinsky (1876–1947) und spezialisierte sich auf Gebrauchsgrafiken. Als ambitionierte Kunstgewerblerin fand sie rasch Anstellung bei der Zeitschrift „Moderne Welt“, einem populären Blatt, das über Kunst, Mode und Literatur berichtete. Dieses und andere Lifestyle-Magazine der Zeit wurden wesentlich von aufstrebenden Talenten wie Kitty Goldman geprägt, von jungen Frauen, die in den Medien der Massenkultur eine gesellschaftliche Gestaltungsmacht erkannten.[1]

So vielversprechend die Karriere der jungen Künstlerin begann, so schnell wurde sie zumindest in Wien wieder beendet. Als Jüdin musste Goldman nach dem „Anschluss" Österreich verlassen und emigrierte über Holland und Italien nach Südamerika, wo sie in Chile Exil fand. Ihr Bruder Harry konnte ebenfalls aus Wien entkommen, ihre Eltern und den Bruder Fred sollte Kitty Goldman jedoch nicht mehr wiedersehen.

Chile war im Unterschied zu anderen südamerikanischen Staaten in den 1930er und 1940er-Jahren kein besonders begehrtes Exilland. Während sich Mexiko unter der linken Regierung Lázaro Cárdenas del Río (1895–1970) aktiv um die Aufnahme politisch Verfolgter aus Europa bemühte, war Argentinien aufgrund der langen Einwanderungstradition ein beliebtes Ziel bei Jüdinnen und Juden. Chile hingegen lag auf der anderen Seite des Kontinents, am Pazifik. Allein diese Lage machte es weniger attraktiv. Dennoch gelangte Goldman 1939 nach Santiago de Chile, wo sie auf eine lebendige Kunst- und Kulturszene stieß. Dort arbeiteten Pablo Neruda (1904–1974) sowie Gabriela Mistral (1889–1957), die beide später den Nobelpreis für Literatur erhielten. Gemeinsam mit der Bildhauerin und Malerin Laura Rodig (1901–1972) engagierte sich Mistral für die Aufnahme von Geflüchteten und organisierte Unterkünfte, Sprachkurse und weitere Unterstützungen vor Ort. Neben solchen privaten Initiativen waren es Exilorganisationen wie Das andere Deutschland oder das Comité Contra el Antisemitismo, die sich um die Versorgung der Vertriebenen aus Europa kümmerten.[2] Kitty Goldman engagierte sich in der Vereinigung Austria Libre und fand hier auch beruflichen Anschluss. Sie entwarf Plakate und Broschüren für die Organisation, u. a. 1942 für das österreichische Fest (Fiesta Austriaca) unter dem Ehrenschutz des ebenfalls aus Wien stammenden Antifaschisten und Dirigenten Erich Kleiber (1890–1956).[3] Formsprachlich knüpft das Plakat an die Arbeiten an, die vor 1938 entstanden waren. Mit großer Leichtigkeit wird Österreich als alpines Land der Feste und Feiern präsentiert – eine idealisierende Inszenierung der alten Heimat, die sich oft im Werk Exilierter findet. Der Topos der Heimat blieb in Goldmans Œuvre über die Jahre hindurch präsent und manifestierte sich auch in ihrem malerischen Werk. So zeugt ihre vielfache Auseinandersetzung mit der chilenischen Landschaft von einem beinahe touristischen Blick, der ihre Selbstwahrnehmung als Exilierte, als Außenstehende ohne feste Verwurzelung, wiedergibt.

Goldmans künstlerisches Gesamtwerk umfasst Illustrationen, Stoffentwürfe, Plakate, Prospekte sowie Aquarelle. Ihre Wiederentdeckung in Österreich ist vor allem ihrer eigenen Initiative zu verdanken, da sie in den 1980er-Jahren begann, wieder Kontakte zur österreichischen Kunstszene aufzunehmen. 1989 wurde sie mit dem Silbernen Ehrenzeichen für Verdienste um die Republik Österreich gewürdigt, und 1991 fand eine Ausstellung zu ihrem malerischen Werk im Wiener Looshaus statt. Dennoch ist sie heute in Österreich weitgehend unbekannt und ihr Werk in Vergessenheit geraten.

1 Exemplarisch zu Kitty Goldman/Goldmann: Kitty Goldmann, in: Alisa Dober/Edith Blaschitz (Hg.), Wie weit ist Wien. Lateinamerika als Exil für österreichische Schriftsteller und Künstler, Wien 1995, 127–128; Kulturkreis Looshaus (Hg.), Kitty Goldmann – Malerei, Ausstellungskatalog, Wien 1991.

2 Zu Chile als Exilland vgl. Irmtrud Wojak, Exil in Chile. Die deutsch-jüdische und politische Emigration während des Nationalsozialismus 1933–1945, Berlin 1994; zu jüdischen Künstlerinnen in Chile vgl. Christina Wieder, Spurensuche des Exils: Künstlerisches Schaffen jüdischer Frauen in Chile, in: Eva Sabrina Atlan/Mirjam Wenzel (Hg.), Zurück ins Licht. Vier Künstlerinnen – Ihre Wege, Ihre Werke. Ausstellungskatalog Jüdisches Museum, Frankfurt 2022, 171–173.

3 Zur grafischen Arbeit Goldmans in Chile vgl. Alejandro Godoy, Historia del Afiche Chileno, Valparaíso 1992.

Anbringen von Bildern Adolf Hitlers in den Klassenräumen,[92] die Einführung des Hitlergrußes[93] oder die Aufstellung von Ahnentafeln in der Schule[94], waren begleitet von eigens kreierten Feiertagen, etwa zum Geburtstag Adolf Hitlers am 20. April,[95] zum „Gedenken für die Gefallenen der Bewegung“[96] am 9. November, zur „Gründung des Dritten Reichs“[97] am 30. Jänner oder zur „Wiedereingliederung Österreichs ins Dritte Reich“[98] am 13. März. Diese neugeschaffenen Festtage boten Anlass, um öffentliche Inszenierungen der Macht mit kulturpolitischen Agenden zu verbinden. Detailliert geregelt wurden dabei auch der Grad der Involviertheit der Schüler*innen und Lehrenden, die Beflaggung des Schulgebäudes sowie Ablauf und Inhalt der Feierlichkeiten.

Diese Veranstaltungen illustrieren bereits, wie nationalsozialistisch-faschistische Strukturen samt Führerkult, neuer Geschichtsnarrative und -konstruktionen durch Groß- und Massenevents an der Kunstgewerbeschule eingeführt und adaptiert wurden. Allerdings waren es u. a. konkrete kulturpolitische Maßnahmen, die dezidiert Individuen adressierten und diesen zugleich individuelle Verantwortung zusprachen. Die Mithilfe jedes/jeder Einzelnen, so die Logik hinter der individuellen Adressierung, sollte ein nachhaltiges Wirken der politischen Agenden im volksgemeinschaftlichen Sinne überhaupt erst möglich machen. Beispielsweise wurde im Herbst 1938 ein Appell an alle öffentlichen Angestellten gerichtet, die unter Dollfuß und Schuschnigg verliehenen Orden und Ehrenzeichen zurückzulegen.[99] Dies betraf auch Lehrpersonen an der Kunstgewerbeschule, darunter Oswald Haerdtl, der noch 1937 mit dem Großen Österreichischen Staatspreis ausgezeichnet worden war.[100] Zwar kann aus den vorhandenen Quellen nicht rekonstruiert werden, wer sich aktiv an der Rückgabe solcher Preise beteiligte; allerdings zeigt zumindest Haerdtls weiterer Karriereverlauf, dass er sich durchaus im nationalsozialistischen Kulturschaffen zurechtfand und es nicht unwesentlich mitgestaltete.[101]

Wie bereits eingangs angemerkt, agierten schon vor dem „Anschluss“ diverse Persönlichkeiten an der Schule, die an der nationalsozialistischen Ausrichtung der Unterrichtsgegenstände arbeiteten und dementsprechend schnell etwaige Konzeptpapiere, Denkschriften und politische Bekenntnisse mit Ideen und Vorstellungen zur Umgestaltung der Kunstgewerbeschule vorlegten. Zwei frühe programmatische Texte aus dem Jahr 1938 sollen im

Folgenden besprochen und anhand ihrer Analyse gezeigt werden, welche ideologischen Verortungsbestrebungen die Kunstgewerbeschule darin vornahm.

Am 9. November 1938 fand die bereits erwähnte Feier zum „Gedenken für die Gefallenen der Bewegung" im Festsaal des Österreichischen Museums für Kunst und Industrie statt, die Reinhold Klaus mit einer flammenden Rede für Hitler und die NSDAP eröffnete. In Anlehnung an die Rhetorik Hitlers und anderer nationalsozialistischer Funktionäre offerierte er einen autobiografischen Rückblick auf seine Tätigkeit als Kunstlehrer in München – eine Referenz, die ihm wohl zusätzliche Legitimation für seinen kunstgewerblichen Standpunkt verleihen sollte. Schließlich war München für Hitler persönlich sowie für die nationalsozialistische Bewegung als Führerstadt von besonderer Bedeutung und kulturpolitisch signifikant, wurde dort doch das Haus der deutschen Kunst erbaut, das in den Jahren von 1937 bis 1944 die für die NS-Kunst stilprägende *Große Deutsche Kunstausstellung* präsentierte. Mit den jeweiligen Ausstellungen wurde versucht, ein völkisch-rassisches Ideal als Kern der „deutschen Kunst" zu definieren und gleichzeitig Abweichendes als „entartet" zu diffamieren.[102] Klaus' Sympathie für die NS-Kunst- und Kulturpolitik wird erneut evident, wenn er in Anlehnung an das nationalsozialistisch konstruierte Verfallsnarrativ deutscher Kultur kundtat, dass das „deutsche Volk unrettbar verloren" gewesen wäre, wenn nicht Adolf Hitler es gerettet hätte – der „unbekannte Soldat des grossen Krieges".[103] Weiteren Lobgesängen auf die Willensstärke und politischen Errungenschaften des „Führers" – „er rettete das deutsche Volk, rettete die Ostmark und die Sudetendeutschen"[104] – folgte der Appell an jeden und jede Einzelne/n:

> *Wir müssen in uns gehen und uns fragen: „Was kannst Du, was kein anderer kann?" Hier fängt es an! Ein jeder versucht bei sich anzufangen und vor allem mehr und besseres zu leisten als bisher. Für uns steht das Leistungsprinzip obenan und der Satz Adolf Hitlers: „Kunst ist eine erhabene und zum Fanatismus verpflichtende Mission."*[105]

Damit appellierte Klaus nicht nur an die Pflichten des Individuums, das er zugleich als Teil der Volksgemeinschaft ansprach, er maß auch der Kunst ein besonderes Potenzial bei, das nationalsozialistische Regime, seine Gesellschaft und Kultur zu gestalten. Klaus fokussierte im Weiteren auf die „schöpferischen Dinge"[106], die dazu geführt hätten, dass „[u]nsere Schule […]

richtunggebend im Wiener Kunstleben“[107] gewesen sei. Damit ging der Referent dazu über, die Anliegen der Kunstgewerbeschule als eng verwoben mit den nationalsozialistischen Kunstagenden darzustellen, was ihm insbesondere durch die Integration von Handwerksdiskursen gelang:

> *Das Handwerk und besonders das Kunsthandwerk erfordert eine unendliche Hingabe, Geduld und Beharrlichkeit, verbunden mit Begeisterungsfähigkeit und Selbstaufopferung. Von anderen können wir nur materiell gefördert werden und durch Stellung von Aufgaben. Künstlerisch können wir uns nur fördern durch eigenen Antrieb. [...] Der äussere Erfolg kann nur auf Grund innerer Kraftentfaltung entstehen. Wir müssen unsere Aufgaben suchen und finden. Was einmal von uns übrig bleibt, ist die künstlerische Leistung. Um dies zu erhöhen ist es notwendig, dass sich alle, die zu unserer Schule gehören, fest zusammenschliessen, eine wirkliche Gemeinschaft bilden. Die Familie ist die Grundlage des Staates und auch unsere Lehrer- und Arbeitsgemeinschaft soll einer Familie ähnlich werden.*[108]

Reinhold Klaus kombinierte auf diese Weise das nationalsozialistische Prinzip der Volksgemeinschaft – und die damit verbundenen Vorstellungen von Familie mit einem wirtschaftlichen Leistungsprinzip, das mehr einer kapitalistischen als einer kreativen Logik folgte. Diese spezifische Vorstellung eines produktiven Kunstschaffens, das Marktkriterien entsprach, war für die Wiener Kunstgewerbeschule nicht neu, aber sie wurde nun mit den nationalsozialistischen Regelungen für die Kunstproduktion – wie sie etwa auch in der Reichskammer der bildenden Künste Eingang fanden[109] – verknüpft. Während also einerseits ein spezifischer, bereits der Romantik entsprungener und um 1900 intensivierter Geniekult rund um das nationalsozialistische Künstlertum entwickelt wurde – etwa durch die Einführung der Gottbegnadeten-Liste,[110] die das ewig Andauernde und Übermenschliche in der Kunst zu betonen suchte –, existierte zugleich die Vorstellung, dass auch eine künstlerisch-schöpferische Arbeiter*innenschaft in Handwerkskontexten einen Beitrag zur kulturellen Entwicklung leisten konnte. Diese war zwar nicht zur Schaffung höheren künstlerischen Gutes berufen, sollte aber durch handwerkliche Fertigkeiten der nationalsozialistischen Volksgemeinschaft dienen. Dieser Ansatz ließ sich nicht zuletzt auch mit Hitlers eigener antiakademischer und, wie die

Kunsthistorikerin Birgit Schwarz betont, damit in direkter Verbindung stehender antisemitischer Kunsthaltung sowie mit der seit 1937 etablierten nationalsozialistischen Ausstellungspraxis verbinden.[111]

Wie die Historikerin Rosemarie Burgstaller betont, war der nationalsozialistische Fokus auf das Handwerk dem Rückgang von kleinen und mittleren Handwerksbetrieben geschuldet – eine Entwicklung, die auf die zunehmende Industrialisierung zurückzuführen ist. Diverse Handwerksschauen und Ausstellungen, deren Anzahl im nationalsozialistischen Deutschland ab 1933 deutlich zunahm, verfolgten das wirtschaftliche Interesse,[112] den Berufsstand zu stärken, waren aber gleichzeitig, wie Burgstaller argumentiert, „stark ideologisch aufgeladen und antisemitisch codiert".[113] Dies war, folgt man dem Historiker Heinrich August Winkler, wiederum Resultat einer länger zurückreichenden Tradition sowie der antidemokratischen und antimarxistischen Grundhaltung der Handwerks- und Mittelstandsideologie zu Beginn des 20. Jahrhunderts.[114] Die Wiener Kunstgewerbeschule führte seit jeher handwerkliche und künstlerische Ansätze zusammen, insbesondere die Wiener Werkstätte leistete einen zentralen Beitrag dazu, die traditionelle Konnotation des Handwerks in einen modernen Diskurs des künstlerischen Fortschritts einzubeziehen. Dabei spielten nicht zuletzt diverse Kooperationen mit dem jüdischen Bürgertum eine zentrale Rolle, das vielfach durch private Aufträge und finanzielle Förderungen die kulturelle Entwicklung an der Wiener Werkstätte unterstützte. Damit wird auch deutlich, dass die ursprüngliche Handwerkskonzeption der Bildungseinrichtung nicht traditionell antisemitisch aufgeladen war, sondern vielmehr die politische Radikalisierung in den folgenden Jahren dazu geführt hatte, dass das Handwerk für ebensolche Zwecke instrumentalisiert wurde. Nicht zuletzt war es der britischen Arts-and-Crafts-Bewegung zu verdanken, dass eine Rückbesinnung auf das Handwerk als Grundsubstanz des Kunsthandwerks und folglich auch des Kunstgewerbes popularisiert wurde.[115] Die Arts and Crafts-Bewegung war durchaus von utopischen Ideen geprägt und ist als Reaktion auf die industrielle Massenfertigung zu verstehen sowie aus teils frühsozialistischen Denktraditionen entstanden. Sie wollte, wie später die Wiener Werkstätte und folglich auch die Kunstgewerbeschule, bis in die frühen 1930er-Jahre eine Erneuerung der Kunst durch handwerkliche Ansätze erzielen. Davon unterschied sich aber der Handwerksdiskurs im Nationalsozialismus, auf den sich Vertrauensmann Reinhold Klaus in besagter Rede bezog, insofern, als sich darin das Handwerk vermehrt der „wahren“ bzw. „genialen“ Kunst unterordnen musste.

Bei genauerer Betrachtung der nationalsozialistischen Kunsttheorie fällt auf, dass diese bedingt durch ihren eklektischen Charakter zahlreiche Widersprüche und keineswegs eine stringente Argumentation aufwies. Beachtet man zudem, dass die Erhebung der Kunstgewerbeschule in Wien zur Reichshochschule für angewandte Kunst – also ihre Akademisierung – wesentlich durch die Selbstverortung im antiakademischen nationalsozialistischen Handwerksdiskurs legitimiert wurde, wird diese Paradoxie erneut deutlich. Wie bereits in der Abhandlung der „Architekten-Frage“ (Kap. 1.2.2.) erörtert, waren seit geraumer Zeit Stimmen zu verzeichnen, die eine institutionelle Aufwertung der Kunstgewerbeschule forderten. Als der Schule 1937 das Recht entzogen wurde, den Titel „freier Architekt“ zu vergeben, kochte die Debatte erneut hoch. Es ist deshalb kaum verwunderlich, dass kurz nach dem „Anschluss“ erneut Bestrebungen zu verzeichnen sind, die Schule zur (Reichs-)Hochschule umzuwandeln, und dass diese fortan mithilfe des nationalsozialistischen Handwerksdiskurses untermauert wurden. Bereits am 12. April 1938 legte die Kunstgewerbeschule eine Mappe an, die den Titel „Denkschrift über die neuen Aufgaben u. Lehrziele der Kunstgewerbeschule – Wien“ trug und neben einem eigenen politischen Programm auch den kulturellen Neuaufbau der Schule diskutierte:[116]

> *Im nationalsozialistischen Deutschland, in dessen geistige, kulturelle und wirtschaftliche Zielsetzung nun auch Oesterreich einbezogen ist, gilt die weltanschauliche Erfassung des ganzen Volkes, die Wiedergewinnung einer wahren, tiefgreifenden deutschen Gesamtkultur und die Förderung aller schöpferischen Kräfte als höchstes Ziel des kulturellen Lebens der Nation. Nicht grosse Einzelkunstleistungen allein, sondern gerade eine möglichst in die Breite wirkende Qualitätsarbeit auf allen gestaltenden Gebieten ist die Grundlage einer Kultur; das schöpferische Handwerk hat dabei eine besondere Bedeutung, als die Mutter aller Künste.*[117]

Das Selbstverständnis der Wiener Kunstgewerbeschule hätte kaum deutlicher zum Ausdruck kommen können. Sie wollte sich nicht an der akademischen Ausbildung der Kunsthochschulen orientierten, die die „grossen Einzelkunstleistungen“[118] hervorbringen würden, sondern ihre Wirksamkeit im Volk (bzw. in der Volksgemeinschaft) verorten. Durch den Bezug auf das Handwerk evozierte man eine Form der Bodenständigkeit, die „die Kluft zwischen Künstler und Volk“[119] zu überbrücken suchte. Einmal mehr basierte die Argumentation auf besagter paradoxer Gleichzeitigkeit: Denn während sich der Text einerseits auf die Tradition und das Volkstümliche bezog, die die Nähe zum Volk herstellen und sich der Abgehobenheit von Einzelkunstleistungen mit ihrer Breitenwirksamkeit entgegenstellen würden, diente zugleich die internationale Orientierung der Kunstgewerbeschule als Argument für ihre eigentliche Einzigartigkeit. Während also in der Theorie die Schule in ihrer handwerklichen Erdung für die breite Volksgemeinschaft stand, hob sie zugleich ihre singuläre Stellung als Bildungseinrichtung von Weltrang hervor. Diese wurde wieder in eine den Marktkriterien folgende Leistungslogik eingebunden, indem insbesondere der „Export kunstgewerblicher Erzeugnisse des Handwerks und der Industrie“ als für „das neue Grossdeutschland und sein kulturelles Ansehen in der Welt“[120] relevant erachtet wurde. Schließlich wurde sogar gefordert, dass die Kunstgewerbeschule, „die höchste Schule für diese [die Jugend] und das Handwerk werden [müsse] und eine Zentralstelle für die Hebung unserer Formkultur“.[121]

Die programmatische Schrift verband mittels handwerklicher Ansätze eine Leistungsideologie mit den Prinzipien der Volksgemeinschaft und stilisierte auf diesem Wege zugleich die Jugend als Zukunftsträger des NS-Systems hoch. Speziell der Kunstgewerbeschule als handwerklicher Ausbildungsstätte komme hier, so das Manuskript, besondere Bedeutung zu, denn sie habe die „Erziehung zu höchster handwerklich gebundener Wertarbeit“ sowie die Formierung der Jugend zum Ziel, genauso wie die Schaffung eines „tiefe[n] Verantwortungsbewusstsein[s] für das kulturelle Schicksal unseres Volkes“.[122] Um jedoch diese Ziele zu erreichen, brauche es erneut das Engagement jedes/jeder Einzelnen, denn nur in dieser Gesamtheit könne es das „ganze Volk zu Höchstleistungen“[123] bringen.

Ein weiteres Konzeptpapier zur Kunstgewerbeschule im kulturellen Neuaufbau findet sich in der im April 1938 angelegten Mappe, von der bereits die Rede war. Bemerkenswert an dieser auf den 16. November 1938 datierten Schrift ist, dass sie auf eben ausgeführte kunsttheoretische und ideologische Überlegungen rekurriert und sich explizit deren praktischer Umsetzbarkeit widmet. Dabei rücken unterschiedliche Schultypen in den Blick und die

Frage, wie sich die Kunstgewerbeschule zwischen Akademien und Fachschulen mit ihrer spezifischen beruflichen Praxis positionieren könne. Rasch wird klar, dass die Wiener Kunstgewerbeschule den Fachschulen übergeordnet sein müsse, denn diese würden rein handwerklich-technische Fertigkeiten lehren, jedoch keine künstlerische Ausbildung anbieten.[124] Die Akademien der bildenden bzw. freien Künste – konkret war natürlich die Wiener Akademie der bildenden Künste[125] gemeint – seien jedoch „wenig – wenn nicht ungeeignet – für die Erziehung der Gestaltung der inneren Umwelt, die in Gerät und Haushalt, im Raum und Wohnhaus, in allen Dingen des täglichen Lebens und Arbeitens in Erscheinung tritt".[126] Die Gestaltung eben dieser Bereiche, folgt man der Argumentation des Konzeptpapiers, sei insbesondere die Aufgabe der Kunstgewerbeschulen. Die Akademien hingegen würden sich den „grossen Themen und Aufgaben der freien Künste"[127] widmen. Während auch die Kunstgewerbeschule in der Vergangenheit Gefahr gelaufen wäre, im „Kunstsnobbismus und Intellektualismus" zu versinken, stehe sie nun wieder auf einer „festen handwerklichen Grundlage".[128] Und auf dieser Basis, darauf schienen die programmatischen Schriften zur Neuausrichtung der Kunstgewerbeschule abzuzielen, könne auch die institutionelle Aufwertung zur (Reichs-)Hochschule für angewandte Kunst geschehen.

2.2.3. „Sonderfall" Wiener Kunstgewerbeschule?

Wie die konzeptuellen Schriften zur Umgestaltung der Kunstgewerbeschule im Kontext der nationalsozialistischen „Gleichschaltung" festhielten, erhoffte man sich durch den Regimewechsel, die Debatten um die Architekturausbildung sowie die Verleihung des Hochschulstatus der Bildungseinrichtung wieder aufnehmen zu können. Dabei fällt auf, dass – wie im voranstehenden Kapitel erörtert wurde – die erste Phase des Erhebungsprozesses sich durch eine künstlerisch-ideologische Neuausrichtung im nationalsozialistischen Sinne auszeichnete.[129] In einem zweiten Schritt folgte die physische Expansion des Schulgebäudes. Immer wieder wurde etwa an die Behörden gemeldet, dass die Schule mehr und größere Werkstätten und Klassenräumlichkeiten benötige, da die Produktivität so hoch und die Anfragen stetig steigen würden. Obgleich Raum- und Ressourcenknappheit seit jeher an der Schule thematisiert wurden, scheinen die Bestrebungen ab 1938/39 allerdings direkt mit

Abb. H
Blick in die Klasse Haerdtl, undatiert, Fotograf*in: unbekannt, UaK, IN 16.357/3a/F

der Hochschuldebatte in Verbindung gestanden zu sein. Schließlich waren es im Grunde die gleichen Akteure, die die räumliche Ausweitung vorantrieben sowie die Erhebung zur Hochschule forcierten. In der dritten Phase traten ausgewählte Lehrpersonen der Schule direkt mit dem Reichsministerium für Wissenschaft, Erziehung und Volksbildung in Berlin, dem Reichsminister Bernhard Rust (1883–1945) vorstand, in Kontakt und agitierten auf unterschiedlichen Ebenen für die institutionelle Aufwertung der Kunstgewerbeschule, die nach langen Verhandlungen im Herbst 1941 realisiert wurde.

Noch im Sommer 1937 war die räumliche Erweiterung der Kunstgewerbeschule ausführlich diskutiert, allerdings vorerst keine befriedigende Lösung gefunden worden.[130] Ab 1939 versuchte die Schule erneut, Neubaupläne durch das Ministerium für innere und kulturelle Angelegenheiten finanzieren zu lassen. Entwürfe von Architekturprofessor Franz Schuster wurden vorgelegt und mehrfach begutachtet, wobei die Baubehörden eine Überarbeitung und Adaptierung der Baupläne forderten.[131] Zur Umsetzung des von Schuster entworfenen Zubaus kam es jedoch nie, da nur wenig später eine finanziell günstigere Lösung gefunden wurde.[132] Nur kurz nach der Einreichung bzw. Ablehnung der Zubaupläne seitens des Ministeriums mietete die Kunstgewerbeschule Räumlichkeiten des in der Schönlaterngasse liegenden Stifts Heiligenkreuz im ersten Wiener Gemeindebezirk an. Die ehemalige Prälatur sowie die dazugehörige Sala Terrena sollten Platz für weitere Klassenzimmer bieten und die Raumnot vorerst lindern. Insbesondere Oswald Haerdtl, der Leiter der Fachklasse für gewerbliche und industrielle Entwürfe sowie der Fachklasse für Architektur, führte die Verhandlungen mit dem Stift. Die unmittelbare Nähe zum Hauptgebäude sowie die infrastrukturellen Bedingungen im Heiligenkreuzer Hof wurden als Argumente für eine rasche Anmietung angeführt.[133] Die Verhandlungen beanspruchten allerdings einige Zeit, da die Stiftsleitung diverse Auflagen in den Mietvertrag hineinreklamierte, die insbesondere die

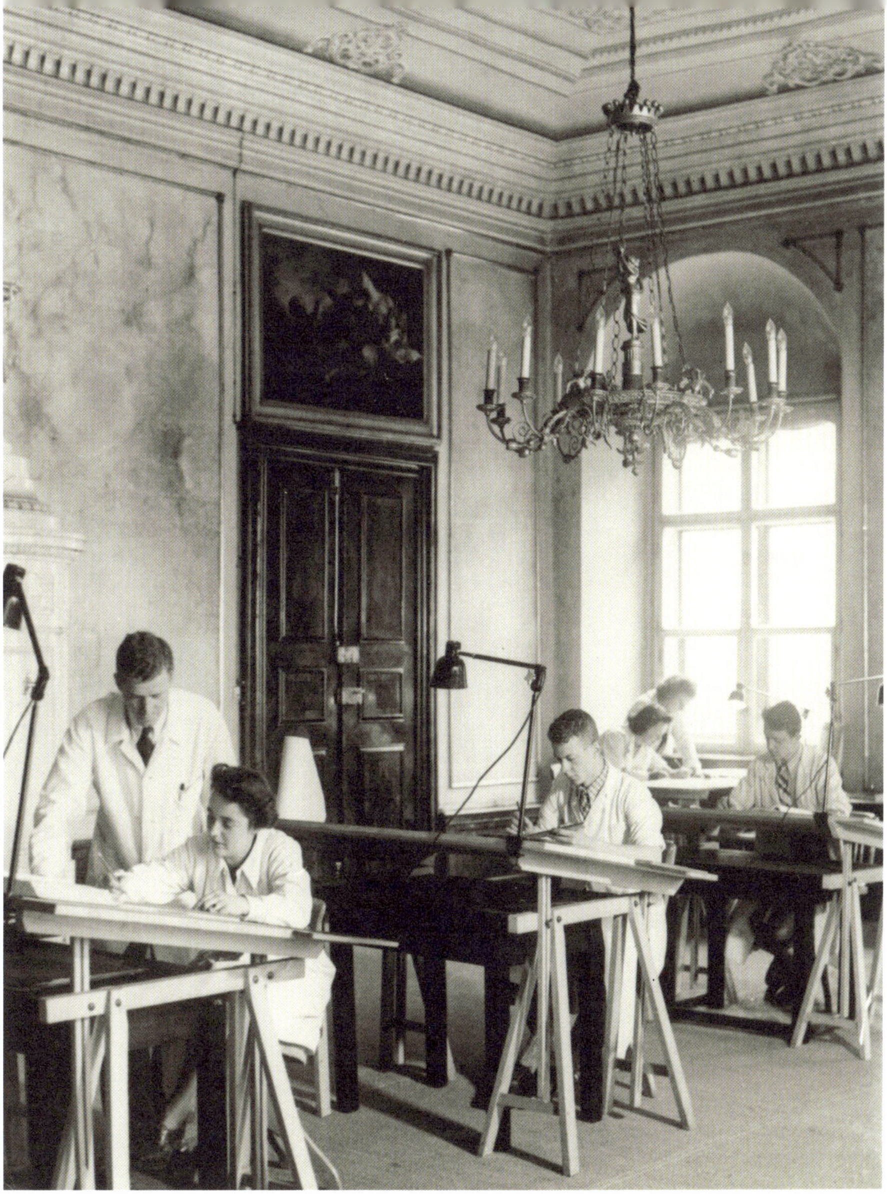

regelmäßige Begutachtung der Räumlichkeiten und die Instandhaltung betrafen. Schließlich stand das Gebäude unter Denkmalschutz und man wollte seitens der Vermieter keine baulichen Eingriffe genehmigen.[134] Einigen wenigen Umbauarbeiten wurde vor der Anmietung allerdings noch stattgegeben, damit die Räume als Werkstätten dienen konnten. Im Schuljahr 1939/40 übersiedelte Oswald Haerdtl schließlich mit seinen Fachklassen in den Heiligenkreuzer Hof, dessen ehemalige Prälatur und Sala Terrena noch heute als Universitätsgalerie der Angewandten dienen Abb. H.[135]

Leo Glückselig

Wien 5. Mai 1914 – 14. Juni 2003 New York

Ida/Ita Goldberg

Sosnowiec 5. März 1919 – 22. Oktober 1992 New York

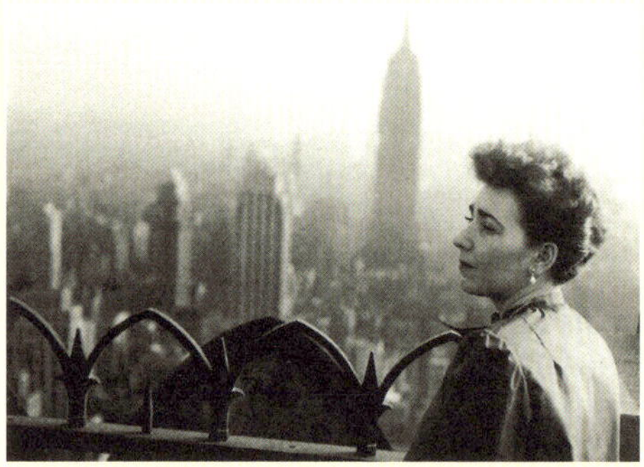

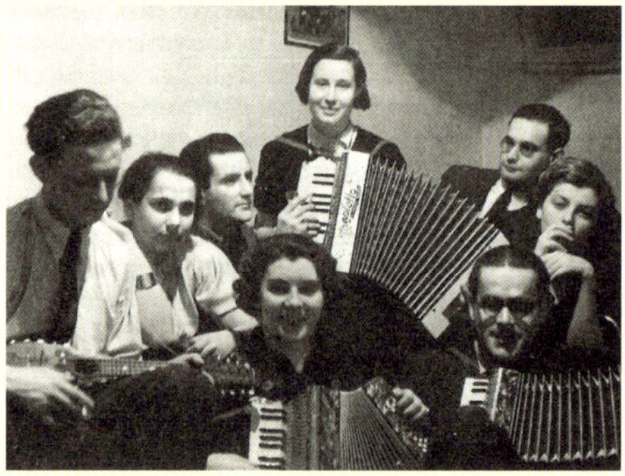

Leo Glückselig und Ita Goldberg lernten sich an der Kunstgewerbeschule kennen. Obwohl Glückselig sein Studium bei Oskar Strnad (1879–1935) 1933 begann und später Kurse im Bereich der Innenarchitektur und Möbeltischlerei bei Carl Witzmann (1883–1952), Hans Vetter (1897–1963) und Oswald Haerdtl (1899–1959) besuchte, plante er noch 1938, sein Diplom bei dem Architekten Franz Schuster (1892–1972) abzulegen.[1] Ita Goldberg spezialisierte sich auf Metall- und Schmuckarbeiten und studierte ab 1936 vornehmlich bei Eugen Mayer (1890–1961).[2] Goldberg und Glückselig verband die gemeinsame Ausbildungszeit an der Kunstgewerbeschule, außerdem lebten sie in einer Beziehung. Doch schon bald trennten sich ihre Wege, als sie aufgrund ihrer jüdischen Herkunft gezwungen waren, die Schule zu verlassen. Goldberg ging vorerst zu ihrer Familie nach Polen, wo die Eltern eine Fabrik für Galanteriewaren aus Metall betrieben. Dort konnte sie das in Wien erworbene Wissen anwenden. Sie versuchte auch Leo Glückselig, mit dem sie eine gemeinsame Zukunft plante, davon zu überzeugen, nach Polen zu kommen. Doch dieser wollte zuerst sein Architekturdiplom einreichen. Zwar erhielt Glückselig nach dem „Anschluss" noch ein Abschusszeugnis, seine Arbeit, die er als Diplomprojekt umgesetzt hatte, wurde aber von der nationalsozialistischen Schulleitung

Abb. Goldberg/Glückselig 1
Ita Goldberg in Manhatten, undatiert, Fotograf: Leo Glückselig, Privatsammlung

Abb. Goldberg/Glückselig 2
Leo Glückselig (ganz links) mit Studienkolleg*innen, 1936, Fotograf*in: unbekannt, Privatsammlung

Abb. Goldberg/Glückselig 3
Leo Glückselig, *St. Stephan 1938*, 1981, Tusche, Feder, Aquarell auf Karton, UaK, IN 13.802

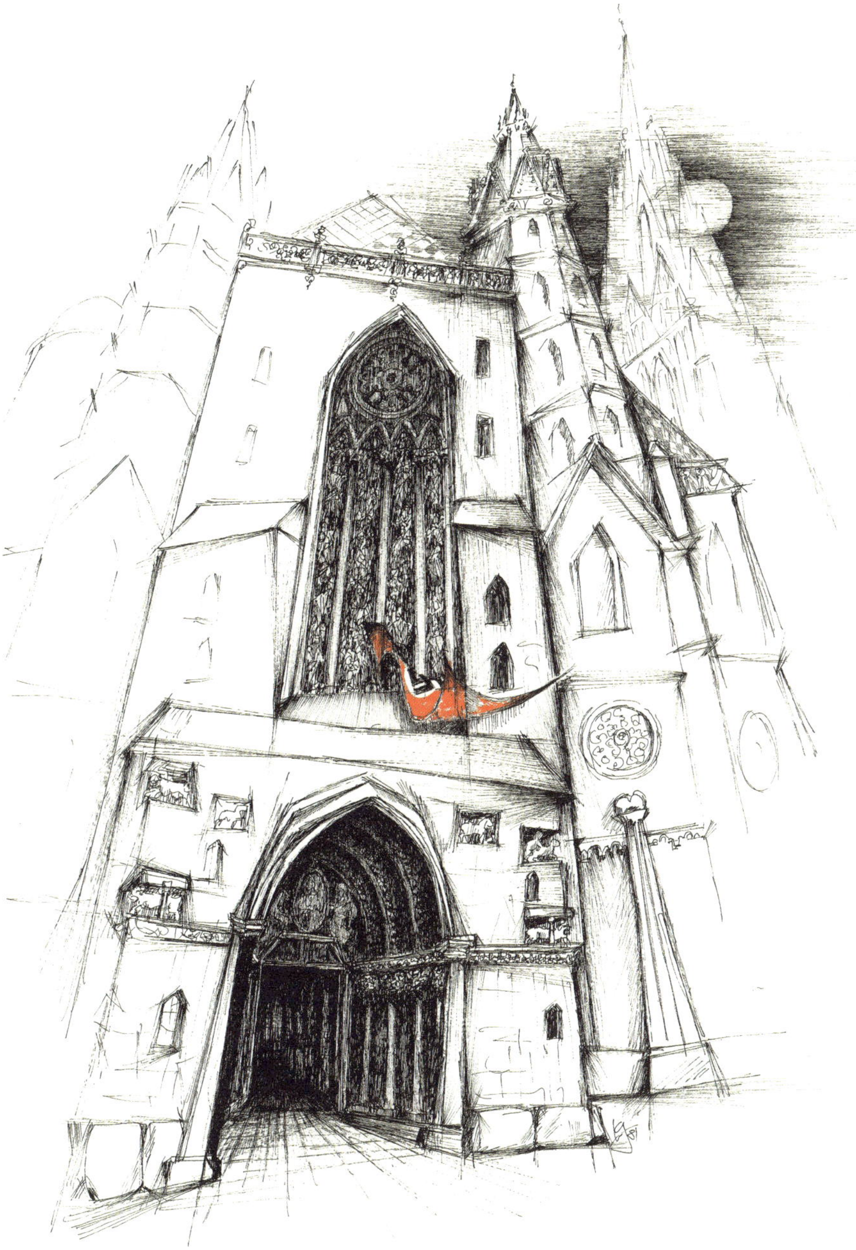
St. Stephen 1938

nicht mehr beurteilt. In seinen Memoiren erinnert er sich an den prägenden Moment:

> *Im ersten Stock gab es einen Saal, in dem die Abschlußarbeiten ausgestellt waren. Aber ich durfte nicht einmal hinaufgehen! Jemand brachte meine Pläne und das Modell nach oben, aber die ganze Mühe war umsonst gewesen. Meine Arbeit wurde nicht einmal begutachtet. Wahrscheinlich hatte man nachträglich beschlossen, dem Juden doch keinen Diplomabschluß zu gestatten.*[3]

Kurz darauf war klar, dass auch Leo Glückselig keine Zukunft in Wien mehr hatte, und er emigrierte gemeinsam mit seinen Eltern, dem Bruder, der Schwester und deren Ehemann in die USA. Die Familie profitierte nun von den wirtschaftlichen Kontakten, die der Vater als Antiquitätenhändler bereits früh mit US-amerikanischen Geschäftstreibenden geknüpft hatte. Doch bevor die Familie Glückselig nach New York gelangte, musste sie noch zahlreiche Strapazen überstehen: Die Behörden, die die Ausreisegenehmigungen erteilten, erwiesen sich als korrupt, vorübergehende Internierungen folgten, die Demütigungen der Novemberpogrome, ein gescheiterter Fluchtversuch und schließlich Ratlosigkeit und Armut bei der Ankunft in den USA. Nach einem kurzen Aufenthalt in sogenannten rooming houses, wo Emigrant*innen aus Europa unterkamen, zog die Familie in die Bronx. Doch trotz gelungener Flucht rückte das Geschehen in der Heimat mit dem Kriegseintritt der USA 1941 wieder nahe an Leo Glückselig heran. Aus einer antifaschistischen Überzeugung heraus trat er noch im selben Jahr als Freiwilliger der US-Army bei und diente in Großbritannien, Frankreich und Deutschland.

In Deutschland erlebte er auch das Kriegsende und erfuhr kurze Zeit später, dass Ita Goldberg unter falscher Identität in Ungarn überlebt hatte. Zurück in Polen, war die Familie rasch nach dem deutschen Überfall enteignet und ins Ghetto von Sosnowiec verschleppt worden. Doch Ita Goldberg und ihre Mutter konnten entkommen und flohen über Katowice in die Slowakei und schließlich nach Budapest, wo sie sich als Katholikinnen ausgaben. Dies rettete ihnen das Leben und ermöglichte es Goldberg, nach 1945 in die USA zu emigrieren. Nur kurz nach ihrer Ankunft und Jahren der Ungewissheit heiratete sie Leo Glückselig, der bis zu ihrem Tod 1995 ihr Partner blieb.

Leo Glückselig war nach seiner Rückkehr in die USA als freiberuflicher Illustrator tätig und arbeitete für renommierte Zeitungen, etwa die „New York Times" oder das „Life Magazin". Parallel dazu gestaltete er Werbeaufträge und hielt Zeichenkurse ab. Die Familie war außerdem eng mit den Wiener Emigrantenkreisen in New York verbunden, die sich regelmäßig zum Stammtisch und Austausch trafen.[4] Im Gegensatz zu vielen anderen aus Wien stammenden Jüdinnen und Juden kehrten Glückselig und Goldberg ab den 1980er-Jahren immer wieder nach Österreich zurück. Leo Glückselig verarbeitete seine Erfahrungen während dieser Aufenthalte mehrfach künstlerisch. Diese Arbeiten zeugen von dem ambivalenten Gefühl, das ihn dort begleitete, und stellen eine Art Erinnerungscollage dar, die Ereignisse aus der Vergangenheit mit der Gegenwart verbinden. Vor allem verdeutlichen sie, dass zumindest für die Vertriebenen nichts von dem Geschehenen in Vergessenheit geraten war. Die Zeichnung des Stephansdoms mit gehisster Hakenkreuzfahne, die während eines Wien-Aufenthalts des Künstlers 1981 entstand, wirkt weniger historisierend, sondern vielmehr als Appell in der Gegenwart, dem Vergessen entgegenzuwirken.

1 Exemplarisch zu Leo Glückselig: Erika Patka (Hg.), Leo Glückselig. Geboren in Wien – wohnhaft in New York. Eine Ausstellung der Universität für angewandte Kunst Wien, Wien 2002; Rainer Hering, Glückselig zwischen Wien und New York. Der Wiener Graphiker Leo Glückselig und seine Emigration in die USA, in: Wiener Geschichtsblätter 58 (2003), 289–291; Leo Glückselig: Flucht aus Österreich und Ankunft in New York, in: Thomas Hartwig/Achim Roscher, Verheißene Stadt: Deutsch-jüdische Emigranten in New York. Gespräche, Eindrücke und Bilder, Berlin 1986, 70–71.

2 Vgl. Nationale von Ita/Ida Goldberg und Leo Glückselig. UaK, Nationale.

3 Leo Glückselig, Gottlob kein Held und Heiliger! Ein Wiener „Jewish-boy" in New York, Wien 1999, 141.

4 Vgl. dazu den Dokumentarfilm: GLÜCKSELIG – EIN STAMMTISCH IN NEW YORK (D/USA 1997, R: Yoash Tatari).

Nachdem im Herbst 1939 die räumlichen Fragen vorerst geklärt waren, konnte man sich fortan der organisatorischen Ausgestaltung der Schule widmen. Die Schulleitung fürchtete, dass die „Zusammenlegung mit der Akademie oder eine Abtrennung der weiblichen Schüler an die Frauenakademie“[136] bevorstand. Um dies zu verhindern und die eigenen Pläne voranzutreiben, beantragten Franz Schuster, Leiter der Fachklasse für Architektur, und Paul Kirnig, Leiter der Fachklasse für Malerei sowie der Werkstätte für Druckverfahren, eine Studienreise nach Berlin, Dresden und Leipzig, welche folgendermaßen begründet wurde:

> *Die Fragen des Ausbaues unserer Anstalt machen es wünschenswert, die Verhältnisse im Altreich kennenzulernen; verschiedene Kunstgewerbeschulen wurden in Meisterschulen des deutschen Handwerks umgewandelt, während andere – vor allem jene in den grossen Kulturzentren – zu Hochschulen oder Akademien für angewandte Künste ausgebaut wurden. Die Kunstgewerbeschule in Wien, die in der Zeit ihres 70-jährigen Bestandes zur Zentralanstalt der kunsthandwerklichen Erziehung und der Ausbildung auf allen Gebieten der angewandten Künste für den Donauraum wurde, hat diese Aufgabe für den Südosten des Reiches auch heute noch.*[137]

Schuster und Kirnig wollten insbesondere die Akademie für angewandte Kunst in Dresden, die vereinigten Staatsschulen für freie und angewandte Kunst in Berlin sowie die Kunstgewerbeschule in Leipzig studieren, „um den neuen Aufgaben gerecht werden zu können, ohne die besondere Stellung, die der Kunstgewerbeschule aus Tradition und der Eigenart der Ostmark heraus zufällt, aufzugeben“.[138] Bemerkenswert ist, dass immer wieder das scheinbare Alleinstellungsmerkmal der Wiener Kunstgewerbeschule betont wurde, dies allerdings durch eine fehlende argumentative Untermauerung und in seiner vielfachen Wiederholung eher einem rhetorischen Stilmittel glich. Zudem planten Kirnig und Schuster, einige Meisterschulen zu besuchen, deren Fokus stärker als jener der eben genannten Einrichtungen auf der handwerklichen Ausbildung lag. Die Studienreise sollte Ende November 1939 stattfinden und verfolgte neben dem Besuch diverser Schulen, Hochschulen und Akademien auch das Ziel, einer „Vorsprache im Reichspropagandaamt“, die „besonders die Fachklasse für Gebrauchsgraphik“ – also Paul Kirnigs Klasse – „mit den

Aufgaben der Praxis in Verbindung bringen"[139] wollte. Dass und in welcher Form in den folgenden Jahren die Klasse Kirnig zahlreiche Auftragsarbeiten für das Propagandaministerium erledigte, wird an späterer Stelle gesondert behandelt. Es scheint allerdings bereits während der Studienreise Kirnigs und Schusters im November 1939 der Grundstein für folgende Kooperationen gelegt worden zu sein.

Die Direktion der Kunstgewerbeschule verfolgte die Reise der beiden Professoren nach Berlin, Dresden und Leipzig mit großem Interesse; allerdings benötigte es noch weitere Schritte, bis die Erhebung zur Hochschule realisiert werden konnte. Bereits im Februar 1940 wurde eine Umstrukturierung im Bereich der Verwaltung vollzogen, die das Ziel der Beförderung in den akademischen Rang in weitere Ferne rücken ließ. Im Zuge diverser ministerieller Umgestaltungen nach dem „Anschluss" wurde die Kunstgewerbeschule 1938 dem Ministerium für innere und kulturelle Angelegenheiten unterstellt – damit auch jenem Ministerium, das die Akademie der bildenden Künste sowie die Staatsakademie für Musik und darstellende Kunst verwaltete. Aufgrund einer neuen Bestimmung wurde aber die Kunstgewerbeschule ab 1940 dem Reichsgau Wien zugeordnet und war damit den gewerblichen Lehranstalten zugehörig.[140] Diese Umstellung im Verwaltungsbereich führte den Verantwortlichen erneut die Dringlichkeit vor Augen, die Erhebung zur Hochschule rasch voranzutreiben. In den folgenden Monaten wurden deshalb zahlreiche Initiativen gesetzt, um dem Ziel der institutionellen Aufwertung näherzukommen. In einem Schreiben vom 28. Februar 1940, das als Reaktion auf die verwaltungstechnische Umstrukturierung gelesen werden kann, heißt es bereits:

> *Bei dem Umbau der Schule in der Ostmark ist die Anstalt immer mehr in eine ungeklärte Zwischenstellung zwischen Fachschule und Hochschule gekommen.*
> *Um die wichtigsten Aufgaben [...] erfüllen zu können, strebt die Anstalt daher folgendes an: Anerkennung als Hochschule mit dem Titel: „Akademie der angewandten Künste".*
> *Die Grundlagen für das Studium würden sinngemäss folgende sein: Die „Akademie für angewandte Kunst" bleibt in Fachklassen und Werkstätten, Vorbereitungsklassen u.s.w. gegliedert wie bisher. Sie erhält jedoch eine Oberstufe und eine Unterstufe. Die Oberstufe hat Hochschulcharakter im*

Sinne der Akademie. Für die Aufnahme in die Oberstufe sind das vollendete 17. Lebensjahr, Begabung, sowie fachliche Vorbildung Bedingungen.[141]

Als primäres Lehrziel wurde in der Folge die „formschöpferische Gestaltung auf fachlich-handwerklicher Grundlage“[142] definiert. Anknüpfend an bereits besprochene Texte, sollte die Akademie der angewandten Künste nicht nur fachlich-technisch ausbilden, sondern zudem die künstlerische Begabung fördern. Insbesondere im „Aufbau einer neuen einheitlichen und wesentlichen Formkultur“ wollte die Hochschule eine „künstlerische Führerrolle“ übernehmen, dabei jedoch „ohne die Spitzenleistung einzelner besonders Begabter aus dem Auge zu verlieren“, vor allem in die Breite wirken und „ihre kulturelle Erziehungstätigkeit im handwerklichen, wirtschaftlichen und sozialen nationalsozialistischem [sic] Aufbauwerk“[143] verankern. Auf diesem Wege könne die neue Akademie der angewandten Künste, die „ihr gestellten Aufgaben im kulturellen Neuaufbau der Nation erfüllen“ und würde vermeiden, ein „rein aesthetisch eingestelltes Kunstproletariat“ auszubilden. Vielmehr sollte der Fokus auf dem Handwerk liegen und Personen beruflich formen, die in der Fachwelt als „geschulte Gestalter“[144] tätig werden könnten.

Auf diese direkte Intervention folgte bereits im April desselben Jahres ein weiterer Vorstoß des Direktors Robert Obsieger, der sich an das Generalreferat für die staatliche Kunstverwaltung des Reichsgaus Wien wandte und die Rückgabe der Befugnis, Zeichenlehrer ausbilden zu dürfen, an die Kunstgewerbeschule forderte.[145] Auch diese Debatte schreibt sich in eine allmähliche Ausweitung der Einflussbereiche der Kunstgewerbeschule ein. Obsieger bemängelte in besagtem Schreiben, dass die Kunstgewerbeschule seit 1872 die Erziehung der Lehramtsanwärter*innen übernommen habe, bis ihr 1934 nach über sechzigjähriger Tätigkeit dieses Recht entzogen wurde. Er kritisierte den „einseitigen akademischen Unterricht an der Akademie“ sowie das Unrecht und die Schädigung, die durch Entzug der Lehramtsausbildung der Kunstgewerbeschule zugefügt wurden. In einem acht Seiten starken Schreiben forderte die Direktion schließlich das Recht zurück, Kunstlehrer*innen ausbilden zu dürfen und bekräftigte darin erneut die bereits ausgeführten Positionen, die die Erhebung zur Hochschule legitimieren sollten. Allerdings wurde der Ton gegenüber der Akademie der bildenden Künste bzw. gegenüber den freien Künsten deutlich schärfer. So wurde die „immer lebensfremdere Erziehung zum sogenannten ‚freien' Künstler" sowie die „chaotische Formlosigkeit [,] in die unsere Umwelt verfallen war", angeprangert und der „Kulturverfall des angehenden XX. Jahrhunderts" dafür verantwortlich gemacht, dass es zu einer „einseitigen Ueberschätzung der Beschäftigung mit Malkunst und Bildhauerkunst" und einer damit einhergehenden „Geringschätzung der handwerklichen Leistung"[146] gekommen sei. Diese Äußerung scheint insbesondere im Hinblick auf die nationalsozialistische Fokussierung auf Bildhauerei und Malerei durchaus gewagt, doch argumentierte Obsieger, dass es der Nationalsozialismus gewesen sei, der den Aufgabenkreis der Kunstlehrer*innen wieder erweitert habe und mit dem Bezug auf das Handwerk den Kulturverfall verhindern habe können.[147] Nach weiteren Argumenten, weshalb die Kunstgewerbeschule nicht nur für die Kunstlehrer*innenausbildung geeignet, sondern dafür eigentlich sogar besser ausgestattet sei als die Akademie, wird ein deutlicher Appell formuliert:

> *Wenn die Akademie aber etwa als Hochschule der Lehrerschaft genehmer ist und dadurch scheinbar geeigneter, so soll man ein Versäumnis nachholen und die Kunstgewerbeschule zur Kunst-Hochschule und Akademie der angewandten Künste machen.*[148]

Dennoch erlebte die Kunstgewerbeschule im Sommer 1940 erneut einen Rückschlag, denn die Bildungseinrichtung wurde per Erlass in die untergeordnete Kategorie Meisterschule eingegliedert.[149] Mit dem Ziel, das obengenannte Vorhaben umzusetzen, unternahmen Direktor Robert Obsieger und Paul Kirnig im Februar 1941 ein weiteres Mal eine Reise nach Berlin, Leipzig und München, um erneut unterschiedliche Kunsteinrichtungen zu besuchen und direkt mit dem Ministerium für Wissenschaft, Erziehung und Volksbildung in Kontakt zu treten. Empfangen wurden Obsieger und Kirnig vom Ministerialrat Hermann, mit dem sie die „künftige Eingliederung der Kunstgewerbeschule in die Kunsterziehung" besprachen. Umgekehrt wollte sich auch Reichsminister Rust ein Bild der Lage in Wien machen und kündigte eine Besichtigung der Kunstgewerbeschule im selben Monat an. Wie der Bericht zur Dienstreise festhält, war „die Frage der künftigen Stellung der Wiener Kunstgewerbeschule in ein entscheidendes Stadium getreten".[150] Mit der Bitte, die Staatliche Kunstgewerbeschule zur Hochschule für angewandte Kunst umzuwandeln, wandte sich die Direktion zugleich an den Reichsgau

Wien – ein gesondertes Schreiben ging an den Wiener Reichsstatthalter Baldur von Schirach[151] – sowie an einflussreiche Parteifunktionäre, etwa an den Regierungspräsidenten Hans Dellbrügge (1902–1982) und den Generalreferenten Walter Thomas (1908–1970).[152] Obsieger betonte darin nachdrücklich die Bedeutung der Schule für Wien und argumentierte, „dass die Wiener Kunstgewerbeschule – die seit jeher im deutschen Kulturkreis führend war und wichtige Pionierarbeit deutscher Kultur in Südosteuropa geleistet hat, zur selbstständigen Hochschule für angewandte Kunst in Wien umgewandelt"[153] werden müsse.

Der angekündigte Besuch des Reichsministers Bernhard Rust fand bereits am 28. Februar 1941 statt und wurde von Obsieger als letzte Phase eines Kampfes bezeichnet, der schon drei Jahre andauerte und immer wieder auf Schwierigkeiten gestoßen war, „da Missgunst und Unkenntnis alle Bestrebungen in dieser Hinsicht stets von neuem zu durchkreuzen versuchten".[154] Das wiederholte Betonen der Missgunst gegenüber der Kunstgewerbeschule ist wohl auf den jahrelangen Konflikt mit der Akademie der bildenden Künste zurückzuführen. Zugleich scheint dieses nachdrückliche Akzentuieren der widerfahrenen Ungerechtigkeit jedoch auch gespeist von politischem Kalkül, da man die Behörden wohl mit dem Narrativ der Unterdrückung von der eigenen Förderungswürdigkeit durchaus überzeugen konnte. Bernhard Rust zeigte sich jedenfalls beeindruckt von seinem Besuch an der Kunstgewerbeschule, der mit der Inspektion der Räumlichkeiten in der Fichtegasse begann. Dort besuchte Rust samt Mitarbeiter*innen die von Hertha Larisch-Ramsauer (1897–1972) geleitete Werkstätte für Ornamentale Schrift und Buchbinderei sowie den Unterricht im Naturstudium aus der Allgemeinen Abteilung. Es folgte die Besichtigung der Werkstätte für Bühnen- und Filmgestaltung von Otto Niedermoser (1903–1976), wo dem Reichsminister anhand einiger studentischer Arbeiten die Lehrmethoden der Schule präsentiert wurden. Den Ausführungen soll Rust mit sichtlichem Interesse gefolgt sein und sie als beachtenswert bezeichnet sowie kundgetan haben, dass die Methoden auch für andere Gebiete und Unterrichtsgegenstände adaptiert werden könnten. Es folgte die Inspektion des Schulgebäudes am Stubenring, wo „vor allem die im Saal 90 zur Schau gestellten Plakate der Klasse Prof. Kirnig, davon besonders die politischen"[155] starken Eindruck auf den Reichsminister machten. Wie im Protokoll zur vorbereitenden Sitzung am 18. Februar 1941 vermerkt, plante man vor allem jene Arbeiten zu präsentieren, die „für die Partei, NSV, HJ, BDM, Sammeltage etc." gestaltet wurden und ein Beweis dafür seien, „dass die Schule wirklich angewandte Kunst betreibt und sich weltanschaulich völlig in den Geist des Nationalsozialismus eingebaut hat".[156] Da Rust im Laufe der Besichtigung mehrfach über körperliches Unwohlsein klagte, musste der Besuch der Fachklasse für Architektur von Oswald Haerdtl im Heiligenkreuzerhof ausfallen. Dennoch habe der Reichsminister mehrfach seine Bewunderung für die Werkstätten und Klassen der Kunstgewerbeschule ausgedrückt. Auch sein Begleiter, Regierungspräsident Hans Dellbrügge, zeigte sich von den Studierendenarbeiten offenkundig beeindruckt. Nachdem Rust seine fördernde Zustimmung zu den Methoden und Ansätzen der Schule gegeben hatte, habe das Mittagessen mit Robert Obsieger „in der offiziellen Erklärung des Hr. Reichsministers" gegipfelt, „die Kunstgewerbeschule zur ‚Hochschule für angewandte Kunst' zu erheben".[157] Auch Vertreter des Finanzministeriums sollen beim Essen anwesend gewesen sein und sich bereitwillig gezeigt haben, die Erhebung mitzutragen. Nicht zuletzt habe Rust Obsieger geraten, ein Gespräch mit dem Rektor der Akademie der bildenden Künste Alexander Popp (1891–1947) zu führen, da er auf eine strenge „Trennung der Arbeitsgebiete der Akademie und der Hochschule für angewandte Kunst bestehe".[158] Damit sollte der jahrelange Konflikt zwischen Akademie und Kunstgewerbeschule bereinigt werden und eine Aussöhnung im Zuge einer klaren Kompetenzverteilung erfolgen. Im Anschluss an den Besuch des Reichsministers bedankte sich Direktor Obsieger während der Sitzung vom 4. März 1941 ausdrücklich bei „den Professoren Kirnig und Schuster für ihre ständige aufopfernde Mitarbeit"[159] und ihre Bemühungen zugunsten der Erhebung zur Hochschule. Die beiden Hauptakteure galten als wichtige Drahtzieher in den Verhandlungen mit den Wiener und Berliner Behörden und als ideologische Wegbereiter im Kampf um den Hochschulstatus. Sie sollten deshalb auch im März 1941 erneut eine gemeinsame Reise nach Berlin antreten, um mit dem Reichsminister für Wissenschaft, Erziehung und Volksbildung Rücksprache zu halten und die Probleme zu schildern, die durch die Erhebung entstehen würden. Schließlich wäre die Kunstgewerbeschule mit besonderen, allerdings nicht weiter ausgeführten Schwierigkeiten konfrontiert und sei „die in ihrer Art einzige Schule im Reich".[160] Es bestünden keine Beispiele und Vorbilder für die Organisation, weshalb Paul Kirnig und Franz Schuster darum bemüht waren, Rust und Ministerialrat Hermann davon zu überzeugen, „dass die Kunstgewerbeschule – obwohl eine reichseinheitliche Regelung angestrebt wird – in einzelnen Punkten doch einen Sonderfall darstelle".[161] Offenbar vermochten Kirnig und Schuster durch ihr Vorsprechen im Ministerium Lösungen für die Herausforderungen zu finden und sollten dank ihres intensiven Engagements auch selbst von der Aufwertung zur Hochschule profitieren. In der Folge trat Kirnig durch die intensive Zusammenarbeit mit dem Propagandaministerium und die vielen Plakatentwürfe praktisch-künstlerisch als engagierter Lehrer hervor, während Franz Schuster mit theoretischen Ansätzen und der wiederholten Betonung des Handwerksdiskurses grundlegende ideologische Arbeit leistete. Auch bei den Feierlichkeiten im Herbst 1941, als die Kunstgewerbeschule schließlich zur Reichshochschule für angewandte Kunst erhoben wurde, positionierte sich Schuster erneut als Verfechter des nationalsozialistischen Handwerksgedankens.

Die offizielle Feierlichkeiten, die von den Festrednern Reichsminister Rust und Reichsstatthalter Baldur von Schirach eröffnet wurden, fanden am 5. November 1941 im Großen Musikvereinssaal statt und waren der Erhebungen zur Reichshochschule für angewandte Kunst in Wien und jener zur Reichshochschule für Musik und darstellende Kunst gewidmet Abb. I u. J.[162] Anschließend wurden in den Gebäuden der jeweiligen Einrichtung eigene Festakte abgehalten. Der „Völkische Beobachter" berichtete von einem „stilvoll geschmückten Großen Musikvereinssaal", der einen „würdigen Rahmen" für die feierliche Erhebung geboten habe. Zu den Teilnehmenden zählten „Männer aus Partei, Staat und Wehrmacht", darunter „General der Infanterie Streccius, Generalleutnant Stümpfl, Gauleiter Reichsstatthalter Dr. Jury. Besonders zahlreich waren Kunst und Wissenschaft vertreten, ferner wohnten die Lehrer und Studierenden der Wiener Kunsthochschulen und die Gefolgschaft des Kunsthistorischen Museums sowie viele Kunstbeflissene dem Festakt bei".[163] Das Programm wurde mit einem Präludium von Richard Strauss durch die Wiener Philharmoniker eröffnet, worauf eine Rede des Gauleiters Baldur von Schirach folgte. Nachdem Schirach den Werkstudenten als deutschen Idealtypus präsentierte, der Wissenschaft und Leben in sich zu vereinen vermöge, sprach er explizit die Jugend als Hoffnungsträgerin an und appellierte an ihren Gestaltungswillen zugunsten der nationalsozialistischen Volksgemeinschaft:

Die akademische Freiheit ist kein Schlagwort des Liberalismus. Sie ist eine Errungenschaft des deutschen Geistes. Wer später in seinem Leben

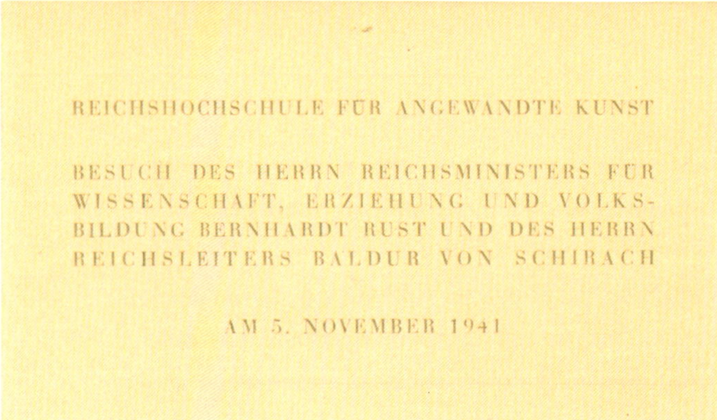

REICHSHOCHSCHULE FÜR ANGEWANDTE KUNST

BESUCH DES HERRN REICHSMINISTERS FÜR WISSENSCHAFT, ERZIEHUNG UND VOLKSBILDUNG BERNHARDT RUST UND DES HERRN REICHSLEITERS BALDUR VON SCHIRACH

AM 5. NOVEMBER 1941

Abb. I
Einladung zur Feier am 9. November 1941, UaK, IN 9049/Q

Abb. J
Auszug aus dem „Völkischen Beobachter“ vom 6. November 1941, ONB, ANNO Historische österreichische Zeitungen und Zeitschriften

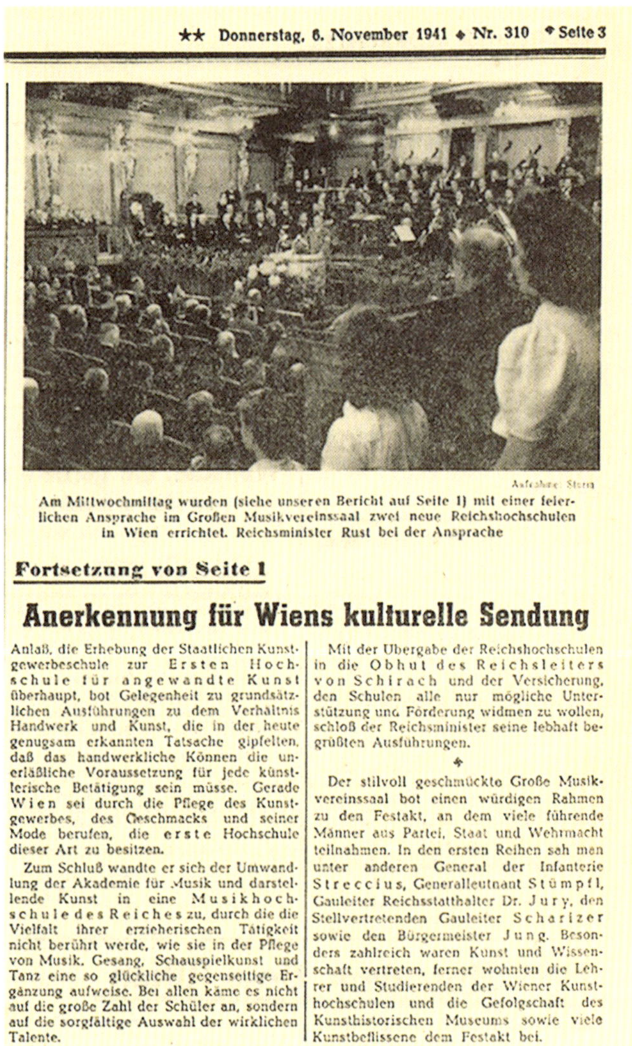

★★ Donnerstag, 6. November 1941 ♦ Nr. 310 ♦ Seite 3

Aufnahme: Stern

Am Mittwochmittag wurden (siehe unseren Bericht auf Seite 1) mit einer feierlichen Ansprache im Großen Musikvereinssaal zwei neue Reichshochschulen in Wien errichtet. Reichsminister Rust bei der Ansprache

Fortsetzung von Seite 1

Anerkennung für Wiens kulturelle Sendung

Anlaß, die Erhebung der Staatlichen Kunstgewerbeschule zur Ersten Hochschule für angewandte Kunst überhaupt, bot Gelegenheit zu grundsätzlichen Ausführungen zu dem Verhältnis Handwerk und Kunst, die in der heute genugsam erkannten Tatsache gipfelten, daß das handwerkliche Können die unerläßliche Voraussetzung für jede künstlerische Betätigung sein müsse. Gerade Wien sei durch die Pflege des Kunstgewerbes, des Geschmacks und seiner Mode berufen, die erste Hochschule dieser Art zu besitzen.

Zum Schluß wandte er sich der Umwandlung der Akademie für Musik und darstellende Kunst in eine Musikhochschule des Reiches zu, durch die die Vielfalt ihrer erzieherischen Tätigkeit nicht berührt werde, wie sie in der Pflege von Musik, Gesang, Schauspielkunst und Tanz eine so glückliche gegenseitige Ergänzung aufweise. Bei allen käme es nicht auf die große Zahl der Schüler an, sondern auf die sorgfältige Auswahl der wirklichen Talente.

Mit der Übergabe der Reichshochschulen in die Obhut des Reichsleiters von Schirach und der Versicherung, den Schulen alle nur mögliche Unterstützung und Förderung widmen zu wollen, schloß der Reichsminister seine lebhaft begrüßten Ausführungen.

Der stilvoll geschmückte Große Musikvereinssaal bot einen würdigen Rahmen zu den Festakt, an dem viele führende Männer aus Partei, Staat und Wehrmacht teilnahmen. In den ersten Reihen sah man unter anderen General der Infanterie Streccius, Generalleutnant Stümpfl, Gauleiter Reichsstatthalter Dr. Jury, den Stellvertretenden Gauleiter Scharizer sowie den Bürgermeister Jung. Besonders zahlreich waren Kunst und Wissenschaft vertreten, ferner wohnten die Lehrer und Studierenden der Wiener Kunsthochschulen und die Gefolgschaft des Kunsthistorischen Museums sowie viele Kunstbeflissene dem Festakt bei.

auf Grund der durch seine Studien errungenen Kenntnisse berufen ist, an führender Stelle zu stehen, der soll in seiner Hochschulzeit nicht nur die Bücher sondern auch das Leben studieren. Gewiss muss auch der Student in der n. s. Hochschulbewegung und in den Gliederungen der Partei seinen Dienst tun, ebenso wichtig aber ist, dass er die Fülle des Lebens in sich aufnimmt und aufgeschlossenen Herzens gerade hier in dieser Stadt das geniesst, was Gott und die Musen ihm gegeben haben um glücklich zu sein. Und bei aller Gemeinschaftserziehung vergesse er nicht, dass der Gedanke einsam ist und dass die grösste Tat aus der Stille stammt. [...] So wie der Nationalsozialismus eine totale Lehre ist, so muss der rechte Nationalsozialist auch danach trachten, ein ganzer Mensch zu sein.[164]

Schirach betont damit erneut die Leistung jedes und jeder Einzelnen, die parallel zum gemeinschaftlichen Engagement im totalitären System des Nationalsozialismus gefordert wurde. Durch den Verweis auf die Einsamkeit des Gedankens nahm er zugleich auf vorhandene Geniediskurse Bezug, die – so Schirachs Argumentation – abgehoben vom gemeinschaftlichen politischen Leben bestünden. Er forderte schließlich eine universelle Ausbildung, die Wissenschaft und Lebenspraxis zusammenführe, mit dem Ziel, dass „wir nicht nur tüchtige Ärzte, Juristen und Philosophen, Musiker usw. bekommen, sondern vor allem, Deutsche von Format".[165]

Die besondere Verpflichtung als Reichshochschule betonte auch Franz Schuster, der hervorhob, dass die angewandte Kunst in ihrer Verbindung mit dem Handwerk die schöpferische Gestaltung der Umwelt zum Ziel habe. Ihre Ausrichtung an den wirtschaftlichen Bedingungen würde zudem zu einer „Verschönerung und Erhöhung dieses Alltags"[166] führen. Insbesondere Wien habe immer wieder für besondere Leistungen auf dem Gebiet der angewandten Kunst gesorgt, allerdings wäre es nun die Aufgabe als Reichshochschule, eine „Gültigkeit" – im Sinne einer weitreichenden künstlerischen Legitimation – zu finden, die „über das Kolorit einer Stadt"[167] und deren persönliche Kunstauffassung hinausgehe. Dazu brauche es neben Gestaltungskraft auch „höchste Qualitätsarbeit und höchste Opferbereitschaft".[168] Schuster resümierte in seiner Ansprache mit einer anerkennenden Erwähnung aller Fachgebiete der neuen Reichshochschule für angewandte Kunst und deren Verortung im Dienste der Volksgemeinschaft:

Die Schale und der Krug, die Möbel und die Volkswohnung, das Haus und seine Umgebung, das Kleid und der Schmuck, die Schrift, das Buch und die Werbung, das Büro und die Werkstatt bedürfen einer höheren künstlerische und schöpferischen Gestaltung, damit stehen sie dann gleichwertig neben den Werken der freien Künste. Nur dann hat eine Zeit und ein Volk auch Kultur.
Am Aufbau einer solchen mitzuwirken, die das ganze Volk und jedem [sic] Einzelnen erfasst und dadurch eine wahrhafte nationale und soziale Kultur wird ist die Aufgabe, die im besonderen einer Reichshochschule für angewandte Kunst gestellt ist und der wir mit dem hohen Ernst und der Verantwortung dienen wollen, zu denen uns unsere Zeit und ihr grosses Geschehen verpflichtet.[169]

Er zelebrierte damit ein volksgemeinschaftliches Schaffen der deutschen Kultur und schrieb sich mit dieser Position in jenen nationalsozialistischen Kunstdiskurs ein, der, wenngleich im alltäglichen und direkten Umfeld, so doch das Zeitlose und Ewige suchte. Daran schloss auch die Rede des Reichsministers Rust thematisch an, der das Überzeitliche, Geniale und Wahrhaftige als kreatives Ideal propagierte. Der wahre Künstler würde schließlich etwas schaffen, das sich erst in seiner Genialität zu erkennen gebe, und es sei nicht der „Stoff und nicht der Zweck" das Entscheidende, „sondern der Geist dessen, der es gestaltet".[170] Nachdem Rust die Herausforderungen und Aufgaben der neuen Reichshochschule für angewandte Kunst erläutert hatte, hielt er fest, dass dieser Tag ein „Festtag Wiens als Metropole der Kunst"[171] sei und schloss mit dem Aufruf, dass die Kunst dem „Volk des Führers und seinen Soldaten"[172] dienen solle – ein Appell, dem in der Folge zahlreiche Angehörige der neuen Reichshochschule für angewandte Kunst im Unterricht und kreativen Schaffen nachkommen würden.

Angesichts der Prozesse und Debatten, die zum neuen Status der Schule geführt wurden, stellt sich die Frage, inwiefern diese als „Sonderfall" bezeichnet werden kann. Wenngleich es wenige waren, so existierten dennoch einige Schultypen und Vorbilder im nationalsozialistischen Reichsgebiet, an denen sich die Wiener Kunstgewerbeschule orientieren konnte. Schließlich besuchten Franz Schuster und Paul Kirnig Einrichtungen in Berlin, Dresden und Leipzig und studierten diese mit Blick auf deren Strukturen und Organisationsformen, um ein geeignetes Konzept für die Kunstgewerbeschule zu entwickeln. Außerdem wurde zeitgleich die Staatsakademie für Musik und darstellende Kunst in Wien zur Reichshochschule erhoben, was ebenfalls für eine breitere bildungs- und kulturpolitische Entwicklung spricht, in die sich die Akademisierung der Kunstgewerbeschule eingliederte. Da allerdings das Einzigartige und Erhabene im nationalsozialistischen Kunstverständnis eine zentrale Rolle spielten, scheint es naheliegend, dass die Selbstbeschreibung als „Sonderfall" eine politische Strategie der Kunstgewerbeschule bzw. Reichshochschule für angewandte Kunst Wien war, um sich innerhalb des NS-Kunstbetriebs verorten zu können. Aus einer ehemals unterlegenen und unterdrückten Position – so das Narrativ der Schule –, die aus der Ungunst anderer entstanden sei, vermochte sich die Bildungseinrichtung in den Jahren des Nationalsozialismus schließlich endgültig zu befreien. Durch das tatkräftige Mitwirken diverser Lehrpersonen und Parteifunktionäre ebenso wie unterschiedlicher Fachklassen und Werkstätten positionierte sich die Reichshochschule für angewandte Kunst in der Folge als schöpferische und kulturell prägende Anstalt im nationalsozialistischen Sinne und entledigte sich auf diesem Wege der Erzählung der künstlerischen Unterlegenheit gegenüber der Akademie der bildenden Künste.

2.2.4. Die Re/Politisierung der Studierendenschaft

Während der Austrofaschismus auf streng hierarchische Schulstrukturen setzte, die eine klare Unterordnung der Studierendenschaft forderten, erlebte sie im Nationalsozialismus eine Re/Politisierung. Diese erfolgte schon bald nach dem „Anschluss" und ist demnach nicht erst auf die Erhebung zur Reichshochschule zurückzuführen. Wie in Kapitel 1.2.3. ausgeführt, wurden in den Jahren von 1933 bis 1938 vielfach politische Konflikte anhand von Schüler*innen-Disziplinarverfahren ausagiert, wobei insbesondere kommunistische Aktivitäten Sanktionierungen erfuhren, während nationalsozialistische Betätigung weit nachsichtiger geahndet wurde. Im Zuge der „Gleichschaltung" wurden nationalsozialistische Studierende nicht nur nachträglich rehabilitiert, es wurden ihnen darüber hinaus Begünstigungen bei der Zahlung des Schulgeldes zugesprochen.[173] Das Regime stattete nationalsozialistisch gesinnte Studierende mit weitreichenden Privilegien aus, allerdings primär dann, wenn sie sich im Sinne der Partei engagierten. Etwa verwies die

Direktion explizit darauf, dass Lehrende Rücksicht darauf nehmen sollten, wenn Schüler*innen „wegen Dienstes in Parteiformationen“[174] nur unregelmäßig zum Unterricht erscheinen konnten. Statt Studierende wegen ihrer Abwesenheiten zu sanktionieren, sollten ihnen vielmehr für derartige Aktivitäten zusätzliche Urlaubszeiten zuerkannt werden. Bemerkenswert ist aber vor allem, dass noch bevor die nationalsozialistischen Organisationsstrukturen in Form von Studierendenorganisationen an der Kunstgewerbeschule adaptiert wurden, einzelne Schüler*innen die Möglichkeit erkannten, sich neue politische Aktionsräume zu sichern.

Bereits im April 1938 meldete sich etwa eine Gruppe von Studierenden zu Wort und legte der Direktion eine Anklageschrift gegen den Turnlehrer Major Oskar Zambach (1879–1951) vor. Zambach und seine Methoden waren nicht das erste Mal Gegenstand von Beschwerden seitens der Studierenden; allerdings kam es im April und Mai 1938 erstmals zu einer umfassenderen Diskussion über seine Person und seine zukünftigen Aufgabenbereiche. Die Anklageschrift wurde von 42 Studierenden der Kunstgewerbeschule signiert und verlangte die Dienstenthebung Zambachs, da dieser vom „erzieherischen und nationalsozialistischen Standpunkte“[175] nicht geeignet sei, seine Position an der Schule fortzusetzen. Zambach soll noch während Max Fellerers Direktionszeit das „Bindeglied zwischen Direktion u. Schülervertretung“[176] gewesen sein, die ihm nun allerdings unterstellte, er habe Gelder während der Planung von Schulfeiern hinterzogen sowie Jüdinnen und Juden geholfen und sie wiederholt gegenüber nationalsozialistischen Studierenden verteidigt. Die vermeintlichen Vergehen des Lehrers bezogen sich allesamt auf das Schuljahr 1937/38 und damit auf die Zeit vor der nationalsozialistischen Übernahme der Kunstgewerbeschule. Der Turnlehrer verteidigte sich daraufhin in einem acht Seiten umfassenden Schreiben und warf der Studierendenvertretung im Gegenzug vor, sie würde ihn anschwärzen, „um bei dem neuen Direktor [Arch. Häusler] Eindruck zu erwecken“.[177] Die Streitigkeiten schrieben sich damit zugleich in die turbulente Anfangsphase nach dem „Anschluss“ ein, in der die Kunstgewerbeschule von Personaldebatten und undurchsichtigen Abläufen geprägt war. Sie demonstrieren zudem, dass sich auch Studierende an diesen politischen Machtkämpfen beteiligten. Zwar wurde das Ziel der Studierenden, Zambach des Dienstes zu entheben, nicht erreicht; allerdings durfte er in der Folge nicht mehr direkt mit der Studierendenvertretung zusammenarbeiten.

Stattdessen fungierte in den folgenden Jahren Paul Kirnig als neues Bindeglied zwischen Schüler*innen und Direktion. Der Malereiprofessor war bekanntlich besonders beliebt unter den Studierenden und intensiv darum bemüht, durch Ausstellungen und Wettbewerbe studentische Arbeiten und Anliegen zu fördern.[178]

Nach den geschilderten Eigeninitiativen und anfänglich eher undurchsichtigen Verwaltungsstrukturen organisierten sich Studierende im Nationalsozialistischen Deutschen Studentenbund, der sie mit zusätzlicher politischer Handlungsmacht ausstattete. Gleichzeitig forderten diese aber ihre Eingliederung in die Volksgemeinschaft sowie in die hierarchische Ordnung des NS-Vereins- und Organisationswesens. Auffällig ist dabei, dass es insbesondere die Studierendenorganisationen waren, die rasch eine restriktive Ordnung etablierten und sich dabei auf „Selbstdisziplin" und „Ehrenpflicht" beriefen.[179] Dies verdeutlichen etwa die Ordnungsrichtlinien Katalog, Abb. 24 der Studierendenschaft der Kunstgewerbeschule Wien, in denen es im ersten Absatz heißt:

> *Bedenke, daß du Deutscher bist und Dich dadurch harten Verpflichtungen unterwerfen mußt. Lerne in einer Ordnung leben! Zucht und Disziplin sind die unerläßlichen Grundlagen jeder Gemeinschaft und der Anfang jeder Erziehung.*[180]

Der Grundsatz orientierte sich offenkundig an der ideologischen Neuausrichtung der Kunstgewerbeschule im Nationalsozialismus, die bereits an anderer Stelle besprochen wurde. Diese betonte wiederholt das Prinzip der Leistung zum Zweck des wirtschaftlichen Aufbaus und verfolgte das Ziel, die deutsche Volksgemeinschaft zu stärken. Durch den Bezug auf das Deutschtum wird zudem evident, dass auch die Studierendenschaft zutiefst von antisemitischem Gedankengut geprägt war; schließlich galt Jüdischsein als undeutsch und sollte, dieser Logik folgend, aus der Volksgemeinschaft hinausgedrängt werden. Insbesondere der letzte Absatz der zitierten Ordnungsrichtlinien sticht in kulturpolitischer Hinsicht hervor, da dieser kursierende Debatten zum Künstlertum rezipierte:

> *Du willst schaffender Mensch und Künstler werden, das heißt, Du wirst nach größerer menschlicher Reife als andere streben müssen. Ringe Dich deshalb zu dieser Reife durch! Sei dankbar für die Gemeinschaft, an der Du Dich durch Bewährung des Besten in Dir emporarbeiten kannst.*[181]

Offenbar gespeist von Ansätzen, die im Künstlertum eine Berufung zu Höherem zu erkennen glaubten, orientierte sich die Studierendenschaft mit diesem Bekenntnis am Geniekult der Zeit, selbst wenn dieser eher untypisch für die Kunstgewerbeschule war. Schließlich versuchte sich diese durch handwerkliche Ansätze und die Ablehnung der elitären Positionen der freien Künste als bodenständig zu positionieren und in die Breite zu wirken. Auch in studentischen Kontexten reproduzierte sich also die bereits erörterte Selbstpositionierung der Kunstgewerbeschule, die sich durch ihre Einzigartigkeit charakterisierte, obgleich sie sich auch hier selbst widersprechen musste. Bedingt durch den eklektischen Charakter der Kunstdiskurse im Nationalsozialismus ließen sich selbst in diesen Zusammenhängen solche paradoxen Verwebungen nicht auflösen.

In den oben angeführten Ordnungsrichtlinien wurde die Schule überdies als Gemeinschaft definiert, die gar familiäre Verbindungen aufweise. So wurde der Lehrer als „väterlicher Freund“[182] bezeichnet, dem deutschen Studenten eine brüderliche Vorbildwirkung für seine Kameradin zugesprochen und der Studentin abverlangt, ihrem Kameraden die alltäglichen Aufgaben zu erleichtern. Die Richtlinien setzten damit einerseits eine weit zurückreichende und auch in der Habsburgermonarchie betonte Kontinuität von paternalistischen Beziehungen fort, andererseits gaben sie die spezifisch nationalsozialistisch geprägte Geschlechterordnung wider. Diese wurde nicht zuletzt auch in anderen NS-Organisationseinheiten (re-)produziert, so etwa in der Hitler-Jugend (HJ) oder im Bund Deutscher Mädel (BDM).[183]

Insbesondere der Bund Deutscher Mädel wurde in den Jahren zwischen 1938 und 1945 an der Kunstgewerbeschule äußerst aktiv. Umgekehrt war auch die Schule darum bemüht, Kooperationen mit der NS-Jugendorganisation zu pflegen. Dass der BDM stärker an der Schule vertreten war als Organisationen für junge Männer liegt vornehmlich daran, dass mit den Entwicklungen des Kriegsverlaufs mehr Frauen als Männer an der Kunstgewerbeschule studierten. Ein Blick auf die Jahresberichte zeigt außerdem, dass die Zahl weiblicher Studierender kontinuierlich zunahm: Während im Schuljahr 1937/38 von insgesamt 418 Studierenden 180 als männlich und 238 als weiblich geführt wurden,[184] waren es im Jahr darauf nur mehr insgesamt 315 und davon 120 männliche und 195 weibliche.[185] Des Weiteren zeigt sich anhand dieser Zahlen, dass bereits ein Jahr nach dem „Anschluss“ insgesamt deutlich weniger

Studierende die Kunstgewerbeschule besuchten. Der markante Rückgang der Studierendenzahlen liegt wohl maßgeblich in den antisemitischen Maßnahmen begründet, vor allem im Ausschluss jüdischer Studierender, wovon im Schuljahr 1937/38 noch 52 die Kunstgewerbeschule besucht hatten.[186] Im Schuljahr 1939/40 studierten schließlich fast doppelt so viele Frauen (210) wie Männer (113)[187] an der Einrichtung und 1940/41 überragte die Zahl weiblicher Studierender (280) deutlich jene der männlichen (109).[188] Im Jahr der Erhebung zur Reichshochschule für angewandte Kunst 1941/42 deckten sich die Zahlen mit jenen des Vorjahres, wodurch die Einrichtung fortan als Hochschule einen besonders hohen Frauenanteil aufwies.[189] Dieser erklärt sich nicht zuletzt durch den Fronteinsatz der Studenten und führte letztendlich dazu, dass vornehmlich NS-Frauen- und Mädchenorganisationen an der Schule präsent waren.

Neben der Modeabteilung von Eduard Josef Wimmer-Wisgrill – auf die an späterer Stelle genauer eingegangen wird – waren es Otto Niedermoser und Franz Schuster, die zahlreiche Kooperationen mit dem BDM anstrebten. Wie in Kapitel 1.3.3. erläutert, war Otto Niedermosers Werkstätte für Bühnen- und Filmgestaltung besonders bei weiblichen Studierenden beliebt und bot Einblicke in die Kostümgeschichte und -gestaltung ebenso wie in die Bühnenarchitektur – Themenfelder, die sich auch im eigens gestalteten Programm für das BDM-Werk „Glaube und Schönheit" wiederfanden. Bei besagter Organisation handelte es sich um eine Suborganisation des BDM, die Mädchen und junge Frauen zwischen 17 und 21 Jahren in die NS-Organisationseinheiten einzugliedern versuchte. Während die Mitgliedschaft im BDM mit 18 Jahren beendet wurde, war der Eintritt in die NS-Frauenschaft (NSF) erst ab 21 Jahren möglich. Das BDM-Werk „Glaube und Schönheit", das 1938 von dem damaligen Reichsjugendführer Baldur von Schirach gegründet wurde, schloss also die daraus resultierende zeitliche Lücke und verfolgte das Ziel, „die körperlich vollendet durchgebildete jugendliche Trägerin des nationalsozialistischen Glaubens"[190] herauszubilden. Der Name der Organisation war durchaus programmatisch für die Ausrichtung, laut Gründer von Schirach sogar „die Parole aller Mädels, die in der Jugendbewegung Adolf Hitler dem geliebten Führer dienen!".[191] Die Beschäftigung mit der deutschen Tradition sollte die BDM-Werk-Frauen zu „Hüterinnen des Volkstums"[192] machen und sie auf ihre Rolle als Mutter im Dienste des Nationalsozialismus vorbereiten. Die Auseinandersetzung mit

Themen wie Körperpflege, Gesundheit, Sport und Tanz sowie die geistige Ausbildung zählten zu den Kernaufgaben der Subeinheit. Auch die Handarbeit, die traditionell als weibliches Pendant zum männlich konnotierten Handwerk verstanden wurde, fand Eingang in das Programm.

Die zuständige Gauführerin von Wien, Sissy Pupp, verfolgte das Ziel, ein dem BDM-Werk „Glaube und Schönheit" entsprechendes Bildungsangebot auf die Beine zu stellen und richtete sich mit diesem Anliegen an die Wiener Kunstgewerbeschule. Mit Robert Obsieger, Otto Niedermoser und Franz Schuster fand sie engagierte Kooperationspartner, die sie dabei unterstützen, an der Einrichtung die „Ausbildung der Fachkräfte des B.D.M. auf jenen Gebieten" zu verankern, „die in den Unterrichtsplan der Kunstgewerbeschule fallen".[193] Bereits im Juni 1940 wurden die Grundlagen für die Zusammenarbeit definiert und festgelegt, dass beginnend mit Oktober 1940 bis Ostern 1941 in Abendkursen die Fachkräfte des BDM-Werks „Glaube und Schönheit" ausgebildet werden sollten. Die erste Vortragsreihe gestaltete Otto Niedermoser; ab Februar 1941 übernahm Franz Schuster das Programm.[194] Das Kursangebot umfasste sowohl theoretische Vorträge zur „Gestaltung unserer Umwelt. (Allgemeine Formprobleme. Die Landschaft. Die Städte und Ansiedlungen. Die Siedlung. Das Haus. Der Garten. Die Räume des Hauses. Die Möbel. Der Hausrat)"[195] als auch praktische Übungseinheiten zu den Bereichen „Keramik, Textil, Kleidung, Schrift, Metall und Schmuck, Email, Zeichnen und Malen".[196] Damit waren im halbjährigen Kurs für das BDM-Werk fast sämtliche Fachgebiete des Kunstgewerbes vertreten. Durch diesen breiten Überblick sollte gewährleistet sein, dass einzelne, besonders begabte Teilnehmerinnen als Gastschülerinnen an der Kunstgewerbeschule studieren konnten. Allerdings waren per se nur aktive Schülerinnen und Absolventinnen der Kunstgewerbeschule sowie Absolventinnen „ähnlicher Anstalten oder fachlich entsprechend Vorgebildete"[197] zu dem Programm zugelassen.

Franz Schuster und Gauführerin Sissy Pupp hatten sich bereits auf die wesentlichen Punkte für die Übereinkunft geeinigt – dazu gehörte auch, dass das BDM-Werk die Arbeitsmaterialien selbst zur Verfügung stellen würde und die Kunstgewerbeschule in Zukunft mit „jenen Aufträgen" versorge, „die der B.D.M. in künstlersicher Hinsicht zu vergeben hat".[198] Nachdem die Finanzierung geklärt werden konnte und größtenteils vom Werk selbst übernommen wurde, übermittelte Schuster das Programm für den Abendkurs, der nun den

Titel „Persönliche Lebensgestaltung“ trug. Deutlich zeigt sich darin, wie die Kursinhalte nationalsozialistische Geschlechterbilder mit anderen kulturpolitischen Agenden verbanden. Im Lehrplan vorgesehen waren etwa Kurse über den Autobahnbau, das Einfamilienhaus, die Volkswohnung ebenso wie über Geräte vom Herd bis zum Ofen. Mit diesem Angebot sollte „Kameradinnen [...] die Möglichkeit gegeben [werden], am kulturellen Aufbau unseres Volkes an entscheidender Stelle mitzuwirken“.[199] Wie die umfangreichen Teilnehmerinnenlisten zeigen, war das Interesse unter den Studierenden und Absolventinnen der Kunstgewerbeschule groß. Sie trugen auf diese Weise zur weiteren nationalsozialistischen Ausrichtung der Schule bei. Werbeaufträge gingen im Gegenzug vom BDM-Werk „Glaube und Schönheit“ an die Klasse Kirnig, die u. a. Plakate für die Organisation und ihre Veranstaltungen entwarf. Die Propagandaplakate zur Rekrutierung von Mitgliedern zeigen oftmals blonde junge Frauen in Sporttrikots vor einem himmelblauen, lieblich und unschuldig inszenierten Hintergrund, die genderspezifische athletische Ideale ebenso bedienten wie Gesundheits-, Hygiene- und vor allem rassistische Diskurse der NS-Propaganda. „Komm zum Werk BDM Glaube und Schönheit“, wirbt der Schriftzug, während Illustrationen die Aufgabenbereiche der Frau im Nationalsozialismus abbilden Abb. K; Katalog, Abb. 25–27. Neben der körperlichen Ertüchtigung – folgt man den Entwürfen – sind es insbesondere die Haus- und Gartenarbeit sowie die Volksbildung, die zu ihren Hauptaufgaben gehören. In ihrer motivischen Naivität sind sie zugleich eine Illustration dessen, wie das BDM-Werk „Glaube und Schönheit“ Schülerinnen an der Kunstgewerbeschule politisch mobilisierte und systematisch in die nationalsozialistische Volksgemeinschaft einband.

Eine der ersten Teilnehmerinnen des BDM-Werk-Kurses war die Schülerin Emma Reif (1921–2002), die zwischen 1936 und 1945 an der Kunstgewerbeschule bzw. der Reichshochschule für angewandte Kunst studierte. Emma Reif hatte nicht nur diverse Plakate für die NS-Frauenschaft oder die HJ entworfen, sie zählte auch zum engen Kreis Paul Kirnigs und war damit maßgeblich an der Produktion von Propagandamaterialien beteiligt.[200] Um die Perspektive der Studierendenschaft besser nachvollziehen zu können, ist insbesondere Reifs Fotoalbum, das sie über die Jahre ihrer Ausbildung angelegt und mit „Kunstgewerbeschule des österr. Museums für Kunst und Industrie“[201] betitelt hatte, eine herausragende Quelle. Dieses beinhaltet Zeitungsartikel, Veranstaltungsankündigungen, Postkarten sowie eine Vielzahl

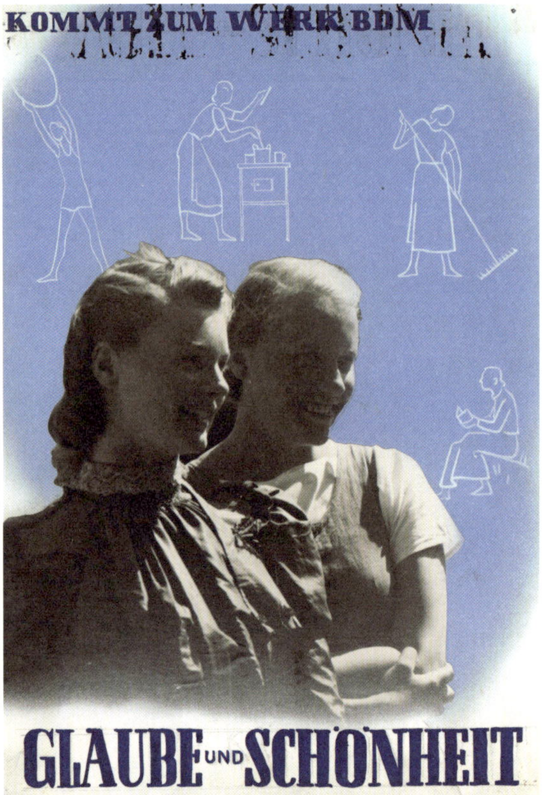

Abb. K
Schule Kirnig, Plakatentwurf *BDM Werk „Glaube und Schönheit“*, 1940/41, Tempera, Fotocollage auf Papier, UaK, IN 7447/8

Abb. L
Album Emma Reif, Freizeitbilder, UaK, IN Reif 15.346/29/F

an Fotografien, die Einblick in den Schulalltag aus der Perspektive der jungen Frau geben. Da das Album sowohl Aufnahmen aus der Zeit des Austrofaschismus als auch aus jener des Nationalsozialismus inkludiert, wird deutlich, dass der „Anschluss“ für Reif keine allzu markante Zäsur darstellte; schließlich waren es vorwiegend dieselben Lehrpersonen, die ihr Fortkommen begleiteten, dieselben Kommiliton*innen und, wie es scheint, dieselbe Leichtigkeit, die das Studium an der Kunstgewerbeschule für Reif bedeutete. Freizeitfotos beim Baden stehen neben Einblicken in die Klassenräumlichkeiten vgl. Coverbild, Abb. L, die Studierende bei der Produktion von Propagandaplakaten zeigen. Reifs Album repräsentiert auf diesem Wege das nationalsozialistische Ideal, das Freizeitvergnügung durch Leistung und Mitwirken an der Volksgemeinschaft legitimierte und von HJ, BDM und anderen NS-Teilorganisationen propagiert wurde.[202] Während in den ersten Jahren ihres Studiums an der Kunstgewerbeschule noch Ausflüge in die Wachau, internationale Kooperationen sowie die Beteiligung am Krampus-Gschnas oder am Bauernball in Salzburg auf dem Lehrplan standen, wird zumindest ab 1938 eine zunehmende

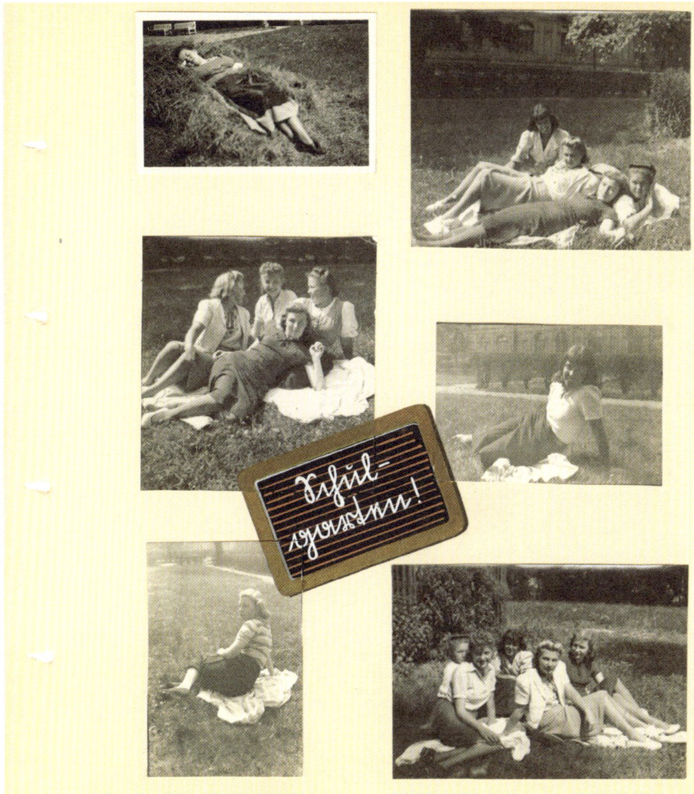

Militarisierung thematisiert – allerdings verspielt-humoristisch durch eine Zeichnung aus dem Jahr 1938, die einen nicht personalisierten Fahrbefehl, also eine Fahraufforderung für eine militärische Operation, ankündigt Katalog, Abb. 28–31. Antisemitismus, Verfolgung, der Ausschluss von Studierenden oder die Zwangspensionierung von Lehrenden bilden sich in Reifs Album keineswegs ab. Vielmehr wurden die Einladung zur Schulausstellung, in der der Besuch des SS-Führers Kajetan Mühlmann angekündigt wurde, oder das Programm anlässlich der Erhebung zur Reichshochschule ebenso stolz präsentiert wie Fotos ihres „Freiwilligen Landdienstes“ in Kärnten. Diesen kommentiert Emma Reif zwar mit den Worten „Bedingung für Weiterstudium“, allerdings inszeniert sie ihn im Album ohne weitere kritische Referenzen als idyllische Erfahrung. Besonders die Fotografien in den Kärntner Bergen, die von starken Licht-Schatten-Kontrasten gezeichnet sind und das ländliche Leben in seiner Schlichtheit ästhetisieren, erinnern an Bilder, die aus Berg- und Propagandafilmen von Leni Riefenstahl (1902–2003) oder Luis Trenker (1892–1990) bekannt sind Abb. M.

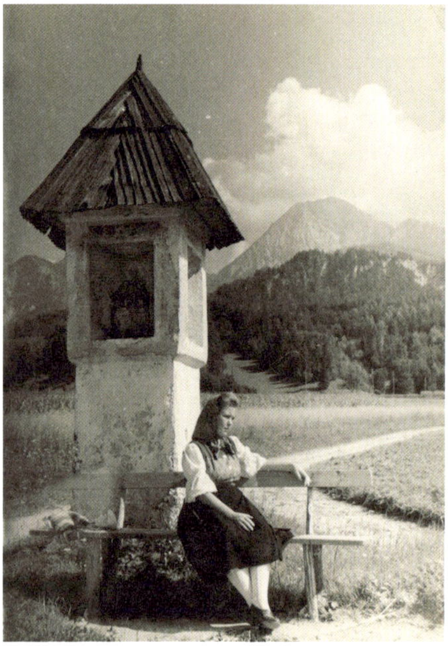

Abb. M
Album Emma Reif, Kärnten, UaK, IN Reif 15.346/38a/FP

Abb. N
Album Emma Reif, Schulausstellung 1942, mittig Paul Kirnig, UaK, IN Reif 15.346/80/f

Als Erfolgsschülerin der Kirnig-Klasse beteiligte sich Emma Reif auch an den jährlichen Schulausstellungen. Diese boten neben Schulorganisationen oder solchen der NS-Jugend, vor allem aber für die Studierenden der Kunstgewerbeschule Gelegenheit, um sich nicht nur politisch, sondern auch künstlerisch zu profilieren. Wie Aufnahmen der Schulausstellung von 1942 aus dem Album von Emma Reif verdeutlichen, waren diese beiden Ebenen an der nunmehrigen Reichshochschule für angewandte Kunst aufs Engste miteinander verwoben Abb. N. Repräsentation und Produktion von nationalsozialistischem Propagandamaterial hatten bei den Ausstellungen höchste Priorität. Die Fotos zeigen sämtliche Kunstsparten der Hochschule, die in ihrem die Umwelt gestaltenden Charakter präsentiert wurden. Paul Kirnig betonte in seiner Eröffnungsrede zur Schulausstellung von 1942, dass die Arbeiten „einen Ueberblick über den Einsatz der Studierenden in der Lösung jener Aufgaben geben, die unsere dynamische Zeit der angewandten Grafik stellt".[203] Der Malerei-Professor meinte zudem, dass die Grafik nicht nur auf die ihr gegebene „dynamische Zeit" reagiere, sondern die Arbeiten der Studierenden auch das Kunstverständnis ebendieser Zeit widerspiegelten:

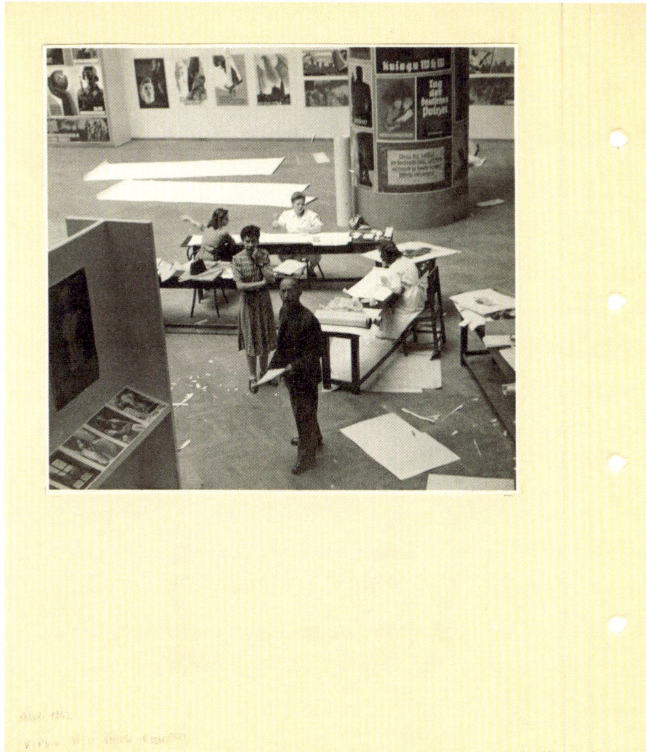

> *Ihre Wichtigkeit [der Grafik] für die Erziehung zu Formgefühl und Geschmack wird ohnehin klar, wenn wir bedenken, dass jeder Deutsche in seinen Büchern, Zeitungen und Zeitschriften, an den Plakatwänden, in Strassenbahn und Autobus, an fast allen Dingen die erkauft oder gebaut, kurz wirklich überall, angewandte Grafik sieht. Der Krieg hat ihr neue Aufgaben gestellt. Sie gibt der Aufforderung zum Einsatze des Soldaten, Bauern und Arbeiters ebenso optischen Ausdruck wie jener an den Hitlerjungen und das BDM Mädel. Sie wirbt für NSV und Winterhilfswerk, für Arbeitsfront und Arbeitsdienst, sie kämpft als politischer Soldat. Sie ist Kampfkunst im wahren Sinne des Wortes.*[204]

Kirnig drückt damit präzise aus, dass die künstlerische Erziehung an der Reichshochschule für angewandte Kunst sich gänzlich an der bildungs- und kulturpolitischen Linie des NS-Regimes orientierte und hält zugleich fest, wie der Kriegsalltag und die damit einhergehende Kriegsrhetorik sich auf den Alltag der Schüler*innen, aber auch des Lehr- und Verwaltungspersonals an der Bildungseinrichtung auswirkte.

2.2.5. Kriegsalltag an der Reichshochschule für angewandte Kunst

Die andauernden Kriegshandlungen wurden an der Reichshochschule für angewandte Kunst insbesondere ab dem Studienjahr 1941/42 immer spürbarer; doch bereits seit 1938 prägten diverse Begleiterscheinungen der Militäroperationen den Alltag an der Kunstgewerbeschule. Insgesamt lässt sich in den Kriegsjahren eine zunehmende Ressourcenknappheit verzeichnen, Brennstoffe, Metalle, aber ebenso Papier und Farben stellten Mangelwaren dar und wurden seitens des Ministeriums vielfach rationiert, was die tägliche Unterrichtspraxis vor Herausforderungen stellte. Als Folge des Kriegsdienstes fehlten bald überall die erforderlichen Arbeitskräfte. Durch die Einführung des Reichsarbeitsdienstes (RAD) sollte Abhilfe geschaffen werden. Das betreffende Reichsarbeitsdienstgesetz war bereits 1935 eingeführt worden und verlangte, dass „junge Deutsche beiderlei Geschlechts" sich verpflichteten, „ihrem Volk"[205] zu dienen. Die Dienstzeit betrug sechs Monate, konnte allerdings bei Bedarf verlängert werden. Die Einsatzbereiche lagen in der Landwirtschaft ebenso wie im Autobahnbau und in der Privatwirtschaft, was bedeutete, dass sie je nach Fachspezialisierung durchaus variierten. Bereits im Oktober 1938 wurde etwa der Schüler Josef Schmelzenbart (1906–1978) aus der Klasse Oswald Haerdtls für den Reichsarbeitsdienst vom Unterricht beurlaubt, um an der Bauleitung der Luftwaffe Baden mitzuwirken, der es an technischen Arbeitskräften mangelte und die „dringende Wehrmachtsbauten" plante.[206] Nicht nur Studierende im Zuge des RAD-Dienstes, auch Lehrende beteiligten sich aus freien Stücken an unterschiedlichen nationalsozialistischen Bau- und Arbeitsprojekten außerhalb der Schule. So plante etwa der ehemalige Architekturprofessor Josef Hoffmann (1870–1956) zwischen 1938 und 1945 die Umgestaltung der deutschen Botschaft zum Haus der Wehrmacht.[207] Oswald Haerdtl setzte wiederum mit seinem Büro in Krakau und später in Breslau diverse Bauprojekte im besetzen Gebiet um – u. a. den Umbau eines von jüdischen Besitzer*innen geraubten Gebäudes für die Deutschen Werkstätten in Berlin – und profilierte sich als nationalsozialistischer Designer „mit Wiener Note".[208]

Während die Beteiligung am Reichsarbeitsdienst anfänglich noch als freiwillige Tätigkeit der Studierenden an der Kunstgewerbeschule beworben wurde,[209] zeugte der Aufruf zur Erntehilfe 1939 bereits von einem deutlich schärferen Ton. In einer Aussendung hieß es etwa, dass „alle inskribierten ordentlichen Hörer und Hörerinnen deutscher Volks- und Staatsangehörigkeit"[210] zur Ableistung der Erntehilfe verpflichtet seien. Einige Ausnahmen wurden genannt, darunter auch die „Hörer und Hörerinnen [...] der Akademie der bildenden Künste und der Kunstgewerbeschule, die in ihrem Fachstudium im Sommersemester 1939 das 7. anrechenbare Semester begonnen haben".[211] Die Studierenden aller früheren Semester mussten jedoch zur Erntehilfe im Juli und August 1939 einrücken und wurden zusätzlich von der Gaustudentenführung dazu angehalten, sich aktiv an der wirtschaftlichen Leistung der NS-Volksgemeinschaft zu beteiligen:

> *Es ist selbstverständlich, dass wir diesem Ruf begeistert Folge leisten: Unser Volk will und muss leben. Wir halten es für unsere Ehrenpflicht, in dieser Stunde alle anderen Wünsche und Aufgaben zu Gunsten dieser studentischen Hilfe zurückzustellen.*[212]

Da aufgrund der Kartoffelernte insbesondere im Herbst erneut Unterstützung in der Landwirtschaft gebraucht wurde, verkündete der Reichsstatthalter in Wien, dass im Oktober 1940 eine Unterrichtswoche entfallen würde. Die Kunstgewerbeschule hatte allerdings bereits eine Sonderregelung für die Hauptferienzeit vereinbart, weshalb an der Einrichtung die sogenannten „Kartoffelferien" nicht eingehalten und der Unterricht regulär fortgesetzt wurde.[213] Bereits ein Jahr später war es selbst „Beamten, Angestellten und Arbeitern bei Behörden, öffentlich-rechtlichen Körperschaften und öffentlichen Betrieben" gestattet, „Sonderurlaub unter Fortgewährung der Bezüge"[214] zu beantragen, um die Erntearbeiten für zwei Wochen im Sommer zu unterstützen. Dass der Bedarf an Arbeitskräften stieg, wurde zunehmend evident, als der Reichsarbeitsdienst im Mai 1943 von sämtlichen Lehrpersonen der Kunstgewerbeschule eine Einschätzung verlangte, welche weiblichen Studierenden des Jahrgangs 1926 für den Arbeitseinsatz geeignet wären.[215] Während einige Lehrpersonen der Reichshochschule den Fleiß und die Begabung der Studierenden als Argument für den Einsatz beim RAD anführten, wurden dieselben Argumente in anderen Fällen genannt, um für den Verbleib im Unterricht zu appellieren. Wie aus dem Protokoll zur Lehrkörpersitzung vom 17. April 1942 hervorgeht, schien innerhalb des Kollegiums allerdings weitgehend Einigkeit darin zu bestehen, dass „die Einziehung zum Arbeitsdienst wirklich einen nicht wieder gutzumachenden Nachteil für ihr Studium wie auch für ihren zukünftigen Beruf"[216] darstellen würde. Offenbar gab es Bestrebungen, den RAD gleich zu Beginn des Studiums zu absolvieren, was allerdings von der Reichshochschule ebenfalls kritisch gesehen wurde, da „die stärksten künstlerischen Impulse"[217] genau in der Anfangsphase gesetzt würden.

Neben den üblichen Erntearbeiten wurden die Studierenden aufgrund ihrer spezifischen Ausbildung auch zu praktisch-handwerklichen sowie kriegsnotwendigen Arbeiten eingesetzt, etwa sollten sie ab 1944 sowohl Holz- als auch Metallprothesen herstellen. Schließlich erlitten viele Soldaten schwere Verletzungen, darunter die Abtrennung oder Verstümmelung von Gliedmaßen, die in der Folge prothetisch ersetzt werden mussten.[218]

Besonders einschneidend für den Schulalltag sowohl der Studierenden – insbesondere der männlichen – als auch des Lehr- und Verwaltungspersonals waren die vielen Einberufungsbefehle zur Wehrmacht. Bereits wenige Monate nach dem „Anschluss", im Juni 1938, begann die Rekrutierung von Soldaten, die vorerst noch freiwillig sein sollte.[219] Ab 1939 kommunizierte das Ministerium für innere und kulturelle Angelegenheiten jedoch etliche Erlässe, die die verfrühte Entlassung von Studierenden aus dem Unterricht betrafen, welche zur Wehrmacht eingezogen werden sollten.[220] Dies bedeutete zugleich für zahlreiche Studierende der Kunstgewerbeschule bzw. der Reichshochschule für angewandte Kunst, dass sie die Schule nicht fristgerecht abschließen konnten. Aus diesem Grund setzte sich die Schule dafür ein, dass wehrpflichtige Studierende vorzeitig um die Zulassung zum Erfolgsdiplom ansuchen konnten. Laut einem Schreiben vom 15. Mai 1940 sollte diese Sonderregelung jedoch nur für „die Dauer des Krieges" gelten und allein „den Schülern des letzten Jahrganges einer Fachklasse oder Werkstätte"[221] zugestanden werden. Wie die beiliegenden Schreiben dokumentieren, wurde vielfach von der Möglichkeit Gebrauch gemacht und von fast sämtlichen Lehrenden in den Fachklassen Gesuche gestellt, Studierende vorzeitig zur Abschlussprüfung zuzulassen. Darüber hinaus gab es keine weiteren Interventionen seitens der Schule, um Studierende vor der Einberufung zur Wehrmacht zu bewahren.

Lehrende sowie Verwaltungspersonal der Kunstgewerbeschule konnten hingegen durch sogenannte „Unabkömmlichkeitsanträge" vom Kriegsdienst befreit werden. Hierbei fällt wiederum auf, dass die Direktion für viele Schulangehörige solche UK-Stellungen beantragte, obwohl es in erster Linie Professoren waren, deren Anträge angenommen wurden. Schüler, administrative

Angestellte, Schulwarte und vertragliche Lehrer mussten zumeist zum Fronteinsatz einrücken. Dies belegt eine Liste von kriegsdienstleistenden Lehrpersonen an der Kunstgewerbeschule vom Jänner 1943, die dokumentiert, dass einzig Studienrat Oswald Haerdtl als Vertreter des Professor*innengremiums vom 19. Jänner 1940 bis 28. September 1940 Kriegsdienst leistete – wobei auch er früher als ursprünglich angenommen an die Schule zurückkehren konnte, da sein UK-Antrag mit zeitlicher Verzögerung doch noch angenommen wurde.[222] Die Liste vermerkt außerdem, dass die Lehrer Walter Braun (1912–1941), Richard Vetters (1917–1942) und Franz Wieringer (1908–1942) an der Front gefallen waren.

Luftschutzmaßnahmen,[223] die Einschränkung von Festlichkeiten,[224] sowie Verdunkelungsanordnungen[225] zählten zu den Begleiterscheinungen des „totalen Kriegseinsatzes", der ab August 1944 vermehrt den Unterrichtsalltag an der Reichshochschule für angewandte Kunst prägte. Während der Sommermonate war offenbar nicht klar, ob die Kunstgewerbeschule im neuen Schuljahr wieder öffnen würde. Eine Aussendung des Direktors Obsieger vom August 1944 bezeugt etwa, dass es noch im Sommer an Weisungen fehlte, die die Fortführung des Unterrichts garantierten.[226] Später folgte eine weitere Aussendung, die verkündete, dass „der Unterrichtsbetrieb an der Reichshochschule für angewandte Kunst stillgelegt"[227] würde. Doch Obsieger ordnete an, dass die Studierenden an ihre Arbeitsplätze im Schulgebäude zurückkehren sollten, wo die weiteren Durchführungsbestimmungen für die Stilllegung geklärt würden. Diese Weisung ist insofern beachtenswert, da die Reichshochschule für angewandte Kunst bei einem Luftangriff am 10. September 1944 einige Schäden erlitten hatte. Wie aus einem Schreiben des Direktors an die Reichsstatthalterei allerdings hervorgeht, hatte es sich primär um kaputte Fensterscheiben gehandelt – diese wurden an gleich drei Standorten festgestellt: „In der Hauptanstalt" waren 20 Fensterscheiben betroffen, im Nebengebäude in der Henselstraße, „5 große Atelierfenster und 1 kleinere Fensterscheibe", und in den Räumlichkeiten im Heiligenkreuzer Hof waren es 233 Glastafeln.[228] Nach weiteren Diskussionen um die Schließung der Schule bzw. die Bedingungen der potenziellen Fortsetzung des Lehrbetriebs kam im November 1944 eine entscheidende Weisung. In dem Schreiben des Reichsstatthalters von Wien an die Direktion der Reichshochschule für angewandte Kunst hieß es:

Der Unterricht mit den Fachschülern wird gemäss meinem Erlass vom 11. Oktober 1944, Z/GK. 5655-c/44, in dem dort verfügten Umfang fortgesetzt.- Den Fachschülern gleichzuhalten sind jene ordentlichen Hochschulstudierenden, die das 16. Lebensjahr noch nicht erreicht haben und daher für den Rüstungseinsatz noch nicht in Betracht kommen. Diese Studierenden sind bis zur Erreichung des 16. Lebensjahres zur Immatrikulation zuzulassen und gemeinsam mit den Fachschülern der Vorbereitung in den Vorbereitungsklassen (Werkstätten) zu unterrichten. Bei Erreichung des 16. Lebensjahres sind sie für den Rüstungseinsatz freizustellen; hiervon sind sie bei der Immatrikulation ausdrücklich zu verständigen.[229]

Neben dieser Ankündigung zum Einsatz der Studierenden in der Rüstungsindustrie wurde zugleich vermerkt, dass mit „einer zumindest teilweisen anderweitigen Verwendung des Unterrichtsraumes der Schulen“[230] gerechnet werden müsse.

Zwar wurde der Lehrbetrieb im Herbst 1944 fortgesetzt, doch fand der Unterricht angesichts der Tatsache, dass mehr und mehr Studierende und Lehrende für Kriegsarbeiten herangezogen wurden, weitgehend eingeschränkt statt. Sigmund Vinzent, Oberlaborant, und Hans Bichler, vertraglicher Lehrer, wurden etwa zum Ostwall-Einsatz in die Steiermark berufen.[231] Auch das Schulgebäude in der Fichtegasse sollte zweckentfremdet werden und wurde für den „Volkssturm“ und die Rekrutierung von Soldaten für die letzte Kriegsphase genutzt. Im März 1945 wurde das Gebäude dann erneut zu einem Reserve-Lazarett umgewandelt.[232] Die Beschlagnahmung der Räumlichkeiten in der Fichtegasse zwang die Direktion dazu, den Unterricht in andere Einrichtungen und Gebäude zu verlegen, u. a. in die Reichshochschule für Musik und darstellende Kunst.[233]

Es ist nicht zuletzt der Lage am Stubenring geschuldet, dass die Reichshochschule für angewandte Kunst massiv von den Kriegshandlungen betroffen war. Schließlich befand sich direkt nebenan, am Stubenring 1, das Gebäude des ehemalige k. u. k. Kriegsministeriums, das nun das Wehrkreiskommando XVII beherbergte, dem die Wehrmachtstruppen der Reichsgaue Groß-Wien, Niederdonau und Oberdonau unterstanden. Weitere Bombeneinschläge am Gebäude der Reichshochschule (Stubenring 3) – am 5. November 1944 und am 15. Jänner 1945 – verschärften die Situation massiv. Der zweite Bombenabwurf beschädigte die Hochschule so stark, dass „die Übersiedelung der Direktion, der Verwaltung, Bibliothek, Sammlung und der Lehrkanzeln sofort nötig“[234] geworden wäre. Seitens der Reichsstatthalterei hielt man sich mit der Übersiedelung allerdings zurück; stattdessen verkündete sie am 19. Jänner 1945 die Stilllegung der drei Kunsthochschulen in Wien – der Akademie der bildenden Künste, der Reichshochschule für angewandte Kunst und der Reichshochschule für Musik und darstellende Kunst. Es wurden Pläne für diverse Eingliederungen der Hochschulen in die Strukturen der Universität Wien entworfen, die allerdings nie umgesetzt wurden. Was jedoch folgte, war der vorübergehenden Umzug der Reichshochschule für angewandte Kunst in die Gebäude der Musikhochschule.[235]

Insbesondere die letzten Kriegswochen zeichnen ein chaotisches Bild; selbst die Verwaltungsakten lassen keine stringente Rekonstruktion der Geschehnisse mehr zu. Es wurden kontinuierlich mehr Bombenopfer und Vermisste gemeldet, zahlreiche Schulangehörige bemühten sich darum, auf eigene Faust aus Wien zu fliehen – Robert Obsieger versuchte sogar, für einige Lehrende eine Evakuierung nach Zwettl zu veranlassen.[236] Allerdings galt weiterhin die Mobilmachung für alle Männer im wehrpflichtigen Alter, was deren Abzug aus Wien verunmöglichte. Am 2. April wurde die Schule über die Möglichkeit informiert, am Folgetag um 15 Uhr mit einem Schiff vom Prater-Kai nach Grein an der Donau fahren zu können. Das Angebot richtete sich an „weibliche Gefolgschaftsmitglieder (mit oder ohne Kinder)“[237] und zog einen weiteren Evakuierungsaufruf am 3. April nach sich. Der Evakuierungsplan sah vor, dass alle weiblichen Studierenden und Lehrenden „auf eigene Gefahr“ evakuiert werden konnten, Männer sollten nur dann Wien verlassen dürfen, wenn sie krank oder im nicht-wehrpflichtigen Alter waren. Alle Schulangehörigen, die Wien den Rücken kehrten, mussten sich bei der Direktion melden, die im Gegensatz zu ihren Angestellten explizit dazu angehalten wurde, „bis zur gegenteiligen Weisung auf ihrem Posten“[238] zu bleiben.

Der entscheidende Kampf um Wien fand zwischen dem 6. und dem 13. April 1945 statt. Gefechte auf offener Straße und Häuserkämpfe dauerten in manchen Teilen der Stadt tagelang an, bis am 13. April die sowjetischen Truppen die bewaffneten Auseinandersetzungen für beendet und Wien für befreit erklärten.

2.3. Völkische Erziehung und künstlerische Praxis

Wie bereits anhand der personellen und strukturellen Entwicklungen sowie insbesondere der künstlerischen Selbstverortung im Zuge der institutionellen Aufwertung zur Reichshochschule für angewandte Kunst erörtert, ließen sich seitens der Direktion erwartungsgemäß kaum Widerstände oder kritische Positionierungen gegenüber den nationalsozialistischen Bildungsprinzipien erkennen. Vielmehr verfolgte sie das Ziel, eine Vorreiterrolle einzunehmen, um sich zumindest innerhalb des Wiener Kontexts und in Abgrenzung zur Akademie der bildenden Künste ideologisch und gestalterisch gewissermaßen als Speerspitze der neuen nationalsozialistischen Kunsterziehung zu positionieren. Rasch fand die totalitäre Ausrichtung des NS-Bildungswesens an der Kunstgewerbeschule und späteren Reichshochschule Anwendung und wurde durch eigens geschaffene Kooperationen – etwa mit dem BDM-Werk „Glaube und Schönheit" – sowie durch die inhaltliche und künstlerische Adaptierung der Lehrpläne weiterentwickelt. Diverse Erlässe des Reichsministeriums für Wissenschaft, Erziehung und Volksbildung regelten nicht nur bereits besprochene Schulstrukturen; auch konkrete Inhalte, basierend auf den Regimevorgaben, wurden implementiert und der Lehrplan dementsprechend neu gestaltet. Die im Austrofaschismus eingeführte „Vaterländische Erziehung" wurde von der „Völkischen Erziehung" abgelöst, die ein antisemitisches, rassistisches, totalitäres und antihumanistisches sowie antiaufklärerisches – nicht allerdings zwangsläufig anti-modernes – Weltbild vermittelte und insbesondere durch die Ausgrenzung bestimmter Bevölkerungsgruppen, wie Jüdinnen und Juden oder Rom*nja und Sinti*zze, einen Neuen Menschen hervorbringen wollte. Anders als die emanzipierte und sexuell sowie ökonomisch selbstbestimmte Neue Frau der 1920er- und 1930er-Jahre oder der Neue Mensch, wie ihn das Rote Wien als Ideal eines demokratisch-gestaltenden Bürgers in einer solidarischen Gemeinschaft entwarf, wurde der nationalsozialistische Neue Mensch insbesondere als Prototyp des politischen Soldaten designt. Völkisch orientiert, der Rassenideologie folgend, gehorsam und tüchtig sollte diese vornehmlich männliche Konzeptfigur die nationalsozialistische Gegenwart und Zukunft gestalten. Ihr weibliches Pendant fand sie am ehesten in der mehrfach gebärenden nationalsozialistischen Mutter, die primär in ihrer reproduktiven Rolle blieb und weniger eigeninitiativ bzw. gestalterisch tätig wurde.

Während in den Jahren bis 1938 noch teils kontroversiell darüber debattiert wurde, wie stark das Kunstgewerbe als Plattform der „Vaterländischen Erziehung“ fungieren sollte, war mit der nationalsozialistischen Ausrichtung der Schule rasch klar, dass – mit Kirnig gesprochen – die Kunst insgesamt als „Kampfkunst“ und „politischer Soldat“ [239] eine tragende Rolle in der Vermittlung der NS-Ideologie spielte. Wenig verwunderlich ist deshalb, dass die Vertreter*innen der künstlerischen Fächer der Kunstgewerbeschule bzw. Reichshochschule sich intensiv ihrer gestalterischen Möglichkeiten bedienten, um sich dem Regime anzubiedern bzw. es tatkräftig durch propagandistische Kunstproduktion zu unterstützen. Als künstlerische Fallbeispiele werden im Folgenden die 1938 gegründete Werkstätte für Volks- und Brauchtum (Leitung: Reinhold Klaus), die Fachklasse für Gebrauchs-, Illustrations- und Modegraphik bzw. die Werkstätte für Druckverfahren (Leitung: Paul Kirnig) sowie die Werkstätten für Mode und Textilarbeiten (Leitung: Eduard Josef Wimmer-Wisgrill) vorgestellt, die einerseits Prinzipien und Strömungen der NS-Kulturpolitik befolgten und mitgestalteten, andererseits in ihren Klassenleitern sehr unterschiedliche Persönlichkeiten fanden, welche neben regimetreuem Unterricht auch teilweise widerständige Praktiken erlaubten.

2.3.1. Werkstätte für Volks- und Brauchtum

Ich bestätige gerne, dass Herr Studienrat Prof. Reinhold Klaus schon in der Zeit vor dem Verbote der NSDAP offen als Nationalsozialist auftrat und mich in meiner Tätigkeit als Betriebszellenleiter intensiv unterstützte. Ich kann auch bestätigen, dass er nach meinem Abgang von der Schule meine Arbeit, die die Gewinnung des Lehrkörpers und der Schülerschaft für den Nationalsozialismus zum Ziele hatte, beherzt und unter Gefährdung seiner Existenz fortgesetzt hat. Herr Studienrat Prof. Klaus ist jedenfalls seit 1931 an der Kunstgewerbeschule als tätiger Nationalsozialist bekannt und berüchtigt gewesen. Er verdient die Ankerkennung als „Alter Kämpfer“.[240]

Zwar stand seit den frühen 1930er-Jahren außer Frage, dass Reinhold Klaus begeisterter Nationalsozialist war; die politische Beurteilung seiner Person durch Josef Fitzthum zeugt jedoch von dem außerordentlichen

Abb. O
Reinhold Klaus, *Das schaffende und feiernde Waidhofen*, 1944, mit Übermalungen der NS-Insignien im Mai 1945, Sitzungssaal des Rathauses in Waidhofen an der Ybbs, Öl auf Leinwand, Stadt Waidhofen an der Ybbs

Engagement zu Gunsten der NS-Bewegung des Leiters der Werkstätte für Glasmalerei, Verbleiung und Mosaik sowie späteren Leiters der Malereiklasse und der Werkstätte für Volks- und Brauchtum. Klaus setzte – so ein weiteres, dem Dokument beigelegtes Schreiben von Robert Obsieger – nach Fitzthums Verhaftung sogar „alleine […] die Werbetätigkeit unter den Schülern fort und holte sich fortlaufend das Propagandamaterial von Pg. Josef OHAVSKY […] unter oft schwierigen Umständen […] ab, um es unter den Schülern zu verteilen".[241] Dies lässt darauf schließen, dass Klaus schon früh und intensiv den Kontakt zu Schüler*innen suchte, um sie für den Nationalsozialismus zu begeistern. Als Reinhold Klaus allerdings 1938 zum Vertrauensmann der NSDAP an der Schule wurde und nach der Zwangspensionierung Müller-Hofmanns dessen Malereiklasse übernahm sowie die Werkstätte für Volks- und Brauchtum begründete, schien er den direkten Kontakt mit den Schüler*innen deutlich weniger zu suchen. Vielmehr agierte er abgehoben-autoritär, was allerdings durchaus den nationalsozialistischen Organisationsstrukturen entsprach. Es drängt sich angesichts seiner frühen politischen Aktivitäten die Frage auf, wie das politische Engagement Klaus' Eingang in seine künstlerische Praxis und vor allem in seinen kunstgewerblichen Unterricht fand.

Neben den Werken zahlreicher Vertreter*innen der modernen Malerei an der Kunstgewerbeschule wirken Reinhold Klaus' Arbeiten weitaus traditioneller und orientieren sich stärker an historischen und stark regional geprägten Strömungen. Insbesondere romantische Landschafts- und Dorfszenarien, darunter die Wachau, z. B. Dürnstein, oder aber Waidhofen an der Ybbs Abb. O, zählen in den Jahren des Nationalsozialismus und der Nachkriegszeit zu beliebten Sujets des Malers.[242] Neben Gobelins war die Glasmalerei, vornehmlich für diverse Kirchenfenster, ein Spezialgebiet des Professors; teilweise fertigte er auch volkstümliche Holzschnitte an. Bemerkenswert ist, dass er 1938 einen deutlichen Karriereaufstieg verzeichnen konnte, nicht allerdings, indem er die

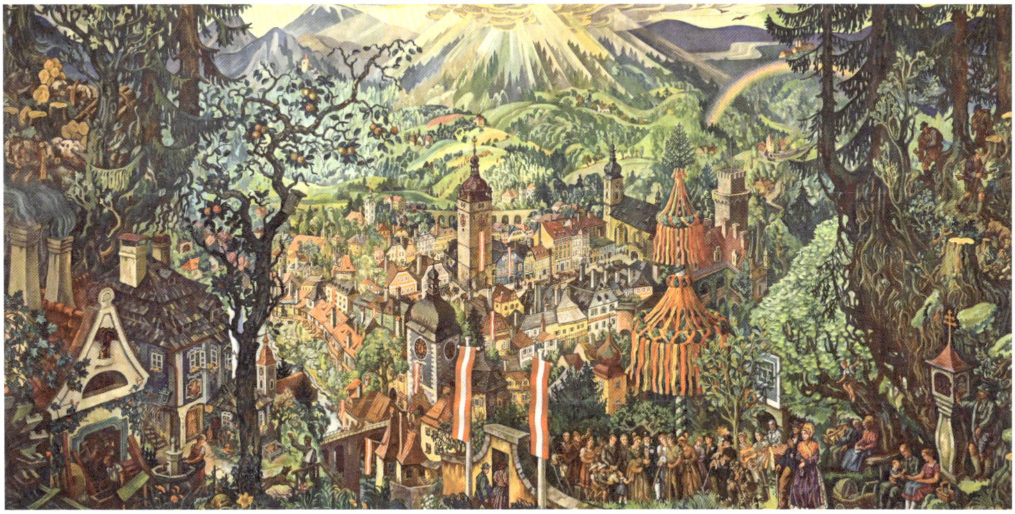

Stelle als Direktor annahm, die ihm angeboten wurde, sondern indem er eine der beiden Malereiklassen übernahm sowie wenig später die Werkstätte für Volks- und Brauchtum begründete. Volks- und Brauchtum spielten in Klaus' Schaffen seit jeher eine zentrale Rolle, schließlich beschäftigte er sich nicht nur mit Lebensformen in ländlichen Gebieten, sondern insbesondere auch mit germanischen sowie „ostmärkischen" Mythen, Sagen und Figuren, die immer wieder Eingang in seine Arbeiten fanden. Im nationalsozialistischen Kunstkontext spielte die Rückbesinnung und Pflege des Brauchtums eine besondere Rolle, da damit zugleich völkische Vorstellungen verbunden waren und spezifische Ausschlusskriterien – vor allem gegenüber, durch rassentheoretische Ansätze als nicht „arisch" definierten Gruppen[243] – einhergingen. Bemerkenswert ist zudem, dass bereits von März bis April 1939 erst im Wiener Künstlerhaus und ab Mai 1939 auch in Berlin Ausstellungen eröffnet wurden, die unter dem Titel *Berge, Menschen und Wirtschaft der Ostmark* (in Wien *Berge und Menschen der Ostmark*) das „ostmärkische" Wesen und seine Kunst in den Blick nahmen. Dass es sich dabei unter anderem um ein modernekritisches Projekt handelte, macht nicht zuletzt das Vorwort zum Ausstellungskatalog des Schriftstellers Karl Hans Strobel (1877–1946) deutlich, in das er ein klassisches antimodernistisches Narrativ integrierte und dort das urbane Leben als Gefahr für die Gesellschaft darstellte.[244] Gleichzeitig folgte der Autor darin rassentheoretischen Ansätzen und erhob sie zum künstlerisch bestimmenden Prinzip des Brauchtums:

> *Und in den Lebensraum der Berge ist der Mensch mitten hineingestellt, ganz anders als in das Gedränge und abschleifende Gewimmel der Städte. Ihm wächst aus der ständigen Gefahr und dem Kampf um Scholle und Dasein der Berg als Mythos empor, er wird ihm lebendige Wesenheit. Die Abgeschlossenheit der Siedlungen in Tälern erzwingt sich Sonderung und Besonderheit im Brauchtum und Lebensgestaltung, die Nachbar vom Nachbarn unterscheiden. Uraltes, in die dunkelste Vorzeit reichendes Geheimnis und Weistum wird darin bewahrt und wirkt lebendig in die Gegenwart. Sitte und Arbeit wandeln und bestimmen den rassischen Ausdruck und die geistige Haltung der Menschen in den Bergen, und sie zu tiefst zu erspüren und zwingend zu gestalten, wird hier vielleicht der Künstler bedeutsamste Aufgabe sein.*[245]

Wenngleich nicht alle in der Ausstellung vertretenen Arbeiten aktiv rassistische oder antisemitische Ansätze adaptierten, bildete der Einleitungstext dennoch den ideologischen Rahmen, in dem sich die einzelnen Werke verorten ließen. Reinhold Klaus war mit der Arbeit *Ostmärkische Berglandschaft (Entwurf für einen Gobelin)* in der Ausstellung vertreten, neben ihm auch andere ehemalige Schulmitglieder wie Anton Kenner oder Ferdinand Kitt,[246] der sich 1933 um den Direktionsposten beworben hatte. Carl Witzmann, der Leiter der Werkstätte für Möbel und Innenbau, war als Ausstellungsarchitekt für die Raumgestaltung der Abteilungen Industrie, Mode, Handwerk und Fremdenverkehr der Berliner Ausstellung beteiligt.[247] Insgesamt legten die dort präsentierten Werke den Fokus auf das österreichische bzw. „ostmärkische" Volks- und Brauchtum, studierten die Landschaften, Lebensweisen oder Trachten und zeugen damit zugleich davon, dass innerhalb dessen, was im Nationalsozialismus als solches gefasst wurde, durchaus österreichische bzw. „ostmärkische" Spezifika bestehen konnten. Der Historiker Nikolaus Hagen beschreibt, dass es um den Jahreswechsel 1938/39 sogar ein zivilgesellschaftliches Vorhaben gegeben hatte, die „österreichische Volkskultur" kulturell zu stärken und rechtlich zu schützen, ähnlich wie es zuvor etwa basierend auf einer breit gestützten Initiative für die bayrischen Volksbräuche geschehen war.[248] Die Ausstellungen ebenso wie Klaus' Werkstätte gliederten sich damit in eine Entwicklung ein, die dem Volks- und Brauchtum vermehrt Aufmerksamkeit schenkte und insbesondere österreichische bzw. „ostmärkische“ Traditionen pflegte.

Die Gründung der Werkstätte für Volks- und Brauchtum durch Reinhold Klaus und der Umstand, dass das Wahlfach, wie es im Schreiben an das Ministerium angekündigt wurde, ohne Einwände umgesetzt wurde, ist äußerst bezeichnend für die nationalsozialistische Förderung des Gebiets:

> *Ueber den gestellten Antrag wird mit Wirksamkeit vom 1. April 1939 der Gegenstand „künstlerische Gestaltung im Volks- und Brauchtum“ als Wahlfach an der Kunstgewerbeschule [...] genehmigt und mit der Leitung dieser Unterabteilung der dortige Professor Reinhold Klaus im Ausmasse von 7 Wochenstunden ausserhalb des Rahmens seiner beamtlichen Lehrverpflichtung für die Zeit vom 1. April 1939 vorläufig bis Ende des Schuljahres 1938/39 betraut.*[249]

Die Notwendigkeit einer eigenen Werkstätte – zuvor konnte der Bereich aufgrund seiner zunehmenden Bedeutung nur wenig zufriedenstellend in der allgemeinen Abteilung behandelt werden[250] – begründete Direktor Obsieger in einem vorangegangenen Schreiben damit, dass die Pflege des Volks- und Brauchtums „in allen Kreisen der Bevölkerung, der Partei und des Staates lebhaftem Interesse und Förderung“[251] begegnen würde. Die Schule, so Obsieger weiter, würde das Volks- und Brauchtum nicht nur pflegen, sondern wolle es sich zur Aufgabe machen, dieses „auch richtunggebend zu beeinflussen“.[252] Die Entwicklung der Werkstätte bis 1945 zeigt allerdings, dass diesem Anspruch nicht Rechnung getragen wurde, denn das studentische Interesse schien begrenzt, waren es doch in den Jahren von 1939 bis 1945 nur jeweils zwischen sieben und neun Schülerinnen – tatsächlich ausschließlich Frauen –, die diese Werkstätte besuchten. Das primäre Interesse von Schülerinnen an Volks- und Brauchtum ist wiederum sehr wahrscheinlich einem im Nationalsozialismus forcierten Verantwortungsgefühl der Pflege ebensolcher gesellschaftlicher Bereiche geschuldet, das Frauen vermehrt auferlegt wurde. Dies lässt sich unter anderem im bereits analysierten Album von Emma Reif aus der Klasse Kirnig erkennen, wo wiederholt junge Frauen in Tracht und mit geflochtenen Zöpfen das nationalsozialistische Ideal der volkstümlichen Mode und Lebensweise pflegten. Dass es sich tatsächlich primär um ein Ideal

Abb. P
Ilse Feldmann, *Märchenfiguren* für das Winterhilfswerk, 1941, Tusche, Feder auf Karton, dazu jeweils in Blech gepresst, auf Karton montiert, UaK, IN 10.849/2

und weniger um die modische Realität handelt, wird später anhand der Werkstätte für Mode erläutert. Auch die Kooperation mit dem BDM-Werk „Glaube und Schönheit“ und die darin gesetzten Schwerpunkte zeugten von einer solchen Entwicklung.

Da leider kaum Berichte und Stundenpläne zur Werkstätte für Volks- und Brauchtum überliefert sind, kann nicht mehr im Detail nachvollzogen werden, welche künstlerischen Techniken und Medien im Vordergrund des Unterrichts standen. Blickt man allerdings auf ausgewählte Arbeiten der Schülerinnen der Werkstätte, fällt auf, dass sich ähnlich wie bei dem Klassenlehrer eine Auseinandersetzung mit der germanischen sowie „ostmärkischen“ Mythologie, mit ländlichen Lebens- und Arbeitsweisen sowie mit regionalen Bräuchen verzeichnen lässt. Die Schülerin Ilse Feldmann, die bereits 1939, im Gründungsjahr der Werkstätte für Volks- und Brauchtum, an den Kursen teilnahm, entwarf etwa 1942 für das Winterhilfswerk (WHW, teils auch Kriegswinterhilfswerk genannt, KWHW) eine Reihe von Abzeichen mit unterschiedlichen Märchen- und Sagenfiguren Abb. P. Das Winterhilfswerk war eine jährlich abgehaltene Sammel- und Spendenaktion für kriegsbeschädigte und bedürftige „Volksgenossen“ im Nationalsozialismus, die erneut im Zuge der Vorstellung der Fachklasse für Gebrauchs-, Illustrations- und Modegraphik thematisiert wird. Im Entwurf mit Tusche und Feder auf Karton gezeichnet und anschließend in Blech gepresst, praktizierte die Schülerin nicht nur eine traditionelle Handwerkstechnik, sie bildete zugleich unterschiedliche Figuren in volkstümlichen Szenarien ab. Natur- und Pflanzenwelt, Musik, Tanz, Handwerk und Handarbeit sowie die durch ein Weinfass repräsentierte regionale Gastronomie bilden die Hauptthemen des Volks- und Brauchtums und finden sich auf diesem Wege zugleich im kunstgewerblichen Schaffen wieder.

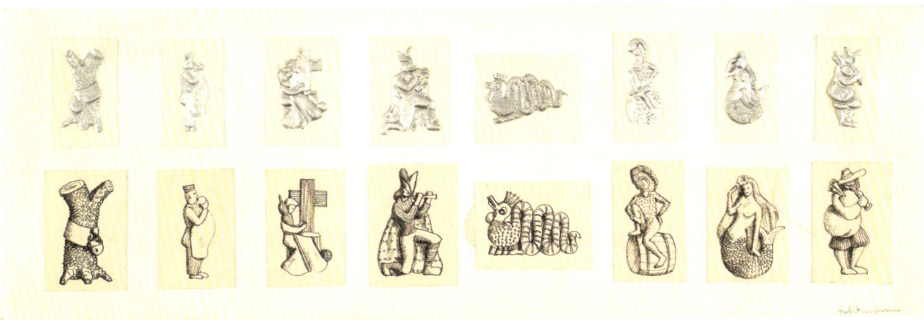

Gleichermaßen wie bereits genannte Ausstellungen – u. a. im Wiener Künstlerhaus – das Volks- und Brauchtum in das Licht der Aufmerksamkeit rückten und dessen öffentliche Wahrnehmung stärken wollten, war auch Reinhold Klaus als Werkstättenleiter um eine solche Entwicklung bemüht, u. a. indem er mit seinen Schülerinnen an diversen öffentlichen Wettbewerben und Veranstaltungen teilnahm. So sollte am 24. und 25. Juni etwa der „Tag des deutschen Volkstums" gefeiert und Schülerinnen dazu angehalten werden, sich mit kreativen Projekten an diesem zu beteiligen.[253] Das Volks- und Brauchtum wurde auch auf diesem Wege zu einem zentralen Gegenstand der Schule, der sich zugleich mit ihren wirtschaftlichen Bestrebungen verbinden ließ. Durch eigens geschaffene Verkaufsartikel, Werbeaktionen oder eben genannte Wettbewerbe zirkulierten etwa volkstümliche Erzeugnisse mehr und mehr auch im städtischen Kontext. Volks- und Brauchtum wurde natürlich schon vor der Gründung der Werkstätte in diverse Unterrichtsgegenstände integriert und war immer schon integraler Bestandteil handwerklichen Arbeitens. Allerdings erlebte es mit der Gründung einer eigenen Werkstätte im Jahr 1939 eine deutliche Aufwertung und zugleich eine nationalsozialistische Ausrichtung. Jene künstlerische Traditionslinie, die sich mit unterschiedlichen, internationalen und nicht ausschließlich germanischen, österreichischen bzw. „ostmärkischen" Ausprägungen des Volks- und Brauchtums beschäftigte, ging dabei allerdings weitgehend verloren.

Weder innerschulisch noch im Ministerium benötigte es viel an Überzeugungsarbeit, um die Werkstätte realisieren zu können. Als Klaus 1945 schließlich aufgrund seiner nationalsozialistischen Betätigung des Dienstes enthoben wurde, fand jedoch die Werkstätte für Volks- und Brauchtum an der Kunstgewerbeschule bzw. nunmehrigen (Reichs-)Hochschule für angewandte

Kunst rasch wieder ein Ende. Dennoch wurde in den Nachkriegsjahren nicht nur von Reinhold Klaus, sondern auch von vielen anderen Kunsttreibenden die Auseinandersetzung mit volks- und brauchtümlichen Ansätzen intensiv weiterverfolgt. Diese Form der Beschäftigung nach 1945 zeichnete sich insbesondere durch eine Rückbesinnung auf die österreichische Tradition aus, welche, wie vorab erwähnt, allerdings nie gänzlich ausgelöscht wurde. Reinhold Klaus sollte nach Kriegsende als einer der wenigen Lehrenden nicht mehr an die Angewandte zurückkehren können – was durchaus für seine intensive Verstrickung und politische Betätigung innerhalb der NSDAP spricht –, blieb allerdings als Künstler und Unternehmer aktiv und widmete sich weiterhin der Glasmalerei mit starkem Fokus auf Volks- und Brauchtum.

2.3.2. Fachklasse für Gebrauchs-, Illustrations- und Modegraphik

Für die von Paul Kirnig geleitete Fachklasse für Malerei (später Gebrauchs-, Illustrations- und Modegraphik) sowie die Werkstätte für Druckverfahren in der Zeit des Nationalsozialismus hat der Politikwissenschaftler und Provenienzforscher Konstantin Ferihumer zentrale Vorarbeit geleistet. Meine Ausführungen bauen deshalb auf seinen Forschungen und insbesondere auf seiner Arbeit im Zuge der Erfassung und Inventarisierung des Archivmaterials zu Paul Kirnig im Archiv der Universität für angewandte Kunst Wien auf.[254] Vorab gilt festzuhalten, dass im Folgenden zum besseren Verständnis von der Fachklasse für Gebrauchs-, Illustrations- und Modegraphik bzw. Klasse Kirnig gesprochen wird, selbst wenn diese bis 1941 als zweite Malereiklasse parallel zu jener von Reinhold Klaus geführt und erst später von Klassenleiter Kirnig im Sinne seiner eigenen künstlerischen Schwerpunktsetzung umbenannt wurde. Da sich zudem die Schüler*innen weitgehend mit jenen der Werkstätte für Druckverfahren deckten und Kirnig später noch die Werkstätte für Photo- und Filmgraphik übernahm, werden teilweise auch Arbeiten aus diesen miteinbezogen.

Wie bereits anhand der Genese der Klasse in den Jahren von 1933 bis 1938, Kirnigs Person sowie seines Engagements im Zuge der institutionellen Aufwertung gezeigt wurde, war der Klassenlehrer keinesfalls abgeneigt, mit nationalsozialistischen Behörden zu kollaborieren und vielfach aktiv darum bemüht, über diese Aufträge für sich und seine Schüler*innen zu akquirieren.[255] Zum Teil kursieren bis heute diverse, nicht verifizierbare Narrative zu Paul Kirnig, etwa dass er dem Nationalsozialismus eigentlich kritisch gegenübergestanden wäre, die Emigration angestrebt hätte, ja sogar im Widerstand gewesen wäre. Allerdings handelt es sich dabei primär um Selbstdarstellungen des Künstlers, die der Zeit nach 1945 entstammen[256] und sich in ihrer Argumentation in gängige selbst-entschuldigende Strategien nach Kriegsende einschreiben. Kirnig erzählte etwa davon, dass er bereits 1938 versucht hätte, nach England zu emigrieren, dort aber nicht Fuß fassen konnte und sich gezwungen sah, nach Wien zurückzukehren. Zynisch, mit antisemitischem Unterton und offenkundig seine eigene privilegierte Position außer Acht lassend, fügte er ergänzend hinzu, dass „in dem London Troubel des Emigrantenrummels [...] nichts für Nicht-Juden zu finden"[257] gewesen wäre. Eine längere Abwesenheit Kirnigs wurde weder in den Sitzungsprotokollen, in den Jahresberichten noch in den Verwaltungsakten dokumentiert, wo üblicherweise Anträge auf Abwesenheiten vom Dienst vermerkt wurden, weshalb es sich wohl nur um eine kurze Reise in den Sommermonaten gehandelt haben kann. Dennoch blieb lange Zeit das Narrativ aufrecht, dass Kirnig eigentlich anti-nationalsozialistisch eingestellt gewesen wäre, ja sogar durch sein intensives Engagement im kunstgewerblichen Kontext die „Schule gerettet"[258] hätte. Seine Bemühungen, die Kunstgewerbeschule zur Reichshochschule für angewandte Kunst zu machen, wurden schon an früherer Stelle besprochen; eine auch nur ansatzweise kritische Einstellung gegenüber dem Nationalsozialismus kann jedoch weder durch schriftliche Dokumente noch durch die künstlerische Tätigkeit Kirnigs nachgewiesen werden. Nicht zuletzt ging mit der institutionellen Aufwertung der Schule auch eine klare ideologische Ausrichtung im Sinne des Regimes einher, weshalb der Topos der Schulrettung auch in dieser Hinsicht hinterfragt werden muss. Die Arbeit der Grafikdesignerin und Kulturwissenschaftlerin Anita Kern, die umfassend zu Kirnig geforscht hat, ermöglicht einen weitgehend differenzierten Blick auf den Leiter der Fachklasse für Gebrauchs-, Illustrations- und Modegraphik und argumentiert zugleich, dass „[k]eine Klasse der Kunstgewerbeschule [...] so prädestiniert [war], von der nationalsozialistischen Herrschaft instrumentalisiert zu werden, wie die ‚Propagandaklasse', die direkt vom Reichspropagandaministerium beauftragt wurde".[259] Dabei gilt jedoch erneut darauf hinzuweisen, dass diese Aufträge weitgehend Kirnigs persönlichem Engagement zu

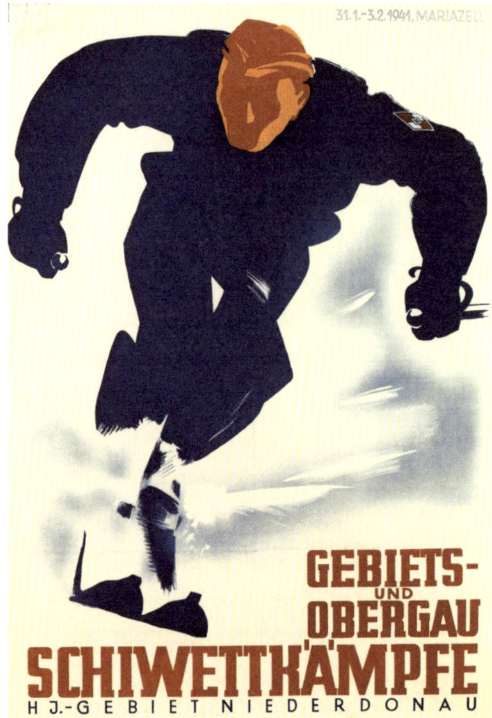

verdanken waren und dass auch die Schüler*innen – es sei nur an den Einblick in den Schulalltag durch das Album von Emma Reif erinnert – sich aktiv, eigeninitiativ und gestalterisch daran beteiligten. Es handelte sich also weniger um eine extern auferlegte Pflicht und Instrumentalisierung als vielmehr um einen eigenen Antrieb aus der Klasse heraus, sich propagandistisch zugunsten des Regimes zu engagieren. In einem Schreiben vom Februar 1940 an das Reichsstudentenwerk rühmte sich Kirnig etwa noch mit den vielen Aufträgen und Arbeiten, die er mit seiner Klasse für unterschiedliche NS-Behörden und deren Subeinheiten umgesetzt hatte:

> *Der Lehrgang meiner Abteilung umfasst neben den für alle Studierenden der Anstalt allgemeinen und Pflichtfächern durchwegs praktische Arbeiten auf dem Gebiet der Gebrauchs-, Illustrations- und Ausstellungsgraphik, gegenwärtig fast ausschließlich bildpropagandistische Arbeiten, die im Auftrage der damit befassten öffentlichen Stellen ausgeführt werden.*[260]

Neben Entwürfen für die Reichsstudentenführung in München, das Winterhilfswerk, die Hitlerjugend oder die Nationalsozialistische Volkswohlfahrt nennt Kirnig explizit kriegspropagandistische Werke, die „im Einvernehmen

Abb. Q
Hermann Hauschka, *Gebiets- und Obergau Schiwettkämpfe der HJ Niederdonau*, 1940/41, Offsetdruck, UaK, IN 15.553/Pl

Abb. R
Josef Jakopitsch, *Gebiets- und Obergau Sportfest der HJ Niederdonau*, 1941, Druck, UaK, IN 17.332/1/Pl

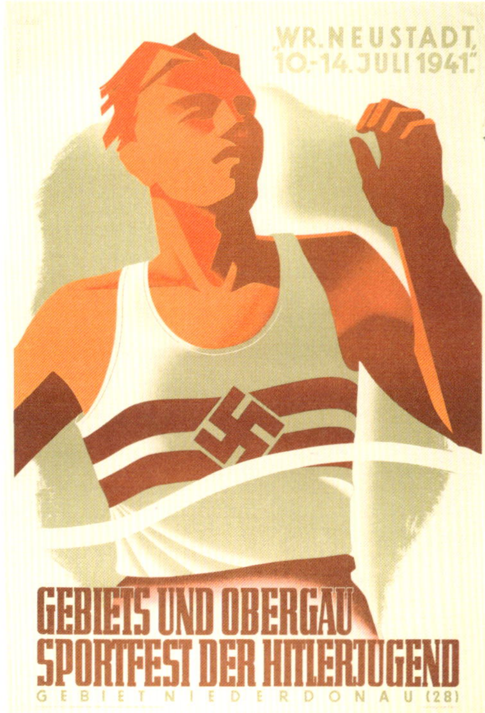

mit der Gaupropagandaleitung“[261] ausgeführt wurden. Bemerkenswert an diesen Arbeiten ist, dass sie einerseits eine klare Integration nationalsozialistischer Herrschaftssymbole, Figuren und Agenden aufweisen, andererseits aber stilistische Kontinuitäten zu vorangegangenen, mitunter für austrofaschistische Behörden produzierten Werbeplakaten zeigen. Deutlich wird dies etwa in einer Arbeit von Hermann Hauschka[262] (1911–1944) – erst Schüler der Klasse Kirnig und später selbst Lehrender für das Naturstudium –, der für die Gebiets- und Obergau-Schiwettkämpfe der HJ Niederdonau 1941 ein Plakat entwarf, das zwar motivisch Bezug auf die österreichische Schikultur nimmt, allerdings zugleich einen Schirennläufer präsentiert, der klar dem nationalsozialistischen Männlichkeitsideal entspricht Abb. Q – blond, von kräftigem Körperbau, aggressive Haltung, schnell, militaristisch, und wie durch das am Arm angebrachte Abzeichnen signalisiert wird, im Dienste des Regimes auf der Piste. Dieselbe prototypische Männerfigur wird auch im Plakat von Josef Jakopitsch (1914–1945) für die HJ Niederdonau zum Protagonisten, diesmal allerdings als agiler und energiegeladener Läufer, der, obgleich er in seiner Rot-Weiß-Rot Farbkombination an die österreichischen Nationalfarben erinnert, betont stolz ein Hakenkreuz auf der erhabenen Brust trägt Abb. R.[263]

Die beiden Beispiele verdeutlichen, dass die moderne Formsprache der frühen 1930er-Jahre weiterhin in den Arbeiten der Klasse – zumindest in Ansätzen und sofern die Auftragsinstitution nichts dagegen einzuwenden hatte – erhalten blieb, allerdings durch nationalsozialistische Agenden, Motive und Figuren erweitert wurde.[264] Damit unterschieden sich die Klassenarbeiten auch markant von jenen nationalsozialistischen Kunsthaltungen, die die Moderne prinzipiell ablehnten und als „entartet" stigmatisierten. Bemerkenswert ist hierbei – es sei nur an die modernekritische Selbstverortung der Werkstätte für Volks- und Brauchtum erinnert –, dass selbst innerhalb der Kunstgewerbeschule bzw. Reichshochschule unterschiedliche Ansätze praktiziert wurden und offenbar keine allzu einschneidenden Konflikte innerhalb des Kollegiums sowie mit dem Ministerium provozierten. In gewissen Aspekten unterschieden sich die vom Nationalsozialismus scheinbar neu integrierten Motive und Figuren zudem nur marginal von den früheren austrofaschistischen Pendants. Winter- und Sommersport waren schließlich schon davor Gegenstände der Österreich-Werbung.[265] Allerdings handelte es sich dabei weniger um eine offensive parteipolitische Machtdemonstration, sondern um eine Form der indirekten Propaganda durch die Fokussierung auf den österreichischen Tourismus und die Stärkung der nationalen Wirtschaft. Zudem schufen frühere Arbeiten vergleichsweise öfter Raum, um emanzipatorische Weiblichkeitsentwürfe, z. B. in Bezug auf die Neue Frau, zu visualisieren und weiterzuentwickeln, während in den Beispielen von Hermann Hauschka und Josef Jakopitsch klar eine überpotente Interpretation von Männlichkeit ins Bild gesetzt wird. Trotz alledem fällt selbst in der offiziellen Regimekommunikation auf, dass bereits die austrofaschistische Bildproduktion zentrale visuelle Elemente entwickelt hatte, die sich auch in der Bildpropaganda im Nationalsozialismus wiederfinden. Es ist zumindest anfänglich keine allzu offensichtliche Zäsur in der Bildsprache im Übergang der Regime zu erkennen, was nicht zuletzt auf die personellen Kontinuitäten zurückzuführen ist; schließlich leitete Paul Kirnig bereits seit 1935 die Fachklasse für Gebrauchs-, Illustrations- und Modegraphik.

Wie leicht es dem Klassenleiter ebenso wie seinen Schüler*innen nach dem „Anschluss" fiel, sich mit ihren Entwürfen dennoch auf die neuen Anforderungen des NS-Regimes einzustellen, veranschaulichen eingängig die Plakate zur *Internationalen Kochschau*, die von 1. bis 10. Oktober 1938 in Wien stattfand. Die Klasse wurde eingeladen, am Wettbewerb für die Werbeplakate zur Veranstaltung teilzunehmen, weshalb zugleich konkrete Vorstellungen kommuniziert wurden, welche Stimmung diese transportieren sollten. Man suchte moderne Designs, die eine Schwunghaftigkeit und verspielte Leichtigkeit aufwiesen und die Freude an der internationalen Kochkunst festzuhalten vermochten.[266] Bemerkenswert ist daran, dass die Vorgaben noch vor dem „Anschluss" festgelegt wurden, es sich also um keine explizit nationalsozialistische Ausschreibung handelte. Dennoch wussten die Entwürfe der Klasse Kirnig gekonnt, die ursprünglichen Designs mit dem politischen Regimewechsel zu verbinden und integrierten einfach in eine Internationalität abbildende Flaggenvielfalt auch jene des „Deutschen Reichs", wodurch in den Kompositionen ein paradox-harmonisches Nebeneinander eigentlich verfeindeter Staaten entstand Katalog, Abb. 32–34. Lachende und wohlgenährte Köche in weißer, branchentypischer Kleidung präsentieren ihre Speisen und freuen sich augenscheinlich über den internationalen Austausch. Die Internationalität, die in späteren Aufträgen durch den zunehmenden und exkludierenden Nationalismus weitgehend abhandenkam, ist hier noch durch den Auftragskontext bedingt und geht auf die Wettbewerbsrichtlinien zurück, die aus der Zeit vor dem Regimewechsel stammten. Die Rückläufigkeit internationaler Kooperationen und die damit einhergehende Fokussierung auf nationale Gefüge führte erst in den nachfolgenden Jahren dazu, dass die Klasse für Gebrauchs-, Illustrations- und Modegraphik sich allmählich thematisch, formsprachlich und motivisch stark an Regimeinteressen orientierte. Während die Entwürfe zur *Internationalen Kochschau* noch deutlich sorgloser, verspielter, humorvoller und auch moderner an ihr Publikum herantraten, vollzog sich insbesondere mit zunehmendem Kriegsverlauf eine Hinwendung zu rein dem Regime dienlichen propagandistischen Arbeiten, die von einer dunkleren und weniger variierenden Farbgebung, zunehmender Seriosität sowie von der Dominanz durch Herrschaftssymbole gezeichnet waren.

Im Jahr 1939 beteiligte sich die Klasse Kirnig intensiv am Plakatwettbewerb für den Tag der deutschen Polizei und zelebrierte darin erneut nationalsozialistische Männlichkeitsideale, die in Kompositionen mit athletischen Körpern, Sinnbildern des Autoritären sowie kämpferischen Szenarien ihren Ausdruck fanden Katalog, Abb. 35–38. Die Polizei erscheint in den Entwürfen als volksnahe Organisation, die die Volksgemeinschaft schützt und sich um ihre Mitglieder kümmert. Offenkundig handelte es sich beim Tag der deutschen

Polizei nicht ausschließlich um eine Selbstinszenierung, sondern die Veranstaltung sollte gleichzeitig dazu dienen, Spenden zu sammeln. Daher finden sich auf sämtlichen Entwürfen Sparbüchsen, die der Polizei zusätzlich einen karitativen Charakter verleihen. Reichsadler und Uniformen dominieren die Designs und weisen erneut darauf hin, dass die Polizei als Institution – ähnlich wie die Entwürfe der Klasse Kirnig selbst – eine propagandistische Funktion zur Regimeunterstützung übernahm. Teilweise integrieren die Entwürfe Fotografien, wodurch intermediale collagenhafte Kompositionen entstanden, die allerdings keinen verfremdenden, widerständigen Charakter aufwiesen, wie etwa bekannte Collagen und Fotomontagen der Zeit, z. B. von John Heartfield und anderen. Vielmehr wirkten die Entwürfe mit fotografischen Elementen weniger modern und stärker angelehnt an traditionelle Portraitarbeiten, was zusätzlich dadurch verstärkt wurde, dass die schriftliche Kommunikation in Fraktur erfolgte, die als „ur-deutsche‘ Schrift“[267] galt. Zwar war die Fraktur bereits Mitte des 19. Jahrhunderts von der Antiqua weitgehend abgelöst worden, da diese insbesondere mit der zunehmenden Internationalisierung eine leichtere Lesbarkeit garantierte; allerdings führte der steigende Nationalismus und der stetig wachsende Propagandaapparat selbst auf der Ebene der Schriftwahl bei NS-Werbearbeiten dazu, dass sich eine erneute Fokussierung auf die Fraktur vollzog, die zu diesem Zeitpunkt eigentlich schon als veraltet galt. Wie der Kunsthistoriker und Jurist René Schober pointiert hervorhob, zeugen die Plakate zugleich von der prägenden Bedeutung „der von Rudolf Larisch und später Herta Larisch-Ramsauer geleiteten Klasse für ‚Ornamentale Schrift und Heraldik‘ an der Wiener Kunstgewerbeschule bzw. Reichshochschule“. Schober führte weiter aus, dass insbesondere die „Verknüpfung der Schrift als Bedeutungsträger mit der zum selbstständigen Bildinhalt entwickelten Schriftform [...] eine optimale Kommunikation zwischen Bedeutung und Betrachter angestrebt“.[268]

Insgesamt fällt auf, dass die Klasse Kirnig ab dem Schuljahr 1938/39 fast ausschließlich an Werbeaufträgen und Wettbewerben teilnahm, die direkt von diversen NS-Stellen in Auftrag gegeben wurden. In den Leistungsübersichten, die sich in den Jahresberichten der Kunstgewerbeschule bzw. Reichshochschule finden, sticht zudem ins Auge, dass die Arbeiten verstärkt weibliche Rezipientinnen berücksichtigten. Während vorab besprochene Entwürfe für die *Internationale Kochschau* oder den Polizeitag spezifische Berufsgruppen adressierten und die Plakate zu HJ-Sportveranstaltungen vornehmlich nationalsozialistische Männlichkeitsbilder propagierten, wurden weibliche Bildprotagonistinnen und -rezipientinnen noch weniger in der Analyse berücksichtigt. Dabei lässt sich im Jahresbericht 1938/39 ein deutlicher Fokus auf Frauen und Mädchen erkennen, denn laut Tätigkeitsbericht hatte die Werkstätte für Druckverfahren bereits an drei Wettbewerben teilgenommen, die mit „Mutter und Kind", „Tagesheimstätten" und „Kinderverschickung"[269] betitelt waren. Weiters wurden diverse Aufträge für die Gauleitung der NS-Frauenschaft in Wien absolviert, darunter „Entwürfe für ein Plakat der Ausstellung ‚Künstlerisches Frauenschaffen'".[270] Besagte Ausstellung fand 1940 in der Secession statt, deren Belegschaft bereits durch und durch nationalsozialistisch war und dementsprechend auch in der Ausstellung ein weitgehend regimekonformes Frauenbild vermittelte.[271] Natürlich gilt es hier erneut darauf hinzuweisen, dass mit dem BDM-Werk „Glaube und Schönheit" bereits eine Kooperation im Entstehen begriffen war, wofür eigene Plakate angefertigt wurden (vgl. Kap. 2.2.4). Allerdings gilt es darüber hinaus anzumerken, dass auch über spezifische Werbesujets und andere Propagandamaterialen Frauen in die totalitären Strukturen des Nationalsozialismus eingebunden werden sollten.

Wie bereits an früherer Stelle erwähnt, wurde nach dem „Anschluss" auch in der nunmehrigen „Ostmark" der Reichsarbeitsdienst eingeführt, der unter anderem in ruralen Gebieten absolviert werden konnte. Für diesen sogenannten „Landdienst" entwarfen Schüler*innen der Klasse Kirnig Plakate, die weniger militaristisch erscheinen, dafür aber das Ideal der NS-Jugendorganisationen bzw. insbesondere der NS-Frauenschaften reproduzierten. Speziell ein Plakatentwurf mit dem Schriftzug „Ehrendienst aller deutschen Studenten im Landdienst" Abb. S ist auffallend, präsentiert er doch eine junge Frau in bäuerlicher Arbeitskleidung, die – die Hand zum Gruß erhoben – neben einem Rechen auf einem Heuballen sitzt und lächelnd die Betrachtenden zum sogenannten „Landdienst" motivieren möchte. Die hellen und kräftigen Farben, die Dominanz von Blau und Gelb sowie die agile und selbstbewusste Körperhaltung der Frau scheinen die Rezipient*innen nicht nur von dem zukünftigen und nachhaltigen Nutzen des Dienstes für die Volksgemeinschaft überzeugen zu wollen, sondern präsentieren die Arbeit auf dem Land zugleich als freudige und gesundheitsfördernde Aufgabe, die den nationalsozialistischen Volkskörper in seiner Gesamtheit stärken solle. Obgleich die Kleidung der dargestellten

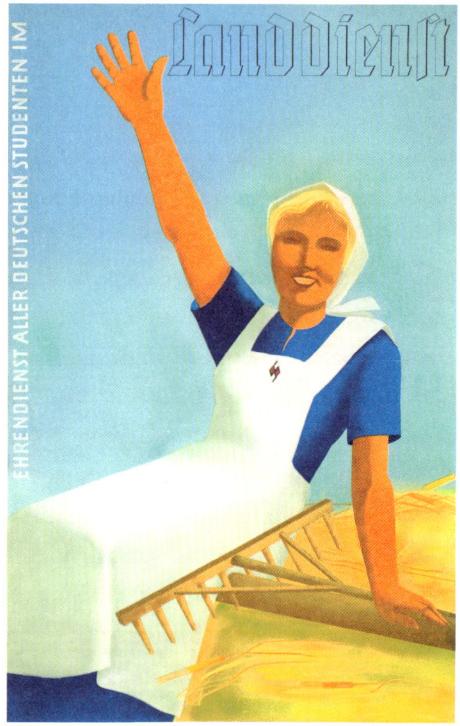

Abb. 5
Unbekannte*r Künstler*in, Plakatentwurf: *Ehrendienst aller deutschen Studenten im Landdienst*, 1938–1940, Deckfarbe auf Papier, UaK, IN 7460/1

Frau nicht den gängigen Modetrends entsprach, sondern funktional für die zu verrichtende Arbeit erscheint, die Protagonistin durch das Kopftuch traditionell und die Umgebung provinziell wirkt, erinnern die selbstbewusste Körperhaltung der Frau, Farbgebung und Komposition an Darstellungen der Neuen Frau – nicht zuletzt auch an jene, die in Kapitel 1.3.4. im Zuge der Besprechung des Plakatwettbewerbs für das Bregenzer Strandbad vorgestellt wurden. Der Landdienst wurde demgemäß, obgleich Arbeitsutensilien und -kleidung in den Entwurf integriert werden, eher als Urlaub präsentiert – insbesondere auch dadurch, dass er in seiner visuellen Inszenierung einen deutlichen Kontrast zum Dienst an der Front darstellte.

Bevor abschließend auf die internen Dynamiken in der Klasse eingegangen wird, sollen noch einige Arbeiten besprochen werden, die vermehrt stereotypen Vorstellungen der NS-Kunst entsprechen, da sie noch stärker als alle bisher besprochenen Entwürfe die offizielle Regimesprache reproduzierten. Wie erwähnt, fanden jährliche Spendenaktionen statt, die dem Winterhilfswerk für kriegsgeschädigte und bedürftige Personen zugutekamen. Jene Personen allerdings, die nicht dem nationalsozialistischen, „arischen“ Prinzip entsprachen, Jüdinnen und Juden, Rom*nja und Sinti*zze, Menschen mit

Behinderung, als asozial stigmatisierte Menschen etc., waren von den Hilfsleistungen ausgeschlossen. Das WHW war personell eng verbunden mit der Nationalsozialistischen Volkswohlfahrt (NSV), agierte jedoch organisatorisch unabhängig davon. Spenden für die Aktion wurden mit kleinen Ansteckern oder Klebeplaketten honoriert, und es wurde intensiv und öffentlichkeitswirksam dafür geworben, unter anderem mit Designs und Plakaten von Schüler*innen der Fachklasse für Gebrauchs-, Illustrations- und Modegraphik Katalog, Abb. 39–40. Die Anstecknadeln unterschieden sich naturgemäß von den Klebeplaketten und Plakaten, denn sie bildeten – wie die zuvor besprochenen Entwürfe von Ilse Feldmann zeigen – kleine, naive Szenarien und Figuren ab, die primär dekorativen Wert hatten. Im Vergleich zu den Plakaten mussten diese keine explizit politischen Informationen transportieren, einzig durch ihr Tragen wurde eine Gruppenzugehörigkeit sichtbar; schließlich gab man sich als Spender*in des WHW zu erkennen. Insofern erfüllten sie ebenfalls eine propagandistische Funktion und trugen dazu bei, die Volksgemeinschaft als nach außen abgrenzbare Einheit zu definieren. Bereits die Klebeplaketten, die Schüler*innen der Klasse Kirnig für das WHW entwarfen, bedienten deutlich intensiver nationalsozialistische Herrschaftssymbole als die zierlichen Anstecknadeln. Wiederholt integrieren sie Reichsadler und militärische Motive wie Schwerter oder Kriegsflugzeuge, NSDAP-Parteiabzeichen, aber auch Symbole der landwirtschaftlichen Produktivität, der Fruchtbarkeit und des wirtschaftlichen Wachstums, z. B. Getreideähren und Weintrauben. Wie beispielsweise der Klebeplakettenentwurf von Marianne Schilling beweist, ließen sich diese Symbole und Motive auch vielfältig miteinander kombinieren Abb. T. Farblich dominierten zumeist Rot und Schwarz, vereinzelt wurden auch weiße, grüne oder blaue Elemente eingewoben; allerdings blieb die Farbgebung insgesamt zwar kontrastreich, aber in ihren Variationen zurückhaltend. Die Anstecknadeln und Klebeplaketten zeugen zugleich von dem durchdringenden Charakter der nationalsozialistischen Propagandamaschinerie und ihren subtilen Strategien, die breite Bevölkerung mit Herrschaftssymbolen vertraut zu machen. Gehalten in schlichten Designs, wurden Hakenkreuze und Reichsadler auf diesem Wege zu alltäglichen Accessoires, die modisch in Szene gesetzt werden konnten.[272]

Mehr noch als die Klebeplaketten weisen die Schüler*innen-Entwürfe für WHW-Plakate auf das andauernde und alltagsprägende Kriegsgeschehen hin.

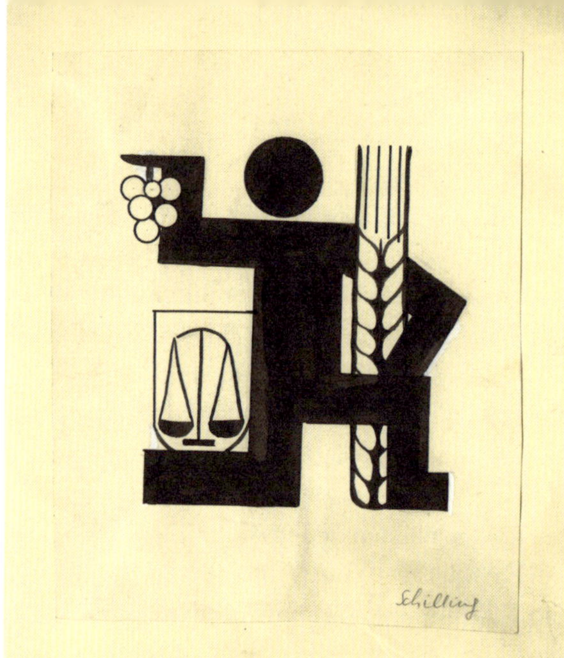

Abb. T

Marianne Schilling, Entwurf für Klebeplakette, *WHW – Erntedienst*, 1938–1942, Tusche und Tempera auf Papier, UaK, IN 18.130/20

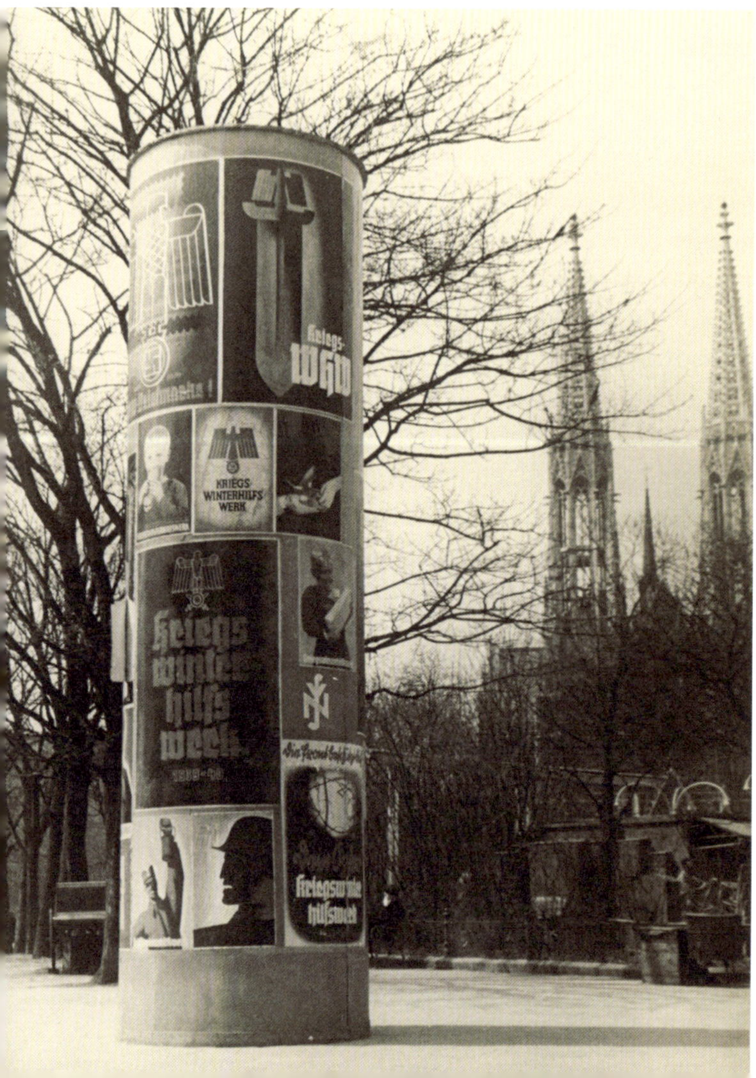

Abb. U

Album Emma Reif, Litfaßsäule am Wiener Schottentor, gestaltet mit Plakatentwürfen der Klasse Kirnig, 1940, UaK, IN Reif 15.346/41/F

Insbesondere ab 1940/41 werden z. B. Soldaten immer öfter Protagonisten der Arbeiten, tauchen Kriegsflugzeuge als wiederkehrende Motive auf oder wird auch der Ausbau der Rüstungsindustrie thematisiert Katalog, Abb. 41–44. Die roten Sparbüchsen, die bereits in den Entwürfen zum Tag der deutschen Polizei zu sehen gewesen waren, tauchen auch hier wieder auf und werden zum Symbol der nationalsozialistischen Kriegsopferversorgung. Kombiniert werden sie mit schriftlichen Botschaften, die die Opferbereitschaft der Volksgemeinschaft betonen und die gleichermaßen, so suggerieren die Kompositionen, die Opferbereitschaft der Soldaten an der Front steigern sollten.

Paul Kirnig erachtete die Plakatentwürfe seiner Studierenden offenbar als vorbildlich und werbefähig, denn in der Professor*innensitzung vom 22. Juni 1939 schlug er vor, die Arbeiten auf einer Plakatsäule vor dem Schulgebäude auszustellen.[273] Er begründete dies nicht nur mit der hohen kreativen Qualität und technischen Ausführung der Studierendenarbeiten, sondern mit dem im Gegensatz dazu bedenklich geringeren gestalterischen Anspruch vieler zeitgenössischer Plakatwerbungen. Wie im Protokoll zur Sitzung vermerkt, sollten die ausgewählten Arbeiten „als Themen die jeweiligen Tagesfragen behandeln, um auf diese Weise erzieherisch auf den Geschmack des Publikums einzuwirken".[274] Der Leiter der Fachklasse für Gebrauchs-, Illustrations- und Modegraphik sah in der öffentlichen Präsentation der Plakatentwürfe schließlich die Möglichkeit, die Bild- und Werbeproduktion stilprägend zu beeinflussen und zollte gleichsam seinen Studierenden hohe Anerkennung. Robert Obsieger, Direktor und Vorsitzender der Versammlung, versprach, den Vorschlag an das Kulturamt weiterzuleiten und sah in seiner Verwirklichung ebenfalls Potenzial für die Schule insgesamt. Obgleich keine weiteren Unterlagen zu einer Plakatsäule vor dem Schulgebäude in den Akten vorhanden sind, ist bekannt, dass die Klasse Kirnig bereits zu Jahresbeginn 1940 eine 16 Meter hohe Litfaßsäule am Wiener Schottentor gestaltete, die primär die Plakatentwürfe für das Winterhilfswerk präsentierte Abb. U.[275] Sogar der „Völkische Beobachter" berichtete über die neue Litfaßsäule in ihrer imposanten, unübersehbaren Größe und fand anerkennende Worte für die Arbeiten der Studierenden:

> *Nur soviel sei festgestellt: alle Arbeiten sprechen von der großen Begabung des Wiener kunstgewerblichen Nachwuchses, von seiner gründlichen und verständnisvollen Führung und Ausbildung und nicht zuletzt von der Eigenart, die in denjenigen Plakaten am stärksten zur Wirkung kommt,*

die in der geschmackvollen, schmissigen und handwerklich gediegenen Richtung der Wiener Werbekunst liegen.[276]

Die Entwürfe vermochten offenkundig, den kunstgewerblichen Eigenanspruch der Schule mit den (kultur-)politischen Agenden des Regimes zu verbinden. Erneut werden die Wiener Eigenart sowie der handwerkliche Schwerpunkt der Bildungseinrichtung hervorgehoben, was darauf hindeutet, dass die interne wie auch öffentliche Kommunikation der künstlerischen Standpunkte der Schule im Sinne der neuen ideologischen Ausrichtung durchaus erfolgreich war.

Abschließend gilt es darauf hinzuweisen, dass die Fachklasse für Gebrauchs-, Illustrations- und Modegraphik sowie die beiden ebenfalls von Paul Kirnig geleiteten Werkstätten für Druckverfahren und für Photo- und Filmgraphik eine besonders hohe Produktivität in den Jahren von 1938 bis 1945 aufwiesen. Die Tätigkeitsberichte und Wettbewerbsbeteiligungen der Klasse Kirnig füllen in den Jahresberichten jeweils mehrere Seiten und zeugten davon, wie der Klassenleiter sich mit seiner engen Zusammenarbeit mit NS-Behörden und dem Regime nahestehenden Auftraggeber*innen brüstete. Nicht nur das Album der Schülerin Emma Reif, auch die zahlreichen Berichte anderer Kursteilnehmer*innen halten fest, dass die Beteiligung an Wettbewerben, Ausstellungen und Auftragsarbeiten ein gemeinschaftliches Anliegen war und es eine enge und freundschaftliche Zusammenarbeit zwischen Studierenden und dem Klassenleiter Kirnig gab. Eine kritische Auseinandersetzung mit dem Zeitgeschehen und der ideologischen Neuausrichtung der Kunstgewerbeschule bzw. Reichshochschule ist dabei nicht zu erkennen; vielmehr agierten der Klassenleiter, die Schüler*innen sowie ihre Entwürfe, um erneut auf Kirnigs Eröffnungsrede zur Schulausstellung 1942 zu rekurrieren, als politische Soldat*innen und regimetreue Gestalter*innen.[277] Kirnig genoss innerhalb der Schule und insbesondere unter seinen Studierenden hohes Ansehen. Gleichzeitig betrieb er intensiv Nachwuchsförderung und unterstützte seine Studierenden in ihrer künstlerischen Entwicklung, was mitunter an der hohen Anzahl an jährlich ausgestellten Erfolgsdiplomen an Schüler*innen der Klasse erkennbar wird.[278] Seine Förderungsbemühungen waren allerdings stets verbunden mit einem gewissen Grad an politischem Opportunismus, welcher dem Klassenleiter nicht nur den Übergang vom Austrofaschismus zum Nationalsozialismus massiv erleichterte, sondern schließlich auch seine weitere Karriere als aktiver Gestalter der Nachkriegsplakatkunst erlaubte.

2.3.3. Die Werkstätten für Mode und Textilarbeiten

Die Werkstätten für Mode und Textilarbeiten, beide geleitet von Eduard Josef Wimmer-Wisgrill, lassen sich nur schwer voneinander trennen Abb. V. Bedingt durch die künstlerische Leitung sowie durch die Studierenden, die vielfach den Unterricht beider Werkstätten besuchten, überschnitten sich die inhaltlichen Schwerpunkte markant. Nicht zuletzt hatten beide ihren Ursprung in der 1903 gegründeten Wiener Werkstätte und der daran angeschlossenen Textilwerkstätte – ein historischer Referenzpunkt, der über den gesamten Untersuchungszeitraum und die Tätigkeit Wimmer-Wisgrills zentral blieb. Dieser war selbst bereits früh am modischen Schaffen der Wiener Werkstätte beteiligt, 1907 wurde er zuerst künstlerischer Mitarbeiter und 1910 zum Leiter der dort angesiedelten Modeabteilung ernannt. Studiert hatte er zuvor an der Kunstgewerbeschule, wo er als Schüler der Fachklasse für Architektur bei Josef Hoffmann eingeschrieben war. Parallel zu Hofmanns Unterricht besuchte er den Kurs Figurales Zeichnen bei Alfred Roller. Neben den beiden war auch Koloman Moser (1868–1918), dessen Assistent er für die künstlerische Leitung des Textilkurses von 1912 bis 1914 war, eine prägende Figur in Wimmer-Wisgrills künstlerischer Biografie. Er beschäftigte sich mit Mode-, Schmuck- und Möbeldesign und war zugleich als Maler tätig. Insbesondere männliche Akte bilden einen zentralen Bestandteil seiner malerischen Tätigkeit, was wiederholt als Hinweis auf seine mehr oder weniger verdeckte Homosexualität interpretiert wurde.[279] Besonders auffällig an Wimmer-Wisgrills künstlerischer Karriere ist ihre internationale Ausrichtung. Sogar in seinem Personalblatt wurden seine vielfältigen Studienreisen nach Deutschland, Frankreich, England, Italien oder Belgien hervorgehoben.[280] Bis 1922 blieb Wimmer-Wisgrill an der Wiener Werkstätte aktiv, entschied sich dann allerdings für die selbstständige Tätigkeit als Modezeichner, die ihn erst nach New York und später als Leiter der Kunstgewerbe- und Modeklasse an das Art Institute in Chicago brachte. Nach zwei Jahren Lehr- und Leitungstätigkeit in Chicago kehrte er allerdings nach Wien zurück, wo er an der Kunstgewerbeschule als vertragsmäßiger Lehrer engagiert war. Wenig später wurde Wimmer-Wisgrill zum wirklichen

Lehrer ernannt und übernahm die Werkstätte für Textilarbeiten, aus der im Schuljahr 1926/27 schließlich die Werkstätte für Mode hervorging.[281] Wie die Tätigkeitsberichte der folgenden Schuljahre dokumentieren, zählten Mode und Textilarbeiten zu den beliebtesten Werkstätten – einzig die von Bertold Löffler geleitete Fachklasse für Malerei und die von Josef Hoffmann geführte Architekturklasse verzeichneten noch höhere Teilnehmer*innenzahlen. Auch zwischen 1938 und 1945 blieben die Studierendenzahlen der Werkstätten für Textilarbeiten und Mode konstant hoch,[282] was nicht zuletzt Ausdruck der Beliebtheit des künstlerischen Leiters war Abb. W.

Mit Blick auf bereits vorgestellte Biografien und durch den Nationalsozialismus verhinderte oder beförderte Karrieren fällt auf, dass Eduard Josef Wimmer-Wisgrills Tätigkeit an der Kunstgewerbeschule bzw. späteren Reichshochschule für angewandte Kunst weitgehend unberührt von politischen Zäsuren blieb. Während dies bei Kolleg*innen des Lehrkörpers – z. B. Paul Kirnig, Franz Schuster oder Oswald Haerdtl – eher als Zeichen ihrer politischen und künstlerischen Anpassungsfähigkeit bzw. Anbiederung an das jeweilige Regime zu deuten ist, weist der Fall Wimmer-Wisgrill einige Besonderheiten auf. So legte er auch in der Zeit des zunehmenden Nationalismus Wert auf internationalen Austausch und beobachtete aufmerksam, was in Frankreich, Großbritannien, Schweden oder in den USA – den wichtigen Textil- und Modeproduktionsländern der ersten Hälfte des 20. Jahrhunderts – gestalterisch vor sich ging. Insgesamt schien der Leiter der Werkstätten für Mode und Textilarbeiten dem Nationalsozialismus durchaus skeptisch gegenübergestanden zu sein, was unter anderem zu Konflikten mit Studierenden und Mitarbeiter*innen ebenso wie zu einer folgenlos bleibenden Kündigungsdrohung führte. Im Folgenden sollen diese unterschiedlichen Teilaspekte und Konfliktfelder beleuchtet werden; außerdem wird Wimmer-Wisgrills Mode- und Textilengagement im Spannungsfeld zwischen NS-Bestrebungen, Wien zur „Reichsmodestadt"[283] zu machen, und internationalen Trends in den Fokus gerückt. Zudem wird ein Quellenkonvolut präsentiert, das einen bisher unbekannten Einblick in die Werkstätten für Mode und Textilarbeiten gibt und zeigt, wie diese mitunter widerständige Praktiken hervorbrachten. In der selbstproduzierten Zeitschrift „Wimmer's Weekly" setzten sich Studierende der Werkstätten etwa parodistisch und durch künstlerisches Hinterfragen mit dem NS-Regime und den daraus resultierenden kulturellen Entwicklungen auseinander.

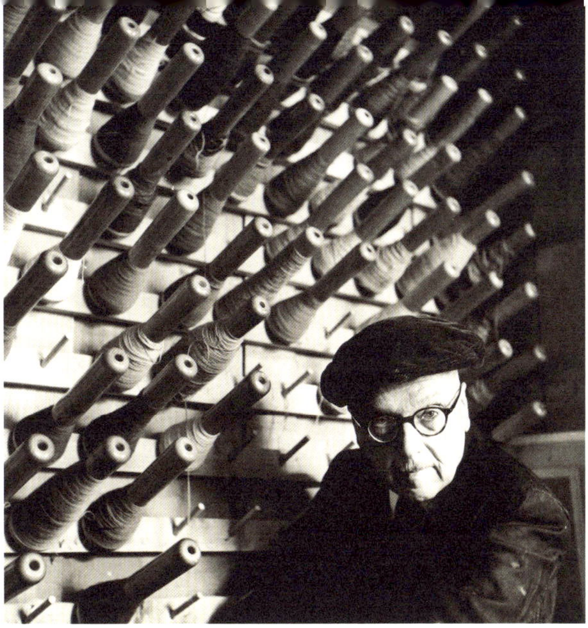

Abb. V
Eduard Josef Wimmer-Wisgrill, 1954, Fotograf: Yoichi Okamoto, UaK, IN 12.957/1/FP

Abb. W
Blick in die Werkstätte für Mode, mittig Eduard Josef Wimmer-Wisgrill, 1954, Fotograf: Yoichi Okamoto, UaK, IN 10.712/FP

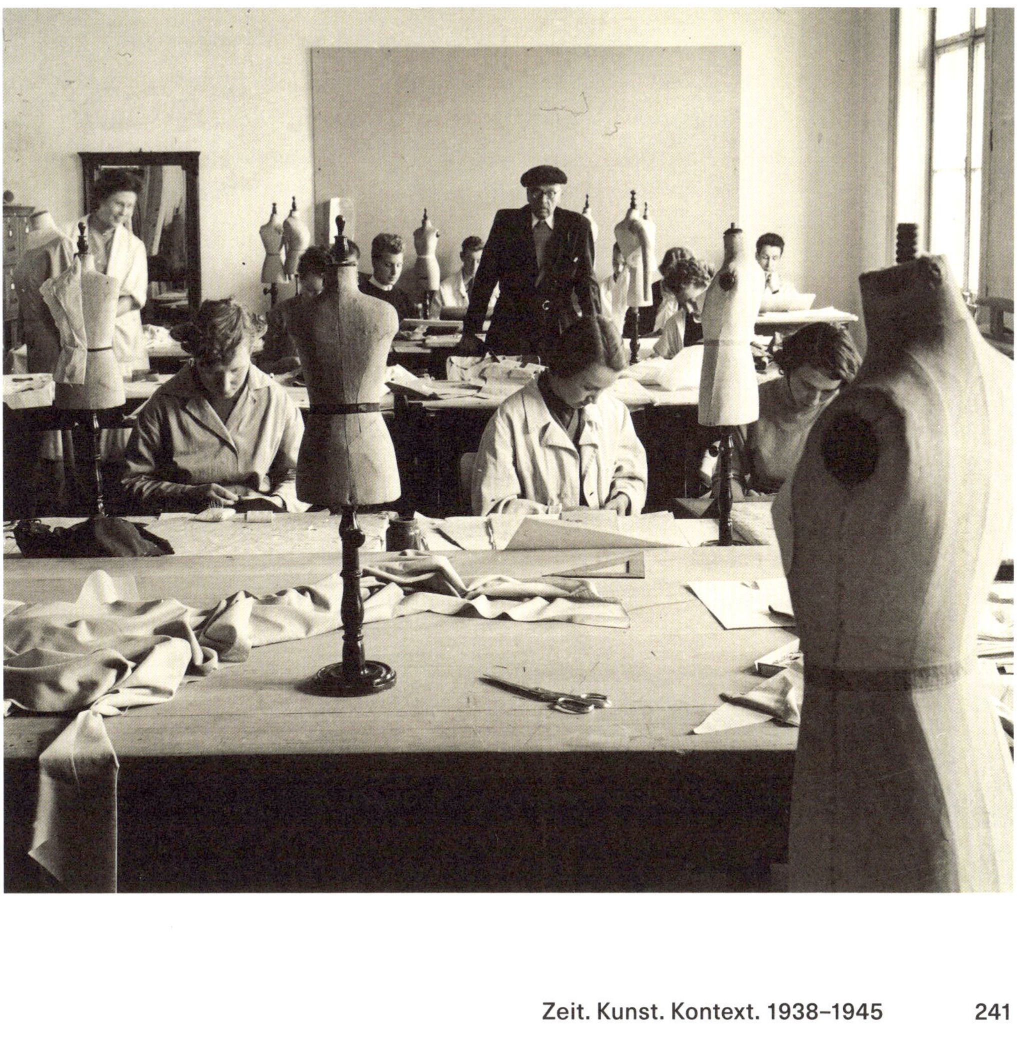

Zwar galt Eduard Josef Wimmer-Wisgrill weitgehend als geschätzter Kollege und war auch künstlerisch mit seinen Entwürfen für die Wiener Werkstätte und die Kunstgewerbeschule durchaus prägend. Allerdings gab es immer wieder innerschulische als auch ministerielle Bestrebungen, weitere modeschöpferische Positionen an der Schule zu etablieren. Insbesondere die Modedesignerin Margarethe Klimt (1892–1987), die bei Adolf Loos (1870–1933) studiert hatte und später an der Frankfurter Kunstgewerbeschule die Modeklasse aufbaute, war bereits unter Max Fellerer eine Wunschkandidatin für die Schule.[284] Als sie während des Nationalsozialismus in Frankfurt – einer zentralen Modemetropole in den Jahren bis 1945 – als einflussreiche Designerin gefeiert wurde, bemühte sich der Wiener Reichsstatthalter Baldur von Schirach persönlich darum, Margarethe Klimt nach Wien zu holen und sie als künstlerische Leiterin des Hauses der Mode einzusetzen. Das Haus der Mode wurde im Sommer 1938, also schon bald nach dem „Anschluss", als Verein in Wien gegründet und verfolgte das Ziel, die Wiener Textilindustrie zu stärken. Mit dem Namenszusatz „Gesellschaft zur Förderung der Mode und des Geschmacksgewerbes" positionierte sich das Haus der Mode als neue und stilprägende Einrichtung, die sowohl förderte, beschäftigte, ausstellte, Modeschauen organisierte als auch eigenständig schöpferisch in Erscheinung trat.[285] Geleitet wurde das Haus der Mode von dem Filmarchitekten und Kostümbildner Alfred Kunz (1894–1961); auch später, als es zu organisatorischen Umstrukturierungen innerhalb der Einrichtung kam, sollten die Bestrebungen Baldur von Schirachs, Klimt als Leiterin einzusetzen, jedoch scheitern. Bereits seit Anbeginn des Projektes gab es zahlreiche personelle Verbindungen zur Kunstgewerbeschule. Schließlich wurde niemand Geringerer als Josef Hoffmann damit beauftragt, die architektonische Umgestaltung des Gebäudes, in das der Verein einziehen sollte, zu übernehmen. Die Zeitschrift „Wiener Mode" berichtete euphorisch von dem Umbauvorhaben des Stararchitekten:

> *Ein altes Palais und eine ganz neue Aufgabe: Barock und Wiener Mode – es mag nicht leicht scheinen, hier die richtige Synthese zu schaffen, aber Oberbaurat Professor Josef Hoffmann weiß, wie man's anpacken muß.*[286]

Unerwähnt blieb, dass es sich um ein von den NS-Behörden enteignetes Gebäude handelte – um das bekannte, von Johann Bernhard Fischer von Erlach (1656–1723) geplante, in der Innenstadt liegende Stadtpalais Lobkowitz.

Der repräsentative Ort unweit von Hofburg und Staatsoper ist zugleich Ausdruck der Bedeutung, die der Mode im Nationalsozialismus zuerkannt wurde bzw. des Anspruchs, den Wien artikulierte, sich als „Reichsmodestadt" zu profilieren. Der Umbau dauerte nicht lange, denn schon wenige Monate nach der 1939 vollzogenen Enteignung des Gebäudes waren – bereits im Jänner 1940 – die Arbeiten am nunmehrigen Haus der Mode abgeschlossen.[287]

Eduard Josef Wimmer-Wisgrill und seine Studierenden kollaborierten regelmäßig mit der neugeschaffenen, zentralen Modeinstitution. Es wurden dort Werkschauen mit Studierendenarbeiten abgehalten[288] und überdies seitens des Vereins Entwürfe und Modelle von der Kunstgewerbeschule abgeworben und in die hauseigene Sammlung übernommen.[289] Außerdem vergab das Haus der Mode Stipendien,[290] u. a. an besonders talentierte Studierende der Kunstgewerbeschule bzw. Reichshochschule für angewandte Kunst. In der Folge kam es auch zu Personalvermittlungen, z. B. wenn Textilfirmen oder Modedesigner*innen Angestellte für neue Projekte suchten und das Haus der Mode die Unternehmen an Stipendiant*innen aus den Wimmer-Wisgrill-Werkstätten verwies.[291] Die Möglichkeiten der Zusammenarbeit zwischen dem Haus der Mode und Wimmer-Wisgrills Werkstätten waren vielfältig und wurden von beiden Seiten intensiv gepflegt. Obgleich Wimmer-Wisgrill politisch nicht mit der nationalsozialistischen Ausrichtung des Hauses der Mode übereinstimmen mochte, so war ihm dennoch daran gelegen, der Wiener Mode einen hohen Stellenwert innerhalb des kunstgewerblichen Schaffens zu verleihen, und er bemühte sich intensiv um Kollaborationen zur Pflege der Modekultur.

Diese Ambivalenz lässt sich auch in der Beschreibung der Jahrestätigkeit der Werkstätten für Mode und Textilarbeiten ablesen, in der für das Schuljahr 1937/38 noch internationale Projekte vorgestellt wurden – darunter die „Kostümierung für ein Wohltätigkeitsfest in den Räumen der österreichischen Gesandtschaft in London"[292] oder die Anfertigung von Textilentwürfen und -mustern für „Firmen des In- und Auslandes"[293] –, während in den Folgejahren primär Auftragsarbeiten für das „Altreich" hervorgehoben wurden. Auch inhaltlich schien zumindest nach außen eine Orientierung am nationalsozialistischen Modeverständnis durch; so werden insbesondere Strick- und Textilarbeiten als Jahresschwerpunkte ab 1938 betont, die zu den Kerngebieten der Handarbeit zählen. Wie in Kapitel 2.2.2. erörtert wurde, lässt sich mit der

„Gleichschaltung" der Kunstgewerbeschule ein starker Fokus auf ihre handwerkliche Ausrichtung verzeichnen, womit primär eine traditionalistische, vor allem aber antisemitische und rassistische Interpretation des Handwerks einherging. Während das Handwerk stark männlich konnotiert blieb, sollte die Handarbeit, die fortan auch in den Werkstätten für Mode und Textilarbeiten vermehrt akzentuiert wurde, das vermeintlich weibliche Pendant dazu bilden. Dabei gilt darauf hinzuweisen, dass es sich tatsächlich in erster Linie um eine sprachliche Betonung ebendieser Tätigkeiten handelte, denn wie aus etwaigen Werkstättenberichten hervorgeht, schien sich Wimmer-Wisgrill trotz der politischen Neuausrichtung der Schule wenig in seinem internationalen Kurs beirren zu lassen. Vielmehr integrierte er nur dort Handarbeitsansätze, wo sie für die technische Umsetzung schlicht zentral waren, nicht allerdings, um antisemitische oder rassistische Tendenzen damit zu bestärken. Es steht wohl außer Frage, dass Handarbeitsfertigkeiten für Mode- und Textilentwürfe von essenzieller Bedeutung sind. Schon bedingt durch die Tradition der Wiener Werkstätte pflegte Wimmer-Wisgrill diese in seinen Unterricht zu integrieren. Dies bedeutete aber nicht, dass deshalb zugleich nationalsozialistische Prinzipien bedient bzw. damit einhergehende Frauenbilder propagiert wurden.

Diese teils distanzierende Haltung des Werkstättenleiters führte unter anderem zu harscher Kritik an seiner Person und seinen künstlerischen Fähigkeiten, wie einige Zwischenfälle dokumentieren. Ein Schüler, der sich den ästhetischen Ansprüchen des Regimes verpflichtet fühlte, bezeichnete die Entwürfe der Studierenden aus Wimmer-Wisgrills Werkstätten für die Schulausstellung 1939 etwa als zu „extravagant" bzw. „nicht im nationalsozialistischen Sinn"[294] und verlangte deren Überarbeitung, um sie als Schularbeiten präsentieren zu können. Bemerkenswerterweise war es in diesem Fall Malereiprofessor Paul Kirnig, der Wimmer-Wisgrill zur Seite stand. Er argumentierte, dass der anklagende Schüler zwar Recht hätte mit seiner Kritik; allerdings müsse sich insbesondere das Feld der Mode weiterhin auf dem internationalen Markt beweisen sowie die präsentierten Modelle primär auf den Export ausgerichtet sein, weshalb die modischen Entwicklungen außerhalb des „Reichs" nicht unberücksichtigt bleiben könnten. Dennoch forderte Kirnig – wohl in vorauseilendem Gehorsam – zu Beginn der im Rahmen der Schulausstellung geplanten Modeschau „erklärende Worte"[295] von seinem

Kollegen, um nicht das Missfallen der als Besucher der Veranstaltung angekündigten NS-Funktionäre zu provozieren.

Auch der Vater einer Schülerin richtete sich mit einer Klage an die Direktion und wollte bewirken, dass Wimmer-Wisgrills Lehrtätigkeit auf ihre ideologische Tragfähigkeit überprüft würde. Wie aus dem Beschwerdeschreiben von Franz Oswald, Vater von Waltraud Oswald aus der Werkstätte für Mode, hervorgeht, soll Wimmer-Wisgrill der Schülerin aufgrund mangelnder Leistungen untersagt haben, ihr Diplom zum nächstmöglichen Termin einzureichen. Der Vater, der die Fertigkeiten seiner Tochter wohl keineswegs in Frage stellte, wandte sich daraufhin an den Direktor Obsieger und beanstandete einige politische, nicht dem nationalsozialistischen Standpunkt entsprechende Aussagen des Werkstättenleiters. Dieser soll nicht nur davon gesprochen haben, dass es „ausgeschlossen“ wäre, „dass Deutschland den Krieg gewinnt“. Auch habe Wimmer-Wisgrill einige im Unterricht entstandene Entwürfe Oswald zufolge mit das Regime herabwürdigenden Worten kommentiert, etwa „für das Altreich gut genug“. Aus Perspektive des Anklägers dokumentierte diese Wortwahl „die reaktionären Zustände in der Modeklasse und die traurige Atmosphäre [...] in der ein Professor Jahr für Jahr jungen, künstlerischen Nachwuchs heranbildet“.[296] Dem nicht genug, empörte sich der Vater des Weiteren darüber, dass Wimmer-Wisgrill jüdischen Studierenden erlaubt habe, als Gasthörende am Unterricht teilzunehmen.

Bereits zwei Jahre zuvor sorgte ein ähnlicher Vorwurf für langwierige Diskussionen innerhalb der Schule – insbesondere zwischen Eduard Josef Wimmer-Wisgrill und Marie Michna (1907–?), der Assistentin der Werkstätte für Textilarbeiten seit 1932.[297] Michna wandte sich im Frühling 1940 an die Direktion und beklagte sich über diverse Aspekte der Zusammenarbeit, vor allem über Wimmer-Wisgrills nach wie vor freundlichen Umgang mit jüdischen Studierenden sowie seine fehlende nationalsozialistische Positionierung. Diese machte sie an etwaigen Situationen fest, die teilweise mehrere Jahre zurücklagen. So soll Wimmer-Wisgrill die Verhaftung des Sekretärs Josef Fitzthum im Jahr 1933 (Kap. 1.1.2.) mit den Worten „Na sagen Sie mir, ist dieser Mann nicht ein Verbrecher!“[298] kommentiert haben. Wie die Lehrerin weiter ausführte, habe sie darauf keine Antwort geben können, ließ allerdings in dem Schreiben durchblicken, dass sie nicht seiner Meinung gewesen wäre, aber ihre Stelle auf dem Spiel gestanden habe. Michna setzte in der Folge gänzlich auf eine antisemitische Argumentation, um Wimmer-Wisgrill in seiner Tätigkeit als Werkstättenleiter zu diskreditieren. Sie sprach davon, dass er nur „Juden oder Adelige" als „talentierte Menschen" anerkannt hätte und erst nach der „Umbruchzeit [...] endlich die Judenklasse" – Michna zufolge hatte Wimmer-Wisgrill jüdische Studierende bevorzugt behandelt – aufgelöst worden wäre. Während Wimmer-Wisgrill „die armen Juden" bedauert und jüdische Studierende selbst nach dem „Anschluss" noch weiter eingeladen habe, den Unterricht zu besuchen, habe Michna hingegen ihr gleichgesinnte „Schüler stets gedeckt [...], wenn sie parteipolitisch am Besuche der Schule verhindert waren".[299] Michna nutzte schließlich ihre im Zuge der explizit antisemitischen Ausführungen nachdrücklich betonte nationalsozialistische Regimetreue, um Wimmer-Wisgrill nicht nur politisch, sondern auch künstlerisch zu verunglimpfen. Sie habe bereits viele Jahren die Werkstätte für Textilarbeiten alleine geführt, Wimmer-Wisgrill sei kaum anwesend gewesen und habe unhaltbares Verhalten den Studierenden gegenüber an den Tag gelegt. Selbst nach der durch Michna veranlassten Anschaffung eines Volksempfängers für die Werkstätte für Textilarbeiten habe er den Studierenden verboten, diesen „bei grossen Ereignissen (Besetzung von Dänemark und Holland)"[300] einzuschalten. Die von Michna genannten Beispiele illustrieren anschaulich, dass es sich primär um eine politische Auseinandersetzung zwischen den beiden Lehrpersonen handelte. Während Michna ihren Unterricht nationalsozialistisch ausrichtete, schien Wimmer-Wisgrill die Werkstätten weitgehend frei von politischer Vereinnahmung halten zu wollen – sofern es sich nicht um von ihm eigens initiierte Kooperationen, z. B. mit dem Haus der Mode, handelte.

Im Gegensatz zur emotionalen Anklageschrift seiner Kollegin Michna ist Wimmer-Wisgrills Antwortschreiben deutlich sachlicher verfasst, zugleich aber auch nicht ausgesprochen defensiv. Er betonte wiederholt die fachliche Qualifikation der Lehrerin, aber bemängelte, dass sie vielfach ihre Kompetenzen überschritten und sich mitunter Mitarbeiter*innen gegenüber unkollegial verhalten habe. Der Modeprofessor bekannte sich durchwegs dazu, für einige jüdische Studierende, „die ohne ein Schulzeugnis erhalten zu können, die Anstalt verlassen mussten, privat Beschreibungen ihrer Tätigkeit"[301] ausgestellt zu haben. Dabei habe es sich allerdings nicht um reguläre Schulzeugnisse gehandelt, wie von Michna behauptet wurde. Wie Letztere in einem späteren Schreiben festhielt, hatten zwischen ihr und Wimmer-Wisgrill zwar keine beruflichen, wohl aber „große politische Gegensätze“[302] bestanden. Wiederholt machte sie darauf aufmerksam, dass sie sich in erster Linie um den Ruf der Schule sorgen würde, was – wie bereits vielfach an unterschiedlichen Stellen erwähnt – ein gängiges Argument war, um eigene politische Vorsätze zu realisieren. Nach einem auf den Konflikt folgenden, allerdings gescheiterten Versuch, eine parallellaufende Fachklasse für Textilarbeiten an der Kunstgewerbeschule zu etablieren, wurde Michna vorübergehend des Dienstes enthoben und schließlich in die von Oswald Haerdtl geführte Fachklasse für gewerbliche und industrielle Entwürfe versetzt.[303]

Der Fall zeigt auf, dass Eduard Josef Wimmer-Wisgrill durchaus darum bemüht war, seinen Unterricht möglichst frei von einer ideologischen Vereinnahmung im Sinne der NS-Doktrin zu halten. Bemerkenswert an dem Verlauf des Konfliktes ist allerdings, dass sich die Schulleitung stets für Wimmer-Wisgrill einsetzte und die Versetzung Michnas in eine andere Bildungseinrichtung bewirken wollte.[304] Die Lehrerin war offenkundig durchaus qualifiziert, doch trotz ihrer nationalsozialistischen Gesinnung bevorzugte die Direktion Wimmer-Wisgrill als Werkstättenleiter. Auch im Jahr zuvor, als Wimmer-Wisgrill die Zwangspensionierung drohte – Gründe hierfür werden in den Unterlagen nicht genannt –, konnte er allein aufgrund einer Intervention Robert Obsiegers an der Schule bleiben.[305] Es gilt deshalb nach den Gründen für den Einsatz der Direktion zugunsten Wimmer-Wisgrills zu fragen. Wimmer-Wisgrills Position schien trotz der Homosexualität, die man ihm nachsagte, als auch angesichts seiner anti-nationalsozialistischen Einstellung nicht weiter bedroht; dass er fachlich höchstqualifiziert war, steht außer Frage. Möglicherweise wurde das Aufbegehren Marie Michnas – es sei nur an das Bestreben Hilda Schmid-Jesser erinnert, die parallel zu Wilhelm Müller-Hofmann eine Malereiklasse begründen wollte (Kap. 1.1.3.) – aus einer misogynen Haltung heraus unterbunden. Vielleicht trat Michna auch zu radikal auf und stellte damit für die Direktion eine Bedrohung dar. Die Quellenlage lässt keine endgültige Antwort auf die Frage nach der Motivation zu; allerdings weist sie darauf hin, dass Eduard Josef Wimmer-Wisgrill und in der Folge auch seine Studierenden gewisse Freiräume genossen, die mitunter widerständige Handlungen erlaubten.

In ihrer Einleitung zur Studie *Nazi Chic? Fashioning Women in the Third Reich* reflektiert die Historikerin Irene Guenther diverse soziale Funktionen von Mode. Sie zitiert Georg Simmels Ansatz, der die Mode in die Entwicklungen der Consumer Culture einschreibt und in ihr zugleich Inklusions- als auch Exklusionsmechanismen wirken sieht, Stefan Zweig, der der Mode einen gar tyrannischen Charakter zuschreibt, sowie Thorstein Veblen, der sie als Instrument der Klassendistinktion versteht.[306] Der Philosoph und Kulturtheoretiker Walter Benjamin beschrieb die Mode sogar als Seismograph gesellschaftlicher Entwicklungen, der nicht nur neue Kunstströmungen voraussagen, sondern zugleich „neue Gesetzbücher, Kriege und Revolutionen"[307] prognostizieren würde. Nicht zuletzt zeugt im Kontext des Nationalsozialismus die Erfahrung der Schlurfs – wie junge Männer vornehmlich aus dem Arbeiter*innenmilieu bezeichnet wurden, die sich dem Jazz verschrieben hatten und durch lange Haare, Koteletten, weite Hosen und übergroße Sakkos auffielen –, dass die Mode auch Ausdruck einer widerständigen Haltung sein konnte.[308] Während die Schlurfs heute weitgehend als widerständige Jugendbewegung bekannt sind, nicht zuletzt, da sie sich in offenen Straßenkämpfen und vielzähligen Auseinandersetzungen gegen die Dominanz der NS-Jugendorganisationen HJ und BDM stellten, sind andere modische Codes oft weniger bekannt und weitaus subtiler in die Alltagskleidung integriert worden. Erika Russ (1924–2012), ehemalige Schülerin der Modewerkstätte Wimmer-Wisgrills und ab 1953 Mitarbeiterin dort, erinnerte sich etwa an „Geheimzeichen" unter NS-Gegner*innen und erzählte von der Bedeutung unterschiedlicher Hüte. Als Anstecknadeln befestigte man Mariazeller Madonnen und Tiroler Adler an den Hutbändern, berichtete Russ, und ergänzte: „[W]enn man jemanden kennengelernt hat, der so einen Hut getragen hat, so war man zu 90 Perzent [sic] sicher, daß man nicht achtgeben mußte!"[309] Bemerkenswert daran ist, dass sich Russ hier auf eine widerständige Praxis innerhalb der Trachtenmode bezieht, die zuvor von nationalsozialistischer Seite als modisches Ideal inszeniert und vereinnahmt wurde. Wie bereits anhand von BDM-Plakaten analysiert, sollte das Dirndl für die deutsche Frau die Alltagskleidung bilden und ihre Bodenständigkeit ausdrücken. Schon zuvor, insbesondere im österreichischen Kontext und nicht zuletzt bedingt durch große Kulturevents wie die Salzburger Festspiele, stand das Dirndl jedoch für den „Austrian Look international"[310] und drückte eine Modernität aus, die selbst der Trendfigur der Neuen Frau das Dirndl attraktiv erscheinen ließ.[311] Obgleich Erika Russ sich an die strikten Modevorstellungen der BDM-Funktionärinnen erinnerte, berichtete sie, dass diese innerhalb der

Abb. X
Ballfest der Klasse Wimmer-Wisgrill, ca. 1933, Fotograf*in: unbekannt, UaK, IN 15.230/FP/1–2

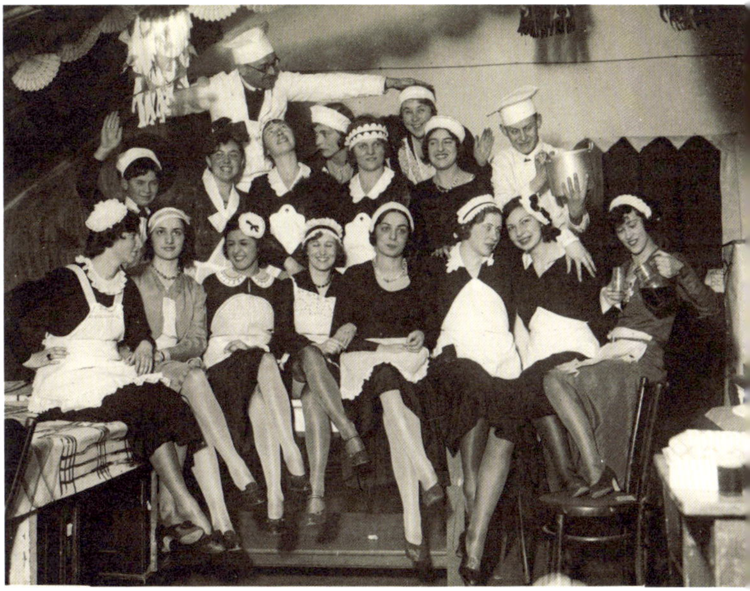

Modewerkstätte weitgehend abgelehnt wurden. Vielmehr hätten sie und ihre Kommilitoninnen „mit kleinsten Mitteln" versucht, sich „modisch zu machen". Die offizielle Linie, fügte sie hinzu, war allerdings „natürlich, also absolut treudeutsch".[312] Das hieß: Ein idealtypisches BDM-Mädel war ungeschminkt, trug ein Dirndl und das Haar zu Zöpfen geflochten oder im Kranz hochgesteckt. Wie ein Klassenfoto der Werkstätte anlässlich eines Ballfestes (wahrscheinlich um 1933) festhält, war dies weder vor dem „Anschluss" noch danach die Linie Wimmer-Wisgrills oder seiner Studierenden, die mit Bubikopf-Frisuren und kokett übereinandergeschlagenen und betont nackten Beinen eher einen ökonomisch und sexuell selbstbestimmten Frauentypus repräsentierten Abb. X.

Wimmer-Wisgrill hatte bereits für die Weltausstellung 1937 Trachtenkostüme entworfen, die internationale Modetrends integrierten. Zugleich hatte er extravagante Abendroben und Theaterkostüme designt und ebensolche Projekte setzte er auch nach 1938 mit seinen Studierenden fort. Allerdings hatte sich die Auftragslage seither deutlich verändert, insbesondere dahingehend, dass die jüdischen Textilfirmen, mit denen er vormals zusammengearbeitet hatte, von den NS-Behörden enteignet worden waren.[313] Die Werkstätten für Mode und Textilarbeiten litten, wie viele andere auch, außerdem unter der

Materialknappheit. Erika Russ berichtete davon, dass die Stoffressourcen teilweise so knapp waren, dass selbst Hakenkreuzfahnen – „[a]lso ohne (Hakenkreuz, Anm. d. V.), natürlich!"[314] – in Röcke umgenäht wurden. Bedingt durch die Einsparungsmaßnahmen, das Kriegsgeschehen sowie die nationalsozialistische Ausrichtung der Schule, war es schlicht unmöglich, den Unterricht gänzlich frei vom politischen Tagesgeschehen zu halten. Selbst wenn Wimmer-Wigrill sich den politischen Entwicklungen gegenüber skeptisch zeigte, muss auch seine Kooperation mit dem Haus der Mode als eine Form der NS-Kollaboration gefasst werden. Seine internationalistische Linie und extravaganten Entwürfe können ebenfalls nicht per se als widerständig verstanden werden; schließlich wollten selbst die den NS-Eliten angehörenden Frauen ihre Kleider nach französischen Standards designt wissen. Weder das Dirndl noch der mit zunehmenden Kriegsverlauf populärer werdende Military Look, der sich optisch an den Kriegsuniformen der Frontkämpfer orientierte und Praktikabilität versprach, waren für modebewusste Frauen zufriedenstellende Optionen.[315] Es bestand also weiterhin Bedarf an extravaganter, eleganter Mode, die sich an französischen, italienischen oder schwedischen Vorbildern orientierte – womöglich ein Grund, weshalb der internationale Modeexperte Wimmer-Wisgrill trotz inner- und außerschulischer Angriffe gegen seine Person und sein Schaffen dauerhaft an der Bildungseinrichtung bestehen konnte.

Was allerdings definitiv seine Position an der Kunstgewerbeschule bzw. Reichshochschule für angewandte Kunst ins Wanken gebracht hätte, wäre das Publik-Werden seiner Beteiligung an der selbstproduzierten Zeitschrift „Wimmer's Weekly" gewesen. Insgesamt ist wenig über das Entstehen der Zeitschrift bekannt, die in elf Ausgaben an der Sammlung Mode und Textil der Universität für angewandte Kunst Wien erhalten ist. Die Ausgaben eins bis acht sind aufsteigend nummeriert, drei weitere Exemplare, die wahrscheinlich erst nach Kriegsende produziert wurden, mit „Befreiungsnummer", „Sommernummer" und „Internationale Reisenummer" betitelt. Da die jeweiligen Ausgaben nur indirekt Hinweise auf den Entstehungszeitraum geben und wenige bzw. keine expliziten Erscheinungsdaten genannt werden, ist davon auszugehen, dass die erhaltenen Zeitschriften aus der Zeit von März 1944 bis zum Sommer 1945 stammen. Das Konvolut deckt demnach den Zeitraum der letzten Kriegsphase, die Befreiung und den Übergang zur Zweiten Republik ab. Es kann außerdem nicht ausgeschlossen werden, dass noch weitere Exemplare hergestellt wurden, die allerdings verloren gingen. Als „für den Inhalt verantwortlich" zeigte sich die „Reichsmodeklasse" als Kollektiv, während Hyronimus und Gabriel – zweifellos handelte es sich um Pseudonyme – als Verantwortliche der Redaktion angeführt wurde. Der stilistische Aufbau der „Wimmer's Weekly" folgte beliebten Zeitschriftenformaten der frühen 1930er-Jahre, etwa der „Modernen Welt" oder „Die Bühne", die damals mitunter für viele ehemalige und aktive Studierende der Kunstgewerbeschule eine Plattform boten, um sich beruflich zu etablieren.[316] Die „Wimmer's Weekly" integrierte wie ihre Vorbilder eine Vielzahl an Bildern, Karikaturen, Modeentwürfen, Fotostorys und collagenhaften Kompositionen, präsentierte selbstgestaltete Werbeannoncen und berichtete über Kunst- und Kulturevents in und außerhalb der Reichshochschule für angewandte Kunst. Zugleich war die Zeitschrift augenscheinlich geprägt von der nationalsozialistischen Berichterstattung, die vom Propagandaministerium gesteuert wurde, denn sie inkludierte zu Beginn jeder Ausgabe eine ironische Aufbereitung des „O.K.W. [Oberkommando der Wehrmacht] Berichts", teilweise erfundene amtliche Mitteilungen sowie frei interpretierte „Tatsachenberichte"[317], die etwa Kriegsgeschehnisse in Zeichnungen, allerdings als Fotografien inszeniert, abbildeten. In klar parodistischer Manier präsentierten die Texte die Reichshochschule als Kriegsschauplatz, in der „der Feind" durch „provozierenden Spaziergang auf seiner Bastei"[318] reizte oder der „Kampf um die Modelle der Wimmer-Mode-Klasse bereits im Gange"[319] war. Die anonymen Autor*innen bedienten sich stigmatisierender und kriegseuphorischer Begrifflichkeiten, allerdings rein parodistisch und damit zugleich verfremdet, wodurch sie nicht in einem kriegsbefürwortenden Sinne reproduktiv, sondern im Gegenteil widerständig wirkten. Sowohl sprachlich als auch auf visueller Ebene fand offenbar eine kritische Auseinandersetzung mit der nationalsozialistischen Propaganda statt. Der „Bildbericht vom Kampf" und anschließenden „Sieg" Abb. Y illustriert nicht nur die schriftliche Meldung zuvor und integriert die Modeentwicklungen der Zeit, er ironisiert zugleich propagandistische Herrschaftsbilder, etwa indem die Gewinnerin des abgebildeten Duells zwischen zwei Modestudentinnen als erhabene, fast gottgleiche Figur von außergewöhnlicher Strahlkraft hervortritt. Während auch der O.K.W.-Bericht von kriegerischen Illustrationen gerahmt wird, Kanonenfahrzeuge und Kriegsflugzeuge zeigt, die über den Werkstättentischen der Studierenden Bomben abwerfen, bildet die folgende Seite den Eingriff in die Pressefreiheit

Abb. Y
„Wimmer's Weekly", März Nummer 1944, Nr. 3, Cover und 2–4, UaK, Sammlung Mode und Textil, IN KM 8981/G/3

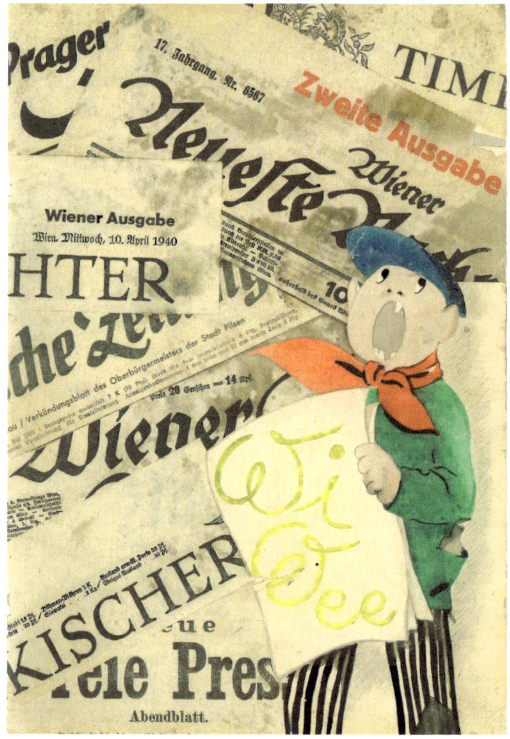

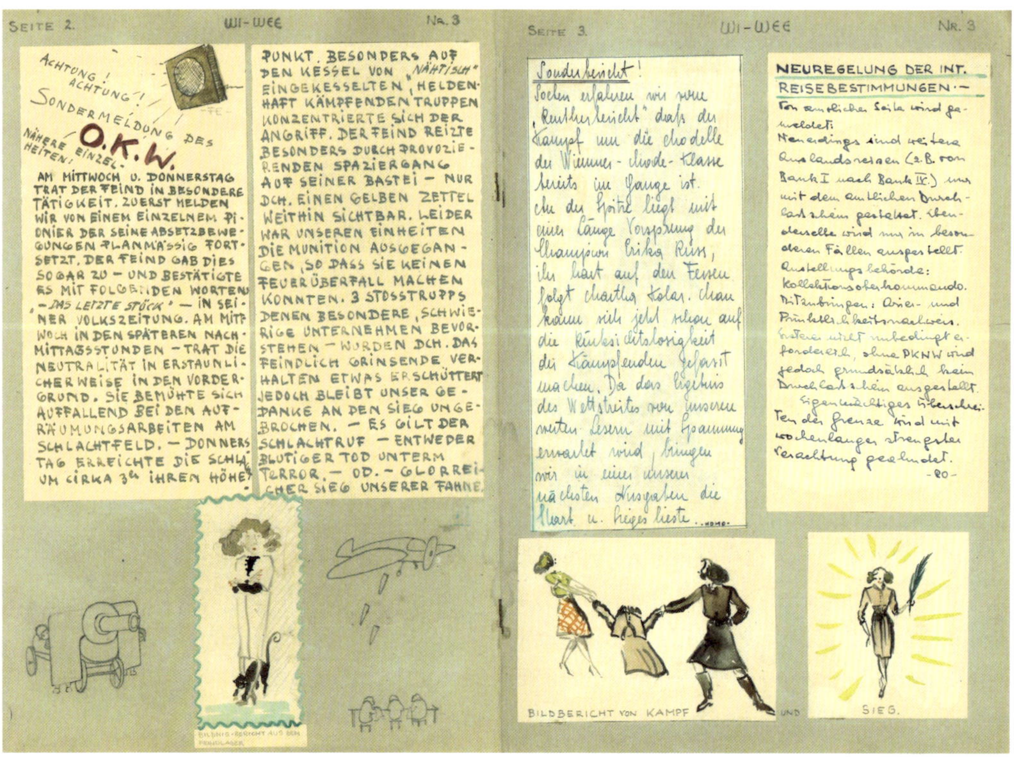

SEITE 2. WI-WEE NR. 3

ACHTUNG! ACHTUNG! SONDERMELDUNG DES O.K.W.
NÄHERE EINZELHEITEN!

AM MITTWOCH U. DONNERSTAG TRAT DER FEIND IN BESONDERE TÄTIGKEIT. ZUERST MELDEN WIR VON EINEM EINZELNEM PIONIER DER SEINE ABSETZBEWEGUNGEN PLANMÄSSIG FORTSETZT. DER FEIND GAB DIES SOGAR ZU – UND BESTÄTIGTE ES MIT FOLGENDEN WORTEN „–DAS LETZTE STÜCK" – IN SEINER VOLKSZEITUNG. AM MITTWOCH IN DEN SPÄTEREN NACHMITTAGSSTUNDEN – TRAT DIE NEUTRALITÄT IN ERSTAUNLICHERWEISE IN DEN VORDERGRUND. SIE BEMÜHTE SICH AUFFALLEND BEI DEN AUFRÄUMUNGSARBEITEN AM SCHLACHTFELD. – DONNERSTAG ERREICHTE DIE SCHLACHT UM CIRKA 3[h] IHREN HÖHEPUNKT. BESONDERS AUF DEN KESSEL VON „NÄHTISCH" EINGEKESSELTEN, HELDENHAFT KÄMPFENDEN TRUPPEN KONZENTRIERTE SICH DER ANGRIFF. DER FEIND REIZTE BESONDERS DURCH PROVOZIERENDEN SPAZIERGANG AUF SEINER BASTEI – NUR DCH. EINEN GELBEN ZETTEL WEITHIN SICHTBAR. LEIDER WAR UNSEREN EINHEITEN DIE MUNITION AUSGEGANGEN, SO DASS SIE KEINEN FEUERÜBERFALL MACHEN KONNTEN. 3 STOSSTRUPPS DENEN BESONDERE, SCHWIERIGE UNTERNEHMEN BEVORSTEHEN – WURDEN DCH. DAS FEINDLICH GRINSENDE VERHALTEN ETWAS ERSCHÜTTERT JEDOCH BLEIBT UNSER GEDANKE AN DEN SIEG UNGEBROCHEN. – ES GILT DER SCHLACHTRUF – ENTWEDER BLUTIGER TOD UNTERM TERROR. – OD. – GLORREICHER SIEG UNSERER FAHNE.

SEITE 3. WI-WEE NR. 3

Sonderbericht!
Soeben erfahren wir vom „Reutherbericht" daß der Kampf um die Modelle der Wimmer-Mode-Klasse bereits im Gange ist. An der Spitze liegt mit einer Länge Vorsprung der Champion Erika Russ, ihr hart auf den Fersen folgt Martha Kolar. Man kann sich jetzt schon auf die Rücksichtslosigkeit der Kämpfenden gefasst machen. Da das Ergebnis des Wettstreites von unseren werten Lesern mit Spannung erwartet wird, bringen wir in einer unseren nächsten Ausgaben die Start u. Sieges liste. -HOMO-

NEUREGELUNG DER INT. REISEBESTIMMUNGEN. –
Von amtlicher Seite wird gemeldet:
Neuerdings sind weitere Auslandsreisen (z.B. von Bank I nach Bank IV.) nur mit dem amtlichen Durchlaßschein gestattet. Ebendieselbe wird nur in besonderen Fällen ausgestellt. Ausstellungsbehörde: Kollektionsoberkommando. Mitzubringen: Arier- und Pünktlichkeitsnachweis. Ersterer nicht unbedingt erforderlich, ohne PKNW wird jedoch grundsätzlich kein Durchlaßschein ausgestellt. Eigenmächtiges Überschreiten der Grenze wird mit wochenlanger strengster Verachtung geahndet. -RO-

BILDNIS-BERICHT AUS DEM FEINDLAGER

BILDBERICHT VON KAMPF UND SIEG.

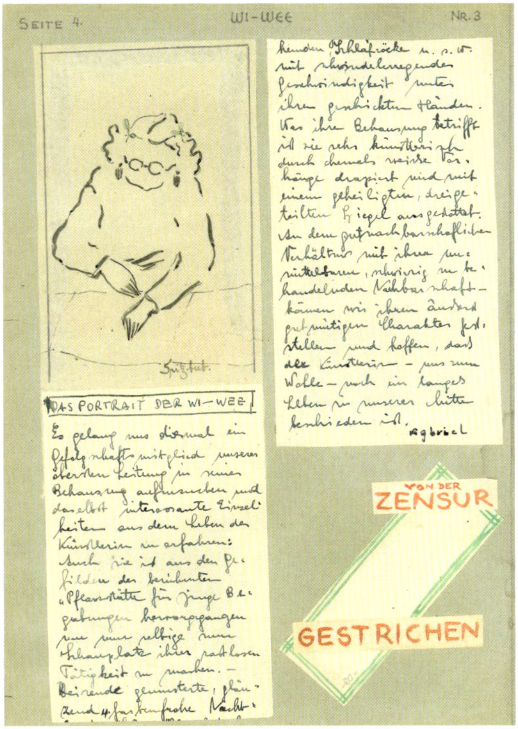

ab, indem ein Textfeld bewusst weiß bleibt und mit dem Schriftzug „Von der Zensur gestrichen“ überschrieben wird. Bereits das Cover, das eine Collage aus diversen Zeitungsausschnitten bildet und zusätzlich eine Figur präsentiert, die die „Wimmer’s Weekly“ liest und mit weit aufgerissenem Mund Informationen hinauszuschreien scheint, kann als Hinterfragen des von Zensur und Propaganda gesteuerten Informationskreislaufs interpretiert werden.

Der kritisch-widerständige und vor allem parodistische Charakter der Zeitung ist auf den Ebenen der Bildgestaltung und sprachlichen Verfremdung wohl kaum zu verkennen. Er wird zugleich auch dadurch betont, dass er modische Strömungen behandelt, die außerhalb des offiziellen und vom Regime definierten Rahmens liegen. Bereits der Name der Zeitschrift bzw. ihre Abkürzung mit „WiWee“ kann als künstlerische Referenz verstanden werden: Einerseits stehen die Initialen für „Wimmer’s Weekly“, andererseits können sie als Verweis auf die Tradition der Wiener Werkstätte gelesen werden und sind als Hommage an den Werkstättenleiter und die von ihm hochgehaltene Internationalität zu verstehen. Tradition und Fortschritt treffen sich etwa als künstlerische Prinzipien in der achten Ausgabe der „Wimmer’s Weekly“, die „Neues und Altes“ zusammenbringt; aktuelle Trends stoßen auf Altbewährtes Abb. Z.

Abb. Z
„Wimmer's Weekly", Mai Nummer 1944, Nr. 8, 4–5, UaK, Sammlung Mode und Textil, IN KM 8981/G/8

Die „Schweden-Kollektion 1945" betitelte Illustration zeigt etwa ein Modeschau-Szenario, das die modische Vorreiterrolle Schwedens mit bunten Stoffen und dezenten Mustern thematisiert. Ironisch gebrochen wird das Bild, indem die Modelle Gasmasken zu tragen scheinen und die farbenfrohe und leichte Kollektion auf das triste Kriegsgeschehen trifft. Direkt unterhalb der Abbildung findet sich mit Mickey Mouse, die spätestens in den 1940er-Jahren eine internationale Kultfigur wurde, ein weiterer Verweis auf globale Entwicklungen. Diese wurden offenkundig trotz des vorherrschenden Nationalismus und des vielfachen Verbots internationaler Film- oder Kunstproduktionen von den Studierenden der Wimmer-Wisgrill-Werkstätten mitverfolgt und rezipiert. Die Seitengestaltung zum „Alten" ist unterlegt von einer dezenten Zeichnung, die an die detailreichen Floralmuster der Wiener Werkstätten-Textilien erinnert. Der feine Blumenstrauß ist mit einer gestreiften Masche zusammengebunden, die den Übergang zu den Bildelementen der Kompositionsoberfläche zu bilden scheint. Denn hier wird „Stripy", der neue Streifen-Trend angepriesen, der sich, wie ausführlich in Nummer zwei der „Wimmer's Weekly" besprochen wurde,[320] im Rock, im Lippenstift, Nagellack oder der Sonnenbrille wiederfinden kann. Das „Alte" und das „Neue" werden auf diese Weise nicht als Gegensätze inszeniert, vielmehr vermittelt die Zeitschrift das Ineinandergreifen von Tradition und Trend und betont das befruchtende Moment, das in der Auseinandersetzung sowohl mit der Geschichte (etwa der Wiener Werkstätte) als auch der internationalen Entwicklung (etwa in der schwedischen Modeindustrie) liegt. Damit hält die „Wimmer's Weekly" auch einen fundamentalen Gründungsgedanken der Wiener Werkstätte fest und besinnt sich auf eine Handwerks- und Handarbeitstradition, die durch ihren ganzheitlichen, sowohl Kunst und Kunsthandwerk integrierenden Charakter unterschiedlichste Lebenswelten zu durchdringen sucht. Der Bezug auf die Wiener Werkstätte kann nicht zuletzt auch als widerständige Position gelesen werden, denn als eine gewisse Frau Primavesi sich im Juli 1938 mit dem

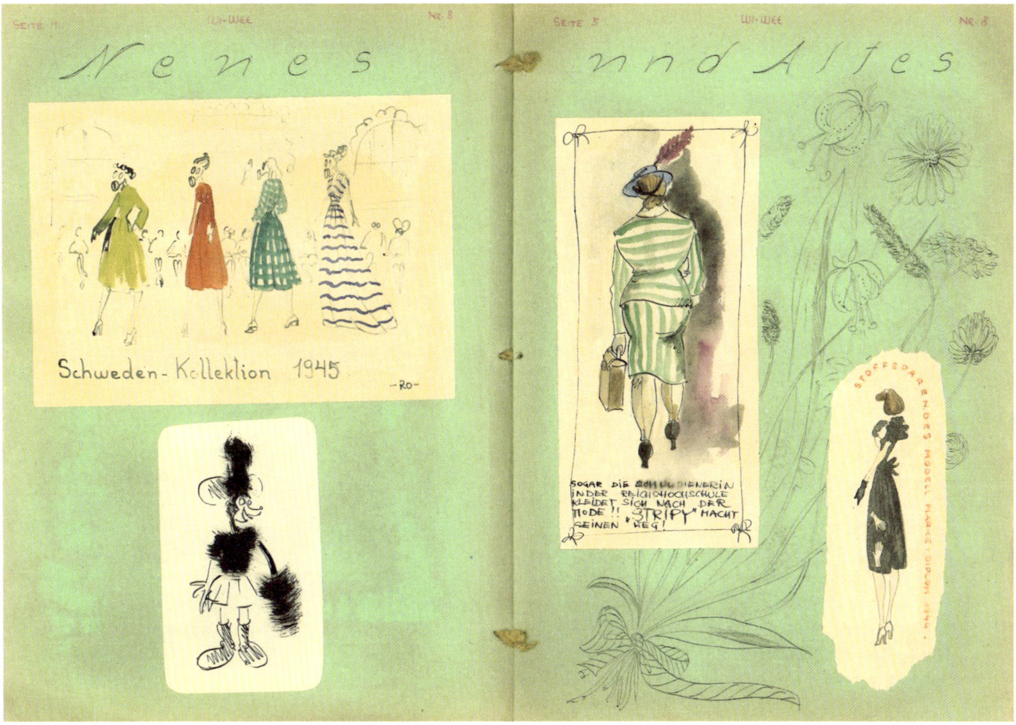

Anliegen, die Wiener Werkstätte wieder zu beleben, an die Kunstgewerbeschule wandte, wurde der Antrag mit der Begründung abgelehnt, dass sich diese „nicht mit der nationalsozialistischen Kunst vereinbaren“[321] ließe.

Inwiefern Eduard Josef Wimmer-Wisgrill aktiv an der Produktion der Zeitschrift beteiligt war, konnte nicht eindeutig eruiert werden. Fest steht allerdings, dass er als wiederkehrender Protagonist darin auftaucht – ob als strenger Lehrer, den die Studierenden vor der Abschlussprüfung fürchten oder als von Wollknäuel umgebener friedvoller Freund. Eduard Josef Wimmer-Wisgrill war wohl beides zugleich. Außerdem stand er dem nationalsozialistischen Regime durchaus kritisch gegenüber, weshalb er die Produktion der Zeitschrift unterstützt haben dürfte. Tatsächlich ist die „Wimmer's Weekly“ eine einzigartige Quelle, die widerständigem Handeln an der Kunstgewerbeschule bzw. an der Reichshochschule für angewandte Kunst einen Platz in der Werkstätte für Mode gibt. Zwar ist davon auszugehen, dass sich nicht alle Studierenden Wimmer-Wisgrills an dem Projekt beteiligten, dennoch ist es ein starker Ausdruck der allgemeinen Stimmung und der künstlerischen und politischen Anliegen, die die Werkstätten für Mode und Textilarbeiten in den Jahren von 1938 bis 1945 und darüber hinaus vertraten.

Anmerkungen

1 Protokoll der I. ausserordentlichen Sitzung vom 9. Mai 1938. UaK, Sitzungsprotokolle, 2–3.

2 Vgl. Gerhard Botz, Nationalsozialismus in Wien. Machtübernahme, Herrschaftssicherung, Radikalisierung, Kriegsvorbereitung 1938/39, Wien 2018, 173–265.

3 Ministerium für Handel und Verkehr an die Direktion aller gewerblichen Zentrallehranstalten, Volksabstimmung – Durchführung an der K.G.Sch. UaK, Verwaltungsakten (folgend VA) 1938/52.

4 Vgl. Reichsgesetzblatt, Jahrgang 1938, Teil I, Verordnung über die Einführung der Nürnberger Rassengesetze im Land Österreich, 20.5.1938. ONB, Alex Historische Rechts- und Gesetzestexte Online, URL: https://alex.onb.ac.at/cgi-content/alex?apm=0&aid=dra&datum=19350004&seite=00001333&zoom=2 (abgerufen 9.8.2023).

5 Vgl. Botz, Nationalsozialismus in Wien, 55–172.

6 Vgl. Wiederbestellung der Hilfslehrer für das Schuljahr 1939–40. UaK, VA 1939/210.

7 Protokoll der I. ausserordentlichen Sitzung vom 9. Mai 1938. UaK, Sitzungsprotokolle, 4.

8 Vgl. Standesausweis, Personalakt (folgend PA) Willhelm Öller. UaK, Personalakten.

9 Vgl. Personal-Standesausweis, PA Philipp Häusler. UaK, Personalakten.

10 Vgl. Bericht über das Schuljahr 1935/36. UaK, Jahresberichte, 12.

11 Wie insbesondere die Universitäten als Wegbereiterinnen für den Nationalsozialismus agierten, zeigte anschaulich die Historikerin Erika Weinzierl, vgl. Erika Weinzierl, Universität und Politik in Österreich. Antrittsvorlesung, gehalten am 11. Juni 1968 an der Universität Salzburg, Salzburg/München 1969; siehe außerdem: Gertrude Enderle-Burcel/Ilse Reiter-Zatloukal (Hg.), Antisemitismus in Österreich 1933–1938, Wien 2018; Winfried R. Garscha, Nationalsozialisten in Österreich 1933–1938, in: Emmerich Tálos/Wolfgang Neugebauer (Hg.), Austrofaschismus. Politik – Ökonomie – Kultur. 1933–1938, Wien/Münster 2014[4], 99–119; Carlo Moos (Hg.), (K)ein Austrofaschismus? Studien zum Herrschaftssystem 1933–1938, Wien/Münster 2021.

12 Vgl. Versetzung in den zeitlichen Ruhestand zum 31. Mai 1938, PA Max Fellerer. UaK, Personalakten.

13 Enthebung Architekt Professor Max Fellerer, in: Professor Theodor Otto GEORGII. Suspendierung. Prof. Arch. Max Fellerer, Prof. Albert P. Gütersloh, Prof. Wilh. Müller Hofmann, Prof. Hilde Schmid-Jesser, Reg. Rt. Prof. Carl Witzmann, Lehrerin Marianne Zels. UaK, VA 1938/54.

14 Vgl. Diverse Korrespondenzen. UaK, VA 1938/54.

15 Ministerium für Handel und Verkehr an Philipp Häusler, 19.3.1938, Wien. Architekt Philipp HAEUSLER, Betrauung mit der künstlerischen Leitung. UaK, VA 1938/60.

16 Politische Einschätzung, Architekt Philipp HAEUSLER, Betrauung mit der künstlerischen Leitung. UaK, VA 1938/60.

17 Ebd.

18 Architekt Philipp HAEUSLER, Betrauung mit der künstlerischen Leitung. UaK, VA 1938/60.

19 Protokoll der I. ausserordentlichen Sitzung vom 9. Mai 1938. UaK, Sitzungsprotokolle, 4.

20 Ebd.

21 Ebd., 4–5.

22 Ebd., 4.

23 Ebd., 5.

24 Ebd., 6–7.

25 Ebd., 7.

26 Vgl. Neubesetzung der Stelle des Direktors an der Kunstgewerbeschule – Wien. UaK, VA 1938/98.

27 Vgl. Standesausweis, PA Robert Obsieger. UaK, Personalakten.

28 Vgl. Lebenslauf, PA Robert Obsieger. UaK, Personalakten.

29 Ing. Mucha an den Staatskomm. in der Privatwirtschaft zu Handen des Pg. Urbandke, 4.10.1938, Wien, in: Personal-Akten Gauleitung Wien, Robert Obsieger. Wiener Stadt- und Landesarchiv (folgend WStLA), Gauakten.

30 Zu Obsiegers Person und seinem künstlerischen Schaffen existiert bis dato kaum Literatur, nur vereinzelt finden sich kurze Abrisse zu seinen keramischen Arbeiten, vgl. Universität für Angewandte Kunst Wien (Hg.), Robert Obsieger: 1884–1958, Wien 1986.

31 Bericht über die Einsetzung von SANDERS als Direktor. UaK, VA 1938/135.

32 Vgl. Ingrid Holzschuh/Sabine Plakolm-Forsthuber, Auf Linie. NS-Kunstkammer in Wien. Die Reichskammer der bildenden Künste, Basel/Wien 2021, 54–57.

33 Kajetan Mühlmann (1898–1958) wurde als Mitglied der SS im März 1938 zum Staatssekretär für Kunst ernannt. Er war im Ministerium für innere und kulturelle Angelegenheiten tätig, dem nach Umstrukturierungen auch die Kunstgewerbeschule unterstand. Mühlmann galt als fanatischer „Ariseur" und Kunsträuber, der zahlreiche Werke und Sammlungen von Jüdinnen und Juden, insbesondere in Polen und Holland, konfiszierte. Vgl. Michael Wladika, Mühlmann, Kajetan, Lexikon der Provenienzforschung, URL: https://www.lexikon-provenienzforschung.org/muehlmann-kajetan (abgerufen 15.5.2023); siehe außerdem: Günther Haase, Kunstraub und Kunstschutz. Eine Dokumentation 1, Norderstedt 2008; Johannes Koll, Arthur Seyß-Inquart und die deutsche Besatzungspolitik in den Niederlanden (1940–1945), Wien/Köln/Weimar 2015; Birgit Schwarz, Auf Befehl des Führers. Hitler und der NS-Kunstraub, Darmstadt 2014.

34 Architekt Philipp HAEUSLER, Betrauung mit der künstlerischen Leitung. UaK, VA 1938/60.

35 Ebd.

36 Die zeitgeschichtliche Forschung hat in den letzten Jahren diverse relevante Arbeiten zum Thema „Säuberungen" vorgelegt und aufgezeigt, dass diese nicht erst mit dem „Anschluss" umgesetzt, sondern bereits im Austrofaschismus diverse Maßnahmen eingeführt wurden, die als „Säuberungen" u. a. der Universitäten aufgefasst werden müssen. Wie man diese Fälle an der Kunstgewerbeschule in den Jahren 1933 bis 1938 verhandelte, wurde im voranstehenden Kapitel ausführlich erläutert. Für weitere Ausführungen zu „Säuberungen" an österreichischen Universitäten siehe: Johannes Koll (Hg.), „Säuberungen" an österreichischen Hochschulen 1934–1945. Voraussetzungen, Prozesse, Folgen, Wien/Köln/Weimar 2017; insbesondere für die Zusammenhänge an der Kunstgewerbeschule: Sophie Köhldorfer, Die institutionelle „Säuberung"

der Universität für angewandte Kunst Wien als Folge des „Anschlusses“ 1938, Dipl. Arb. Universität Wien 2019.

37 Reinhold Klaus an das Ministerium für Handel und Verkehr, Wien, 19.4.1938, in: Professor Theodor Otto GEORGII. Suspendierung. Prof. Arch. Max Fellerer, Prof. Albert P. Gütersloh, Prof. Wilh. Müller Hofmann, Prof. Hilde Schmid-Jesser, Reg. Rt. Prof. Carl Witzmann, Lehrerin Marianne Zels. UaK, PA 1938/54.

38 Vgl. Standesausweis, PA Marianne Zels. UaK, Personalakten.

39 Vgl. Christian Klösch, Zels Marianne, Lexikon der österreichischen Provenienzforschung, URL: https://www.lexikon-provenienzforschung.org/zels-marianne (abgerufen 10.5.2023).

40 Vgl. Akad. Bildhauer Prof. Ferdinand OPITZ, Antrag auf Bestellung zum vertragsmässigen Lehrer. UaK, VA 1938/101.

41 Vgl. Bericht über das Schuljahr 1938/39. UaK, Jahresberichte, 7; außerdem: Holzschuh/Plakolm-Forsthuber, Auf Linie, 52.

42 Vgl. Susen Krüger Saß, „Nordische Kunst“. Die Bedeutung des Begriffs während des Nationalsozialismus, in: Olaf Peter/Ruth Heftrig/Barbara Schellewald (Hg.), Kunstgeschichte im „Dritten Reich“. Theorien, Methoden, Praktiken, Berlin/Boston 2012, 224–244.

43 Vgl. Holzschuh/Plakolm-Forsthuber, Auf Linie, 114.

44 Enthebung Professor Albert Paris GUETERSLOH, in: Professor Theodor Otto GEORGII. Suspendierung. Prof. Arch. Max Fellerer, Prof. Albert P. Gütersloh, Prof. Wilh. Müller Hofmann, Prof. Hilde Schmid-Jesser, Reg. Rt. Prof. Carl Witzmann, Lehrerin Marianne Zels. UaK, VA 1938/54.

45 Zum Begriff der „Entartung“ vgl. Klaus Backes, Hitler und die bildenden Künste. Kulturverständnis und Kunstpolitik im Dritten Reich, Köln 1988, 57–77; Eckhart Gillen, Zackig… schmerzhaft… ehrlich… Die Debatte um den Expressionismus als „deutscher Stil“ 1933/34, in: Wolfgang Ruppert (Hg.), Künstler im Nationalsozialismus. Die „Deutsche Kunst“, die Kunstpolitik und die Berliner Kunsthochschule, Köln 2016, 203–230.

46 Vgl. Albert Paris von Gütersloh (1887–1973), in der Datenbank „Entartete Kunst“, FU Berlin, URL: https://www.geschkult.fu-berlin.de/e/db_entart_kunst/datenbank/index.html (abgerufen 10.5.2023).

47 Enthebung Professor Wilhelm MUELLER HOFMANN, in: Professor Theodor Otto GEORGII. Suspendierung. Prof. Arch. Max Fellerer, Prof. Albert P. Gütersloh, Prof. Wilh. Müller Hofmann, Prof. Hilde Schmid-Jesser, Reg. Rt. Prof. Carl Witzmann, Lehrerin Marianne Zels. UaK, VA 1938/54.

48 Vgl. Leonhard Weidinger, Müller-Hofmann, Wilhelm, in: Lexikon der österreichischen Provenienzforschung, URL: https://www.lexikon-provenienzforschung.org/mueller-hofmann-wilhelm (abgerufen 10.5.2023)

49 Vgl. Bericht über das Schuljahr 1936/37. UaK, Jahresberichte, 16.

50 Enthebung Frau Professor SCHMID-JESSER, in: Professor Theodor Otto GEORGII. Suspendierung. Prof. Arch. Max Fellerer, Prof. Albert P. Gütersloh, Prof. Wilh. Müller Hofmann, Prof. Hilde Schmid-Jesser, Reg. Rt. Prof. Carl Witzmann, Lehrerin Marianne Zels. UaK, VA 1938/54.

51 Wenngleich es zu Kunsthochschulen hier noch relativ wenig Forschung gibt, so decken sich die Entwicklungen mit jenen an der Akademie der bildenden Künste Wien, wofür Verena Pawlowsky eine umfassende Studie vorgelegt hat, vgl. Verena Pawlowsky, Die Akademie der bildenden Künste Wien im Nationalsozialismus. Lehrende, Studierende und Verwaltungspersonal, Wien/Köln/Weimar 2015, 18–21.

52 Vgl. Kunsthochschule: 1) Wiedereinstellung gemaßregelter Lehrer 2) Verbot von Neueinstellungen 3) Krankenkassenanmeldungen Fellerer Max, Herberth Franz, Kosak Ceno, Kopriva Ernestine, Prutscher Otto, Schmid-Jesser Hilda. UaK, VA 1941/45.

53 Hilfslehrer KOSAK und VETTER, Dienstenthebung. UaK, VA 1938/68.

54 Arch. Ceno Kosak; Eingabe an den Führer. UaK, VA 1939/112.

55 Vgl. Standesausweis, PA Ceno Kosak. UaK, Personalakten.

56 Vgl. Standesausweis, PA Carl Witzmann. UaK, Personalakten.

57 Vgl. Wolfgang Ruppert, Künstler! Kreativität zwischen Mythos, Habitus und Profession, Wien/Köln/Weimar 2018, 133–136.

58 Reg. Rat. Prof. Carl Witzmann Verteidigungsschrift, in: Professor Theodor Otto GEORGII. Suspendierung. Prof. Arch. Max Fellerer, Prof. Albert P. Gütersloh, Prof. Wilh. Müller Hofmann, Prof. Hilde Schmid-Jesser, Reg. Rt. Prof. Carl Witzmann, Lehrerin Marianne Zels. UaK, VA 1938/54.

59 Ebd.

60 Vgl. Personalstandesblatt, PA Carl Witzmann. UaK, Personalakten.

61 Franz MOTYCKA, Bewerbung um Anstellung an der Kunstgewerbeschule. UaK, VA 1938/210.

62 Reichsgesetzblatt Teil I, Verordnung zur Neuordnung des österreichischen Berufsbeamtentums vom 31. Mai 1938. ONB, Alex Historische Rechts- und Gesetzestexte Online, URL: https://alex.onb.ac.at/cgi-content/alex?apm=0&aid=dra&datum=19380004&seite=00000607&zoom=2 (abgerufen 9.8.2023).

63 Ebd.

64 Im Personalstandesblatt wurde zwar angegeben, dass Helene Süßmandl römisch-katholischen Glaubens war, allerdings schien dies nicht zu reichen, um der Zwangspensionierung entgehen zu können, vgl. Personalstandesblatt, PA Otto Prutscher. UaK, Personalakten.

65 Siehe außerdem: Hermi Schedlmayer/Fritz Schedlmayer/Claas Duit (Hg.), Otto Prutscher 1880–1949. Architekt und Designer zwischen Tradition und Moderne, Basel 2020; Christoph Thun-Hohenstein/Rainald Franz (Hg.), Otto Prutscher – Allgestalter der Wiener Moderne, Stuttgart 2019.

66 Vgl. Personalstandesblatt, PA Franz Herberth. UaK, Personalakten.

67 Vgl. Personalstandesblatt, PA Ernestine Kopriva. UaK, Personalakten.

68 Vgl. Kopriva Ernestine, Lehrerin; Pensionierung. UaK, VA 1939/191.

69 Ebd.

70 Verwendung von Ahnenpässen zum Nachweis der Abstammung, Ueberprüfung der Abstammung öffentlicher Bediensteter – Auftrag an die KGSch. UaK, VA 1939/41.

71 Vgl. Beförderung der illegalen Parteigenossen. UaK, VA 1938/212; Zweite Durchführungsbestimmung z. Verordnung über die Einführung d. Reichsbesoldungsrechtes in Oesterreich vom Februar 1939. Ernennungs- und Beförderungsvorschläge für aus politischen Gründen zurückgesetzte

alte Kämpfer der Ostmark. UaK, VA 1939/73; außerdem: Protokoll der IV. Lehrkörpersitzung vom 28. Februar 1942. UaK, Sitzungsprotokolle, 1.

72 Reg. Rt. Prof. Berthold Löffler; Wiedergutmachung UaK, VA 1939/179.

73 Vgl. Regierungsrat Prof. i. R. Berthold Löffler, Wiedergutmachung. UaK, VA 1938/133; Oberkontrollor Josef Wallishauser. Versetzung. UaK, VA 1938/161.

74 Neuaufnahme von Gefolgschaftsmitgliedern nach dem Tarif- und Dienstordnungsrecht für Angestellte im öffentlichen Dienst. UaK, VA 1939/54.

75 N. S. – Lehrerbund. Bedingungen zur Mitgliedschaft von Mitgliedern der Reichskammer der bild. K.; Dir. Stallmann v. der Königsberger Kunsthandwerkschule, Auskunft über N. S. Lehrerbund. UaK, VA 1939/154.

76 Vgl. Protokoll der Lehrkörper-(Schluss-)Sitzung des Schuljahres 1937/38 vom 27. Juni 1938. UaK, Sitzungsprotokolle, 1.

77 Vgl. Parteimitglieder unter den Lehrpersonen. Verzeichnis. Anfrage des Fachgruppenleiters für technische Lehranstalten im Gauamt für Erzieher Wien I. Minoritenplatz 5, Prof. Ing. Josef Huber. UaK, VA 1939/93.

78 Franz Schusters Werdegang von der österreichischen Avantgarde hin zu seiner Anbiederung an das NS-Regime sowie seine diversen Bauprojekte zeichnet der Kunsthistoriker Georg Vasold eingängig nach, vgl. Georg Vasold, Der Architekt Franz Schuster. Funktionalist im Wandel der Zeit, Wien Museum Magazin, URL: https://magazin.wienmuseum.at/der-architekt-franz-schuster (abgerufen 15.5.2023).

79 Obgleich die Kunstgewerbeschule zu diesem Zeitpunkt noch keine Hochschule war, decken sich die Entwicklungen weitgehend mit anderen Universitäten, vgl. Katharina Kniefacz/Herbert Posch, Vertreibungspolitik an der Universität Wien in den 1930er und 1940er-Jahren, in: Johannes Koll (Hg.), „Säuberungen“ an österreichischen Hochschulen 1934–1945. Voraussetzungen, Prozesse, Folgen, Wien/Köln/Weimar 2017, 123–151.

80 Gesonderte Mittelschulen für jüdische Schüler, Völkischer Beobachter, 30.4.1938, 23.

81 Zu gesetzlichen Voraussetzungen antisemitischer Maßnahmen an Wiener Schulen nach dem „Anschluss“, siehe: Hedwig Millian, Jüdische Kinder an Wiener Pflichtschulen – vom März 1938 bis Dezember 1942, in: Wiener Schul Museum, Wien 2007, 4–18, 4–6.

82 Ebd.

83 Vgl. Statut und Lehrzielangaben; Neuauflage. UaK, VA 1936/36.

84 Jüdische Schüler an österreichischen Gewerbe- und Frauenberufsschulen. UaK, VA 1938/137.

85 Zulassung von jüdischen Mischlingen zum Schulbesuche. UaK, VA 1938/192.

86 Vgl. Bibliothek der Stak und KGSch., Benützung durch jüdische Studierende. UaK, VA 1938/263.

87 Vgl. Aufträge an jüdische Firmen. UaK, VA 1938/83.

88 Zahlung von Gehältern oder Pensionen an Juden und jüd. Mischlinge. UaK, VA 1938/198.

89 Vgl. Einführung des Unterrichtsgegenstandes „Erblehre und Rassenschande“ an den staatlichen Gewerbe- und Frauenberufsschulen. UaK, VA 1939/8.

90 Judenfrage und Denunziantentum. UaK, VA 1939/30.

91 Ebd.

92 Vgl. Anbringung von Bildern des Führers und Reichskanzlers in den Klassenzimmern und Amtsräumen der öffentlichen und privaten Schulen und Lehranstalten. UaK, VA 1938/59.

93 Vgl. Der Deutsche Gruss (Hitlergruss) an der Kunstgewerbeschule. UaK, VA 1938/75.

94 Vgl. Aufstellung von Ahnentafeln in der Schule. UaK, VA 1938/178.

95 Vgl. Feier des Geburtstags des Führers und Reichskanzlers und des Ergebnisses der Abstimmung. UaK, VA 1938/82.

96 Vgl. 9. November 1938 – Gedenktag für die Gefallenen der Bewegung – Gedenkfeier im Festsaal des Oesterr. Museums. UaK, VA 1938/215.

97 Vgl. 30. Jänner 1939, Gedenkfeier an die Gründung des Deutschen Reichs. UaK, VA 1939/27.

98 Vgl. Feier der Wiedereingliederung Österreichs ins Deutsche Reich. UaK, VA 1939/78.

99 Vgl. Anregung einer generellen Zurücklegung der unter den Regierungen Dollfuss und Schuschnigg verliehenen Orden und Ehrenzeichen durch die öffentl. Angestellten. UaK, VA 1938/238.

100 Vgl. Prof. Arch. Oswald HAERDTL, Verleihung der Goldenen Staatspreismedaille. UaK, VA 1938/20.

101 Wie Ingrid Holzschuh und Sabine Plakolm-Forsthuber anschaulich herausstellen, war Oswald Haerdtl vielmehr einer der Profiteure der nationalsozialistischen Baupolitik. So bemühte er sich gemeinsam mit Josef Hoffmann, mit dem er bis 1939 ein Büro betrieb, um bauliche Aufträge durch die nationalsozialistischen Behörden. Vgl. Holzschuh/Plakolm-Forsthuber, Auf Linie, 205.

102 Zu Zielen und Inhalten der Großen Deutschen Kunstausstellung vgl. Christian Fuhrmeister, Die Große Deutsche Kunstausstellung 1937–1944, in: Wolfgang Ruppert (Hg.), Künstler im Nationalsozialismus. Die „Deutsche Kunst“, die Kunstpolitik und die Berliner Kunsthochschule, Köln 2016, 97–106.

103 Vgl. Rede Klaus, 9. November 1938 – Gedenktag für die Gefallenen der Bewegung – Gedenkfeier im Festsaal des Oesterr. Museums. UaK, VA 1938/215, 2.

104 Ebd.

105 Ebd., 4.

106 Ebd.

107 Ebd., 5.

108 Ebd., 5–6.

109 Vgl. Holzschuh/Plakolm-Forsthuber, Auf Linie, 39–68; Nina Kubowitsch, Die Reichskammer der bildenden Künste. Grenzsetzungen in der künstlerischen Freiheit, in: Ruppert, Künstler im Nationalsozialismus, 75–96.

110 Vgl. Wolfgang Brauneis/Raphael Gross (Hg.), Die Liste der „Gottbegnadeten“: Künstler des Nationalsozialismus in der Bundesrepublik, München 2021; Oliver Rathkolb, Führertreu und gottbegnadet. Künstlereliten im Dritten Reich, Wien 1991.

111 Vgl. Birgit Schwarz, Geniewahn. Hitler und die Kunst, Wien 2009, 11.

112 Vgl. Gabriele Koller, Die totalitäre Form der „volksnahen“ Gestaltung. Industrie- und Handwerksproduktion während des nationalsozialistischen Regimes, in: Oswald Oberhuber (Hg.), Zeitgeist wider den Zeitgeist. Eine Sequenz aus Österreichs Verirrung, Wien 1988, 167–180.

113 Rosemarie Burgstaller, Inszenierungen des Hasses. Feinbildausstellungen im Nationalsozialismus, Frankfurt/New York 2022, 86.

114 Vgl. Heinrich August Winkler, Mittelstand, Demokratie und Nationalsozialismus, Köln 1972, 119.

115 Insbesondere die Arts and Crafts-Bewegung sowie die Wiener

Werkstätte verfolgten in der Aufbruchstimmung zu Beginn des 20. Jahrhunderts durch eine gesamtheitliche Ausrichtung ihrer schöpferischen Tätigkeit die Trennung von Kunst und Kunsthandwerk aufzuheben und strebten die Durchdringung sämtlicher Lebensbereiche durch künstlerische Ansätze an. Vgl. dazu die Einleitung von Bernadette Reinhold in diesem Band.

116 Vgl. Denkschrift über die neuen Aufgaben u. Lehrziele der Kunstgewerbeschule – Wien. UaK, VA 1938/76.

117 Ebd., 1.

118 Die Kunstgewerbeschule im kulturellen Neuaufbau, in: Denkschrift über die neuen Aufgaben u. Lehrziele der Kunstgewerbeschule – Wien. UaK, VA 1938/76, 4–5.

119 Kurzes Programm der Kunstgewerbeschule Wien, in: Denkschrift über die neuen Aufgaben u. Lehrziele der Kunstgewerbeschule – Wien. UaK, VA 1938/76, 3.

120 Ebd.

121 Ebd., 5.

122 Ebd.

123 Die Kunstgewerbeschule im kulturellen Neuaufbau, in: Denkschrift über die neuen Aufgaben u. Lehrziele der Kunstgewerbeschule – Wien. UaK, VA 1938/76, 1.

124 Neben einem Hochschulabschluss sollte es jedoch zugleich möglich sein, einen Fachschulabschluss an der Einrichtung zu machen.

125 Für Einblicke in die künstlerische Genese der Akademie der bildenden Künste Wien im Nationalsozialismus vgl. Irene Nierhaus, Adoration und Selbstverherrlichung. Künstlerische und kunstpolitische Schwerpunkte an der Akademie der bildenden Künste von den dreißiger bis Ende der vierziger Jahre, in: Hans Seiger/Michael Lunardi/Peter Josef Populorum (Hg.), Im Reich der Kunst. Die Wiener Akademie der bildenden Künste und die faschistische Kunstpolitik, Wien 1990, 65–141.

126 Die Kunstgewerbeschule im kulturellen Neuaufbau, in: Denkschrift über die neuen Aufgaben u. Lehrziele der Kunstgewerbeschule – Wien. UaK, VA 1938/76, 1.

127 Ebd., 10.

128 Ebd., 8.

129 Vgl. außerdem: Gabriele Koller, Die verlorene Moderne. Von der Kunstgewerbeschule zur (Reichs-) Hochschule für angewandte Kunst, Wien, in: Seiger/Lunardi/Populorum, Im Reich der Kunst, Wien 1990, 183–216.

130 Erweiterung der Kunstgewerbeschule. UaK, VA 1937/140.

131 Vgl. Kunstgewerbeschule – Zubau – Pläne. Ausarbeitung durch Professor Schuster. UaK, VA 1939/94; Pläne zu Schusters geplanten Umbau finden sich im Österreichischen Staatsarchiv (ÖstA), Allgemeines Verwaltungsarchiv (AVA), Unterricht Allgemein (1848–1940) Kunstgewerbeschulen: Wien 1905–1940, 3522, Fz. 3130, Sign. 15 B/1.

132 Zur Baugeschichte der Universität für angewandte Kunst Wien und weiteren Informationen zu Schusters Bauplänen siehe: Otto Kapfinger/Matthias Boeckl, Abgelehnt, nicht ausgeführt. Die Bau- und Projektgeschichte der Hochschule für angewandte Kunst in Wien 1987–1993, Wien 1993, 43–44.

133 Korrespondenzen. ÖStA, AVA, Unterricht Allgemein (1848–1940) Kunstgewerbeschulen: Wien 1905–1940, 3522, Fz. 3130, Sign. 15 B/1.

134 Mietvertrag. ÖStA, AVA, Unterricht Allgemein (1848–1940) Kunstgewerbeschulen: Wien 1905–1940, 3522, Fz. 3130, Sign. 15B/1; außerdem: Mietvertrag vom 6.9.1939. UaK, VA 1939/201/3.

135 Vgl. Homepage der Universitätsgalerie der Angewandten, URL: https://universitaetsgalerie.dieangewandte.at (abgerufen 22.5.2023).

136 Protokoll der II. Sitzung des engeren Lehrkörpers am 7. Februar 1939. UaK, Sitzungsprotokolle, 4.

137 Exposé, in: KIRNIG Paul, Prof.; SCHUSTER Franz, Prof., Ansuchen um Urlaub für eine Studienreise ins Altreich. UaK, VA 1939/294, 1.

138 Ebd.

139 Ebd., 3.

140 Vgl. Kunstgewerbeschule; Unterstellung unter die staatliche Verwaltung des Reichsgaues Wien ABT. II (StSR). UaK, VA 1940/46.

141 STAATLICHE KUNSTGEWERBESCHULE IN WIEN, in: Kunstgewerbeschule – ihre zukünftige Gestaltung – Ausbau – Neuorganisation. UaK, VA 1940/55, 9–10.

142 Ebd., 10.

143 Ebd., 11.

144 Ebd., 12.

145 Vgl. Erziehung der Zeichenlehrer an der Staatlichen Kunstgewerbeschule – Lehramtskandidaten für den Zeichenunterricht an Mittelschulen – an der Kunstgewerbeschule. UaK, VA 1940/82.

146 Die Kunstgewerbeschule in Wien und die Ausbildung der Zeichenlehrer, in: Erziehung der Zeichenlehrer an der Staatlichen Kunstgewerbeschule – Lehramtskandidaten für den Zeichenunterricht an Mittelschulen – an der Kunstgewerbeschule. UaK, VA 1940/82, 3.

147 Ebd., 4.

148 Ebd., 8.

149 Vgl. Protokoll der III. Sitzung des engeren Lehrkörpers vom 4. März 1941. UaK, Sitzungsprotokolle, 1; Kunstgewerbeschule, Meisterschule des Deutschen Handwerks, UaK, VA 1940/1976.

150 BERICHT, in: Reichsminister RUST: Reise Prof. Kirnigs nach Berlin in der Hochschulfrage. UaK, VA 1940/247, 3.

151 Vgl. An den Reichsstatthalter von Wien Herrn Baldur von Schirach, in: Reichsminister RUST: Reise Prof. Kirnigs nach Berlin in der Hochschulfrage. UaK, VA 1940/247.

152 Vgl. BERICHT, in: Reichsminister RUST: Reise Prof. Kirnigs nach Berlin in der Hochschulfrage. UaK, VA 1940/247, 4.

153 Ebd., 3.

154 Protokoll der III. Sitzung des engeren Lehrkörpers vom 4. März 1941. UaK, Sitzungsprotokolle, 1.

155 Ebd., 3.

156 Protokoll der II. Sitzung des engeren Lehrkörpers vom 18. Februar 1941. UaK, Sitzungsprotokolle, 4.

157 Protokoll der III. Sitzung des engeren Lehrkörpers vom 4. März 1941. UaK, Sitzungsprotokolle, 4.

158 Ebd., 4.

159 Ebd., 1.

160 Protokoll der VI. Sitzung des engeren Lehrkörpers vom 1. April 1941. UaK, Sitzungsprotokolle, 4.

161 Ebd., 5.

162 Zur Geschichte der heutigen Universität für Musik und darstellende Kunst (mdw) vgl. Erwin Strouhal, Gedenkbuch für die im Nationalsozialismus verfolgten Angehörigen der mdw – Universität für Musik und darstellende Kunst Wien, Wien 2023; Ders., Die Geschichte der mdw – Universität für Musik und darstellende Kunst Wien im Nationalsozialismus – Rück- und

Ausblicke zur Forschungstätigkeit des mdw-Archivs, in: Klaus Aringer/Susanne Kogler/Markus Helmut Lenhart (Hg.), Stand und Perspektiven der NS-Forschung in der Musik, Graz/Wien 2021, 109–123.

163 Anerkennung für Wiens kulturelle Sendung. Reichsminister Rust und Reichsleiter Schirach sprachen beim Festakt im Musikvereinssaal, Völkischer Beobachter, 6.11.1941, 3.

164 Rede des Reichsleiters Baldur v. Schirach aus Anlass der Erhebung der Kunstgewerbeschule zur Reichshochschule für angewandte Kunst und der Akademie für Musik und darstellende Kunst zur Reichshochschule für Musik und Darstellende Kunst am 5. Nov. 1941 im Grossen Musikvereinssaal. Universität Wien/Fachbereichsbibliothek Zeitgeschichte, Gaupressearchiv Wien, URL: https://www.ns-pressearchiv.at/archiv/akte/k185-1-m001-a002 (abgerufen 26.5.2023), 6–7.

165 Ebd., 7.

166 Vortrag gehalten am 5. November 1941 von Professor Franz SCHUSTER bei der Schulfeier in der Reichshochschule für angewandte Kunst in Wien, in: Feierliche Eröffnung der Wiener Kunsthochschule. UaK, VA 1941/180, 6.

167 Ebd., 9.

168 Ebd., 8.

169 Ebd., 10.

170 Rede des Herrn Reichserziehungsministers Bernhard RUST aus Anlaß des 50-jährigen Jubiläums des Kunsthistorischen Museums und der feierlichen Erhebung der Staatlichen Kunstgewerbeschule und der Staatsakademie für Musik und darstellende Kunst in Wien zu Reichshochschulen, gehalten am 5. November 1941 im großen Konzertsaal des Musikvereins Wien. Deutsches Bundesarchiv (folgend BArch), R/4901/15742, 4.

171 Ebd., 6.

172 Ebd., 10.

173 Vgl. Schulgeldbegünstigung für wegen Betätigung für den Nationalsozialismus bestrafter Schüler. UaK, VA 1938/107.

174 Protokoll der I. Sitzung des engeren Lehrkörpers am 6. Dezember 1938. UaK, Sitzungsprotokolle, 8.

175 An die kommissarische Leitung d. Kunstgewerbeschule am Museum f. Kunst u. Industrie, in: Anklageschrift der Schüler gegen Major Oskar Zambach. UaK, VA 1938/94.

176 An die Leitung der K.G.S., in: Angelegenheiten der Studentenschaft. UaK, VA 1938/286.

177 An die Direktion der Kunstgewerbeschule, in: Angelegenheiten der Studentenschaft. UaK, VA 1938/286, 2.

178 Beispielsweise war Kirnig zumeist federführend an den jährlichen Schulausstellungen beteiligt. Wie außerdem die Jahresberichte zwischen 1938 und 1945 festhalten, war seine Klasse eine der aktivsten in der Beteiligung von Wettbewerben.

179 Der Studentenführer der Staatlichen Kunstgewerbeschule Wien, in: Verlautbarung der Studentenschaft der Kunstgewerbeschule. UaK, VA 1939/145.

180 Ordnungs-Richtlinien der Studentenschaft der Kunstgewerbeschule Wien, in: Angelegenheiten der Studentenschaft. UaK, VA 1938/286.

181 Ebd.

182 Ebd.

183 Vgl. Michael Buddrus, Totale Erziehung für den totalen Krieg. Hitlerjugend und nationalsozialistische Jugendpolitik (Bd. 1 und 2), München 2003; Johanna Gehmacher, Jugend ohne Zukunft. Hitler-Jugend und Bund Deutscher Mädel in Österreich vor 1938, Wien 1994; Dagmar Reese (Hg.), Die BDM-Generation. Weibliche Jugendliche in Deutschland und Österreich im Nationalsozialismus, Berlin 2007.

184 Vgl. Bericht über das Schuljahr 1937/38. UaK, Jahresberichte, 2.

185 Vgl. Bericht über das Schuljahr 1938/39. UaK, Jahresberichte, 2.

186 Vgl. Bericht über das Schuljahr 1937/38. UaK, Jahresberichte, 4.

187 Vgl. Bericht über das Schuljahr 1939/40. UaK, Jahresberichte, 2.

188 Vgl. Bericht über das Schuljahr 1940/41. UaK, Jahresberichte, 2.

189 Vgl. Bericht über das Schuljahr 1941/42. UaK, Jahresberichte, 2.

190 Aufruf an die weibliche Jugend Großdeutschlands, in: Das junge Deutschland 32/12, 10.12.1938, 607, zit. nach Sabine Hering/Kurt Schilde, Das BDM-Werk „Glaube und Schönheit“. Die Organisation junger Frauen im Nationalsozialismus, Wiesbaden 2004, 39.

191 Baldur von Schirach, Geleitwort, in: Clementine zu Castell (Hg.), Glaube und Schönheit. Ein Bilderbuch von den 17–21jährigen Mädeln. Mit einem Geleitwort des Reichsjugendführers Baldur von Schirach, München 1940, 5.

192 Castell (Hg.), Glaube und Schönheit, 65.

193 Übereinkommen der Kunstgewerbeschule Wien mit dem B.D.M. (Werk: Glaube und Schönheit), in: Kunstgewerbeschule – ihre zukünftige Gestaltung – Ausbau – Neuorganisation. UaK, VA 1940/55, 1.

194 Vgl. Einjähriger Kurs zur Schulung von Leiterinnen der Arbeitsgemeinschaft „Persönliche Lebensgestaltung“ im BDM Werk „Glaube und Schönheit“. UaK, VA 1940/179.

195 Ebd., 3.

196 Ebd., 4.

197 Ebd.

198 Übereinkommen der Kunstgewerbeschule Wien mit dem B.D.M. (Werk: Glaube und Schönheit), in: Kunstgewerbeschule – ihre zukünftige Gestaltung – Ausbau – Neuorganisation. UaK, VA 1940/55, 1–2.

199 Einjähriger Kurs zur Schulung von Leiterinnen der Arbeitsgemeinschaft „Persönliche Lebensgestaltung“ im BDM Werk „Glaube und Schönheit“. UaK, VA 1940/179.

200 Emma Reif betrieb nach 1945 das erfolgreiche Grafikstudio „Der Kreis“, später holte sie Kirnig-Nachfolger Kurt Schwarz (1916–2010) als Assistentin an die nunmehrige Meisterklasse für Gebrauchs-, Illustrations- und Fotografik, wo sie bis in die 1980er-Jahre tätig war. Vgl. Anita Kern, Grafikdesign in Österreich im 20. Jahrhundert, Salzburg/Wien 2008, 188–201.

201 Fotoalbum Emma Reif, Kunstgewerbeschule. UaK, IN Reif 15.346/1/F.

202 Wie die Historikerin Vida Bakondy anschaulich analysiert, ist das Album ein Medium, das ein privates Sammelanliegen realisiert und zugleich öffentliche Darstellungsweisen reflektiert. Insofern ist Emma Reifs Album auch ein Spiegel der ästhetischen Entwicklungen im NS-Regime und zugleich ein privater Einblick in ihre Erfahrungen als Studierende. Vgl. Vida Bakondy, Montagen der Vergangenheit. Flucht, Exil und Holocaust in den Fotoalben der Wiener Hakoah-Schwimmerin Fritzi Löwy, Göttingen 2017, 15–16.

203 Eröffnungsrede Kirnig zur Schulausstellung 1942, in: Fotoalbum Emma Reif, Kunstgewerbeschule. UaK, Reif 15.346/81/Aut, 1.

204 Ebd., 2.

205 Reichsarbeitsdienstgesetz vom 26.6.1935, § 1., Absatz 2, URL: http://www.documentarchiv.de/ns/1935/rad_ges.html (abgerufen 5.6.2023).

206 Bauleitung der Luftwaffe Baden an Professor Architekt Oswald Haerdtl, am 30. September 1938, in: Schüler Josef SCHMELZENBART, Beurlaubung. UaK, VA 1938/186.

207 Zu Hoffmanns Tätigkeit während des Nationalsozialismus vgl. Elisabeth Boeckl-Klamper, Josef Hoffmann und der Nationalsozialismus. Eine Bestandsaufnahme, in: Christoph Thun-Hohenstein/Matthias Boeckl/ Rainald Franz/Christian Witt-Dörring (Hg.), Josef Hoffmann 1870–1956. Fortschritt durch Schönheit, Basel 2021, 289–298; Matthias Boeckl, Der Wille der Führung. Josef Hoffmanns Projekte der NS-Zeit, in: Thun-Hohenstein/Boeckl/Franz/ Witt-Dörring, Josef Hoffmann 1870–1956, 299–406.

208 Birgit Knauer, Oswald Haerdtl. Ein „deutscher" Designer mit Wiener Note, in: Ingrid Holzschuh/Monika Platzer (Hg.), „Wien. Perle des Reichs". Planen für Hitler, Zürich 2015, 86–102.

209 Vgl. Anmeldung von Schülern zum freiwilligen Reichsarbeitsdienst; Stellungnahme. UaK, VA 1938/102.

210 Durchführung der Erntehilfe 1939, in: Erntehilfe 1939. Durchführung. UaK, VA 1939/181, 1.

211 Ebd.

212 An die deutsche Studentenschaft, Wien 1939, in: Erntehilfe 1939. Durchführung. UaK, VA 1939/181.

213 Vgl. Einsatz der Schuljugend für Erntearbeiten. UaK, VA 1940/184.

214 Erntehilfe 1941. UaK, VA 1942/41.

215 Vgl. Der Reichsstadthalter in Wien an den Direktor der Reichshochschule für angewandte Kunst Wien, 10. Mai 1943, in: Reichsarbeitsdienst: Ableistung durch h. o. Studierende – Zurückstellung. UaK, VA 1943/88.

216 Protokoll der V. Lehrkörpersitzung vom 17. April 1942. UaK, Sitzungsprotokolle, 1.

217 Ebd.

218 Vgl. Kriegseinsatz der h. o. Studierenden Prothesenarbeit. UaK, VA 1944/192.

219 Vgl. Freiwillige Meldungen zum Dienst in der Wehrmacht. UaK, VA 1938/113.

220 Vgl. Einberufung von Schülern zur Wehrmacht, vorzeitige Entlassung aus der Schule. UaK, VA 1939/229.

221 Schüler Berthold Gabriel, Kriegsdienstleistung-Absolvierung der Kunstgewerbeschule – allgemeine Richtlinien zu PZ 80-1940 vom 2. April 1940, in: Anfrage wegen Zulassung zur Erfolgsdiplomprüfung und vorzeitige Ausstellung von Abgangszeugnissen an Kriegsdienstleistende Schüler. UaK, VA 1940/80.

222 Vgl. Staatliche Verwaltung des Reichsgaues Wien an die Kommissarische Leitung der Staatlichen Kunstgewerbeschule, 19.8.1940, in: HAERDTL Oswald, Stud.Rt. Einberufung – Unabkömmlichkeitsantrag. UaK, VA 1940/4.

223 Vgl. Verhalten der Schulen bei öffentlicher Luftwarnung. UaK, VA 1943/34.

224 Vgl. Massnahmen für die Kunstinstitute. Einschränkung von Festlichkeiten für die Dauer des Krieges. UaK, VA 1943/33.

225 Vgl. Protokoll der I. Sitzung des engeren Lehrkörpers vom 25. Oktober 1939. UaK, Sitzungsprotokolle, 2–5.

226 Vgl. Reichshochschule für angewandte Kunst Wien, 29.9.1944, in: Studienbetrieb für Hochschüler infolge des totalen Kriegseinsatzes. UaK, VA 1944/166.

227 Reichshochschule für angewandte Kunst Wien, Wien, o. D., in: Studienbetrieb für Hochschüler infolge des totalen Kriegseinsatzes. UaK, VA 1944/166.

228 Robert Obsieger an die Glaser-Innung, 12.9.1944, in: Bombenschäden an den Schulgebäuden anlässlich von Luftangriffen auf Wien. UaK, VA 1944/154.

229 Reichsstatthalter von Wien an den Direktor der Reichhochschule für angewandte Kunst, 4.11.1944, in: Studienbetrieb für Hochschüler infolge des totalen Kriegseinsatzes. UaK, VA 1944/166, 1.

230 Ebd., 2.

231 Vgl. Ostwall-Einsatz: Sigmund Vinzenz Oberlaborant – Bichler Johann Arch., vertrgl. Lehrer. UaK, VA 1944/174.

232 Vgl. Robert Obsieger an das Polizeirevier IV in Wien, 21.3.1945, in: Räumung der Fichtegasse für Volkssturm. UaK. VA 1944/193.

233 Vgl. Robert Obsieger an das Gewerbeaufsichtsamt, 8.3.1945, in: Reichshochschule für angewandte Kunst Hauptschulgebäude – Bombenschaden. UaK, VA 1944/181.

234 Robert Obsieger, 18.1.1945, in: Reichshochschule für angewandte Kunst Hauptschulgebäude – Bombenschaden. UaK, VA 1944/181.

235 Vgl. Uebersiedlung in die Reichshochschule für Musik. UaK, VA 1945/15.

236 Vgl. Reichshochschule für angewandte Kunst. Evtl. Evakuierung nach Geras/o. D., oder Zwettl/o. D. UaK, VA 1945/28.

237 Eckmann an den Direktor der Reichshochschule für angewandte Kunst, 2.4.1945, in: Evakuierung aus Wien. UaK, VA 1945/34.

238 Ebd.

239 Eröffnungsrede Kirnig zur Schulausstellung 1942, in: Fotoalbum Emma Reif, Kunstgewerbeschule. UaK, Reif 15.346/81/Aut, 2.

240 Aeusserungen des SS Hauptsturmführers d. Waffen SS u. Btl. Kdr. sowie Polizeivizepräsidenten in Wien Dr. Josef FITZTHUM, in: Stud. Rt. KLAUS; Alte-Kämpfer Bestätigung. (Schreiben an SS Hauptsturmführer Fitzthum). UaK, VA 1940/239.

241 Robert Obsieger an die Kreisleitung I der N.S.D.A.P., 2.12.1940, in: Stud. Rt. KLAUS; Alte-Kämpfer Bestätigung. (Schreiben an SS Hauptsturmführer Fitzthum). UaK, VA 1940/239.

242 In den Jahren bis 1945 entstanden diverse Gemälde, die unterschiedliche Szenarien in Waidhofen an der Ybbs abbilden. Wie Abb. O zeigt, fertigte Klaus 1944 zudem für den Sitzungssaal des Rathauses in Waidhofen an der Ybbs ein großes Gemälde an, das später teilweise übermalt wurde und insbesondere von nationalsozialistischen Symbolen befreit wurde. Vgl. Walter Manoschek, Verschmähte Erbschaft. Österreichs Umgang mit dem Nationalsozialismus 1945–1955, in: Reinhard Sieder/Heinz Steinert/ Emmerisch Tálos (Hg.), Österreich 1945–1995. Gesellschaft – Politik – Kultur, Wien 1995, 94–106, 99; Gabriele Petricek, Unter blühender Linde. Die patriotische Übermalung eines Gemäldes in Waidhofen an der Ybbs, in: Jan Tabor (Hg.), Kunst und Diktatur. Architektur, Bildhauerei, Malerei in Österreich, Deutschland, Italien und der Sowjetunion 1922–1956, Ausstellungskatalog Künstlerhaus Wien, Baden 1994, 944–949.

243 Dies zeichnet etwa Nikolaus Hagen deutlich nach, indem er das sogenannte Trachtenverbot für Juden zum „Schutz heimischer Volkskultur" im Kontext Tirols analysiert, vgl. Nikolaus Hagen, „Trachtenverbot für Juden" und „Schmutz heimischer Volkskultur". Maßnahmen und Normen im Gau Tirol-Vorarlberg, in: Ingrid Böhler (Hg.), „Volkskultur" und Nationalsozialismus.

Vorgeschichten und Kontexte in Tirol, zeitgeschichte 44 (2017) 6, 386–401.

244 Kritik oder Skepsis an der Urbanisierung bzw. ihren Begleiterscheinungen sind jedoch nicht per se als anti-modern zu fassen. Viele moderne Künstler*innen beschäftigten sich mit den Gefahren des städtischen Lebens, insbesondere durch die zunehmende Industrialisierung und die damit einhergehenden demographischen Veränderungen. Einige wandten sich auch vermehrt ländlichen Lebensformen zu und richteten den Blick stärker auf marginalisierte Gemeinschaften, die in der urbanen Moderne wenig Repräsentanz fanden. Vgl. Christian Rapp, Schnelle neue Alpen. Schnappschüsse der Moderne aus Österreichs Bergen, in: Wolfgang Kos/Sándor Békési (Hg.), Kampf um die Stadt. Politik, Kunst und Alltag um 1930, Ausstellungskatalog Wien Museum, Wien 2013, 122–129; Eric Strom, The Culture of Regionalism. Art, Architecture and International Exhibitions in France, Germany and Spain, 1890–1939, Manchester/New York 2010.

245 Karl Hans Strobl, o. T., in: Künstlerhaus Wien (Hg.), Berge und Menschen der Ostmark. 4. März bis 30. April 1939, Wien 1939.

246 Ferdinand Kitt war bis Kriegsende Mitglied des Wiener Künstlerhauses sowie als Professor an der Wiener Frauenakademie tätig. Obgleich er in der NS-Zeit große Nibelungenzyklen für einen Festsaal des Wiener Rathauses entwarf und diverse Regierungsaufträge absolvierte, wurde er – wie viele andere Kunstschaffende, die sich an das Regime anbiederten – in der Zweiten Republik vielfach ausgezeichnet, unter anderem 1961 mit dem Großen Österreichischer Staatspreis. Vgl. Holzschuh/Plakolm-Forsthuber, Auf Linie, 285–287.

247 Bericht über das Schuljahr 1938/39, UaK, Jahresberichte, 8.

248 Künstlerhaus Wien, Berge und Menschen der Ostmark, 395–397.

249 Ministerium für innere und kulturelle Angelegenheiten an die Leitung der staatlichen Kunstgewerbeschule, 6. April 1939, in: Errichtung einer Abteilung für künstl. Gestalten im Volks- und Brauchtum. UaK, VA 1939/92.

250 Robert Obsieger an das Ministerium für innere und kulturelle Angelegenheiten, 2.3.1939, in: Errichtung einer Abteilung für künstl. Gestalten im Volks- und Brauchtum. UaK, VA 1939/92.

251 Ebd.

252 Ebd.

253 Vgl. Tag des deutschen Volkstums. Beteiligung der Schulen. UaK, VA 1939/189.

254 Vgl. Konstantin Ferihumer, Kunst als „politischer Soldat". Schlussbericht zum Projekt Paul Kirnig und die Fachklasse für Gebrauchs-, Illustrations- und Modegraphik, ungedr. Manuskript, Wien 2018. UaK.

255 Wie vorab erörtert, setzte sich Kirnig bereits vor der Erhebung zur Reichshochschule mit den Berliner Behörden in Kontakt, um etwaige zukünftige Kollaborationen zu besprechen, vgl. Exposé, in: KIRNIG Paul, Prof.; SCHUSTER Franz, Prof., Ansuchen um Urlaub für eine Studienreise ins Altreich. UaK, VA 1939/294, 3.

256 Vgl. Almut Haböck, Paul Kirnig (1891–1955), Frankfurt am Main 2009, 20–24.

257 Ebd., 21.

258 Kurt Schwarz, zitiert nach Kern, Grafikdesign in Österreich im 20. Jahrhundert, 109.

259 Ebd., 107.

260 Paul Kirnig an Studentenwerk Wien, Dienststelle des Reichsstudentenwerks, 15.2.1940, in: Studentenwerk Wien. Förderung der Fachklasse für Malerei und Graphik (Schreiben Prof. Kirnig). UaK, VA 1940/68.

261 Ebd.

262 Hermann Hauschka wurde 1939/40 zum Leiter des Naturstudiums in der allgemeinen Abteilung der Kunstgewerbeschule ernannt, allerdings bereits 1941 zum Wehrdienst eingezogen. Wie im Sitzungsprotokoll 7. Juni 1944 allerdings vermerkt wurde, soll Hauschka nach einer schweren Kopfverletzung in einem Lazarett in Breslau gestorben sein. Vgl. Protokoll der IV. Sitzung des Schuljahres 1943/44 am 7. Juni 1944. UaK, Sitzungsprotokolle, 1.

263 Hermann Hauschka wurde bereits 1933 Mitglied der NSDAP, trat allerdings nach deren Verbot wieder aus und stellte 1938 erneut einen Antrag auf Parteimitgleitschaft. Da er zwischenzeitlich Mitglied der Vaterländischen Front war, wurde seine Wiederaufnahme erst beim zweiten Gesuch 1939 berücksichtigt und er wurde mit 24.4.1943 als NSDAP-Parteimitglied aufgenommen. Vgl. Hermann Hauschka, ÖStA, Archiv der Republik (folgend AdR), Gauakten, Nr. 51.431.

264 Vgl. Kern, Grafikdesign in Österreich, 100–111.

265 Vgl. Anita Kern, Joseph Binder, in: Anita Kern/Bernadette Reinhold/Patrick Werkner (Hg.), Grafikdesign von der Wiener Moderne bis heute. Von Kolo Moser bis Stefan Sagmeister. Aus der Sammlung der Universität für angewandte Kunst Wien, Wien 2010, 108–109.

266 Vgl. Wettbewerb Nr. 4, 6. Wiener Internat. Kochkunst-Ausstellung. UaK, VA 1938/47.

267 Nina Stögerer, Bekannte Unbekannte. Grafikdesign in Österreich, Zürich 2015, 51.

268 René Schober, Unter der Leitung Paul Kirnigs, in: Kern/Reinhold/Werkner, Grafikdesign von der Wiener Moderne bis heute, 114–119, 116.

269 Bericht über das Schuljahr 1938/39. UaK, Jahresberichte, 12.

270 Ebd.

271 Vgl. Holzschuh/Plakolm-Forsthuber, Auf Linie, 285–287.

272 Weiterführende Literatur zu NS-Bildpropaganda, vgl. Gerhard Paul, Aufstand der Bilder. Die NS-Propaganda vor 1933, Bonn 1990; Birgit Witamwas, Geklebte NS-Propaganda. Verführung und Manipulation durch das Plakat, Berlin/Boston 2016; Clemens Zimmermann, Medien im Nationalsozialismus. Deutschland 1933–1945, Italien 1922–1943, Spanien 1936–1951, Wien 2007.

273 Protokoll der VIII. Sitzung des engeren Lehrkörpers vom 22. Juni 1939. UaK, Sitzungsprotokolle, 3.

274 Ebd.

275 Werbeschau beim Schottentor. 50 Kunstgewerbeschüler schufen für das KWHW, Kleine Volkszeitung, 19.1.1940, 7.

276 Die Kunst des Plakats, Völkischer Beobachter, 19. Jänner 1940, 5.

277 Eröffnungsrede Kirnig zur Schulausstellung 1942, in: Fotoalbum Emma Reif, Kunstgewerbeschule. UaK, Reif 15.346/81/Aut, 2.

278 Vgl. UaK, Jahresberichte 1938–1945.

279 Wimmer-Wisgrill war von 1918 bis 1924 mit Carla Wimmer-Solm verheiratet, aus der Ehe ging der gemeinsame Sohn Ighino Wimmer hervor. Dass Wimmer-Wisgrill homosexuell war, soll an der Schule, Erzählungen zufolge, durchaus bekannt gewesen sein. Seine Homosexualität wurde allerdings in keinem Moment allzu offensichtlich thematisiert, auch nicht unter

nationalsozialistischer Schulleitung, obwohl Homosexualität im Nationalsozialismus verfolgt wurde. Da es von Wimmer-Wisgrill keine überlieferten Aufzeichnungen gibt, ist davon auszugehen, dass er nur dank Anpassung und Verheimlichung bzw. aufgrund seines Engagements für die Schule weiterhin als Lehrer tätig sein konnte.

280 Personalstandestabelle, PA Eduard Josef Wimmer-Wisgrill. UaK, Personalakten.

281 Die Werkstätte für Modewesen (später nur Mode) wird erstmals genannt in: Bericht über das Schuljahr 1926/27. UaK, Jahresberichte, 1.

282 Vgl. Jahresberichte 1926/27–1945/46. Im Jahresbericht 1945/46 werden die beiden Werkstätten allerdings wieder als eine geführt.

283 Zit. nach Ingrid Holzschuh/Sabine Plakolm-Forsthuber, Das Haus der Mode in der NS-Zeit. Wien als „Reichsmodestadt", Wien Museum Magazin, 21.10.2023, URL: https://magazin.wienmuseum.at/das-haus-der-mode-in-der-ns-zeit (abgerufen 31.7.2023).

284 Im Jahr 1936 wurden etwa Stimmen laut, die die Gründung eines Modeinstituts in Wien forderten, das an die Kunstgewerbeschule angebunden sein und von Margarethe Klimt aufgebaut werden sollte. Vgl. Berufung – Frau KLIMT. Eröffnung einer Modewerkstätte. UaK, VA 1936/77.

285 Vgl. Gloria Sultano, Wie geistiges Kokain … Mode unterm Hakenkreuz, Wien 1995, 99–131.

286 Haus der Mode, in: Wiener Mode (1939) 4, zit. nach Holzschuh/Plakolm-Forsthuber, Das Haus der Mode in der NS-Zeit.

287 Vgl. Holzschuh/Plakolm-Forsthuber, Das Haus der Mode in der NS-Zeit.

288 Vgl. Ausstellung des BDM im Haus der Mode in Wien. Leihweise Ueberlassung h. o. Arbeiten. UaK, VA 1941/67.

289 Vgl. NSV.- Ankauf von Kleidern aus der Klasse Prof. Wimmer. UaK, VA 1941/202.

290 Vgl. Stipendium. Haus der Mode in Wien an die h. o. ordentl. Schülerin d. Werkstätte für Mode Milada Gutweis. UaK, VA 1941/66.

291 Vgl. Ansuchen um Subvention für die h. o. Werkstätten für Mode und Textilarbeiten. Ansuchen wegen Errichtung einer privaten Modellschneiderei (Prof. Wimmer). UaK, VA 1940/144.

292 Bericht über das Schuljahr 1937/38. UaK, Jahresberichte, 15.

293 Ebd., 16.

294 Protokoll der Lehrkörper- (Schluss-) Sitzung des Schuljahres 1938/39 und der anschliessenden IX. Sitzung des engeren Lehrkörpers vom 27. Juni 1939. UaK, Sitzungsprotokolle, 6.

295 Ebd., 7.

296 Franz Oswald an Regierungsrat Oswald, 19.1.1942, in: Franz Oswald – Beschwerde über Professor Wimmer. UaK, VA 1942/59.

297 Vgl. Standesausweis, PA Maria Michna. UaK, Personalakten.

298 Marie Michna an die Direktion der Kunstgewerbeschule, 28. Mai 1940, in: Lehrerin MICHNA Maria, Aeusserung. UaK, VA 1940/118.

299 Ebd.

300 Ebd.

301 Eduard Josef Wimmer-Wisgrill an die Direktion der Staatlichen Kunstgewerbeschule, 8. Juni 1940, in: Lehrerin MICHNA Maria, Aeusserung. UaK, VA 1940/118.

302 Maria Michna an die Direktion der Staatlichen Kunstgewerbeschule, 17.6.1940, in: Lehrerin MICHNA Maria, Aeusserung. UaK, VA 1940/118.

303 Michna Maria, Lehrerin. Versetzung an die Fachklasse für gewerbliche und industrielle Entwürfe, Prof. Oswald Haerdtl. UaK, VA 1940/141.

304 Robert Obsieger an den Reichsstatthalter in Wien, 20.4.1941, in: Lehrerin MICHNA Maria, Aeusserung. UaK, VA 1940/118.

305 Robert Obsieger an das Ministerium für innere und kulturelle Angelegenheiten, 24.4.1939, in: Prof. Ed. Jos. Wimmer, Pensionierung. UaK, VA 1939/137.

306 Irene Guenther, Nazi Chic? Fashioning Women in the Third Reich, Oxford/New York 2004, 8–10.

307 Walter Benjamin, Das Passagen-Werk, Frankfurt am Main 1983, 112.

308 Zu Schlurfs in Wien, vgl. Anton Tantner, Weg vom „Zündhölzelschnitt": Die langen Haare der „Schlurfs", in: Susanne Breuss (Hg.), Mit Haut und Haar. Frisieren, Rasieren, Verschönern, Wien 2018, 355–358.

309 „Ein deutsches Mädchen schminkt sich nicht!" – Interview mit Erika Russ, in: Sultano, Wie geistiges Kokain, 284.

310 Ebd.

311 Julia Secklehner, Eine andere Moderne? Neue Frauen am Land in den 1930er-Jahren, in: Christina Wieder/Marie-Noëlle Yazdanpanah/Heidrun Zettelbauer (Hg.), Verhandlungen von Geschlecht und Sexualität in visuellen Kulturen der 1920er- und 1930er-Jahre, zeitgeschichte 50 (2023) 1, 43–70.

312 Erika Russ, in: Sultano, Wie geistiges Kokain, 284.

313 Sultano, Wie geistiges Kokain, 221–268.

314 Erika Russ, in: Sultano, Wie geistiges Kokain, 281.

315 Guenther, Nazi Chic?, 226.

316 Zu populären Zeitschriften, Magazinen und Illustrierten im Österreich der Zwischenkriegszeit vgl. Anton Holzer, Rasende Reporter. Eine Kulturgeschichte des Fotojournalismus, Darmstadt 2014; Monika Faber, Die Politik des Banalen. Das „Wiener Magazin" 1927–1940, in: Roman Horak/Wolfgang Maderthaner/Siegfried Mattl/Lutz Musner (Hg.), Stadt Masse Raum, Wien 2011, 117–163; Primus-Heinz Kucher, „Moderne Welt", Transdisziplinäre Konstellationen in der österreichischen Literatur, Kunst und Kultur der Zwischenkriegszeit, URL: https://litkult1920er.aau.at/litkult-lexikon/moderne-welt (abgerufen 10.8.2022); Marie-Noëlle Yazdanpanah, „Gut Weekend. Das Wochenende ohne Männer"? Zur Inszenierung von Geschlechterrollen im Magazin „Die Bühne", in: Wieder/Yazdanpanah/Zettelbauer, Verhandlungen von Geschlecht und Sexualität in visuellen Kulturen der 1920er- und 1930er-Jahre, 19–42.

317 Tatsachenbericht, Wimmer's Weekly, Nr. 5, 10. UaK, IN KM 8981/G/5.

318 Achtung! Achtung! Sondermeldung des O.K.W., Wimmer's Weekly, Nr. 3, 2. UaK, IN KM 8981/G/3.

319 Homo, Sonderbericht, Wimmer's Weekly, Nr. 3, 3. UaK, IN KM 8981/G/3.

320 Naomi, Stripy, Wimmer's Weekly, Nr. 2, 6. UaK, IN KM 8981/G/11.

321 Robert Obsieger an das Ministerium für Wirtschaft und Arbeit, 23.8.1938, in: Antrag der Frau Primavesi auf Wiederbelebung d. Wiener Werkstätte. UaA, VA1938/151. Ob es sich hierbei um Eugenie Primavesi (1874–1962), Klimt-Modell und langjährige Förderin der Wiener Werkstätte handelt, kann aufgrund fehlender Akten nicht verifiziert werden, liegt allerdings aufgrund des Anliegens nahe.

3

Christina Wieder

Der lange Weg von der ~~Reichs~~-/Hochschule zur Akademie für angewandte Kunst 1945–1955

Als am 13. April 1945 die Rote Armee den Kampf um Wien für beendet erklärte, lagen weite Teile der Stadt in Schutt und Asche. Doch galt der Vorsatz der alliierten Besatzung, so rasch wie möglich Ordnung in die politischen Strukturen zu bringen und eine Normalisierung des täglichen Lebens zu schaffen. Bereits am 12. April, als an einigen Schauplätzen Wiens noch gekämpft wurde, hatten sich Sozialdemokrat*innen im Rathaus versammelt, um die Nachkriegsverwaltung der Stadt unter demokratischen Vorzeichen zu diskutieren. Nur wenige Tage später erklärte man Theodor Körner (1873–1957) zum provisorischen Bürgermeister. Auf Bundesebene ließ die (Neu-)Gründung der Parteien nicht lange auf sich warten: es erfolgte rasch die Wiedervereinigung der Sozialdemokratie mit den Revolutionären Sozialist*innen zur Sozialistischen Partei Österreichs (SPÖ), die Konstituierung der Österreichischen Volkspartei (ÖVP) sowie die Wiederbelebung der Kommunistischen Partei Österreichs (KPÖ). Gemeinsam bildeten sie unter Karl Renner (1870–1950) die provisorische Nachkriegsregierung des Landes und waren zugleich in der Wiener Stadtregierung vertreten.[1] Dort trat insbesondere der kommunistische Abgeordnete Viktor Matejka (1901–1993), Leiter des Ressorts für Kultur und

Volksbildung, als wegweisende Figur in Erscheinung und prägte maßgeblich die kulturelle und bildungspolitische Entwicklung im Wiederaufbau, mitunter jene an der nunmehrigen Hochschule für angewandte Kunst.[2]

Nach der Aufteilung Österreichs und Wiens in vier Besatzungszonen fiel die am Stubenring gelegene Hochschule für angewandte Kunst weitgehend in den Verwaltungsbereich der britischen Armee. Es war wohl der Grenzlage zwischen erstem und drittem Wiener Gemeindebezirk geschuldet, dass trotz der Vierteilung der Inneren Stadt die Hochschule primär dem britischen Sektor zugeordnet blieb. Dieser beauftragte bald nach der Befreiung den sogenannten Public Safety Special Branch, um allmählich die Entnazifizierung der Hochschulen voranzutreiben.[3] Allerdings wurde diese, wie es im Folgenden zu zeigen gilt, nur inkonsequent betrieben. Insbesondere die Angewandte fiel vielfach aus dem Radar der Besatzungskräfte, da ihre Stellung sowohl im universitären Rang als auch als eigenständige Institution nicht gänzlich geklärt schien. Die (Reichs-)Hochschule für angewandte Kunst tauchte in den britischen Entnazifizierungsunterlagen wiederholt als Kunstgewerbeschule oder gar mit dem Zusatz „des Museums für Kunst und Industrie" (heute: MAK) auf,[4] obgleich die Trennung der ehemals zusammengehörenden Institutionen nach langwierigen Streitigkeiten bereits 1909 vollzogen worden war.[5] Die damit einhergehende administrative Abgrenzung und Zuordnung zu unterschiedlichen Ministerien wurden im Zuge der Entnazifizierung seitens der britischen Behörden weitgehend ignoriert und auf diesem Wege ein Graubereich provoziert, der eine strikte Umsetzung der Maßnahmen weitgehend verunmöglichte. Schließlich fehlte es an Einigkeit darüber, ob es sich um eine Schule, eine Hochschule oder aber ein Museum handelte. Dementsprechend unschlüssig war man auch, welche Konsequenzen das jeweils erforderliche Vorgehen mit sich bringen würde.

In Bezug auf die internen Abläufe lichtete sich ab Sommer 1945 allmählich das undurchsichtige Dickicht der Geschehnisse seit Kriegsende und erlaubte einen klareren Blick auf die Situation an der Hochschule (1945–1948 und dann wieder 1970–1998) bzw. Akademie für angewandte Kunst (1948–1970), wie die Bildungseinrichtung nun heißen sollte. Des Namenszusatzes „Reichs-" entledigte man sich nach der Befreiung pragmatisch durch seine Streichung, die bis zur Bestellung neuer Briefköpfe und Stempel händisch erledigt wurde. Der Akt des sichtbaren Elidierens ist in vielerlei Hinsicht paradigmatisch für den Umgang der Hochschule für angewandte Kunst mit ihrer NS-Vergangenheit sowie mit den politischen Verstrickungen ihrer Angehörigen. Ähnlich wie viele andere Institutionen wollte auch die Angewandte rasch die nationalsozialistischen Spuren abstreifen und nahm dafür sowohl auf personeller als auch auf struktureller Ebene zahlreiche Kompromisse in Kauf, die teils von entschuldigenden Narrativen und wenig stringenten Legitimationsstrategien begleitet waren. Die folgenden Unterkapitel beleuchten die komplexen Zusammenhänge nach 1945, untersuchen die Rolle des neu bzw. wieder eingesetzten Rektors Max Fellerer (1889–1957) im Zuge der Entnazifizierung und nehmen zentrale Akteur*innen in den Blick, die – mit nur wenigen Ausnahmen – trotz ihrer nationalsozialistischen Betätigung sowie ihrer Parteinähe mittel- und langfristig im Schuldienst bleiben konnten. Anschließend an Fragen zur personellen Entwicklung im Zeitraum bis 1955 werden solche zum (kultur-)politischen bzw. strukturellen Aufbau aufgeworfen – darunter etwa, welches Demokratieverständnis man an der Hochschule vertrat oder welche Rolle den Studierenden, nicht zuletzt der 1945 gegründeten Hochschüler(*innen)schaft (ÖH), in dieser Entwicklung zukam. Abschließend werden Einblicke in die Klassenzusammenhänge und deren künstlerische Produktion gewährt und behandelt, inwiefern sich diese in die Nachkriegsdynamiken in kulturpolitischem Sinne einschrieben bzw. diese mitgestalteten.

3.1. Personelle Entwicklung

Nach der Übernahme durch die Alliierten war rasch entschieden worden, dass Max Fellerer, der bereits von 1934 bis 1938 als Direktor der Kunstgewerbeschule agierte, der geeignete Kandidat für die neue Schulleitung war. Der Architekt, der 1938 zwangspensioniert wurde und sich während der Kriegsjahre weitgehend in Wien aufhielt – er betrieb dort mit seinem Kollegen Eugen Wörle (1909–1996) ein Architekturbüro –, trat sogleich seinen alten Posten an. Zweifelsohne war Fellerers anfängliche Tätigkeit an der Hochschule für angewandte Kunst geprägt von zahlreichen Herausforderungen: Wie sollte sich die neue Verwaltung der Bildungseinrichtung gestalten? Welche Möglichkeiten der (Re-)Demokratisierung bestanden? Welche Mitglieder des Lehrkörpers waren von Entnazifizierungsmaßnahmen betroffen und wie konnte die Fortsetzung des Unterrichts gewährleistet werden? Welche Personen, die 1938 des

Dienstes enthoben wurden, sollten zurückkehren? Und welche künstlerische Ausrichtung wollte die Schule vertreten bzw. wie würde sie am Aufbau der Zweiten Republik mitwirken?

All diese Fragen und Herausforderungen bildeten sich in unterschiedlicher Weise in den Entscheidungsprozessen über die Debatte ab, wie mit politisch minder-/belasteten Mitarbeiter*innen der Hochschule umgegangen werden sollte. Relevant war dabei, dass insbesondere in den ersten Monaten nach Kriegsende diesbezüglich seitens der Alliierten Richtlinien kommuniziert und nationalsozialistische Betätigungen gezielt sanktioniert wurden. Die provisorische Renner-Regierung erließ bereits am 8. Mai 1945 ein Gesetz, das die NSDAP und alle ihr angeschlossenen Organisationen mit sofortiger Wirkung verbot. Gleichzeitig wurde eine Registrierungspflicht für Personen beschlossen, die von 1. Juli 1933 bis 27. April 1945 Parteimitglieder waren, der SA oder der SS sowie weiteren NS-Suborganisationen angehörten. Aus diesem Grund liegen im Archiv der Universität für angewandte Kunst Wien auch detaillierte Listen vor, die Auskunft über NSDAP-Mitgliedschaften und weitere Verstrickungen zahlreicher Angestellter geben sowie politische Beurteilungen der involvierten Personen dokumentieren Katalog, Abb. 45. Das Verfassen solcher politischen Einschätzungen war ein zentraler Aufgabenbereich Max Fellerers. Dabei fällt auf, dass er diese nicht rein nach politischen Kriterien vollzog, sondern mitunter künstlerische sowie dem Unterrichtsfortschritt dienliche Standpunkte vertrat. Es finden sich darin etwa Beschreibungen wie „sehr guter u. korrekter Lehrer, wäre zu belassen, politisch nicht hervorgetreten“[6] in Bezug auf Friedrich Böhm (1891–?), der Zeichnen und Allgemeine Formenlehre unterrichtete. Seine Parteimitgliedschaft stellte offenbar kein Problem für den Rektor dar, der für den Verbleib des Lehrers plädierte. Über den Vortragenden der Staatsrechtskunde Lukas Langhoff (1890–?), der zugleich NSDAP- und SA-Mitglied war, schrieb Fellerer nur: „scheidet aus, leicht zu ersetzen“.[7] Diese Beschreibungen wirken stellenweise unsachlich oder zutiefst pragmatisch, sie geben allerdings Einblick in die Entscheidungskriterien der Schulleitung. Aufgrund der Vielzahl an Personen, die durch das Verbotsgesetz der Registrierungspflicht unterlagen, kann im Folgenden nur exemplarisch auf einige zentrale Akteur*innen der Hochschule eingegangen werden. Anhand dieser soll veranschaulicht werden, wie sich die Schule bzw. das Rektorat im Zuge der Entnazifizierung positionierte und welche Umgehungsstrategien angewandt wurden.

Fellerer schlug tendenziell nur dann eine strikte Sanktionierung, also eine Dienstenthebung, vor, wenn es sich entweder um Personen handelte, die in untergeordneten Positionen als Hilfslehrende oder Verwaltungspersonal tätig waren, oder aber, wenn sich ihre Nähe zur NSDAP, insbesondere eine ideologisch gestützte Mitgliedschaft vor 1938, schlicht nicht leugnen ließ. Reinhold Klaus (1881–1963), der über den gesamten Zeitraum von 1938 bis 1945 als Vertrauensmann der Partei agierte, wurde etwa nicht zur Weiterverwendung empfohlen.[8] Und dennoch kam es zu keinem endgültigen Bruch mit ihm seitens der Schule: Zu seinem 70. Geburtstag im Mai 1951 gratulierte ihm etwa das gesamte Kollegium und 1952 wurde sogar eine Kooperation mit dem ehemaligen Vertrauensmann angedacht, der weiterhin eine schulexterne Werkstätte für Glasmalerei betrieb. Ähnlich verhielt man sich im Fall des Bildhauers Ferdinand Opitz (1885–1960), der 1938 eine klare Parteibesetzung gewesen war.[9] Beide vertraten aber vor allem künstlerische Positionen, die sich mit Fellerers Engagement vor 1938 und seiner noch nach 1945 geltenden Kunsthaltung im Sinne der Moderne spießten. Dies lässt erneut darauf schließen, dass seine politischen Beurteilungen zugleich künstlerische Kriterien miteinbezogen.

Besonders offensichtlich wird dieses, nicht unwesentlich der künstlerischen Haltung der Schule verpflichtete, Vorgehen des Rektors im Falle Paul Kirnigs (1891–1955), dessen Verhältnis zum Nationalsozialismus bereits an früherer Stelle thematisiert wurde. Als NSDAP-Mitglied seit 1940, führender Verhandler im Prozess der institutionellen Aufwertung zur Reichshochschule sowie aktiver Produzent propagandistischer Plakate gemeinsam mit seiner Fachklasse für Gebrauchs-, Illustrations- und Modegraphik präsentierte sich der langjährige Mitarbeiter in den Jahren nationalsozialistischer Schulleitung weitgehend regimetreu (vgl. Kap. 2.2.3. und 2.3.2.). Dies änderte sich im April 1945 abrupt: Er sei in den ersten Monaten nach der Machtübernahme Opfer zahlreicher Verhöre gewesen und beschuldigt worden, „Kommunist und Bolschewistischer Propagandist zu sein“. Seine Lage, so die Schilderung des Künstlers, sei „hoffnungslos“ gewesen, so, dass er „ins KZ gewandert“[10] wäre, hätte ihn nicht der stellvertretende Polizeipräsident und ehemalige Sekretär der Kunstgewerbeschule Josef Fitzthum (1896–1945) durch sein persönliches Intervenieren davor bewahrt. Ein eigener Emigrationsversuch sei zwar gescheitert, er habe aber sowohl „einer Reihe von Juden bei der Auswanderung“

geholfen als auch „andere, die sich in Wien versteckt hielten, unterstützt".[11] Dem nicht genug, gab er sogar an, Teil einer Widerstandsorganisation gewesen zu sein. Dem Schreiben liegen überdies diverse Erklärungen bei, unter anderem von 1938 zwangspensionierten Kollegen wie Franz Herberth (1907–1973) und Max Fellerer sowie von Otto Niedermoser (1903–1976), die die „scharfe Ablehnung des Nazisystems"[12] Kirnigs bezeugen wollten bzw. ihn sogar als „fanatischen Gegner"[13] oder „grössten Hasser dieses Systems"[14] bezeichneten Katalog, Abb. 46. Dennoch erwecken die Leumundszeugnisse den Anschein, dass es sich eher um Freundschaftsdienste handelte, mithilfe derer der Unterrichtsfortgang der Hochschule garantiert werden sollte. Kirnigs tatsächliche politische Haltung kann mit großer Wahrscheinlichkeit nicht davon abgeleitet werden, auch seine Zugehörigkeit zur von ihm genannten Gruppe Zeller-Weiß bzw. überhaupt deren Existenz konnten Recherchen bisher nicht belegen.[15] Zwar bestätigte Wilfried Zeller-Zellenberg (1910–1989), Namensgeber der Gruppierung, Buchillustrator und späteres Mitglied der Künstlervereinigung „Der Kreis", die Beteiligung Kirnigs an der Organisation. Da Zeller-Zellenberg allerdings bis 1944 in der Deutschen Wehrmacht außerhalb Wiens diente und weiter nichts über widerständige Aktionen seinerseits bekannt ist, bleibt die Existenz der Gruppe fragwürdig.[16] Kirnig inszenierte sich hingegen als Opfer der Zusammenhänge und präsentierte seine NSDAP-Mitgliedschaft als Resultat von Zwangsstrukturen, auf die er nur durch seine Anbiederung reagieren konnte. Dank eingehender Studien ist heute weitgehend bekannt, dass es sich hierbei um gängige Entschuldigungsstrategien nach 1945 handelte. Diese sogenannten „Persilscheine" waren zumeist auf individuelle Erfahrungen bezogene Charakterzeugnisse, die (ehemaligen) Nationalsozialist*innen von nahestehenden Personen ausgestellt wurden.[17] Neben Kolleg*innen und Bekannten aus dem privaten Umfeld waren es mitunter die eigentlichen Opfer und Verfolgten des Nationalsozialismus, die solche Entlastungszeugnisse ausstellten. Dadurch waren sie besonders wirkungsvoll.[18] Kirnigs außerordentliche Beliebtheit im Kollegium ebenso wie unter den Studierenden, die sogar nach seiner vorübergehenden Suspendierung eigenständig ein Gesuch stellten, den Leiter der Fachklasse für Gebrauchs-, Illustrations- und Modegraphik zum ordentlichen Hochschulprofessor zu ernennen, trug schließlich dazu bei, dass er rasch wieder fester Bestandteil des Lehrkörpers wurde und langfristig blieb. Seine widerständige sowie patriotische Haltung betonend, reproduzierten auch die Studierenden seine eigenwillige und von Rektor Fellerer mitgetragene Nachkriegserzählung, die den Künstler ebenso wie die Privatperson Kirnig belobigte:

> *Professor Kirnig ist eine der stärksten und ausstrahlendsten Persönlichkeiten auf dem Gebiet der modernen Österreichischen Gebrauchsgraphik und hat ihr im internationalen Schaffen eine feste Position erobert. Er hat während der Okkupation durch seinen persönlichen Einsatz mitverhindert, dass das Institut auf ein provinzielles und mittelschulartiges Niveau herabgedrückt wurde. Darüber hinaus war Prof. Kirnig einer der Initiatoren des Planes, unserer Anstalt den Rang einer Hochschule zu geben. Seine politische Haltung während des Krieges und in der Nachkriegszeit war die eines aufrechten, verantwortungsbewussten Österreichers.*[19]

Eine ähnliche Argumentation findet sich in Bezug auf Robert Obsieger (1884–1958), der in den Jahren des Nationalsozialismus Direktor bzw. Rektor der Bildungseinrichtung war. In den Registrierungsunterlagen hieß es, er sei nie Nationalsozialist gewesen und nur deshalb „Pg. geworden, um als Direktor die Kunstgewerbeschule vor den nivellierenden Absichten des Ministeriums für Unterricht, Erziehg. u. Volksbildg. in Berlin schützen zu können".[20] Seine maßgebliche Beteiligung an den „Säuberungen" des Lehrpersonals ab 1938, die zahlreichen antisemitischen Maßnahmen, die er mittrug und umsetzte, sowie die künstlerische Ausrichtung der Schule im Sinne der nationalsozialistisch kulturpolitischen Ziele, wurden dabei mit keinem Wort erwähnt. In einem Bericht über seine Tätigkeit gab Obsieger an, dass er mehrmals den Direktionsposten abgelehnt und ihn erst widerwillig angenommen hatte, als die Besetzung mit einem „reichsdeutschen Pg."[21] drohte. Sein weiteres Handeln beschrieb er als anhaltenden widerständigen Akt, schließlich habe er zahlreiche Lehrende, von Paul Kirnig bis Franz Schuster (1892–1972), von Oswald Haerdtl (1899–1959) bis Hertha Larisch-Ramsauer (1897–1972), vor der Zwangspensionierung bewahrt, während er für „die Partei [...] in keinerlei Art tätig" gewesen sei. Dass keine der genannten Personen aktiv in Konflikt mit den NS-Behörden geraten war bzw. es sich um weitgehend regimetreue Schulangehörige handelte, schien für seine Nachkriegsargumentation irrelevant. Auch abseits der Schulgeschäfte präsentierte sich Obsieger als österreichischer Patriot und Kritiker des NS-Regimes, nicht zuletzt auch der antisemitischen Maßnahmen. Im Juni 1938 habe er sogar den „befreundeten Chef der Firma Friedrich Goldscheider, Wien, Herrn Walter Goldscheider (Jude) durch Beistellung eines Anwaltes (Pg.) aus Gefängnishaft [zu] befreien und ihn und seiner Frau zur Flucht nach Amerika“[22] geholfen. Ähnlich wie Kirnig versuchte auch Obsieger durch seine nachdrücklich betonte Bekanntschaft mit Jüdinnen und Juden bzw. durch ihnen gebotene Hilfeleistungen sowie durch eine proösterreichische Haltung sich politisch freizusprechen und der Registrierungspflicht sowie damit einhergehenden Sanktionierungen zu entgehen Katalog, Abb. 47. Schließlich stellte er fest, dass der „Beitritt zur Partei [...] gegen meine Überzeugung, Absicht und Willen erfolgt“[23] sei. Zum Abschluss des Berichts ging der ehemalige Rektor sogar so weit zu behaupten, es habe sich bei seiner Tätigkeit eigentlich um eine „Widerstandsbewegung“ gehandelt:

> *Die Bürokräfte, Frau Westhoff, Pelz und Heidrich mussten aus Gründen der meist schriftlichen Erledigung dieser Aufträge von mir in diese Widerstandbewegung einbezogen werden. Obwohl ich stets die Erklärung abgegeben habe, alle Massnahmen persönlich voll zu verantworten, war die Gefahr einer Massregelung durch die Gestapo auch für sie gegeben. Meine Angaben können durch Einvernahme, dieser treuen, verschwiegenen Helferinnen, jederzeit überprüft werden.*[24]

Dass diese Beschreibungen Obsiegers wohl kaum den Tatsachen entsprachen, lässt sich schon aufgrund seines vorab geschilderten Vorgehens in den Jahren bis 1945 herleiten. Dennoch schienen sie das neue Rektorat sowie die Wiener Behörden zu überzeugen und der Keramiker konnte rasch an seinen früheren Posten als Leiter der Fachklasse für Keramische Bildnerei zurückkehren, den er bis zu seinem Tod 1958 innehatte.

Die im obenstehenden Zitat erwähnte Verwaltungsassistentin Emma Westhoff (1897–?), NSDAP-Mitglied seit 1942 und direkte Gehilfin Obsiegers, sollte ebenso nach geltenden Entnazifizierungsbestimmungen des Dienstes enthoben werden. Wohl bereits durch das unterstützende Leumundszeugnis des ehemaligen Rektors, aber auch durch ein eigenes Gesuch von Max Fellerer, wurde veranlasst, dass die Kanzleimitarbeiterin an der Hochschule bleiben konnte. Der Schulleiter beantragte, Westhoff vom Arbeitseinsatz zu befreien, betonte ihren „jahrzehntelangen Dienst an der Schule“ und dass durch ihre

Abwesenheit der „Wiederaufbau des für Wien so wichtigen Kunstgewerbes“[25] deutlich beeinträchtigt würde. Sie sei schließlich „die einzige Kraft in der Kanzlei, die imstande ist die vielen, verschiedenen Agenden zu führen“.[26] Auch der Leiter der Werkstätte für Metallarbeiten Eugen Mayer (1890–1961) sollte trotz seiner NSDAP-Verstrickungen im Schuldienst bleiben. In der politischen Beurteilung durch Fellerer hieß es etwa:

> *Prof. Mayer ist seit 1. März 1938 (Beilage II) Mitglied der NSDAP. Er gibt an, sich erst nach dem 1. März 1938 in die Partei eingekauft zu haben. Prof. Mayer ist kein überzeugter Anhänger Hitlers gewesen. Er kommt von der grossdeutschen Bewegung (Sudetendeutscher).*
> *Zeugen: Niedermoser, Schuster, Wiener, Herberth.*[27]

Eugen Mayer, obgleich wenige Unterlagen zu seiner Person erhalten blieben,[28] war dabei sogar einer der wenigen Schulangehörigen, dessen Stellung auch nach Beschluss des Bundesverfassungsgesetzes über die Behandlung der Nationalsozialisten bzw. des Verbotsgesetzes 1947 nicht gänzlich geklärt schien.[29] Selbst gab er an, erst auf Drängen des Architekten Philipp Häusler (1887–1966), der nach 1938 vorübergehend die Schulleitung übernommen hatte und aufgrund seines übergriffigen und unkollegialen Verhaltens innerschulisch mehrfach negativ aufgefallen war, der Partei beigetreten zu sein.[30] Häusler wurde bekanntlich noch 1938 verhaftet und war später der einzige ehemalige Schulangehörige, zu dem nach 1945 Volksgerichtsakten vorliegen, was bedeutet, dass er aufgrund des Kriegsverbrechergesetzes angezeigt wurde.[31] Anstoß zu dem Verfahren gab unter anderem der von Häuslers Schikanen betroffene und 1938 vom Dienst enthobene Malereiprofessor Wilhelm Müller-Hofmann (1885–1948).[32] Der Leiter der Werkstätte für Metallarbeiten Mayer exponierte sich im Vergleich zu Häusler von 1938 bis 1945 weniger nachdrücklich als Nationalsozialist; dennoch zeichnen die Unterlagen sowie seine frühe Mitgliedschaft ab März 1938 das Bild eines treuen Gefolgsmanns. Anders als bei Kirnig, Obsieger oder Westhoff, deren Verbleib an der Hochschule entweder aufgrund ihres künstlerischen Engagements oder aber aufgrund ihrer zentralen Verwaltungstätigkeit als dringende Notwendigkeit angesehen wurde, änderte sich in Bezug auf Mayer die Haltung des Rektorats allmählich: Eine der vielen Registrierungslisten hielt anfänglich noch fest, er sei ein „sehr guter Lehrer, wäre zu belassen, bis Ersatz vorhanden“.[33] Nur wenig später – möglicherweise erneut aufgrund des Einsatzes der Studierenden, die sich gegen die Kündigung des Werkstättenleiters stellten[34] – schien man sich bereits damit abgefunden zu haben, dass die Suche nach einem geeigneten Ersatz aufwändiger wäre, als die Entnazifizierung des Kollegiums und der Hochschule konsequent voranzutreiben. Als sich 1953 die Möglichkeit bot, den nach 1947 als minderbelastet eingestuften und vorübergehend pensionierten Mayer in seine reguläre Professur zurückzuführen, nutzte die Angewandte die Möglichkeit und beschloss kollektiv, über seine ehemaligen NS-Verstrickungen hinwegzublicken.[35] Die Adaptierung des Verbotsgesetzes 1947 und die bereits 1948 vollzogene Minderbelastetenamnestie[36] führten schließlich an der Hochschule für angewandte Kunst ebenso wie in weiten Teilen der österreichischen Bevölkerung dazu, dass die Entnazifizierung weitgehend für beendet erklärt wurde.

Der Nachkriegsrektor Max Fellerer verfolgte, wie mehrfach gezeigt wurde, ohnehin einen versöhnenden Kurs und scheute nicht davor zurück, mit nach dem Verbotsgesetz registrierten NSDAP-Mitgliedern zusammenzuarbeiten. Dies betraf nicht nur das Kollegium an der Angewandten, wie Paul Kirnig, Robert Obsieger, Eugen Mayer oder Emma Westhoff, sondern auch seine außerschulische Tätigkeit – u. a. in Zusammenhang mit dem eingangs erwähnten Eugen Wörle, mit dem er die Renovierungsarbeiten des Parlamentsgebäudes plante. Wörle, der über den gesamten Zeitraum nationalsozialistischer Herrschaft mit Fellerer ein Architekturbüro betrieb, wäre als illegaler Nationalsozialist nach 1945 eigentlich der Registrierungspflicht unterlegen. Obwohl rechtswidrig, beschloss er dieser nicht nachzukommen und wurde in der Folge mit dem Wiederaufbau des Parlamentsgebäudes beauftragt. Als seine NSDAP-Mitgliedschaft doch noch publik wurde, war die typisch österreichische Lösung, seine einschlägige Vergangenheit zu ignorieren und die Arbeiten am Hohen Haus ohne einschneidende Konsequenzen fortzusetzen.[37] Mit anderen Worten: Das repräsentative Gebäude der österreichischen Demokratie wurde nach 1945 von einem illegalen Nationalsozialisten und einem ehemaligen Vertreter der austrofaschistischen Kulturpolitik renoviert. Später wurden sie vielfach für ihr tatkräftiges Mitwirken am architektonischen Wiederaufbau gelobt, ihre vorangegangenen politischen Verstrickungen blieben dabei unberücksichtigt. Fellerer stellte zahlreiche „Persilscheine“ für registrierte Kolleginnen und Kollegen aus, zum Teil aus pragmatischen Gründen, um schulische Abläufe und eine gute Unterrichtsqualität gewährleisten zu können, zum Teil aber wohl auch aus politischer und künstlerischer Überzeugung. Unterstützt wurde dieses Vorgehen nicht zuletzt durch Kollegen wie Otto Niedermoser, Franz Herberth oder Franz Schuster, die neben Fellerer Mitglieder der für Entnazifizierungsbelange zuständigen Sonderkommission an der Hochschule für angewandte Kunst waren.[38] Wie Heimo Halbrainer, Susanne Korbel und Gerald Lamprecht in ihrer historischen Studie zur Entnazifizierung der Universität Graz anschaulich zeigen, wäre die Aufrechterhaltung des Universitätsbetriebs in den Jahren nach 1945 ohne Einbeziehung von ehemaligen Nationalsozialist*innen dort kaum möglich gewesen.[39] Die nationalsozialistische Durchdringung der Lehre, Forschung und Verwaltung war nach sieben Jahren Diktatur schlicht zu weit vorangeschritten.

Für die Hochschule für angewandte Kunst – ebenso wie für die meisten anderen öffentlichen Einrichtungen in Österreich – gilt festzuhalten, dass es keinerlei aktive und nachvollziehbare Bemühungen gab, ehemalige Schulangehörige, die aufgrund antisemitischer Verfolgung oder politischer Ausschlüsse 1938 des Dienstes enthoben wurden und großteils flüchten mussten, zurückzuholen. Das Engagement der Direktion, zumindest auf diese Weise die Entnazifizierung voranzutreiben und die Hochschule zu re/demokratisieren, hielt sich also in Grenzen. Zwar kehrten einige, darunter Wilhelm Müller-Hofmann, Franz Herberth oder Hilda Schmid-Jesser (1894–1985) kurz- oder langfristig an die Schule zurück, andere hingegen blieben im Exil oder gingen an andere Einrichtungen, etwa Albert Paris Gütersloh (1887–1973), der 1945 als Professor an die Akademie der bildenden Künste berufen wurde. Lehrende wie Otto Niedermoser und Franz Schuster, die zwar keine Parteimitglieder waren, allerdings künstlerisch und organisatorisch an der nationalsozialistischen Ausgestaltung der ehemaligen Reichshochschule mitwirkten und beruflich durchaus vom System profitierten, konnten ebenso ohne jegliche Hindernisse ihre Karrieren fortsetzen.

Insbesondere die Sitzungsprotokolle dokumentieren diese kaum begreifbare und paradoxe Gleichzeitigkeit innerhalb des Kollegiums: Neben ehemaligen Nationalsozialist*innen, Profiteur*innen und Mitläufer*innen, denen es ohne jegliche Konsequenzen erlaubt war, die schulischen Entwicklungen nach 1945 mitzugestalten, saßen plötzlich wieder jene Lehrpersonen, die 1938 durch das Mitwirken weiterhin aktiver Kolleg*innen zwangspensioniert wurden und später zurückgekehrt waren. Kaum jemand von den Verbliebenen, die auch in den Jahren zuvor an der Schule tätig waren, hielt sich in den folgenden Jahren inhaltlich oder gestalterisch besonders im Hintergrund – ein Verhalten, das auf ein Reuegefühl hätte schließen lassen. Vielmehr blieben sie auch in den Anfangsjahren der Zweiten Republik tonangebend. Es waren eher die aus dem Berufsverbot, dem Exil oder der sozialen Isolation Zurückgekehrten, die wohl aus Skepsis und mangelndem Vertrauen in das Kollegium sowie in die österreichische Rechtsprechung zurückhaltend auftraten. Einzig Wilhelm Müller-Hofmann, der sich bis 1945 mit seiner Ehefrau Hermine Zuckerkandl (1902–2000) in Bayern aufhielt, trat bis zu seinem frühen Tod 1948 als wortstarker Lehrkörpervertreter in Erscheinung und kritisierte wiederholt die Direktion sowie die Entwicklungen in Bezug auf die inkonsequente Entnazifizierung der Hochschule bzw. insgesamt des Kunstbereichs. Auskunft geben hierzu die Sitzungsprotokolle, in denen Müller-Hofmann personalpolitische und organisatorische Entscheidungen der Schulleitung vielfach hinterfragte. Dazu zählt auch sein Schreiben an das Wiener Künstlerhaus, das bereits 1947 begann, nationalsozialistisch gesinnte Kunsttreibende, sogar Illegale, die nur kurz davor, im Frühjahr 1945, ausgeschlossen worden waren, erneut aufzunehmen. Im Oktober 1947 wandte sich Müller-Hofmann etwa an den Präsidenten der Gesellschaft bildender Künstler und übte harsche Kritik an der Wiederaufnahme einiger Mitglieder, darunter Albert Janesch (1889–1973), Marcel Kammerer (1878–1959), der ehemalige Rektor der Akademie der bildenden Künste Alexander Popp (1891–1947) sowie die beiden Kunstgewerbe-Kollegen Reinhold Klaus und Bertold Löffler (1874–1960). Zu jedem der Genannten lieferte Müller-Hofmann eine Skizze ihrer künstlerischen und politischen Positionen und eine Erläuterung, weshalb er das Vorgehen des Künstlerhauses kritisierte. Sein Protest stieß allerdings auf taube Ohren – Reaktionen auf sein Schreiben liegen zumindest nicht vor. Wenig später folgte im Kontext einer anderen Angelegenheit eine präzise Analyse Müller-Hofmanns über den fragwürdigen Umgang des Künstlerhauses mit der jüngeren Vergangenheit:

> *Sie verfahren – nehmen Sie mir's, bitte, nicht übel – im Neuen Oesterreich ein wenig, sehr genau, so, wie schon im alten verfahren wurde. Man nannte das autoritär, und es hatte einen bitteren Beigeschmack. Sie „schnapsen" da selbander etwas aus, und uns soll's unbesehen recht sein.*[40]

Damit war Müller-Hofmann einer der wenigen innerhalb der Hochschule für angewandte Kunst, der sich kritisch zu Personaldynamiken im künstlerischen Kontext äußerte. Bemerkenswert an seinem Kommentar ist, dass er selbst bis 1938 als Anhänger und kulturpolitischer Gestalter des „autoritären Ständestaates“ galt, auf den er sich hier wohl bezog. Als Resultat seiner Zwangspensionierung, des Berufsverbots und der Zeit, die er in Bayern im Untergrund verbrachte, schien Müller-Hofmann seine politische Haltung allerdings reflektiert und revidiert zu haben und forderte nun demokratische und transparente Strukturen im Kunstbetrieb und in der Hochschule ein. Auch in der Lehrkörpersitzung vom 7. November 1947, in der unter anderem das neue Hochschulgesetz debattiert wurde, bemängelte er das fehlende Einbeziehen des Kollegiums in personaltechnische Fragen. Die Lehrenden seien, so warf er dem Rektorat vor, „bisher überhaupt nicht zur Stellung in wichtigen Fragen herangezogen“ worden, selbst die „Besetzung des Postens des Leiters der Fachklasse für Bildhauerei [sei] ohne Befragung des Lehrkörpers“[41] geschehen. Dies, so der Appell Müller-Hofmanns, korrespondiere nicht mit den demokratischen Ansprüchen der Hochschule und würde bedeuten, dass schlicht über die Köpfe der Lehrenden hinweg entschieden würde.

Die besagte Besetzung der Professur für Bildhauerei stellte jedoch in vieler Hinsicht eine Ausnahme dar. Fritz Cremer (1906–1993), der von 1945 bis 1950 die Position innehatte, hatte persönlich sicher wenig mit den undurchsichtigen Prozessen seiner Stellenbesetzung zu tun. Seine Berufung ist in politischer Hinsicht sogar durchaus interessant, da sie aus einer in der Nachkriegszeit zunächst wiederaufflammenden antifaschistischen Tradition zu verstehen ist, die aber nicht lange andauerte: Cremer war während der NS-Zeit aufgrund seiner Widerstandstätigkeit in der Gruppe Rote Kapelle vorübergehend in Haft gewesen und nach 1945 in der Sozialistischen Einheitspartei Deutschlands (SED) aktiv.[42] Sein Werk war in dieser Zeit insbesondere dem Gedenken an die Verfolgten und Opfer des Nationalsozialismus gewidmet. Er entwarf u. a. Denkmäler für die KZ-Gedenkstätten Ravensbrück, Buchenwald und Mauthausen oder – in Zusammenarbeit mit Wilhelm Schütte (1900–1968) und Margarete Schütte-Lihotzky (1897–2000) – das Mahnmal für die Opfer des Faschismus am Wiener Zentralfriedhof Abb. A.

Eine weitere Ausnahmebesetzung im politischen Kontext der Zeit war die Nachfolge von Wilhelm Müller-Hofmann, der kurz vor Unterrichtsbeginn

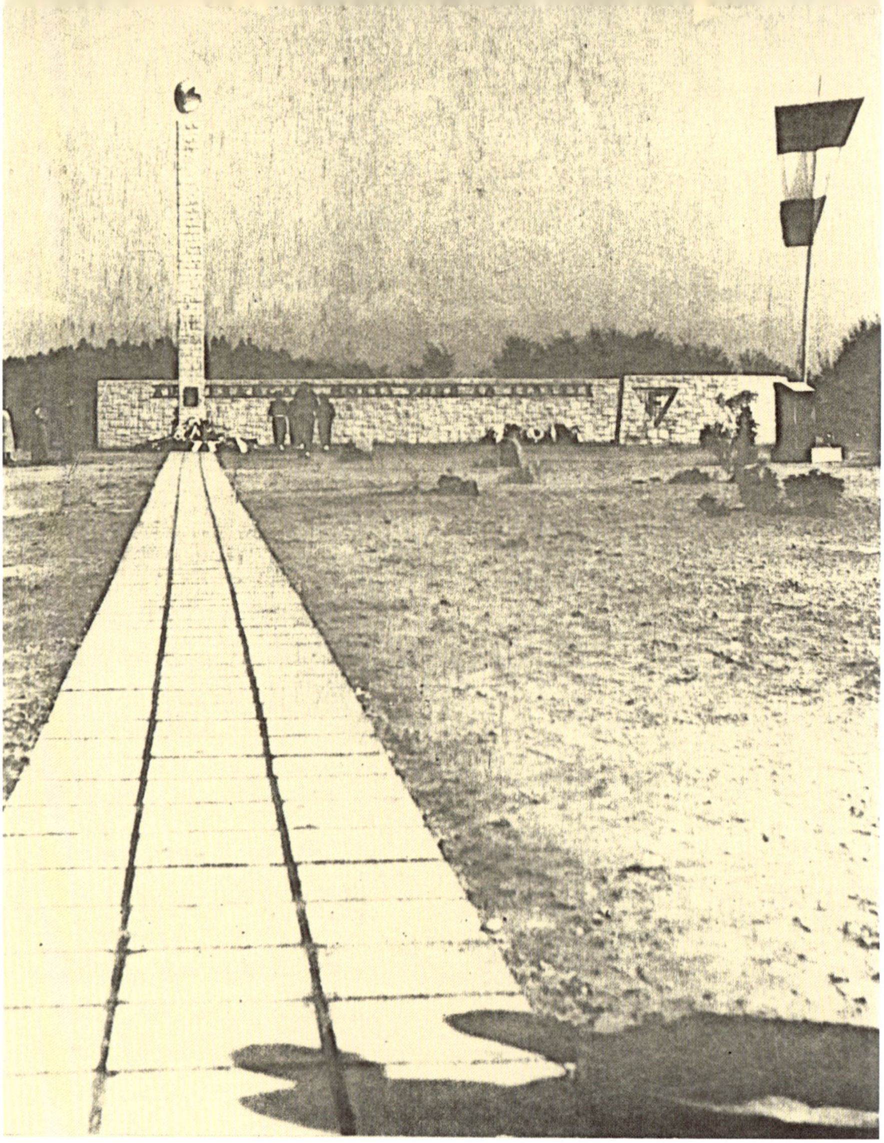

im Herbst 1948 verstarb. An seine Stelle als Leiter der Meisterklasse für Malerei wurde kurzerhand Eduard Bäumer (1892–1977) berufen. Der stark vom Expressionismus und später auch Kubismus beeinflusste Maler und Grafiker Abb. B verbrachte die Kriegsjahre in Salzburg, wo er sowie seine Frau, die als Jüdin verfolgt wurde, Zwangsarbeit leisten mussten. Bereits 1937 wurden einige seiner Werke im Zuge der Aktion „Entartete Kunst" beschlagnahmt und teilweise vernichtet.[43]

Im Wesentlichen bestätigte sich aber Wilhelm Müller-Hofmanns Beobachtung, wonach im neuen Österreich bei Personalentscheidungen oft an

Abb. A
Aufnahme des *Mahnmals für die Opfer des Faschismus* am Wiener Zentralfriedhof von Fritz Cremer, Wilhelm Schütte und Margarete Schütte-Lihotzky, 1947/48, Fotograf*in: unbekannt, UaK, IN WS 0190/3/Q

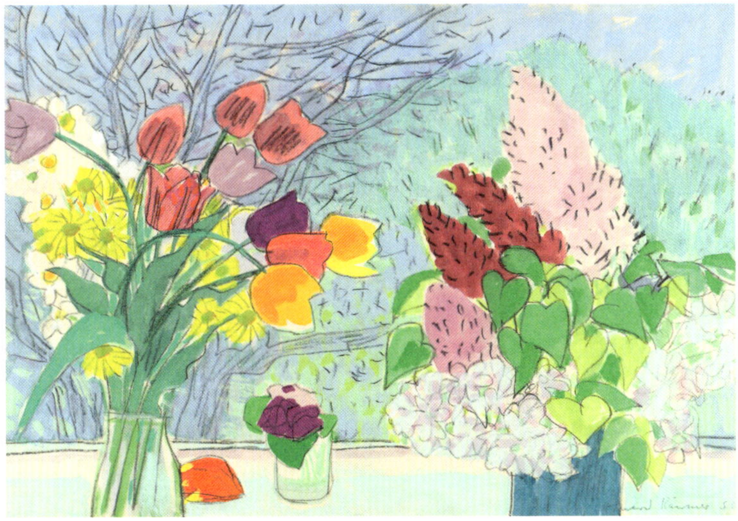

Abb. B
Eduard Bäumer, *Frühling in Wien*, 1951, Mischtechnik auf Papier, UaK, IN 10.427

die alten Traditionen und Abläufe im Austrofaschismus angeknüpft wurde, insbesondere nach Inkrafttreten der Minderbelastetenamnestie. Während die Berufungen Cremers und Bäumers eine politische Neuausrichtung der Hochschule vermuten ließen, offenbarten die Debatten zu den Nachbesetzungen der langjährigen Professoren Wimmer-Wisgrill und Kirnig einen für Österreich durchaus typischen Pragmatismus, der in Bezug auf eine ernsthafte Aufarbeitung der Vergangenheit kaum überzeugt. Beide beteiligten sich etwa an den Diskussionen um ihre eigene Nachfolge und v. a. Eduard Josef Wimmer-Wisgrill exponierte sich wiederholt als Kritiker der potenziellen Postenanwärterin Margarethe Klimt (1892–1987). Die Modeschöpferin, die nur wenige Jahre zuvor als Wunschkandidatin Baldur von Schirachs für die Modeklasse bzw. das Haus der Mode in Wien geführt und noch 1944 in die Gottbegnadeten-Liste des Reichsministeriums für Volksaufklärung und Propaganda aufgenommen wurde, sollte wenig später zur neuen Leiterin der Modeklasse ernannt werden.[44] Wimmer-Wisgrills Kritik an Klimt fußte zwar nicht so sehr auf ihren politischen Ansichten, sondern auf ihren künstlerischen Standpunkten.[45] Letztendlich wurde dem langjährigen Leiter – der, wie in Kapitel 2.3.3. ausgeführt, auch politisch anders als seine Nachfolgerin einzuordnen war – kein Gehör geschenkt. So trat nach der Pensionierung Wimmer-Wisgrills 1955 eine ehemalige Vertreterin des NS-Modeverständnisses in die Hochschule für angewandte Kunst ein.

Als potenzielle Nachfolger Paul Kirnigs wurden primär drei Personen geführt: Joseph Binder (1898–1972), Kurt Schwarz (1916–2010) und

Rudolf Korunka (1915–2003). Da sich der international renommierte Grafiker Binder allerdings nicht frühzeitig festlegen wollte und die Nachbesetzung von großer Dringlichkeit war, gelangten die beiden Assistenten der Druckgraphikklasse, Schwarz und Korunka, in die engere Auswahl. Kirnig selbst betonte wiederholt, dass er beide sehr schätze; schließlich hatte er bereits mehrere Jahre mit ihnen zusammengearbeitet, hielt allerdings Korunka für den geeigneteren Kandidaten.[46] Dass Korunka nur wenige Jahre zuvor für ein Werbeplakat des Jugendhilfswerks Pro Juventute auf die austrofaschistische Symbolik der Sturmscharen zurückgriff (vgl. Kapitel 1.3.4.) und damit nicht unwesentlich deren radikal antisemitische Ausrichtung reproduzierte, schien nun keine Rolle mehr zu spielen. Korunka folgte sowohl formsprachlich als auch in seiner politischen Anpassungsfähigkeit seinem Lehrer Kirnig. Trotz dessen Unterstützung wurde dennoch Kurt Schwarz zum Nachfolger ernannt und sollte die später umbenannte Meisterklasse für Grafik von 1954 bis 1987 leiten.[47] Unter ihm erlebte die Klasse allmählich eine sozialkritische Ausrichtung und folgte zunehmend internationalen Trends, die sich nicht zuletzt in den Arbeiten der Studierenden abbildeten.[48] De facto vollzog sich eine zaghafte künstlerische Neuausrichtung der Hochschule erst ab den späten 1950er- und beginnenden 1960er-Jahren. Die Inkonsequenz in den Entnazifizierungsbestrebungen, die andauernde Tätigkeit von NS-nahen Lehrenden sowie die fehlende Distanzierung des Rektorats, des Kollegiums, des Verwaltungsapparats sowie der Studierenden von den NS-Verbrechen waren letztlich dafür verantwortlich, dass eine tatsächliche Aufarbeitung der rezenten Vergangenheit erst viel später begann. Die vielen personellen Kontinuitäten verunmöglichten schließlich nicht nur eine stringente Aufarbeitung, sondern auch eine entschlossene künstlerische Neuausrichtung der Hochschule für angewandte Kunst.

3.2. Strukturelle Entwicklung

Gleichermaßen wie für andere Institutionen der Zweiten Republik stellte sich für die Hochschule für angewandte Kunst die Frage, wie nach rund zwölf Jahren faschistischer Herrschaft ihre Organisation und Struktur unter demokratischen Vorzeichen aussehen könnte. Ein radikaler Neubeginn war angesichts der kaum veränderten Personalsituation sowie struktureller Kontinuitäten nur schwer möglich. Es gab jedoch Entwicklungen, die insbesondere die (Re-) Demokratisierung beförderten – etwa die Debatten rund um die neue Organisationsform der Bildungseinrichtung oder die Einführung der Österreichischen Hochschüler(*innen)schaft, welche für die Interessen und Rechte der Studierenden eintrat. Der bereits erwähnte ambivalente Umgang mit der direkten NS-Vergangenheit wird schließlich auch in den kulturpolitischen Schwerpunkten im Nachkriegsösterreich sowie in der Hochschule sichtbar. Insbesondere die Rückbesinnung auf die Zeit vor dem „Anschluss" und die Idealisierung der Kunst des Austrofaschismus sowie des „österreichischen Wesens" zeugen von einer fehlenden Distanzierung vom „christlichen Ständestaat" und überschatten zugleich die Kontinuitäten des Nationalsozialismus auf struktureller und kulturpolitischer Ebene. Welche Legitimationsstrategien die Hochschule in dieser Hinsicht entwickelte, welche Rolle die Besatzungsmächte spielten und welche internationalen und lokalen Kooperationen in der Zeit von 1945 bis 1955 gepflegt wurden, soll deshalb ebenso behandelt, wie zentrale Entwicklungslinien nachgezeichnet werden.

3.2.1. Entnazifizierung und Demokratisierung – Herausforderungen im Hochschulalltag

Wie eingangs geschildert, war trotz vieler Jahre des Engagements zur Aufwertung der Kunstgewerbeschule zur Reichshochschule für angewandte Kunst nach der alliierten Übernahme Wiens die Stellung der Bildungseinrichtung erneut unklar. Sollte der Hochschulstatus von 1941 erhalten bleiben? Auf welcher rechtlichen Basis konnte dies passieren, wenn es sich beim Erhebungserlass doch um einen reichsdeutschen, also nationalsozialistischen Beschluss handelte? Konnte dieser in die österreichische Nachkriegsgesetzgebung integriert werden, und wenn ja, welche Folgeregelungen zog dies mit sich? Kurz zusammengefasst: Die Verhandlungen waren langwierig und kompliziert und verlangten diplomatisches Geschick, denn sie bezogen eine Vielzahl an Interessensgemeinschaften mit ein – Ministerien sowie andere Hochschulen, Lehrpersonen und Studierende.

Die Frage nach dem akademischen Rang der Schule ist nicht per se eine nach ihren demokratischen Strukturen. Im Zuge der andauernden Debatte verbanden sich diese beiden Faktoren aber zunehmend, nicht zuletzt auch mit dem Ziel, eine zumindest nach außen wahrnehmbare Abgrenzung von der ehemaligen Organisation der Reichshochschule zu schaffen. Dies schloss auch die Frage mit ein, welchen Titel und welche Rechte die Schulleitung innehaben sollte. In der Lehrkörpersitzung vom 22. November 1947 wurden etwa das neue Hochschulgesetz intensiv diskutiert und Bedenken artikuliert, ob die Leitung der Schule von einem ernannten Präsidenten oder einem gewählten Rektor übernommen werden sollte. Tatsächlich ging es in diesem Moment nicht um eigentliche Personaldebatten, also ob man möglicherweise Max Fellerer abwählen hätte wollen oder können, sondern schlicht um die Betitelung seiner Position und die damit verbundenen Rechte und Pflichten.[49] Wie aus dem Sitzungsprotokoll hervorgeht, wurde das sogenannte Akademiegesetz, das zukünftig den Hochschulstatus regeln würde, vom Kollegium bereits „einstimmig gutgeheissen". Dem Vorsitzenden Fellerer sei später aber zugetragen worden, dass nicht alle Vertreter*innen des Lehrkörpers mit der darin vorgesehenen Ernennung eines Präsidenten einverstanden gewesen waren, weshalb er eine erneute Abstimmung zu diesem Unterpunkt vorschlug. Bevor es allerdings zu besagter Wahl kam, erläuterte Fellerer noch die wesentlichen Unterschiede zwischen der Stellung eines zu wählenden Rektors oder eines zu ernennenden Präsidenten:

> *Es ist klar, dass ein Präsident grössere Verantwortung zu tragen hat und der Umfang seiner Befugnisse ein grösserer sein wird. Die Auffassung jedoch, dass ein Präsident dem Sinne der Demokratie weniger entspreche, bezeichnet er [Fellerer] als irrig, da sonst die Ernennung eines Ministers undemokratisch wäre. Es ist auch falsch zu glauben, dass bei Ernennung eines Präsidenten die Gefahr diktatorischer Führung gegeben wäre; Sinn der Demokratie ist, dass die Möglichkeit der Kritik gegeben ist. Wenn eine kompakte Majorität des Lehrkörpers aus guten Gründen mit der Leitung dauernd nicht einverstanden ist, so ist es wohl unmöglich in einem demokratischen Staat, dass der Leiter seine Stellung behalten könnte.*[50]

Fellerer gab damit indirekt Einblick in die Anliegen und die Skepsis des Kollegiums und ließ zugleich seine Bedenken durchscheinen. Sie galten der Ausstattung der Schulleitung mit weitreichenden Kompetenzen und der impliziten Gefahr eines autoritären Machtmissbrauchs – etwa hinsichtlich Personalentscheidungen –, wie er auch in den vergangenen Jahrzehnten immer wieder vorgekommen war. Evident wird in oben zitiertem Absatz sowie dann in der gesamten Debatte, dass Demokratisierung kein vorgefertigtes Konzept war, das den Schulstrukturen einfach übergestülpt werden konnte. Sie musste vielmehr als Prozess verstanden werden, der Aushandlungen und unterschiedliche Interpretationen zuließ. Ob das Misstrauen gegenüber einer präsidentiellen Schulleitung mit Fellerers Person bzw. mit seinem früheren politischen Engagement während des Austrofaschismus zu tun hatte, geht aus den Unterlagen nicht klar hervor, scheint allerdings, falls überhaupt, die weiteren Abläufe nur wenig beeinflusst zu haben. Immerhin einigte sich das Kollegium letzten Endes auf eine präsidentielle Organisationsform und die damit verbundenen umfassenden Rechte und Pflichten.[51]

Weitere Komplikationen ließen nicht lange auf sich warten. Wie der nunmehrige Präsident der Hochschule für angewandte Kunst in der Kollegiumssitzung vom 22. Juni 1948 mitteilte, drohte die Gefahr, dass „der Anstalt der Hochschulcharakter überhaupt streitig gemacht würde".[52] Auch der langanhaltende und 1941 vorübergehend geregelte Konflikt zwischen der Hochschule für angewandte Kunst und der Akademie der bildenden Künste flammte wieder auf, denn Letztere beanspruchte erneut die Architekturausbildung exklusiv für sich und verlangte eine Differenzierung in der Titelbezeichnung ihrer Absolvent*innen.[53] Diese Forderung der Akademie wirkte sich maßgeblich auf die Entwürfe für das neue Hochschulstatut aus, das grundlegende Abläufe sowie rechtliche Rahmenbedingungen der Hochschule für angewandte Kunst regeln sollte. Zugleich zeigte sich, dass sich die Debatten um den akademischen Rang der Hochschule für angewandte Kunst nicht nur auf den Unterrichtsalltag auswirkten, sondern für Lehrende und Studierende auch darüber hinaus wirksame Änderungen mit sich brachten.

Zwar waren sich die genannten Interessensvertretungen einig, dass der Hochschulstatus erhalten bleiben sollte. Studierende und Lehrende wären allerdings in unterschiedlicher Weise von einer potenziellen Aberkennung betroffen gewesen. Für Lehrende war diese primär mit der Frage der beruflichen und künstlerischen Würdigung verknüpft, also nicht zuletzt auch mit dem akademischen Standing. Für die Studierenden ging es hingegen um berufliche Perspektiven, denn sie hatten ihr Studium in der Annahme begonnen, dass sie die damit verbundenen akademischen Abschlüsse für ihr späteres Berufsleben qualifizieren würden. Nach 1945 sahen sie sich allerdings mit einer veränderten Situation konfrontiert und ihr Protest war damit vorprogrammiert. Die Gefahr bestand im Entzug der rechtlichen Grundlage, auf der die institutionelle Erhebung geschehen war. In diesem Fall hätte man sich auf den zuvor geltenden Beschluss von 1937 berufen.[54] Damit einhergegangen wäre nicht nur eine Zurückstufung auf das Niveau einer Mittelschule, sondern zugleich die Beschneidung der Ausbildungsrechte der Angewandten. Wie in Kapitel 1.2.2. zur „Architekten-Frage" erörtert, waren die Verhandlungen von 1937 wegweisend für die weitere Entwicklung gewesen. Allerdings blieben sie damals erfolglos und mündeten in die Aberkennung des Rechts der damaligen Kunstgewerbeschule, Zivilarchitekt*innen auszubilden. Die Akademie hatte im Zuge der 1937 geführten Diskussionen auch das Monopol bei der Ausbildung der Lehramtsstudierenden zurückgefordert und versucht, auf diese Weise ihren Wirkungsbereich auszubauen. Die während des Nationalsozialismus vollzogene Gleichstellung im akademischen Rang mit der Akademie der bildenden Künste wollte die nunmehrige Hochschule für angewandte Kunst keinesfalls aufgeben. Darin bestand große Übereinstimmung – vom Präsidenten Fellerer hin zu den Lehrenden und Studierenden.

Erst nach langwierigen Diskussionen und zahlreichen Treffen von Repräsentanten der Akademie und der Hochschule mit dem Ministerium sollte ein – wenngleich nicht für alle betreffenden Parteien zufriedenstellender – Beschluss wenigstens vorübergehend Klarheit bringen. Ursprünglich plante man, der Angewandten eine spezifische Stellung zwischen Mittel- und Hochschule einzuräumen,[55] was von allen Beteiligten des Schulbetriebs allerdings als Rückschritt empfunden wurde. Zwar war bereits per Erlass im September 1947 die Umbenennung der Hochschule in Akademie für angewandte Kunst erfolgt, eine tatsächliche Gleichstellung mit der Akademie am Schillerplatz und eine nachhaltige Sicherung ihrer Rechte geschah allerdings erst mit der Einführung des Kunstakademiegesetzes im Juni 1948.[56] Die anhaltenden Debatten zeugen mit all den damit verbundenen Rückschlägen und Umwegen nicht zuletzt davon, dass demokratische Abläufe erst wieder eingeübt und praktiziert werden mussten. Nur so konnte eine intakte Hochschulpolitik garantiert werden.

Nach Abschluss der rechtlichen Debatten sollten zudem per Statut die Partizipationsmöglichkeiten der Lehrenden geregelt werden, etwa das regelmäßige – „mindestens zweimal im Semester"[57] – Zusammentreffen des

Lehrkörpers. Auch die Studierenden, die bereits im Zuge der Einführung des Kunstakademiegesetzes von ihrem Mitspracherecht Gebrauch machen konnten, erkämpften sich im Nachkriegsösterreich wachsende Einflussbereiche. Insbesondere der Gründung der ÖH kam eine wesentliche Funktion in der Demokratisierung der Hochschulen zu. Die Organisation wurde 1945 von politisch engagierten Studierenden ins Leben gerufen und diente als repräsentatives Organ, um ihre Interessen zu kommunizieren. Die ersten freien ÖH-Wahlen fanden am 19. November 1946 statt und lösten auf diesem Wege die faschistischen Vorgängerorganisationen, insbesondere den 1945 verbotenen Nationalsozialistischen Deutschen Studentenbund, ab. Obgleich die ÖH schon zuvor aktiv den Hochschulalltag mitgestaltete, wurde ihre offizielle Stellung erst im Juli 1950 im Hochschülerschaftsgesetz rechtlich verankert. Dieses definierte ihre zentralen Aufgaben folgendermaßen:

> *Der Österreichischen Hochschülerschaft obliegt die Vertretung der allgemeinen Interessen der Hochschüler in Form der Selbstverwaltung sowie die Durchführung von in ihren Interessenbereich fallenden Aufgaben kultureller, sozialer und wirtschaftlicher Art [...].*[58]

Parallel zu ihrem sozialen und kulturellen Engagement[59] wirkte die Organisation in der direkten Nachkriegszeit unter anderem als zentrale Akteurin in studentischen Entnazifizierungsangelegenheiten mit. Wie ein Rundschreiben des Bundesministeriums für Unterricht vom Dezember 1946 dokumentiert, waren diese von besonderer Dringlichkeit, denn bereits in der Vorbereitungsphase zu den im November desselben Jahres abgehaltenen ÖH-Wahlen hatten sich Vorfälle ereignet, „die darauf hindeuten, daß die Ideologie des Nationalsozialismus noch nicht überall restlos ausgemerzt" war. Aus diesem Grund, hieß es, habe sich eine weitere Überprüfung der Studierenden „nach strengeren Grundsätzen als notwendig erwiesen".[60] Zu diesem Zweck wurden die Hochschulen dazu angehalten, Kommissionen zu gründen, die sich aus folgenden Mitgliedern zusammensetzen sollten:

> *[...] aus dem Rektor (Dekan) oder einem von ihm mit seiner Stellvertretung im Vorsitze beauftragten akademischen Lehrer, der womöglich dem Kreise der in den Jahren 1938 bis 1945 gemassregelten akademischen Lehrer angehören soll, als Vorsitzenden, sowie aus 3 von der Hochschülerschaft zu nominierenden Studierenden, die womöglich dem Kreise*

der Freiheitskämpfer oder politisch bezw. aus Abstammungsgründen Geschädigten angehören sollen.[61]

Diese Vorgaben des Ministeriums zu den gewünschten Kommissionsmitgliedern sind insofern beachtenswert, als sie ein weitgehend demokratisiertes Verhältnis von Lehrenden und Studierenden erkennen lassen. Die Entfernung von nationalsozialistischen Parteigänger*innen und NS-Gedankengut aus den staatlichen Einrichtungen schien zudem nicht allein als Aufgabe der Schulleitung oder des Lehrkörpers angesehen zu werden; vielmehr sollte sie von gesamtgesellschaftlichem Interesse sein und somit auch von den Studierenden vorangetrieben werden. Andererseits forderte man explizit die Partizipation der Verfolgten bzw. Geschädigten des NS-Regimes, wohl in der Hoffnung, dass durch sie die Entnazifizierungsprozesse beschleunigt würden. Auch wiederholte antisemitische Anfeindungen gegen ÖH-Angehörige mögen dazu beigetragen haben, dass nach Meinung des Ministeriums insbesondere jene zu Wort kommen sollten, die weiterhin von verbalen Übergriffen betroffen waren.[62]

An der Hochschule für angewandte Kunst agierte neben drei Studierendenvertretern Wilhelm Müller-Hofmann als Vorsitzender der Kommission und trat erneut als wortstarker Verfechter von Demokratisierungsmaßnahmen auf. Ähnlich wie bei den Lehrenden hielt sich auch unter den Studierenden die Zahl jener in Grenzen, die nach Beurteilung durch die Kommission verurteilt wurden, und denen in der Folge der Besuch der Hochschule untersagt blieb.[63] Eine wesentliche Rolle spielte dabei auch ein im April 1948 erlassenes Gesetz, das die „vorzeitige Beendigung der im Nationalsozialistengesetz vorgesehenen Sühnefolgen für jugendliche Personen“[64] vorsah. Die frühe Einführung des sogenannten Jugend-Amnestiegesetzes lässt wiederum darauf schließen, dass viele nationalsozialistische Studierende weiterhin im Schulbetrieb verblieben und auf der Suche nach einer neuen politischen Heimat waren.

Die frühen Jahre der ÖH waren dominiert von ÖVP-nahen Vorsitzenden aus der Freien Österreichischen Studentenschaft (FÖST). Wie ein Schreiben vom Juli 1946 festhält, zog der Verband Sozialistischer Studenten in Österreich (V.S.St., heute: VSStÖ) allerdings das Engagement der FÖST sowie der ÖVP mit Blick auf die Entnazifizierung grundlegend in Frage und erkannte darin „undemokratische Massnahmen“[65], die nicht dem Interesse des neuen Österreichs entsprachen Katalog, Abb. 48. Obgleich ehemalige Nationalsozialist*innen in fast allen Parteien und parteinahen Fraktionen Unterschlupf fanden, fungierte vor allem der 1951 gegründete und dem Verband der Unabhängigen (VdU) ideologisch verbundene Bund unabhängiger Studenten (BUS) als Auffangbecken für nationalsozialistische Studierende.[66]

Die österreichische politische Landschaft der Nachkriegsjahre bildete sich also zugleich auf universitärer Ebene ab. Erst auf dem Wege einer allmählichen Entwicklung und als Ergebnis eines schleppenden Prozesses setzten sich demokratische Strukturen an der Hochschule bzw. Akademie für angewandte Kunst durch. Die Distanzierung von der rezenten Vergangenheit, die Entnazifizierung auf struktureller Ebene und die Demokratisierung der Hochschule waren ein langwieriges Unterfangen, das bis in die 1950er- und 1960er-Jahre andauerte und von stetigen Überarbeitungen, Erneuerungen und Adaptierungen begleitet war. Die Kunstakademie- und Hochschülergesetze haben letztendlich nur die rechtlichen Rahmenbedingungen für das Wirken der jeweiligen schulischen Vertreter*innen definiert. Die tägliche demokratische Praxis musste dennoch eingeübt werden, um nachhaltig wirken zu können. Dies geschah nicht zuletzt auch innerhalb des künstlerischen Unterrichts bzw. anhand der kulturpolitischen Neuausrichtung der Akademie für angewandte Kunst, die weitere, teilweise fragwürdige Positionierungen im Hinblick auf die eigene Vergangenheitsbewältigung offenbaren.

3.2.2. Kulturpolitik in der Nachkriegszeit: Rückkehr zum nationalen Idyll oder Öffnung hin zu internationalen Perspektiven?

Die Kunst- und Kulturszene Österreichs blieb in vielerlei Hinsicht nach Ende des Krieges geprägt von nationalsozialistischen Kontinuitäten. Bekannte Persönlichkeiten aus Theater, Film, Musik und bildender Kunst waren aufgrund ihrer NS-Beteiligung von Entnazifizierungsmaßnahmen betroffen. Die daraus resultierenden Sanktionen sorgten für kontroversielle Diskussionen innerhalb der österreichischen Zivilbevölkerung – nicht zuletzt auch für Unmut und Unwillen, eine konsequente Aufarbeitung mitzutragen. Die Reihe teils sehr prominenter Kunstschaffender, die betroffen waren, reichte vom Dirigenten Herbert von Karajan (1908–1989) bis zu Schauspieler*innen wie dem Bühnenliebling Paula Wessely (1907–2000). Es waren vielfach Persönlichkeiten, die als Identifikationsfiguren für das Kulturpublikum galten und die zugleich repräsentativ für das genuin „österreichische Wesen" standen. Weite Teile der Nachkriegsgesellschaft sahen folglich in der Entnazifizierung eine unzulässige Entfernung österreichischer Idole und Ideale und lehnten ein striktes Vorgehen gegen ehemalige NSDAP-Mitglieder oder der Partei nahestehende Personen ab. Obgleich die Regierungsparteien wie auch die Alliierten im Hinblick auf diese Entwicklung unterschiedlich strenge oder milde Strategien verfolgten, war man sich überwiegend darin einig, dass insbesondere die Kultur von außerordentlicher Bedeutung war, um Österreich als eigenständiges Land durch die Besinnung auf seine vergangene Größe zu stärken.[67]

Der von 1945 bis 1949 aktive Wiener Stadtrat für Kultur und Volksbildung Viktor Matejka (KPÖ) war bereits früh davon überzeugt, dass die „Wiederauferstehung österreichischer Kultur" und der „Neuaufbau einer anderen Zeit" erst dann gelingen könne, wenn „eine völlige Abkehr unserer geistigen Menschen von dem Ungeist und Verrat am Geist in der Vergangenheit"[68] vollzogen wäre. Auch der ÖVP-Unterrichtsminister Felix Hurdes (1901–1974) vertrat auf Bundesebene die Meinung, dass die österreichische Kulturpolitik zu stärken sei und erst dadurch die Unabhängigkeit des Landes gewährleistet werden könne. Er betonte die kulturelle „Leistung und Erfüllung" Österreichs – was hier sowohl in einem wirtschaftlichen als auch religiösen Sinne zu verstehen ist – sowie die „daraus resultierenden Pflichten".[69] Als eine der wichtigsten Aufgaben definierte Hurdes, „die Geschichte Österreichs im In- und Ausland, von allen Schlacken einer tendenziösen Geschichtsschreibung gereinigt, in Wahrheit, Klarheit und in ihrer großen europäischen Bedeutung herauszustellen".[70] Hurdes vertrat damit eine konservative sowie rechtskatholische Linie – ähnlich jener des Austrofaschismus –, die es für die Kulturpolitik im Nachkriegsösterreich zu etablieren galt. Matejka hingegen war als Vertreter einer linkspolitischen Moderne einer der wenigen, der sich aktiv dafür einsetzte, verfolgte Künstler*innen aus dem Exil zurückzuholen und durch visionäre Zukunftsentwürfe einen effektiven Neuanfang zu forcieren. Neubeginn hieß für Matejka genauso, die austrofaschistische Vergangenheit und insbesondere die Ereignisse vom Februar 1934 aufzuarbeiten und sich nicht idealisierend darauf zurückzubesinnen, wie es in weiten Teilen der ÖVP geschah. Trotz des intensiven Engagements Matejkas in Wien und des Wirkens seines Parteikollegen Ernst Fischer (1899–1972) auf Bundesebene, wo er Leiter des Staatsamts für Volksaufklärung, Unterricht, Erziehung und Kultusangelegenheiten unter Karl Renner war, setzte sich langfristig jene Linie durch, die auf Vergangenheitsbezüge, insbesondere auf die vor 1938 etablierte kulturelle Traditionslinie zur Habsburgermonarchie zurückgriff. Dabei spielte zudem die Unterstützung der alliierten Mächte eine zentrale Rolle, denn auch sie sahen in dieser de facto weit ins 19. Jahrhundert zurückreichenden Konzeption der „Kulturnation Österreich" ein identitätsstiftendes Potenzial, das sie auszubauen suchten.[71] Altbewährtes, der Glanz des Burgtheaters, die Staatsoper oder die Spanische Hofreitschule waren, neben dem Wiener Stephansdom als katholisch-spirituelles Zentrum, die kulturellen Vorzeigeinstitutionen der Monarchie und dienten schließlich als Aushängeschilder für das neue und das alte Österreich. Sie legitimierten und propagierten die „Kulturnation" in der Nachkriegszeit gemäß einer ähnlichen Logik, wie sie bereits im Austrofaschismus und auch schon zuvor Anwendung fand (vgl. Kapitel 1.2.1.).[72]

Dass sich auch die Ausrichtung der Hochschule für angewandte Kunst in diese Tendenzen eingliederte bzw. diese sogar maßgeblich mittrug, soll anhand von zwei, für die Schule relevanten Ereignissen erörtert werden: Einerseits gibt ein Radiointerview aus dem Jahr 1945 Auskunft über die Positionen Max Fellerers im Hinblick auf die kulturpolitische Orientierung Nachkriegsösterreichs. Andererseits fanden im Juli 1946 großangekündigte Feierlichkeiten unter Einbindung vieler verschiedener Einrichtungen zu 950 Jahren Ostarrichi, also der erstmaligen Namensnennung Österreichs in der bekannten Schenkungsurkunde von Kaiser Otto III. (996), statt, die das kulturpolitische Programm besonders eindrucksvoll reflektierten.[73]

Wie das Transkript zum Radiointerview Fellerers von 1945 dokumentiert, eröffnete er das Gespräch mit lobenden Worten für das Wiener Kunstgewerbe:

> *Nicht nur die Wiener Musik und der Fremdenverkehr allein haben Österreich in aller Welt so beliebt und bekannt gemacht, die Erzeugnisse des Kunsthandwerkes, der Wiener Geschmacksindustrie haben viel dazu beigetragen, daß man im Ausland den österreichischen Leistungen den ihnen gebührenden Platz einräumte. Wir alle wissen, welche Bedeutung die Hochschule für angewandte Kunst im Bezug auf die Heranbildung des Nachwuchses für das Kunstgewerbe hat. Für den wirtschaftlichen Wiederaufbau unserer Heimat wird das Kunstgewerbe als wichtiger Exportfaktor eine grosse Rolle zu spielen haben.*[74]

Die einleitende Sequenz erinnert an diverse Selbstdarstellungen der Schule in den Jahren von 1933 bis 1938. Sie betont die hohe Produktivität und Kreativität der nunmehrigen Hochschule, ihren Mehrwert für die nationale Wirtschaft sowie die damit einhergehende internationale Anerkennung. Musik und Tourismus werden als zentrale Faktoren für die Beliebtheit des kleinen Landes genannt, denen die „Wiener Geschmacksindustrie" allerdings um nichts nachzustehen schien. Im Folgenden bot Fellerer einen Einblick in die gegenwärtige Situation an der Hochschule und erläuterte, dass der Wiederaufbau insbesondere durch das tatkräftige Mitwirken der Studierenden bzw. durch deren Engagement als „lobenswerter Beitrag [...] im Rahmen der oft empfohlenen Selbsthilfe"[75] möglich wäre. Tatsächlich galt eine Verordnung des Rektors, die von Studierenden einen Arbeitseinsatz von mindestens 50 Stunden forderte, um zum Weiterstudium zugelassen zu werden Katalog, Abb. 49.[76] Der Präsident sprach des Weiteren die wirtschaftliche Notlage des Landes an, sah darin jedoch die Möglichkeit, sich auf die essenziellen Grundlagen der österreichischen Kunst zu besinnen. Die Musik und das Kunstgewerbe bezeichnete er als die „zwei Herzstücke Wiens", die „von umso grösserer Bedeutung für uns sein [werden], je ärmer wir sind".[77] Den Gedanken präzisierte er mit dem Zusatz:

> *Wenn das Materielle nicht da ist, so muß es das Geistige tun; nur die Qualität wird ausschlaggebend sein und mit der Qualität werden wir es in Wien und Österreich fertigbringen. Mit der Schönheit unseres Landes und der Güte dessen, was wir erfinden und produzieren. Wenn die Grenzen wieder offen sein werden und wir nach siebenjähriger Absperrung uns wieder mit den Arbeiten der anderen, reichen Welt werden messen können und müssen, so wie früher, als unsere Hochschule für angewandte Kunst – früher hieß sie Kunstgewerbeschule – infolge ihrer Leistungen Weltruf geerntet hat, dann werden wir den alten Ruf wieder erringen und neu bestätigen müssen mit erhöhter Anspannung und neuen Leistungen.*[78]

Fellerer stellte eine Parallele zur Situation vor 1938 mit Bezug auf die ehemalige Kunstgewerbeschule her. Bemerkenswert ist, dass er auf dieselbe Argumentation zurückgriff, die er bereits in seiner ersten Direktionszeit etabliert hatte, und die gewissermaßen ein Abheben der Kunst vom Politischen, nicht aber vom Wirtschaftlichen forderte. Es sei allein die (maßgeblich vom Marktwert definierte) Qualität, die zähle. Sie garantiere auf diese Weise der Kunst und in der Folge auch der „Kulturnation Österreich“ Freiheit. Internationalität zeichnete sich in Fellerers Ausführungen primär durch ihre Referenzen auf das spezifisch Nationale aus, und sie war nicht unwesentlich von einem wirtschaftlichen Wettbewerbsgedanken getragen. Damit bediente er zudem das von der US-amerikanischen Besatzungsmacht propagierte Glücksversprechen, wonach kulturelle Produktivität durch Konsum gesteigert würde. Schließlich führe dieser zugleich zu wirtschaftlichem Wachstum und gesellschaftlichem Reichtum.[79] Besonders sticht der Verweis auf die „siebenjährige Absperrung“ hervor, also auf die nationalsozialistische Vergangenheit und die Isolation vom internationalen Wettbewerb. Dabei steht ein Fremdverschulden im Vordergrund, womit Fellerer das gängige Narrativ bediente, dass Österreich das erste Opfer des Nationalsozialismus gewesen war. Das Land sei – so die Logik dahinter – durch einen von außen kommenden Einfluss abgeschottet und in den Abgrund geführt worden. Eine Berücksichtigung des Umstandes, dass diese Absperrung nicht zuletzt den Entwicklungen in Österreich selbst zuzuschreiben war, klingt in seinen Ausführungen kaum mit. Das Interview veranschaulicht allerdings, dass aus Fellerers Perspektive ein Neubeginn an der Hochschule für angewandte Kunst – und in weiten Teilen der österreichischen Kunstszene – nur insofern zu begrüßen war, als er mit den kulturpolitischen Intentionen von vor 1938 vereinbart werden konnte. Dass zahlreiche Lehrende und Studierende der Hochschule nicht nur von den NS-Behörden und -Aufträgen profitierten, sondern zugleich maßgeblich deren kulturpolitische Linie gestaltet hatten, spielte in Fellerers Ausführungen schlicht keine Rolle mehr.

Eine relevante Differenzierung bzw. Präzisierung erlebte Fellerers öffentliche Haltung in seiner Rede am 25. Oktober 1946 während der Feierlichkeiten zum 950-jährigen Ostarrichi-Jubiläum. Neben Schwerpunktveranstaltungen zu Jugendorganisationen, Dichtung, Musik und Sport in Österreich umfasste das mehrwöchige Programm unter anderem die Ausstellung *Die österreichische Kunst* im ehemaligen Museum für Kunst und Industrie (später Staatliches Kunstgewerbemuseum in Wien bzw. Museum für angewandte Kunst, MAK) sowie eine Feier an der Hochschule für angewandte Kunst. Als Festredner waren der Professor für österreichische

Geschichte Alfons Lhotsky (1903–1968), der SPÖ-Politiker und Physiker Hans Thirring (1888–1976) sowie natürlich Präsident Max Fellerer geladen. Während Lhotsky in seiner Rede der Frage „Wer sind wir?“[80] prominenten Platz einräumte, widmete sich Thirring dem Komplex der Schuld und gab zugleich eine klare, wenngleich simplifizierende Antwort darauf:

> *Hat also Österreich eine Schuld zu sühnen? Fragen solcher Art sind sehr beliebt, aber bei näherer Betrachtung erkennt man, daß sie keinen Sinn haben. Die Tatsache, daß man ein Land in der Einzahl anspricht und es hie und da auch durch das Bildnis einer wohlgenährten Frau personifiziert, führt dazu, die Nation als ein Individuum zu behandeln, dem man Gesinnungen andichtet und dem man die Verantwortung für getanes Unrecht auferlegt. Aber die Strafe trifft in der überwiegenden Mehrzahl Unschuldige.*[81]

Die beiden Vorträge widmeten sich damit den zentralen Fragen der direkten Nachkriegszeit, einerseits dem Komplex der österreichischen Identitätsbildung und der Möglichkeit nach einem neuen Nationalbewusstsein, andererseits der (Mit-)Schuld oder Unschuld an den NS-Verbrechen und den damit einhergegangenen Konsequenzen für das Land. Beide Felder waren zwangsläufig aufs Engste miteinander verwoben und suchten nicht zuletzt in der Kunst Antworten auf Fragen zur demokratischen Neugestaltung und historischen Verantwortung des Landes. Thirring, der im NS-Regime zwangspensioniert worden war, nahm hier eine weitgehend beschwichtigende Position ein. Demgegenüber wirkte Fellerers Redebeitrag deutlich differenzierter, wenngleich auch er eine kollektive Schuldzuweisung ablehnte. Er argumentierte, dass „die Wiederauferstehung Österreichs“ zwar gefeiert werden sollte, dies aber in einem „über die Wiederauferstehung des Vaterlandes hinausgehenden Sinne“ passieren müsse – „im Sinne der wiedererstandenen Prinzipien der Menschlichkeit und des Geistes“.[82] Dazu sei es allerdings notwendig, wie Fellerer mit Verweis auf den Kulturphilosophen Max Picard (1888–1965) erörterte, „Hitler in uns selbst“[83] zu erkennen. Er schien mit diesem Appell eine unpopuläre Position einzunehmen, die allerdings insofern wieder mehrheitstauglich wurde, als sie stark von einer christlichen Metaphorik gespeist war. Durch den Topos der Wiederauferstehung, der Fellerer quasi als Ersatz für den wirtschaftlichen und kulturellen Wiederaufbau diente, wurde

Österreich eine messianische Rolle zugesprochen. Zudem argumentierte er, dass die „Geisteshaltung" des Nationalsozialismus eine Abkehr vom „heiligen Streben" bedeutet hätte. Überfrachtet von Pathos appellierte der Präsident an die Jugend, von deren „geistigen und sittlichen Haltung" es abhänge, „ob die Welt zurückfindet zu den Grundlagen europäischen Strebens, das nun schon Jahrtausende währt und in dem trotz aller Irrungen und Wirrnisse immer der göttliche Funken zu erkennen war".[84] Fellerer präsentierte sich damit als Verfechter der allmählich einsetzenden Re/Katholisierung Österreichs und verknüpfte sie, wie viele seiner Zeitgenossen, mit den kulturpolitischen Zielen des Landes. Obgleich sein Aufruf eine differenzierte und konsequente Auseinandersetzung mit der NS-Vergangenheit vermuten ließ, relativierte er diesen im Zuge seiner Rede, indem er einmal mehr das Narrativ der extern eingedrungenen Gewalt bedient:

> *Der Idealismus und die Gläubigkeit der Jugend ist verführt und missbraucht worden, um Ziele zu erreichen, die im Widerspruch stehen zur Idee der Menschwerdung, im Widerspruch zu dem, was das christliche Abendland bisher als seine Moral, sein Ethos, betrachtete.*[85]

Damit wird nicht nur die Verantwortung für die österreichische NS-Vergangenheit externalisiert, sondern zugleich ein darin verankerter fundamentaler Widerspruch zum christlichen Wertesystem definiert. Fellerer verortet diesen Gedanken in einer langen, bis in die Habsburgermonarchie zurückreiche Traditionslinie, die die nationalsozialistische Herrschaft vergleichsweise kurz und unbedeutend erscheinen lässt, nicht zuletzt auch dadurch, dass sie dem jugendlichen Leichtsinn zugerechnet wurde. Die verfestigten Werte des Christentums, die schon im Austrofaschismus zur moralischen Maxime erhoben wurden, sollten in der Folge auch im Nachkriegsösterreich das Ideal zwischenmenschlicher Interaktionen sowie politischer Beziehungen bilden. Zugleich erlaubten sie in der Argumentation Fellerers der österreichisch katholischen Mehrheitsgesellschaft, sich als unschuldig, wenn nicht sogar als Opfer nationalsozialistischer Gewalt zu präsentieren, denn in ihrem innersten Streben wären sie stets dem „christlichen Abendland" und nicht dem „Dritten Reich" verbunden gewesen. Diese Argumentationslinie dominierte lange die Nachkriegserzählungen und blendete insbesondere die Zeit des Austrofaschismus aus. Anstatt die komplexen Verstrickungen adäquat aufzuarbeiten, bildeten die kulturpolitischen Schwerpunkte des Austrofaschismus die Basis für jene der Nachkriegsjahre und erlaubten es, den Bogen zur als glorreich inszenierten Vergangenheit in der Habsburgermonarchie zu spannen, ja sogar, wie im Falle der Ostarrichi-Feierlichkeiten, bis zu den Babenbergern. Dieser breite zeitliche Rahmen überschattete zugleich die rezente Vergangenheit bzw. minimierte deren Bedeutung, und so rühmte man sich bereits während der 80-Jahre-Feierlichkeiten an der Schule am 1. April 1948 mit großen künstlerischen, wenngleich politisch problematischen Persönlichkeiten. Neben Oskar Kokoschka (1886–1960), der politisch verfolgt wurde und ab 1938 im Exil in England lebte, wurde etwa Bertold Löffler (1874–1960) als Vorreiter der modernen Kunst und Vorzeigepersönlichkeit der Hochschule für angewandte Kunst gefeiert. Dass er illegaler Nationalsozialist war, wurde dabei schlicht ignoriert. Mit der parallelen Nennung zu Kokoschka erlebte Löffler eine politische Rehabilitierung und sein Schaffen wurde auf diese Weise erneut in den österreichischen Kunstkanon integriert Katalog, Abb. 50.[86]

Was allerdings einen markanten Unterschied zu der Zeit vor 1938 darstellt und auf globale Entwicklungen zurückzuführen ist, war die Transformation von einer übernationalen Idee des Habsburgerreichs hin zu einer internationalen bzw. europäischen Gemeinschaft.[87] Dabei galt es, die Souveränität der einzelnen Nationalstaaten zu garantieren und auf diesem Wege bilaterale Wirtschafts- und Politikbeziehungen im demokratischen Sinne zu pflegen. Für Österreich waren in dieser Entwicklung die alliierten Mächte, Frankreich, Großbritannien und die USA, die primären Partner, die nicht unwesentlich an der nationalen Kulturförderung beteiligt waren. Die sowjetischen Behörden verfolgten im Vergleich zu den anderen alliierten Mächten ein abweichendes Engagement, das sich weit weniger im Hochschulalltag abbildete. Ab 1948, insbesondere in den 1950er-Jahren, schrieben die britischen, französischen und US-amerikanischen Kulturförderstellen etwa Stipendien und Austauschprogramme für Studierende und Lehrende aus, die sich explizit an die Angehörigen der Hochschule für angewandte Kunst wandten. Der British Council etablierte ein eigenes Förderprogramm für österreichische Hochschullehrende,[88] unterstützte Studierende mit jährlich zu beantragenden Stipendien,[89] ebenso wie es wenig später auch das französische Außenministerium tat.[90] Auch US-amerikanische Universitäten suchten den Dialog mit Österreich, sowohl Lehrende als auch Studierende sollten an ihn anknüpfen können und umgekehrt amerikanischen Soldaten der Zutritt zu österreichischen Hochschulen, u. a. zur Angewandten, gewährt werden.[91] Zudem wandte sich auch das renommierte Fulbright-Programm an die Hochschule für angewandte Kunst, das 1946 mit dem Ziel des internationalen, akademischen Austauschs begründet wurde und ab 1950 mit österreichischen Bildungseinrichtungen kooperierte.[92] Nicht zuletzt zeichnete sich in kulturpolitischer Hinsicht eine allmähliche Hinwendung zu Italien ab, und es wurden auch zwischen Österreich und dem südlichen Nachbarland Abkommen geschlossen und Austauschprogramme generiert, die ab den frühen 1950er-Jahren stetig an Intensität gewannen.[93]

Parallel zu dieser wachsenden Fokussierung auf internationale Kooperationen wurden in den Nachkriegsjahren auch die Bundesländer mit ihren jeweiligen kulturpolitischen Agenden deutlich sichtbarer. So vergaben neben der seit jeher im Hochschulkontext präsenten Stadt Wien auch das Land Salzburg,[94] Tirol,[95] die Steiermark[96] oder Oberösterreich[97] Stipendien an Studierende und wollten im Gegenzug regionsspezifische Interessen im nationalen Kulturprogramm vertreten wissen. Diese Entwicklung, die ab Ende der 1940er- und Anfang der 1950er-Jahre eine dynamischere Kunstproduktion ermöglichte, weist jedoch wiederum Ähnlichkeiten mit der „nationalisierten Weltoffenheit“[98] auf, wie der Historiker Michael P. Steinberg insbesondere die kulturelle Ausrichtung der Salzburger Festspiele beschrieben hatte (vgl. Kapitel 1.3.3.). Sie bezeugt, dass man die Aufarbeitung der NS-Vergangenheit für beendet erklären wollte und gleichzeitig aus den kulturpolitischen Prinzipien des Austrofaschismus Inspiration für das Nachkriegsösterreich zog. Dies erlaubte es schließlich, die nationalen Errungenschaften im Sport, in der Wirtschaft und vor allem in der Kultur des Landes unbekümmert und ohne Kritik an einem patriotischen Nationalbewusstsein zu feiern sowie zugleich am Weltmarkt als aktive Gestaltungsmacht teilzunehmen. Damit erwies sich die österreichische Nachkriegskultur als anschlussfähig an die europäische Idee, die nicht zuletzt in diverse neue wirtschaftliche und politische Bündnisse mündete.

3.3. Bildungsprinzipien eines demokratischen Kunstgewerbes

Wir wären schlechte Antifaschisten und schlechte Österreicher, wollten wir eine Jugend, die nichts anderes gelernt hat als den faschistischen Wahn und Teufelsdreck, wegstoßen, anstatt sie zu gewinnen, wollen wir verblenden und durch die Ereignisse aufgerüttelte Mitläufer zur Verzweiflung treiben, anstatt sie von der Notwendigkeit des Umlernens und Neubeginnens zu überzeugen.[99]

Ernst Fischer formulierte im „Neuen Österreich" bereits 1945 die Notwendigkeit, der Jugend mit Aufklärung und einem umfassenden Bildungsangebot zu begegnen, um deren Re/Demokratisierung zu unterstützen und einer erneuten Faschisierung entgegenzuwirken. Dass ein solcher Appell allerdings vielerorts auf Skepsis und Widerstand stieß, wurde bereits anhand personeller und struktureller Entwicklungen nachgezeichnet. Ähnlich wie im Bereich der Kunst und Kultur setzte sich auch im Bildungswesen die Leitlinie durch, primär auf Harmonie und Eintracht zu bauen, als politisch aufgeladene Themen zu behandeln sowie komplexe Strukturen aufzuschlüsseln. Dienten die Schule und Universität im Nationalsozialismus noch als Ort der völkischen Erziehung, nahm der Fokus auf politisch forcierte Bildung in den Nachkriegsjahren deutlich ab, nicht etwa, da es keine Notwendigkeit dazu gegeben hätte, sondern vielmehr weil die Angst vor ideologisch aufgeladener Erziehung zu groß war.[100] Außerdem wäre damit unweigerlich eine Auseinandersetzung mit der NS-Vergangenheit einhergegangen, die in der Konsequenz eine kritische Beschäftigung mit der österreichischen Opferthese mit sich gebracht hätte. Um derartige Komplikationen zu vermeiden, wurden Bildungseinrichtungen weitgehend zum politikfreien Terrain erklärt und der Bildung eine Form der Objektivität zugesprochen, die Harmonie garantieren sollte. Dieser Ansatz verfestigte sich bis in die 1960er-Jahre und erlebte erst im Zuge der 68er-Bewegung eine kritische Reflexion und Transformation.[101]

Die bildungspolitischen Schwerpunkte der Hochschule für angewandte Kunst unterschieden sich kaum von dieser offiziellen Linie, denn auch hier setzte man weniger auf eine konsequente Entnazifizierung als auf eine allgemeine Entpolitisierung des Unterrichts. Diese Entwicklung wurde, wie bereits angeschnitten, maßgeblich von Max Fellerer befördert und war bereits in seiner ersten Amtsperiode von 1934 bis 1938 das Credo für den kunstgewerblichen

Unterricht. Die jeweilige politische Gesinnung hatte seiner Ansicht nach in den Debatten zur (modernen) Kunst nichts zu suchen. Mit dieser indifferenten Haltung wollte er eine progressive Entwicklung in künstlerischer Hinsicht fördern, allerdings öffnete er in erster Linie Tür und Tor für faschistische Strömungen, die die Schulstrukturen unterliefen und letztendlich überhandnahmen. Die Entpolitisierung der Hochschule nach 1945 – zumindest ihre Selbstdarstellung als politikfreie Zone – ist in ihrer raschen und konsequenten Umsetzung beachtlich, behinderte aber eine adäquate Aufarbeitung der NS-Vergangenheit.

Obgleich die Hochschule mehrfach betonte, dass sie die schöpferische Gestaltung als Primat ihrer Ausbildung erachtete, kam es zugleich zu harscher Kritik an der Qualität ihrer Lehre. Anton Holohlavsky, der Vorsitzende des Referatsausschusses für Kunstgewerbe der Wiener Handelskammer, kritisierte die Einrichtung etwa mit strengen Worten:

> *Hart aber richtig ist die Feststellung, daß die Hochschule für angewandte Kunst, früher Kunstgewerbeschule, bis auf wenige Ausnahmen nur Tummelplatz für auf Heirat wartende Töchter aus besserem Hause geworden ist. Die berufenen Lehrkräfte sind selten an ihrem Wirkungsplatz zu sehen. So verständlich es natürlich ist, wenn schlecht besoldete Professoren, um leben zu können, sich auch mit Nebenbeschäftigungen befassen, so geht es aber doch nicht an, eine aus der Überbeschäftigung resultierende Kriegserscheinung zur dauernden Einrichtung zu machen und sich an der Akademie ständig durch Assistenten vertreten zu lassen.*[102]

Der Umstand, dass Assistent*innen und Mitarbeiter*innen einen maßgeblichen Teil der Arbeit übernahmen, der von ihren Vorgesetzen zu erledigen gewesen wäre, ist wohl – wie bereits an anderer Stelle erwähnt - kein Alleinstellungsmerkmal der Hochschule für angewandte Kunst, sondern vielmehr ein strukturelles Problem universitärer Einrichtungen, das bis heute wirkt. Holohlavsky ging aber weiter und bemängelte, dass Studierende zwar nun einen akademischen Abschluss bekämen, ihnen aber keine „praktische[n], verwendbare[n] Kenntnisse“ beigebracht würden. Vielmehr wiesen Absolvent*innen ein nur mangelhaftes und „unvollendetes Fachwissen“ auf, das zur Erzeugung von „technisch und geschmacklich minderwertige[n] kunstgewerbliche[n] Gegenstände[n]“ führte. Präsident Fellerer setzte sich wortgewandt gegen den „Wiener Kurier“-Artikel von Holohlavsky zur Wehr und

Abb. C
Victor Th. Slama, Plakat zu *Niemals vergessen! Antifaschistische Ausstellung*, 1945, Wienbibliothek im Rathaus, Plakatsammlung, IN P-235656

betonte die lange Tradition handwerklicher und geschmacksbildender Intentionen, die bis auf die Wiener Werkstätte zurückgingen und internationale Anerkennung genossen. Mit Blick auf spezifische Klassenkontexte stellt sich allerdings die Frage, ob es in den Jahren nach 1945 überhaupt zu einer markanten kunstgewerblichen bzw. künstlerischen Weiterentwicklung kam oder ob nicht doch Stagnation vorherrschend war. Exemplarische Einblicke in die von Paul Kirnig geleitete Fachklasse für Gebrauchs-, Illustrations- und Modegraphik, die Fachklasse für Raumkunst, gewerbliche und industrielle Entwürfe von Oswald Haerdtl sowie die Fachklasse für Angewandte Malerei, geführt von Hilda Schmid-Jesser, sollen Antworten auf diese Frage geben.

3.3.1. Fachklasse für Gebrauchs-, Illustrations- und Modegraphik

Paul Kirnig war, wie bereits mehrfach erörtert, ein politischer Grenzgänger, der unabhängig vom jeweiligen Regime primär seinem eigenen beruflichen Fortkommen verpflichtet blieb. Bedingt durch seinen ausgeprägten Anpassungswillen, ja sogar durch seine außergewöhnlichen Anbiederungsfähigkeiten und sein opportunes politisches Handeln gelang es ihm relativ problemlos, die Übergänge von Austrofaschismus zu Nationalsozialismus sowie zur demokratischen Nachkriegszeit an der Schule zu überdauern. Seine Suspendierung nach 1945 hielt nur kurz an und stieß auf Widerstand im Kollegium sowie unter den Studierenden, weshalb er rasch an seinen Posten als Leiter der Fachklasse für Gebrauchs-, Illustrations- und Modegraphik zurückkehren konnte. Bevor nun der Frage nachgegangen wird, inwiefern die Klassenarbeiten Kontinuitäten oder Brüche mit den Ansprüchen und Anliegen der vorangegangenen faschistischen Regime aufweisen, wird der Blick erneut auf Kirnigs Person gerichtet und seine Partizipation an der Ausstellung *Niemals Vergessen!* (1946) im Wiener Künstlerhaus erörtert. Diese war als antifaschistisches

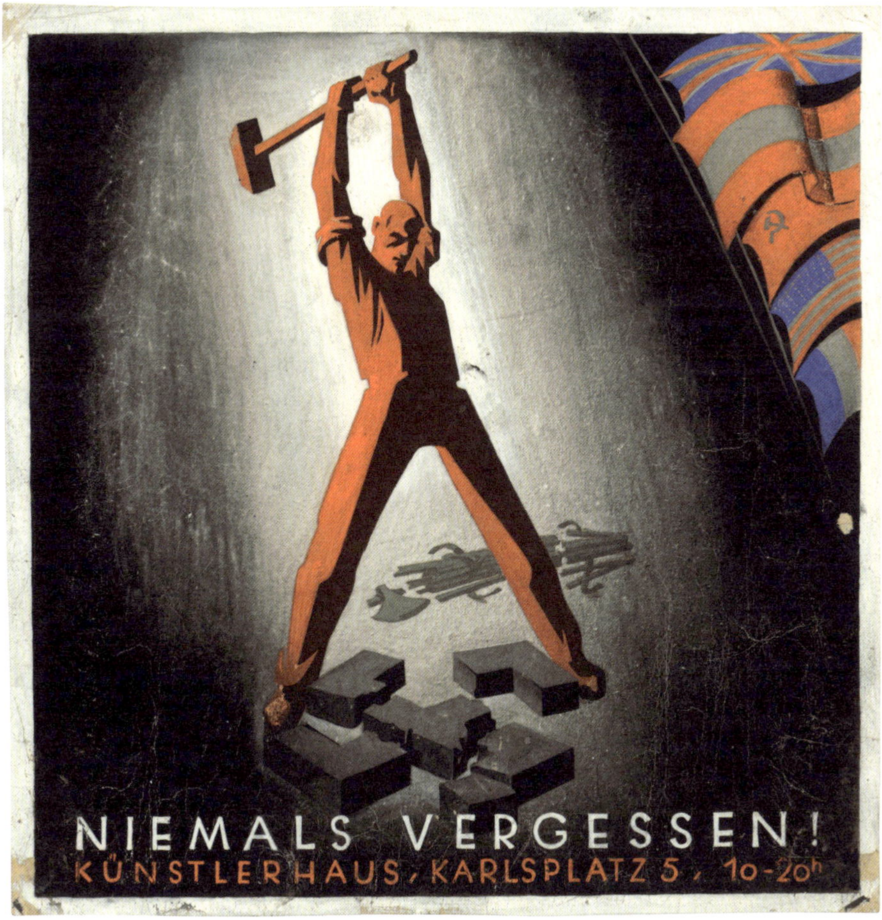

Aufklärungsprojekt über die Gräueltaten des Nationalsozialismus geplant, wenngleich man der ursprünglichen Intention letzten Endes nur bedingt gerecht wurde.

Der Wiener Kulturstadtrat Viktor Matejka beauftragte bereits im Frühjahr 1945 den Maler und Grafiker Victor Th. Slama (1890–1973) mit dem Konzept für eine antifaschistische Ausstellung, die im Wiener Künstlerhaus stattfinden sollte Abb. C. Obgleich die Künstlerhaus-Vereinigung zutiefst konservativ und nationalsozialistisch durchzogen war, bot deren Haus am Karlsplatz aufgrund des bombenbeschädigten Zustands vieler anderer Kunsteinrichtungen einen geeigneten Raum für die Schau.[103] Slama war einer der bekanntesten Plakatkünstler der Ersten Republik und entwarf neben Film- und Werbesujets auch Wahlplakate für die Sozialdemokratische, die Christlichsoziale sowie die Kommunistische Partei. Seine Auftragslage war bereits im Austrofaschismus

Heinrich Sussmann

Tarnopol 20. November 1904 – 12. Dezember 1986 Wien

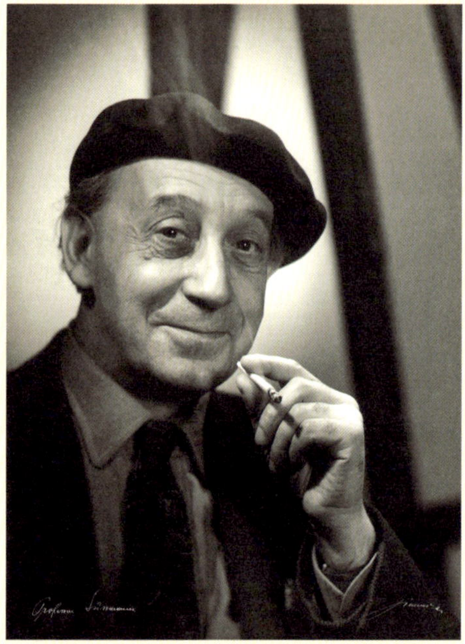

Heinrich Sussmanns Lebensweg war bereits früh geprägt von Erfahrungen des Antisemitismus und der Verfolgung. Geboren wurde er im galizischen Tarnopol, doch musste seine Familie die Stadt in der heutigen Ukraine nach pogromartigen Ausschreitungen fluchtartig verlassen. 1914 gelangte sie nach Wien, wo sie in der Raffaelgasse im zwanzigsten Gemeindebezirk wohnte. Heinrich Sussmann absolvierte in Österreich erst das Gymnasium, bevor ihn das Studium vorübergehend nach Paris führte. Ende der 1920er-Jahre kehrte er wieder nach Wien zurück, um ab 1927 an der Kunstgewerbeschule bei Oskar Strnad (1879–1935) zu studieren – wie in seiner Nationale vermerkt, mit dem Wunsch, Bühnenarchitekt zu werden.[1] Als solcher bzw. als Bühnenbildner und Illustrator für diverse Zeitungen wurde er später u. a. in Berlin tätig. Sein Umzug dorthin erfolgte 1929, wo er für die Universum Film AG (UFA) als Filmausstatter arbeitete. Parallel dazu war er als Grafiker, Illustrator und Karikaturist, u. a. im Ullstein-Verlag, tätig. Rasch nach der nationalsozialistischen Übernahme musste Sussmann – ähnlich wie viele andere jüdische Mitarbeiter*innen von Ullstein – den Verlag verlassen und kehrte aufgrund fehlender beruflicher Perspektiven nach Wien zurück. Zwar gelang es ihm, hier vorübergehend beruflich Fuß zu fassen, allerdings sah er sich nur wenige Jahre später erneut zur Flucht gezwungen.[2]

Nach dem „Anschluss" ging Sussmann erst nach Prag, später nach Zürich und dann nach Paris, um schlussendlich im südfranzösischen Marseille zu bleiben. Zahlreiche Exilierte aus Deutschland und Österreich fanden in Südfrankreich vorübergehend Unterschlupf. Insbesondere der kleine Küstenort Sanary-sur-Mer, der etwa eine Stunde von Marseille entfernt liegt, wurde zu einem kulturellen Zentrum der deutschsprachigen Emigration. Auch die Modistin Anne Sussmann (geb. Goldscheider, 1909–1985), die mit Heinrich Sussmann seit 1937 verheiratet war, hielt sich bereits im Süden Frankreichs auf. Die gebürtige Wienerin war schon in der Zeit des Austrofaschismus politisch aktiv. Sie war Teil einer sozialdemokratischen Theatergruppe, trat noch 1934 der KPÖ bei und verteilte in Kaffeehäusern regimekritische Zeitungen.

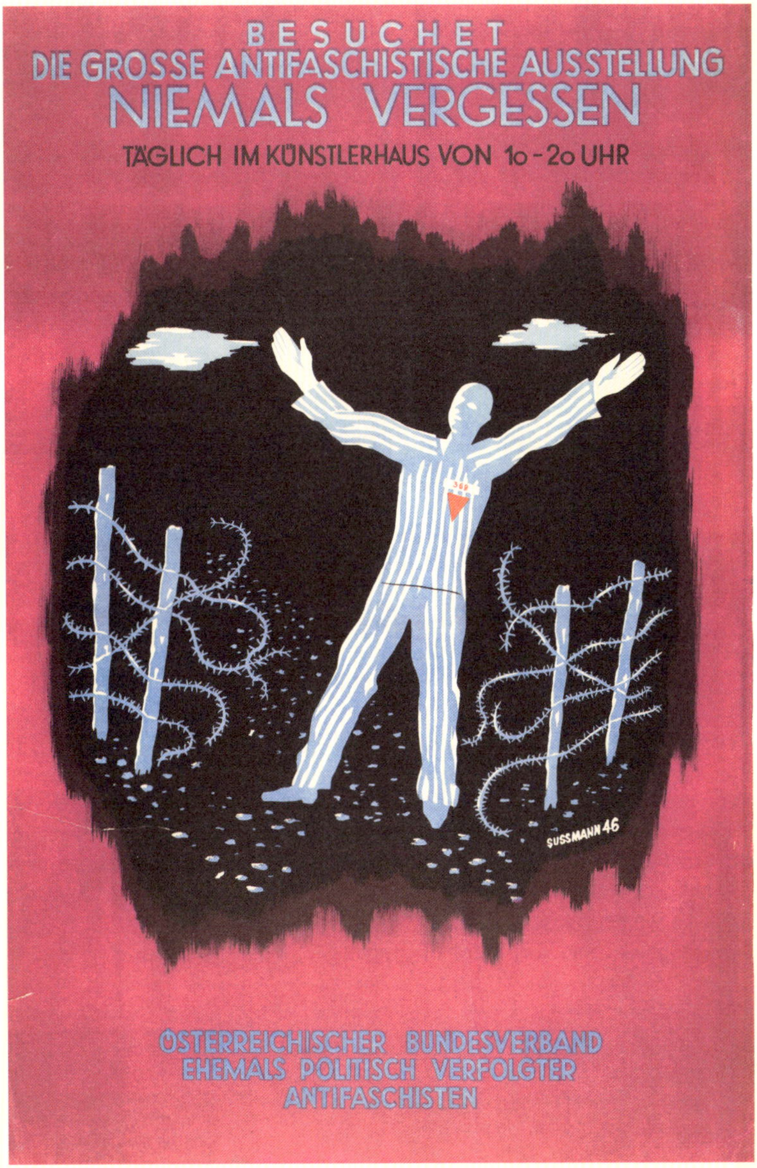

Abb. Sussmann 1
Heinrich Sussmann, Foto: Photo Simonis, 1960, ONB Bildarchiv, IN Sim 109

Abb. Sussmann 2
Heinrich Sussmann, *Niemals Vergessen!*, Plakat für die Ausstellung im Künstlerhaus, 1946, UaK, IN 17.482/34/Pl

Auch nach ihrer Flucht engagierte sie sich sowohl kulturell – z. B. als Mitglied der Exilorganisation Cercle Culturel Autrichien – als auch im Widerstand. Auch ihr Mann beteiligte sich an Flugblattaktionen, der Produktion von antifaschistischen Plakaten und der Fälschung von Papieren für Geflüchtete in Frankreich.

1942 beschlossen Anne und Heinrich Sussmann, gemeinsam in die besetzte Zone nach Paris zu gehen, da sie annahmen, dort wirksamer Widerstand leisten zu können. Jedoch flog ihre Tätigkeit auf, sie wurden 1944 verhaftet und nur wenig später nach Auschwitz deportiert. Anne Sussmann war zu diesem Zeitpunkt bereits schwanger. Den Sohn brachte sie im August 1944 in Auschwitz zur Welt. Bereits kurz nach der Geburt wurde das Kind ermordet. Heinrich und Anne Sussmann überlebten das Vernichtungslager.

Nach 1945 kehrten sie nach Wien zurück, wo Heinrich Sussmann rasch begann, sich kulturell zu engagieren. Als Grafiker war er für diverse Ausstellungen im Nachkriegsösterreich tätig, beispielsweise auch für die *Niemals Vergessen!*-Ausstellung im Künstlerhaus. Während der offizielle Plakatentwurf zur Ausstellung von Victor Th. Slama (1890–1973) stark auf eine antifaschistische Tradition rekurrierte und den „roten Mann", den der Grafiker bereits vor dem Krieg als Plakatmotiv etabliert hatte, als zentralen Akteur vorstellte,[3] rückte Sussmanns Komposition die Befreiung aus den Lagern thematisch in den Vordergrund. Nicht nur im Zuge der Ausstellung *Niemals Vergessen!*, sondern auch während der *Ersten Großen Österreichischen Kunstausstellung* (1947), *Wien baut auf* (1947) und der *Internationalen Plakatausstellung* (1948) kam es zu diversen Begegnungen Sussmanns mit ehemaligen Kommiliton*innen aus seiner Zeit an der Kunstgewerbeschule. Die Wiener Kunstszene schuf schließlich zahlreiche Begegnungsorte, an denen ehemalige Mitglieder des Widerstandes, KZ-Überlebende oder Verfolgte wie Sussmann mit jenen zusammentrafen, die in den Jahren von 1938 bis 1945 weitgehend unbeirrt ihre Karrieren fortsetzen und von den Strukturen profitieren konnten. Doch Sussmann ließ sich von solchen, mitunter zermürbenden Erfahrungen nicht davon abbringen, weiterhin gestalterisch aktiv zu bleiben.

Nach 1945 wurden die Verbrechen des Nationalsozialismus sowie seine persönliche Beschäftigung mit dem Judentum wiederholt Gegenstand seines Schaffens – beispielsweise in den Bildzyklen *Ich erinnere mich wieder an Auschwitz* (1960) und *Ecce Homo* (1966). Parallel dazu widmete er sich diversen Glasarbeiten und gestaltete 1968 die Glasfenster der Zeremonienhalle im jüdischen Teil des Wiener Zentralfriedhofs, deren ursprünglicher Bau während der Novemberpogrome 1938 weitgehend zerstört wurde. Im Zuge antisemitischer Übergriffe kam es am 1. November 2023 erneut zu einem Brandanschlag auf das Gebäude. Sussmann entwarf außerdem Votivfenster für die österreichische Gedenkstätte in Auschwitz und das Denkmal für die Opfer des Faschismus am Wiener Reumannplatz.

Der Künstler wurde in seinen späten Jahren vielfach mit Preisen und Ehrungen ausgezeichnet, seine Werke sind zudem in vielen renommierten nationalen und internationalen Ausstellungshäusern zu sehen. Sein Schaffen hielt stets das ihm und unzähligen Jüdinnen und Juden sowie weiteren Verfolgten des NS-Regimes widerfahrene Unrecht fest. Es klagte unnachgiebig die Verbrechen des Nationalsozialismus an, um diese nicht in Vergessenheit geraten zu lassen.

1 Vgl. Heinrich Sussmann, Nationale, 1927–1928. UaK, Nationale.

2 Exemplarisch zu Sussmann: Sussmann, Heinrich, in: Werner Röder/Herbert A. Strauss (Hg.), International Biographical Dictionary of Central European Emigrés 1933–1945. Band 2,2, München 1983, 1147; Helmut Kronthaler, Sussmann, Heinrich, in: Allgemeines Künstlerlexikon. Die Bildenden Künstler aller Zeiten und Völker (AKL). Band 107, Berlin 2020, 197; Peter Michel, Ankunft in der Freiheit. Essays gegen den Werteverlust der Zeit, Berlin 2011, 129–132.

3 Vgl. Julia König/Christian Maryška, Nicht nur der Rote Mann. Der politische Grafiker und Plakatkünstler Victor Th. Slama, in: Bernhard Hachleitner/Julia König (Hg.), Victor Th. Slama. Plakate – Ausstellungen – Masseninszenierungen, Wien 2019, 48–67.

zurückgegangen, unter dem NS-Regime bekam er schließlich Berufsverbot, das später jedoch wieder aufgehoben wurde. Es war wohl seiner Nähe zur 1945 wiedervereinten SPÖ sowie seinem künstlerischen Ansehen zu verdanken, dass er nach Kriegsende rasch mit der Umsetzung der Ausstellung *Niemals Vergessen!* betraut wurde. Wenig verwunderlich ist zudem, dass eine derart politisch motivierte Ausstellung für zahlreiche Differenzen im krisengeschüttelten Land sorgte. Bereits die Namensgebung führte zu heftigen Debatten und insbesondere die Frage nach der Thematisierung oder Ausblendung der austrofaschistischen Vergangenheit offenbarte weit zurückreichende Meinungsverschiedenheiten zwischen SPÖ und ÖVP. Letztendlich blieb der Fokus der Ausstellung auf den Gräuel des Kriegsgeschehens, auf der Zerstörung sowie auf Widerstand und Verfolgung. Antisemitismus, Judenverfolgung sowie Lagerkontexte wurden zwar thematisiert, ein Österreich-Bezug und damit auch eine (Mit-)Verantwortung jedoch tunlichst vermieden.[104] Der didaktische Anspruch des Projektes, eine breite Öffentlichkeit über die Gewalttaten und die Verbrechen des Nationalsozialismus aufzuklären, wurde also nur bedingt erfüllt. Vielmehr nahmen Konsensbedürfnis und parteipolitische Rücksichtnahme in der Konzeption überhand und führten zu verzerrten Darstellungen, geprägt von apologetischen Strategien. Wie die Historikerin und Kunsthistorikerin Heidrun-Ulrike Wenzel in ihrer eingehenden Studie zur Ausstellung feststellt, ist zudem die Tatsache bemerkenswert, „dass nicht wenige der engagierten Künstler und ihrer Mitarbeiter entweder NS-involviert waren oder schon an Projekten der Jahre 1938 bis 1945 mitgearbeitet hatten".[105] Hierzu zählten auch Paul Kirnig und einige seiner Studierenden. Wenzel führt weiters aus, dass ebenso „im Stil-Mix der Ausstellung, der Expressionismus, Neue Sachlichkeit, Neurathsche Bildstatistik und Agitprop zu einem zeittypischen und optisch aufrüttelnden kunstgeschichtlichen Monument gemacht hat, [...] die Kontinuitätslinien zum Ausdruck"[106] kamen.

Neben Paul Kirnig waren weitere Kollegiumsmitglieder der Hochschule für angewandte Kunst in unterschiedliche Planungs- und Durchführungsphasen der Ausstellung involviert, darunter Max Fellerer, Ceno Kosak (1904–1985), Otto Prutscher (1880–1949), Franz Herberth und Otto Niedermoser. Die Rolle Kirnigs war aber eine tragende, da er sowohl als „Leiter der Bildgestaltung"[107] hinzugezogen wurde als auch die Verantwortung für die Gestaltung und Ausführung des größten Raums der Ausstellung trug. Das Gesamtthema dieses

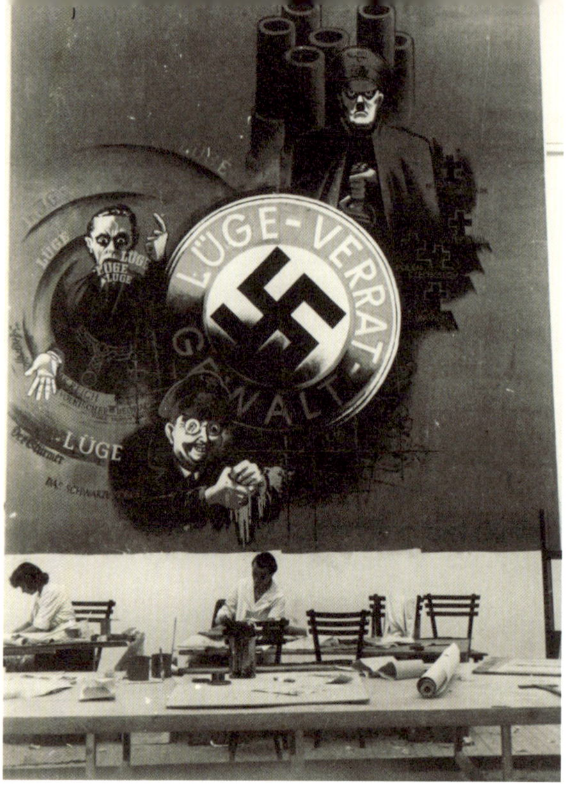

Abb. D
Vorbereitungsarbeiten zur Ausstellung *Niemals Vergessen!* im Künstlerhaus, 1946, Fotograf*in: unbekannt, UaK, IN 10.129/3/F

Abb. E
Vorbereitungsarbeiten zur Ausstellung *Niemals Vergessen!* im Künstlerhaus, 1946, Fotograf: Erwin Karl Meyer, Wienbibliothek im Rathaus, Nachlass Victor Th. Slama

Raums V lautete „Die Stützpfeiler des Faschismus“, die über die Subthemen „Lüge, Verrat, Gewalt“ Abb. D aufgeschlüsselt wurden. Den Beginn machte eine Reihe riesiger Wandzeichnungen mit polemischem Charakter, die finstere Karikaturen von Hitler oder Goebbels präsentierte. Die Bilder wurden mit Beschriftungen wie „falsche Prophezeiungen“, „Hitler, der größte Lügner“ oder „Scharlatan Goebbels“[108] versehen. Zeitungsartikel und weitere Fotos dienten als „Beleg und Argument zugleich“.[109] Die Bildsprache, der Einsatz der Karikatur und der intensive Gebrauch von Herrschaftssymbolen wurden zwar durch textliche Elemente ergänzt und teilweise verfremdet, dennoch griff die visuelle Gestaltung Elemente der NS-Bildpropaganda auf, deren Botschaft auf Diffamierung und Stigmatisierung der sogenannten „Entartung“ abgezielt hatte. Zudem wurden in der Mitte des Raumes sogenannte „Requisiten der Gewalt“ positioniert, etwa ein „mechanischer Galgen“ oder ein „Prügelblock, Hauptinventar eines jeden KZ“.[110] In der gewaltvollen Rahmung der Texte, aber insbesondere in der plakativen Bildsprache wird Kirnigs Engagement als Gestalter propagandistischer Werbeplakate im Dienst des Nationalsozialismus mehr als evident. Diese paradoxe Konstellation verschärfte sich dadurch, dass zahlreiche ehemalige und aktive Studierende seiner Fachklasse an der Ausstellung,

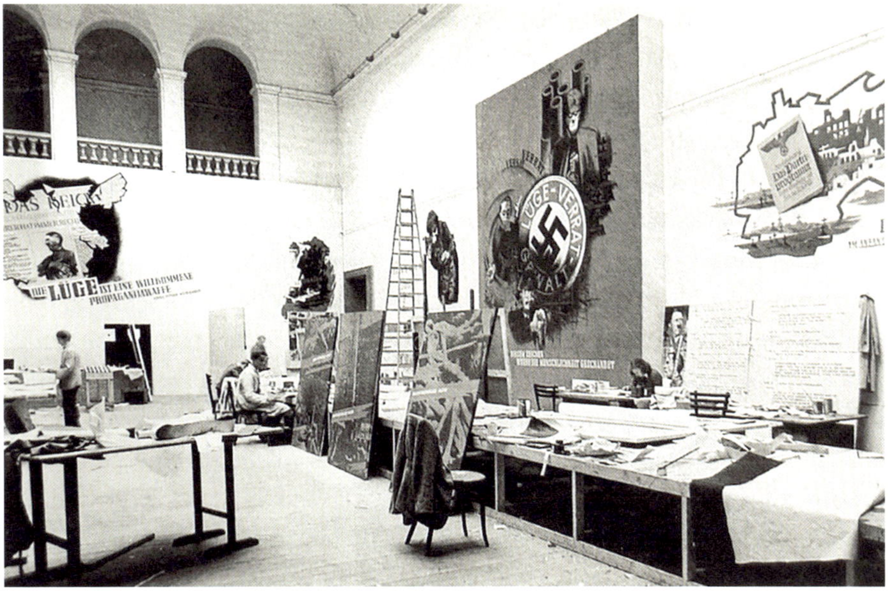

am Aufbau und der Ausführung mitwirkten. Wie Heidrun-Ulrike Wenzel es ausdrückt, ergab sich daraus eine eigenwillige Situation:

> *Personen, die an antibolschewistischen Ausstellungen der NS-Propaganda beteiligt gewesen waren, zeichneten, klebten und montierten nun unter der Leitung des von einem kommunistischen Stadtrat eingesetzten Sozialisten [Slama, Anm. d. Autorin] an einer antifaschistischen Schau.*[111]

Wie sich der ehemalige Kirnig-Student Franz Beer (1929–2022) erinnerte, der ebenfalls an den Arbeiten zu *Niemals Vergessen!* beteiligt war, wurden sechs bis sieben weitere Kommiliton*innen pro Jahrgang aus dem Kirnig-Umfeld für genannte Tätigkeiten herangezogen. Diverse Fotoaufnahmen geben Einblick in die gestalterische Involvierung der Studierenden Abb. E, wenngleich deren Bezahlung mit einem Stundenlohn von 4 Schilling verschwindend gering war.[112] Kontinuitäten waren also in personeller und studentischer Hinsicht gegeben und fanden zugleich in der gewählten Formsprache des Ausstellungsraums V ihren Niederschlag. Zwar ist diese nicht allein auf Kirnigs Arbeit als Plakatgestalter im Nationalsozialismus zu reduzieren – bzw. auf jene seiner Studierenden –, sondern generierte sich auch aus weiter zurückreichenden

Traditionen der 1920er-Jahre. Dennoch offenbart der Blick auf seine Arbeit im Zuge der Ausstellung im Kontext seines gesamten Œuvres, dass er unzweifelhaft seinem mitunter faschistisch geprägten und zugleich modern gehaltenen Plakatstil treu blieb. Motivisch und thematisch wusste der Leiter der Fachklasse für Gebrauchs-, Illustrations- und Modegraphik sich allerdings gekonnt an die jeweilige politische Situation anzupassen. Ebenso wenig wie mit der nationalsozialistischen Übernahme der ehemaligen Kunstgewerbeschule ein stilistischer Bruch in Kirnigs Werk zu erkennen ist, wird dieser nach 1945 wahrnehmbar. Selbst in der antifaschistischen Ausstellung von 1946 reproduzierte er Bildstrategien, die auf totalitäre Kontexte zurückgehen. Er brachte so gut wie kein kritisches Reflexionsvermögen in Bezug auf sein eigenes Schaffen auf, das er unter dem Deckmantel der modernen Kunst erneut mit politischer Flexibilität verknüpfte.

Obgleich zwar Franz Beer die politische Paradoxie in Bezug auf den Lehrer wahrzunehmen schien, wirkte sich Kirnigs politische Unglaubwürdigkeit wenig auf das Verhältnis zu seinen Studierenden aus. Anekdoten zu seiner außergewöhnlichen Beliebtheit häufen sich und sind wohl dadurch zu erklären, dass auch die Studierenden keine konsequente Entnazifizierung, geschweige denn einen effektiven Neubeginn in politischer und künstlerischer Hinsicht mittrugen (vgl. Kapitel 3.2.1.). Auch ihre Arbeiten zeigen, dass die kulturpolitischen Richtlinien des Austrofaschismus ebenso wie des Nationalsozialismus in unterschiedlicher Weise Fortsetzung fanden und es zu keiner markanten formsprachlichen Neuausrichtung oder künstlerischen Weiterentwicklung kam.

Der Historiker Wolfgang Kos erkannte etwa auch in Landschaftsbildern, die nach 1945 zu Werbezwecken massenhaft verbreitet wurden, Anlehnungen an Sujets von vor 1938 und eine Rückbesinnung auf spezifische, deutlich als österreichisch erkennbare Regionen, wie das Salzkammergut, die Wachau oder den Wörthersee.[113] Solche vertrauten Kulissen und romantischen Landschaftsbeschreibungen „rahmten, schmückten und schützten eine beschauliche, neckische kleine Welt“[114] und sollten für ein harmonisches Gesamtbild während der Nachkriegsstrapazen sorgen. Auch die Plakatentwürfe, die in der Klasse Kirnig entstanden, verfolgten einerseits eine motivische, thematische und visuelle Anlehnung an Arbeiten von vor 1938 und zielten auf eine Rückbesinnung der Werte im christlich-sozialen Österreich ab (vgl. dazu die

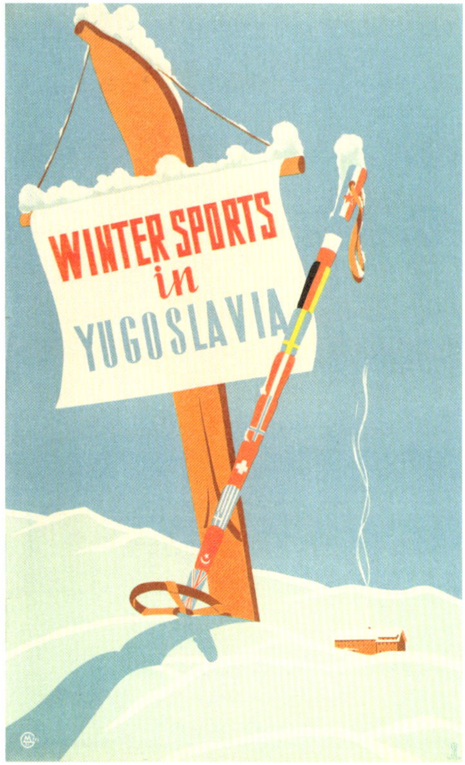

Abb. F
Unbekannte*r Künstler*in, Plakatentwurf *Wintersports in Yugoslavia,* 1953, Lithografie, UaK, IN 16.759/Pl

besprochenen Arbeiten in Kapitel 1.3.4.). Andererseits schufen sie liebliche und naive Szenarien, die von den harten Nachkriegsbedingungen ablenken sollten und mit dem Glücksversprechen des wirtschaftlichen Aufschwungs aufgeladen waren. Beachtlich ist, dass sich dieser stark nationalisierende bzw. das Nationalbewusstsein fördernde Ansatz zugleich international und mitunter touristisch vermarkten ließ. Der Plakatentwurf *Wintersports in Yugoslavia* (1953) zeugt etwa von der Prägung durch Kirnigs Formsprache der 1930er-Jahre Abb. F. Die Schneelandschaft, die Bergidylle sowie die Sportutensilien bieten hier Gelegenheit, um auf die internationale Vernetzung auf politischer, wirtschaftlicher und kultureller Ebene hinzuweisen. Die Entwürfe halten auf diese Weise nicht nur eine spezifisch regionale Verortung, sondern auch einen Prozess der visuellen Internationalisierung fest.

Die Betonung solcher bilateralen und globalen Kontakte wurde unter anderem deshalb intensiv in den Plakatarbeiten der Klasse Kirnig betont, um eine Abkehr von der nationalsozialistischen Vergangenheit zu signalisieren. Die vielfach betonte künstlerische Isolation durch das NS-Regime war schließlich ein gängiges Nachkriegsnarrativ, das insbesondere an der Hochschule für

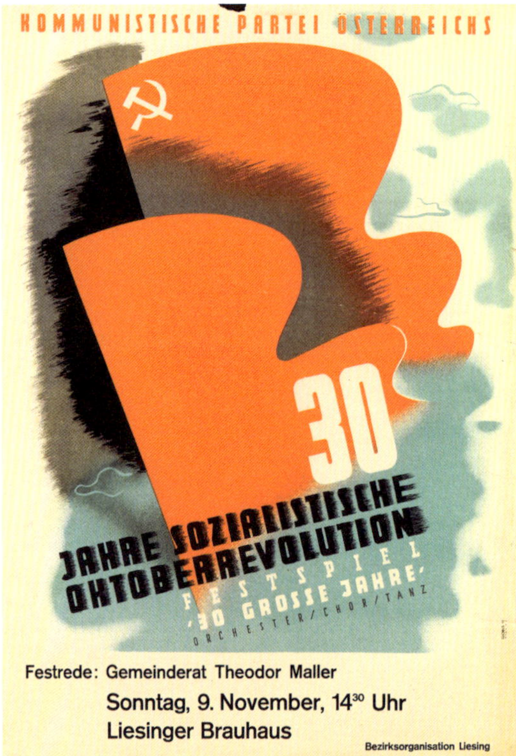

Abb. G
Unbekannte*r Künstler*in, Plakatentwurf, *30 Jahre Sozialistische Oktoberrevolution*, 1947, Lithografie, UaK, IN 15.549/Pl

Abb. H
Susanne Storck-Rossmanit, Plakatentwurf *4 Jahre ERP Marshallplan*, 1952, Lithografie, UaK, IN 15.554/Pl

angewandte Kunst wiederholt prononciert wurde. Den ebenso mehrfach zitierten internationalen Ruf der Schule galt es nach 1945 wiederherzustellen und dafür blickte man in unterschiedliche geographische Richtungen und produzierte – zumindest bis zum Staatsvertrag 1955 – für die USA ebenso wie für die Sowjetunion oder eben das sozialistische „Bruderland“ Jugoslawien. Der Plakatentwurf für *30 Jahre Sozialistische Oktoberrevolution* Abb. G, die im November 1947 im Liesinger Brauhaus von der KPÖ gefeiert wurde, zelebriert etwa „den dynamischen Flächenstil und die Diagonale der frühen 1920er- und 30er-Jahre“.[115] Referenzen auf den russischen Konstruktivismus sind sowohl durch die dominanten Primärfarben und die generelle Komposition und Formgestaltung unübersehbar. Zeitgleich wurde den USA als einem wirtschaftlichen und kulturellen Raum vermehrt Interesse geschenkt, zweifellos auch bedingt durch ihre Rolle als alliierte Besatzungsmacht in Österreich. Ab 1950 nahmen etwa Studierende der Klasse Kirnig an mehreren Plakatwettbewerben teil, die die Errungenschaften des European Recovery Programm (ERP), der weitläufig als Marshallplan bekannten Wirtschaftshilfe der USA im Wiederaufbau, präsentieren wollten. Das Wirtschaftsförderungsprogramm

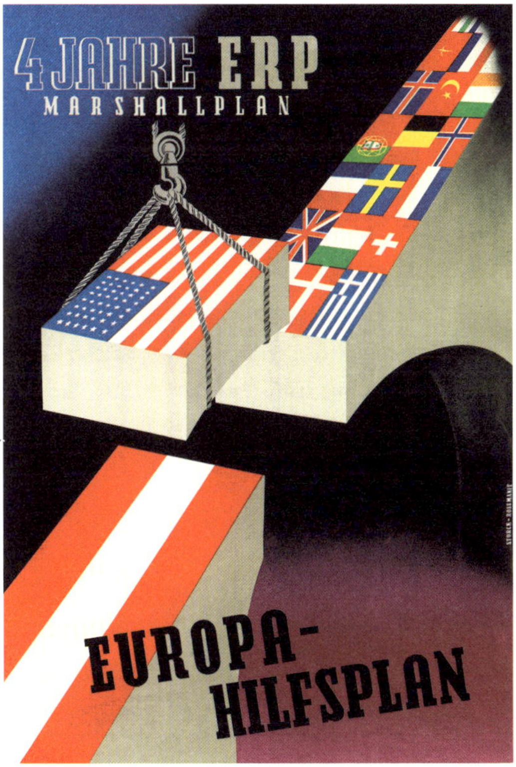

verfolgte primär das Ziel, über den Verkauf von Waren in Österreich finanzielle Mittel zu generieren, die lokalen Wirtschaftsunternehmen zur Verfügung stehen und Produktivität und Beschäftigung ankurbeln sollten. Dieses Anliegen wird in den Plakatentwürfen deutlich sichtbar: Investitionen in Infrastruktur, Industrie und Landwirtschaft werden etwa durch Motive wie Brücken, Fabriksgebäude, Arbeitsutensilien oder Weizenähren visuell übersetzt. Auch die friedenspolitische Komponente des ERP findet sich in den Plakatarbeiten, symbolisiert durch weiße Tauben oder Wurzel schlagende und blühende Bäume, die organisch und harmonisch aus einer Weltkugel ragen und friedliche und ertragreiche Zukunftsperspektive beteuern Katalog, Abb. 51–55. Trotz der vielversprechenden wirtschaftlichen und politischen Aussichten, die die Plakate thematisch zu propagieren und prognostizieren schienen, reflektieren sie diese nicht durch eine helle und frische Farbgestaltung. Vielmehr dominieren dunkle Farbtöne, die teilweise in hellere übergehen und auf diese Weise signalisieren, dass die wirtschaftliche Misere noch nicht überstanden ist bzw. erst durch Mitwirken aller gelöst werden kann. Der Entwurf von Susanne Storck-Rossmanit, seit 1942 Assistentin in der Fachklasse für

Gebrauchs-, Illustrations- und Modegraphik,[116] präsentierte die USA bzw. das ERP gewissermaßen als „Brücke zwischen Österreich und Europa",[117] als Bindeglied, welches das kleine Land aus der wirtschaftlichen und kulturellen Isolation herausbringt und es im internationalen Austausch unterstützt Abb. H. Als Studentin und NSDAP-Mitglied[118] hatte sie nur kurz zuvor Plakate und Klebeplaketten für das nationalsozialistische Winterhilfswerk gestaltet. Zwar war diese Thematik zu Beginn der 1950er-Jahre klarerweise in den Hintergrund gerückt, ihr formsprachlicher Ansatz und die generell düstere Farbgebung sind jedoch eine Reminiszenz an ihre künstlerische Sozialisierung im Nationalsozialismus.

Während die Plakatentwürfe zum ERP-Wettbewerb zumindest latent die formalen Bezüge zur NS-Vergangenheit offenbaren, zeugen die Arbeiten zur *Internationalen Plakatausstellung* von 1948, die im Wiener Künstlerhaus stattfand, von einer weitgehenden Abkehr bzw. einem Aussparen solcher Verbindungen. Moderne Designs, die unterschiedliche Kunstströmungen und teils stark nationalspezifisch markierte Motive sowie eine Vielzahl an Flaggen vereinten, repräsentierten die politische Intention in Richtung globaler Vernetzung. In einem beträchtlichen Teil der Entwürfe tauchte erstaunlicherweise eine Litfaßsäule auf, wie sie 1940 am Wiener Schottentor errichtet und von der Klasse Kirnig gestaltet worden war (vgl. Kap. 2.3.2.) Katalog, Abb. 56–59. Obgleich dadurch keine direkte Kontinuität zum Schaffen der Klasse während des Nationalsozialismus hergestellt werden kann, scheinen die Entwürfe dennoch eine Tradition zu betonen, die auf die politische und vor allem propagandistische Funktion des Mediums rekurriert. Letztendlich bildeten die von der Klasse Kirnig gestalteten Plakate ebenso wie die erwähnte Litfaßsäule zentrale Kommunikationsplattformen für politische Anliegen, die im Nationalsozialismus ihre vorerst weiteste Ausprägung erlebten.

Die Klasse blieb über die Jahre bis 1954, als Paul Kirnig in den Ruhestand ging und Kurt Schwarz seine Nachfolge antrat, durch zahlreiche Wettbewerbs- und Ausstellungsbeteiligungen im öffentlichen Raum präsent und zeichnete sich innerhalb der Hochschule weiterhin durch ihre hohe Produktivität aus. Ein Markenzeichen der Fachklasse für Gebrauchs-, Illustrations- und Modegraphik – ebenso wie ihres Leiters Kirnig – war die andauernde künstlerische Verpflichtung zum modernen Gestalten. Parallel dazu blieb ihr jedoch ein weiteres Charaktermerkmal angehaftet, nämlich ihr politischer, besonders ausgeprägter Opportunismus sowie ihre Anpassungsfähigkeit im Übergang vom Austrofaschismus zum Nationalsozialismus und schließlich in die demokratischen Nachkriegsjahre. Die Klasse war durch die Regime hindurch ein Ort der politischen Gestaltung, wo unterschiedlichste Entschuldigungs- und Legitimationsstrategien Anwendung fanden, um sich – vor allem nach 1945 – so unpolitisch wie möglich zu präsentieren. Die Studierendenarbeiten ebenso wie jene von Kirnig sprechen jedoch eine klare Sprache und sind Ausdruck einer für Österreich durchaus repräsentativen Haltung, die dazu beigetragen hat, dass eine weitreichende Aufarbeitung der austrofaschistischen sowie nationalsozialistischen Vergangenheit erst viel zu spät bzw. immer noch unzufriedenstellend geschehen ist. Kurt Schwarz, der 1954 die Fachklasse für Gebrauchs-, Illustrations- und Modegraphik übernommen hatte, war um eine neue Formbildung bemüht. Zwar war auch er durch die lange Zusammenarbeit mit Paul Kirnig deutlich von dessen Arbeit beeinflusst, doch gelang es ihm, neue Impulse zu setzen und zumindest in politischer Hinsicht nicht in die Fußstapfen seines Vorgängers zu treten.[119]

3.3.2. Fachklasse für Raumkunst, gewerbliche und industrielle Entwürfe

Die Fachklasse für Raumkunst, gewerbliche und industrielle Entwürfe sowie ihr Leiter Oswald Haerdtl, der 1935 die Nachfolge seines ehemaligen Lehrer Oskar Strnad (1879–1935) antrat, sind bereits an unterschiedlichen Stellen dieser Studie behandelt worden. Sie wurden allerdings noch nicht eingehend im Hinblick auf ihre kunstgewerblichen Anliegen vorgestellt. Dies soll im Folgenden zumindest in Ansätzen geschehen, wenngleich sich Haerdtls Tätigkeit an der Kunstgewerbeschule bzw. an der (Reichs-)Hochschule für angewandte Kunst quasi über den gesamten Untersuchungszeitraum der vorliegenden Arbeit spannt. Da sich der Architekt insbesondere in den Jahren nach 1945 als engagierter Gestalter des öffentlichen Lebens präsentierte, soll im Folgenden der Fokus auf seinem Beitrag zum Wiederaufbau sowie auf seiner Unterrichtstätigkeit und verschiedenen Klassenprojekten liegen.[120]

Im Vergleich zu anderen Lehrenden trat Haerdtl weniger als Theoretiker denn als Praktiker auf, was nicht zuletzt an seiner Ausbildung als Bau- und Möbeltischler lag. Im Herbst 1916 begann er sein Studium an der

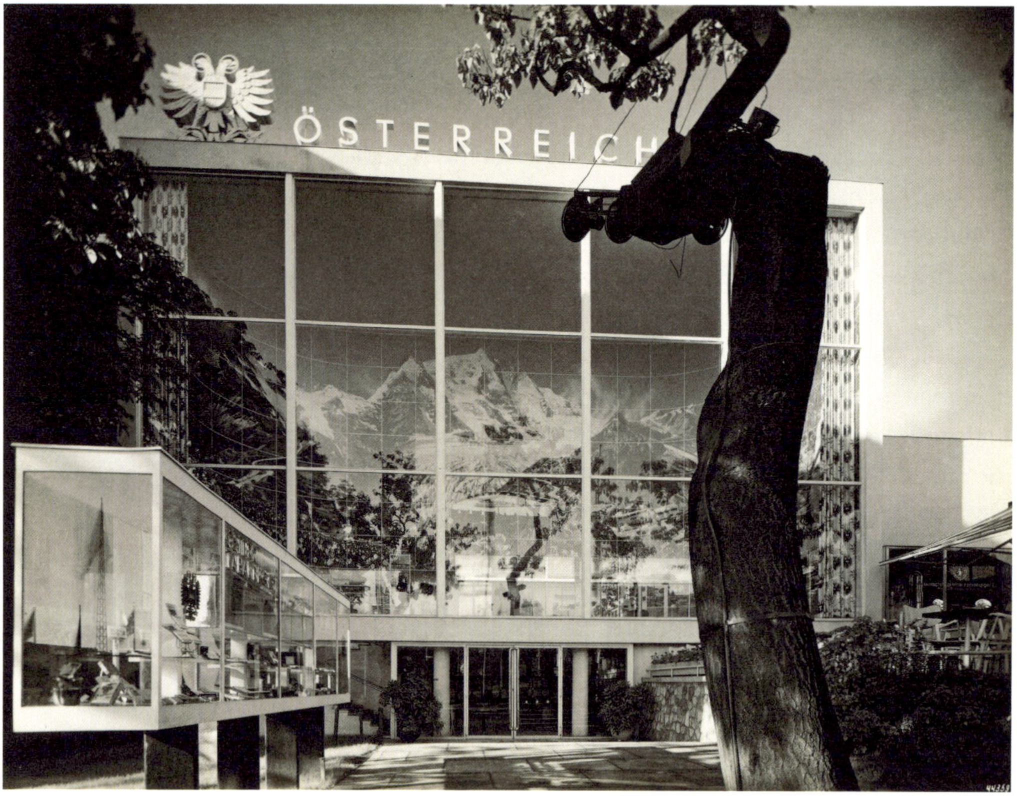

Kunstgewerbeschule und belegte Kurse bei Koloman Moser, Josef Frank sowie bei Oskar Strnad, bei dem er 1921 sein Architekturdiplom absolvierte. Für sein Diplomprojekt *Haus auf Pylonen* erhielt er sogar den Staatspreis, wodurch er rasch an Prominenz gewann. Nach einigen Jahren der Tätigkeit im Atelier Josef Hoffmanns wurde er 1933[121] an die Kunstgewerbeschule berufen, wo er wenig später zum Professor für gewerbliche und industrielle Entwürfe wurde. Dem gingen mehrere prestigereiche Projekte voraus, unter anderem ein Bau in der Wiener Werkbundsiedlung sowie diverse Planungs- und Umbauarbeiten von Wiener Cafés, Restaurants oder Geschäften. Wie der Historiker Siegfried Mattl konstatierte, gelang es Haerdtl mit der Übertragung des Interieurelements der Vitrine diese Konsumräume „auf radikale Weise zum öffentlichen Raum“[122] zu transformieren. Die für Haerdtls Schaffen so typische Vitrine beschreibt er deshalb als „das große ungeteilte Fenster“, das eine „permissible Passage“[123] für den Blick bildet. Er avancierte in Österreich zu einem der angesehensten Designer seiner Zeit und repräsentierte 1937 während der Pariser Weltausstellung das Land durch die Gestaltung des Pavillons, den er

Abb. I
Österreichischer Pavillon in Paris, gestaltet von Oswald Haerdtl, 1937, Fotograf: Julius Scherbs, UaK, IN 11.447/13/F/W

ebenfalls als überdimensionale Vitrine entwarf Abb. I. Damit bediente Haerdtl, wie Mattl es ausdrückte, zugleich eine „barocke ‚Schaulust'"[124], mit der er sich gekonnt innerhalb der austrofaschistischen Kulturpolitik zu verorten wusste. Obgleich Haerdtl 1939 ein eigenes Atelier eröffnete, setzte er parallel dazu die zahlreichen Kooperationen mit Josef Hoffmann fort, der sein Mentor blieb. Während des Nationalsozialismus verlagerte Haerdtl seine selbstständige Tätigkeit vermehrt nach Polen, wo er erst in Krakau und später in Breslau ein Büro führte – eine berufliche Entscheidung, die allerdings genauere Details zu den Gründen dieser Ortswahl offenlässt. Neben öffentlichen Projekten erledigte er auch eine Vielzahl an privaten Aufträgen, darunter zahlreiche Interieurgestaltungen.[125] Seine Auftragslage erlebte im Nationalsozialismus definitiv keine Rückschläge, vielmehr wusste Haerdtl seine Kontakte zu hohen NS-Funktionären – darunter auch Kajetan Mühlmann (1898–1958), einer der Drahtzieher des NS-Kunstraubs insbesondere in Polen – gekonnt einzusetzen. Seine vielfach betonte „Wiener Note", die von Auftraggebern als Qualitätsmerkmal erachtet wurde, behielt er als Architekt und Designer in den Jahren bis 1945 weitgehend bei.[126]

Im architektonischen Wiederaufbau Österreichs trat Haerdtl schließlich neben Max Fellerer und Eugen Wörle als zentrale Figur in Erscheinung und seine Karriere erlebte mit zahlreichen öffentlichen Bau-, Planungs- und Renovierungsprojekten in Wien eine neue Hochphase. Sein Engagement reichte etwa von der Neugestaltung des Stephansplatzes bis zur Errichtung diverser Wohn- und Geschäftsgebäude, von der Umgestaltung des Cafés Prückel oder des Volksgarten-Pavillons bis zu jener der Repräsentationsräume des Bundeskanzleramts. Das Historische Museum der Stadt Wien (heute: Wien Museum) zählt zu den bekanntesten Projekten des Architekten, das er zwischen 1954 und 1959 realisierte. Vielfach waren auch Studierende der Fachklasse für Raumkunst, gewerbliche und industrielle Entwürfe an Haerdtls Aufträgen beteiligt.

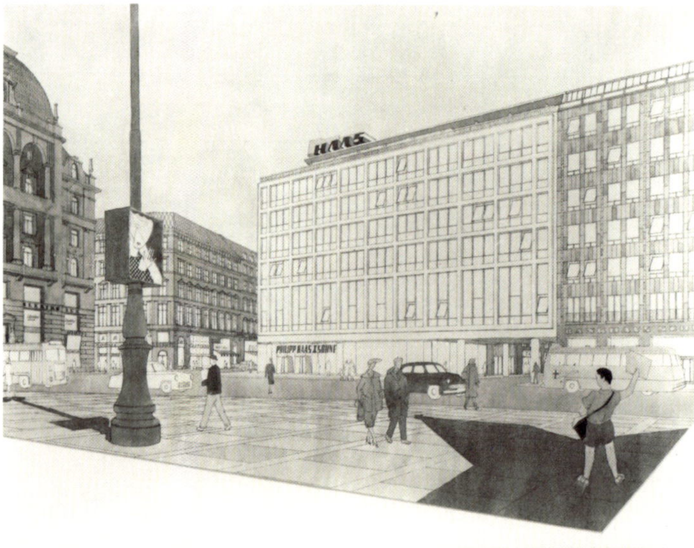

Abb. J
Heinz Karbus, Entwurf für das Haus am Stephansplatz (Philipp Haas & Söhne), 1950, UaK, IN 16.333/1/FW

Abb. K
Heinz Karbus, Entwurf für den Bahnhof Klosterneuburg, 1949, UaK, IN 16.332/1/FW

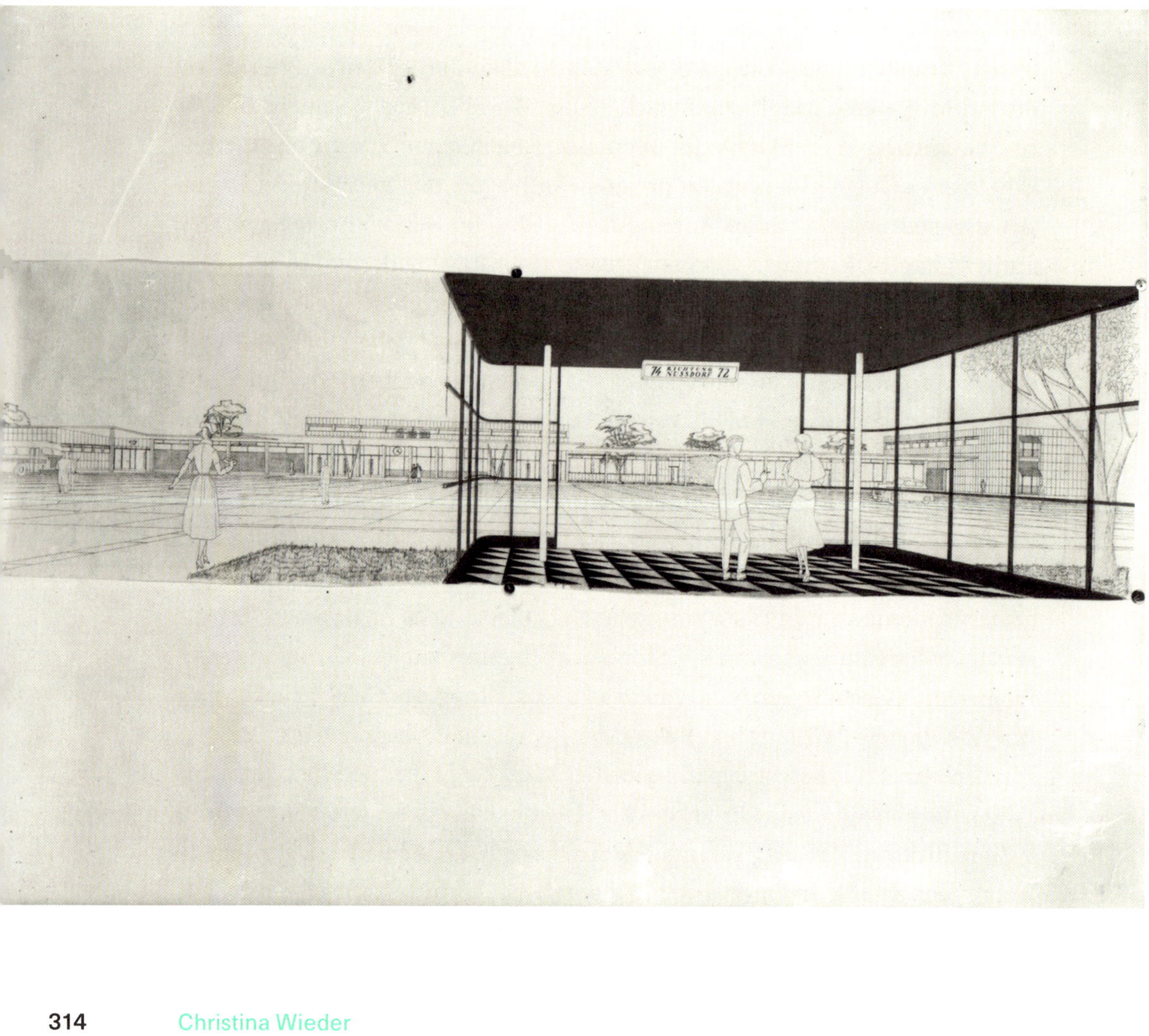

So finden sich im Universitätsarchiv der Angewandten unter anderem Entwürfe für Philipp Haas & Söhne, einen Altwiener Teppich- und Möbelstofffabrikanten. Das sogenannte Haas-Haus wurde 1951 bis 1953 letztlich von Carl Appel (1911–1997) und Max Fellerer errichtet, die studentischen Arbeiten zeugen jedoch von einer von Haerdtl beeinflussten reduziert-funktionalistischen Formsprache, die zugleich paradigmatisch für die Nachkriegsarchitektur Wiens steht.[127] Raster- und Vorhangfassaden bieten reichlich Platz für Glasflächen, die die von Haerdtl vielfach betonte Vitrinenoptik aufgreifen. Dies halten etwa auch die Entwürfe von Heinz Karbus (1927–2015) fest – einerseits für das Gewerbegebäude Philipp Haas & Söhne Abb. J, andererseits für den Bahnhof Klosterneuburg Abb. K –, der ab 1946 bei Haerdtl studierte. Auch Diplomarbeiten, die nach 1945 entstanden, zeugen von stilistischen Einflüssen des Klassenlehrers und thematisch von den Investitionen in Infrastrukturprojekte der Nachkriegszeit. Die Planungen von Schulen oder des Flughafens Wien wurden gleichermaßen zum Gegenstand studentischer Entwürfe wie der Neubau von Wohn- und Gewerbegebäuden oder Hotelbauten und Restaurants zur Förderung des österreichischen Tourismus Katalog, Abb. 60–64. Die Arbeiten interpretieren nicht nur öffentlichen und privaten Raum neu, sondern forcieren zugleich eine erweiterte Form der Transparenz durch großflächige Fensterkonstruktionen, die den technischen Fortschritt widerspiegelten. Wie die Kunsthistorikerin Irene Nierhaus es ausdrückte, sollten die öffentlichen Bauten – zumindest in Wien – „nicht mehr durch ihr Aussehen appellieren, sondern durch eine erweiterte Hygiene (Licht-Luft-Sonne-Grün) in endlos multiplizierbarer, demokratischer Gleichförmigkeit, nicht als Differenz, sondern als organischer Bestandteil ins städtische Gefüge eingegliedert werden – entsprechend dem damaligen Schlagwort: Vom sozialen Wohnbau zum sozialen Städtebau".[128] Damit gliederte sich Haerdtls Schaffen, wie jenes seiner Studierenden, in eine breitere Entwicklung der Nachkriegsmoderne ein und integrierte internationale Bautrends, die zeitgleich in der BRD, in Frankreich oder in Skandinavien erkennbar wurden.[129]

Ähnlich wie die genannten Länder waren auch Österreich, Wien und die Hochschule für angewandte Kunst in den Nachkriegsjahren von Ressourcenknappheit geplagt – ein Umstand, den Haerdtl wiederholt als erschwerenden Faktor für die Unterrichtsgestaltung benannte. Erst das Schuljahr 1948/49 wollte der Fachklassenleiter rückblickend als „erfolgreicher" bezeichnen:

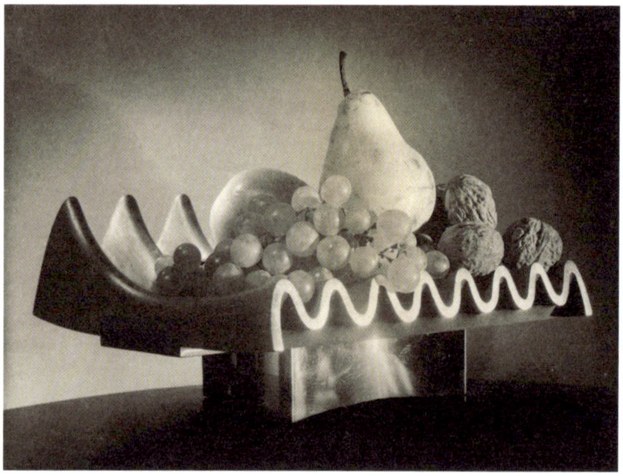

Abb. L
Unbekannte*r Künstler*in, Modell einer Obstschale, ca. 1950, Fotograf*in: unbekannt, UaK, IN 11.140/FW/2

Abb. M
Ausstellung der Klasse Haerdtl in der Secession, 1951, Fotograf*in: unbekannt, UaK, IN 16.356/9/FW

Einerseits erlaubte es die rechtzeitige Lieferung von Heizmaterial, mehrere Stunden in den Klassenräumen zu verbringen, andererseits, zeigten die Studierenden, „welche gesundheitlich noch an den Folgen der vergangenen Hungerjahre zu leiden hatten", nun einen außergewöhnlichen „Arbeitswillen".[130] Wie der Name der von Haerdtl geleiteten Fachklasse bereits verrät, umfasste die Raumkunst nicht rein die Planung und Errichtung von Wohn- und Gewerbegebäuden, sondern auch die innere Ausgestaltung privater Wohn- sowie öffentlicher Repräsentationsräume. Dazu zählte mitunter die Herstellung von Gebrauchsgegenständen wie Dosen und Obstschalen Abb. L sowie Textildesigns für Möbel, Teppiche oder Gardinen.[131] Etliche Stoffentwürfe von Haerdtls Studierenden verbinden aktuelle Trends mit der Tradition der Wiener Werkstätte: Sie kombinieren florale Elemente mit tierischen Motiven und wählen extravagante Farbkombinationen, die die Schlichtheit der Formen und Linien kontrastieren Katalog, Abb. 65–66. Bemerkenswert daran ist, dass es sich hierbei nicht um eine Wiederentdeckung nach Kriegsende handelte, sondern die Bezüge auf die Wiener Werkstätte – zumindest bei Stoffmustern – vielmehr konstant über die nationalsozialistischen Jahre der Klassentätigkeit bestehen blieben. Ihnen wohnt deshalb, anders als im Zuge der Besprechung der Werkstätten für Mode und Textilarbeiten (vgl. Kapitel 2.3.3.) herausgearbeitet wurde, kein genuin widerständiger Charakter inne, noch widersprachen sie grundsätzlich den innenarchitektonischen Ansprüchen im Nationalsozialismus. Vielmehr waren sie Ausdruck der von Haerdtl geprägten Linie, die nationalsozialistische

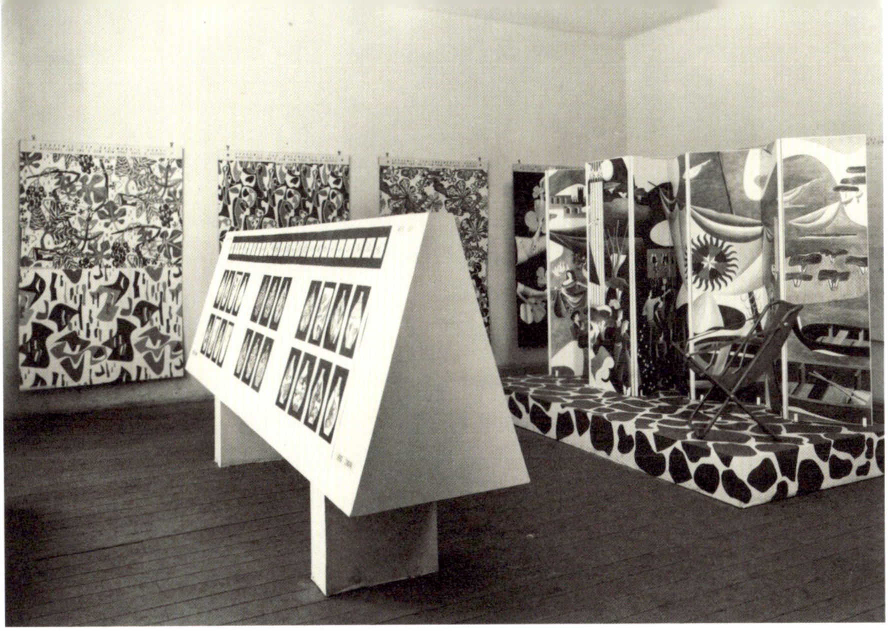

Prinzipien gekonnt mit der „Wiener Eigenart“ zu kombinieren wusste. Nach 1945 sollte der Fokus allerdings wieder verstärkt auf die Betonung der Wiener Tradition gerichtet werden; so präsentierte die Klasse für Raumkunst, gewerbliche und industrielle Entwürfe auch wiederholt ihre Stoffentwürfe bei diversen Ausstellungen, etwa 1946 bei der Studierendenausstellung im Kunsthandwerksverein, 1950 bei der Schulausstellung im heutigen MAK oder 1951 bei der Ausstellung in der Secession Abb. M.

Das Engagement des Klassenleiters für seine Studierenden zeigte sich nicht nur darin, dass er darum bemüht war, ihnen Ausstellungsbeteiligungen zu ermöglichen; er verfolgte außerdem intensiv das Anliegen des internationalen Austauschs. Dabei fällt auf, dass er – nicht zuletzt wegen seiner Ehe mit der italienischen Designerin Carmela Prati – enge Kontakte zum südlichen Nachbarland pflegte und mehrfach Studienreisen nach Venedig mit seinen Kursteilnehmer*innen absolvierte.[132] Wie vorab erwähnt, nahmen internationale Austauschprogramme ab den frühen 1950er-Jahren stetig zu, und auch die bilateralen Beziehungen zu Italien wurden intensiviert. Obgleich Italien aufgrund seiner kulturellen Erzeugnisse und seiner Vielzahl an renommierten Ausstellungsorten stets ein zentraler Ort modernen, künstlerischen Austauschs war, zeigte sich das Land zugleich geprägt von faschistischen Strukturen, die ähnlich wie in Österreich kaum aufgearbeitet wurden und sich auch im Nachkriegskunstgewerbe abbildeten.[133] Gleichzeitig instrumentalisierte der italienische Faschismus schon früh die moderne Kunst für seine Zwecke. Dass Haerdtl trotzdem oder gerade deshalb den Kontakt zu italienischen Kultureinrichtungen pflegte, mag mitunter Auskunft über seine eigene politische und künstlerische Haltung geben. Der Architekt und Designer war definitiv kein Kritiker einer nationalistischen Kunstproduktion. Vielmehr wurde er als Vertreter einer solchen Kunstrichtung bereits 1937 mit der Goldenen Verdienstmedaille der Republik Österreich ausgezeichnet. 1948 erhielt er dann den Architekturpreis der Stadt Wien für sein Engagement im Wiederaufbau.[134] Vielfach präsentierte sich Oswald Haerdtl als patriotischer Österreicher und zugleich als Kosmopolit, der Altes und Neues zu verbinden wusste. Sein Schaffen vermittelte vielfach ein modern-mondänes Image und blieb doch markant in einer nationalistischen Logik verhaftet. Damit konnte er nach 1945 wieder rasch an seine Erfolge von vor 1938 anknüpfen, selbst wenn seine Karriere keine einschneidenden Zäsuren durch den Nationalsozialismus erlebt hatte. Ähnlich wie seinem Lehrer und Mentor Josef Hoffmann gelang es ihm, zahlreiche NS-behördliche Aufträge zu akquirieren, was aber nach Ende des Krieges de facto keine Konsequenzen für ihn hatte.

3.3.3. Fachklasse für Angewandte Malerei

Im Vergleich zu ihren Kollegen Paul Kirnig und Oswald Haerdtl sind im Schaffen Hilda Schmid-Jessers Kontinuitäten nur schwer zu erkennen, denn ihre Biografie und ihr beruflicher Werdegang waren geprägt von zahlreichen Zäsuren und Rückschlägen. Bis zu ihrer Rückkehr an die Hochschule für angewandte Kunst im Jahr 1946 und ihrer Übernahme der Fachklasse für Angewandte Malerei musste die Malerin, Grafikerin und Textilkünstlerin zahlreiche Hürden überwinden. Dies lag einerseits daran, dass sie Vertreterin einer Kunstrichtung war, die im Nationalsozialismus verfemt wurde, andererseits aber auch daran, dass sie als Frau im männlich dominierten Kunstgewerbe stets in die zweite Reihe verwiesen wurde. Wie bereits in Kapitel 1.1.3. herausgearbeitet, war die Situation an der Kunstgewerbeschule und späteren (Reichs-)Hochschule für angewandte Kunst für Frauen bei Weitem nicht so ideal für Frauenförderungsmaßnahmen, wie es wiederholt in der Historiografie dargestellt wurde. Nur vereinzelt erhielten Frauen Professuren; die meisten wurden als Hilfslehrerinnen oder Assistentinnen engagiert, wobei sie zwar vielfach die gleiche Arbeit wie ihre männlichen Vorgesetzten leisteten, allerdings deutlich schlechter gestellt waren. Obgleich die Zahl der Studentinnen im Untersuchungszeitraum konstant hoch war, konnten nur einige wenige Ausnahmetalente im österreichischen und internationalen Kunstgewerbe die Karriereleiter hinaufklettern. Viel öfter wurden sie als billige Arbeitskräfte angesehen und ihnen weit weniger Anerkennung – in monetärer sowie künstlerischer Hinsicht – entgegengebracht. Hilda Schmid-Jesser war kein leichtes Los an der Schule beschieden gewesen: Ihr Werdegang zeugt von einer kämpferischen Natur und ihrem Bestreben, als Frau gleichberechtigt zu sein sowie gesellschaftliche und künstlerische Sichtbarkeit zu erreichen.

Nach einem Studium an der Wiener Frauenakademie und an der Kunstgewerbeschule, wo sie 1917 ihren Abschluss machte, war Hilda Schmid-Jesser mehrere Jahre für die Wiener Werkstätte tätig. Als künstlerische Mitarbeiterin zeichnete sie sich dort durch eine enorme Vielfältigkeit aus: Sie machte Entwürfe für Stickereien, Lederarbeiten, Möbeltextilien und Tapeten, für Glas und Porzellan, und gestaltete Werbegrafiken sowie Postkarten Abb. N u. O. Da die Wiener Werkstätte allerdings ihren Lohnforderungen nicht nachkam, kündigte sie kurzerhand und wechselte als Hilfslehrerin und Assistentin für Wilhelm Müller-Hofmann an die Kunstgewerbeschule.[135] Doch auch dort sah sie sich wiederholt mit Widerständen konfrontiert, die ihre beruflichen Ambitionen zu unterbinden suchten. Ihr Ansuchen, eine eigene Malereiklasse parallel zu jener Müller-Hofmanns zu etablieren, wurde abgelehnt. Mit der nationalsozialistischen Übernahme der Schule folgte sogar ihre Zwangspensionierung (vgl. Kapitel 2.1.). Wie aus Schmid-Jessers Personalakt hervorgeht, konnte sie die Zeit von 1938 bis 1945 mit unterschiedlichen Auftragsarbeiten finanziell überstehen, u. a. mit Wandmalereien, Veduten und Stuckarbeiten für Cafés, Restaurants und Theater in Saarbrücken, Krakau oder Wien.[136] Eine ihrer bekanntesten Wandmalereien ist im Musikstudio des Wiener Funkhauses erhalten geblieben Abb. P. Den Auftrag hatte sie noch 1937 akquiriert und im Laufe des Jahres 1939 durchgeführt.[137] An solche und andere prestigereiche Projekte, die sie vor ihrer Zwangspensionierung umsetzte, knüpfte Schmid-Jesser allerdings in der Folge nicht mehr an. Auch nach 1945 sah sie sich gezwungen, weitere Auftragsarbeiten zu erledigen, die ihrem im Wachsen begriffenen Erfolg der 1930er-Jahre nicht gleichkamen.

Als Hilda Schmid-Jesser 1946 mit der Fachklasse für Angewandte Malerei betraut wurde, gab es eine solche – zumindest unter demselben Namen –

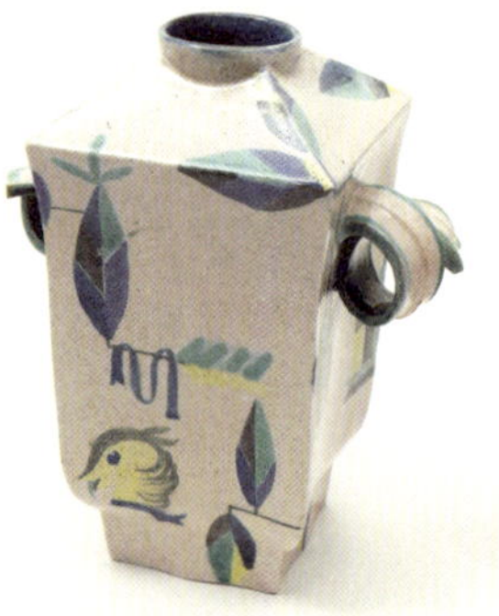

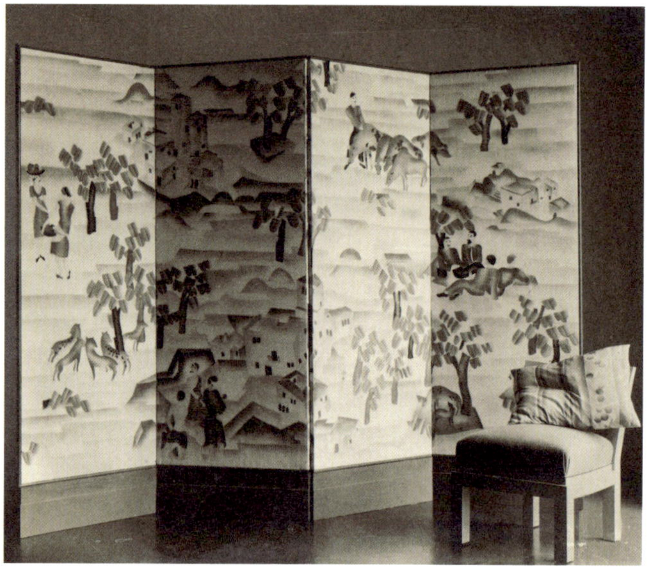

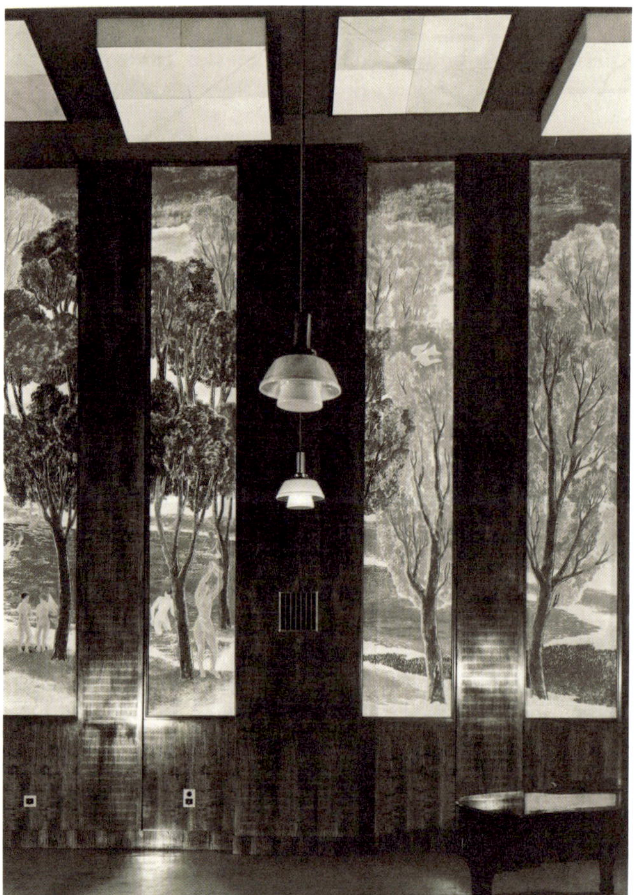

Abb. N
Hilda Schmid-Jesser, Vase, 1921, UaK, IN 13.623/O

Abb. O
Paravent-Entwurf von Hilda Schmid-Jesser, Fotograf*in: unbekannt, UaK, IN 11.164/6/FW

Abb. P
Wandmalereien von Hilda Schmid-Jesser im Musikstudio des Wiener Funkhauses, 1939, Fotograf*in: unbekannt, UaK, IN 12.840/2/FW

noch nicht. Parallel dazu führte Paul Kirnig die Fachklasse für Gebrauchs-, Illustrations- und Modegraphik, Wilhelm Müller-Hofmann jene für Malerei und Hertha Larisch-Ramsauer jene für Künstlerische Schrift und Buchgestaltung. Alle vier wurden als Subeinheiten der Fachabteilung für Malerei, Graphik und Schrift geführt und verzeichneten hohe Besuchszahlen.[138] Ein genauerer Blick offenbart allerdings, dass deutlich mehr Studierende, insbesondere männliche, bei den Kollegen Kirnig und Müller-Hofmann als bei Larisch-Ramsauer und Schmid-Jesser inskribiert waren, während die weiblichen Studierendenzahlen bei allen annähernd gleich blieben. Der Umstand aber, dass Schmid-Jesser keiner bereits bestehenden Professur nachfolgte, stattete sie mit einer weitreichenden Gestaltungsmacht aus, die sie im Laufe der Jahre ihrer Anstellung stetig auszubauen wusste. Ihr Lehrplan war ähnlich vielfältig wie ihre eigene künstlerische Tätigkeit; dies bezeugt etwa ihr Jahresbericht von 1949/1950:

> *Neben ständigem Porträt- und Aktstudium wurden vorzüglich Entwürfe für Wandmalerei, Gobelin, Glasfenster und Mosaik gemacht, unter anderm [sic] auch der Karton zu einem Fresko für die Außenwand der Gertraudiskapelle in Klosterneuburg. Außerdem entstanden Entwürfe für Plakate, für Packungen und Papiere, Kostümentwürfe für ein bestimmtes Fest im Künstlerhaus, und Illustrationen.*[139]

Darüber hinaus betonte sie noch die Erfolge ihrer Studierenden, etwa Auszeichnungen bei Wettbewerben oder mit Kunstpreisen. In anderen Jahren hob sie Museums- und Ausstellungsbesuche hervor, die sie zu Studienzwecken mit den Kursteilnehmer*innen besucht hatte. Diese reichten von einer Ausstellung zu französischer Grafik in der Albertina, Präsentationen von Barockstoffen im Museum für Kunst und Industrie bis hin zu Art-Club-Ausstellung in der Secession. Sie zeugen von dem breitgefächerten inhaltlichen Angebot, das Schmid-Jesser in ihren Unterricht integrierte.[140] Insgesamt fielen ihre Berichte über die Tätigkeit der Klasse kurz aus, sie selbst trat dabei wenig in den Vordergrund, vielmehr betonte sie das Engagement der Studierenden, die sie intensiv zu fördern versuchte. Dies bezeugt auch Lucia Kellner (geb. 1932), die von 1954 bis 1959 in Schmid-Jessers Fachklasse für Angewandte Malerei inskribiert war und wenige Jahre später deren Assistentin wurde.[141] Kellner erzählt, dass die Lehrerin eher still und von zurückhaltendem Charakter war,

Abb. Q
Lucia Kellner, *Farbproben*, Übungsblätter aus dem ersten Semester, 1954, Privatsammlung Kellner

allerdings pointiert und präzise die Arbeiten der Studierenden beurteilte und ihnen mit konstruktiven Anweisungen und Hilfestellungen zu Seite stand. Sie erinnert sich auch an den Beginn ihrer Studienzeit und daran, wie der Unterricht bei Schmid-Jesser damals gestaltet war:

> *Sie hat zum Beispiel [...] uns Neuankömmlinge Farbenflächen machen lassen. Ein, zwei Semester, neben Aktzeichnen und anderen Pflichtfächern, durften wir nur mit einem Rundpinsel Linien gestalten. [...] Und ich bin mir damals blöd vorgekommen, weil ich mir gedacht habe, jetzt bin ich eigentlich auf einer Akademie gelandet und jetzt muss ich solche Papierl ausfüllen [lacht]. Aber heute weiß ich, was das wert war. Man hat automatisch gelernt, Farben zueinander [zu ordnen], Farbkomposition und Komposition im Ganzen, auch Farben [zu] mischen, alles spielend.*[142]

Diese technischen Studien Abb. Q waren, wie Kellner hinzufügte, aber nicht an spezielle Aufgaben geknüpft, vielmehr genossen Studierende große Gestaltungsfreiheiten. Dennoch macht die Beschreibung deutlich, dass die Lehrerin Wert auf Präzision legte. Auch Aktzeichnen sollte nur mit Rundpinsel und nicht mit Bleistift passieren, denn, so Kellner, „da kann man nicht schwindeln".[143] Trotz dieser Strenge, mit der Schmid-Jesser technische Genauigkeit einforderte, schätzten die Studierenden die Vielfalt ihres Unterrichts, schließlich gewannen sie Einblick in eine breite Facette an Techniken und Materialien. Gewissenhaftigkeit, Sorgfalt und mitunter körperliche Ausdauer bewies Schmid-Jesser nicht zuletzt auch bei Stuckarbeiten, etwa auch bei dem Deckenstuck in den Pausenräumen des Theaters an der Wien, bei dessen Ausführung Lucia Kellner der Lehrerin assistierte. Ihr blieben dabei viele Stunden Arbeit in Erinnerung sowie der Anspruch Schmid-Jessers, ohne „Verzögerer", also Zusatzmittel, zu arbeiten, was zwar das Fortkommen massiv beschleunigt, allerdings der Qualität Abbruch getan hätte. Hilda Schmid-Jesser

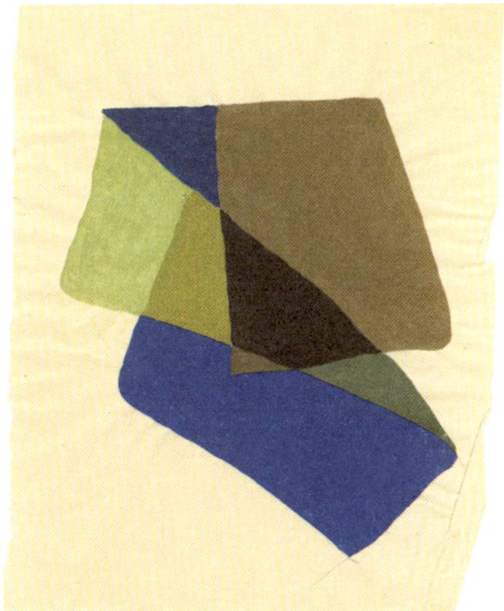

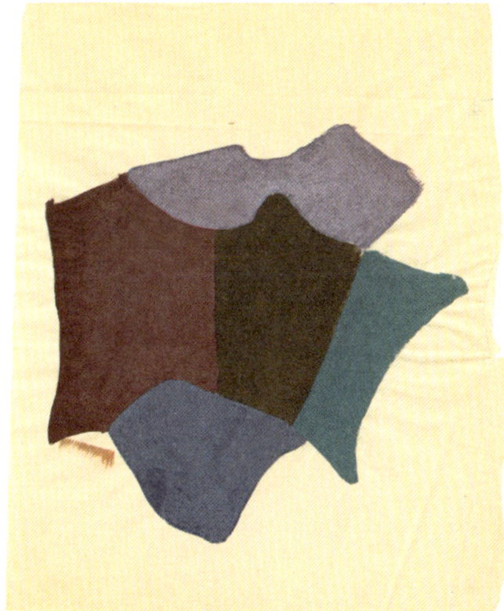

nahm dafür neben einem beachtlichen zeitlichen Aufwand auch körperlich anspruchsvolle Arbeit in Kauf und hinterließ durch ihre Unnachgiebigkeit bei technischer Präzision und Fragen der Echtheit des Materials ein nachhaltiges Werk, das in Wien und darüber hinaus noch an vielen Orten bestaunt werden kann.

Bedauerlicherweise kam Hilda Schmid-Jesser nie die ihr gebührende künstlerische und gesellschaftliche Anerkennung zu, die sie verdient hätte. Ihre Arbeiten sind zwar vielfach öffentlich zugänglich, da sie aber kaum namentlich gekennzeichnet sind, ist die Künstlerin dahinter weitgehend unsichtbar geblieben. Das Schicksal der Leiterin der Fachklasse für Angewandte Malerei ist repräsentativ für viele Künstlerinnen ihrer Zeit. Trotz ihres aufstrebenden Ehrgeizes und ihres außergewöhnlichen Engagements und Talents gelang es Schmid-Jesser nicht, sich einen mit den männlichen Kollegen an der Kunstgewerbeschule und später an der Hochschule für angewandte Kunst gleichberechtigten Platz zu erkämpfen. Wie Sitzungsprotokolle und Jahresberichte aus der Zeit nach 1945 bezeugen, war sie zwar vielfach interessiert am künstlerischen Austausch mit Kolleg*innen; allerdings schienen die Erfahrungen der 1930er-Jahre sie gelehrt zu haben, sich im Hintergrund zu halten und eher durch konstante und beständige Arbeit Präsenz zu zeigen. Zu forsches emanzipatives Aufbegehren wurde schließlich selbst in der

Ernestine/Erna Kopriva

Wien 9. November 1894 – 17. Juli 1984 Wien

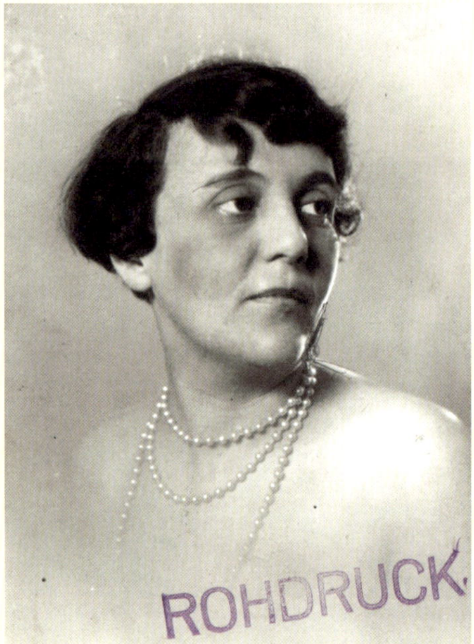

Erna Kopriva verband mit Hilda Schmid-Jesser nicht nur eine enge Freundinnenschaft. Sie teilten auch das Schicksal der zwangsweisen Dienstenthebung nach dem „Anschluss" Österreichs an das „Deutsche Reich" sowie die Erfahrung der Rückkehr an die Hochschule für angewandte Kunst nach Ende des NS-Regimes. Beide Frauen waren gleich alt, begannen ähnlich vielversprechende Karrieren als Künstlerinnen und waren Vertreterinnen einer Frauengeneration, die zu Beginn des 20. Jahrhunderts selbstbewusst und öffentlich für politische, ökonomische und sexuelle Selbstbestimmung eintrat. Dieses aufstrebende Engagement ambitionierter Künstlerinnen wurde jedoch vielerorts durch den Nationalsozialismus unterbunden. Kopriva und Schmid-Jesser kehrten somit nach 1945 an eine stark veränderte Angewandte – nicht zuletzt auch in eine andere Wiener Kunstszene – zurück, die sich maßgeblich von jener unterschied, die sie 1938 hatten verlassen müssen.[1]

Kopriva studierte von 1913 bis 1919 an der Kunstgewerbeschule und besuchte Kurse bei Alfred Roller (1864–1935), Franz Čižek (1855–1946), Oskar Strnad (1876–1935), Anton Hanak (1875–1934) sowie Josef Hoffmann (1870–1956). Letzterer schätzte das Talent seiner Schülerin sehr und hielt in ihrem Abgangszeugnis fest, dass sie „formale Begabung sowie Kraft zur Ausführung plastischer Arbeiten" besitze. In seiner Fachklasse für Architektur habe sie zudem „Geschmack und Geschicklichkeit" gezeigt, „und erwies sich als sehr begabt für dekorative Arbeiten wie Stoffmuster, Tapeten und Illustrationen".[2] Dieses Talent wollte Hoffmann offenkundig auch weiterhin fördern, sodass Kopriva nur wenig später in den Personalstand der Wiener Werkstätte eintrat, die er gemeinsam mit anderen Vertretern der Wiener Moderne begründet hatte. Von 1919 bis

Abb. Kopriva 1
Erna Kopriva, Foto: Atelier Rudolf Lechner, Wilhelm Müller, um 1925, MAK, IN WWF 215-11

Abb. Kopriva 2
Erna Kopriva, Figur mit zwei Hunden, Keramik, um 1924, MAK, IN WWF 108-54-3

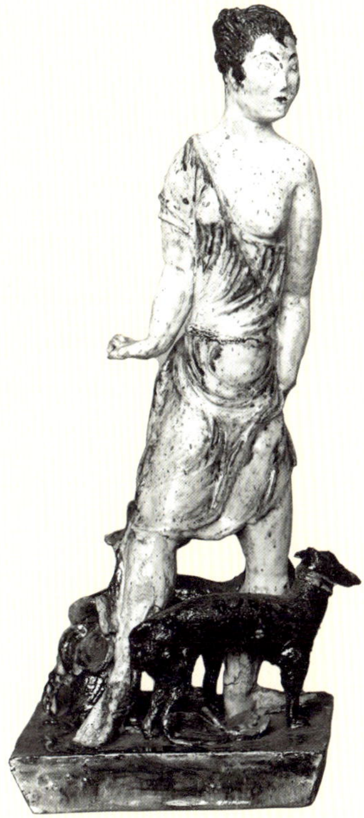

1932 war sie künstlerische Mitarbeiterin dieser zentralen kunstgewerblichen Einrichtung und begann 1928 parallel dazu ihre Tätigkeit als Hilfslehrerin in Hoffmanns Fachklasse für Architektur.[3] Kopriva entwarf vorrangig Stoff- und Tapetenmuster, die das Wesen der Wiener Werkstätte stilistisch mitprägten und weiterentwickelten, nicht zuletzt durch experimentelle Form- und Farbvariationen. Ihre Keramiken stellen neben sportlichen Männerfiguren, Hunden und Pferden auch vielfach Frauen dar, welche ganz im Trend der Zeit – mit Bubikopf und modischer Kleidung, teils mit nackter Brust und selbstbewusster Körperhaltung, teils ausgestattet mit Arbeitsutensilien – das Ideal der Neuen Frau repräsentierten. Kopriva war überdies Mitglied der Wiener Frauenkunst, jenes Vereins, der 1926 gegründet und wiederholt als „weibliche Secession" bezeichnet wurde.[4]

Zu Beginn des Jahres 1938 wurde Kopriva noch zur „wirklichen Lehrerin" ernannt. Nur wenig später folgte aber die Dienstenthebung. Begründet wurde diese mit dem antisemitisch motivierten Paragraphen 3 der „Neuverordnung des österreichischen Berufsbeamtentums" (vgl. 169–170). Die Jahre von 1938 bis 1945 stellen eine Lücke in ihrer Biografie dar: Ob sie Österreich verlassen musste, sich im Exil aufhielt oder untertauchte, ob sie in weiterer Folge überhaupt als Kunstgewerblerin weiterarbeiten konnte bzw. wie sie ihren Lebensunterhalt bestritt, ist nicht bekannt.

Ihr Personalakt gibt allerdings Auskunft darüber, dass Erna Kopriva 1946 den Dienst an der nunmehrigen Hochschule für angewandte Kunst wieder aufnahm und 1953 zur Professorin ernannt wurde. Sie unterrichtete an der Werkstätte für Stoffdruck und Tapeten bis zu ihrer Pensionierung 1960. Insgesamt schien sich Kopriva allerdings, ähnlich wie Hilda Schmid-Jesser, nach Kriegsende an der Hochschule für angewandte Kunst eher im

Abb. Kopriva 3
Erna Kopriva, Stoffentwurf, um 1921, MAK, IN KI 12238-5

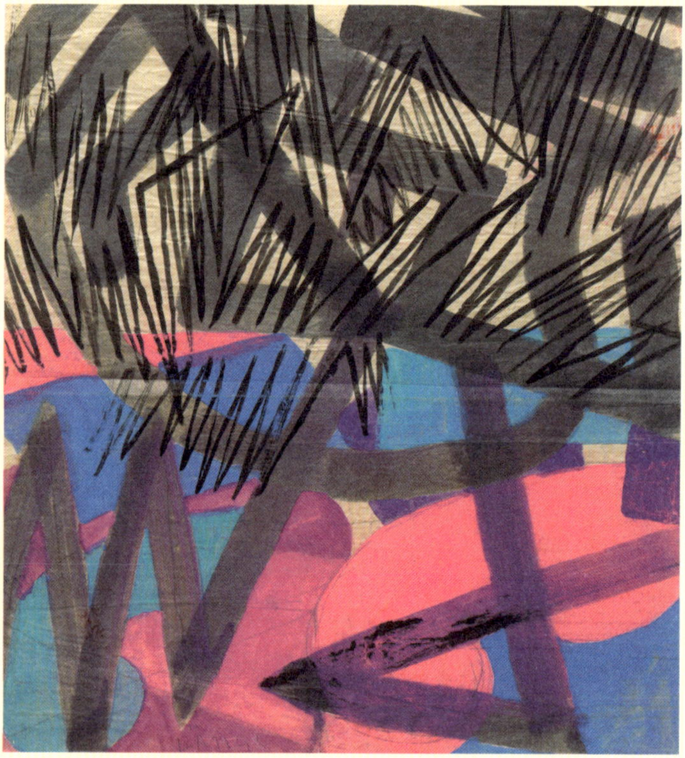

Hintergrund zu halten und sich auf ihre Unterrichtstätigkeit zu konzentrieren. Anscheinend konnte sie auch nur bedingt auf die Unterstützung des weitgehend männlichen Kollegiums zählen. Als ehemals aufstrebende, progressive und ambitionierte Künstlerin, die nach 1945 an die Angewandte zurückkehrte, hatte sie es bestimmt nicht leicht – insbesondere im konservativen Kontext der Nachkriegsjahre.

Kurz vor ihrem 65. Lebensjahr, als ihre Pensionierung anstand, erkrankte Kopriva schwer und konnte nicht mehr an ihre Lehrstelle zurückkehren. Bis zu ihrem Tod 1984 lebte sie im dritten Wiener Gemeindebezirk, unweit des Universitätsgebäudes am Stubentor, und blieb künstlerisch aktiv.

1 Exemplarisch zu Kopriva: Ernestine Kopriva, in: Christoph Thun-Hohenstein/Anne-Kathrin Rossberg/Elisabeth Schmuttermeier (Hg.), Die Frauen der Wiener Werkstätte / Women Artists of the Wiener Werkstätte, Ausstellungskatalog Museum für angewandte Kunst Wien, Basel 2020, 235; Galerie bei der Albertina, Zetter, Erna Kopriva, URL: https://www.galerie-albertina.at/en/artists/13757/kopriva-erna (abgerufen 26.10.2023); erwähnt wird die Künstlerin außerdem im Aufsatz von Michael Hölters, Mathilde Flögl: Wien – Tschechoslowakei – Salzburg, in: Anne-Katrin Rossberg/Elana Shapira (Hg.), Gestalterinnen. Frauen, Design und Gesellschaft im Wien der Zwischenkriegszeit, Berlin/Boston 2023, 98–115.

2 Josef Hoffmann, Gesamturteil zu Ernestine Kopriva, Abgangszeugnis. UaK, Abgangszeugnisse.

3 Vgl. Standesausweis, in: PA Erna Kopriva. UaK, Personalakten.

4 Vgl. Sabine Plakolm-Forsthuber, Frauenbilder und Bilder von Frauen im Wiener Ausstellungsbetrieb (1925–1945), in: Herbert Posch/Gottfried Fliedl (Hg.), Politik der Präsentation. Museen und Ausstellungen in Österreich 1918–1945, Wien 1996, 97–118.

Kunstgewerbeschule bzw. Hochschule für angewandte Kunst, die sich seit ihrer Gründung als Einrichtung verstand, die Mädchen- und Frauenbildung förderte, zu Schmid-Jessers Schaffenszeit nur ungern gesehen und vielfach mit dem direkten oder indirekten Ausschluss aus entscheidungstragenden Funktionen sanktioniert. Die Schwierigkeit, Werke und Informationen über Studierende der Künstlerin bzw. Archivalien und Dokumente zu ihrer Person zu finden, steht mit dieser Entwicklung in Verbindung und zeigt, mit welchen Schwierigkeiten Hilda Schmid-Jesser und ihre Kolleginnen in einem männlich dominierten Umfeld konfrontiert waren – ein Umstand, der sich bis heute auf aktuelle Forschungsarbeiten auswirkt.

Schmid-Jessers künstlerische Absichten sind einerseits klar geprägt von einem emanzipativen und zutiefst modernen Bestreben, die Kunst als Gestaltungsraum zu verstehen. Andererseits kreierte der Kontext der Nachkriegsjahre einen Rahmen, in dem sie diesem Anspruch nur bedingt nachkommen konnte. Ihre beharrliche Material- und Formgenauigkeit zeugt wiederum von einer konservativen Haltung, die sich dem Pragmatismus im Wiederaufbau entgegenstellte. Wie viele, die bedingt durch die nationalsozialistischen Zwangspensionierungen, Verfolgung oder Flucht, berufliche und private Rückschläge erlebten, schien auch Hilda Schmid-Jesser nach 1945 die künstlerische Freiheit und insgesamt die kulturelle Vielfalt vor 1938 zu idealisieren – wenngleich dieses „Davor“ sich bei ihr nicht primär auf die Zeit des Austrofaschismus, sondern auf die Hochphase der Wiener Moderne und die Kunst um 1900 bezog. Auch Schmid-Jesser trug damit ein Nachkriegsnarrativ mit, das bis heute in musealen Kontexten vorhanden ist und nicht zuletzt touristisch und für wirtschaftliche Zwecke verwertet wird.

Anmerkungen

1 Zu den zentralen Entwicklungen der Nachkriegszeit in Österreich vgl. Ernst Hanisch, Österreichische Geschichte 1890–1990. Der lange Schatten des Staates. Österreichische Gesellschaftsgeschichte im 20. Jahrhundert, Wien 2005, 399–426; Oliver Rathkolb, Die paradoxe Republik. Österreich 1945 bis 2015, Wien 2015; Wolfgang Kos, Eigenheim Österreich: zu Politik, Kultur und Alltag nach 1945, Wien 1994; Reinhard Sieder/Heinz Steinert/Emmerich Tálos (Hg.), Österreich 1945–1995. Gesellschaft, Politik, Kultur, Wien 1995, darin insbesondere 9–34, 68–79, 80–93 und speziell für Wien: Ela Hornung/Margit Sturm, Stadtleben. Alltag in Wien 1945 bis 1955, in: Sieder/Steinert/Tálos, Österreich 1945–1995, 54–67.

2 Viktor Matejka positionierte sich mit Schriften wie *Katholik und Kommunist* (1945), *Was ist österreichische Kultur?* (1945) oder *Widerstand ist alles: Notizen eines Unorthodoxen* (1983) als programmatische Figur der österreichischen Nachkriegskultur. Vgl. dazu Franz Richard Reiter (Hg.), Wer war Viktor Matejka? Dokumente – Berichte – Analysen, Wien 1994; Ders., „Volksbildung mach ich wo immer…" Viktor Matejka, 1901–1993. Beiträge und Dokumente zum österreichischen Humanisten, Kulturpolitiker, Publizisten, Büchermenschen, Volksbildner und Zeitzeugen Viktor Matejka, Wien 2007.

3 Zur Entnazifizierung der Universitäten und Studierenden, vgl. Standing Universities Denazification Committee: vol I./II./III. The National Archives (TNA), Kew, UK, FO 1020/2602, FO 1020/2603, FO 1020/2605; Universities: vol I./II. The National Archives, Kew, UK, FO 1020/2588, FO 1020/2589.

4 Vgl. Vienna monuments: information. The National Archives, Kew, UK, FO 1020/2769.

5 Für einen konzisen Überblick zu frühen Entwicklungen und zur Trennung von Schule und Museum siehe: Gottfried Fliedl, Kunst und Lehre am Beginn der Moderne. Die Kunstgewerbeschule 1867–1918, hg. von Oswald Oberhuber und der Hochschule für angewandte Kunst Wien, Salzburg/Wien 1986; vgl. auch Patrick Werkner, Von der Kunstgewerbeschule zur Angewandten. Schlaglichter auf die 150jährige Geschichte des Hauses, in: Gerald Bast/Anja Seipenbusch-Hufschmied/Patrick Werkner (Hg.), 150 Jahre Universität für angewandte Kunst Wien. Ästhetik der Veränderung, Berlin/Boston 2017, 22–43, 25.

6 Registrierungsliste, in: Politische Veränderungen im Personalstand der h. o. Anstalt. UaK, VA 1945/42.

7 Ebd.

8 Vgl. Protokoll der X. Sitzung des Lehrerkollegiums vom 7. Juni 1951. UaK, Sitzungsprotokolle, 6; Protokoll über die I. Sitzung des Lehrerkollegiums am 20. Oktober 1952. UaK, Sitzungsprotokolle, 9.

9 Ebd.

10 Paul Kirnig an den Bürgermeister der Gemeinde Wien, Abschrift, in: Politische Veränderungen im Personalstand der h. o. Anstalt. UaK, VA 1945/42, 1.

11 Ebd., 3.

12 Franz Herberth, Erklärung, 10.7.1945, in: Politische Veränderungen im Personalstand der h. o. Anstalt. UaK, VA 1945/42.

13 Otto Niedermoser, Abschrift, 7. 1945, in: Politische Veränderungen im Personalstand der h. o. Anstalt. UaK, VA 1945/42.

14 Max Fellerer, Abschrift, 10.7.1945, in: Politische Veränderungen im Personalstand der h. o. Anstalt. UaK, VA 1945/42.

15 Auf meine Anfrage vom 4.9.2023 zu Paul Kirnig und der Widerstandsgruppe Zeller-Weiß erhielt ich vom Dokumentationsarchiv des österreichischen Widerstandes (DÖW) die Auskunft, dass die Gruppe nicht bekannt ist und keine Unterlagen zu ihr oder Paul Kirnig im Bestand vorliegen.

16 Willfried Zeller, Bestätigung, 10.7.1945, in: Politische Veränderungen im Personalstand der h. o. Anstalt. UaK, VA 1945/42.

17 Wie der Historiker Winfried R. Garscha festhält, wären die österreichischen Behörden in Gnadengesuchen untergegangen, da sich eine derart große Anzahl, darunter auch Paul Kirnig, auf den § 27 des Verbotsgesetzes beriefen und argumentierten, sie hätten ihre NSDAP-Mitgliedschaft niemals missbraucht. Vgl. Winfried R. Garscha, Entnazifizierung und gerichtliche Ahndung von NS-Verbrechen, in: Emmerich Tálos/Ernst Hanisch/Wolfgang Neugebauer/Reinhard Sieder (Hg.), NS-Herrschaft in Österreich. Ein Handbuch. Wien 2000, 852–883, 858.

18 Zu „Persilscheinen" innerhalb akademischer Netzwerke vgl. Carola Sachse, „Persilscheinkultur": Zum Umgang mit der NS-Vergangenheit in der Kaiser-Wilhelm/Max-Planck-Gesellschaft, in: Bernd Weißbrod (Hg.), Akademische Vergangenheitspolitik: Beiträge zur Wissenschaftsgeschichte der Nachkriegszeit, Göttingen 2002, 217–246; Mitchell G. Ash, Ressourcenaustausch: Die KWG und MPG in politischen Umbruchzeiten – 1918, 1933, 1945, 1990, in: Dieter Hoffmann/Birgit Kolboske/Jürgen Renn (Hg.), „Dem Anwenden muss das Erkennen vorausgehen": Auf dem Weg zu einer Geschichte der Kaiser-Wilhelm-/Max-Planck-Gesellschaft, Berlin 2015, 307–341.

19 Studierende der Meisterklasse für Gebrauchs-, Illustrations- und Modegraphik an das Bundesministerium für Unterricht, Sektion II, 8.5.1951, in: PA Paul Kirnig. UaK, Personalakten.

20 Registrierungsliste, in: Politische Veränderungen im Personalstand der h. o. Anstalt. UaK, VA 1945/42.

21 Robert Obsieger, Kurzer Bericht über meine Tätigkeit als Direktor der Hochschule für angewandte Kunst Wien, in: Politische Veränderungen im Personalstand der h. o. Anstalt. UaK, VA 1945/42, 1.

22 Ebd., 3.

23 Ebd.

24 Ebd., 4.

25 Max Fellerer an das Landes-Arbeitsamt Wien Einsatzstelle für ehemalige Nationalsozialisten für den II. Bezirk, 11.8.1945, in: Sammelakt: Angehörige der N.S.D.A.P. – Arbeitseinsatz. UaK, VA 1945/44.

26 Max Fellerer an das Staatsamt für Volksaufklärung usw., 17.8.1945, in: Politische Veränderungen im Personalstand der h. o. Anstalt. UaK, VA 1945/42, 4.

27 Politische Beurteilung Eugen Mayer, in: Politische Veränderungen im Personalstand der h. o. Anstalt. UaK, VA 1945/42.

28 Vgl. PA Eugen Mayer. UaK, Personalakten.

29 Vgl. Rechtsinformationssystem des Bundes, Bundesverfassungsgesetz vom 6. Februar 1947 über die Behandlung der Nationalsozialisten (Nationalsozialistengesetz), URL: https://www.ris.bka.gv.at/Dokumente/BgblPdf/1947_25_0/1947_25_0.pdf (abgerufen 19.9.2023).

30 Eugen Mayer, Bericht, 10.6.1945, in: PA Eugen Mayer. UaK, Personalakten.

31 Vgl. Landesgericht Linz, Volksgericht, Strafsache gegen Philipp Häusler. UaK, VA 1947/60; Landesgericht Volksgericht Linz Strafsache Philipp Häusler Zeugen Adresse. UaK, VA 1950/52.

32 Unterlagen zum Verfahren gegen Philipp Häusler befinden sich im Oberösterreichischen Landesarchiv, Aktenzahl: MfG RP.

33 Registrierungsliste, in: Politische Veränderungen im Personalstand der h. o. Anstalt. UaK, VA 1945/42.

34 Vgl. Die Studenten der Fachklasse für Metallarbeiten an der Hochschule für angewandte Kunst an die Leitung des Hochschulrates, 29.11.1934, in: PA Eugen Mayer. UaK, Personalakten.

35 Protokoll der I. Sitzung des Lehrerkollegiums vom 17.11.1953. UaK, Sitzungsprotokolle, 4.

36 Vgl. Rechtsinformationssystem des Bundes, Bundesverfassungsgesetz vom 21. April 1948, über die vorzeitige Beendigung der im Nationalsozialistengesetz vorgesehenen Sühnefolgen für minderbelastete Personen, URL: https://ris.bka.gv.at/Dokumente/BgblPdf/1948_99_0/1948_99_0.pdf (abgerufen 19.9.2023).

37 Vgl. Ina Markova, Stolzes Haus der Demokratie (1945–1956), in: Bertrand Perz/Verena Pawlowsky/Ina Markova (Hg.), Inbesitznahme. Das Parlamentsgebäude in Wien 1933–1956, Salzburg/Wien 2018, 265–270; außerdem: Ingrid Holzschuh/Monika Platzer (Hg.), „Wien. Perle des Reichs". Planen für Hitler, Zürich 2015, 227.

38 NSDAP – Angehörige – Bestellung und Wirkungskreis der Sonderkommissionen. UaK, VA 1945/98.

39 Vgl. Heimo Halbrainer/Susanne Korbel/Gerald Lamprecht, Der „schwierige" Umgang mit dem Nationalsozialismus an den österreichischen Universitäten – Einleitung, in: Dies. (Hg.), Der „schwierige" Umgang mit dem Nationalsozialismus an österreichischen Universitäten: die Karl-Franzens-Universität Graz im Vergleich, Graz 2022, 11–16.

40 Wilhelm Müller-Hofmann an Herrn Professor Sergius Pausner, 3.12.1947. Künstlerhausarchiv, Mitgliederunterlagen, Müller-Hofmann.

41 Protokoll der I. Sitzung des Lehrkörpers vom 7. November 1947. UaK, Sitzungsprotokolle, 6.

42 Vgl. Cremer, Fritz, in: Dietmar Eisold (Hg.), Lexikon Künstler in der DDR, Berlin 2010, 133–135.

43 Vgl. Die Vertreibung des Geistigen aus Osterreich. Zur Kulturpolitik des Nationalsozialismus, Ausstellungskatalog Zentralsparkasse und Kommerzialbank Wien, hg. von der Hochschule fur angewandte Kunst in Wien, Wien 1985.

44 Vgl. Standesausweis, in: PA Margarethe Klimt-Klenau. UaK, Personalakten.

45 Vgl. Eduard Josef Wimmer Wisgrill, an Ceno Kosak, 17.5.1955, in: Nachfolge Prof. Wimmer. Antrag für Frau Prof. Klimt-Klenau. UaK, VA 1954/57.

46 Vgl. Protokoll über die IV. Sitzung des Lehrerkollegiums am 13. März 1953. UaK, Sitzungsprotokolle, 9–10.

47 Vgl. PA Kurt Schwarz. UaK, Personalakten.

48 Vgl. Anita Kern, Grafikdesign in Österreich im 20. Jahrhundert, Salzburg/Wien 2008, 177–187.

49 Vgl. Protokoll der II. Sitzung des Lehrkörpers vom 22. November 1947. UaK, Sitzungsprotokolle, 2–6.

50 Ebd., 3.

51 Ebd., 6.

52 Protokoll vom 22. Juni 1948. UaK, Sitzungsprotokolle, 1.

53 Ebd., 1–2.

54 Unterlagen zu den langwierigen Verhandlungen zum Akademiegesetz finden sich gesammelt im Akt: Akademie-Gesetz. UaK, VA 1948/66.

55 Vgl. Rechtsinformationssystem des Bundes, Bundesgesetz vom 30. Juni 1948, betreffend die Errichtung von Kunstakademien (Kunstakademiegesetz), URL: https://www.ris.bka.gv.at/Dokumente/BgblPdf/1948_171_0/1948_171_0.pdf (abgerufen 25.9.2023).

56 Vgl. Heinz P. Adamek, Die ‚Hohe Schule' der angewandten Kunst – Im Wandel der Gesetzeslandschaft Österreichs seit 1945, in: Susanne Prucher/Silvia Herkt/Susanne Kogler/Severin Matiasovits/Ernst Strouhal (Hg.), Auf dem Weg zur Kunstuniversität: das Kunsthochschul-Organisationsgesetz von 1970, Wien 2021, 173–185, 174.

57 Protokoll vom 22. Juni 1948. UaK, Sitzungsprotokolle, 2.

58 Rechtsinformationssystem des Bundes, Bundesgesetz vom 12. Juli 1950 über die Österreichische Hochschülerschaft (Hochschülerschaftsgesetz), URL: https://www.ris.bka.gv.at/Dokumente/BgblPdf/1950_174_0/1950_174_0.pdf (abgerufen 25.9.2023).

59 Neben den Vertretungswahlen organisierte die ÖH etwa auch Ball- und Gartenfeste oder Gedenkveranstaltungen, z. B. zu 100 Jahren 1848. Vgl. Hochschülerschafts-Wahl 1949. UaK, VA 1949/37; Österreichische Hochschülerschaft Gedenkfeier der Österr. Hochschülerschaft 1848. UaK, VA 1948/35; Ball der Hochschülerschaft am 12. März 1948. UaK, VA 1948/16; Gartenfest, veranstaltet von der Hochschülerschaft. UaK, VA 1946/75.

60 Bundesministerium für Unterricht, Politische Überprüfung der Hochschüler, 6.12.1946, in: Politische Ueberprüfung der Hochschüler. Entnazifizierung der Hochschülerschaft. UaK, VA 1946/156, 1.

61 Ebd., 3–4.

62 Vgl. Geschichte der ÖH, 1940er: Aufbau studentischer Demokratie, in: Österreichische HochschülerInnenschaft (Hg.), 60 Jahre Österreichische HochschülerInnenschaft, Wien 2006, 11–19, 14–15.

63 Vgl. Politische Ueberprüfung der Hochschüler. Entnazifizierung der Hochschülerschaft. UaK, VA 1946/156.

64 Vgl. Bundesministerium für Unterricht, Durchführungsbestimmungen über die Auswirkungen des Jugend-Amnestiegesetzes hinsichtlich der Zulassung zum Hochschulstudium, 3.5.1948, in: Durchführungsbestimmungen über die Auswirkungen des Jugend-Amnestiegesetzes hinsichtlich der Zulassung zum Hochschulstudium. UaK, VA 1948/53.

65 Offizielle Stellungnahme des Verbandes Sozialistischer Studenten Oesterreichs, zum Erlass des

Bundesministeriums für Unterricht vom 6. XII. 1946 bis 16. XII. 1946, in: Politische Ueberprüfung der Hochschüler. Entnazifizierung der Hochschülerschaft. UaK, VA 1946/156.

66 Geschichte der ÖH, 1950er: Soziale Lage und Studiengebühren, in: Österreichische HochschülerInnenschaft, 60 Jahre Österreichische HochschülerInnenschaft, 20–25.

67 Grundlegend siehe Marion Knapp, Österreichische Kulturpolitik und das Bild der Kulturnation. Kontinuität und Diskontinuität in der Kulturpolitik des Bundes seit 1945, Frankfurt am Main 2005; vgl. auch Gernot Heiss, Der Konsens und sein Preis. Zur Identitätskonstruktion in Österreich nach 1945, in: Gernot Heiss/Alena Míšková/Jiří Pešek/Oliver Rathkolb (Hg.), An der Bruchlinie. Österreich und die Tschechoslowakei nach 1945, Innsbruck/Wien 1998, 233–255; Oliver Rathkolb, Die paradoxe Republik. Österreich 1945 bis 2010, Wien 2015, 47–50.

68 Viktor Matejka, Was ist österreichische Kultur? Vortrag, gehalten in Wien am 25. Juli 1945, Wien 1945, 16.

69 Felix Hurdes, Österreichische Kulturpolitik, Wien 1948, 7–8.

70 Ebd.

71 Zu unterschiedlichen Ansätzen der Kulturpolitik in den jeweiligen Besatzungszonen vgl. Karin Moser (Hg.), Besetzte Bilder. Film, Kultur und Propaganda in Österreich 1945–1955, Wien 2005, darin insbesondere: Andrea Ellmeier, Von der kulturellen Entnazifizierung Österreichs zum konsumkulturellen Versprechen. Kulturpolitik der USA in Österreich, 1945–1955, 61–85, Wolfgang Mueller, Sowjetische Filmpropaganda in Österreich 1945–1955, 86–118, Siegfried Beer, Die Kultur- und Informationspolitik der britischen Besatzungsmacht in Österreich 1945–1955, 119–132, Barbara Porpaczy, Kultur- und Propagandapolitik der französischen Besatzungsmacht, 113–156.

72 Vgl. Rathkolb, Die paradoxe Republik, 336–345.

73 Vgl. Stefan Spevak, Das Jubiläum „950 Jahre Österreich". Eine Aktion zur Stärkung eines österreichischen Staats- und Kulturbewusstseins im Jahr 1946, Wien 2003.

74 FG, Hochschule für angewandte Kunst in Wien (Ein Gespräch mit dem Leiter der Anstalt, Arch. Prof. Fellerer), in: Direktor Fellerer: Interview im Radio. UaK, VA 1945/75, 1.

75 Ebd., 2.

76 Vgl. Aufbau- und Instandsetzungsarbeiten im h. o. Schulgebäude. Mitarbeit der Studierenden. UaK, VA 1945/49.

77 FG, Hochschule für angewandte Kunst in Wien (Ein Gespräch mit dem Leiter der Anstalt, Arch. Prof. Fellerer), in: Direktor Fellerer: Interview im Radio. UaK, VA 1945/75, 3.

78 Ebd.

79 Vgl. Ellmeier, Von der kulturellen Entnazifizierung Österreichs zum konsumkulturellen Versprechen, 61–85.

80 Ansprache von Herrn Univ. Prof. Dr. Lhotsky an der Hochschule für angewandte Kunst, anlässlich der Feier „950 Jahre Österreich", am 25. Oktober 1946, in: „Ostarrichi" Volksbildungsarbeit im neuen Österreich – Bundesministerium für Unterricht. UaK, VA 1946/40, 4.

81 Die Mission Österreichs. Vortrag von Univ. Prof. Hans Thirring, gehalten am 25. Oktober 1946 anläßlich der 950-Jahrfeier Österreichs im österreichischen Museum, in: „Ostarrichi" Volksbildungsarbeit im neuen Österreich – Bundesministerium für Unterricht. UaK, VA 1946/40, 1.

82 Eröffnungsansprache des Direktors der Hochschule für angewandte Kunst Prof. Max Fellerer, anlässlich der Feier „950 Jahre Oesterreich" am 25. X. 1946, in: „Ostarrichi" Volksbildungsarbeit im neuen Österreich – Bundesministerium für Unterricht. UaK, VA 1946/40, 6.

83 Ebd.

84 Ebd.

85 Ebd., 5.

86 Vgl. Information für die Presse, in: 80-Jahr-Feier der Anstalt, Ausstellungs-Aufwand. UaK, VA 1948/63.

87 Zur Geschichte und den Gründungsideen der UNO und der Europäischen Union vgl. Peter Becker/Barbara Lippert (Hg.), Handbuch Europäische Union, Berlin 2020; Klaus Dieter Wolf, Die UNO. Geschichte, Aufgaben, Perspektiven, München 2016.

88 Vgl. The British Council, Projekt über Hochschullehrer-Austausch Oesterreich-England. UaK, VA 1950/8.

89 Vgl. The British Council, Wien. Stipendien-Ausschreibung für 1951–52. UaK, VA 1950/78.

90 Vgl. Stipendien des französischen Aussenministeriums 1954/55. UaK, VA 1954/40.

91 Vgl. Amerikanische Legation, Veteran Administration Wien. Aufnahme in die Liste der Schulen für kostenloses Studium. UaK, VA 1950/2; Entsendung amerikanischer Gast-Professoren und Dozenten nach Österreich. UaK, VA 1950/84; Ausschreibung von Stipendien zum Studium an amerikanischen Hochschulen für das Studienjahr 1955/56. UaK, VA 1954/78.

92 Vgl. FULBRIGHT-Programm. Vorschläge für die Entsendung von amerikanischen Gastprofessoren und Gastdozenten im Studienjahr 1957/58. UaK, VA 1955/129.

93 Vgl. Errichtung von gegenseitigen Studienstipendien zwischen Italien und Oesterreich. UaK, VA 1950/80; Restauratorenaustausch 1955 zwischen Italien und Österreich. Entsendung eines Lehrers der Akademie. UaK, VA 1950/69; Sommer-Stipendien Österreich-Italien 1955. Ausschreibung. UaK, VA 1955/74.

94 Vgl. Amt der Landesregierung Salzburg. Verleihung von Stipendien im Schuljahr 1949–50. UaK, VA 1950/5.

95 Vgl. Amt der Tiroler Landesregierung. Landes-Stipendien für Kunsthochschüler aus Tirol. UaK, VA 1955/128.

96 Vgl. Amt der Steiermärkischen Landesregierung. Studienbeihilfe an Therese Klöckl. UaK, VA 1950/23.

97 Vgl. Amt der oberösterr. Landesregierung, Linz. Ausschreibung von Studienbeihilfen für 1954–55. UaK, VA 1950/81.

98 Vgl. Michael P. Steinberg, Austria as Theater and Ideology. The Meaning of the Salzburg Festival, Ithaca, NY 2000, ix.

99 Ernst Fischer, Neues Österreich, zit. nach Ders., Das Ende einer Illusion. Erinnerungen 1945–1955, Frankfurt am Main 1988, 108.

100 Vgl. Thomas Hellmuth/Cornelia Klepp, Politische Bildung. Geschichte – Modelle – Praxisbeispiele, Wien 2010, 50–59.

101 Vgl. ebd., 60–70.

102 Anton Holohlavsky, Das österreichische Kunstgewerbe ist zu einem bunten Trödelkram herabgesunken, Wiener Kurier, 13.5.1949, 2.

103 Vgl. Heidrun-Ulrike Wenzel, Vergessen? Niemals! Die

antifaschistische Ausstellung im Wiener Künstlerhaus 1946, Wien 2018, 61–65; vgl. auch Wolfgang Kos, Die Schau mit dem Hammer. Zur Planung, Ideologie und Gestaltung der anti-faschistischen Ausstellung „Niemals vergessen!“, in: Ders., Eigenheim Österreich. Zu Politik, Kultur und Alltag nach 1945, Wien 1994, 7–58; Peter Bogner/Richard Kurdiovsky/Hannes Stoll (Hg.), Das Wiener Künstlerhaus. Kunst und Institution, Wien 2015.

104 Wenzel, Vergessen? Niemals!, 80–165.

105 Ebd., 10.

106 Ebd.

107 Protokoll von der Sitzung des vorbereitenden Ausschusses am 9.5., 10.5.1945. Wiener Stadt- und Landesarchiv (folgend WStLA), M. Abt. 350, A 19/12, 1.

108 Zitiert nach Wenzel, Vergessen? Niemals!, 114.

109 Kurzer Führer durch die Ausstellung als Gedächntisbehelf, undatiert. WStLA, M.Abt. 250, A 19/13, 4.

110 Ebd., 5.

111 Wenzel, Vergessen? Niemals!, 84.

112 Vgl. ebd., 85.

113 Vgl. Wolfgang Kos, Imagereservoir Landschaft. Landschaftsmoden und ideologische Gemütslage seit 1945, in: Sieder/Steinert/Tálos (Hg.), Österreich 1945–1995, 599–624, 611.

114 Ebd.

115 Anita Kern, Die Nachkriegszeit in Österreich, in: Anita Kern/Bernadette Reinhold/Patrick Werkner (Hg.), Grafikdesign von der Wiener Moderne bis heute. Von Kolo Moser bis Stefan Sagmeister. Aus der Sammlung der Universität für angewandte Kunst Wien, Wien 2010, 124–127, 125.

116 Vgl. Standesausweis, in: PA Susanne Storck-Rossmanit. UaK, Personalakten.

117 Kern, Die Nachkriegszeit in Österreich, in: Kern/Reinhold/Werkner, Grafikdesign von der Wiener Moderne bis heute, 125.

118 Vgl. Registrierungsliste, in: Politische Veränderungen im Personalstand der h. o. Anstalt. UaK, VA 1945/42.

119 Vgl. Kern, Grafikdesign in Österreich im 20. Jahrhundert, 172–187.

120 Exemplarisch zu Oswald Haerdtls Werk und Leben, vgl. Hochschule für angewandte Kunst in Wien (Hg.), Oswald Haerdtl 1899–1959, Wien 1978; Adolph Stiller (Hg.), Oswald Haerdtl. Architekt und Designer 1899–1959, Ringturm, Salzburg 2000; Birgit Knauer, Oswald Haerdtl. Ein „deutscher“ Designer mit Wiener Note, in: Holzschuh/Platzer, „Wien. Perle des Reichs“, 86–102.

121 Vgl. Professor Oswald Haerdtl; Definitivstellung. UaK, VA 1933/84.

122 Siegfried Mattl, Architektur der feinen Unterschiede, in: Stiller, Oswald Haerdtl, 69–81, 72.

123 Ebd.

124 Ebd., 74.

125 Vgl. Knauer, Oswald Haerdtl, 86–102.

126 Vgl., ebd.

127 Irene Nierhaus, Vorgarten und Vorzimmer. Nahtstellen von Privatem und Öffentlichem im Wiener Wohnbau nach 1945, in: Sieder/Steinert/Tálos, Österreich 1945–1995, 581–598.

128 Ebd., 583.

129 Zu Architektur und Wohnkultur nach 1945, vgl. Gabriele Kaiser, Noch nicht vor – nicht mehr zurück, Architektur im Wiederaufbau, in: Eva B. Ottillinger (Hg.), Möbeldesign der 50er Jahre. Wien im internationalen Kontext, Wien 2005, 21–40; Ulrike Steiner, Architektur in Wien nach 1945, in: Michael Dippelreiter (Hg.), Geschichte der österreichischen Bundesländer seit 1945. Bd. 9, Wien: die Metamorphose einer Stadt, Wien 2013, 611–650; Monika Platzer, Kalter Krieg und Architektur: Beiträge zur Demokratisierung Österreichs, Wien 2019; Arnold Bartetzky, Nation – Staat – Stadt. Architektur, Denkmalpflege und visuelle Geschichtskulturen vom 19. bis zum 21. Jahrhundert, Köln 2012; Regine Heß, Architektur und Akteure. Praxis und Öffentlichkeit in der Nachkriegsgesellschaft, Bielefeld 2018; Dies., Wohnen in der Nachkriegszeit. Einfamilienhäuser von Paul Schneider-Esleben zwischen Tradition und Moderne, in: Rudolf Fischer/Wolf Tegethoff (Hg.), Modern wohnen. Möbeldesign und Wohnkultur der Moderne, Berlin 2016, 449–466.

130 Oswald Haerdtl, Tätigkeitsbericht über das Studienjahr 1948/49 (Fachklasse für Entwürfe gewerblicher und industrieller Erzeugnisse), 28.6.1949. UaK, Jahresberichte.

131 Vgl. Jahresberichte der Fachklasse für Raumkunst, gewerbliche und industrielle Entwürfe, 1945–1955. UaK, Jahresberichte.

132 Vgl. Studien-Reise Prof. Haerdtl nach Venedig mit den Hörern seiner Fachklasse. UaK, VA 1950/24.

133 Zur Entwicklung des Kunstgewerbes im Nachkriegsitalien, vgl. Penny Sparke, The Straw Donkey: Tourist Kitsch or Proto-Design? Craft and Design in Italy, 1945–1960, in: Journal of Design History 11 (1998) 1, 59–69.

134 Vgl. Isabel Termini, Oswald Haerdtl, Architektenlexikon Wien 1770–1945, 2005 (2017), URL: https://www.architektenlexikon.at/de/200.htm (abgerufen 6.10.2023).

135 Vgl. Janis Staggs, Hilda Schmid-Jesser: Career, Interrupted, Reinvented, in: Régine Bonnefoit/Marie-Eve Celio-Scheurer (Hg.), Tracing Wiener Werkstätte. Viennese Textiles from the Cotsen Textile Traces Study Collection, Basel 2023, 125–137, 130.

136 Lebenslauf, in: PA Hilda Schmid. UaK, Personalakten.

137 Vgl. Anne-Katrin Rossberg, Hilda Jesser – Meisterin der Wandgestaltung, MAK Blog, 30.6.2022, URL: https://blog.mak.at/hilda-jesser (abgerufen 9.10.2023); siehe auch Rainer Elstner/Michael Böck, Hilder Jessers Malereien im Wiener Funkhaus, URL: https://oe1.orf.at/artikel/694531/Hilda-Jessers-Wandmalereien-im-Wiener-Funkhaus (abgerufen 27.10.2023).

138 Vgl. Bericht über das Studienjahr 1946/47. UaK, Jahresberichte, 2.

139 Hilda Schmid-Jesser, Fachklasse für Malerei, Jahresbericht 1949/50. UaK, Jahresberichte.

140 Vgl. Hilda Schmid-Jesser, Fachklasse für Malerei, Jahresbericht 1950/51. UaK, Jahresberichte.

141 Vgl. PA Lucia Kellner. UaK, Personalakten.

142 Gespräch mit Lucia Kellner am 19.7.2023 in Wien, Private Tonaufnahme.

143 Ebd.

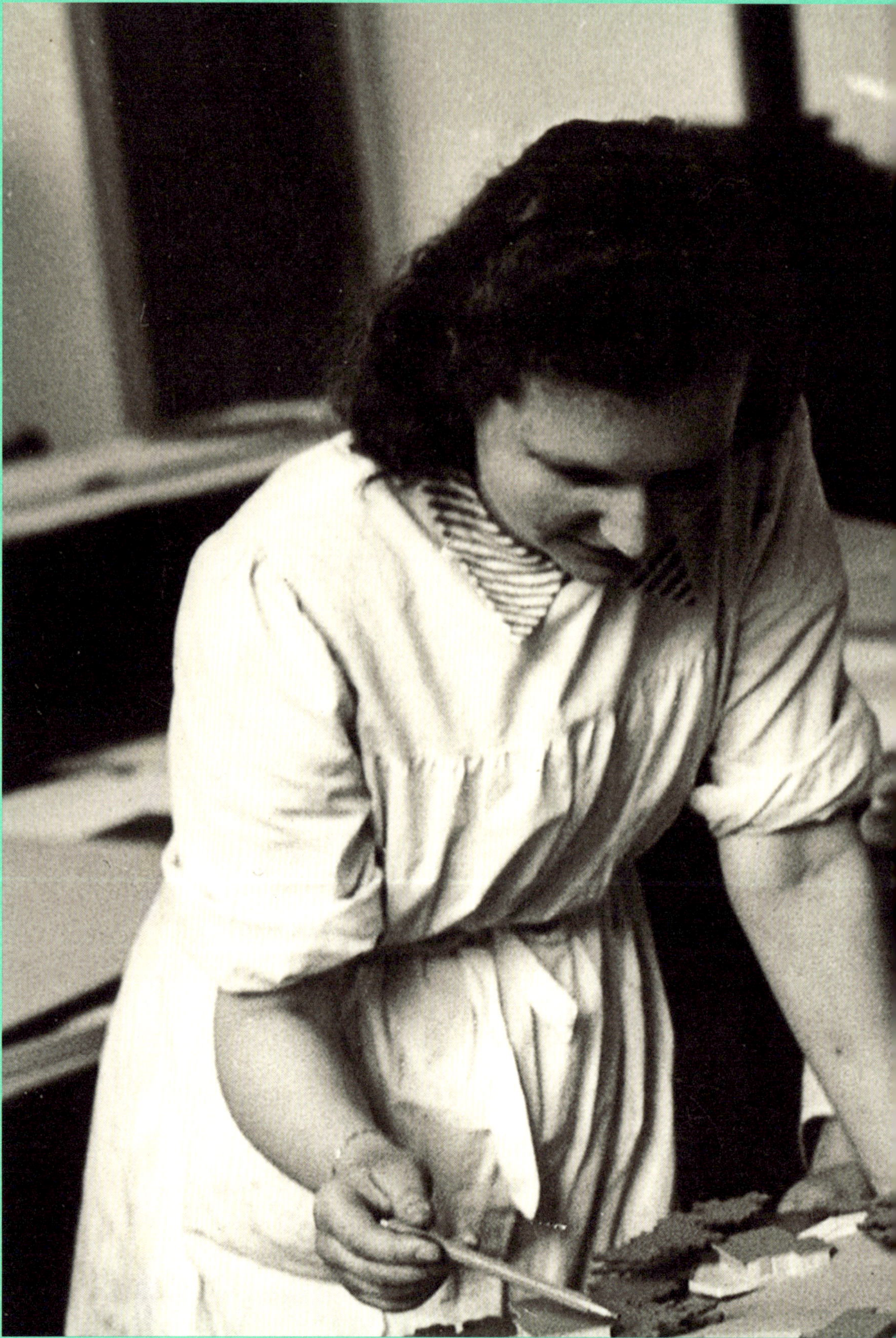

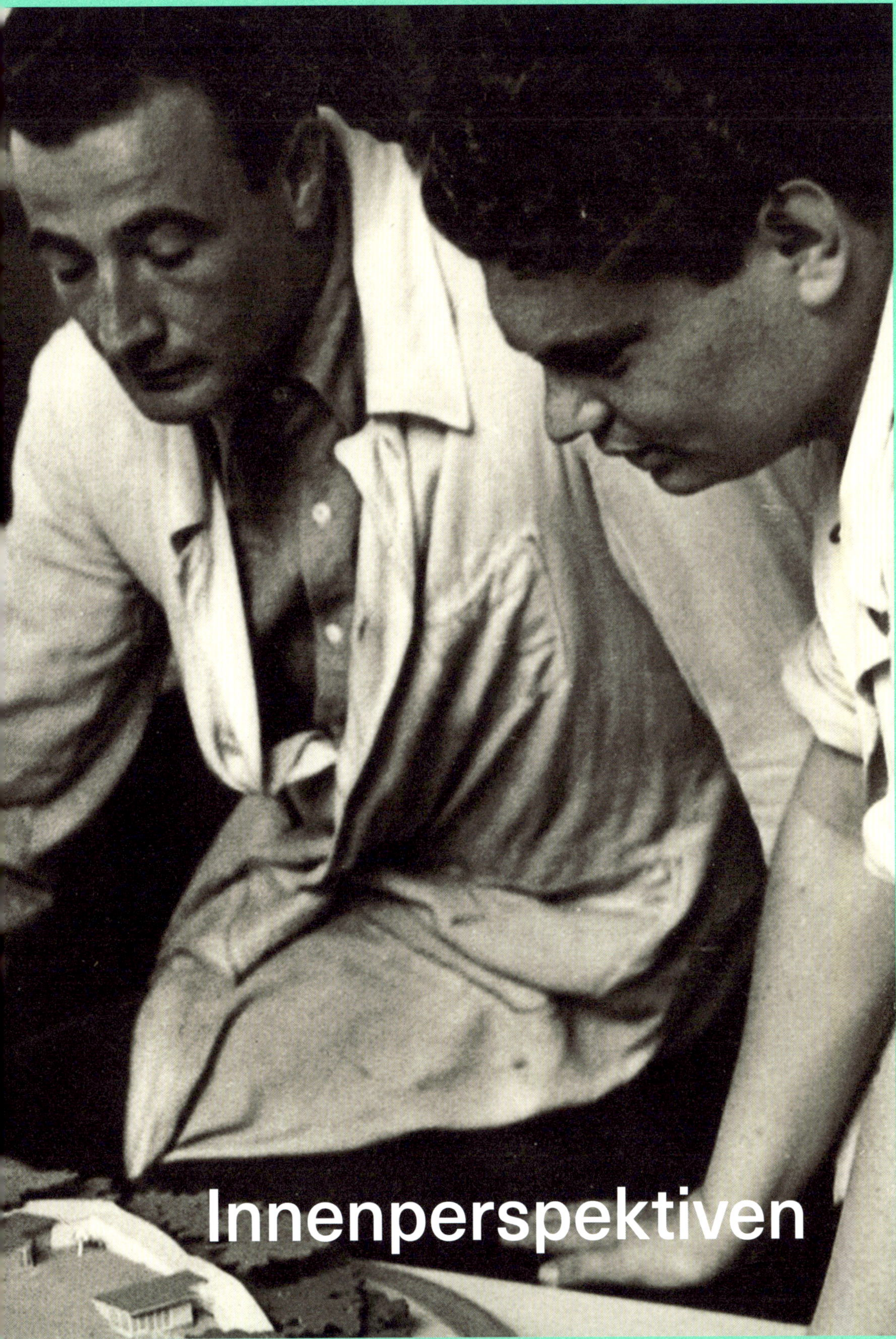

Innenperspektiven

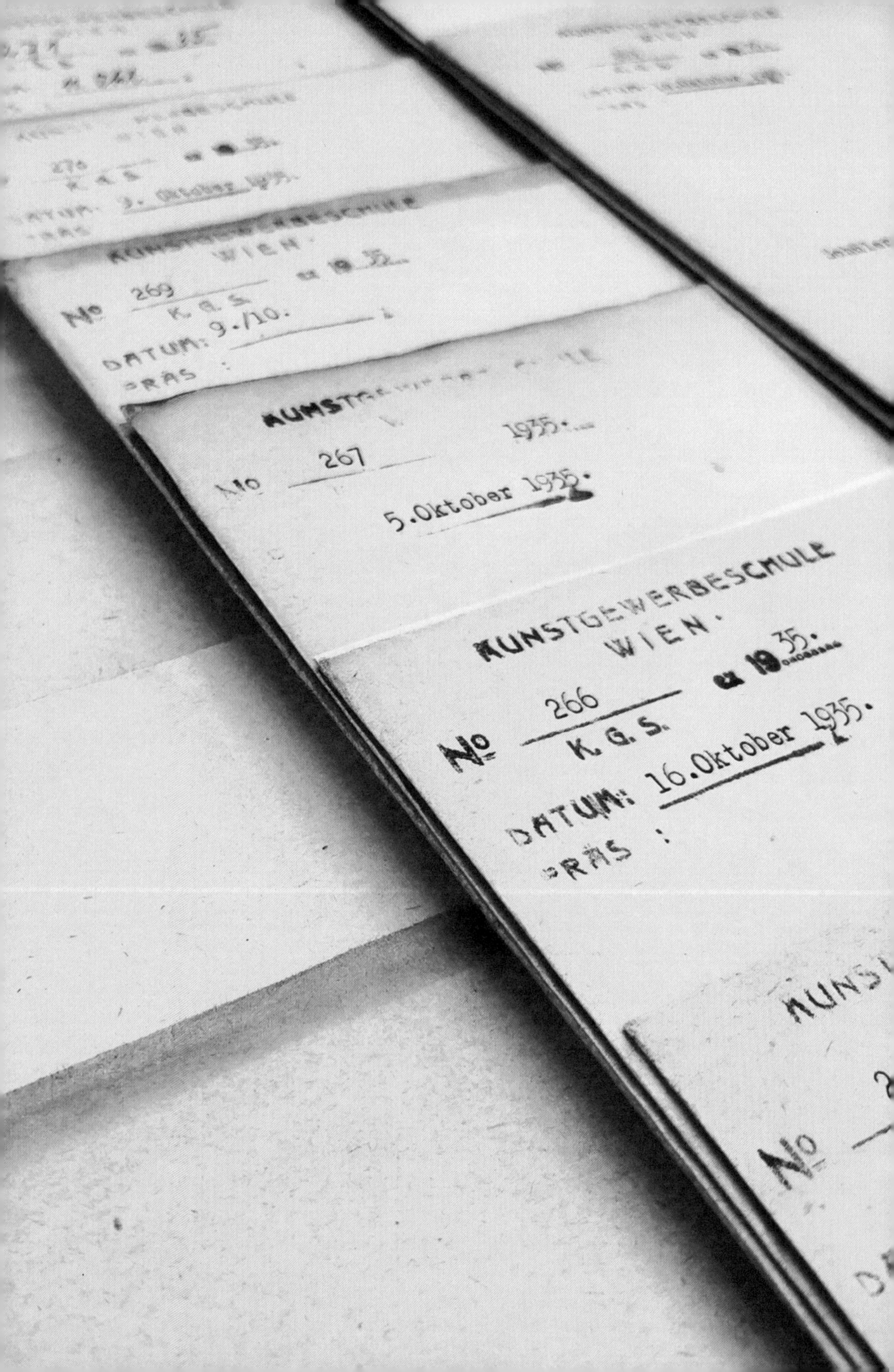
№ 269 K.G.S
DATUM: 9./10.
PRÄS :
267
1935.
5.Oktober 1935.
KUNSTGEWERBESCHULE
WIEN.
19 35.
№ 266 K.G.S.
DATUM: 16.Oktober 1935.
PRÄS :

Bettina Buchendorfer
Silvia Herkt

Ein Archiv schaut nach innen

Das Universitätsarchiv hatte durch das von Rektor Gerald Bast unterstützte Projekt *„Sonderfall" Angewandte. Die Universität für angewandte Kunst Wien im Austrofaschismus, Nationalsozialismus und in der Nachkriegszeit* erstmals die Möglichkeit, eine umfassende Analyse des Bestands der Jahre 1933 bis 1955 durchzuführen. Die systematische Erfassung und Digitalisierung der Akten, die im Rahmen des Forschungsprojekts vorgenommen wurden, bilden einen wichtigen Beitrag zur Vermittlung und zum Erhalt von Wissen. Die historischen Findmittel, wie die Indexbücher Abb. B, wurden durch zeitgemäße Suchparameter abgelöst. Das Projekt dient dem Gedanken der Nachhaltigkeit sowie der Transparenz und ist ein wichtiger Schritt auf dem Weg zu einer modernen und zukunftsorientierten Nutzung des Universitätsarchivs.

Das Archiv, seine Entwicklung und Rolle an der Angewandten

Bis zum Jahr 1979 wurden sämtliche Akten zur Schulgeschichte in der sogenannten Dokumentation aufbewahrt, die der Bibliothek unterstellt war. Unter Rektor Oswald Oberhuber (1931–2020) wurde das Archiv als eigenständige Abteilung eingerichtet.[1] Das war ein erster wichtiger Schritt, um die

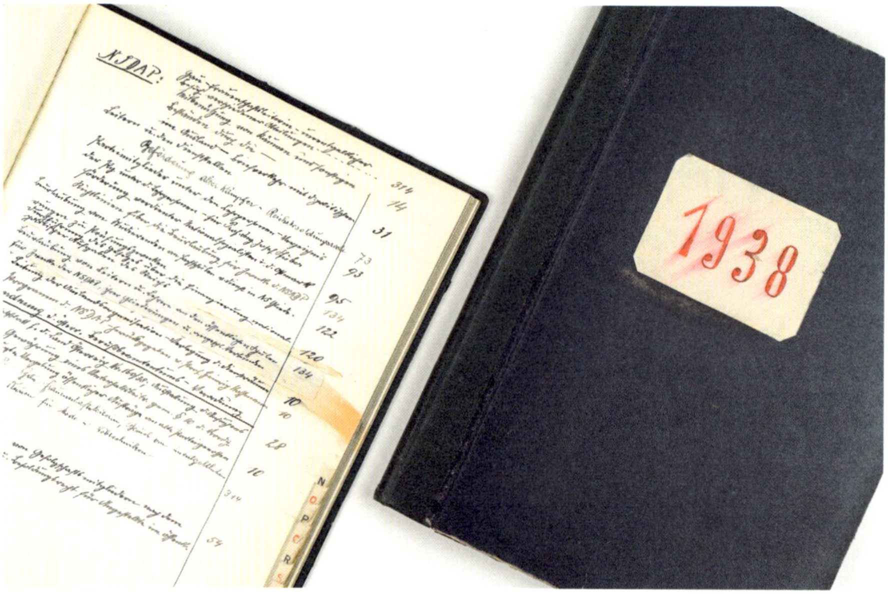

vom Fonds zur Förderung wissenschaftlicher Forschung (FWF) finanzierten Projekte zu unterstützen, die der Aufarbeitung der Geschichte der heutigen Universität dienten. Die aus diesen Projekten resultierenden Publikationen[2] sind bis heute die wichtigsten Quellen zur Schulgeschichte. In insgesamt drei Amtsperioden gelang es Oberhuber, aus dem Archiv heraus eine Kunstsammlung aufzubauen, die das künstlerische Schaffen der Lehrenden und Studierenden sowie die Teilhabe und den Einfluss des Hauses auf Kunstströmungen und gesellschaftliche Entwicklungen seit mehr als 150 Jahren dokumentiert.

Die Angewandte hat eine bewegte Geschichte, die 1867 mit der Gründung als Kunstgewerbeschule (KGS) des k. k. Österreichischen Museums für Kunst und Industrie ihren Anfang nahm.[3] Die Rolle, welche die heutige Universität für angewandte Kunst Wien im Nationalsozialismus einnahm, wird nun im Forschungsprojekt *„Sonderfall" Angewandte* speziell beleuchtet. Der Zeitraum 1933 bis 1955 wurde gewählt, um sowohl die autoritären Vorläufer im Austrofaschismus aufzuzeigen als auch den Umgang mit der historischen Verantwortung und Aufarbeitung nach 1945 abzubilden. Insbesondere die Frage nach der Verantwortung im Hinblick auf die NS-Vergangenheit hat bis heute nicht an Aktualität verloren.

Abb. A (Seite 334)
Verwaltungsakten, UaK

Abb. B
Indexbücher, UaK, VAIB/1938, VAIB/1939

Abb. C
Oswald Oberhuber, *Wir tragen diese Mode nicht – Österreichs Kleid – Waldheims Kleid*, 1988, Entwurf für eine Posterserie anlässlich der sogenannten Waldheim-Affäre, UaK, IN 7098

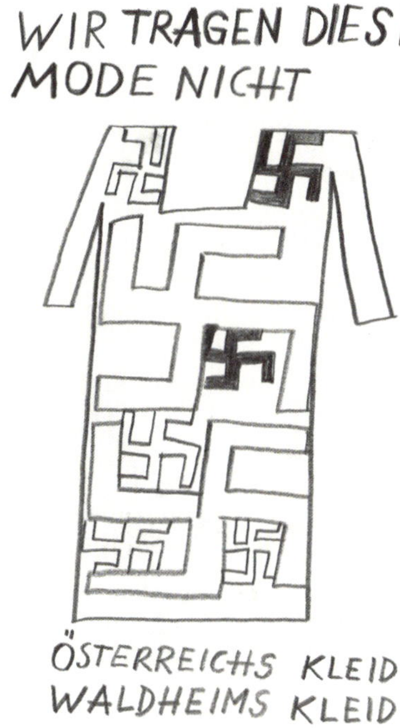

Oberhuber, 1931 in Meran geboren und somit Zeuge dieser Zeit, erinnerte sich an seine Kindheit:

> *Meine Erinnerung ist die Erinnerung an Episoden, die sich mir immer wieder aufdrängen, wenn ich danach frage, ob ich eine Erinnerung an eine Zeit habe, die in ihren Gewaltmaßnahmen so einschränkend wirkte, daß die Gedanken an das Böse schwer aufkommen, da der Vorgang, Maßnahmen zu übertünchen, eine spezielle Erfindung des NS-Regimes war. Hier liegt ja auch das Teuflische eines Vorgangs und einer Gruppierung, die sich einerseits volksbezogen loyal spielte und andererseits in Brutalität all jenes vernichtete, was nicht in ihren beschränkten Gedankenvorgängen sich verhielt.*[4]

Die Aufarbeitungsversuche, die Oberhuber während seiner Amtszeit initiierte, sind im Archiv dokumentiert und werden im Beitrag von Bernadette Reinhold eingehend besprochen Abb. C. Rektor Gerald Bast hat die Verpflichtung zur Aufarbeitung der Universitätsgeschichte fortgeführt und im Zuge dessen dem Archiv einen neuen Stellenwert eingeräumt. Seit 2010 ist das Universitätsarchiv als Teil von Kunstsammlung und Archiv dem Bereich

Beteiligte	Jehudo EPSTEIN
Titel	ohne Titel, Mädchen mit blonden Zöpfen in historischem Kostüm; RESTITUIERT am 03.05.2013
Datierung	1921
Maß	Gesamtmaß: 123,5 x 80,5 cm
Material / Tech.	Öl auf Leinwand
Signatur	sign., dat., re. u.: Jehudo Epstein 1921; Rückseitig 2 Aufkleber: "Lebensdaten", "27.", Handschriftl. "142-35428-16", "142-27739-1"
Inv. Nr.	6259/B

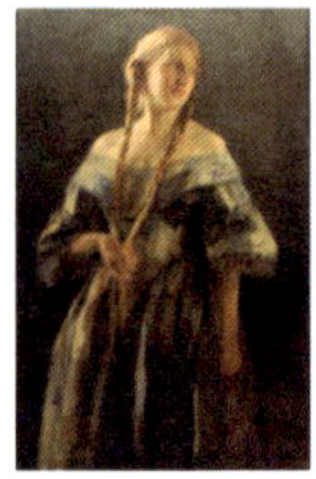

Forschung und Lehre in Kunst und Wissenschaft zugeordnet. In enger Zusammenarbeit mit dem Archiv war es Rektor Bast wichtig, auch ohne gesetzliche Vorschrift eigenverantwortlich dem Kunstrückgabegesetz[5] zu entsprechen und die Kunstsammlung auf mögliche, während des NS-Regimes unrechtmäßig entzogene Werke zu überprüfen. Die Tageszeitung „Der Standard" schrieb 2011 dazu:

> *Die Wahrscheinlichkeit, in der Angewandten auf NS-Raubkunst zu stoßen, ist relativ gering. Denn die Kunstsammlung wurde erst 1979 vom damaligen Rektor Oswald Oberhuber gegründet. Im Gegensatz zu vielen anderen Institutionen beließ man es aber nicht mit der Feststellung, dass die Sammlung sauber sei: Zwei Jahre lang prüfte der Jurist und Kunsthistoriker René Schober die Bestände. Unter den 218 Möbelstücken und etwa 3000 Grafiken konnte er keine verdächtigen Werke finden. Aber zumindest eines der 507 Gemälde scheint geraubtes Gut zu sein. Es trägt den Titel* Mädchen mit blonden Zöpfen in historischem Kostüm *und wurde von Jehudo Epstein (1870–1945) gemalt.*[6]

Am 3. Mai 2013 konnte das Gemälde nach eingehender Prüfung seiner Provenienz und im Rahmen eines Festakts an der Universität für angewandte Kunst Wien an die rechtmäßigen Erbinnen übergeben werden Abb. D.[7]

Bestand und Nutzung

Das Universitätsarchiv bewahrt klassisches, durch den Verwaltungsprozess gebildetes, Aktenmaterial zu Personal, Lehre und allen relevanten Entwicklungen am Haus. Archivalien, Vor- und Nachlässe sowie Sondersammlungen

Abb. D
Datenblatt zum restituierten Gemälde von Jehudo Epstein, MuseumPlus – Collection Management Software

ergänzen den Bestand. Die Verwaltung erfolgt größtenteils über moderne Datenbanken, aber ebenso mit Hilfe historischer Findmittel.[8] Zur Wiederauffindbarkeit dienen Ablagepläne, Schlagwortregister sowie seit 1910 erhaltene Indexbücher, die in unterschiedlicher Qualität bis zum Jahr 2006 geführt wurden. Aktuell wird nach einem Aktenablageplan mit Richtlinien zur Vergabe der Aktenzahlen gearbeitet. Hier werden eine Weiterentwicklung und die Einführung eines Records Management Systems (RMS) ein wichtiger nächster Schritt sein, um nachhaltig eine Akten- und damit Wissenssicherung zu gewährleisten. Die analoge Grundlage zur Verwaltung der Sonderbestände sowie der Sammlung Architektur, Kunst und Design bilden aktuell 17 Inventarbücher. Das erste Inventarbuch stammt aus der Rektoratsperiode von Johannes Spalt (1920–2010)[9] und lässt sich somit auf Ende der 1970er-Jahre datieren. Die Einträge geben Auskunft zu den Archivalien und Werken sowie zur Art der Erwerbung. Das bereits erwähnte und restituierte Gemälde von Jehudo Epstein trug beispielsweise die Inventarnummer 6259/B und fand als Schenkung 1987 Eingang in die Sammlung.

Personalbezogenes Archivmaterial

Das HR-Management wird heute zur Gänze elektronisch administriert. Davor wurden physische Personalakten gebildet, wobei deren Umfang und Inhalt höchst unterschiedlich sind. In der Regel enthalten sie Standesblätter oder Personalbögen, die über die Einstufung, Stellung und Wirkungsperiode Auskunft geben. Dass allerdings nur zu einem Bruchteil des Personals tatsächlich ein eigener, persönlicher Akt angelegt wurde oder erhalten ist, kann aufgrund der Erwähnungen in den allgemeinen Verwaltungsakten festgestellt werden. 155 Personalakten konnten bisher dem Zeitraum von 1933 bis 1955 zugeordnet werden, 17 davon betreffen Personal aus der Verwaltung. Im untersuchten

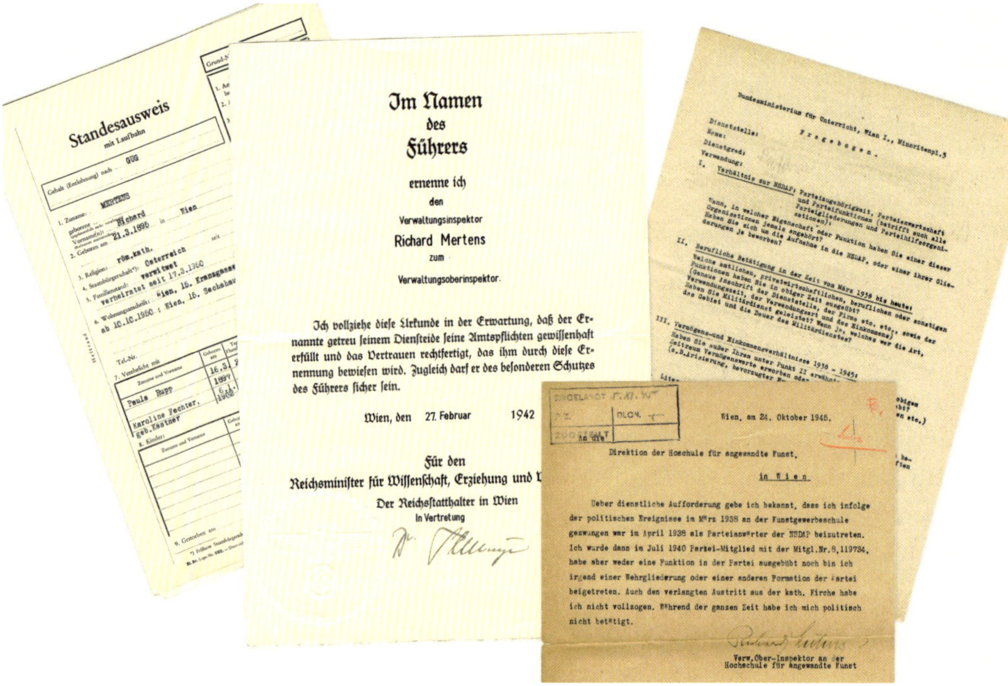

Zeitraum waren durchschnittlich sechs Mitarbeiter*innen in der Direktionskanzlei tätig. Diese schlanke Verwaltung war vor allem deshalb möglich, da die Schule bzw. spätere Hochschule im Laufe ihres Bestehens unterschiedlichen Ministerien unterstellt war.[10]

Der Personalakt des Regierungsoberinspektors Richard Mertens (Amtstitel 1942/43) bietet aufgrund der langen Dienstzeit einen guten Überblick zur strukturellen Entwicklung des Hauses sowie der politischen Haltung seiner Protagonist*innen Abb. E. In der Publikation *Ästhetik der Veränderung* (2017) wurde im Katalogteil versucht, das Personal sowie die Entwicklung des Unterrichts in Form von Genealogien abzubilden. Erfasst werden konnten in diesem Rahmen nur die Leiter*innen der sogenannten Vorbereitungsklassen sowie der Hauptfächer Abb. F. Umfassende Recherchen zu allen Unterrichtsfächern sowie zum gesamten Personal bilden jedoch weiterhin ein Forschungsdesiderat.

Verwaltungsakten, Jahresberichte, Sitzungsprotokolle

Der Bestand der Verwaltungsakten reicht zurück in die Zeit der Schulgründung 1867, wobei er insbesondere in den frühen Jahren bis 1907 zahlreiche Lücken aufweist. Das umfangreiche Material wird anlassbezogen im Rahmen

Abb. E
Personalakt des Verwaltungsbediensteten Richard Mertens, UaK, Personalakten

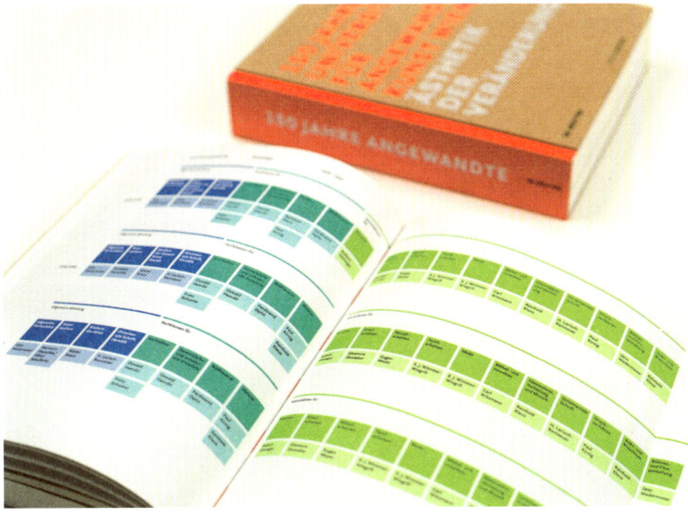

Abb. F
Genealogie der Unterrichtsfächer und Studiengänge 1868–2017, aus: Gerald Bast/Anja Seipenbusch-Hufschmied/Patrick Werkner (Hg.), *150 Jahre Universität für angewandte Kunst Wien. Ästhetik der Veränderung*, Wien 2017

von Forschungsprojekten digitalisiert. Bisher wurden die Jahre 1907 bis 1920[11] sowie anlässlich des Projekts *„Sonderfall" Angewandte* der Zeitraum 1933 bis 1955 erfasst und können über die institutseigene Datenbank abgefragt werden.

Die Jahresberichte und die Sitzungsprotokolle sind Teil der Verwaltungsakten. Als wertvolle Dokumente zu zentralen Themen der Schulgeschichte werden sie gesondert verwahrt. Die Jahresberichte waren lange Zeit verpflichtend von den Klassenleiter*innen abzugeben, wodurch die Lehrinhalte bis 1984 gut dokumentiert sind.[12] Basierend auf den größtenteils handschriftlich verfassten Berichten gibt es zwischen 1912 und 1941 Zusammenfassungen in gedruckter und gebundener Form. Ausgestattet mit Tabellen und Auswertungen bilden sie ein wichtiges Quellenkonvolut für die Forschung zur Schulgeschichte.[13] In den Jahren 1942 bis 1946 wurde die Berichtslegung kriegs- und kriegsfolgenbedingt größtenteils eingestellt. 1947 erschien die Druckversion aus dieser Periode in stark gekürzter Form.[14] Im Zuge des Projekts *„Sonderfall" Angewandte* wurden die gedruckten Jahresberichte vollständig digitalisiert und können nun über die Website des Archivs eingesehen werden.[15]

Die digitale Erfassung der Studierendenunterlagen begann bereits Mitte der 1980er-Jahre und war ein Meilenstein in der Geschichte des Universitätsarchivs an der Angewandten. Die Genauigkeit und der Umfang der erfassten

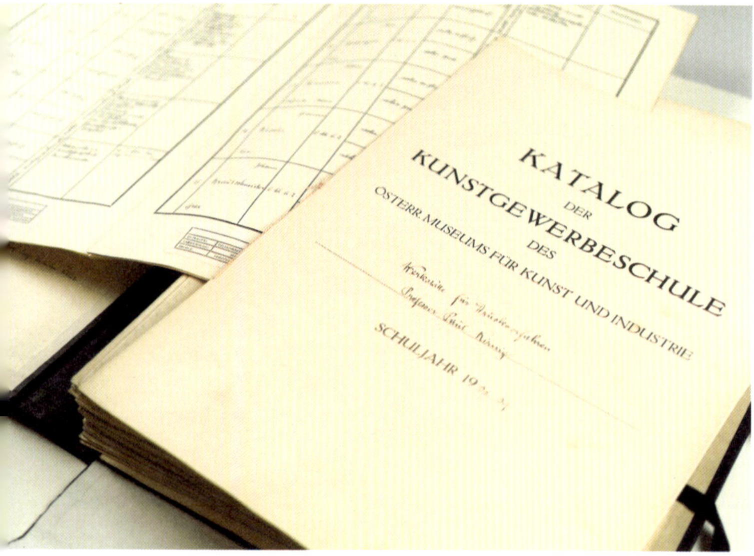

Abb. G
Klassenkatalog 1938/39, Klasse Paul Kirnig, Druckverfahren, UaK, Klassenkataloge

Abb. H
Nationale von Emma Reif, UaK, Nationale

Daten wurde und wird laufend durch Ergänzungen von personenbezogenen Informationen aus den Nationalen und den Zeugnissen verbessert. Langwierige Recherchen, die früher notwendig waren, um Studienverläufe nachzuzeichnen, können heute dank des umfassenden Materials, das auch über eine Online-Schüler*innen-Datenbank abrufbar ist, deutlich beschleunigt werden.[16]

Klassenkataloge, Nationale, Zeugnisse

Klassenkataloge gibt es seit dem ersten Unterrichtsjahr 1868 Abb. G. Die Schüler*innen wurden darin den Schulen (später Klassen und Institute) oder Werkstätten zugeordnet. Es sind der Geburtsort, eine provisorische Beurteilung und im Idealfall der Arbeitsschwerpunkt angegeben. Die äußere Form der Kataloge änderte sich im Laufe der Jahre. Ab 1941 werden die übergroßen Bände im Format 70 x 40 cm zum DIN A4 Normmaß.

Die sogenannten Nationale gibt es im Archiv ab 1900 Abb. H. Sie sind mit den späteren Matrikelbögen oder Inskriptionsformularen vergleichbar und enthalten personenbezogene Angaben. Darunter finden sich Einträge zu Geburtsdatum, Adresse, Vormund, Religion, Vorbildung und Wunschberuf. Da

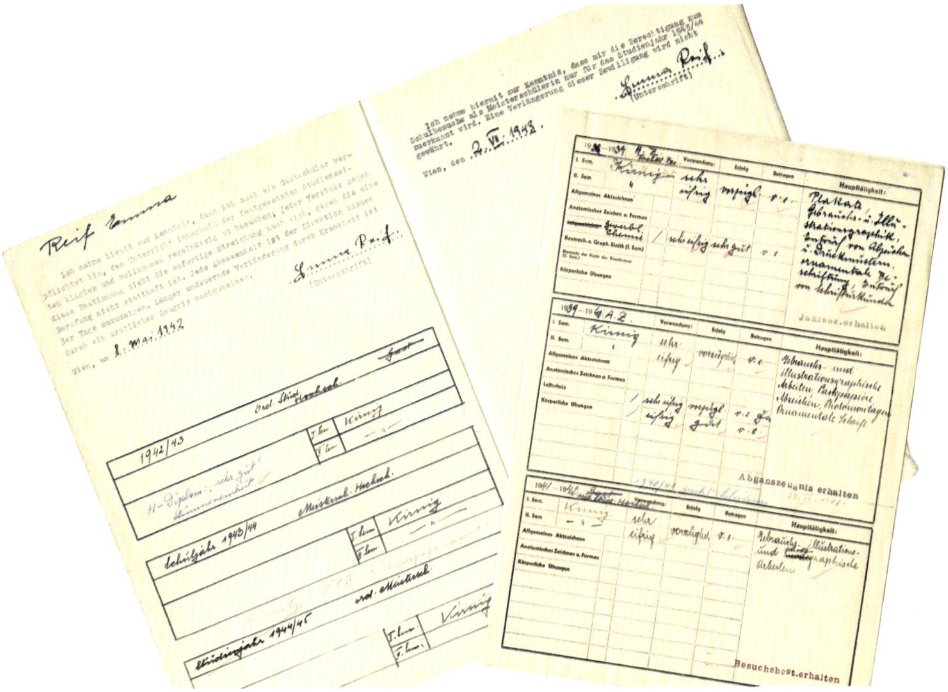

die Blätter von den Studierenden ausgefüllt wurden, weisen sie keine einheitliche Begrifflichkeit auf, was die Auswertung der Daten erschwert. Die Form der Nationale ändert sich ab 1936. Wurden diese bis dahin jährlich in Einzelblättern angelegt, fand nun ein Wechsel zu einem Studierenden-Akt statt. Dies bedingte auch eine Änderung von einer chronologischen zu einer alphabetischen Aufstellung im Archiv. Der gesamte Bestand der Nationale wurde gescannt und steht unter Berücksichtigung der Schutzfristen über die Online-Schüler*innen-Datenbank zum Download zur Verfügung.

Die Zeugnisse, Diplom- und Abschlusszertifikate wurden und werden zur Bestätigung über den Besuch des Unterrichts bzw. der Ablegung von Prüfungen ausgestellt. Sie sind ab 1890 erhalten, ihre Art und Bedeutung änderte sich jedoch mit den jeweils geltenden Statuten. Im Schuljahr 1933/34, nach dem Statut vom Dezember 1931, erlassen vom Bundesministerium für Handel und Verkehr, wird erstmals ein Erfolgsdiplom erwähnt. Die Absolvent*innen wurden mit der Ablegung einer Zusatzprüfung berechtigt, den Titel „Diplomabsolvent" zu führen. Im Schuljahr 1941/42 erhielten laut Jahresbericht nur vier Studierende das Erfolgsdiplom, da es in Folge der Erhebung zur Reichshochschule zu einer Verlängerung der Studienzeit und damit zu einer Verzögerung der Studienabgänge kam. Der Titel der Absolvent*innen wurde seither mit dem

Zusatz „akademisch“ ausgestattet. Ergänzend zu den genannten Zertifikaten sind fallweise auch künstlerische Arbeiten erhalten, die den Archivbestand bereichern. Diese sowie erhaltenes Bildmaterial werden laufend digitalisiert. Ziel dieser umfangreichen Aufarbeitung ist, die historischen Bestände mit der aktuellen Onlinedatenbank für Abschlussarbeiten zusammenzuführen.

Die Erschließung des gesamten Archivbestands ist ein wichtiger Schritt, um weltweit durchführbare Recherchen zu ermöglichen, aber auch um die Forschung zu den eigenen Beständen zu erleichtern. Immer wieder lassen sich Spuren von Künstler*innen, Lehrenden und Studierenden finden, die Opfer des NS-Terrors wurden und zum Teil noch auf die Aufarbeitung ihrer Geschichten warten. Beispielhaft erwähnt sind hier die wichtigsten Projekte der letzten Jahre.

2022 konnte das Team von Kunstsammlung und Archiv die Ergebnisse einer zweijährigen Forschungsarbeit zu der Künstlerin und Kunstpädagogin Friedl Dicker-Brandeis (1898–1944), welche Schülerin der KGS sowie später im Bauhaus gewesen war und in Auschwitz ermordet wurde, in Ausstellungen präsentieren und sie in einer umfangreichen Publikation würdigen.[17] Den NS-Terror knapp überlebt hat die KGS-Schülerin Margarete Schütte-Lihotzky (1897–2000), deren umfangreicher Nachlass im Archiv bewahrt wird. Dieser bildete auch die Grundlage zu dem von Thomas Flierl in Kooperation mit Kunstsammlung und Archiv veröffentlichten Gefängnisbriefwechsel.[18] Das facettenreiche Leben und Schaffen von Schütte-Lihotzky verbindet Forschung aus den unterschiedlichsten Disziplinen, was sich im Tagungsband *Margarete Schütte-Lihotzky. Architektur. Politik. Geschlecht. Neue Perspektiven auf Leben und Werk* (2019)[19] widerspiegelt, der 2023 auch in englischer Sprache aufgelegt wurde. Die zahlreichen Projekte von Kunstsammlung und Archiv sind auf der Institutswebsite[20] zu finden und werden zukünftig der Forschung in Form eines digitalen Akts zur Verfügung stehen.

Neusichtung und Digitalisierungsstrategie der Verwaltungsakten im Kontext des Forschungsprojektes

Ein wesentlicher Bestandteil des Forschungsprojektes *„Sonderfall“Angewandte* umfasste eine Neusichtung des relevanten Verwaltungsaktenbestandes und die Entwicklung einer darauf abgestimmten Digitalisierungsstrategie. Etwa ein Fünftel des betreffenden Aktenkonvolutes der Jahre 1933 bis 1955 war bereits in jüngerer Zeit systematisch bearbeitet worden. Aufgrund der großen Bedeutung als Primärquellen zur Erforschung der Geschichte der Angewandten wurde die Bearbeitung auf analoger und digitaler Ebene nun auf den gesamten, den Zeitraum betreffenden Verwaltungsaktenbestand ausgeweitet und vereinheitlicht. Die Maßnahmen umfassten die Verbesserung der konservatorischen Lagerung und des Handlings bei Aktenaushebungen sowie die Sichtung und Kontrolle in Bezug auf Ordnung und Vollständigkeit. Darüber hinaus – vor allem dem großen Umfang von 4644 Einzelakten mit heterogenen Themeninhalten und vielen einzelnen Protagonist*innen geschuldet – wurde eine Erfassung der Daten unter Berücksichtigung der ISAD(G)-Verzeichnis-Empfehlungen[21] in der von Kunstsammlung und Archiv verwendeten Datenbank als unerlässlich angesehen. Durch die gewählte Erschließungstiefe von 1 Akt = 1 Datensatz, bei der Teilbestandsgruppe Sitzungsprotokolle von 1 Einzelstück = 1 Datensatz, sind formale und inhaltliche Verzeichniselemente samt Verschlagwortung und Referenzen detailliert erfasst. Dies ermöglicht eine umfangreiche und vielschichtige Datenbankrecherche. Zu den zugehörigen 33 Indexbüchern wurden Verknüpfungen erstellt und begonnen, die als Transkriptionen übernommenen Verschlagwortungen in die Datenbankerfassung miteinzubeziehen. Ergänzende Scans der Verwaltungsakten wurden vorerst nur für die Teilbestandsgruppen der Jahresberichte und Sitzungsprotokolle angefertigt. Außerdem fanden eine Kontrolle und eine erweiterte inhaltliche Erschließung der für den Zeitraum relevanten Personalakten in der Digitalisierungsstrategie Berücksichtigung.

Die folgende Statistik zeigt einen Überblick über den Verwaltungsaktenbestand der heutigen Universität für angewandte Kunst Wien von 1933 bis 1955 Abb. I. Von den insgesamt 4644 Verwaltungsakten sind 105 Akten nicht mehr im Bestand vorhanden, was einem Anteil von 2,26 % entspricht. Bei 84 dieser fehlenden Akten (1,81 %) konnten durch die Indexbuch-Verschlagwortung zumindest die Themen rekonstruiert werden.

Die Erstellung und Führung der Akten fand in der sogenannten Direktionskanzlei (1932/33–1947/48) statt, die später als Präsidialkanzlei (1948/49–1949/50) und dann als Akademiekanzlei (1950/51–1955/56) bezeichnet wurde. So wurden für jedes Kalenderjahr mit fortlaufender Zahl die Aktenblätter in Umschlägen ersterfasst, ergänzt und verzeichnet. Auf den einzelnen Blättern

	Anzahl der Verwaltungsakten gesamt pro Jahr	Davon Anzahl der Verwaltungsakten, welche nicht mehr im Bestand vorhanden, jedoch thematisch bestimmbar sind	Davon Anzahl der Verwaltungsakten, welche nicht mehr im Bestand vorhanden und thematisch nicht mehr bestimmbar sind
1933	213	2	2
1934	324	9	0
1935	356	18	0
1936	250	6	0
1937	265	4	8
1938	287	4	1
1939	320	2	2
1940	258	4	0
1941	287	2	0
1942	233	2	1
1943	205	2	1
1944	205	6	0
1945	139	6	0
1946	158	3	0
1947	111	3	0
1948	148	0	0
1949	104	1	0
1950	113	1	0
1951	127	1	0
1952	127	2	0
1953	134	1	5
1954	127	2	0
1955	153	3	1
Summe	4644	84	21

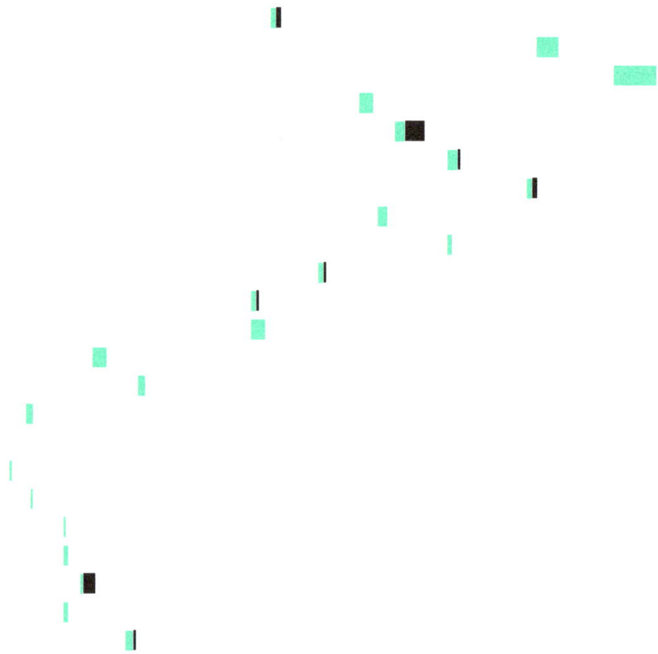

wurde zumindest auch die Aktenzahl vermerkt, oft versehen mit einem Eingangsdatum sowie dem Initialen-Kürzel des amtierenden Direktors bzw. Präsidenten als Sichtungszeichen. Das bearbeitende Verwaltungspersonal ergänzte meist handschriftlich weiterführende Handlungsmaßnahmen oder Abschlussvermerke. Ebenso wurde bei Folgeschriftstücken, welche im Regelfall als Durchschlag im Akt erhalten sind, stets die eigene als auch die Aktenzahl – falls bekannt – der korrespondierenden Institution angeführt, um eine klare Identifikation und einen nachvollziehbaren Verlauf zu gewährleisten. Zur Auffindbarkeit der Akten wurden das Thema sowie die Aktenzahl im alphabetisch geführten Indexbuch des jeweiligen Jahres vermerkt. Um eine Information im internen Lehrkörperkreis oder im erweiterten Personalkreis

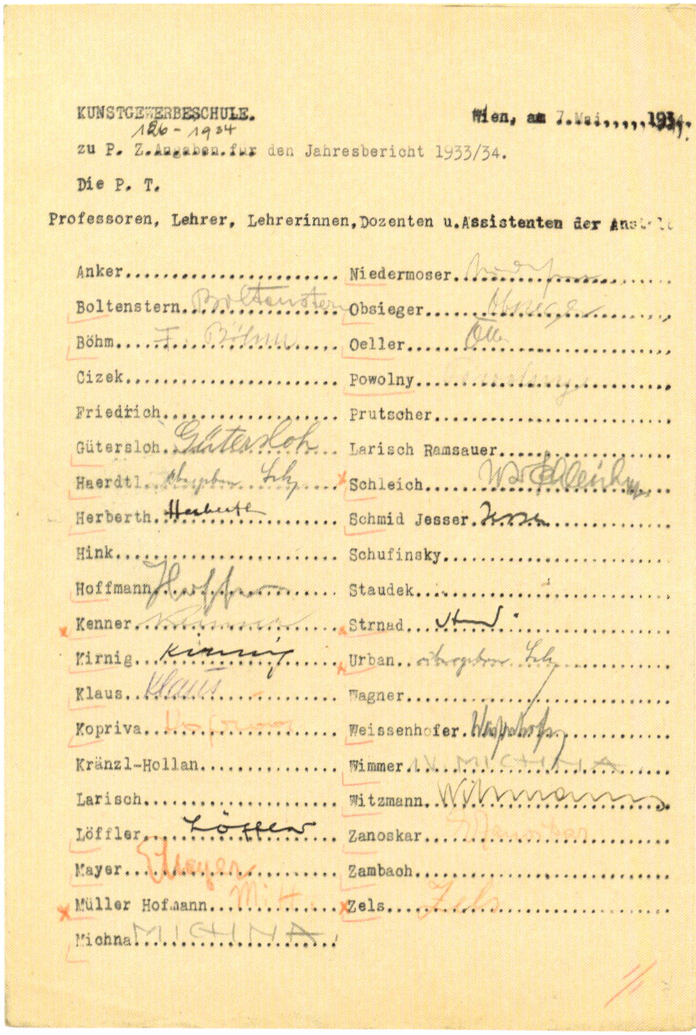

KUNSTGEWERBESCHULE. Wien, am 7.Mai.......1934.
126-1934

zu P. Z. Angaben für den Jahresbericht 1933/34.

Die P. T.

Professoren, Lehrer, Lehrerinnen, Dozenten u. Assistenten der Anstalt

Anker	Niedermoser
Boltenstern	Obsieger
Böhm	Oeller
Cizek	Powolny
Friedrich	Prutscher
Gütersloh	Larisch Ramsauer
Haerdtl	Schleich
Herberth	Schmid Jesser
Hink	Schufinsky
Hoffmann	Staudek
Kenner	Strnad
Kirnig	Urban
Klaus	Wagner
Kopriva	Weissenhofer
Kränzl-Hollan	Wimmer
Larisch	Witzmann
Löffler	Zanoskar
Mayer	Zambach
Müller Hofmann	Zels
Michna	

Abb. I
Statistik zu den Verwaltungsakten 1933–1955

Abb. J
Zirkular betreffend die Angaben für den Jahresbericht 1933/34, UaK, VA 1934/126

zu verbreiten, wurden diese Schriftstücke mittels eines sogenannten Zirkulars[22], ein Umschlag mit angeführtem Empfängerkreis, weitergeleitet und die Sichtung mit der jeweiligen Unterschrift bestätigt Abb. J.

Die Aktenführung in Kalenderjahren konnte sich nicht immer der Praxis einer (Hoch-)Schule fügen, welche stark durch die Schuljahr- und Semesterorganisation geprägt war. Dies bedingte eine Verschiebung einzelner Schriftstücke, welche dadurch zum Vorgänger- bzw. im Nachfolgejahr (in seltenen Fällen sogar mit einem Sprung von mehreren Jahren) abgelegt wurden, was im Zuge von Recherchen stets zu berücksichtigen ist.

In der Kanzlei waren meist zwischen vier und sechs Personen tätig, welche in den Jahresberichten auch namentlich angeführt wurden. Nicht dazu

Abb. K
Bericht über das Schuljahr 1933/34, in: *Jahresberichte der Kunstgewerbeschule 1912–1941*, UaK, K-HS 45, 1–2

gezählt und angeführt waren die Kanzleihilfskräfte, die teils nur durch den jeweiligen Personalakt und teils auch nur in den Verwaltungsakten im Rahmen von Ansuchen oder Krankmeldungen zu detektieren sind. Ebenso gehörten die Schulwart*innen und Schuldiener*innen, Heizer und Gärtner*innen, Bibliothekspersonal, technische Hilfskräfte der Werkstätten sowie weitere Hilfsdienstleister*innen zum erweiterten Personalkreis. Diese waren teilweise nur für wenige Monate, wie für die Heizperioden, angestellt. Für das Jahr 1934 konnten mindestens 33 Personen einer administrativen oder handwerklichen Verwendung zugeordnet werden. Die Personalverwaltung wurde zwischen der Direktionskanzlei und dem jeweilig übergeordneten Ministerium administriert.[23]

Neben Gesetzesverlautbarungen und offiziellen Mitteilungsblättern[24] seitens des zuständigen Ministeriums an die Direktionskanzlei sind auch konkrete Handlungsanweisungen durch individuelle Anordnungen in den Verwaltungsakten überliefert. Dazu zählen beispielsweise eine Handreichung zur Nutzung der neuen Telefonanlage[25], zum Tragen eines Trauerflors durch das Verwaltungspersonal[26] oder auch zum Ausbau des bargeldlosen Zahlungsverkehrs.[27] Auch die politischen Interessen werden durch das Ministerium in Form von Anordnungen, teils als Empfehlungen deklariert, übermittelt. Ab Mai 1933 wurde etwa verlautbart, dass inländische Produkte priorisiert verwendet werden sollen sowie dem Personal von Auslandsurlauben abzuraten sei.[28] Besonders relevante ministeriale Mitteilungen waren von allen Direktionskanzleiangestellten zur Kenntnisnahme zu signieren.[29] Da die Kunstgewerbeschule bis 1938 direkt dem Bundesministerium für Handel und Verkehr zugeordnet war, bilden die Korrespondenzen dieser beiden Verwaltungseinheiten einen Großteil des Aktenbestandes. Für das Jahr 1934 beträgt der Anteil rund 65 %.[30]

KUNSTGEWERBESCHULE DES ÖSTERREICHISCHEN MUSEUMS FÜR KUNST UND INDUSTRIE (BUNDESANSTALT), WIEN, I., STUBENRING NR. 3 TEL.: U-15-502

BERICHT ÜBER DAS SCHULJAHR 1933/34

Die Anstalt heißt „Kunstgewerbeschule des Österreichischen Museums für Kunst und Industrie (Bundesanstalt) in Wien" und ist die höchste Anstalt des kunstgewerblichen Unterrichtes in Österreich. Sie hat die Aufgabe, schöpferische, zur Führung befähigte Arbeitskräfte für die wechselnden Bedürfnisse des Kunsthandwerkes und der Geschmacksindustrie zu erziehen, den ausübenden Kunsthandwerkern die Möglichkeit zu fachlicher Weiterbildung zu bieten und in den Verbraucherkreisen die Schätzung hochwertiger Handwerksarbeit zu fördern.

(Absolventen der Kunstgewerbeschule betätigen sich derzeit:

als selbständige Architekten, als Leiter von Baubureaus, als Entwerfer von Siedlungen, Wohnhäusern, Innenräumen, Möbeln, Gartenanlagen, Bühnenausstattungen, Ausstellungsbauten, Tapeten, Textilmustern, Kostümen, kunstgewerblichen Geräten profaner und kirchlicher Art,

als Kunsttischler,

als selbständige Tafelmaler, Wandmaler, Zimmermaler, Faßmaler,

als Illustratoren, Graphiker, Buchkünstler, Schriftkünstler, Plakatzeichner,

als Steinbildhauer, Metallbildhauer, Holzbildhauer, Holzschnitzer, Elfenbeinschnitzer,

als Keramiker, Glasschneider und Glasmaler,

als Emailmaler, Metallplastiker, Gold- und Silberschmiede,

als Sticker, Gobelinweber, Posamenter,

als Entwerfer von Textilarbeiten, Spitzen, Wäsche, Modewaren,

als Glasfenstermaler und Verbleier,

als Modezeichner,

als Silikatchemiker in keramischen, in Glas- und in Emailbetrieben.)

Die Unterrichtssprache ist in allen Abteilungen und Kursen die deutsche.

Das Schuljahr beginnt am 1. Oktober und dauert bis zum 30. Juni. Die Hauptferien währen vom 1. Juli bis zum 30. September.

Der Unterrichtsbetrieb setzt am 1. Oktober in vollem Ausmaße ein.

Für die Aufnahme in alle Abteilungen der Anstalt ist außer der Erfüllung der Einzelbestimmungen die Erweisung eines genügenden Grades von Begabung durch Vorlage eigenhändiger, selbständiger Arbeiten, gewöhnlich auch durch Ablegung einer AUFNAHMSPRÜFUNG, sowie die körperliche Eignung zum kunstgewerblichen Beruf Voraussetzung.

Näheres im Statut, Erlaß des Bundesministeriums für Handel und Verkehr vom 31. Dezember 1931, Z. 141.230–14/1931.

1

BESUCHSAUSWEIS

	(Die Klammerzahlen bedeuten die zugeteilten, in anderen Abteilungen bereits gezählten Schüler.)	Eingeschrieben waren	hievon männlich	hievon weiblich	hievon Gäste
Allgemeine Abteilung	Allgemeine Formenlehre: Fachvorstand Regierungsrat Professor Franz Cizek	53	20	33	.
Allgemeine Abteilung	Naturstudium: Professor Viktor Schufinsky	37	8	29	.
Allgemeine Abteilung	Studium der menschlichen Gestalt: Professor Albert Paris Gütersloh	21	15	6	9
Allgemeine Abteilung	Ornamentale Schrift, Heraldik: Professor Hertha Larisch-Ramsauer	4 (138)	1 (58)	3 (80)	4
Werkstätten für	Emailarbeiten: Fachvorstand Oberbaurat Professor Dr. Josef Hoffmann	8	1	7	3
Werkstätten für	Metallarbeiten: Fachvorstand Oberbaurat Professor Dr. Josef Hoffmann	11 (1)	5 (1)	6	1
Werkstätten für	Keramik: Regierungsrat Professor Robert Obsieger	13 (3)	7	6 (3)	2
Werkstätten für	Textilarbeiten: Professor Eduard Josef Wimmer	29	12	17	9
Werkstätten für	Mode: Professor Eduard Josef Wimmer	41	7	34	19
Werkstätten für	Möbel und Innenbau: Regierungsrat Professor Karl Witzmann	23 (2)	20 (2)	3	5
Werkstätten für	Glasmalerei, Verbleiung und Mosaik: Professor Reinhold Klaus	4 (2)	3	1 (2)	.
Werkstätten für	Ornamentale Schrift: Professor Hertha Larisch-Ramsauer	. (4)	.	. (4)	.
Werkstätten für	Druckverfahren: Regierungsrat Professor Bertold Löffler	2	.	2	.
Fachklassen für Architektur	Fachvorstand Oberbaurat Professor Dr. Josef Hoffmann	36 (3)	16	20 (3)	7
Fachklassen für Architektur	Professor Dr. Oskar Strnad	25	15	10	2
Fachklassen für Malerei	Regierungsrat Professor Bertold Löffler	60	32	28	5
Fachklassen für Malerei	Professor Wilhelm Müller-Hofmann	26	12	14	2
Fachklassen für Bildhauerei	Fachvorstand Regierungsrat Professor Michael Powolny	10 (1)	8	2 (1)	.
Chemisch-technischer Übungskurs: Professor Ing. Wilhelm Öller		. (5)	. (5)	.	.
Gäste für Hilfsfächer		2	1	1	2
Zusammen		405	183	222	70

Außerdem waren in der KLASSE FÜR JUGENDKUNST (Professor Franz Cizek) 51 Schüler und Schülerinnen eingeschrieben.

Für die OFFENEN ZEICHENSÄLE (Professoren Schufinsky, Prutscher) sind in 33 Betriebswochen 1529 Wochenkarten ausgegeben worden.

2

Im Folgenden werden die gedruckten Jahresberichte von 1933 bis 1947 sowie die ihnen zugehörigen Verwaltungsakten, welche deren Zusammenstellung dokumentieren, vorgestellt. Die inhaltliche Struktur und der Umfang der gedruckten Jahresberichte veränderten sich immer wieder. So besteht jener von 1933/34[31] aus einer Einleitung, der Anführung der gewerblichen Aktivitäten der Absolvent*innen, dem „Besuchsausweis" und dem Abschnitt der „Zusammensetzung der Schülerschaft" Abb. K. Hier wird die Anzahl der Schüler*innen in den jeweiligen Fächern unter Berücksichtigung von Angabe zu Geschlecht, Gaststatus, „Staats- und Volkszugehörigkeiten" und Glaubensbekenntnis zusammengefasst. Weitere Abschnitte betreffen Informationen zu Vorbildungen sowie eine namentliche Nennung jener, die das Erfolgsdiplom sowie Preise erhalten haben. Auch die in Anspruch genommenen Stipendien werden mit der Unterstützungssumme aufgelistet. Zu den gewerbefördernden Tätigkeiten werden die Leistungen der Autorisierten Versuchsanstalt für Keramik, Glaswaren und Email sowie Ausstellungstätigkeiten, die vermittelten Gewerbeaufträge und die Teilnahme an diversen Wettbewerben vorgestellt. Die Mitglieder des Kuratoriums der Kunstgewerbeschule werden neben dem „Verzeichnis der Mitglieder des Lehrkörpers und deren künstlerische, literarische und sonstige Leistungen" angeführt. Es folgt eine Auflistung der im

Rahmen der Lehre stattgefundenen Exkursionen, der nationalen und internationalen Besucher*innen sowie des Direktionskanzleipersonals. Den Abschluss dieses Jahresberichtes bilden eine kurze Statistik zur Schulbibliothek und die Angabe der Leistungserfordernisse zum Erwerb des Abgangszeugnisses für ordentliche Schüler*innen: Hier wird unter Berücksichtigung der jeweiligen Vorbildung zwischen einer dreijährigen und einer fünfjährigen Variante unterschieden und um Ausnahmeregelungen erweitert. Die gedruckte Ausgabe des Jahresberichtes wurde auch an die Bibliothek der Kammer für Handel, Gewerbe und Industrie in Wien gesendet, wie eine Dankeskarte im Verwaltungsakt belegt.[32]

Im gedruckten Jahresbericht 1935/36 wurden beispielsweise Lehrzielangaben der Fachklassen, Werkstätten, der allgemeinen Abteilung, des Chemischen Laboratoriums, der Jugendkunstklassen als auch der Pflicht-Hilfsfächer, Wahlfächer und der Offenen Zeichen- bzw. Arbeitssäle einzeln aufgelistet und mit Wochenstundenumfang spezifiziert. Diese Erweiterung ist mit eigener Seitennummerierung als Ergänzung oder als Anhang zu sehen und bereits in den Folgejahren nicht mehr beigelegt. Die Neuauflage der Lehrzielangaben wurde gemeinsam mit jener der Statuten im Februar 1936 bei der österreichischen Staatsdruckerei in Auftrag gegeben, wobei die Statuten nicht in den Sammelband der gedruckten Jahresberichte miteingebunden wurden. Außerdem ist die Ausarbeitungsdokumentation auch hier in einem eigenen Verwaltungsakt abgelegt, ebenso wie die neuerlichen Überarbeitungen der Statuten und Lehrzielangaben in den Folgejahren. Diese Drucksorten sind selbstständig erschienen, die Einbindung der Lehrzielangaben 1936 beim Jahresbericht ist somit als Ausnahme zu sehen.[33]

Besonders in den Kriegsjahren 1941–1945 wurden die Jahresberichte nur mehr stark gekürzt mit einer knappen Schüler*innen-Statistik sowie Angaben zu Preisverleihungen sowie zum Lehrkörper und Verwaltungspersonal gedruckt. Mit dem Bericht über das Studienjahr 1945/46 beginnt auch wieder die statistische Angabe der Religionszugehörigkeit der Studierenden, welche davor zuletzt im Bericht des Schuljahres 1937/38 veröffentlicht worden war.[34]

In den zugehörigen Verwaltungsakten sind die Zusammenstellungs- und Korrekturprozesse der gedruckten Jahresberichte dokumentiert, indem die administrativen Ansuchen sowie die Einreichungen und Berichte des Lehrpersonals enthalten sind. Letztere bilden einen besonderen Mehrwert durch die ausführliche Zusammenfassung des abgehaltenen Unterrichts, der gegebenen Aufgabenstellungen und vermittelten Methoden. Auch wurden Anregungen für Verbesserungen der technischen Ausstattung und der Unterrichtsmöglichkeiten angebracht. So haben Eleonore Zanoskar für die Werkstätte für Emailarbeiten die Notwendigkeit eines Millivoltmeters für den Schmelzofen angeführt oder Eduard Anker für das Nebenfach Technisches Zeichen die Wiedereinführung einer zweiten Zeichenstunde angeregt. Schließlich wurden diese Berichte vom Direktor gelesen, wie dessen Signatur als Sichtungszeichen am Blatt zeigt.[35] Die Verwaltungsakten erweitern die gedruckten Jahresberichte auch insofern, als sie beispielsweise die Abschrift der Wettbewerbs-Ausschreibungen, die Namen der Stipendienempfänger*innen oder auch die vom Ministerium genehmigten Stundenpläne beinhalten. Sie nennen für alle Fächer die zuständige Lehrkraft, die Wochenstundenanzahl, Wochentag und Uhrzeit sowie den Unterrichtsort mit Adresse und Raumangabe.[36] Darüber hinaus ist die sogenannte Statistische Jahresnachweisung, deren Erarbeitungen in den Verwaltungsakten zu finden sind, eine wichtige Bezugs- und Vergleichsquelle zur quantitativen Datenerfassung von Personal und Schüler*innen.[37]

Fallstudie zur Gesellschaft zur Förderung der Kunstgewerbeschule des Österreichischen Museums für Kunst und Industrie

Die Gesellschaft zur Förderung der Kunstgewerbeschule des Österreichischen Museums für Kunst und Industrie fungierte als Verein, dessen Vorstand sich aus dem Obmann, dem leitenden Ausschuss, dem Ständigen Beirat sowie den Rechnungs-Revisoren zusammensetzte. Die Vorstandsmitglieder kamen zum Teil aus dem aktuellen oder ehemaligen Personal der Kunstgewerbeschule, zum Teil aber auch aus externen Personenkreisen und waren Vertreter*innen aus dem Kulturbereich, der Politik oder den Handelskammern. Sie wurden in den jeweiligen Generalversammlungsprotokollen und den Vereinsjahresberichten namentlich angeführt. Die Funktion des Obmanns hatte Eduard Leisching, Direktor i. R. des Österreichischen Museums für Kunst und Industrie, inne. Im Universitätsarchiv sind die unterzeichneten Generalversammlungs-Protokolle aus den Jahren 1934 (67. Versammlung der Gesellschaft) bis 1937,

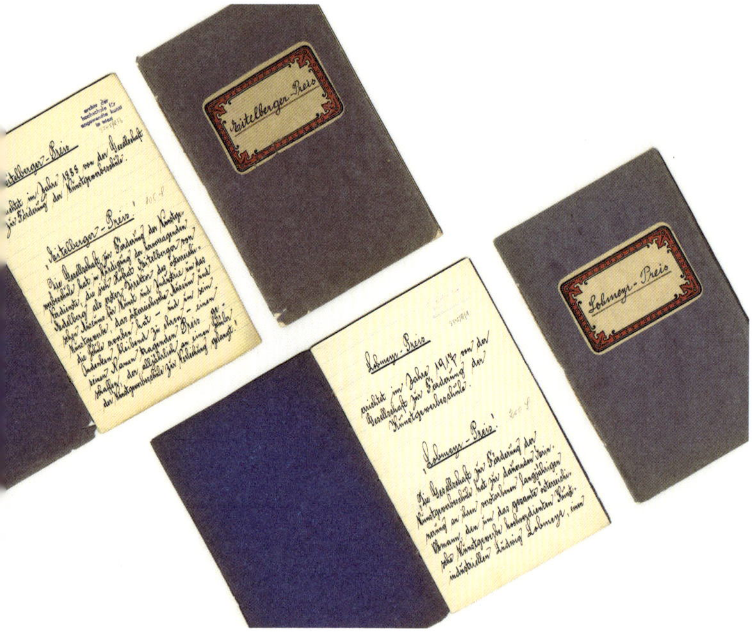

Abb. L
Handschriftlicher Leitfaden und Dokumentation zum Eitelberger-Preis und Lobmeyr-Preis, UaK, IN 3745/Q/1 und 3745/Q/3

Jahresberichte der Vereinsjahre 1932/33 bis 1936/37 sowie weitere administrative Unterlagen – und somit auch die im beforschten Zeitraum verfolgten Kernaufgaben der Gesellschaft und ihre Finanzierung – überliefert.[38]

Eine der Kernaufgaben, die die Gesellschaft wahrnahm, betraf die Finanzierung zweier jährlich verliehener Preise Abb. L. In den Verwaltungsakten, in den gedruckten Jahresberichten vom Schuljahr 1932/33 bis zum Schuljahr 1937/38 sowie in einzelnen Archivalien wird über die Verleihung des Lobmeyr-Preises und des Eitelberger-Preises berichtet. Diese fand jährlich und stets gemeinsam mit jener des Staatspreises statt. Für die Vergabe empfahlen die Mitglieder des Lehrkörpers der Kunstgewerbeschule mögliche Kandidat*innen aus ihren Klassen. Diese Namenslisten wurden an die Direktion übermittelt und dann gebündelt der Jury, bestehend aus Direktor, Fachvorständen und Professor*innen, welche im Rahmen einer Sitzung des Arbeitsausschusses zusammentraten, zur Abstimmung vorlegt. In den beiden Schuljahren 1936/37 und 1937/38 fand die Entscheidungsfindung im Rahmen der Sitzung des engeren Lehrkörpers statt. Der Ablauf samt Abstimmungsergebnis wurde in den jeweiligen Sitzungsprotokollen als eigener

Tagesordnungspunkt niedergeschrieben. Über die Direktionskanzlei wurde der Vorschlag der gewählten Preisträger*innen der Gesellschaft zur Bestätigung und Zuerkennung unterbreitet. In den Jahren von 1933 bis 1937 war der Lobmeyr-Preis mit 200 S und der Eitelberger-Preis mit 100 S und im Jahr 1938 mit 133 RM bzw. 66 RM dotiert. Finanziert wurden diese aus zwei ursprünglich dafür eingesetzte Stipendienfonds, die jedoch in den Jahren 1933 bis 1938 bereits erschöpft waren. Daher mussten die beiden Preise aus den laufenden Einnahmen der Gesellschaft finanziert werden. 1939 traten anstelle dieser zwei neu geschaffene Preise: Die von der Handelskammer Wien und von der Gemeinde Wien gestifteten Preise waren mit jeweils 300 RM dotiert.[39]

Die Geldmittel der Gesellschaft setzten sich aus Mitgliedsbeiträgen, Spenden von Privatpersonen und Körperschaften, Erlösen aus Veranstaltungen, Zinserträgen sowie Subventionen zusammen, welche in den Vereinsberichten auch als zuordenbare Einzelpositionen vermerkt wurden. Die politischen Umstände 1933/34 bewirkten einen Rückgang der Geldeinnahmen des Vereines, wodurch sich dieser gezwungen sah, im Oktober 1934 die Zahl der Freitische der kostenlosen Mittagsausspeisung zu reduzieren.[40] Dies führt zur zweiten Kernaufgabe der Gesellschaft: der Bereitstellung einer kostenlosen Ausspeisung für bedürftige Schüler*innen zu Mittag. Je nach den verfügbaren Geldmitten wurde, über die Jahre schwankend, von 25 bis 50 finanzierbaren Plätzen berichtet, wobei zwischen einem täglichen Anspruch (entspricht sechs Wochentagen) oder einem Anspruch an nur drei Wochentagen unterschieden wurde. Die Administration für die Anmeldung, Überprüfung der Ansprüche sowie der Anwesenheitslisten übernahm die Direktionskanzlei und ist somit auch in den Verwaltungsakten dokumentiert. Die Gesellschaft gab hierfür auch den größten Anteil ihrer jährlichen Einnahmen aus: rund 119 % waren es im Schuljahr 1933/34, rund 58 % im Schuljahr 1934/35, rund 65 % im Schuljahr 1935/36 und rund 77 % im Schuljahr 1936/1937.[41] Als dritte, jedoch nur gering zu gewichtende Kernaufgabe setzte der Verein einen kleinen Anteil der verfügbaren Geldmittel für weitere Einzelunterstützungen sowie Lehrmittelbeiträge ein.[42]

Trotz der Stellung als Verein ist die administrative und personelle Verwebung mit der Kunstgewerbeschule ein klares Indiz, diese weniger als unabhängige Gesellschaft zu deuten, sondern als eng an die Kunstgewerbeschule gebundene Körperschaft zum Zwecke der Durchführung und Finanzierung wohltätiger Projekte zugunsten armutsgefährdeter als auch begabter

Schüler*innen. Zu ihrer Gründung im Jahr 1869 (nach ministeriellem Erlass vom Jänner 1869) wurden im Rahmen der Monatsschrift „Mittheilungen des k. k. Österreichischen Museums für Kunst und Industrie“ auch die Intentionen und Statuten kommuniziert. Darin wurde der Umstand betont, dass „den fähigsten Schülern die Mittel fehlen, die Schule längere Zeit besuchen zu können“.[43] Auch zeitliche Überschneidungen aufgrund der vielfachen Berufstätigkeit der Schüler*innen werden als Herausforderung angeführt. Um der damit verbundenen Problematik entgegenzuwirken, wurden Unterstützungsmaßnahmen wie die Bereitstellung von Schulstipendien, kleineren Reisestipendien sowie der Vergabe von Auftragsarbeiten eingeführt. Vergleicht man dies mit den Aktivitäten zwischen 1933 und 1938, kann eine klare Veränderung der Maßnahmenstrategie zur jedoch gleich gebliebenen Zielsetzung der Gesellschaft festgehalten werden.[44]

Die jährlichen Generalversammlungen fanden im untersuchten Zeitraum stets im letzten Quartal eines Jahres statt. Hierbei waren nicht nur die Vorstandsmitglieder, sondern auch die Mitglieder des Vereines sowie der Schüler*innenvertretung anwesend. Das letzte Generalversammlungsprotokoll der Gesellschaft ist aus dem Jahr 1937 erhalten. Berücksichtigt man sowohl die Zuerkennungen des Lobmeyr-Preises und Eitelberger-Preises im Juni 1938[45] sowie eine Subventionsüberweisung des Ministeriums für Wirtschaft und Arbeit am 23. Juni 1938 an die Gesellschaft[46] als auch das fehlende Generalversammlungsprotokoll von 1938, könnte hier jener Zeitraum festgemacht werden, in welchem die Gesellschaft sich auflöste oder aufgelöst wurde. In den Verwaltungsakten selbst sind leider keine detaillierteren Informationen zum Auflösevorgang überliefert.

Ausblick und Dank

Die Bearbeitung des Verwaltungsaktenbestandes von 1933 bis 1955 bildet einen wichtigen Bestandteil einer über das Forschungsprojekt *„Sonderfall“ Angewandte* hinausreichenden Digitalisierungsstrategie des Archivs der Universität für angewandte Kunst Wien. Die weiterführende Tiefenerschließung der Akten und Archivalien sowie die physische und digitale Bestandspflege werden auch künftig umfangreiche und vielschichtige Forschungsinteressen und Fragestellungen bedienen. Der wichtigste Auftrag an ein Archiv, Aktenmaterial zu bewahren und nach gesetzlicher Maßgabe so aufzubereiten, dass Ereignisse lesbar werden und niederschwellig sowie nachhaltig der Forschung und der Lehre dienen, ist letztendlich eine dauerhafte, sich kontinuierlich stellende Aufgabe. Trotz neuester Technologien und Entwicklungen spielt das geschulte Archivpersonal mit seinem Wissen die wichtigste Rolle im Rahmen der Bestands- und Informationsverwaltung. Zum Gelingen dieses hier präsentierten Archiv- und Digitalisierungsprojekts trugen neben dem Forschungsprojektteam vor allem Nathalie Feitsch und unsere Auszubildenden Luisa Chmiel, Beate Huber und Nada Yasin bei. Es sind neue Netzwerke entstanden, die helfen, unsere Arbeit weiterzugeben und sichtbar zu machen. Vielen Dank allen Mitwirkenden!

Anmerkungen

1 Protokoll über die 5. ordentliche Sitzung des Gesamtkollegiums, 29.3.1979, ad TO Pkt 11. Archiv der Hochschule für angewandte Kunst Wien (folgend UaK), Sitzungsprotokolle.

2 Vgl. Gottfried Fliedl, Kunst und Lehre am Beginn der Moderne. Die Wiener Kunstgewerbeschule 1867–1918, Wien 1986; Hochschule für Angewandte Kunst in Wien (Hg.), Kunst: Anspruch und Gegenstand. Von der Kunstgewerbeschule zur Hochschule für angewandte Kunst in Wien 1918–1991, Salzburg/Wien 1991.

3 Die zum 150-jährigen Jubiläum erschienene Publikation Ästhetik der Veränderung bietet Einblicke in die Gestaltung der Lehre und Kunstprojekte bis 2017 sowie eine Zusammenfassung historisch relevanter Ereignisse. Gerald Bast/Anja Seipenbusch-Hufschmied/Patrick Werkner (Hg.), 150 Jahre Universität für angewandte Kunst Wien. Ästhetik der Veränderung, Wien 2017.

4 Oswald Oberhuber, „Einige Worte danach…", Manuskript zu *Vergessen gibt es nicht*, 31.5.1989. UaK, IN 10.803/96.

5 Vgl. BGBl I Nr. 181/1998/2009: Die Österreichischen Bundesmuseen, die Österreichische Nationalbibliothek und das Bundesimmobiliendepot sind per Gesetz verpflichtet, ihre Sammlungen auf unrechtmäßigen Besitz zu untersuchen und gegebenenfalls Bestände zu restituieren, URL: https://www.ris.bka.gv.at/eli/bgbl/i/1998/181/P1/NOR40111545 (abgerufen 25.9.2023).

6 Thomas Trenkler, Der Name ausgelöscht, das Werk verschwunden. Die Angewandte möchte ein Gemälde von Jehudo Epstein restituieren und sucht nach Verwandten des Malers, „Der Standard", 27.12.2011, URL: https://www.derstandard.at/story/1324501369484/der-name-ausgeloescht-das-werk-verschwunden (abgerufen 19.9.2023).

7 René Schober, Dossier. Jehudo Epstein „Ohne Titel, Mädchen mit blonden Zöpfen in historischem Kostüm", 1921, Wien 2011, UaK, HS 11/33.

8 Um einen Bestand nutzen zu können, braucht es Findmittel, die durch Beschlagwortung oder ein numerisches Ordnungssystem die Suche unterstützen. Bestenfalls gibt es eine Datenbank mit Schlagworten und Volltextsuche. Kunstsammlung und Archiv verwaltet die Bestände in der Collection Management Software MuseumPlus.

9 Johannes Spalt, Architekt, war von 1975 bis 1979 Rektor der Hochschule für angewandte Kunst in Wien.

10 Zuständige Verwaltungsbehörden im Zeitraums 1933–1955: ab 1920 Bundesministerium für Handel und Verkehr, ab 1938 Reichskammer der bildenden Künste, ab 1945 Bundesministerium für Unterricht, ab 1970 Bundesministerium für Wissenschaft und Forschung (mit div. Bereichsergänzungen).

11 Digitalisierungsprojekt, konzipiert und durchgeführt von René Schober, 2013.

12 Im Jahr 1967 erschien ein erster Studienführer, der ab den 1970er-Jahren bis 2010 jährlich einen Überblick zu den künstlerischen Schwerpunkten und dem Lehrangebot der Angewandte gab. Nach 2010 werden die erbrachten Leistungen unregelmäßig in unterschiedlichen Formaten publiziert, zuletzt in: Universität für angewandte Kunst Wien (Hg.), Profil 2021/22, Wien 2021.

13 UaK, Jahresberichte der Kunstgewerbeschule 1912–1941, K-HS 45.

14 UaK, Hochschule für angewandte Kunst, Berichte über die Studienjahre 1941/42 bis 1945/46, Wien 1947.

15 Bestand des Universitätsarchivs, Kunstsammlung und Archiv, URL: https://kunstsammlungundarchiv.at/universitaetsarchiv/bestand (abgerufen 20.6.2023).

16 Die Schüler*innen-Datenbank des Universitätsarchivs ist abrufbar unter: https://kunstsammlungundarchiv.at/universitaetsarchiv/schueler-innen-datenbank

17 Stefanie Kitzberger/Cosima Rainer/Linda Schädler (Hg.), Friedl Dicker-Brandeis: Werke aus der Sammlung der Universität für angewandte Kunst Wien, Berlin 2023; Friedl Dicker-Brandeis. Werkstätten bildender Kunst, Ausstellung in der Universitätsgalerie der Angewandten im Heiligenkreuzerhof, Wien, 23.9.–10.12.2022 und Künstlerin der Moderne. Friedl Dicker-Brandeis, Graphische Sammlung der ETH Zürich, 29.3.–18.6.2023.

18 Margarete Schütte-Lihotzky, Wilhelm Schütte, „Mach den Weg um Prinkipo, meine Gedanken werden Dich dabei begleiten!" Der Gefängnis-Briefwechsel 1941–1945, Hg. Thomas Flierl in Kooperation mit Kunstsammlung und Archiv, Berlin 2021.

19 Marcel Bois/Bernadette Reinhold (Hg.), Margarete Schütte-Lihotzky. Architektur. Politik. Geschlecht. Neue Perspektiven auf Leben und Werk, Basel 2019.

20 Die Institutswebsite ist abrufbar unter: https://www.kunstsammlungundarchiv.at (abgerufen 5.12.2023).

21 Werner Berthold/Susanne Fröhlich et al., Umsetzungsempfehlungen zu ISAD(G) und ISDIAH, in: scrinium. Zeitschrift des Verbandes Österreichischer Archivarinnen und Archivare 68 (2014), 113–179.

22 Zur Nennung als Zirkular siehe UaK, VA 1935/198.

23 UaK, Jahresberichte 1932/33 bis 1955/56. Exemplarisch siehe hierzu: UaK, VA 1934/8, VA 1934/11, VA 1934/29, VA 1934/33, VA 1934/67, VA 1934/87, VA 1934/95, VA 1934/104, VA 1934/111.

24 Siehe u. a.: UaK, VA 1933/91, VA 1934/11, VA 1934/289.

25 UaK, VA 1934/192.

26 UaK, VA 1934/209.

27 UaK, VA 1934/192.

28 Siehe u. a.: UaK, VA 1934/166, VA 1934/183, VA 1934/185, VA 1934/204, VA 1935/22.

29 UaK, VA 1934/207.

30 Weitere Statistiken betreffend die Korrespondenzen zwischen der Kunstgewerbeschule bis hin zur Akademie für angewandte Kunst und den jeweilig verantwortlichen Ministerien zwischen 1933–1955 sind noch zu eruieren.

31 UaK, Jahresberichte der Kunstgewerbeschule 1912–1941, K-HS 45; UaK, VA 1934/126.

32 UaK, VA 1934/126.

33 UaK, Jahresberichte der Kunstgewerbeschule 1912–1941, K-HS 45, Schuljahr 1935/36, 1–6; UaK, VA 1936/36, VA 1938/76, VA 1939/211, VA 1940/102, VA 1940/241, VA 1942/195, VA 1943/164.

34 UaK, Jahresberichte der Kunstgewerbeschule 1912–1941, K-HS 45; UaK, VA 1942/36, VA 1943/103, VA 1944/157, VA 1945/JB.

35 UaK, VA 1934/126.

36 UaK, VA 1934/126, VA 1934/194.

37 UaK, VA 1933/125, VA 1934/68, VA 1935/128, VA 1936/89, VA 1937/107, VA 1938/114, VA 1939/148, VA 1940/98, VA 1941/155, VA 1942/105. Betreffend statistische Auswertungen von Personal und Schüler*innen um 1939 darf verwiesen werden auf: Sophie Köhldorfer, Die institutionelle „Säuberung" der Universität für angewandte Kunst Wien als Folge des „Anschlusses" 1938, Dipl. Arb., Univ. Wien 2019.

38 UaK, VA 1934/133, VA 1934/238, VA 1934/285, VA 1934/300, VA 1935/149, VA 1935/282, VA 1935/290, VA 1935/303, VA 1935/356, VA 1936/190, VA 1936/194, VA 1937/203, VA 1937/215, VA 1937/234, VA 1938/95, VA 1938/130; VA 1938/209; UaK, IN 3745/1/Q, IN 3745/3/Q.

39 UaK, Jahresberichte der Kunstgewerbeschule 1912–1941, K-HS 45; UaK, VA 1932/SP/20, VA 1933/165/20, VA 1934/133, VA 1934/230/12, VA 1935/149, VA 1936/218/7, VA 1937/199/5, VA 1938/95, VA 1938/175, VA 1939/224; Das Protokoll der 6. Sitzung für das Schuljahr 1935/36 des Arbeitsausschusses vom 19. Juni 1935 (VA 1935/302/9) ist nicht erhalten; Der Staatspreis wurde vom Ministerium für Handel und Verkehr bzw. Wirtschaft und Arbeit, dotiert mit 500 S bzw. 333 RM, nach Vorschlag der Preisträger*innen durch den engeren Lehrkörper der Staatlichen Kunstgewerbeschule bewilligt und finanziert, siehe u. a.: UaK, VA 1938/95; UaK, IN 3745/1/Q, UaK, IN 3745/3/Q.

40 UaK, VA 1934/300.

41 Im Schuljahr 1933/34 waren die Ausgaben für die Ausspeisung höher als die Jahreseinnahmen des Vereins. Es wurde daher auch im Finanzbericht des Vereinsjahres 1933/34 eine Reduktion des Saldos verzeichnet. UaK, VA 1933/49, VA 1933/168, VA 1933/174, VA 1934/285, VA 1934/300, VA 1935/290, VA 1936/194, VA 1937/215.

42 UaK, VA 1934/300.

43 Mittheilungen des k. k. Österreichischen Museums für Kunst und Industrie, 1869/41, 346.

44 Mittheilungen des k. k. Österreichischen Museums für Kunst und Industrie, 1869/41, 345–352 sowie 1869/47, 484; Gottfried Fliedl, Kunst und Lehre am Beginn der Moderne. Die Wiener Kunstgewerbeschule 1867–1918, Wien 1986, 221; UaK, IN 3745/6/Q.

45 UaK, VA 1937/199/5.

46 UaK, VA 1938/130.

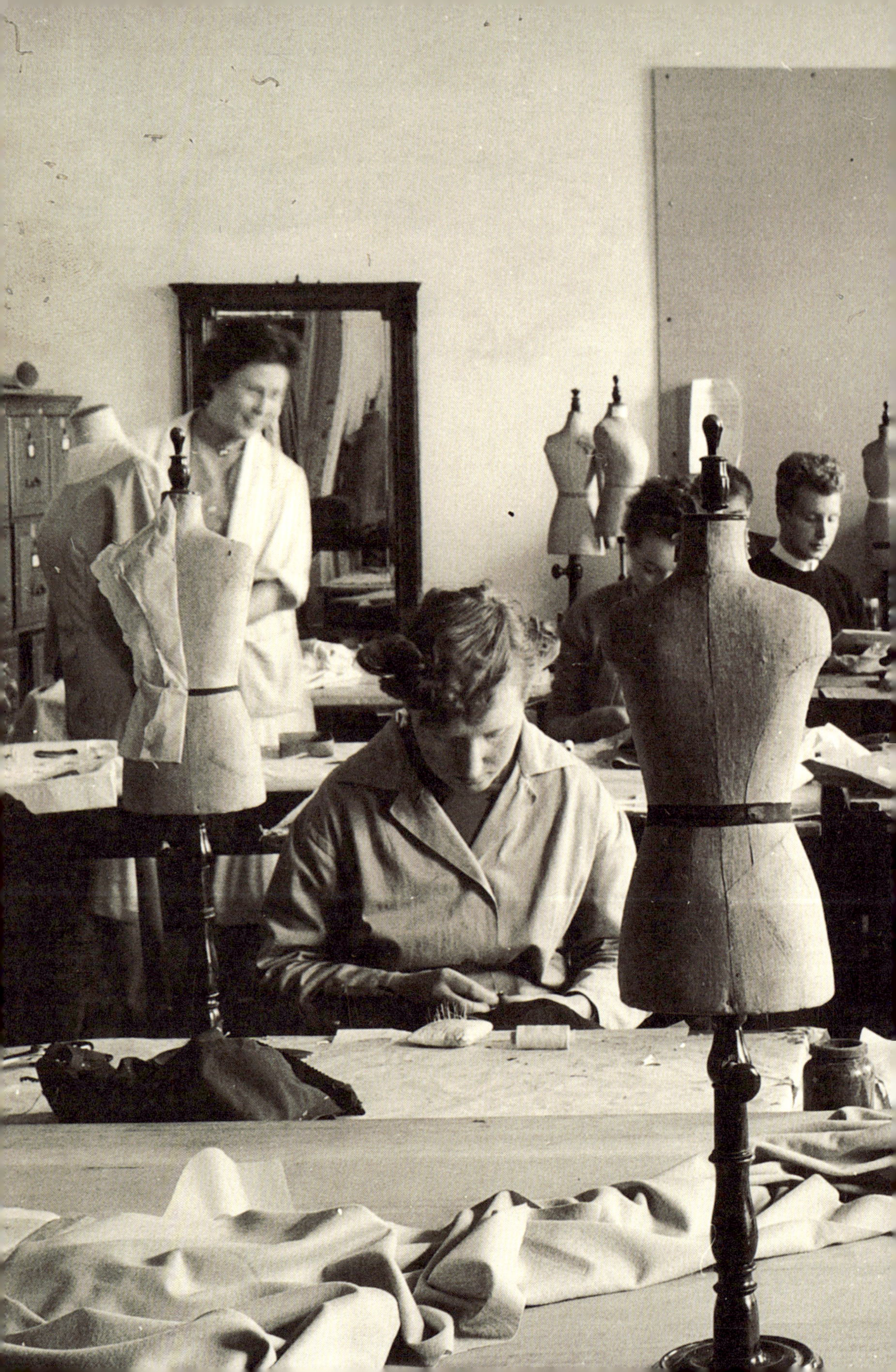

Sophie Geretsegger

Zur Studienatmosphäre der Angewandten zwischen 1945 und 1955 – exemplarische Einblicke

Anhand von Archiv- und Literaturrecherchen, aber vor allem gestützt auf Gespräche mit Alumni soll exemplarisch der Studienatmosphäre nach dem Ende des NS-Regimes nachgespürt werden. Die meisten Gesprächspartner*innen waren Kinder bei Kriegsende und Erwachsene, als der Staatsvertrag unterzeichnet wurde. Sie studierten bis in die 1950er-Jahre hinein an der Angewandten, zu einer Zeit, als sich diese in vielen Bereichen im Umbruch befand.

Da ist einmal Roland, er ist provisorischer Student im Jahr 1946, er ist groß gewachsen, etwas älter als die anderen. Er war im Krieg, er war NSDAP-Mitglied. Er wird einmal ein berühmter Fotograf werden. Aus der Aktenlage geht hervor, dass er ein Gnadengesuch an den Bundespräsidenten stellt, um von der für ehemalige NSDAP-Mitglieder geltenden Registrierungspflicht befreit zu werden, andernfalls könne er nicht weiterstudieren Abb. B.[1] Es werden Beweise gesammelt, Akten hin- und hergeschickt. Er war Spielmannszug-Führer bei der Hitlerjugend (HJ).[2] Es gibt eine unvollständige polizeiliche Auskunft vom 11. Juli 1947, dass er sich für die SS-Standarte 89 beworben hatte.[3] Später werden solche Bemühungen teilweise als Versuche gewertet, dem Frontdienst zu entkommen – ob es sich hierbei wirklich darum oder um

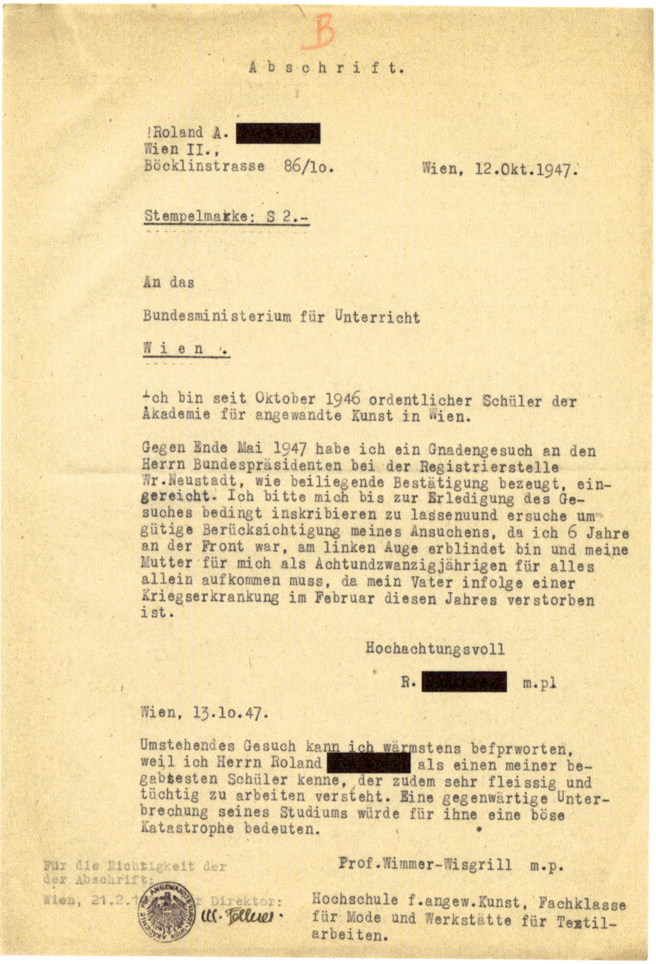

B

Abschrift.

Roland A.
Wien II.,
Böcklinstrasse 86/10. Wien, 12.Okt.1947.

Stempelmarke: S 2.-

An das

Bundesministerium für Unterricht

Wien.

Ich bin seit Oktober 1946 ordentlicher Schüler der Akademie für angewandte Kunst in Wien.

Gegen Ende Mai 1947 habe ich ein Gnadengesuch an den Herrn Bundespräsidenten bei der Registrierstelle Wr.Neustadt, wie beiliegende Bestätigung bezeugt, eingereicht. Ich bitte mich bis zur Erledigung des Gesuches bedingt inskribieren zu lassenuund ersuche um gütige Berücksichtigung meines Ansuchens, da ich 6 Jahre an der Front war, am linken Auge erblindet bin und meine Mutter für mich als Achtundzwanzigjährigen für alles allein aufkommen muss, da mein Vater infolge einer Kriegserkrankung im Februar diesen Jahres verstorben ist.

Hochachtungsvoll

R. m.pl

Wien, 13.10.47.

Umstehendes Gesuch kann ich wärmstens befprworten, weil ich Herrn Roland als einen meiner begabtesten Schüler kenne, der zudem sehr fleissig und tüchtig zu arbeiten versteht. Eine gegenwärtige Unterbrechung seines Studiums würde für ihne eine böse Katastrophe bedeuten.

Prof.Wimmer-Wisgrill m.p.

Hochschule f.angew.Kunst, Fachklasse für Mode und Werkstätte für Textilarbeiten.

Für die Richtigkeit der Abschrift:
Wien, 21.2.1 Der Direktor:

Abb. A
Blick in die Werkstätte für Mode von Eduard Josef Wimmer-Wisgrill (Ausschnitt), 1954, Fotograf: Yoichi Okamoto, UaK, IN 19.712/FP

Abb. B
Ansuchen um Begnadigung Roland P., 12. Oktober 1947, UaK, VA 1938/13

ein entschuldigendes Nachkriegsnarrativ des jungen Mannes handelt, kann heute nur mehr schwer festgestellt werden.

Sein Gnadengesuch um Entlastung und Zulassung zum ordentlichen Studium begründet er jedenfalls damit, dass er direkt von der HJ zum Kriegsdienst in die Wehrmacht eingezogen und auf diese Weise automatisch in die NSDAP übernommen worden wäre.[4] Und weiter heißt es, dass er sechs Jahre an der Front gewesen und in der Folge am linken Auge erblindet sei. Er müsse schnellstmöglich eine Ausbildung beenden, da seine Mutter ihn allein erhalte, weil der Vater an einer kriegsbedingten Krankheit gestorben sei.

In den Akten wird er als Studierender der Klasse Eduard Josef Wimmer-Wisgrills geführt, und zwar schon im Schuljahr 1944/45, allerdings mit dem Vermerk „im Wehrdienst“.[5] Wimmer-Wisgrill stellt ihm ein hervorragendes

Leumundszeugnis als einem seiner begabtesten Schüler aus, „der zudem sehr fleißig und tüchtig zu arbeiten versteht. Eine Unterbrechung seines Studiums würde für ihn eine böse Katastrophe bedeuten".[6] Die Begnadigung wird ihm gewährt und er kann 1949 sein Studium beenden. Bereits im Herbstsemester unterrichtet er Modezeichnen und Entwurf an der heutigen HLMW 9 Michelbeuern, der Höheren Lehranstalt für Mode und Bekleidungstechnik in Wien, und lernt dort seine zukünftige Frau, die eine seiner Schülerinnen war, kennen. Sie 16 und er 28 Jahre jung, stürzen sie sich in das Leben der jungen Avantgarde im miefigen Nachkriegswien. Sie verschlingen nahezu unerschwingliche französische Modemagazine, lesen Sartre, Simenon und Camus. Roland will weg. Er arbeitet viel, neben der Schule für Modehäuser, als Designer, Schaufensterdekorateur, im Verkauf, als Illustrator und Cartoonist für Zeitungen, und er beginnt zu fotografieren. Damit schafft er den Absprung nach New York, in eine neue Welt. Zurück bleibt eine Vergangenheit, über die er nie wieder ein Wort verliert.

Seine Geschichte verweist nicht zuletzt auf die Zwänge, mit denen junge Menschen konfrontiert waren – seit 25. März 1939 bestand beispielsweise eine Jugenddienstpflicht für die HJ. Und tatsächlich gab es eine Bestimmung, dass alle, die über 18 Jahre alt waren, Parteimitglieder sein sollten.[7] Eine automatische Zwangsübernahme in die NSDAP gab es allerdings nicht. Dass aber unterschiedliche Stufen der Überredung existierten, gilt es ebenso zu bedenken wie eine zweifelhafte Autonomie von jenen, die noch nicht die Volljährigkeit erreicht hatten. Die Argumentation von Roland stützt sich auf die damals üblichen Entlastungsstrategien. Sie wurden gerne akzeptiert und zeugen von der Bereitschaft, so schnell als möglich zur Tagesordnung überzugehen. Die Kunst in jedem Fall von politischen Intentionen freizusprechen, trägt dazu bei. Es war jedenfalls bequemer zu entpolitisieren als zu entnazifizieren. Das stimmte im Kleinen für das Rektorat der Angewandten wie auch im Größeren für die Regierung Österreichs.

Auch Hubert, Rolands Kollege, beginnt 1944/45 sein Studium, allerdings bei Paul Kirnig, wechselt dann zu Otto Niedermoser und findet 1947 seinen Platz ebenfalls bei Wimmer-Wisgrill. Vorher schießt er sich aber noch ins Knie – so überzeugend, dass er nicht wegen Selbstverstümmelung angeklagt werden kann und tatsächlich als kampfuntauglich gilt. Eine weniger gefährliche Verletzung wäre verheilt und hätte zu neuerlicher Wehrtauglichkeit

Abb. C
Anfrage der NSDAP bezüglich der Anstellung Franz Herberths, 7. November 1940, UaK, VA 1938/13

geführt. Er wird den Rest seines Lebens hinken, aber dem Frontgemetzel ist er entkommen. Auch er ist groß und stattlich. Er verbirgt seine Homosexualität nicht, was in der aufgeklärteren Klasse Wimmer-Wisgrill nicht notwendig zu sein scheint. Der Klassenleiter, selbst offen homosexuell und in diesen späten Jahren oft so geschminkt, dass der weiße Puder, das Rot der Lippen und das Schwarz der Wimpern ihm im Gesicht verlaufen, schafft zumindest ein tolerantes Klima. Der „Wiener Poiret", wie Wimmer-Wisgrill genannt wurde, der immer noch den Nimbus der Wiener Werkstätte verkörpert, gilt allerdings den Zwanzigjährigen um 1950 doch als schon zu alt und seine Entwurfsideen wirken rückwärtsgewandt. Manche meinen auch, das Klima sei weniger seiner Toleranz als seiner Indolenz geschuldet. Sein weit verzweigtes Netzwerk ist aber immer noch beachtlich und unterstützt auch Hubert in seinem vehementen Bestreben, eine internationale, intellektuelle Welt zu erobern. Im Jahr 1951 ist auf den Schüler*innenlisten schon vermerkt: „in Paris".[8] Er wird als Maler Erfolg haben, arbeitet für Theater und Oper.

Jedenfalls herrscht eine freundliche, legere Stimmung in der Modeklasse, so leger, dass die Bewunderer der eleganten Modeschülerinnen gerne die Klasse besuchen – und es auch dürfen.[9] Da lernt Tino Luzi kennen. Sie ist die Tochter eines linksliberalen Mediziners und Universitätsprofessors, er stammt aus einer gestandenen Eisenbahnerfamilie, daher sozialistisch geprägt. Sein Vater schaffte den Sprung zum Silberschmied und verwirklichte seinen Traum, auf der Bühne zu singen. Tino ist bei Franz Herberth inskribiert, der zwar bis 1939 noch an der Kunstgewerbeschule Druckverfahren unterrichten konnte, dann aber zwangspensioniert wurde, nicht nur als Kommunist, sondern auch als Ehemann einer Jüdin, der Künstlerin Bettina Freund Abb. C.[10] Er wird 1945 sofort wieder eingestellt und ist bei den Student*innen als virtuoser Grafiker, sowohl aufgrund seines technischen Könnens als auch wegen seiner künstlerischen Experimentierwut hoch angesehen.

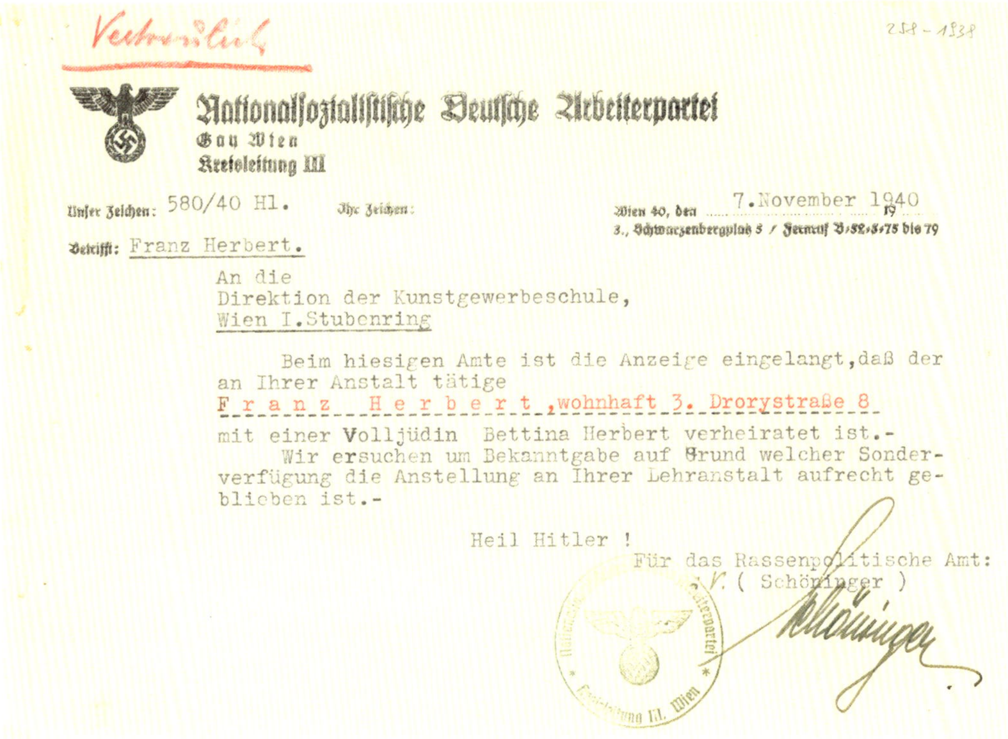

Nationalsozialistische Deutsche Arbeiterpartei
Gau Wien
Kreisleitung III

Unser Zeichen: 580/40 Hl. Ihr Zeichen: Wien 40, den 7. November 1940
3., Schwarzenbergplatz 3 / Fernruf B-52-5-75 bis 79

Betrifft: Franz Herbert.

An die
Direktion der Kunstgewerbeschule,
Wien I. Stubenring

Beim hiesigen Amte ist die Anzeige eingelangt, daß der an Ihrer Anstalt tätige
F r a n z H e r b e r t , wohnhaft 3. Drorystraße 8
mit einer Volljüdin Bettina Herbert verheiratet ist.-
Wir ersuchen um Bekanntgabe auf Grund welcher Sonderverfügung die Anstellung an Ihrer Lehranstalt aufrecht geblieben ist.-

Heil Hitler !
Für das Rassenpolitische Amt:
i. V. (Schöninger)

Luzi gefällt die witzige Verehrung des talentierten Grafikers Tino und sie werden bald ein Paar, für den Rest ihres Lebens. Ihre erste gemeinsame Reise führt sie nach Schweden, in das gelobte Land des fortschrittlichen Möbeldesigns, der Architektur und der freien Presse. Schweden als Reiseziel war aber auch deshalb so beliebt bei den Studierenden der Angewandten, weil man dort leichter gute Ferienjobs ergattern konnte als im tristen, krisengeschüttelten Nachkriegsösterreich. Tino erwirbt sich großen Respekt bei seinen Kommiliton*innen, als er bei der größten Tageszeitung Schwedens, der „Dagens Nyheter" vorspricht, seine Zeichnungen zeigt und den Auftrag für wöchentlich erscheinende Karikaturen bekommt. Als Luzi und Tino per Autostopp Norwegen zu erforschen beginnen, wird ihnen sehr schnell bewusst, dass mit der Erzählung, Österreich sei das erste Opfer des NS-Regimes gewesen, irgendetwas nicht ganz stimmen kann. Bei Kriegsende waren sie zwölf und zehn Jahre alt, zwar aufgezogen von kritischen Geistern, aber doch eingelullt von der opportunen und kalkulierten Geschichtsdarstellung am Beginn der Zweiten Republik.[11] Die Eroberung Norwegens durch das „Deutsche Reich" 1940 war in die Hände der Gebirgsjäger gelegt worden. Das Land war strategisch äußerst wichtig als Marinestützpunkt, speziell für einen uneingeschränkten U-Boot-Krieg gegen Großbritannien.[12] Die 3. Division, die aus dem österreichischen Bundesheer hervorgegangen war, sowie die 2. Division, in der vorwiegend Tiroler, Salzburger und Bayern vertreten waren, hatten eine schnelle und ausgesprochen grausame Eroberung Polens hinter sich. Nun wurden sie an die Küsten des „neutralen" Norwegens beordert.[13] Sie sollten aber nicht nur die Eroberung des Landes vollführen, sondern auch seine Besetzung bis zum Ende des Krieges übernehmen. Vermutlich weil es ein „arisches Brudervolk" betraf und auch wegen der Verträge, die man mit König und Parlament geschlossen hatte, fiel die Behandlung der Norweger*innen durch die Gebirgsjägerdivisionen wesentlich besser aus als die der zu „Untermenschen" erklärten Slaw*innen in Polen. Die Norweger*innen vergaßen allerdings keineswegs das Regime der Besatzungssoldaten mit einer für sie seltsamen Sprache. Das hatten die beiden Reisenden, Luzi und Tino, bald zu spüren bekommen und es möglichst vermieden, ein österreichisch gefärbtes Deutsch zu verwenden. Und sie haben nie wieder an die Lüge vom ersten Opfer des Nationalsozialismus geglaubt.

Mit Luzi in die Klasse geht Lili, die zuerst eine Schneiderlehre absolvieren musste, bevor ihre Eltern überhaupt ein Studium an einer Kunstakademie erlaubten.[14] Diese sind im kleinbürgerlichen christlichsozialen Milieu verankert, sie Schneidermeisterin, er Postbeamter. Die üblichen Rechtfertigungsmuster des geliebten Vaters – der SA-Beitritt als Postbeamter sei, wenn auch spät erfolgt, nicht zu vermeiden gewesen – werden hingenommen. Aber der kohlgeschwängerten Atmosphäre des Bassena-Zinshauses will Lili unbedingt entkommen. Durch die Aufnahme zuerst bei Carl Unger in das Vorbereitungsjahr, dann bei Wimmer-Wisgrill zum ordentlichen Studium kann ihr Leben eine andere Wendung nehmen. Ihre Neugier und ihre Interessen führen zu einem Ferialpraktikum im Salzkammergut – einem Ort, an dem Eugenie Schwarzwald ihre Reformschule führte,[15] jüdische Künstler*innen aller Sparten in den später arisierten Villen des Großbürgertums verkehrten und die letzten Nazischergen[16] Zuflucht in den Bergen suchten. Hier verbindet sich ihre Geschichte mit Anna Mautner. Diese kommt 1946 aus dem Exil zurück ins Ausseerland. Einerseits scheut sie sich nicht, um ihre enteigneten Besitztümer zu kämpfen, andererseits muss sie sich eine neue Existenz aufbauen.[17] Etliche Mitglieder der Textil-Industriellen-Familie Mautner gehörten zu den bedeutendsten Finanziers des Volkskundemuseums und waren selbst kunstsinnige Sammler*innen.

Annas Mann Konrad Mautner erstellte das *Steyrische Raspelwerk*, das bis heute als größtes Kompendium von Volksliedern gilt.[18] Er siedelte sich mit Anna im Sommerdomizil der Familie an, um nie mehr wegzugehen, um zu forschen und zu sammeln, starb aber früh, 1924. Sein Bruder Stephan, ein nicht unbedeutender Maler und ebenfalls großer Kunstförderer, sowie dessen Frau wurden in Auschwitz – vermutlich mit den Deportationen aus Ungarn in den letzten Kriegsmonaten – ermordet.[19] Als in der Weltwirtschaftskrise 1930 die Mautner Textilfirma liquidiert werden musste,[20] gelang es Anna Mautner eine Handdruckerei aufzubauen, um sich und ihre vier Kinder über Wasser zu halten und 1938 auch die Flucht zu bewerkstelligen. Allein die oberflächliche Betrachtung solcher Schicksale zeigt klar, wie kompliziert und herausfordernd es gewesen sein muss, die „Ostmark" verlassen zu können. Die weit verstreuten Orte, an denen nur die fünf engsten Mitglieder der Familie gestrandet waren, die Geschichte der Enteignungen,[21] der Geldforderungen, der Ausreiseorganisation zermürbten viele der Verfolgten oft bis zur Tatenlosigkeit.[22] Ebenso galt das für die jahrelangen Kämpfe um Rückgabe des entzogenen Eigentums, die gegen die oft unwillige, hürdenbegabte österreichische Bürokratie geführt wurden. Abgesehen von ihrem eigenen Wohnhaus am Grundlsee war auch das sogenannte Geymüllerschlössel von der Enteignung betroffen, das Konrad Mautners Eltern gehörte und heute eine Dependance des Museums für angewandte Kunst Wien (MAK) ist. Aber vor allem ist der verlorene Kampf um die Restitution von rund 500 Objekten im Volkskundemuseum, die erst durch das Kunstrückgabegesetz 1998 geregelt worden war, zu nennen.[23]

In ihrer umfassenden Studie dazu hat Claudia Spring erstmals Anna Mautner in jene Position gerückt, die ihr als Bewahrerin und Entwicklerin von Trachten, Mustern und als Stoffdesignerin zusteht. Anna kann mit 67 Jahren jedenfalls an ihre Erfolge mit Textilentwürfen und dem Trachtenstoffdruck während der Vorkriegszeit anknüpfen. Sie wendet sich an die Hochschule für angewandte Kunst, um interessierte, innovative Ferialpraktikant*innen zu gewinnen.[24] Lili ergreift die Gelegenheit und liebt den Umgang mit den Materialien, den Farben, sowie die landschaftlichen Eigenheiten dieser Gegend. Sie bekommt tiefere Einblicke in die Stoffgestaltung und in die Bedeutung der volkskundlichen Schätze einer Region, die nur kurz zuvor nationalsozialistisch vereinnahmt gewesen war.[25] Lili, die erfolgreich dem Gruppenzwang der Strick- und Stickkreise der BDM-Vororganisationen ausweichen konnte, die sie zu laut, zu autoritär und zu verschwitzt fand, bekommt einen ganz anderen Zugang zur Tracht. Sie kann die schwülstig-klebrige Heimatverbundenheit, die dieser Bekleidungsform vom Nationalsozialismus zugewiesen wurde und heute noch von rechten Gruppierungen missbraucht wird, abstreifen und auch als Kind des „Strohkoffers"[26], als Städterin – wie es ursprünglich auch die Mautners gewesen waren – schon 1952 einen unverkrampften Blickwinkel einnehmen.

Lilis Bewunderer ist Heinz, der Sohn eines Tischlers aus Salzburg, der Hochburg des Zuspruchs zum „Anschluss" und die einzige Stadt in Österreich, die eine Bücherverbrennung zu verantworten hat.[27] Er studiert bei Oswald Haerdtl, der neben Franz Schuster eine der beiden Architekturklassen leitet. Beide Professoren hatten einen ähnlichen Werdegang, studierten bei Oskar Strnad, arbeiteten für und mit Josef Hoffmann, waren engagiert im sozialen Wohnbau, in der Gartenstadtbewegung und im Werkbund. Haerdtl übernahm die Professur von Strnad 1935, Schuster jene von Hoffmann 1937. Beide erfüllten offizielle Aufträge des NS-Regimes, konnten von 1938 bis weit über die Kriegszeit hinaus kontinuierlich arbeiten und unterrichten. Jenseits von Fachkreisen erscheinen ihre ungebrochenen Karriereverläufe allerdings als blinde Flecken. Bemerkenswert ist, dass Haerdtl bis heute der Ruf als mondän-eleganter Architekt und Designer zukommt, der Österreich wiederholt auf Weltausstellungen im Ausland repräsentiert. Schuster hingegen bleibt seinen pragmatisch orientierten Idealen im Wohnbau und Möbelentwurf treu. Ihre – für alle leistbare – Ästhetik des „Nützlichen" ist im Roten Wien, im Neuen Frankfurt ebenso anschlussfähig wie im NS-Regime und auch in der Nachkriegszeit.

Parallel zu Heinz studiert Edi bei Schuster, sie lernen sich erst in Schweden im Zuge ihrer Ferialjobs kennen. Heinz arbeitet als Tellerwäscher, dort machte er auch mit einer rauen finnischen Partisanin Bekanntschaft, die abenteuerlichste Kriegserlebnisse aus einer gänzlich anderen Perspektive zum Besten gibt, und mit einem weichherzigen Koch, der ihm heimlich Fleischstücke in die Taschen steckt. Im darauffolgenden Sommer findet er Arbeit in einem Architekturbüro, wo er einerseits sein im Studium erworbenes Wissen anwenden kann und andererseits von der praktischen Mitarbeit profitiert.

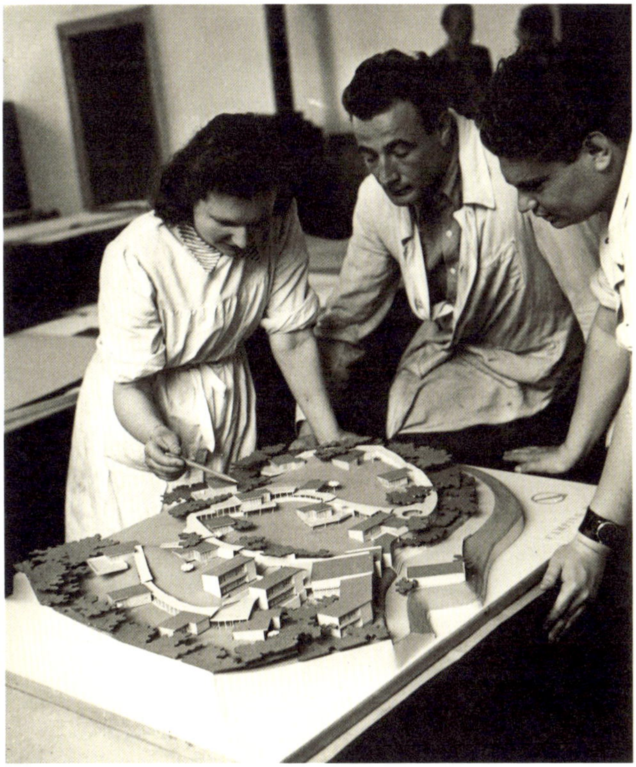

Abb. D
Studierende der Klasse Haerdtl, nach 1950, Fotograf*in: unbekannt, UaK, IN KGS 18487

Heinz und Edi befreunden sich in Schweden, sie teilen einen ungewöhnlichen Humor, wären sich in Wien wahrscheinlich kaum über den Weg gelaufen, denn die Klasse Haerdtl ist im Heiligenkreuzerhof untergebracht, die Klasse Schuster im Haupthaus. Sie sind sowohl räumlich als auch inhaltlich diametral ausgerichtet und unterhalten keinerlei Kontakte untereinander Abb. D.

Heinz, aus einem opportunistischen, treudeutschen Sportler-Haushalt, zehn Jahre alt bei Kriegsende, wächst vom verstummten Kind, weil er den politischen Worthülsen seines Vaters und den wirren Zeiten noch nichts entgegensetzen kann, zu einem belesenen, kritischen Studenten heran, der im Milieu der Hochschule und weg von Salzburg freier atmen kann.

Edi gibt erst in Anbetracht der engeren Freundschaft mit Heinz preis, dass sein Vater im März 1944 hingerichtet wurde, als er elf Jahre alt gewesen war. Daran knüpft sich eine verzweigte Geschichte des Widerstandes. Sein Vater geriet in die Gruppe der „sozialistischen Revolutionäre" um Otto Haas.[28] Sie waren schon in den 1930er-Jahren im Untergrund, da die Sozialdemokratische Arbeiterpartei 1934 vom Dollfuß-Regime verboten worden war sowie auch die Todesstrafe wiedereingeführt wurde.

Johann Otto Haas war in Bratislava als Wetterdienstinspektor der Luftwaffenkommission beschäftigt. Dort lernte er auch Edis Vater Edgar kennen, der für die Wiener Neustädter Flugzeugwerke arbeitete. Zentral bei der Widerstandsarbeit war das Kontakthalten der Sozialdemokrat*innen untereinander.

1942 wurde die ca. 200 Personen starke Gruppe der „sozialistischen Revolutionäre" vermutlich denunziert und ihre Mitglieder nacheinander verhaftet. Otto und Edgar wurden nach zweijähriger Haft und Folter nach Berlin verfrachtet, um in einem weiteren Schauprozess unter Roland Freisler zum Tode durch das Fallbeil verurteilt zu werden. Edgar wird im März 1944 im Wiener Landesgericht geköpft, Otto Haas stirbt durch den Strang – nach weiterer schwerer Folter – im August. Auch Ottos Mutter Philomena Haas, eine der ersten Frauen im Wiener Gemeinderat, wurde zu vier Jahren schweren Kerkers verurteilt. 1945 von der sowjetischen Armee befreit, arbeitete sie später wieder als Gemeinderätin. Sie starb 1973 mit 92 Jahren.

Die berührenden Briefe an seine Kinder schmuggelte Edgar mit Hilfe seiner Mutter unter größter Gefahr aus dem Gefängnis.[29] Er bittet einen Mitgefangenen, von dem er weiß, dass er freikommt, sich ein bisschen um seinen Sohn zu kümmern.[30] Später rät dieser Edi, Architektur zu studieren. In Schusters Klasse spürt er kaum ideologische Färbung, ebenso wenig wie Heinz in der Haerdtl-Klasse.[31] Was bleibt, ist ein Interesse für den sozialen Wohnbau bei dem einen und ein verstärktes Interesse an Design beim anderen.

Das sozialistische Netzwerk seiner Familie sorgt dafür, dass Edi schon als Schüler Schweden besucht. Generell hat das Land während des „Dritten Reichs" keine rühmliche Rolle hinsichtlich seiner Asylpolitik eingenommen. Die Angst vor einer jüdischen Flüchtlingswelle wurde von der Presse und verschiedenen politischen Gruppierungen heftig geschürt. Es wurde strikt zwischen nicht-jüdischen und jüdischen Asylwerber*innen getrennt. Letztere mussten Arbeit oder einen Studienplatz vorweisen, womöglich Verwandtschaft, die schon länger ansässig war, Bürgen sowie Geld, und ihnen wurde ein großes „J" in den Pass eingetragen.[32] Daher hatten eher politische Flüchtlinge im schwedischen Exil zusammengefunden, nicht sehr viele, aber umso aktivere. Durch sie blieb das Narrativ des ersten überfallenen Landes in Schweden, im Gegensatz zum ehemals besetzten Norwegen, erhalten.[33] Nach Kriegsende wurden sehr bald schwedische Hilfsgüter nach Österreich gesandt und im Gegenzug mangelernährte, d. h. hauptsächlich Wiener Kinder nach Schweden gebracht.[34] Edis Mentor bezahlte schon 1938 das Flugticket für den späteren österreichischen Bundeskanzler Bruno Kreisky nach Berlin, von wo dieser nach Schweden fliehen konnte. Dort hielt er die politische Arbeit unter den Migrant*innen aufrecht, noch Jahrzehnte später waren die Verbindungen zur schwedischen Sozialdemokratie sehr eng. Edi kommt immer wieder, über viele Jahre, und lernt dort auch seine spätere Frau kennen.

Ein anderer, etwas jüngerer Studienkollege Edis ist Ernst. Auch er findet einen Ferienjob in Schweden, an der Kasse eines Selbstbedienungsrestaurants. Wenn das Monatsende naht und das Geld knapp wird, drückt er die Augen zu, wenn die Freunde mit ihren Tabletts an ihm vorbeigehen. Sein Vater ist Wissenschaftler. Er arbeitete in den letzten Kriegsjahren an der Weiterentwicklung der Kohleverflüssigung, war neugierig, er kümmerte sich nicht um Politik. Aber er stellte sich in den Dienst kriegswichtiger Forschung. Je länger der Krieg dauerte, desto rarer wurden die Energiequellen. Das eigentlich nicht sehr effiziente Verfahren der Treibstoffherstellung durch Verflüssigung von Braun- oder Steinkohle wurde für das NS-Regime immer bedeutender, da durch die Abhängigkeit von Erdöl die Kriegsführung gefährdet war. Außerdem sah man ein ziemliches Potenzial in den anfallenden Nebenprodukten, sodass sich etwa auch die IG Farben nicht nur Kriegserfolge, sondern darüber hinaus auch finanzielle Gewinnchancen davon versprach.[35] Mit Kriegsende wurde Ernsts Vater in der Operation Paperclip[36] sofort in die USA verbracht.[37] Dieses „Sammeln“ von deutschen und österreichischen Wissenschaftler*innen – egal wie politisch „belastet“ –, um sich deren militärtechnisches Wissen zu sichern, war durch den eigenen Bedarf und den Wettlauf um wissenschaftlichen Vorsprung besonders gegenüber der Sowjetunion motiviert. Bald können Ernst, seine vier Schwestern und die Mutter nachkommen. Ernst gefällt die Atmosphäre der moderneren, jüngeren amerikanischen Gesellschaft. Als allerdings die Mutter den Schwerenöter-Ehemann hinauswirft, entschließt sich Ernst, mit dem Vater nach Österreich zurückzukehren. Da der Traum vom Schiffsdesigner im Nachkriegsösterreich nicht aussichtsreich erscheint, verschlägt es ihn an die Angewandte. Er inskribiert sich für Oswald Haerdtls Fachklasse für gewerbliche und industrielle Gestaltung und Otto Niedermosers Fachklasse für Möbelbau und Raumgestaltung,[38] kurz gesagt für einen Bereich, der heute unter Design gefasst wird. Etliche Jahre später sollte er mit

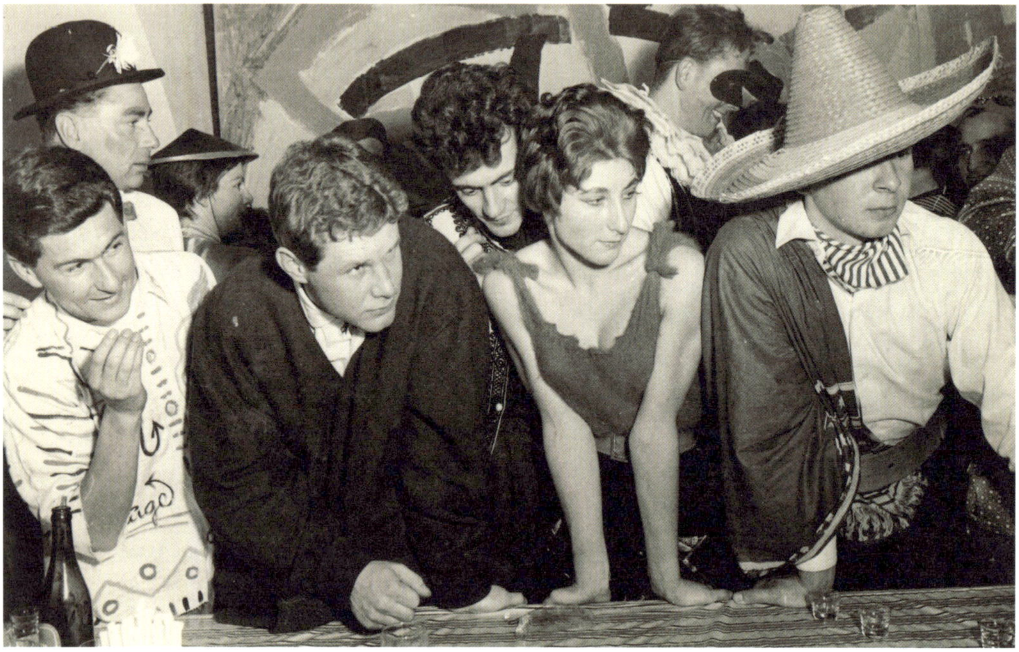

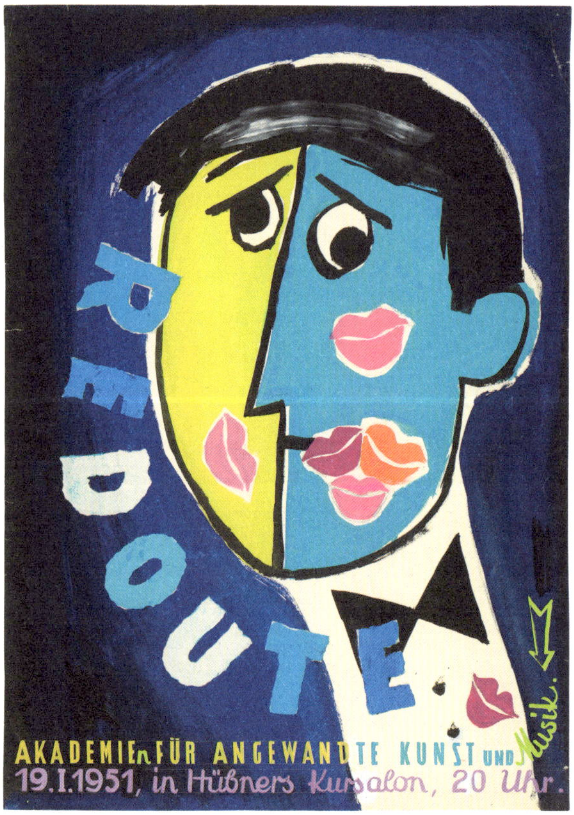

Abb. E
Studierende beim Gschnas der Akademie für angewandte Kunst, Wien 1954, Fotograf*in: unbekannt, Archiv Geretsegger

Abb. F
Klasse Paul Kirnig, Plakatentwurf für eine Redoute der Akademie für angewandte Kunst und der Akademie für Musik und darstellende Kunst am 19. Jänner 1951 im Kursalon Hübner, Wien, Tempera auf Papier, UaK, IN 9366/1

Heinz das Studio of Design gründen, als in Wien kaum jemand wusste, was dieser Begriff überhaupt bedeutete. Und er bringt eine Portion amerikanische Lässigkeit mit nach Wien, während Roland seine, ein wenig altmodische, Elegance nach New York transponiert.

Der Studienalltag bis 1955 und darüber hinaus an der Hochschule für angewandte Kunst, die von 1948 und bis 1970 Akademie für angewandte Kunst genannt wird, ist – wie in vielen anderen Bereichen auch – nicht durch eine bewusste, proaktive Aufarbeitung der rezenten NS-Vergangenheit gekennzeichnet. Wie zum Beispiel Matthias Boeckl in einem Beitrag über die Architekturklassen der Angewandten feststellt, gelingt es dennoch, etwa den Professoren Haerdtl und Schuster – jedem auf seine eigene Weise –, eine gewisse Kontinuität des avantgardistischen Anspruchs in ihrer Lehre durch die 1930er-Jahre und die Kriegszeit hindurch zu wahren.[39] Widerstand war für sie keine Option. Das galt nicht nur für die Architekturklassen, sondern für alle Fachbereiche der Angewandten. Auch die Studierenden wollten nach Kriegsende nur weiter, immer vorwärts. Sie stellten wenige Fragen, wollten weg vom biederen Geruch, den Ruinen des zerbombten und später von den grauen, leeren Straßen Wiens, wollten die drängenden Alltagsprobleme bewältigen, Kunst schaffen und nicht zuletzt ein unbeschwertes Leben führen und auch feiern Abb. E u. F. Sie bildeten nicht die revoltierende Studentenschaft der 68er, aber sie waren ihre Vorhut, die Basis, auf der die Revolte wachsen konnte, aus der die kritischen Fragen hervorbrachen, die sie ihrer Eltern- und Großelterngeneration noch stellen sollten.

Anmerkungen

1 Ansuchen an das Bundesministerium für Unterricht, Roland P. vom 12.10.1947. UaK, VA 1948/13.

2 Vgl. Arno Klönne, Jugend im Dritten Reich, Die Hitler-Jugend und ihre Gegner, Köln 2009, 29–38; Erhard Eppler, Links leben. Erinnerungen eines Wertkonservativen, Berlin 2015, 23–24.

3 Auskunft Polizeidirektion Wien an österr. Hochschülerschaft vom 11.7.1947. UaK, VA 1948/13.

4 Eidesstaatliche Erklärung, 17.3.1947. UaK, 1948/13; vgl. Eppler, Links leben, 30.

5 UaK, Schülerliste 1944/45, 29.

6 Vgl. Ansuchen an das Bundesministerium für Unterricht, Roland P. vom 12.10.1947. UaK, VA 1948/13.

7 Vgl. Arno Klönne, Jugend im Dritten Reich, Die Hitlerjugend und ihre Gegner, Köln 2009, 29–38.

8 Schülerlisten 1950/51, UaK. 12.

9 Vgl. Interview der Autorin mit Tino, Juni und Oktober 2023. Besuche zwischen den Klassen waren nicht gerne gesehen. Auch sollte noch eine gewisse Distanz zwischen den Geschlechtern herrschen. Wimmer-Wisgrill war diesbezüglich toleranter als andere Professoren, er unterhielt sich gerne mit Tino.

10 Anfrage der NSDAP betreffend Franz Herberth, 7.11.1940. UaK, VA 1938/258.

11 Vgl. Heidemarie Uhl, Das „erste Opfer". Der österreichische Opfermythos und seine Transformationen in der Zweiten Republik, in: Österreichische Zeitschrift für Politikwissenschaft ÖZP 2001/1, 19–34, URL: https://www.erinnern.at/themen/e_bibliothek/gedenkstatten/Uhl%2C%20Osterreichischer%20Opfermythos.pdf (abgerufen 9.12.2023).

12 Vgl. Hans Martin Ottmer, „Weserübung". Der deutsche Angriff auf Dänemark und Norwegen im April 1940, München/Wien/Oldenburg 1994, 62.

13 Vgl. Horst Schreiber, Endzeit, Krieg und Alltag in Tirol 1945, Innsbruck 2020, 32.

14 Interview der Autorin mit Lili, August 2017.

15 Hans Deichmann, Leben mit provisorischer Genehmigung: Leben, Werk und Exil von Dr. Eugenie Schwarzwald. Eine Chronik von Hans Deichmann, Berlin 1988.

16 Oral history interview with Robert E. Matteson, Juni 1982, URL: https://collections.ushmm.org/search/catalog/irn512456 (abgerufen 18.12.2023).

17 Vgl. Claudia Spring, Anna Mautner. Mehr als nur Witwe Konrad Mautners, in: Eva Blimlinger/Heinz Schödl (Hg.), ...(k)ein Ende in Sicht, 20 Jahre Kunstrückgabegesetz in Österreich, Wien/Köln/Weimar 2018, 369–391.

18 Vgl. Konrad Mautner, Steyrisches Raspelwerk, Nachdruck von 1904, München 2005.

19 Vgl. Wolfgang Hafer, Die anderen Mautners. Das Schicksal einer jüdischen Unternehmerfamilie, Berlin 2014, 89, 101.

20 Vgl. ebd., 138.

21 Vgl. Sophie Lillie, Was einmal war. Handbuch der enteigneten Kunstsammlungen Wiens, Wien 2003, 748.

22 Vgl. Fünfter Bericht des amtsführenden Stadtrates für Kultur und Wissenschaft über die gemäß dem Gemeinderatsbeschluss vom 29. April 1999 erfolgte Übereignung von Kunst und Kulturgegenstände aus den Sammlungen der Museen der Stadt Wien sowie der Wiener Stadt- und Landesbibliothek, 3.2.8., 111, URL: https://www.wienmuseum.at/items/uploads/items/Restitutionsbericht_2004.pdf (abgerufen 10.12.2023).

23 Vgl. Provenienzforschung und Restitution, Anna und Konrad Mautner, Beschluß 5.10.2016, URL: https://www.volkskundemuseum.at/jart/prj3/volkskundemuseum/releases/de/upload/Beschluss_82_Mautner.pdf (abgerufen 16.11.2023).

24 Vgl. Interview der Autorin mit Lili, April 2016.

25 Vgl. Ausseer Handdruck, URL: https://austria-forum.org/af/Heimat lexikon/Ausseer_Handdruck (abgerufen 12.12.2023); Gesammelt um jeden Preis! Warum Objekte durch den Nationalsozialismus ins Museum kamen und wie wir damit umgehen, URL: https://www.volkskundemuseum.at/gesammelt_um_jeden_preis (abgerufen 15.12.2023).

26 Der Strohkoffer war das Lokal des Art Clubs, in dem sich alle Genannten trafen, in dem Friedrich Gulda, Joe Zawinul und Uzzi Förster improvisierten und Albert Paris Gütersloh als dessen Präsident fungierte. Vgl. Otto Breicha, Der Art Club in Österreich. Zeugen und Zeugnisse eines Aufbruchs, Wien 1981.

27 Eine weitere Bücherverbrennung fand in der Marktgemeinde Thalgau statt, ebenfalls im Bundesland Salzburg. Vgl. Roland Floimair (Hg.), Nationalsozialismus und Krieg, Salzburg 1993, 84–85.

28 Vgl. Zur Erinnerung, Dr. Johann Otto Haas. Hauptschullehrer. Widerstandskämpfer gegen das NS-Regime. Hingerichtet, URL: https://johann-haas.zurerinnerung.at (abgerufen 27.11.2023).

29 Vgl. Lisl Rizy, Willi Weinert, Mein Kopf wird euch auch nicht retten. Briefe österreichischer Widerstandskämpfer und Widerstandskämpferinnen aus der Haft, Band 1, Wien 2016, 496.

30 Es handelt sich um den späteren Minister Josef Afritsch, vgl. Interview der Autorin mit Edi, 5. und 24.10.2023.

31 Vgl. Interview der Autorin mit Edi, September und November 2023; Interview der Autorin mit Heinz, Juni und November 2023.

32 Helmut Müssener, Österreichische Wissenschaftler im schwedischen Exil, in: Friedrich Stadler (Hg.), Vertriebene Vernunft II, Münster 2004, 965–975, 966.

33 Ebd., 967.

34 Interview der Autorin mit Lili, August 2017.

35 Sabine Brinkmann, Das dritte Reich und der synthetische Treibstoff: Eine Kritik der Forschung aus chemietechnischer Sicht, in: Akkumulation. Informationen des Arbeitskreises für kritische Unternehmens- und Industriegeschichte, 15/2001, 16–23, 18, URL: https://www.yumpu.com/de/document/read/5480788/das-dritte-reich-und-der-synthetische-treibstoff-arbeitskreis-fur- (abgerufen 17.12.2023).

36 Vgl. Annie Jacobsen, Operation Paperclip, The Secret Intelligence Program that Brought Nazi Scientists to America, New York 2014.

37 Vgl. Interview der Autorin mit Ernst, November 2022.

38 Vgl. Matthias Boeckl, Baukunst aus Reformgeist: Die Architekturschule der Angewandten, in: Gerald Bast/ Anja Seipenbusch-Hufschmied/ Patrick Werkner (Hg.), 150 Jahre Universität für angewandte Kunst Wien. Ästhetik der Veränderung, Berlin/Boston 2017, 44–65, 54.

39 Vgl. ebd., 44.

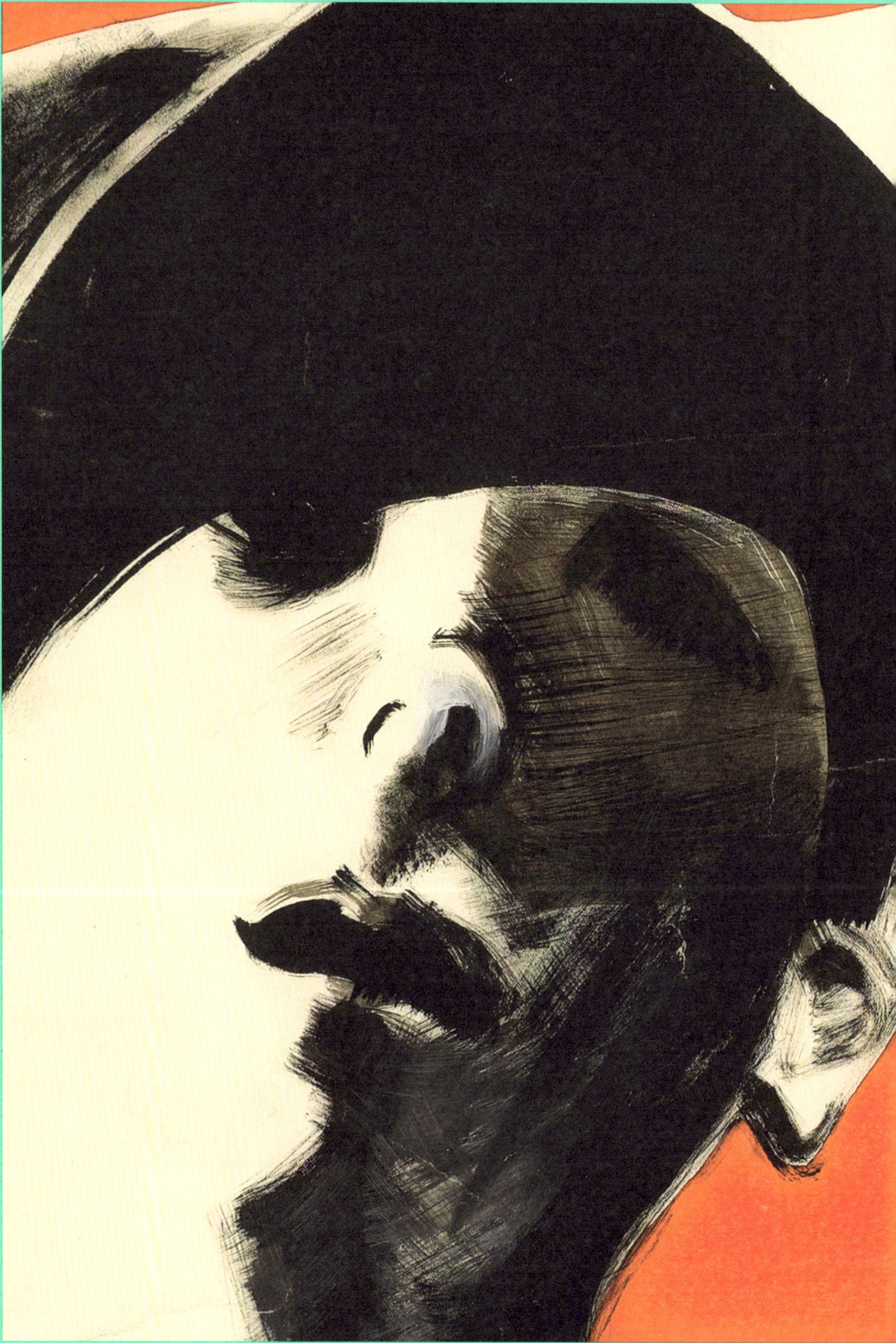

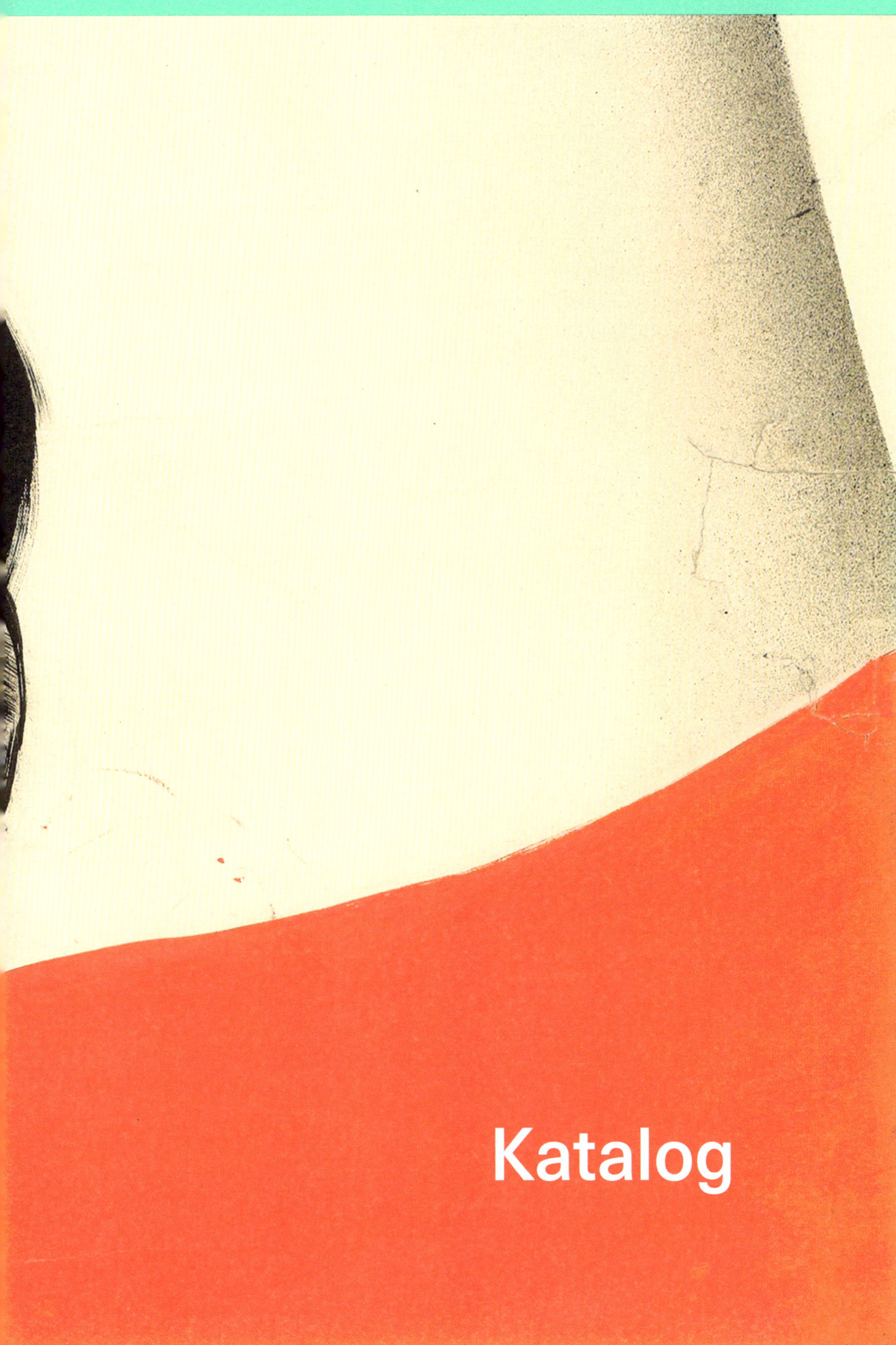

Katalog

Austrofaschismus

Alfred Roller an das Bundesministerium für Handel und Verkehr, Meldung über Sekretär Josef Fitzthum, 30. Jänner 1933, UaK, VA 1933/22

P.Z. 22 - 1933

Meldung über Sekretär
Josef FITZTHUM.

An das Bundesministerium . . . . .

Die Direktion meldet, dass Sekretär Josef FITZTHUM am 21.d.M. polizeilich eingezogen worden ist unter der Beschuldigung, an dem Tränengas-Anschlag, der am 18.Dezember v.M. in dem Kaufhaus GERNGROSS stattgefunden hat, beteiligt zu sein. Am Dienstag, dem 24.d.M., erschien Sekretär FITZTHUM unter polizeilicher Bewachung in der Direktionskanzlei, um die laufenden Akten, die Rechnungsbelege und den Kassaschlüssel zu übergeben. Er äusserte sich bei dieser Gelegenheit mit Bezugnahme auf die bevorstehende Monatsschluss-Abrechnung sehr zuversichtlich über die voraussichtlich kurze Dauer seiner Inhaftierung.

Sekretär FITZTHUM ist unter derselben Anschuldigung bereits einmal, u.zw. am Dienstag, dem 20.Dezember v.J. verhaftet, jedoch am 22.Dezember aus der Haft entlassen worden.

Die Direktion hofft, dass auch diesmal sich in Bälde die Beziehungslosigkeit des Sekretärs FITZTHUM zu

1a

dem erwähnten Vorfall ergeben werde und wird über den weiteren Verlauf der Angelegenheit berichten.

Die Agenden des Sekretärs FITZTHUM werden durch die übrigen Kanzleiangehörigen erledigt, so dass vorläufig ein Ersatz für Sekretär FITZTHUM nicht angesprochen wird.

30. Jänner 1933.

1933-22

1b

Alfred Roller an Herrn Josef Fitzthum, Amtsoberrevident der Kunstgewerbeschule, Suspendierung, 27. Juni 1933, UaK, VA 1933/108

Suspendierung

am 27. Juni 3.

P. Z. 108 - 1933.

An Herrn

Josef F i t z t h u m
Amtsoberrevident der Kunstgewerbeschule
W i e n .

Das Bundesministerium für Handel und Verkehr hat mit Erlass vom 26. Juni 1933, Zl. 131.336-14, anher folgendes eröffnet:

" Da zufolge Mitteilung des Landesgerichtes für Strafsachen Wien I vom 21. Juni 1933, Zl. 26 e Vr 4345/33, gegen den Amtsoberrevidenten der do. Anstalt Josef FITZTHUM auf Antrag der Staatsanwaltschaft Wien I die Voruntersuchung wegen Verbrechens des Hochverrates nach §§ 58/b,c und 59/c St.G. eingeleitet und über ihn gemäss § 180/2 St.P.O. die Untersuchungshaft verhängt worden ist, verfüge ich gemäss § 145 D.P. seine Suspendierung vom Dienste und setze von dieser Verfügung gemäss § 145 letzter Absatz D.P. die Disziplinaroberkommission im Bundesministerium für Handel und Verkehr gleichzeitig in Kenntnis.

Hievon wolle FITZTHUM nachweislich verständigt werden.

26. Juni 1933.
Für den Bundesminister:
Pfersmann.

. / .

2a

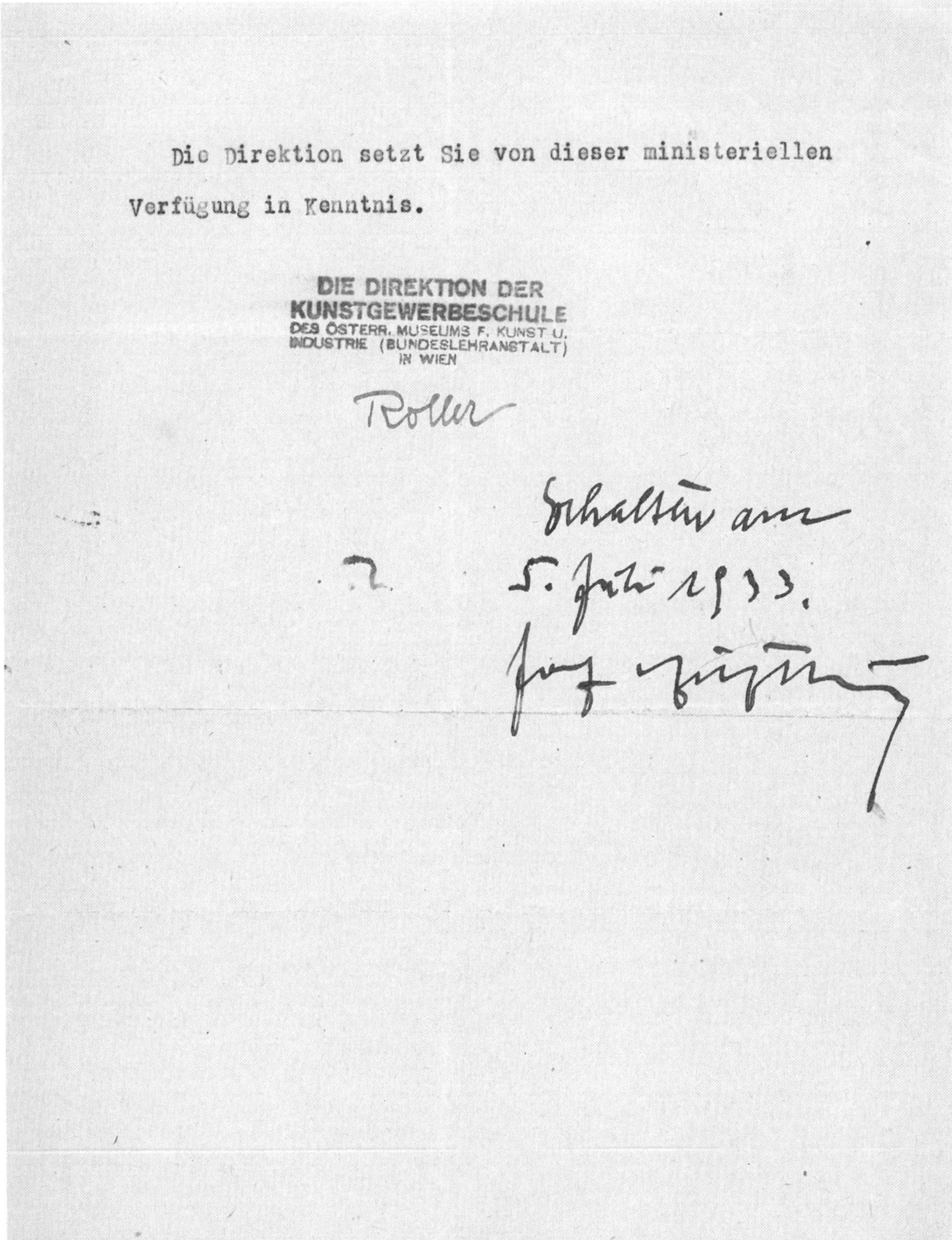

Die Direktion setzt Sie von dieser ministeriellen Verfügung in Kenntnis.

DIE DIREKTION DER
KUNSTGEWERBESCHULE
DES ÖSTERR. MUSEUMS F. KUNST U. INDUSTRIE (BUNDESLEHRANSTALT)
IN WIEN

Roller

Erhalten am
5. Juli 1933.

2b

Abb. 3a–b
Alfred Roller an das Bundesministerium für Handel und Verkehr, Abbau verheirateter weiblicher Personen im Bundesdienst und andere dienstrechtliche Massnahmen, 23. Jänner 1934, UaK, VA 1934/11

23.Jänner 4.

P.Z. 11 - 1934.

Abbau verheirateter weiblicher Personen im Bundesdienste und andere dienstrechtliche Mass - nahmen.

Zur Zahl: 121.370-14 vom 13.1.1934.

An das Bundesministerium für Handel und Verkehr,

W i e n .

In Erledigung des oben angeführten Erlasses übermittelt die Direktion die Vormerkblätter von sechs an der hiesigen Anstalt beschäftigten, verheirateten weiblichen Angestellten u.zw. von :

Leopoldine	HUYER,	Dieneraushilfskraft,
Karoline	KOPP,	Dieneraushilfskraft,
Hertha	LARISCH-RAMSAUER,	Professor, vertragsmässige Lehrerin,
Marie	PONZER	Waschfrau,
Hilde	SCHMID-JESSER,	Hilfslehrerin,
Emma	WESTHOFF,	Kanzleiadjunkt.

Bemerkt wird, dass lediglich Frau Professor Hertha LARISCH-RAMSAUER mit einem pensionierten Hofbeamten und Frau Hilfslehrerin Hilde SCHMID-JESSER mit einem Bundesangestellten ,

./.

3a

verheiratet sind.

Die Bestätigung über das Diensteinkommen des im aktiven Dienstverhältnisse stehenden Gatten der Hilfslehrerin SCHMID - JESSER liegt bei.

23. Jänner 1934.

DIE DIREKTION DER KUNSTGEWERBESCHULE DES ÖSTERR. MUSEUMS F. KUNST U. INDUSTRIE (BUNDESLEHRANSTALT) IN WIEN

Roller m. p.

3b

1934-11

Aussendung des Bundesministeriums für Handel und Verkehr, Verbot der Teilnahme der Schüler der gewerbl. Lehranstalten an Vereinen, 6. Juni 1933, UaK, VA 1933/98

Bundesministerium für Handel und Verkehr.

Zl. 129.660 - 14.

Gewerbliche Lehranstalten. Verbot der Teilnahme der Schüler an Vereinen.

An

die Direktion der Kunstgewerbeschule des Österr. Museums für Kunst und Industrie

in Wien I.

Stubenring 3.

In teilweiser Aufhebung des Erlasses des ehemaligen Staatsamtes für Handel und Gewerbe, Industrie und Bauten vom 13. Oktober 1919, Z.21.720 - XXI b -Arb (Amtsblatt Band I, Seite 27) und der späteren auf diesem Erlasse fussenden Verfügungen werden folgende Anordnungen getroffen, die sofort in Wirksamkeit treten:

1.) Den Schülern und Schülerinnen aller dem Bundesministerium für Handel und Verkehr unterstehenden gewerblichen Lehranstalten (Bundeslehranstalten und private gewerbliche Lehranstalten mit Öffentlichkeitsrecht), gleichviel welcher Klasse und gleichviel, ob es sich um öffentliche Schüler oder um Privatisten handelt, ist es untersagt, Vereine unter sich zu bilden oder Vereinen anzugehören. Dieses Verbot bezieht sich nicht auf die Besucher des offenen Zeichensaales und auf die Teilnehmer an Spezialkursen.

2.) Ausgenommen von diesem Verbot sind Vereine, die zur Pflege österreichisch - vaterländischer Gesinnung bestimmt sind oder der sittlich-religiösen Erziehung dienen.

./.

4a

- 2 -

3.) Inwieweit Schülern und Schülerinnen der Oberklassen die Teilnahme an Vereinen (die Zugehörigkeit zu Vereinen)künstlerischer,sportlicher oder ähnlicher Art gestattet werden kann, entscheidet von Fall zu Fall- und für jeden Schüler und jede Schülerin besonders - die Anstaltsdirektion, die sich dabei vor allem von der Erwägung leiten lassen wird, daß die Schuljugend von allem, was geeignet ist, den Erziehungsaufgaben der Schule entgegenzuwirken, unbedingt fern gehalten werden muß.

4.) Jedes Zuwiderhandeln gegen das oben ausgesprochene Verbot ist je nach der Art des Falles durch Verwarnung, Rüge, Androhung der Ausschließung oder durch die Ausschließung selbst - unter Beachtung der hiefür geltenden Vorschriften - zu bestrafen.

6. Juni 1933.

Der Bundesminister:

Stockinger.

Für die Richtigkeit der Ausfertigung:

10. Juni 1933

4b

Bundesministerium für Handel und Verkehr

Z.129.711-14.

Verbot der Teilnahme von Schülern gewerblicher Lehranstalten an parteipolitischen Demonstrationen.

An

die Direktion der Kunstgewerbeschule des Österr. Museums f.Kunst u.Industrie

in Wien I.

Stubenring 3.

Erlass der BM. f. H. u. V. Z. vom

Das Bundesministerium für Handel und Verkehr hat zu seinem lebhaften Bedauern wahrgenommen, daß sich in letzter Zeit Schüler (Schülerinnen) gewerblicher Lehranstalten in einem immer größeren Ausmaß und in besonders auffälliger Weise an parteipolitischen Demonstrationen beteiligten.

Da hiedurch, abgesehen von anderen Schädigungen, die Erziehungsaufgaben der Schule außerordentlich erschwert werden, wird den Schülern (Schülerinnen)der gewerblichen Bundeslehranstalten, verboten, sich an parteipolitischen Demonstrationen jedweder Art zu beteiligen. Gleichzeitig wird ihnen das Tragen parteipolitischer Abzeichen untersagt.

Schüler (Schülerinnen), die sich diesen Anordnungen trotz vorangegangener Aufklärung und Verwarnung nicht fügen, unterliegen der Disziplinargewalt der Schule, wobei gegebenenfalls auch strenge und strengste Strafen in Anwendung zu bringen sind.

Von der Lehrerschaft darf erwartet werden, daß sie ihren Einfluß im Sinne dieser Bestimmungen ausübt, aber auch durch ihre eigene Haltung beispielgebend auf die Jugend wirkt.

Den Eltern ist bei jeder sich bietenden Gelegenheit die Gefährdung der Jugend durch die Teilnahme an derartigen Demonstrationen vor Augen zu führen. Hiebei sind sie zu ersuchen, die Absichten der Schule auch ihrerseits durch einen entsprechenden erzieherischen Einfluß zu unterstützen.

6. Juni 1933.
Für den Bundesminister:
Wohlgemuth.

Für die Richtigkeit
der Ausfertigung:

5

Aussendung des Bundesministeriums für Handel und Verkehr, Verbot der Teilnahme von Schülern gewerblicher Lehranstalten an parteipolitischen Demonstrationen, 6. Juni 1933, UaK, VA 1933/100

Trauerrede von Albert Paris Gütersloh zu Ehren des ermordeten Kanzlers Engelbert Dollfuß, 11. Oktober 1934, UaK, VA 1934/201

201/34

Wir sind hier zusammen gekommen, um des verewigten Bundeskanzlers Dr.Engelbert DOLLFUSS zu gedenken.Auf unsere Weise zu gedenken. Die Armee wird ihn als Soldaten feiern, die Beamtenschaft als einen der ersten Diener des Staates, die politischen Organisationen als Vorkämpfer für politische Ziele. Der Ort, an welchem wir uns befinden, die Anstalt, die wir täglich als Lehrer oder als Schüler besuchen, schreiben uns ganz von selber die Weise vor, wie wir das Andenken des Verstorbenen hochhalten können und sein Werk würdigen sollen. Hier neben der Sammlung der edelsten Erzeugnisse des Kunst- und hand - werklichen Fleisses der Jahrhunderte fast aller Völker, hier neben den stillen Vitrinen, in denen die Gläser, Porzellan, die Vasen und Schmuckgegenstände stehen und Ruhm, wahrhaftig Ruhm atmen, wie in einer heiteren Gruft, davon nicht Tod, sondern Entzücken ausgeht, Entzücken über die unendlich schönen Geschenke des Friedens , hier müssen wir, wir Schüler der grossen Künstler und Kunsthandwerker vor allem des Friedens gedenken,aus der unerlässlichen Voraussetzung unserer Arbeit und der Arbeit unserer Vorfahren. Denn Sie wissen: die Lateiner sagen: inter armae silent musae , d.h. im Waffenlärm ersticken die Künste. Wenn wir

- 1 -

also dieses Friedens gedenken, den wir alle so nötig haben,- denn seit dem Ende des Weltkrieges geht ja der Krieg nur mit anderen Mitteln weiter und hat keine Minute ausgesetzt- so gelangen wir ganz von selbst, so/zusagen gezwungen ,von der selbstverständlichen Voraussetzung unseres Existierens und Arbeitens zu der absoluten Verurteilung einer so schmählichen Tat, wie sie die Ermordung des Kanzlers gewesen ist. Eben sind wieder Schüsse gefallen. In Marseille, ein gekrönter König und ein ungekrönter König, Alexander von Serbien und Barthou von Frankreich sind vielleicht im Wendepunkte der Geschichte ins Nichts zurückgesunken. Verstehen Sie doch: dass im Revolver eines Attentäters sämtliche Kugeln eines neuen Weltkrieges stecken können und das heisst: dass unsere Arbeit von Neuem und vielleicht für eine unabsehbar lange Zeit unterbrochen und vernichtet werden kann .

Als im Juli d.J. Dr.DOLLFUSS das Schicksal eines anderen Oesterreichers , des Erzherzog Franz Ferdinands teilte, hing das berühmte Schwert des Damokles wahrhaftig an einem Haare über uns. Dass es anders gekommen,ist mehr als ein Glück, ist fast ein Wunder. Einig also mit Ihnen in der Verurteilung einer Tat, die erstens , weil sie dem göttlichen Gebote zuwider handelt, verabscheuungswürdig ist, 2.) Niemandem nützte, sondern allen schadete, 3.) durch und

- 2 -

6b

durch unösterreichisch ist, will ich Ihnen kurz sagen, worin ich das für uns bedeutende Verdienst des Bundeskanzlers sehe und wie wir am Besten seine Manen verehren können. Erinnern Sie sich doch, die Sie älter sind und noch ein Stück der Friedensjahre erlebt haben und hören Sie, die Sie erst nach jener furchtbaren Zeit zu Verstand oder zur Welt gekommen sind, dass der Oesterreicher und das Oesterreichische eigentlich zu den belächelten Figuren und zu den belächelten Eigenschaften zählte. Selbst für unsere Brüder im Reiche war der Oesterreicher und das Oesterreichische eine Person und eine Eigenschaft, denen man mit Vorliebe die Kennworte: anmutig, lieblich u.s.w. mit auf den Weg gab. Wir Oesterreicher waren nun einmal herzig, unsere Welt war die Operette, über Wien wölbte sich ewig ein Himmel voller Geigen, die graue Donau war blau, und die Mädchen alle aus einem Film von Hollywood, kurz und gut: Oesterreich, bezw. Wien war ein Capua der Geister, d.h., der Oesterreicher war ein geringer Idiot. Beethoven, der hier seine Inspirationen empfing, war ein Fremdkörper in einem eingeschlafenen Fleische . Dass diese Ansicht unrecht ist und war, zeigt Ihnen, die Sie Lehrer oder Schüler der schönen Künste sind,

- 3 -

6c

jedes Blatt der wahren österreichischen Geschichte.

Diejenigen, die sich für die erhabenen Dichtwerke unseres Stammes interessieren, denken an Stifter,Grillparzer, und Stelzhammer. Diejenigen, die den Pinsel handhaben, an Maulpertsch, Kremser-Schmidt,Waldmüller,Gustav Klimt und jene, welche das jetzige Angesicht der Epoche bestimmen, nämlich die Architekten gedenken Kornhäusers, Otto Wagners und seines grossen Schülers, den wir in unserer Mitte zu sehen das Glück haben.Die Musiker berufen sich auf Mozart, Schubert,Bruckner , Hugo Wolff. Nur politisch waren die Oesterreicher ohne Ausdruck. Er war sozusagen überall und nirgends zu Hause ,ein wahrer Kosmopolitismus erfüllt ihn und willenlos beugt er sich jedem Nationalem, das stärker war als er oder das er für stärker hielt. Das wurde mit einem Schlage anders, als nach dem verehrungswürdigen Dr. SEIPEL, der in erster Linie Priester, Römer, im besten Sinne übernational geworden ist, Dr.DOLLFUSS, der niederösterreichische Bauernspross das Steuer dieses kleinen Staates ergriff. Mit einem Eigensinn sondergleichen, den man wegen seiner unbedenklichen Geradlinigkeit genial nennen kann - denn auch Charaktereigenschaften, wenn sie ein normales Mass überschreiten, kann man das Epethyton ornans

- 4 -

6d

genial geben - nannte er sich und uns: Oesterreicher.

Es schien, als wollte er ein Jahrhundert der Zurücksetzung des Oesterreichers gut machen, als wollte er die von der Geschichte bereits glänzend vorbereitete Rehabilitation dieses österreichischen Menschens in wenigen Stunden durchführen. Wie und was immer er redete, stand die leidenschaftliche Gewalt Oesterreichs neben ihm und eben dies wurde sein Verhängnis. Denn das Erwachen zu einem selbstbewussten Stamme lag dem Oesterreicher noch nicht ganz im Blute, da geschah das Furchtbare.

Wie nun können wir Künstler und Kunsthandwerker, Lehrer und Schüler einer so schönen Diszilpin, den Verewigten ehren? Wie sollen wir das von ihm unvollendet gelassene Werk auf unsere Weise und mit unseren Kräften fortführen? Nicht wahr, wenn ein Vater stirbt, der einen Söhn besitzt und ein Erbe hinterlässt, wird dieser Vater nicht dadurch am Besten geehrt und im Wesentlichen verstanden, wenn der Sohn Haus und Hof im Geiste des Vaters fortführt? Was sollen Blumen auf einem Grab, da Blumen welken? Und über die Gräber die alles gleichmachenden Stürme hinwegbrausen? Was sollen Tränen, die morden und Versengen , was schwarze Kleider, die doch wieder den hellen weichen müssen? Nein, das Einzige

- 5 -

6e

Denkmal, das man einem geliebten und verehrten Manne setzen kann, besteht einzig und allein im Geiste.

Bemühen wir uns die Sprache unseres Volkes zu verstehen, die Kräfte unseres Bodens zu entbinden, schaffen wir bodenständige echte österreichische Werke, denn nur auf diese Weise werden wir eines grossen Oesterreichers würdig werden und Erben seines Geistes und Fortsetzer seines Werkes genannt werden können.

1934-201 6f

Konzeptpapier zur Errichtung einer Klasse für „Kirchliche Kunst“ (Prof. Albert Paris Gütersloh), UaK, VA 1935/117

117/35

I.

Die Gründung einer Klasse für kirchliche Kunst wird aus folgenden Erwägungen vorgeschlagen:

1.

Macht das Wiedererwachen religiösen Lebens und die damit verbundene erhöhte Tätigkeit auf dem Gebiete des Kirchenbaues die eingehende Befassung der heranwachsenden Kunsthandwerker mit allen Fragen der Gestaltung des sakralen Raums und der Kultgegenstände nötig.

2.

Muss dem rein architektonischen Prinzipien, wie sie am klarsten in den Kirchenschöpfungen Klemens Holzmeisters etwa zu Tage treten, (der neue romanische Stil, das damit verbundene Zurückgreifen auf die strenge, frühchristliche Kunst, das Christozentrische etc.) eine von eben solcher Gesinnung getragene Interieurkunst entsprechen. Das heisst, dieselben Voraussetzungen, die zum Bauen in einem sozusagen neuromanischen Stile geführt haben, müssen in dem auf religiöse Kunst eingestellten Kunsthandwerkern geweckt werden, da ein blosses sich Umstellen, wie ein solches auf dem Gebiete der weltlichen Kunst denkbar, wegen des Ernstes der religiösen Welt nicht möglich ist. Hier muss zu den Quellen, zuden Müttern gestiegen werden.

3.

Darf die Kunstgewerbeschule als erste geschmacksbildende Anstalt des Landes, an einem Wendepunkte der vaterländischen Geschichte und auch, und nicht zuletzt, des kirchlichen Lebens, den entscheidenden Augenblick nicht versäumen, mit ihren Ideen von Materialgerechtheit, zweckmässiger Schönheit, Zeit- und Schollenverbundenheit gerade da weitesten, geschmacksbildenden Einfluss zu gewinnen, wo die grösstmögliche Menschenanzahl am Besten und am Tiefsten zu erfassen ist: Im Gotteshause. Andererseits kann die Schönheit und Gültigkeit der von unserer Schule geprägten Ideen nicht härter geprüft und trefflicher berät werden, als dort, wo nur das Schönste und Beste Platz haben darf und kann, nämlich angesichts des in geheimnisvoller Weise gegenwärtigen Gottes.

4.

Ist auch die Durchdringung des Klerus, als des vielköpfigen gegenwärtigen und künftigen Bauherrn, mit der von unserer Zeit verlangten, von unsern Geschmack gebildeten sakralen Formen von nicht zu unterschätzender Bedeutung für das spätere Fortkommen der Schülerschaft. So wird jedes, aus unserem Geiste geschaffene Gotteshaus seine irdische Frucht in der Form eines weiteren Auftrages bringen, was in Hinsicht auf die fehlende private Initiative auf den Mangel an Mäzenen aus dem Laienstande von einer ökonomischen Bedeutung ersten Ranges ist.

5.

Schaltet sich die Kunstgewerbeschule durch eine solche Gründung auf dem rechten Punkte in einen ganz besonders vitalen Kreislauf der Kräfte ein, den sie bisher nur gelegentlich berührt hat. Wenn dies nicht geschehe, wenn die einseitige Forcierung der nichts

7b

als weltlichen Künste so wie bisher fortgesetzt würde, scheint mir die Gefahr zu bestehen, dass unsere Schule ins Hintertreffen geriete und das lebendige Leben dort suchte, wo es nicht mehr am lebendigsten oder wo es höchstens noch ist.

6.

Eröffnet sich der Schule selber eine Befruchtungsquelle,die von ausserordentlichen Einflusse auf das sittliche **Wohl** und von günstiger Wirkung auf das erwachende metaphysische Bedürfniss der Schülerschaft sein wird. Insoferne nämlich nichts besser, das heisst unauffälliger zu Gott hinlenkt als die Beschäftigung mit Kunst und Kunstfertigkeiten, welche dem Lobe, der Verherrlichung Gottes dienen soll. So dass an unserer Anstalt " eine Keimzelle" dessen entstehen kann, wofür keinerlei Vorträge, Predigten oder gar eigene Unterrichtsstunden auch nur halb so gut zu wirken vermögen. Der Geist der Bauhütte des früheren Mittelalters kann da wieder zum Erblühen gebracht werden.

7.

Haben wir an unserer Anstalt den rechten Lehrer und Leiter einer solchen Werkstätte in der Person des Professors Gütersloh, der sowohl als Künstler , wie als überzeugter Katholik an keinem Platze besser wirken wird, als an diesem.

7c

Abb. 8a–b
Klasse Niedermoser,
Fotoalbum Emma Reif,
UaK, IN 15.346/9/FP/Q

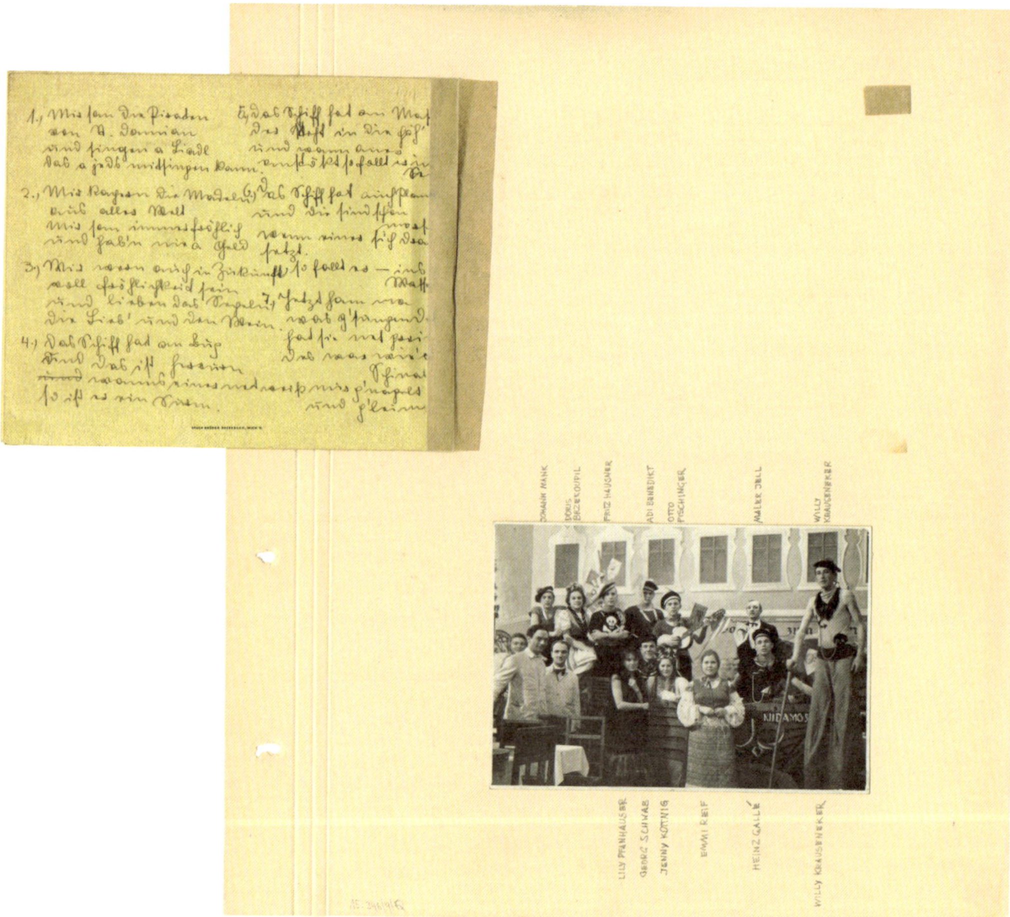

8a

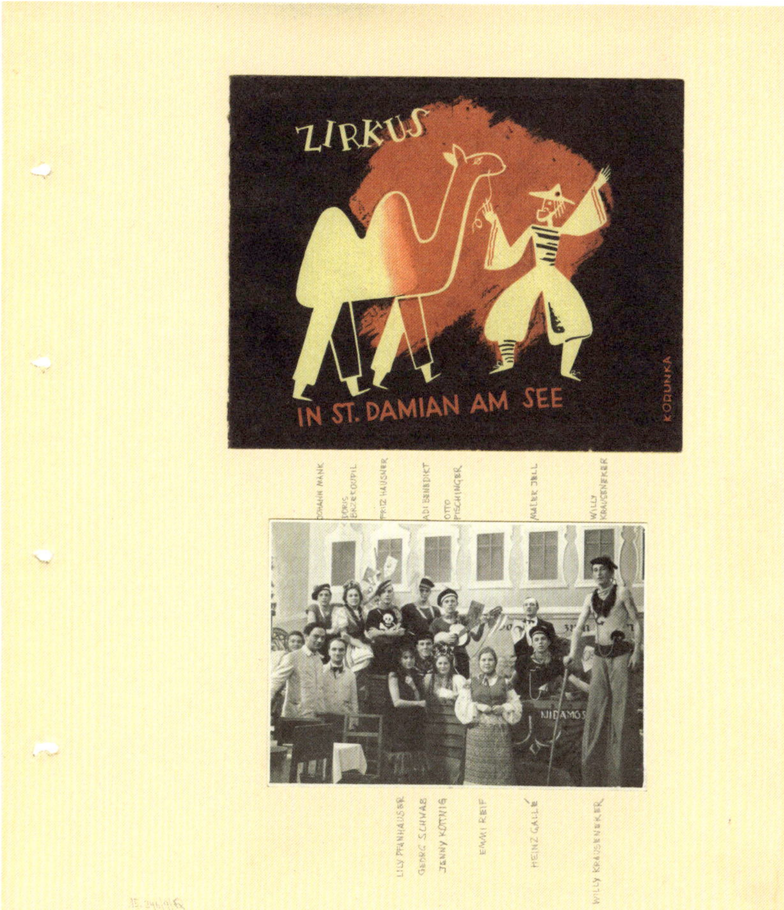

8b

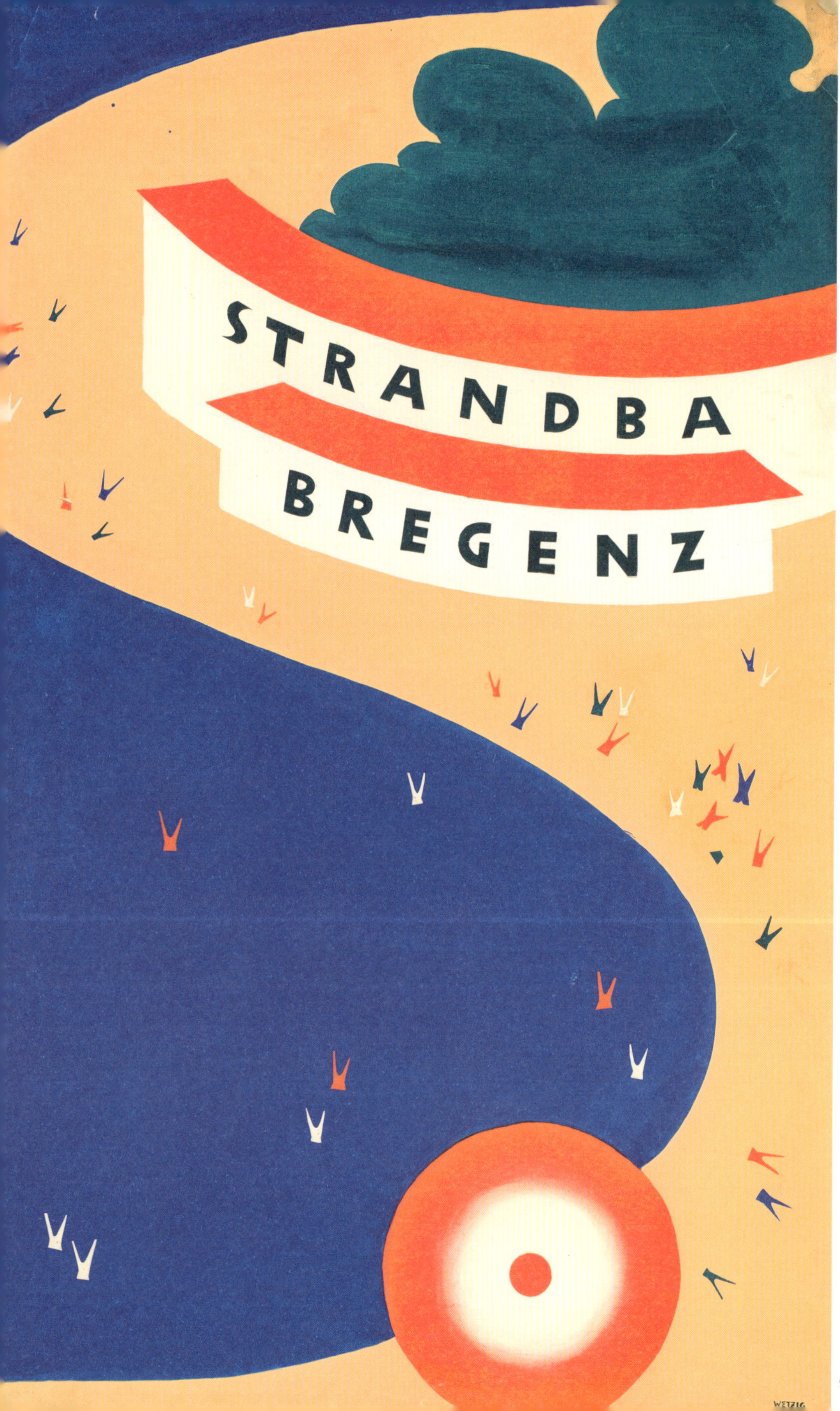
STRANDBA
BREGENZ
WETZIG

Plakatentwürfe für das Strandbad Bregenz aus der Klasse Kirnig, 1934/35

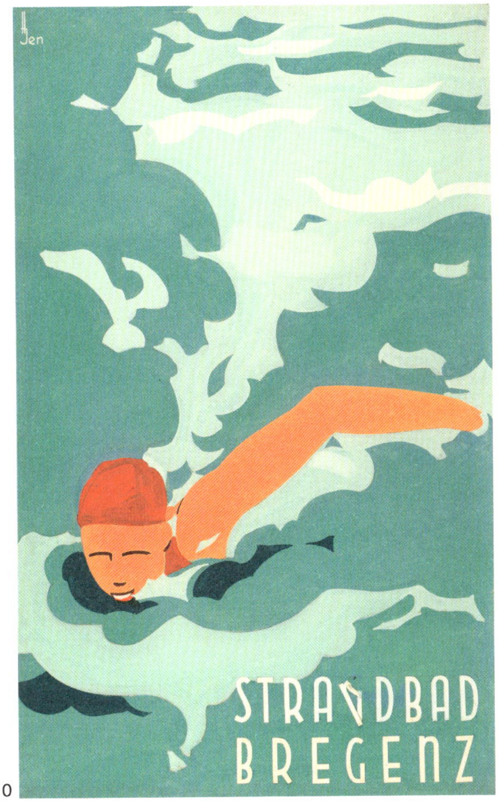

10

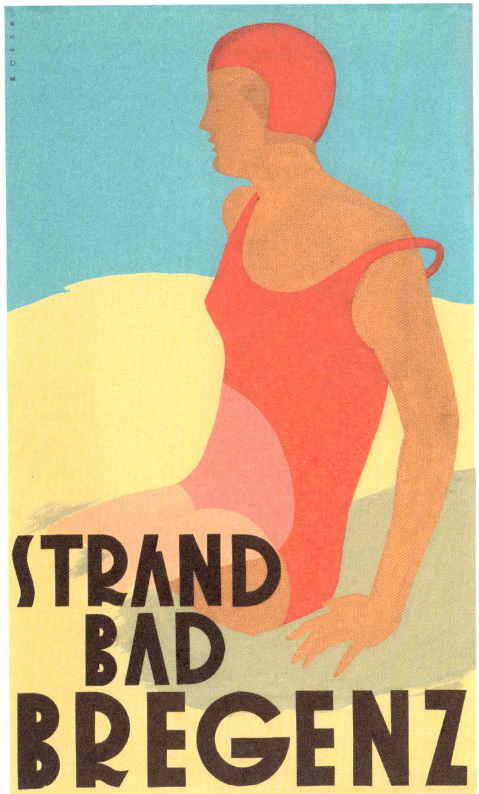

11

Abb. 9
Luise Wetzig, Plakatentwurf für das *Strandbad Bregenz*, 1934/35, Tempera, Collage auf Papier, UaK, IN 9298/10

Abb. 10
Heinrich Jencek, Plakatentwurf für das *Strandbad Bregenz*, 1934/35, Tempera, Collage auf Papier, UaK, IN 9298/4

Abb. 11
Alexander Wilhelm Kostka, Plakatentwurf für das *Strandbad Bregenz*, 1934/35, Tempera, Collage auf Papier, UaK, IN 9298/11

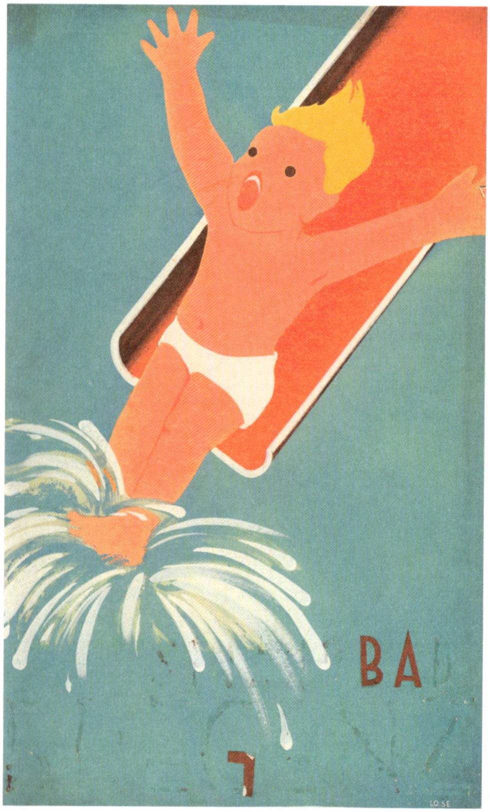

12

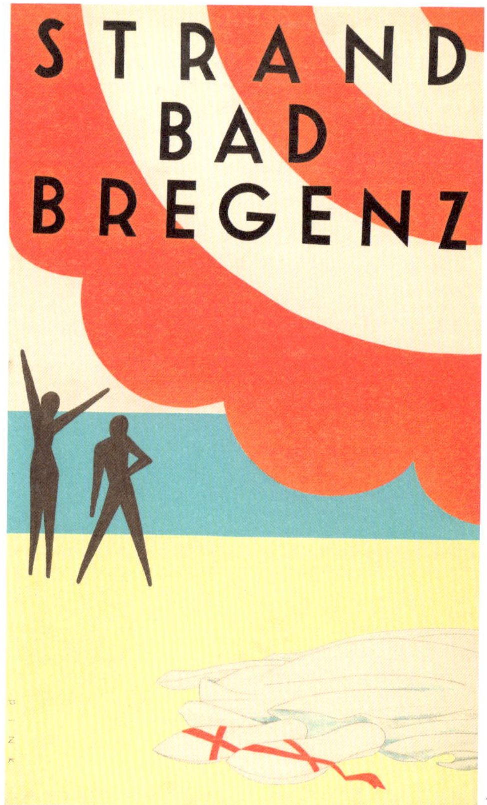

13

Abb. 12
Charlotte Seefehlner, Plakatentwurf für das *Strandbad Bregenz*, 1934/35, Tempera, Collage auf Papier, UaK, IN 9298/16

Abb. 13
Unbekannte*r Künstler*in, Plakatentwurf für das *Strandbad Bregenz*, 1934/35, Tempera, Collage auf Papier, UaK, IN 9298/1

Abb. 14
Eva Brabbee, Plakatentwurf für das *Strandbad Bregenz*, 1934/35, Tempera, Collage auf Papier, UaK, IN 9298/5

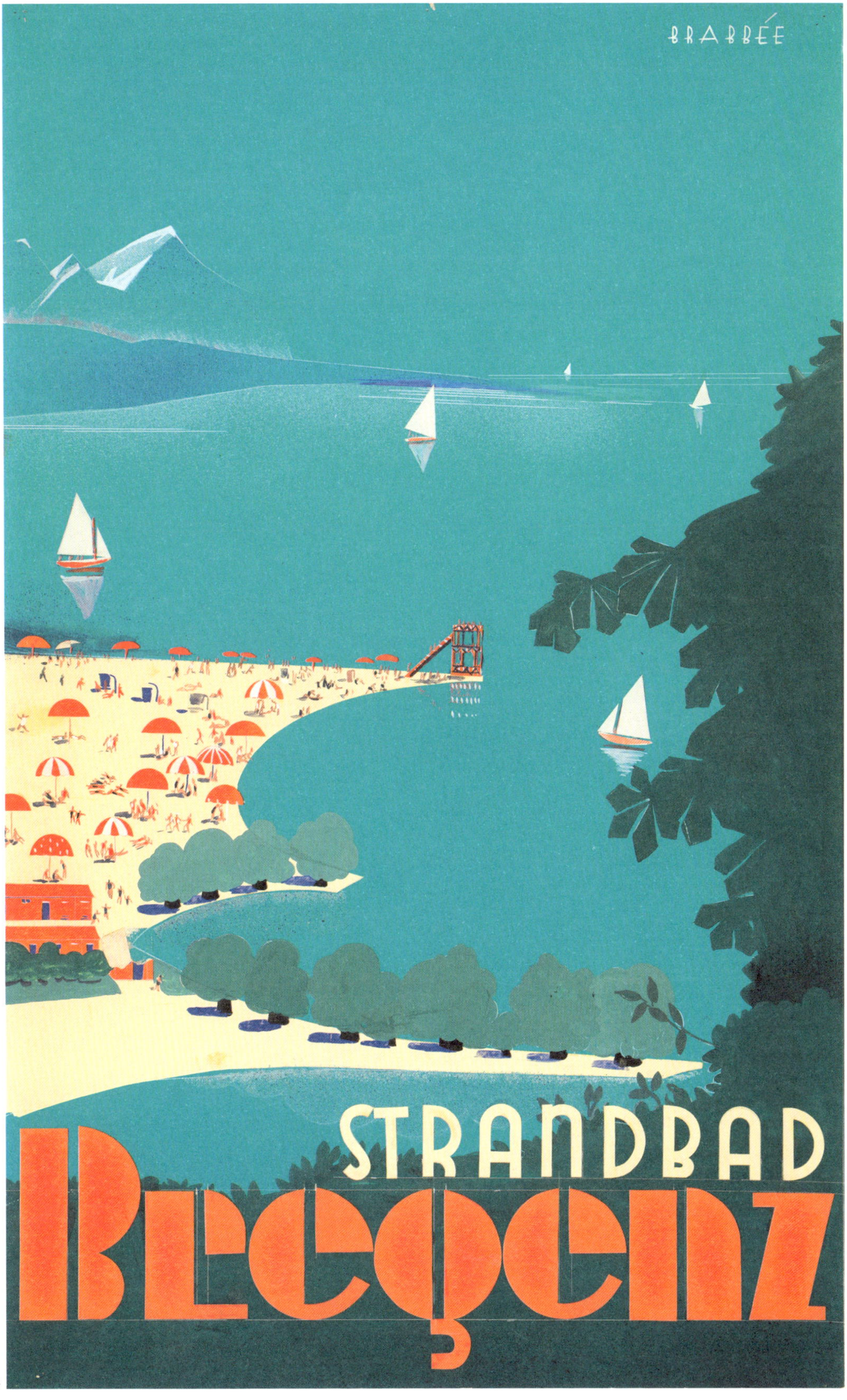
BRABBÉE
STRANDBAD
Bregenz

Österreichische Verkehrswerbung

Abb. 15
Paul Kirnig, *Autriche*, Plakat 1935, Offsetdruck, UaK, IN 17.283/1/PI

Abb. 16
Paul Kirnig, *Österreich*, Plakat 1936, Offsetdruck, UaK, IN 17.283/2/PI

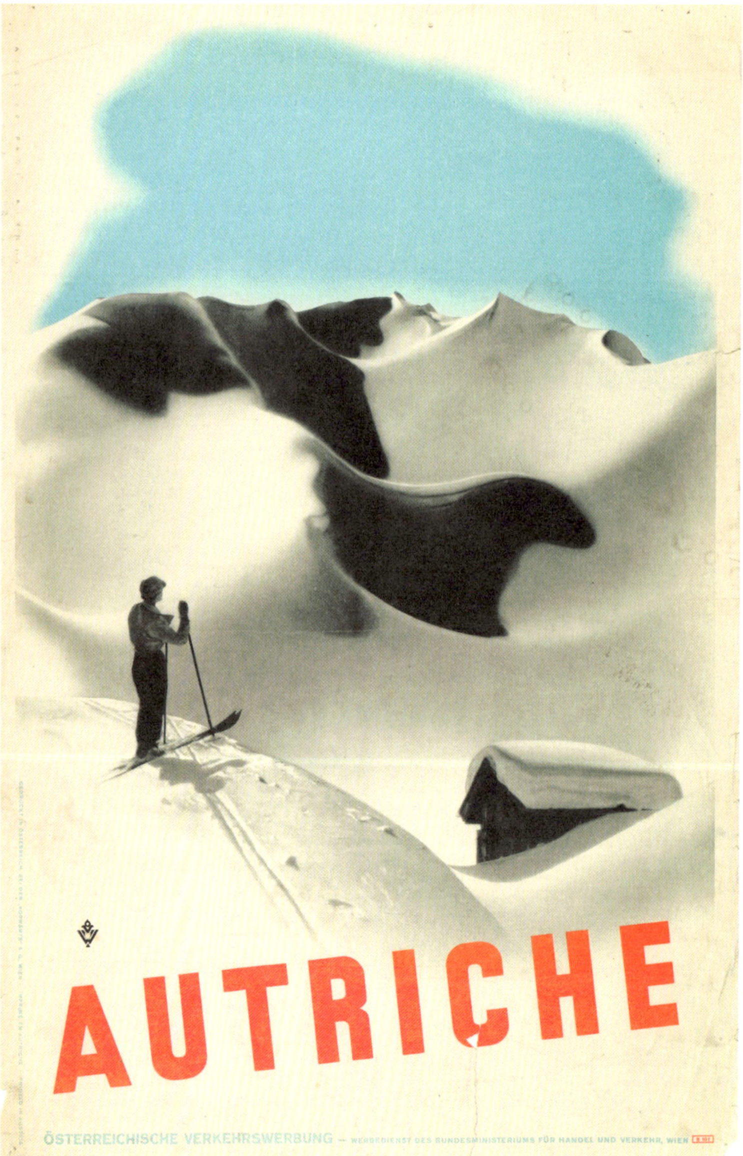

15

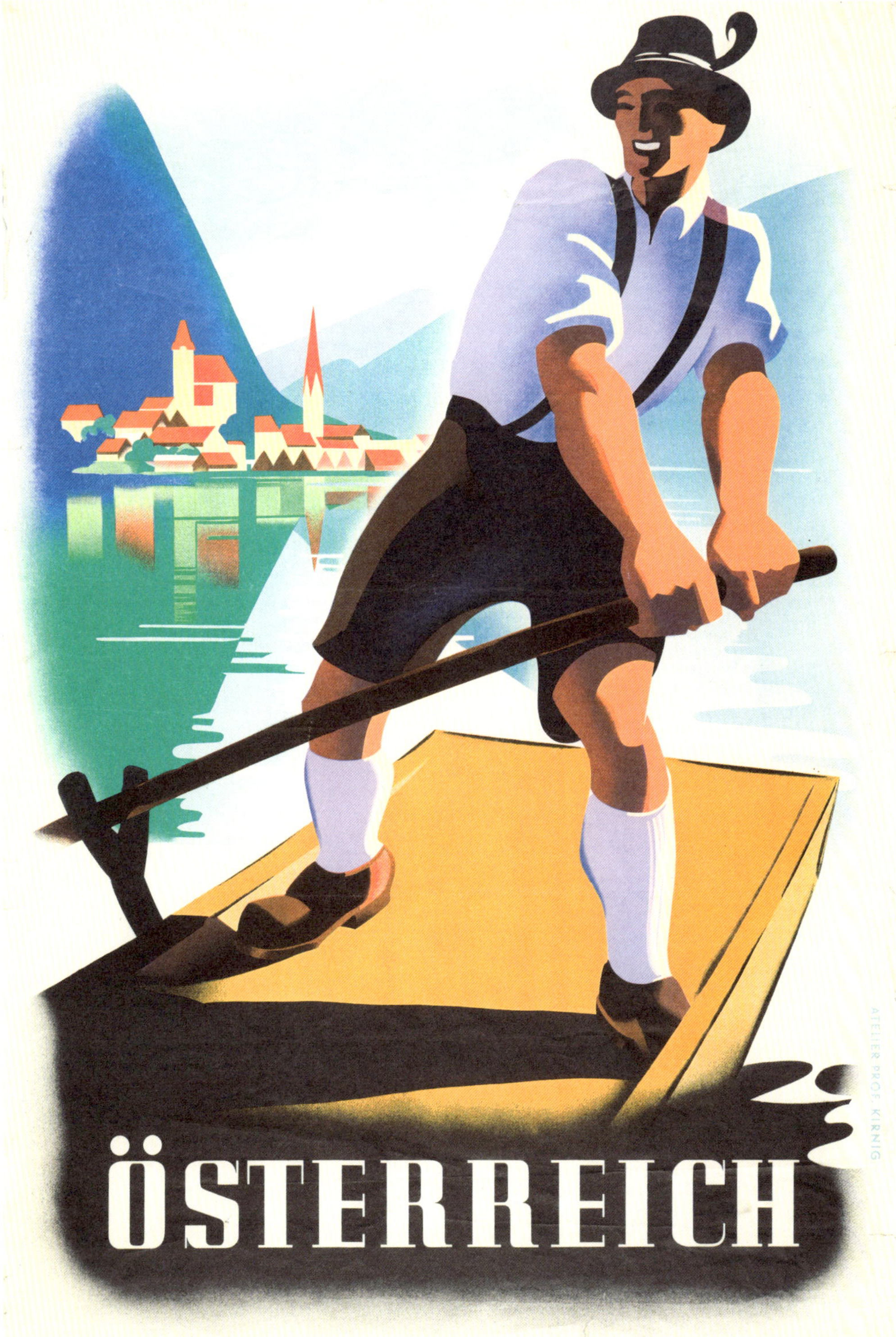
ATELIER PROF. KIRNIG
ÖSTERREICH
ÖSTERREICHISCHE VERKEHRSWERBUNG - Werbedienst des Bundesministeriums für Handel und Verkehr, Wien
B5d

16

Plakatentwürfe für das Österreichische Jugendhilfswerk Pro Juventute aus der Klasse Kirnig, 1935

Abb. 17
Marion Miller, Plakatentwurf für das *Österreichische Jugendhilfswerk Pro Juventute*, 1935, Tempera, Kohle auf Papier, UaK, IN 9305/19

17

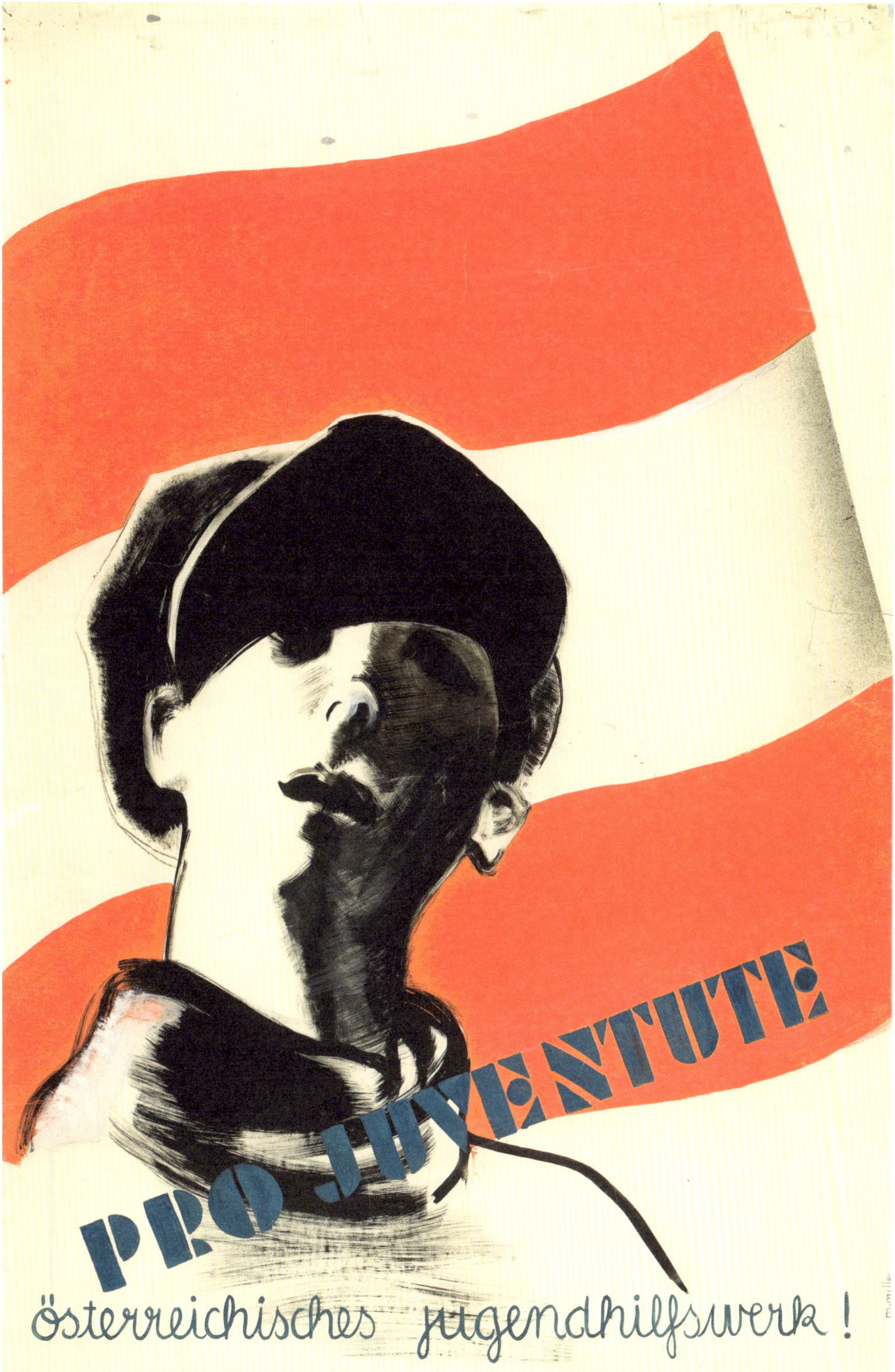

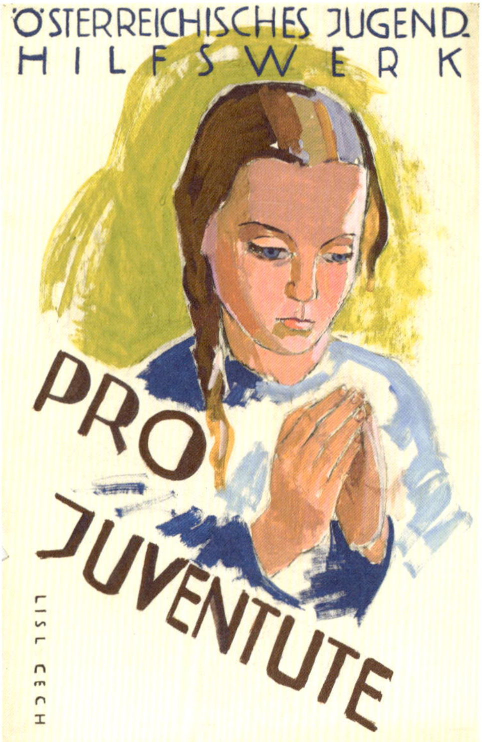

18

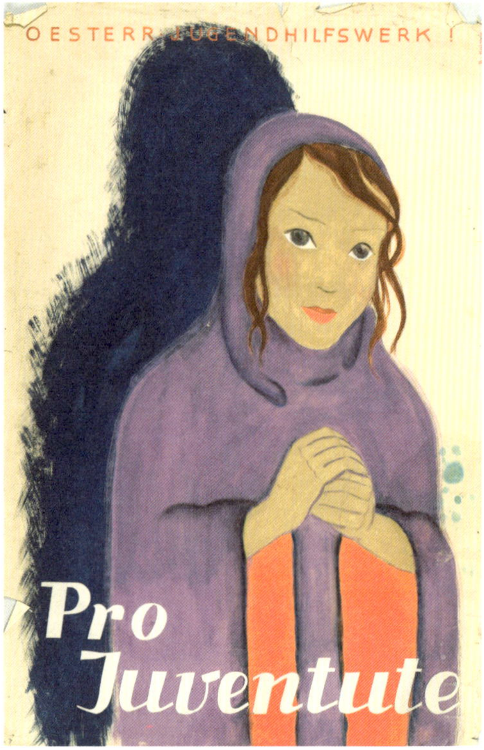

19

Abb. 18
Elisabeth Cech, Plakatentwurf für das *Österreichische Jugendhilfswerk Pro Juventute*, 1935, Tempera auf Papier, UaK, IN 9305/7

Abb. 19
Ruth Wilson Kalmar, Plakatentwurf für das *Österreichische Jugendhilfswerk Pro Juventute*, 1935, Tempera auf Papier, UaK, IN 9305/14

Abb. 20
Adolf Rataitz, Plakatentwurf für das *Österreichische Jugendhilfswerk Pro Juventute*, 1935, Tempera, Kohle auf Papier, UaK, IN 9305/31

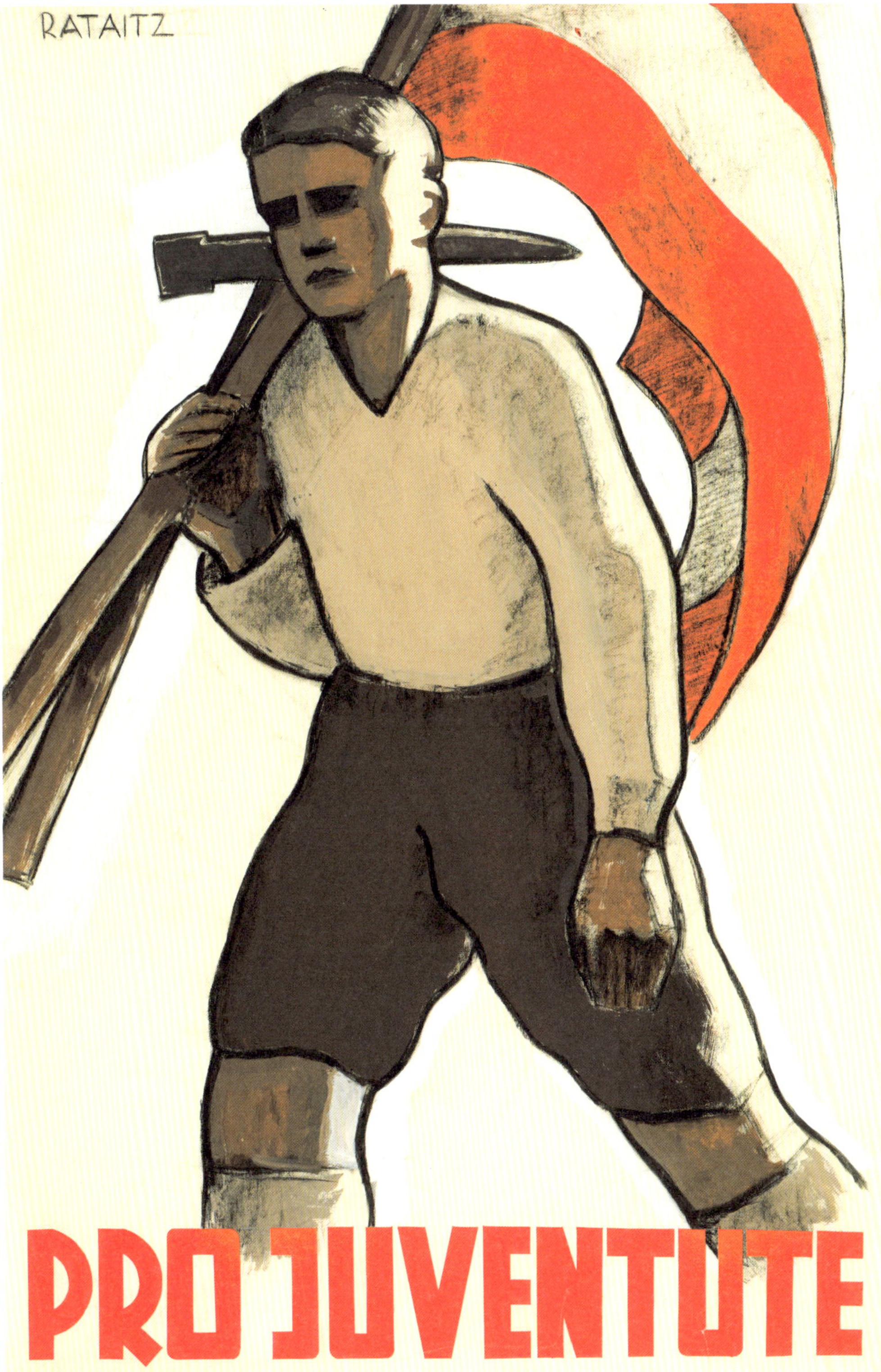

20

Abb. 21a–e
Zwangspensionierungen von Max Fellerer, Hilde Schmid-Jesser, Wilhelm Müller-Hofmann und Albert Paris Gütersloh, UaK, VA 1938/54

Exp. 19. 4. 38

19. April 8.

P.Z. 54 - 1938

Enthebung h.o. Lehrkörper-
mitglieder vom Dienste.

An das

Ministerium für Handel und Verkehr,

Wien.

Wunschgemäss werden anbei die Enthebungen der h.o. Mitglieder des Lehrkörpers Prof.Arch.Max FELLERER, Frau Prof. Hilde SCHMID-JESSER, Prof.Wilhelm MUELLER HOFMANN und Prof. Albert Paris GUETERSLOH begründet.

Der Vertrauensmann:

DIE DIREKTION DER KUNSTGEWERBESCHULE DES ÖSTERR. MUSEUMS F. KUNST U. INDUSTRIE (BUNDESLEHRANSTALT) IN WIEN

21a

STAATLICHE KUNSTGEWERBESCHULE WIEN.

Zu P.Z. 54 - 1938.

Enthebung Architekt Professor Max FELLERER.

Die Enthebung vom Dienste als Direktor der Kunstgewerbeschule erfolgte auf Grund eines Antrages der NSDAP. Die von Herrn Architekten Professor FELLERER vertretene Ansicht über Kunsterziehung und -Gestaltung sind den Bestrebungen der NSDAP. vielfach entgegengesetzt. Diese Ansicht, welche von Herrn Prof. FELLERER offen zugegeben und von der NSDAP. unter Beweis gestellt wird, schliessen seine Weiterverwendung an der Kunstgewerbeschule aus.

Der Vertrauensmann:

Prof. R. Haus

DIE DIREKTION DER KUNSTGEWERBESCHULE DES ÖSTERR. MUSEUMS F. KUNST U. INDUSTRIE (BUNDESLEHRANSTALT) IN WIEN

Z.O.

21b

STAATLICHE KUNSTGEWERBESCHULE WIEN.

Zu P.Z. 54 - 1938

Enthebung Frau Professor SCHMID - JESSER.

Die Enthebung der Frau Prof. SCHMID-JESSER erfolgte auf Grund eines Antrages der NSDAP. Eine Weiterverwendung der Frau Prof.SCHMID-JESSER wird mit der Begründung abgelehnt, dass sich ihre Tätigkeit als Lehrkraft im kunsterzieherischen Sinne mit den Richtlinien der Kunstbewegung in der NSDAP nicht vereinigen lässt. Die bis jetzt gezeigten Arbeiten, speziell die der letzten Schulausstellung, haben diese Tendenz bestätigt und können nicht entkräftet werden.

Der Vertrauensmann:

Prof. R. Haus

DIE DIREKTION DER KUNSTGEWERBESCHULE DES ÖSTERR. MUSEUMS F. KUNST U. INDUSTRIE (BUNDESLEHRANSTALT) IN WIEN

Z.O.

21c

STAATLICHE KUNSTGEWERBESCHULE WIEN.

Zu P.Z. 54 - 1938

Enthebung Professor Wilhelm MUELLER HOFMANN.

Die Enthebung des Professors MUELLER HOFMANN erfolgte auf Grund eines Antrages der NSDAP. Seine jüdische Versippung, Mitgliedschaft einer Freimaurerloge, Spottgedicht auf den Führer, schliessen seine Weiterverwendung an der Kunstgewerbeschule aus.

Der Vertrauensmann:

Prof. R. Haus

DIE DIREKTION DER KUNSTGEWERBESCHULE DES ÖSTERR. MUSEUMS F. KUNST U. INDUSTRIE (BUNDESLEHRANSTALT) IN WIEN

Z.O.

21d

STAATLICHE KUNSTGEWERBESCHULE WIEN.

Zu P.Z. 54 - 1938

Enthebung Professor Albert Paris GUETERSLOH.

Die Enthebung des Professors GUETERSLOH erfolgte auf Grund eines Antrages der NSDAP. Seine Tätigkeit als kommunistischer Schriftsteller, die schlechte pädagogische Führung und schlechte künstlerische Leistung seiner Klasse, die vorwiegend als Kunstentartung bezeichnet wird, schliessen seine Weiterverwendung an der Kunstgewerbeschule aus.

Der Vertrauensmann:

Prof. R. Haus

DIE DIREKTION DER KUNSTGEWERBESCHULE DES ÖSTERR. MUSEUMS F. KUNST U. INDUSTRIE (BUNDESLEHRANSTALT) IN WIEN

Z.O.

21e

Abb. 22a–c
Bericht über das
Schuljahr 1937/38,
UaK, Jahresberichte, 1–3

STAATLICHE KUNSTGEWERBESCHULE IN WIEN
I., STUBENRING NR. 3 TEL.: U-15-502

BERICHT ÜBER DAS SCHULJAHR 1937/38

Die Anstalt heißt „Staatliche Kunstgewerbeschule in Wien" und ist die höchste Anstalt des kunstgewerblichen Unterrichtes in Österreich. Sie hat die Aufgabe, schöpferische, zur Führung befähigte Arbeitskräfte für die wechselnden Bedürfnisse des Kunsthandwerkes und der Geschmacksindustrie zu erziehen, den ausübenden Kunsthandwerkern die Möglichkeit zu fachlicher Weiterbildung zu bieten und in den Verbraucherkreisen die Schätzung hochwertiger Handwerksarbeit zu fördern.

(Absolventen der Kunstgewerbeschule betätigen sich derzeit:

als Architekten, Leiter von Baubureaus, Entwerfer von Siedlungen, Wohnhäusern, Innenräumen, Möbeln, Gartenanlagen, Bühnenausstattungen, Ausstellungsbauten, Tapeten, Textilmustern, Kostümen, kunstgewerblichen Geräten profaner und kirchlicher Art,

als Kunsttischler,

als selbständige Tafelmaler, Wandmaler, Zimmermaler, Faßmaler,

als Illustratoren, Graphiker, Buchkünstler, Schriftkünstler, Plakatzeichner,

als Steinbildhauer, Metallbildhauer, Holzbildhauer, Holzschnitzer, Elfenbeinschnitzer,

als Keramiker, Glasschneider und Glasmaler,

als Emailmaler, Metallplastiker, Gold- und Silberschmiede,

als Sticker, Gobelinweber, Posamenter,

als Entwerfer von Textilarbeiten, Spitzen, Wäsche, Modewaren,

als Glasfenstermaler und Verbleier,

als Modezeichner,

als Silikatchemiker in keramischen, in Glas- und in Emailbetrieben.)

Die Unterrichtssprache ist in allen Abteilungen und Kursen die deutsche.

Das Schuljahr beginnt am 1. Oktober und dauert bis zum 30. Juni. Die Hauptferien währen vom 1. Juli bis zum 30. September.

Der Unterrichtsbetrieb setzt am 1. Oktober in vollem Ausmaße ein.

Für die Aufnahme in alle Abteilungen der Anstalt ist außer der Erfüllung der Einzelbestimmungen die Erweisung eines genügenden Grades von Begabung durch Vorlage eigenhändiger, selbständiger Arbeiten, gewöhnlich auch durch Ablegung einer AUFNAHMSPRÜFUNG, sowie die körperliche Eignung zum kunstgewerblichen Beruf Voraussetzung.

Näheres im Statut, Erlaß des Bundesministeriums für Handel und Verkehr vom 31. Dezember 1931, Z. 141.230–14/1931.

1

22a

BESUCHSAUSWEIS

(Die Klammerzahlen bedeuten die zugeteilten, in anderen Abteilungen bereits gezählten Schüler.)			Eingeschrieben waren *)	hievon		
				männlich	weiblich	Gäste
Allgemeine Abteilung		Allgemeine Formenlehre: Arch. Ceno Kosak — Arch. Otto Wagner	29	11	18	6
Allgemeine Abteilung		Allgemeine Formenlehre: Arch. Professor Otto Niedermoser	19	5	14	—
Allgemeine Abteilung		Naturstudium und Studium der menschlichen Gestalt: Fachvorstand Reg. Rat Professor V. Schufinsky	38	13	25	2
Allgemeine Abteilung		Ornamentale Schrift, Heraldik: Professor Hertha Larisch-Ramsauer	(119)	(55)	(64)	(14)
Werkstätten für		Emailarbeiten: Professor Eleonore Zanoskar	5 (15)	— (—)	5 (15)	2 (2)
Werkstätten für		Metallarbeiten: Professor Eugen Mayer	17	9	8	4
Werkstätten für		Keramik: Regierungsrat Professor Robert Obsieger	26	10	16	7
Werkstätten für		Textilarbeiten: Professor Eduard Josef Wimmer	41	10	31	6
Werkstätten für		Mode: Professor Eduard Josef Wimmer	34	5	29	6
Werkstätten für		Möbel und Innenbau: Regierungsrat Professor Carl Witzmann	23	22	1	3
Werkstätten für		Glasmalerei, Verbleiung und Mosaik: Professor Reinhold Klaus	8	3	5	7
Werkstätten für		Ornamentale Schrift: Professor Hertha Larisch-Ramsauer	6 (9)	4 (3)	2 (6)	(1)
Werkstätten für		Druckverfahren: Professor Paul Kirnig (Ist allen Schülern der Anstalt zeitw. zugängl.)	9	4	5	3
Werkstätten für		Kirchliches Kunstgewerbe: Professor Albert Paris Gütersloh	9	4	5	6
Werkstätten für		Bühnen- u. Filmgestaltung: Arch. Prof. Otto Niedermoser	8	1	7	—
Fachklassen für	Architektur	Abteilung für Kunstgewerbe: Professor Oswald Haerdtl	29	1	28	2
Fachklassen für	Architektur	Professor Oswald Haerdtl	21	18	3	2
Fachklassen für	Architektur	Professor Franz Schuster	20	14	6	3
Fachklassen für	Malerei	Professor Paul Kirnig	45	28	17	7
Fachklassen für	Malerei	Professor Wilhelm Müller Hofmann	17	7	10	2
Fachklassen für	Bildhauerei	Professor Theodor Otto Georgii	11	9	2	1
Chemisches Laboratorium: Professor Ing. Wilhelm Öller			3 (16)	2 (5)	1 (11)	2 (4)
Zusammen			418	180	238	71

*) Ordentliche Schüler und Gäste.

Außerdem waren in der Klasse für Jugendkunst (Professor Franz CIZEK) 67 Schüler und Schülerinnen eingeschrieben.

Für die offenen Zeichensäle (Professoren KLAUS, PRUTSCHER) sind in 28 Betriebswochen 731 Wochenkarten und 1280 Tageskarten ausgegeben worden.

2

22b

Abb. 23
Antisemitische Maßnahmen an der Staatlichen Kunstgewerbeschule, UaK, VA 1938/137, VA 1938/192, VA 1938/198, VA 1938/263, VA 1939/8, VA 1939/20, VA 1939/30

ZUSAMMENSETZUNG DER SCHÜLERSCHAFT

In den folgenden Zusammenstellungen sind die 67 Schüler, die in den Klassen für Jugendkunst eingeschrieben waren, und die Besucher der offenen Zeichensäle nicht berücksichtigt.

STAATSZUGEHÖRIGKEIT

Von den 418 ordentlichen Schülern und Gästen waren zuständig nach:

Großdeutschland	348	Estland	1
Tschechoslowakei	13	Frankreich	1
Polen	12	Griechenland	1
Schweiz	11	Holland	1
Schweden	5	Lettland	1
Ungarn	5	Italien	1
U. S. A.	4	Luxemburg	1
Jugoslawien	3	Türkei	1
Rumänien	2	staatenlos	6
England	1		

Der GEBURT nach stammen von den 348 nach Großdeutschland zuständigen ordentlichen Schülern und Gästen aus:

Wien	229	Salzburg	3
Niederösterreich	36	Vorarlberg	2
Oberösterreich	12	Burgenland	1
Steiermark	10	dem Altreich	7
Tirol	8	dem Auslande	34
Kärnten	6		

3 2

22c

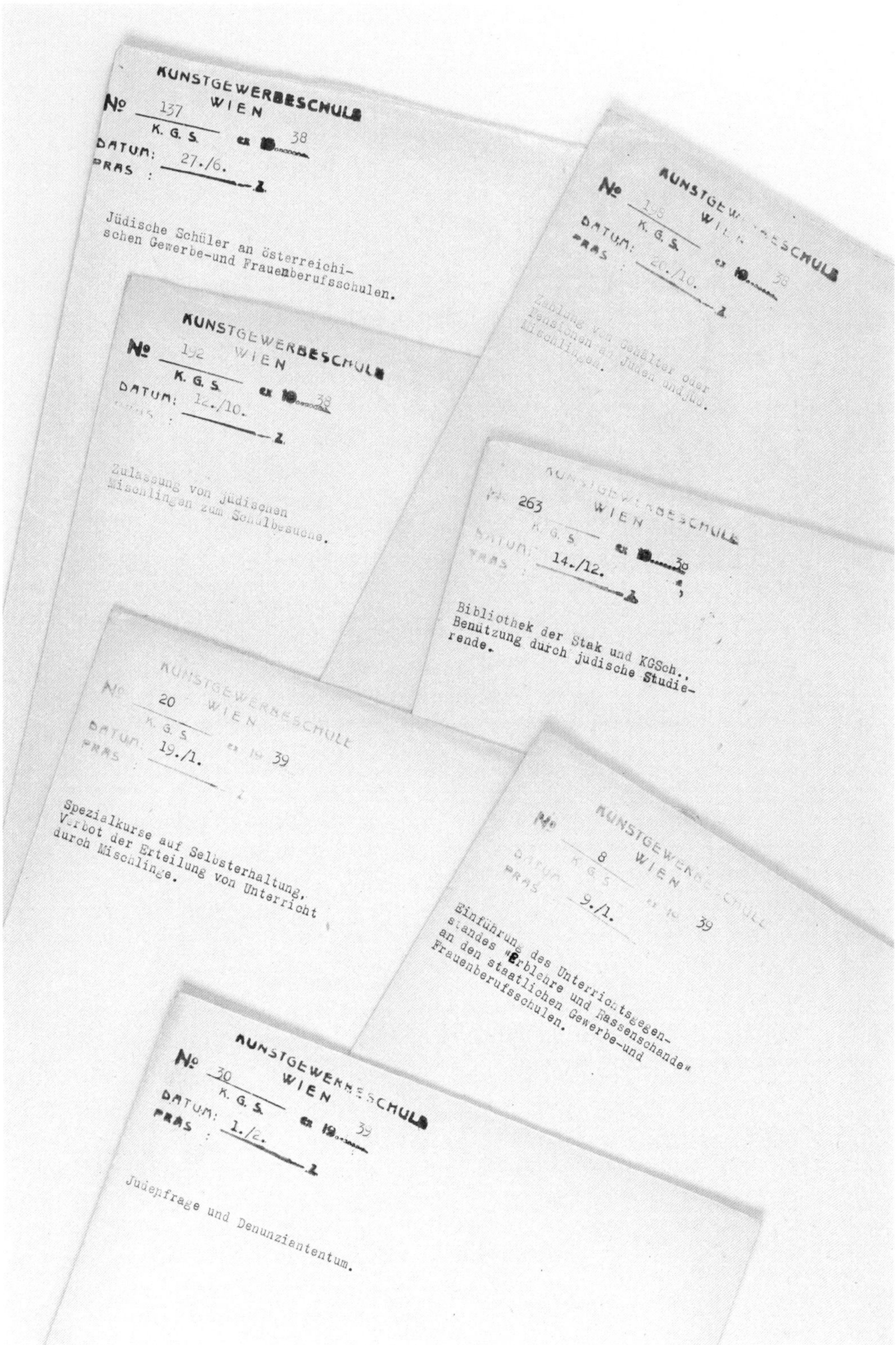
KUNSTGEWERBESCHULE WIEN
№ 137
K. G. S.
DATUM: 27./6.
PRÄS:
Jüdische Schüler an österreichischen Gewerbe-und Frauenberufsschulen.
KUNSTGEWERBESCHULE WIEN
№ 192
K. G. S.
DATUM: 12./10.
Zulassung von jüdischen Mischlingen zum Schulbesuche.
KUNSTGEWERBESCHULE WIEN
DATUM:
PRÄS:
KUNSTGEWERBESCHULE WIEN
№ 263
K. G. S.
DATUM: 14./12.
PRÄS:
Bibliothek der Stak und KGSch., Benützung durch jüdische Studierende.
KUNSTGEWERBESCHULE WIEN
№ 20
K. G. S.
DATUM: 19./1.
PRÄS:
Spezialkurse auf Selbsterhaltung, Verbot der Erteilung von Unterricht durch Mischlinge.
KUNSTGEWERBESCHULE WIEN
№ 8
K. G. S.
DATUM: 9./1.
PRÄS:
Einführung des Unterrichtsgegenstandes »Erblehre und Rassenschande« an den staatlichen Gewerbe-und Frauenberufsschulen.
KUNSTGEWERBESCHULE WIEN
№ 30
K. G. S.
DATUM: 1./2.
PRÄS:
Judenfrage und Denunziantentum.
23

Ordnungs-Richtlinien
der Studentenschaft der
Kunstgewerbeschule
Wien, UaK, VA 1938/286

O r d n u n g s - R i c h t l i n i e n

der

Studentenschaft der **Kunstgewerbeschule Wien.**

1.

Bedenke, daß Du Deutscher bist und Dich dadurch harten Verpflichtungen unterwerfen mußt. Lerne in einer Ordnung leben! Zucht und Disziplin sind die unerläßlichen Grundlagen jeder Gemeinschaft und der Anfang jeder Erziehung.

2.

Dein Volk lebt in einem gigantischen Arbeitskampfe, um sich in der Welt durchzusetzen. Wir werden diesen Kampf nur durch eine Leistungssteigerung auf allen Gebieten gewinnen. Wenn Du Deine Arbeit verantwortungslos auffassest, übst Du Verrat am Deutschen Volke.

3.

Du lebst hier an dieser Schule in einer Gemeinschaft, welche sich aus freier Selbstverantwortung an gewisse Gesetze gebunden hat. Es sind dies die Nationalsozialistischen Lebensgesetze, nach denen zu allen Zeiten die besten Männer unseres Volkes in freier Verantwortung gelebt haben.

4.

Wenn Du Dich diesen Gesetzen nicht freiwillig unterwerfen willst, bleibt es Dir unbelassen, Dich nach einer anderen Arbeitsstätte umzusehen. Unsere Gemeinschaft kann Dich dann nicht brauchen.

5.

Deine tägliche Arbeitszeit ist von 1/4 9 h bis 12 h und von 14 h bis 16 h. Hilfsfächer entsprechend dem Hilfsfächerplan. Du hast Dich vor 1/4 9 h an Deiner Arbeitsstätte einzufinden, da um 1/4 9 h Deine Arbeit beginnt. Einen Kameraden einer anderen Abteilung während der Arbeitszeit zu besuchen, ist unkameradschaftlich, da Du ihn von seiner Arbeit abhältst. Die Arbeitszeit ist genau einzuhalten. Sogenannte akademische Freiheit und bohemienhafter Schlendrian passen nicht mehr in unsere Zeit! Die freien Tage werden Dir besonders bekannt gegeben. Dich von einem Arbeitstage zu drücken, ist Deiner unwürdig und verletzt die Arbeitskameradschaft.

6.

Sei vorbildlich im Verkehr mit den anderen Teilen Deiner Schulgemeinschaft,Deinen Professoren und den Angestellten! An Deinem Umgang mit Menschen erkennt man das Maß Deiner sittlichen Reife.

7.

Dein Lehrer ist Dein väterlicher Freund,der an Deinem Lebens- und Berufsweg selbstlos interessiert ist.Lasse es nie soweit kommen, daß er Dich zur Disziplin anhalten muß! Dadurch sinkst Du vom Studenten zum Schüler herab.Halte Selbstdisziplin!

8.

Deutscher Student,sei vor allem vorbildlich im Umgang mit Deiner Arbeitskameradin!Dein Verhalten hat von Taktgefühl und sittlicher Verantwortung getragen zu sein.

9.

Deutsche Studentin,erleichtere Deinem Kameraden diese Aufgabe durch Dein eigenes Verhalten! So,wie Du bist,wird man Dich achten.

10.

Denke daran,daß die Einrichtungen,welche Dich umgeben,für Dich geschaffen und Eigentum Deines Volkes sind! Wer eine solche Einrichtung mutwillig zerstört oder beschädigt,stellt sich mit dieser Handlung außerhalb die Volksgemeinschaft.

11.

Du willst schaffender Mensch und Künstler werden,das heißt,Du wirst nach größerer menschlicher Reife als andere streben müssen.Ringe Dich deshalb zu dieser Reife durch! Sei dankbar für die Gemeinschaft,an der Du Dich durch Bewährung des Besten in Dir emporarbeiten kannst.

---

gezeichnet der Studentenführer

24b

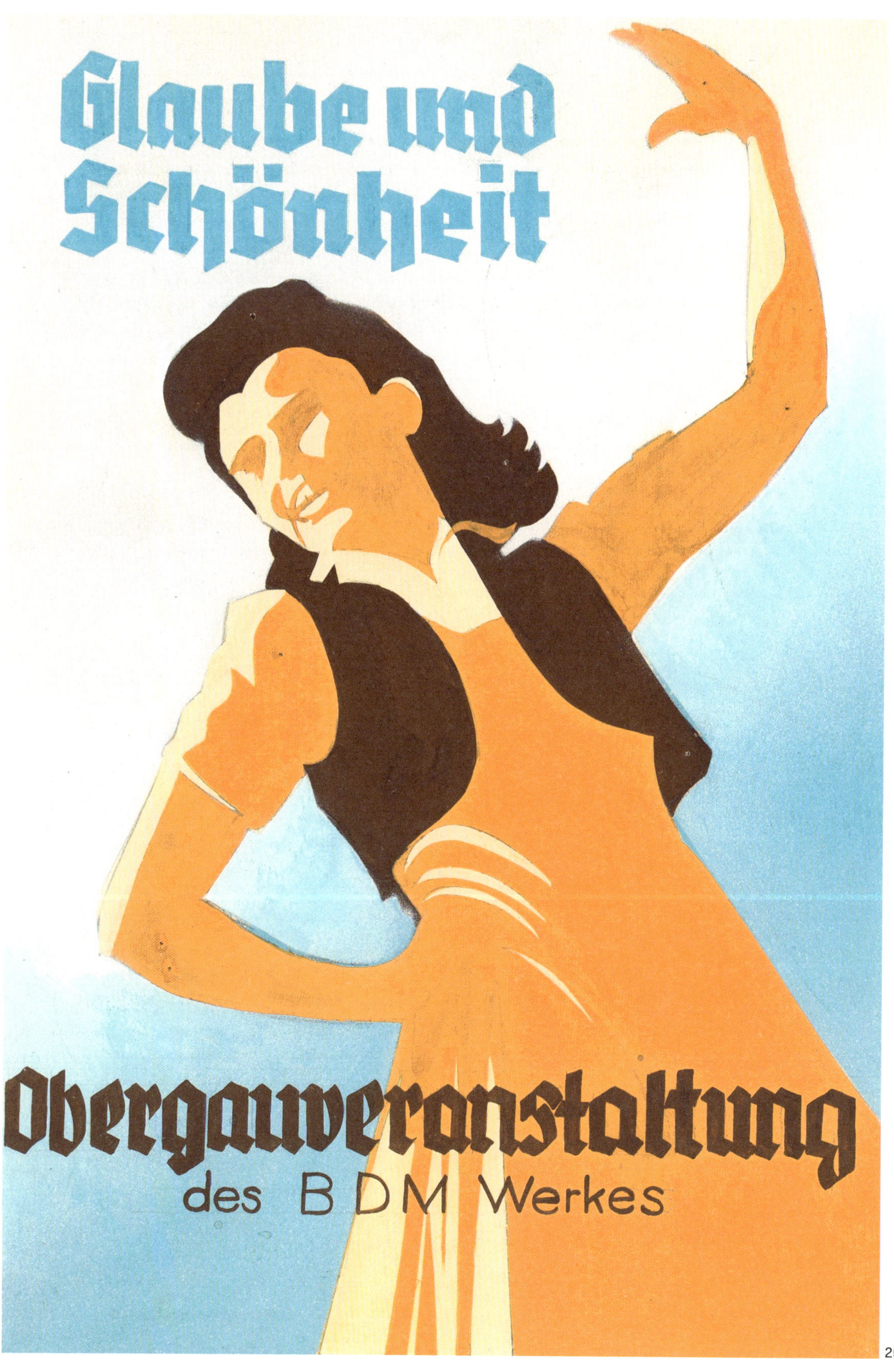
Glaube und
Schönheit
Obergauveranstaltung
des B D M Werkes

Plakatentwürfe für das
BDM Werk „Glaube und Schönheit“
aus der Klasse Kirnig

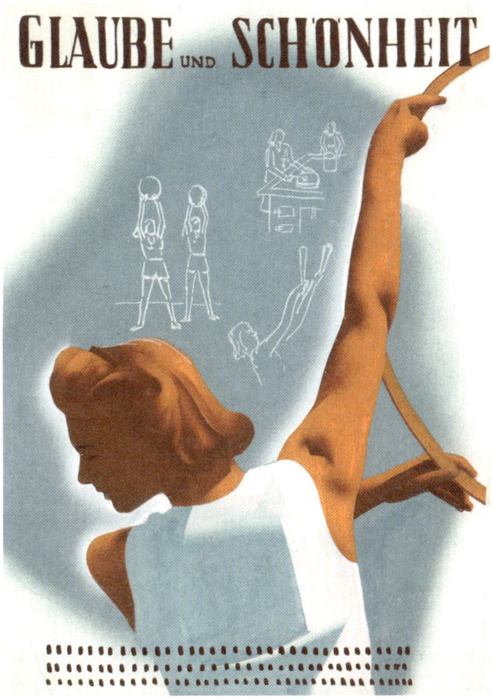

26

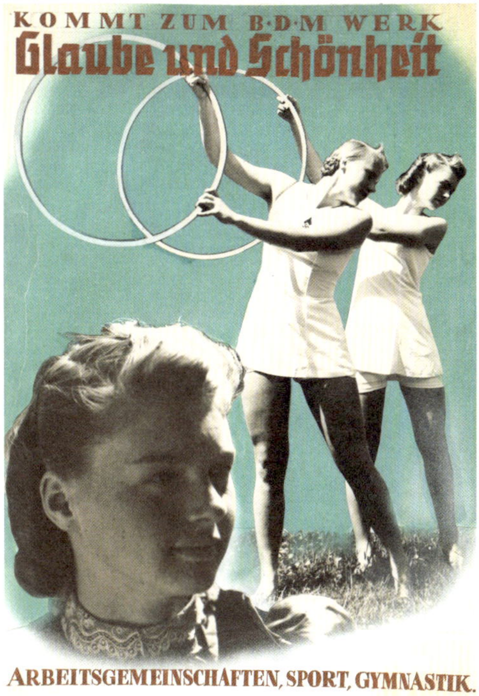

27

Abb. 25
Unbekannte*r Künstler*in, Plakatentwurf für das *BDM Werk „Glaube und Schönheit“*, Klasse Kirnig, 1940/41, Tempera auf Papier, UaK, IN 7447/1

Abb. 26
Unbekannte*r Künstler*in, Plakatentwurf für das *BDM Werk „Glaube und Schönheit“*, Klasse Kirnig, 1940/41, Tempera auf Papier, UaK, IN 7447/4

Abb. 27
Unbekannte*r Künstler*in, Plakatentwurf für das *BDM Werk „Glaube und Schönheit“*, Klasse Kirnig, 1940/41, Tempera, Fotocollage auf Papier, UaK, IN 7447/7

Abb. 28–31
Fotoalbum Emma Reif,
UaK, IN 15.346/27/FP,
15.346/35/F, 15.346/73/F,
15.346/102/F

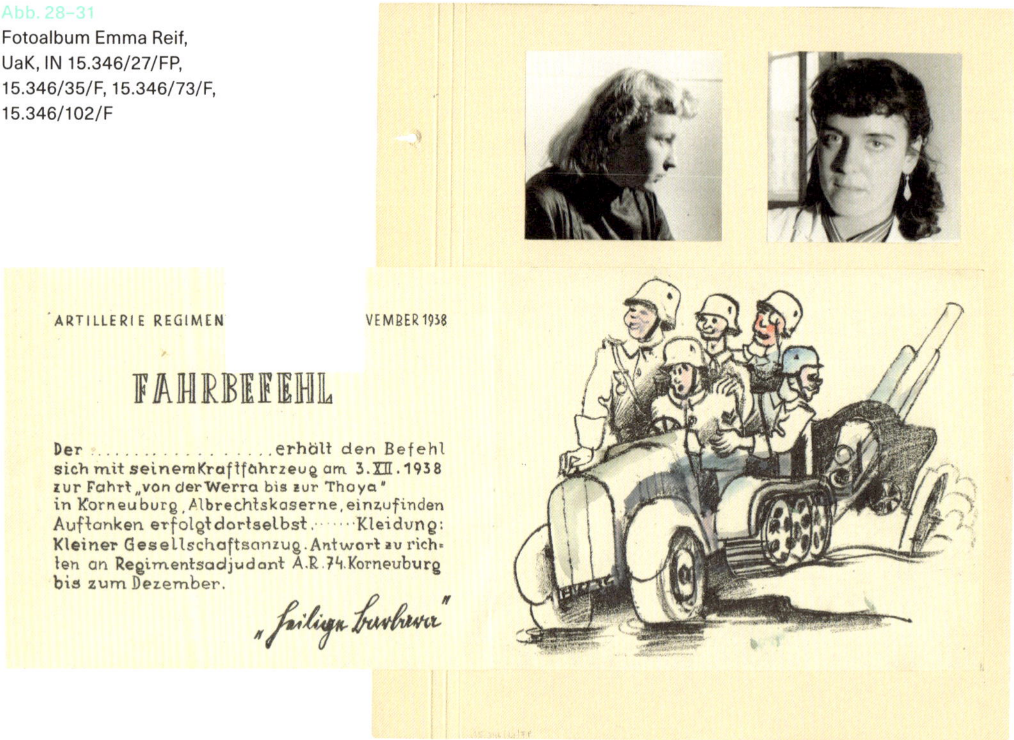

28

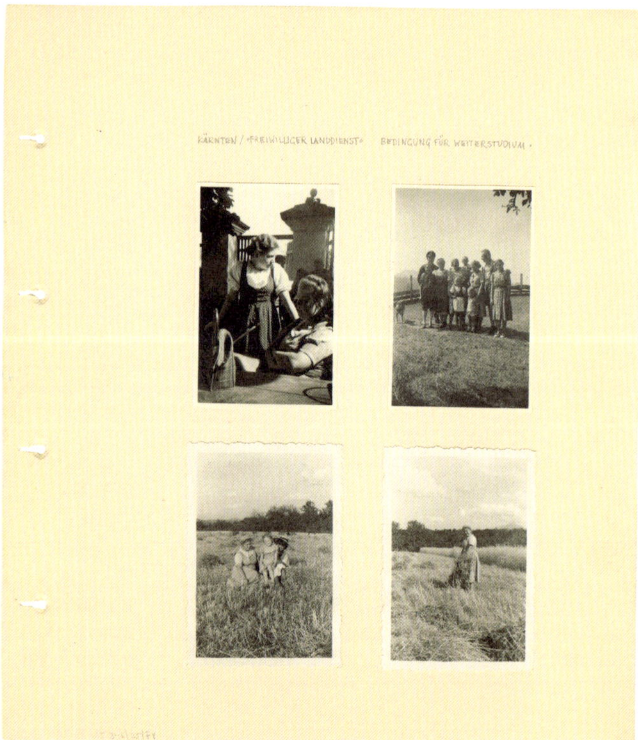

29

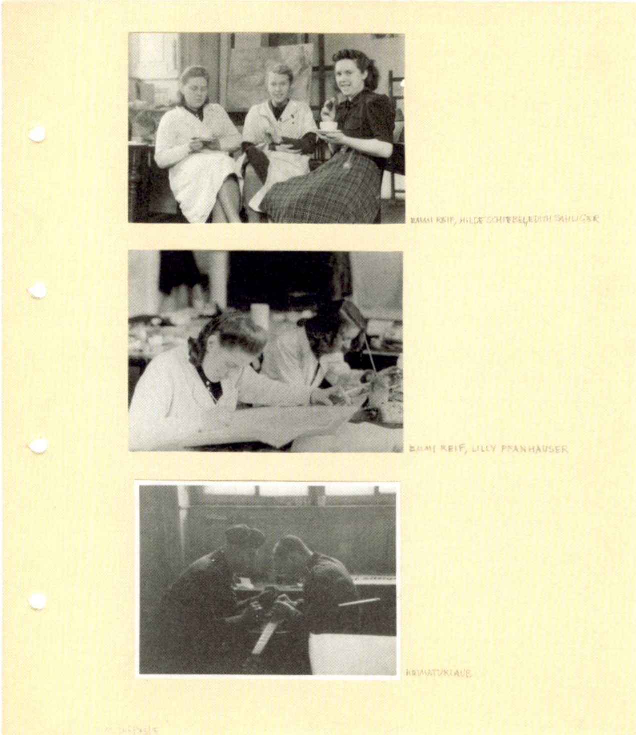
EMMI REIF, HILDE SCHIFFEL, EDITH SAHLIGER
EMMI REIF, LILLY PFANHAUSER
HEIMATURLAUB

30

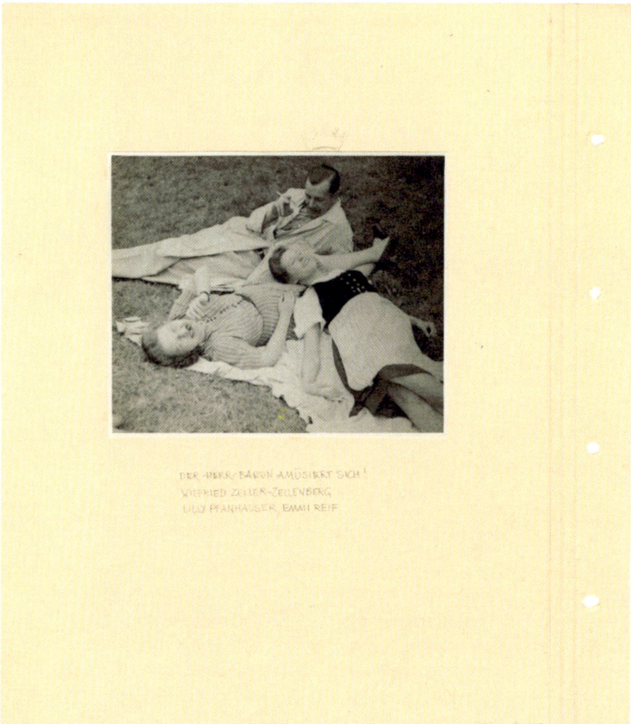
DER HERR BARON AMÜSIERT SICH!
WILFRIED ZELLER-ZELLENBERG
LILLY PFANHAUSER, EMMI REIF

31

Plakatentwürfe für die Internationale Kochschau aus der Klasse Kirnig, 1938

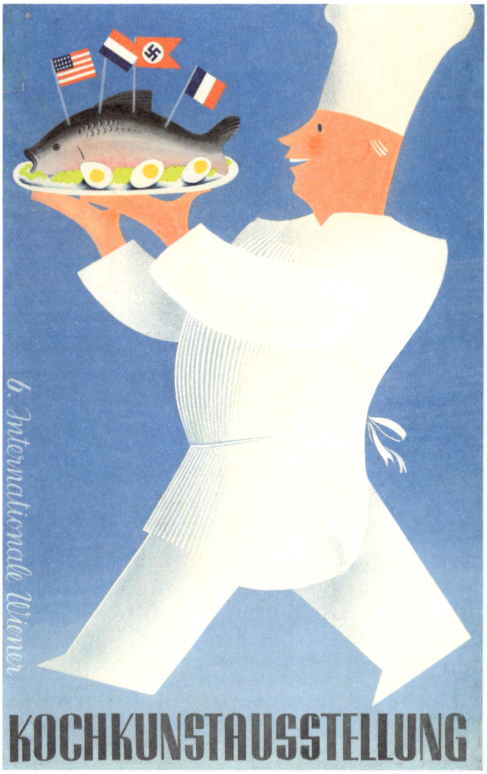

32

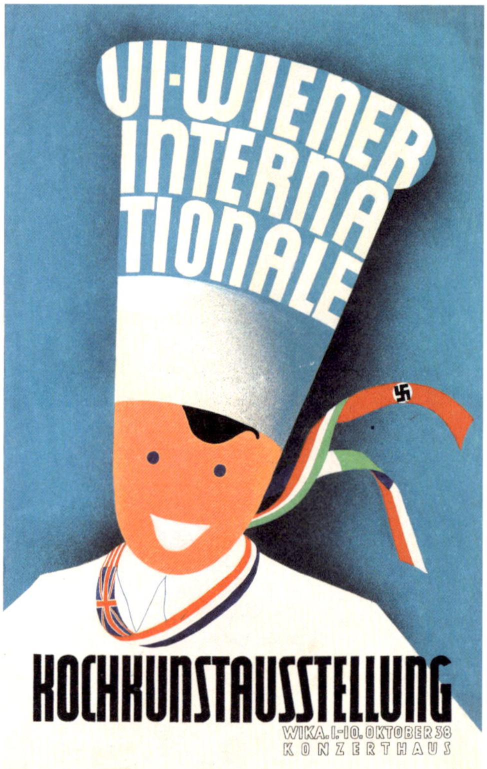

33

Abb. 32
Unbekannte*r Künstler*in, Plakatentwurf für die *6. Internationale Wiener Kochkunstausstellung*, Klasse Kirnig, 1938, Deckfarben auf Papier, UaK, IN 17.262/14

Abb. 33
Unbekannte*r Künstler*in, Plakatentwurf für die *VI. Wiener Internationale Kochkunstausstellung*, Klasse Kirnig, 1938, Deckfarben auf Papier, UaK, IN 7453/1

Abb. 34
Unbekannte*r Künstler*in, Plakatentwurf für die *Kochkunst Ausstellung Wien 1938*, Klasse Kirnig, 1938, Tempera auf Papier, UaK, IN 9299/7

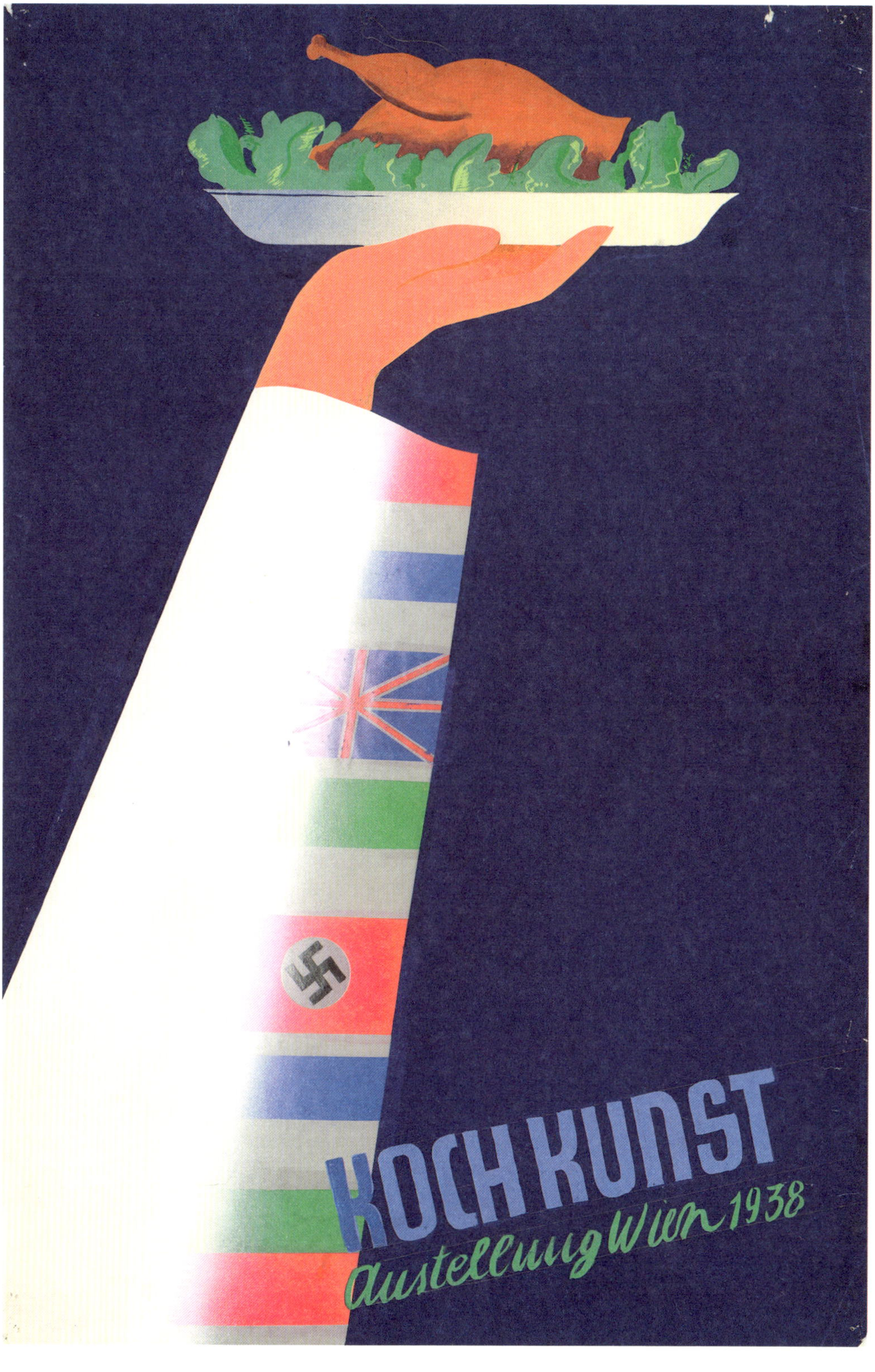

34

Entwürfe für den Tag der deutschen Polizei aus der Klasse Kirnig, 1939/40

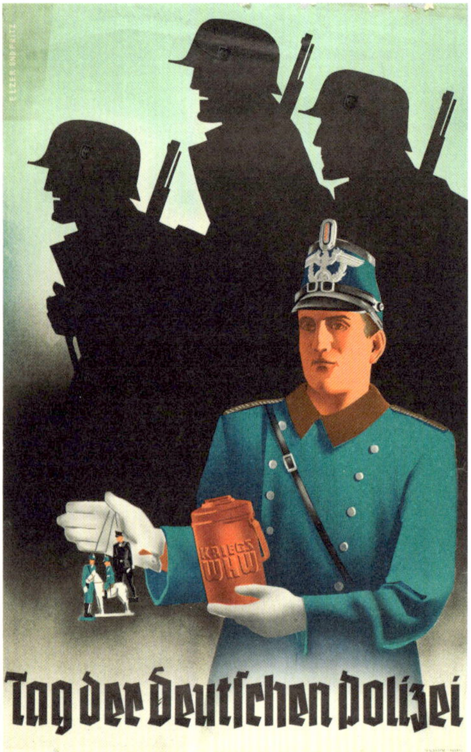

35

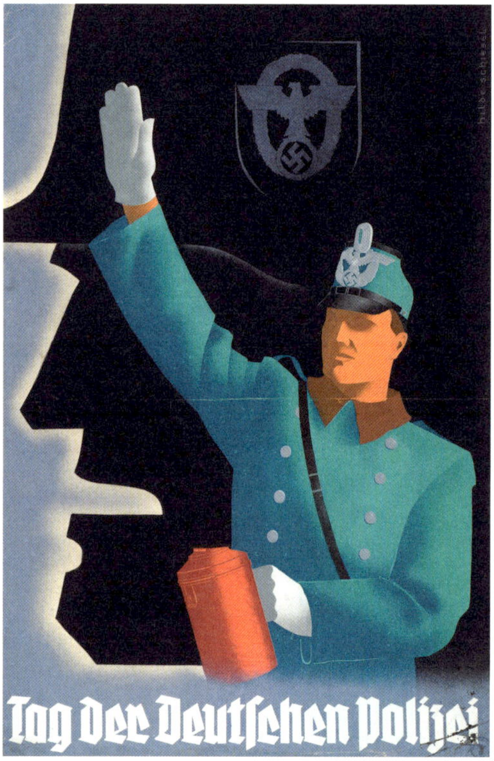

36

Abb. 35
Helene Elzer, Stefan Fritz, Plakatentwurf für den *Tag der deutschen Polizei,* 1939/40, Lithografie, UaK, IN 6879/Pl

Abb. 36
Hilde Schiebel, Plakatentwurf für den *Tag der deutschen Polizei,* 1939/40, Tempera auf Papier, UaK, IN 7448/2

Abb. 37
Raimund Hahn, Plakatentwurf für den *Tag der deutschen Polizei,* 1939/40, Deckfarben auf Papier, UaK, IN 7448/3

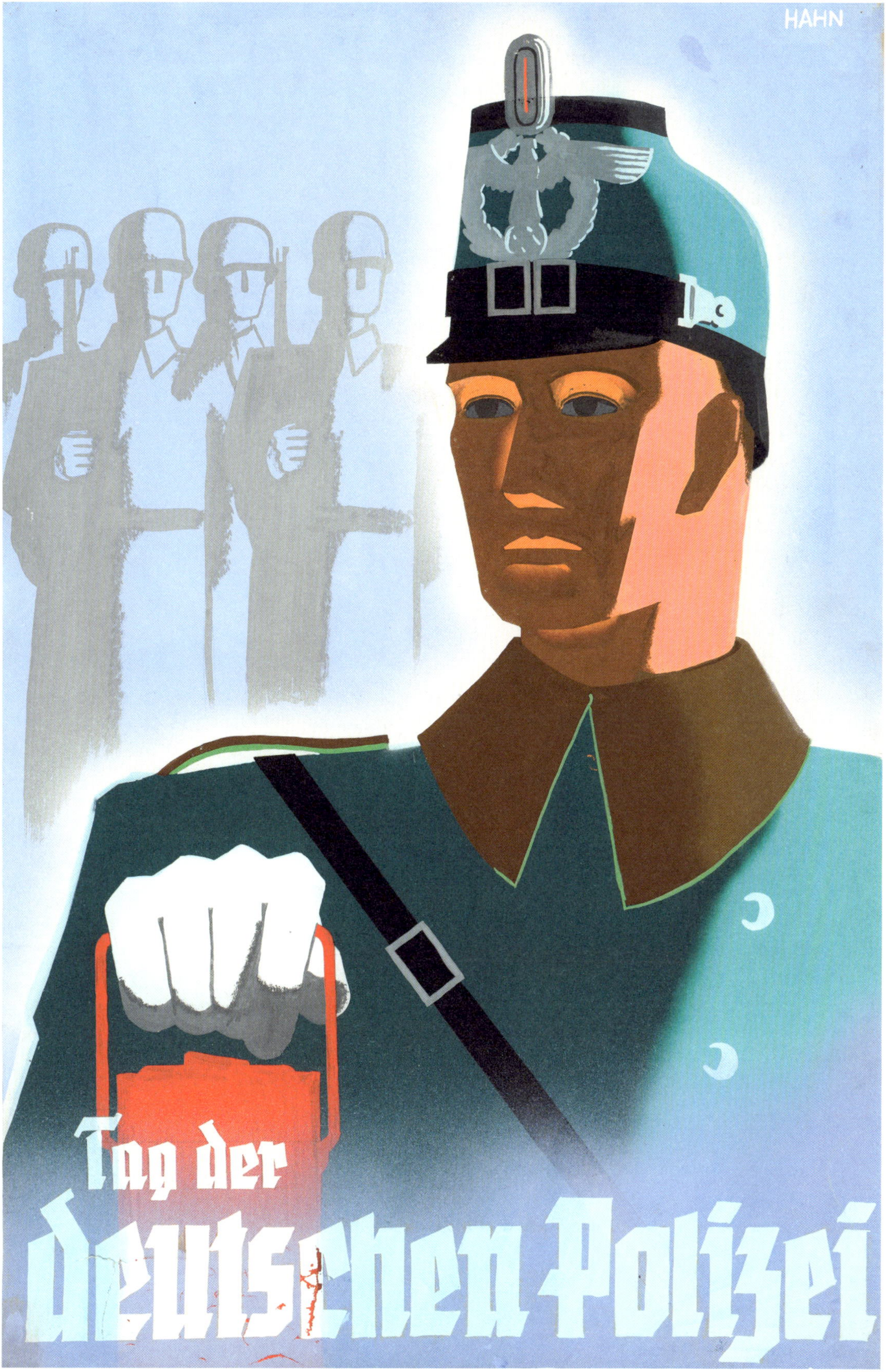
HAHN
Tag der
deutschen Polizei

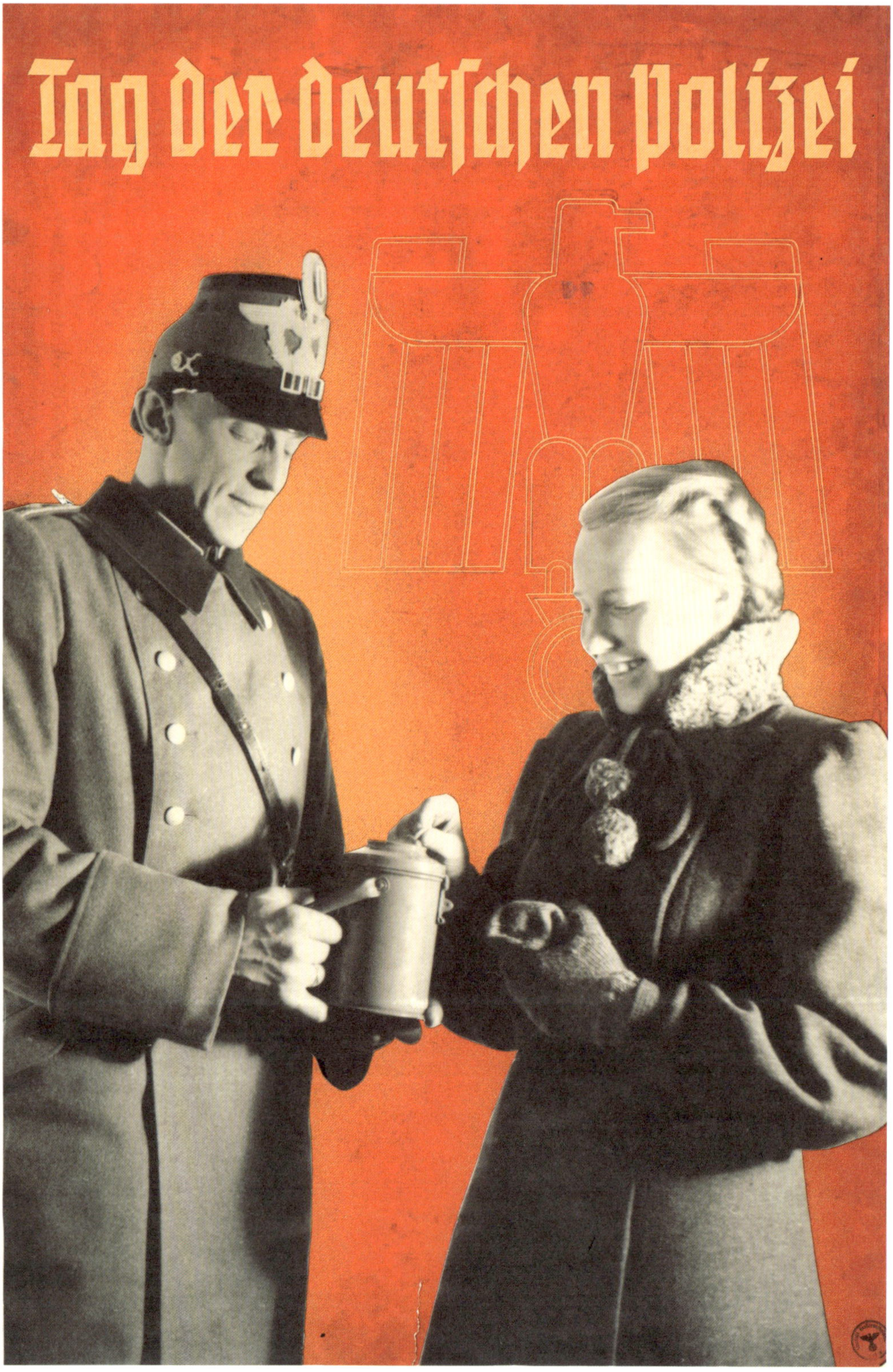

38

Klebeplakettenentwürfe für das Winterhilfswerk aus der Klasse Kirnig, 1938–1942

39

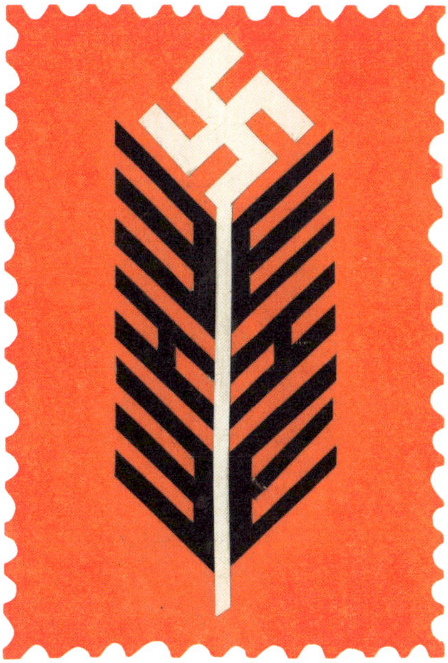

40

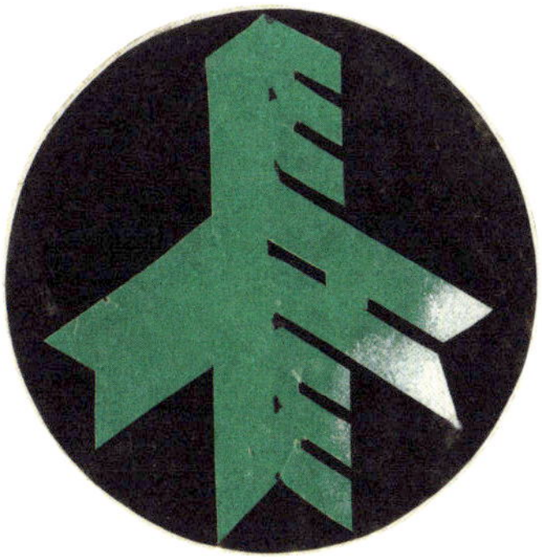

Abb. 38
Gertrud Stingl, Plakatentwurf für den *Tag der deutschen Polizei*, 1939/40, Tempera, Fotocollage auf Papier, UaK, IN 7448/5

Abb. 39
Unbekannte*r Künstler*in, Klebeplakettenentwurf für das *Winterhilfswerk*, Klasse Kirnig, 1938–1942, Collage auf Papier, UaK, IN 18.130/5

Abb. 40
Unbekannte*r Künstler*in, Klebeplakettenentwurf für das *Winterhilfswerk*, Klasse Kirnig, 1938–1942, Tempera, Collage auf Karton, UaK, IN 18.130/7

Plakatentwürfe für das Kriegswinterhilfswerk aus der Klasse Kirnig, 1938–1942

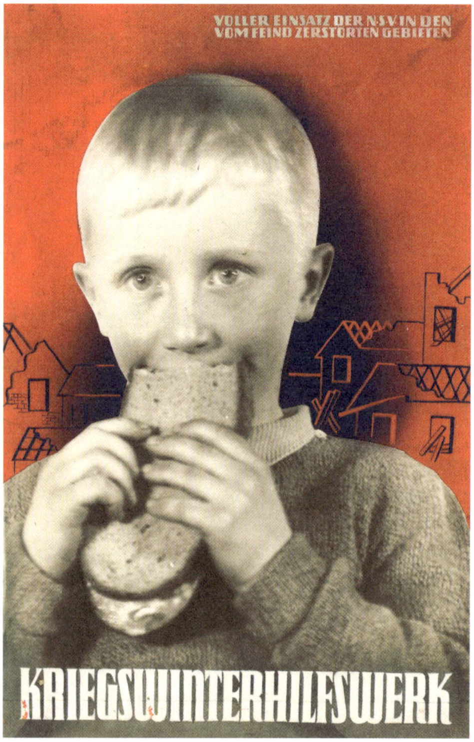

41

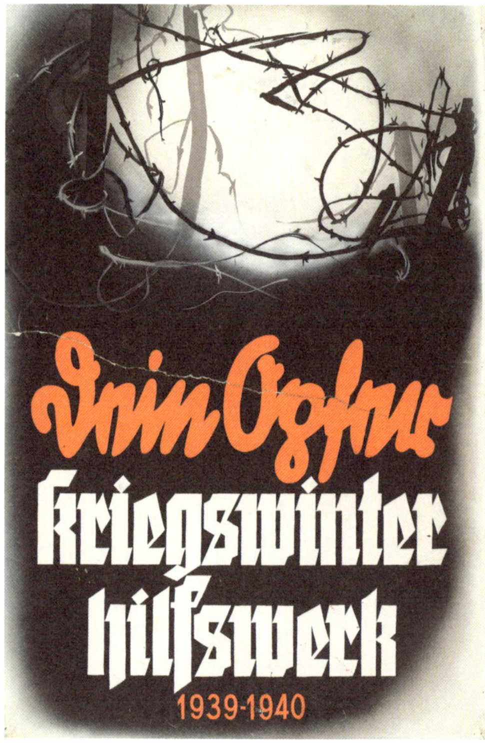

42

Abb. 41
Unbekannte*r Künstler*in, Plakatentwurf für das *Kriegswinterhilfswerk*, Klasse Kirnig, 1939/40, Tempera, Fotocollage auf Papier, cachiert auf Karton, UaK, IN 7451/2

Abb. 42
Unbekannte*r Künstler*in, Plakatentwurf für das *Kriegswinterhilfswerk 1939–1940*, Klasse Kirnig, 1939/40, Tempera auf Papier, UaK, IN 7451/6

Abb. 43
Unbekannte*r Künstler*in, Plakatentwurf für das *Kriegswinterhilfswerk*, Klasse Kirnig, 1939/40, Tempera auf Papier, UaK, IN 7451/8

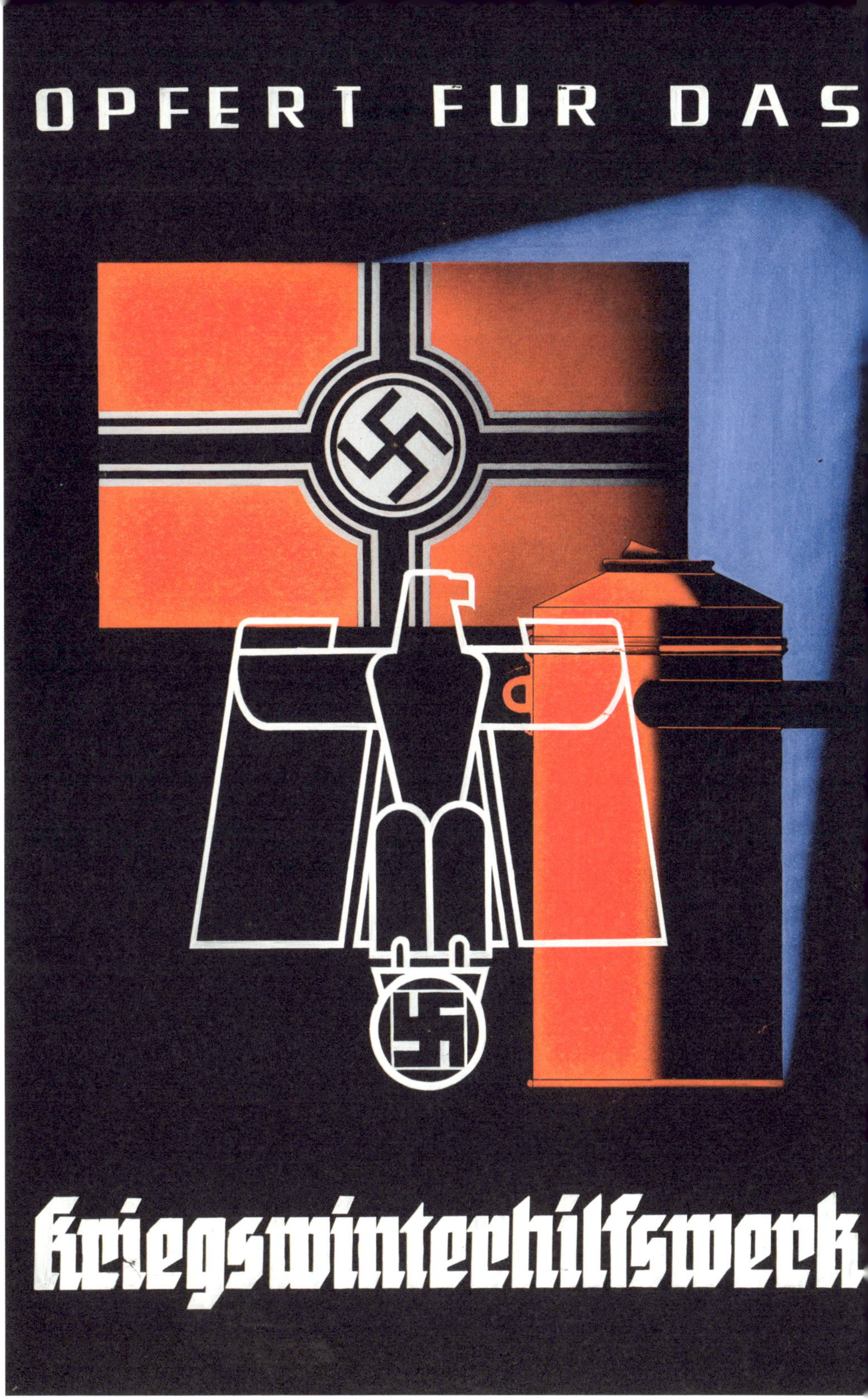

43

Abb. 44
Maria Stanek, *2. KriegsWhW des deutschen Volkes*, 1940/1941, Tempera, Collage auf Papier, UaK, IN 18.013/1–3

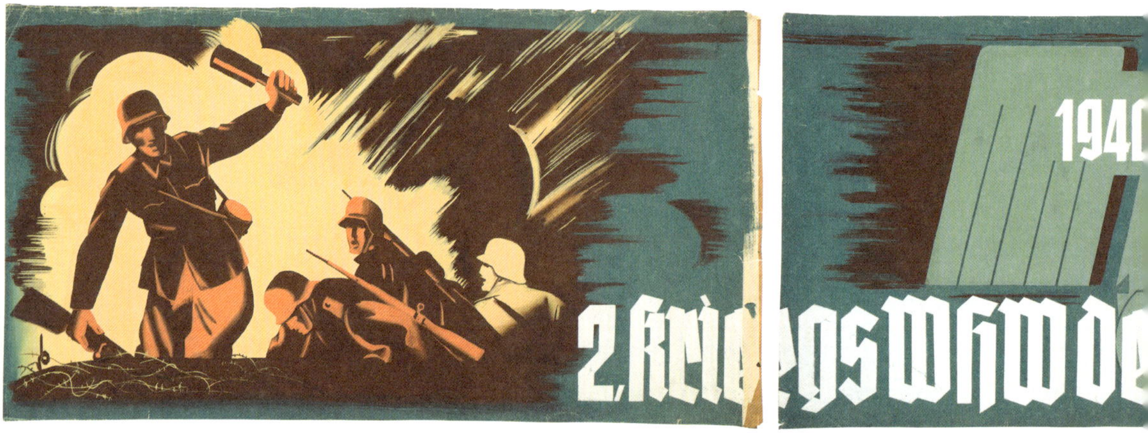

44

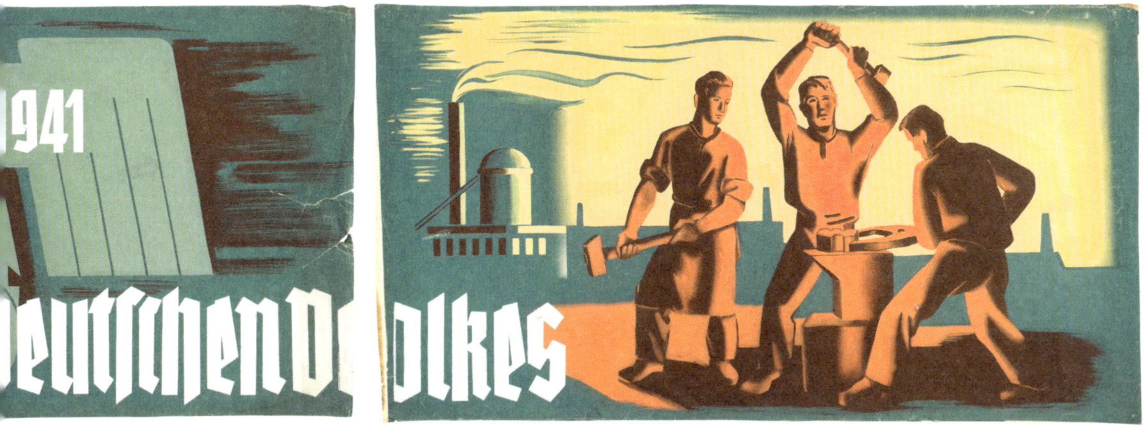
941
eutschen V
olkes

Nachkriegszeit

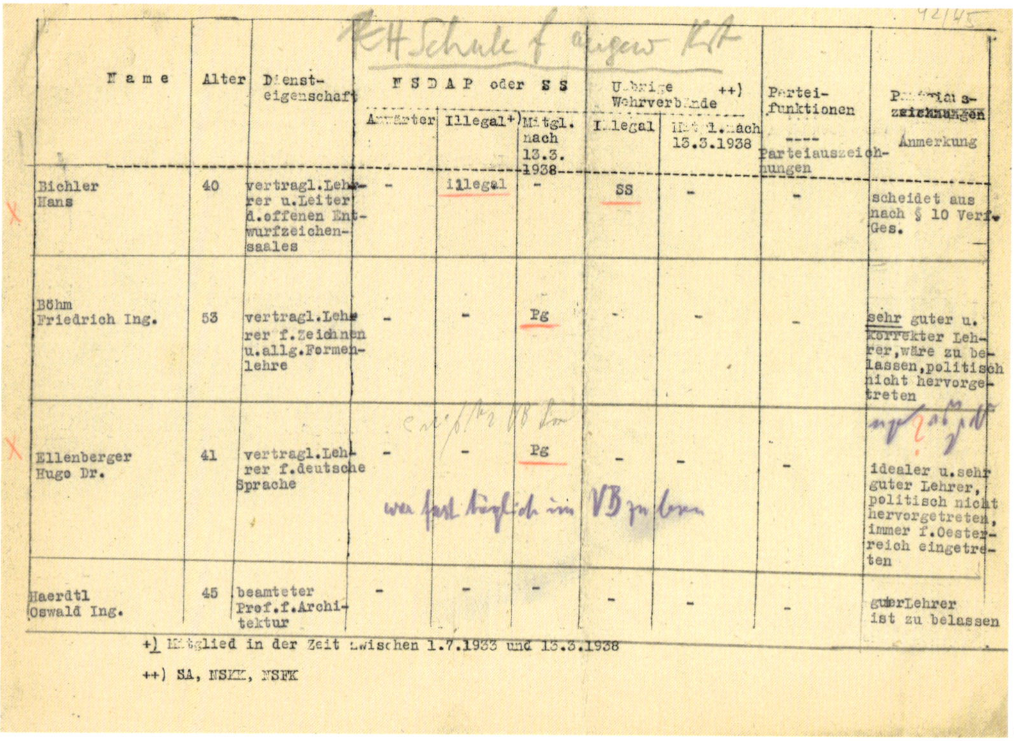

Name	Alter	Diensteigenschaft	NSDAP oder SS: Anwärter	NSDAP oder SS: Illegal +)	NSDAP oder SS: Mitgl. nach 13.3.1938	Uebrige Wehrverbände ++): Illegal	Uebrige Wehrverbände ++): Mitgl. nach 13.3.1938	Parteifunktionen ---- Parteiauszeichnungen	Anmerkung
Bichler Hans	40	vertragl. Lehrer u. Leiter d. offenen Entwurfzeichensaales	-	illegal	-	SS	-	-	scheidet aus nach § 10 Verf. Ges.
Böhm Friedrich Ing.	53	vertragl. Lehrer f. Zeichnen u. allg. Formenlehre	-	-	Pg	-	-	-	sehr guter u. korrekter Lehrer, wäre zu belassen, politisch nicht hervorgetreten
Ellenberger Hugo Dr.	41	vertragl. Lehrer f. deutsche Sprache	-	-	Pg	-	-	-	idealer u. sehr guter Lehrer, politisch nicht hervorgetreten, immer f. Oesterreich eingetreten
Haerdtl Oswald Ing.	45	beamteter Prof. f. Architektur	-	-	-	-	-	-	guter Lehrer ist zu belassen

+) Mitglied in der Zeit zwischen 1.7.1933 und 13.3.1938

++) SA, NSKK, NSFK

45

Abb. 45
Auszug aus der Liste der zu registrierenden Personen im Personalstand, die Auskunft über NSDAP-, SA- sowie SS-Mitgliedschaften gibt, in: Politische Veränderungen im Personalstand der h. o. Anstalt, UaK, VA 1945/42

Abb. 46
Leumundszeugnis für Paul Kirnig, verfasst von Franz Herberth, in: Politische Veränderungen im Personalstand der h. o. Anstalt, UaK, VA 1945/42

Abschrift !

Erklärung.

Ich kenne Professor Paul Kirnig seit vielen Jahren und lernte ihn schon während unserer gemeinsamen Lehrtätigkeit an der Kunstgewerbeschule als scharfen Gegner des Nationalsozialismus kennen.

Wir waren befreundet, arbeiteten zusammen vom Jahre 1929 an bis zur Verbotszeit in antinazistischen Organisationen und taten später, bis zum letzten Tage vor Einbruch des Nazismus, gemeinsam mit Gleichgesinnten, alles was wir konnten um diesen Einbruch zu verhindern.

Ich kann die Angaben des Prof. Kirnig betreffend der beim Naziumbruch gegen ihn erhobenen Anklagen als Augenzeuge der Vorgänge bei der Durchsuchung seines Ateliers voll bestätigen, ebenso, da er mich zu jener Zeit als einziges Mitglied des Lehrkörpers ins Vertrauen zog, jene betreffend seiner Emigration nach England. Er hat mich damals gebeten, gemeinsam mit einer Engländerin seine Interessen in Wien, soweit ich dazu imstande war, zu wahren.

Prof. Kirnig hat seine Mitglieschaft bei der NSDAP nie misbraucht, seine scharfe Ablehnung des Nazisystems nie geändert. Ich kann dies mit Überzeugung bestätigen, da er auch nach meinem Ausscheiden aus dem Lehrkörper der Kunstgewerbeschule (Ich verlor meine Stellung infolge meiner nichtarischen Gattin) mit mir befreundet blieb und ich bis zum heutigen Tage ständig mit ihm in Fühlung war.

Wien, am 10. Juli 1945.

Franz Herberth m.p.,
Wien III., Drorygasse 8/6, Tür 19.

46

Robert Obsieger, Kurzbericht über meine Tätigkeit als Direktor der Hochschule für angewandte Kunst Wien, in: Politische Veränderungen im Personalstand der h. o. Anstalt, UaK, VA 1945/42

P. Z. 42/1945

Kurzbericht über meine Tätigkeit als Direktor der

Hochschule für angewandte Kunst Wien.

Im März 1938 wurde die Kunstgewerbeschule von einer SS-Gruppe besetzt, durchsucht und verschiedene Mitglieder des Lehrkörpers einem Verhör unterzogen. Der Zutritt zur Schule war mir durch ca. 1o-12 Tage verwehrt. Nach dieser Zeit liess mich der Führer der SS-Gruppe Schöeler holen. Er verlangte von mir den von ihm eingesetzten Kommissar Arch.Häusler bei der Durchführung der Leitung u. Verwaltung der Schule behilflich zu sein. Ich lehnte diesen Antrag mit dem Hinweis, kein Pg. zu sein, ab. Schöler sagte, dass er trotz dem und zwar auf Grund meiner Kenntnisse über die Verhältnisse an der Schule, darauf bestehen müsse. Wegen verschiedener Übergriffe die Häusler durchführte, wurde er verhaftet und enthoben. Ich wurde kurze Zeit darauf vom Sekt.Rat Dr.Langhoff aufgesucht, der mir die Nachricht überbrachte, dass ich von meinem vorgesetzten Minister, Dr.Fischböck, zum Direktor der Kunstgewerbeschule ernannt wurde und der mich ersuchte, die mir von ihm persönlich überbrachte Ernennung zu bestätigen. Ich habe diese Ernennung mit dem Hinweis, kein Pg.,zu sein, abgelehnt und begründet, dass ich die ständigen Angriffe von Seiten der verschiedenen Parteistellen und einzelnen Personen nicht abwehren kann und weiter den Antrag gestellt, die Direktion dem Prof. Klaus als Pg. zu übertragen. Nach einer Erklärung des Sekt.Rates Dr. Langhoff in Gegenwart des Prof.Klaus, dass seine Ernennung nicht in Frage kommt, und die Direktorstelle im Falle meiner Weigerung an einen reichsdeutschen Pg. übertragen wird, habe ich die Ernennung zum Direktor angenommen.

Nach Ablauf von ca 2 - 3 Monaten hat sich ein Herr Pg. Sanders von der Personalstelle Wächter eigenmächtig der Direktionsgeschäfte bemächtigt, d.h. mich aus der Direktion verdrängt und sich in diesem Raum ca. 6 Monate ohne jede amtliche Tätigkeit aufgehalten. Ich habe während dieser Zeit die Direktionsgeschäfte in meinem Arbeitsraum in der Abteilung für Keramik weitergeführt. Zur Festigung des Herrn Sanders, der ständigen Angriffe von Seiten der Studentenführung ausgesetzt war und als Direktor abgelehnt wurde, hat Herr Staatssekretär Mühlmann persönlich eingegriffen und in der Schule vor sämtlichen Professoren und der Studentenführung die Erklärung abgegeben, dass Sanders, der keine Ernennungsurkunde vorzeigen konnte, trotzdem Direktor der Kunstgewerbeschule sei und meine Ernennung als ungültig erklärt. Ich wurde auch später verhalten, meine Leiterzulage für ca. 8 Monate an die Staatskasse wieder zurückzuzahlen. Sanders ist, nachdem er für ca. 6 Monate Gehalt bezogen hatte, eines Tages unter Mitnahme sämtlicher Direktionsschlüssel nicht mehr erschienen.

Ich wurde darauf ohne Leiterbezüge zum kommissarischen Leiter der Kunstgewerbeschule bestellt.

Im Verlaufe wurde der Schule von Berlin aus der Charakter einer Kunstgewerbeschule aberkannt und trotz meiner monatelangen Bemühungen die Schule in ihrer alten Form zu erhalten, in eine Meisterschule des deutschen Handwerks durch Min.Rat Federle umgewandelt und vom Reichsminister Rust bestätigt.

Nach mehr als 1 1/2 jährigen Bemühungen und nach einer Aussprache beim REM in Berlin und mit ständiger Unterstützung und Beratung durch

- 1 -

Hofrat Dr. T h o m a s b e r g e r, Wien, wurde diese Massnahme rückgängig gemacht und die Schule nach einer eingehenden Inspizierung durch den REM und einer grössen Gruppe von Fachleuten auf Grund ihrer überragenden Leistungen zur Hochschule für angewandte Kunst erhoben und ist als solche als einzige im ganzen Reiche verblieben.

Nach dieser Zeit wurde ich unter Vorwegnahme meiner Biennien zum Direktor der Hochschule ernannt. Ich habe seit dem Jahre 1938 den grössten Teil der Lehrer gegen Massregelung von seiten der Parteistellen geschützt und ihre Entfernung von der Schule verhindert.

Folgende Lehrer sollten von der Schule entfernt und durch verlässliche Pg's ersetzt werden:

Prof. Niedermoser - weil er im Auftrage des ehemaligen Ministers Stockinger die Wohnräume für die Witwe des Kanzlers Dollfuss unentgeltlich eingerichtet hat.

Prof. Schuster - weil er einer Freimaurerloge angehört hat.

Prof. Kirnig - weil er der kommunistischen Partei angehört und sich in Moskau aufgehalten hat und darüber hinaus wurde er beschuldigt, Waffen in der Schule versteckt gehalten zu haben.

Prof. Witzmann - wurde sein Privatleben, seine Verschuldung und die Abwicklung seiner geschäftlichen Tätigkeit als Architekt zum Vorwand genommen, um ihn als Lehrer abzulehnen. Er wurde auch tatsächlich vom Dienst mit dem Vermerk, seine Lehrtätigkeit nicht mehr ausüben zu dürfen, enthoben.

Prof. Haerdtl - Seine Entfernung von der Schule wurde auf Grund verschiedener Anzeigen von Parteigliederungen wegen seiner Privatpraxis u. dadurch verursachten Vernachlässigung des Unterrichtes verlangt.

Prof. Wimmer - wegen unmoralischer Vorgänge in seiner Abteilung, wegen seiner gegenteiligen Einstellung zur Partei, wegen künstlerischer Unfähigkeit usw. Um diese Stelle bewarben sich Standartenführer Ohmhäuser, Frau Prof. Klimt, Frankfurt, Herr Kunz vom Haus der Mode. Ich musste hier wiederholt schwere Angriffe von Seiten des Beauftragten Rafelsberger, der Ohmhäuser unterstützte, abwehren und Erklärungen beim Regierungspräsidenten Dellbrügge in Gegenwart des Herrn Sekt. Chefs Dr. Eckmann abgeben. Die Angriffe sind bis in das Schuljahr 1944/45 vorgetragen worden.

Prof. Dr. Weissenhofer - als Kleriker. Es wurde mir von Dellbrügge verboten, einen Kleriker in der Schule zu beschäftigen und ich als Direktor wurde deshalb von Dellbrügge wiederholt zur Rechenschaft gezogen.

Frau Prof. Larisch - wegen ihrer Gesinnung und ihrer Arbeiten, die als schlecht bezeichnet wurden. Wegen kirchlicher Texte und hebräischer Schriften. Weiter wurde sie als senil bezeichnet und ihr die Fähigkeit, weiterhin Lehrerin zu sein, abgesprochen.

Frau Dr. Seeling - wegen ihrer Gesinnung, Verweigerung des Hitler-Grusses, Nichtzugehörigkeit zur NSV, wurde sie als Lehrerin abgelehnt.

Als Zeugen für die Richtigkeit meiner Ausführungen führe ich sämtliche hier genannten Herren und Damen, vor allem aber Herrn Hofrat Dr. Thomasberger an, welcher mich in den schwierigsten Situationen beraten und unterstützt hat. Es ist mir dadurch ermöglicht worden, den Bestand der Schule und ihre bodenständige künstlerische Art restlos zu erhalten.

Da man alle meine Bemühungen und Ausführungen im Abwehrkampf um die Schule und ihrer Lehrer als einen nicht zur Partei Gehörenden mit grösstem Misstrauen behandelt hat, habe ich über Vorstellung meiner Kollegen an der Schule und der Studentenführung und über Aufforderung des Dozentenführers das mir von der Studentenführung vorgelegte Antragsformular zum Beitritt in die NSDAP unterschrieben. Ich wurde als Parteianwärter geführt. Ein Mitgliedsbuch wurde mir nicht ausgefolgt. Für die Partei war ich in keinerlei Art tätig.

- 2 -

47b

Wie ich später durch Prof.K. (einem verdienten Mitgliede der K.P.) in Erfahrung brachte, war ein Beitritt zur NSDAP für mich aus Gründen meiner schlechten politischen Beschreibung, die hauptsächlich den Nachweis meiner ständigen Zusammenarbeit mit Juden und Gegnern der NS-Bewegung erbracht hatte, trotz der Bemühungen der Studentenführung unmöglich und dadurch eine Bestätigung als Leiter der Schule undurchführbar geworden. Über Intervention von dritter Seite bei dem ehemaligen Sekretär der Schule und damaligen Polizei-Vizepräsidenten Fitzthum wurde von ihm dieser Akt vernichtet, bezw. einer Korrektur unterzogen und mein Beitritt der daraufhin von Fitzthum zu seiner Deckung gefordert wurde, durchgeführt.

DieStudierenden, Angestellten, Lehrer und das Dienstpersonal der Schule können jederzeit über den ihnen durch meinen persönlichen Einsatz gewährten Schutz gegen die Forderungen und Anordnungen der Parteistellen, befragt, bezw. einvernommen werden.

Wiederholt wurden gegen mich Anzeigen erstattet, in denen meine Entfernung von der Schule gefordert wurde. Zweimal an Hitler selbst, Einmal an den Reichsminister, weitere Anzeigen an die Gaustudentenführung, an Parteistellen und an meine vorgesetzte Dienstbehörde.

Im Jahre 1938 wurde ich in das Kulturamt der Stadt Wien berufen. Anfang 1939 wegen meiner Nichtzugehörigkeit zur Partei und meiner abweichenden Einstellung zu den gestellten Aufgaben von Bürgermeister Blaschke wieder entfernt.

Im Juni 1938 konnte ich den mir befreundeten Chef der Firma Friedrich Goldscheider, Wien, Herrn Walter Goldscheider (Jude) durch Beistellung eines Anwaltes (Pg.) aus Gefängnishaft befreien und ihn und seiner Frau zur Flucht nach Amerika behilflich sein.

Ebenso habe ich am 11. Oktober desselben Jahres durch Ausfolgung eines Geldbetrages von RM 184.- an den mir vollständig unbekannten und erblindeten Ing.Klein (Jude) aus Budapest,denselben zur Flucht verholfen. Ing.Klein, welcher in der Schule bei mir vorgesprochen hatte, sagte, dass der Verwaltungsrat Ptiberger (Jude),welcher im Gefängnis sitze und den ich persönlich kannte, ihn an mich gewiesen hätte. Verlagsbuchhändler Direktor Drucker, Budapest VII., Cziputsa 17, sollte mir das Geld wieder zurückerstatten.

Mein Beitritt zur Partei ist gegen meine Überzeugung, Absicht und Willen erfolgt. Ich habe diese schwere Belastung auf mich genommen ~~aufzunehmen~~, um eine tragfähige Basis zu erhalten, auf der ich meinen Kampf um den Bestand der Schule und ihrer bodenständigen österreichischen Art gegen Preussentum und Nazismus erfolgreich durchführen zu können.

Ich habe durch 7 Jahre alle Anordnungen von Ämtern und Parteidienststellen welche diesen Bestand gefährdeten auf das heftigste bekämpft und diese Massnahmen, wie ich nachweisen,kann, erfolgreich sabotiert.

Unzählige Versuche, reichsdeutsche Pg. Lehrer im Auftrage Schirachs unterzubringen, wurden durch mich verhindert. Das Studium von Reichsdeutschen zu Gunsten österr.Studierender auf das Mindestmass eingeschränkt. Ebenso konnte ich trotz wiederholten Kommissionierungen durch Militärbehörden, die Übergabe der Schule an Rüstungsfirmen und an das Gaupropagandaamt verhindern. Der Kampf gegen den Rüstungseinsatz der Arbeitsämter, die Überstellung der weiblichen Studierenden, Angestellten, und Lehrkräfte als Flakhelferinnen, Funkerinnen, Flugpersonal usw. wurde in schärfster Form und zum grössten Teil mit vollem Erfolg durchgeführt. Desgleichen die Einberufungen zum Schanzenbau und zum Volkssturm.

- 3 -

47c

Offizielle Stellungnahme des Verbandes Sozialistischer Studenten Oesterreichs, zum Erlass des Bundesministeriums für Unterricht vom 6. XII. 1946 bis 16. XII. 1946 – Kritik an dem Vorgehen im Zuge der Entnazifizierung der Studierenden, UaK, VA 1946/156

GELANGT 28.XII.46

BLGN.

Offizielle Stellungnahme des
Verbandes Sozialistischer Studenten Oesterreichs,
zum Erlass des Bundesministeriums für Unterricht
vom 6.XII.1946 bis 16.XII.1946.

Der Verband Sozialistischer Studenten bedauert die Mitarbeit an der Hochschulsäuberung nach dem Erlass des BMFU vom 6.XII.1946 Durchfbstg. vom 16.XII.1946 ablehnen zu müssen.
Der Verband ist der Ansicht, dass der neue Erlass lediglich eine Neuauflage des vorhergehenden ist, dessen Mängel nur zu deutlich offenbar wurden. Der Verband hält es für verfehlt, das alte System der papiermässigen, schnellen Überprüfung beizubehalten und verweist auf seinen Vorschlag, der die Billigung der beiden anderen Studentenorganisationen und des Komitees der geschädigten Hochschüler fand. Darin waren bekanntlich 10 bis 15 Zentralkommissionen für ganz Oesterreich vorgesehen, die bei eingehender Überprüfung in permanenten Tagungen innerhalb von 2, höchstens 3 Monaten eine gerechte und endgültige Reinigung der Hochschulen von nazistischen und militaristischen Elementen ermöglicht hätte. Der V.S.St. bedauert ausserdem feststellen zu müssen, dass der Erlass keine Vorsorge getroffen hat, die Einflussnahme, oder auch nur die Beteiligung belasteter Studenten, so insbesondere der Offiziere der ehemaligen Deutschen Wehrmacht an den Kommissionen auszuschalten. Der V.S.St. ist ferner der Ansicht, dass die Zusammensetzung der Säuberungskommissionen, die in erster Instanz lediglich aus drei Hochschülern und einem Professor bestehen und in zweiter Instanz mit einem Vertreter des Bundesministeriums für Unterricht, der österreichischen Hochschülerschaft und der Union, als Hochschulvertretung der österreichischen Volkspartei, eine gleichgeschaltete Mehrheit gegen die beiden anderen Parteien bilden, dazu geeignet erscheint, die Entnazifizierung nach den Wünschen einer Partei durchzusetzen. Der Verband hält es ferner für notwendig, auf die Tatsache der Ablehnung des vorliegenden Erlasses durch den Zentralausschuss der Österreichischen Hochschülerschaft hinzuweisen und fühlt sich verpflichtet, darauf aufmerksam zu machen, dass diese Ablehnung, da laut Zentralausschuss-Geschäftsordnung dieser nur mit zwei anwesenden Studentenvertretern aus der Provinz beschlussfähig ist, bezw. nur dann Beschlüsse abändern kann, nach wie vor in Kraft ist. Irgendwelche, ob über Auftrag oder nicht, durchgeführte undemokratische Massnahmen seitens der österreichischen Hochschülerschaft, werden an dieser eindeutigen Tatsache nichts ändern.

Der Verband Sozialistischer Studenten lehnt daher jede Verantwortung für die Entnazifizierung der österreichischen Hochschulen nach dem angeführten Erlass ab und wird keine Vertreter in die Berufungssenate entsenden. Er hat seinen Mitgliedern empfohlen, Berufungen in die Kommissionen erster Instanz aus den angeführten Gründen abzulehnen. In diesem Zusammenhang erhebt der Verband auch Protest gegen den diktatorischen Ton der Durchführungsbestimmungen zum Erlass und warnt eindringlich vor Zwangsmassnahmen gegen sozialistische Studenten.

Der Verband Sozialistischer Studenten erklärt sich nur nach einer Novellierung des ministeriellen Erlasses vom 6.XII. bezw.16.XII. 1946 in den angeführten Punkten bereit, seinen Standpunkt zu revidieren und in neue Verhandlungen einzutreten.

- -

Herausgeber u.Verl.:Verband Sozialistischer Studenten; für den Inhalt verantwortlich: Heinz Damian, beide Wien IV.,Waaggasse 1.
Vervielfältigung: Schreib-u.Vervielfältigungsstube "Flora",Inhaber Maria Bokor, Wien IV.Floragasse 7,Tel.U 42-106.

Aufklärung über den Arbeitseinsatz der Studierenden bei den Wiederaufbauarbeiten sowie Ableistung der Arbeitspflicht der Studierenden, in: Aufbau- und Instandsetzungsarbeiten im h. o. Schulgebäude. Mitarbeit der Studierenden, UaK, VA 1945/49

P. Z. 49-45

Ableistung der Arbeitspflicht der Studierenden.

Es ist notwendig, die Teilnahme der Studierenden an den Bergungs- Aufräumungs- und Wiederinstandsetzungsarbeiten im Hause Stubenring so einzuteilen, dass das noch zu bewältigende Arbeitspensum möglichst rasch erledigt wird und dass alle Studierenden ihrer Arbeitspflicht im Ausmasse von 50 Arbeitsstunden restlos entsprechen.

Ich ordne daher bis auf weiteres folgendes an:

Die Arbeiten werden, beginnend mit Montag, 26.Nov.1945, an den Werktagen - ausgenommen Samstag - in der Zeit von 8 - 12 Uhr durchgeführt.

Die Heranziehung der Studierenden erfolgt je Klasse, bezw. Abteilung nur an einem Vormittag jeder Woche u.zw.nach folgendem Turnus:

Montag: Vorbereitg.Kl.Prof.Kenner
Gebrauchsgraphik Prof.Kirnig
Angewandte Malerei

Dienstag: Mode Prof. Wimmer
Vorbereitg.Kl.Prof.Schufinsky
Bildhauerei Prof.Obsieger

Mittwoch: Innenarchitektur Prof.Witzmann
Keramik Prof.Obsieger
Künstl.Schrift Prof.Larisch-Ramsauer

Donnerstag: Vorbereitg.Kl.Prof.Niedermoser
Architektur Prof.Schuster

Freitag: Bühnengestaltung Prof.Niedermoser
Druckverfahren Lehrer Herberth
Metallarbeiten Prof.Mayer
Raumgestaltung Prof.Haerdtl
Stoffdruck Lehrerin Kopriva

Die Studierenden haben an dem für sie in Betracht kommenden Tage Schlag 8 Uhr im Gemeinschaftsraum Stubenring 3, Erdgeschoss (Ausspeiseraum) anzutreten, sich dort in die Anwesenheitsliste eintragen zu lassen und ihre Einweisung zur Arbeit zu erwarten.

Ich ersuche, die Klassen-, bezw. Abteilungsleiter, dies ihren Studierenden zu verlautbaren und dafür Sorge zu tragen, dass alle Studierenden, die nach der beigeschlossenen Liste (diese ist zu entnehmen) ihrer Arbeitspflicht noch nicht voll entsprechen oder mit der Ableistung der Arbeitsstunden überhaupt noch nicht begonnen haben, an den für sie in Betracht kommenden Vormittage dem Unterrichte fernbleiben und sich der Gemeinschaftsarbeit unterziehen.

Wien, 19.November 1945.

Der Direktor:
Fellerer m.p.

P.Z. 49/1945.

Aufklärung über den Arbeitseinsatz der Studierenden bei den Wiederaufbauarbeiten.

Die Studierenden werden eingesetzt für:

Aufräumen und Ordnen in den Räumen der einzelnen Abteilungen, der Bibliothek und in sonstigen Räumen der Hochschule.
Abtragen, Bergen, Aufräumen an den Schadensstellen.
Reinigen der Kittfalze der beschädigten Fenster.
Reparaturen an beschädigten Fenstern und Türen.
Ordnen und ordnungsgemäßes Lagern der an den Schadensstellen angefallenen Materialien.
Sonstige etwa notwendig werdende Arbeiten.

Technische Aufsicht und Lenkung, Führung der Vormerkungen:

Unmittelbare Führung und Beaufsichtigung der eingesetzten Studierenden bei den Arbeiten durch Dipl.Ing.KRÄNZL-HOLLAN im Einvernehmen mit dem Leiter der Wiederaufbauarbeiten, Prof.Arch. WITZMANN.
Evidenzführung der Arbeitsleistungen der Studierenden durch die Studierende HABERLER der Abt. Prof. Witzmann.

Aufsicht über die ordnungsgemäße Ableistung der Wiederaufbauarbeit durch die mit ihr betrauten Mitglieder des Lehrkörpers:

Die mit der Aufsicht betrauten Mitglieder des Lehrkörpers haben auf folgendes zu achten:
1. Arbeitsbeginn um 8 Uhr, d.h. so oft ab 8 Uhr eine für die angeordnete Arbeit ausreichende Arbeitspartie beisammen ist, hat sie ungesäumt die Arbeit aufzunehmen.
2. Unentschuldigtes Verlassen des Arbeitsplatzes, Herumsitzen und Herumliegen im Garten oder sonstwo ist unzulässig.
3. Vormittags ist eine Arbeitspause einzuschlaten. Diese ist tunlich von 10 Uhr ab zu halten und soll 15 Minuten nicht übersteigen. Nach der Pause hat alles zu seiner früheren Arbeit zurückzukehren.
4. Einstellung der Vormittagsarbeit nicht vor 11 Uhr 45 (Essensausgabe)
5. Ob nach dem Essen ab 12 Uhr 30 bis 14 Uhr zu arbeiten ist, hängt davon ab, wann vormittags mit der Arbeit begonnen worden ist, ferner von der Art der Arbeit und ihres Ergebnisses. Hierüber entscheidet die technische Leitung.
6. Nach Arbeitsschluß ist in die Vormerkungen der Studierenden HABERLER Einsicht zu nehmen und festzustellen, wer mit der Ableistung seiner Arbeitsstunden stark im Rückstand ist, wer stark verspätet zur Arbeit erschienen ist oder vorzeitig die Arbeit eingestellt hat.
Hierüber und über sonstige Wahrnehmungen bezüglich des Verhaltens der Studierenden ist der DION zu berichten.
Anordnungen technischer Natur stehen den Aufsichtsorganen nicht zu, daher entfallen auch Meldungen über Art der durchgeführten Arbeiten und erreichten Leistungen etc.
7. Jeder Studierende hat 50 Arbeitsstunden zu machen, Mehrleistungen sind zu begrüssen.

Der Direktor:
F e l l e r e r m.p.

49b

Pressematerial 80-Jahre KGS Feier, in: 80-Jahr-Feier der Anstalt, Ausstellungs-Aufwand, UaK, VA 1948/63

30 x

P. 2. 63-48

Information für die Presse.

Die "Akademie für angewandte Kunst", früher "Kunstgewerbeschule des Österreichischen Museums für Kunst und Industrie" wurde am 15. Oktober 1868 als " Oberste Schule für das Kunstgewerbe" eröffnet. Ihr erstes Statut entstand unter der Mitwirkung des Erbauers der Oper, des Architekten van der Nüll. Sie war ursprünglich ein Teil des "Oesterreichischen Museums für Kunst und Industrie". Im Jahre 1900 wird die vollständige Trennung der beiden Institute vollzogen. Die Anstalt war ursprünglich im Ballhaus, später in der alten Gewehrfabrik in der Währingerstrasse, Ecke Schwarzspanierstrasse, untergebracht, dann im heutigen Museum für angewandte Kunst und übersiedelte 1877 in ihr neues, vom Architekten Ferstel erbautes Haus am Stubenring 3, in dem sie heute noch untergebracht ist.

Schon bei ihrer Gründung wird die Notwendigkeit zur Schaffung einer "Hochschule für Kunstgewerbe, Wien", zum Ausdruck gebracht, welches Ziel erst in den letzten Jahren erreicht wird. Im Jahre 1941 wird die Kunstgewerbeschule trotz des erbitterten Widerstandes der nationalsozialistischen Stellen infolge der mutigen und energischen Haltung des Professorenkollegiums und deren Leitung und auf Grund einer Leistungsausstellung in die "Hochschule für angewandte Kunst" umgewandelt. 1948 erhebt das österreichische Kunstakademiegesetz die Anstalt zur "Akademie für angewandte Kunst".

Die Akademie bezweckt die Ausbildung der künstlerischen Fähigkeiten von der mittleren bis zur höchsten Stufe und die Vermittlung fachwissenschaftlicher Kenntnisse auf dem Gebiete der Kunst. Sie dient vornehmlich der Ausbildung von Entwerfern auf dem Gebiete der angewandten Kunst, von Architekten, Malern und Bildhauern durch wirklichkeitsnahe Erziehung zur künstlerischen Gestaltung der Umwelt. Ihre Auf-

- 2 -

gabengebiete sind: Architektur, angewandte Malerei und Gebrauchsgraphik, Plakate, angewandte Plastik, Innenraumgestaltung, Möbelentwurf, Bühnen- und Filmausstattung, Bühnenkostüme, Entwurf aller kunstgewerblichen und kunstindustriellen Gegenstande, Keramik, Metall, Schmuck, Email, Modeentwurf, Textilarbeiten, Stoffdruck, Tapeten, Schrift und Buchkunst.

Der Unterricht wird durch Hochschulprofessoren, andere Bundeslehrer und vertragsmässig bestellte Lehrer erteilt.

Die Studierenden sind Kunsthochschüler und Kunstschüler.

Die Bedeutung, die das moderne österreichische Kunstgewerbe in den letzten 50 Jahren in der Welt erringen konnte, ist auf die Arbeit dieses Institutes zurückzuführen.

Von bedeutenden Männern, die als Lehrer an der Anstalt gewirkt haben, seien u.a. die folgenden genannt:

Ferdinand Laufberger	1868 - 1881
Josef von Storck	1868 - 1899
William Unger	1881 - 1895
Dr. Eduard Leisching	1889 - 1925
Rudolf Ribarz	1892 - 1900
Franz Matsch	1893 - 1901
Felician Frh.v. Myrbach	1897 - 1905
Josef Hoffmann	1898 - 1936
Kolo Moser	1899 - 1918
Arthur Strasser	1899 - 1919
Alfred Roller	1899 - 1934
Otto Czeschka	1901 - 1907
Rudolf v. Larisch	1901 - 1933
Franz Cizek	1903 - 1937
Franz Metzner	1903 - 1908
Michael Powolny	1906 - 1936

50b

- 3 -

Bertold Löffler	1906 - 1934
Oskar Strnad	1909 - 1935
Franz Barwig	1910 - 1922
Oskar Kokoschka	1912 - 1913
Heinrich Tessenow	1913 - 1919
Anton Hanak	1913 - 1932
Josef Frank	1919 - 1925

Die Ausstellung von Arbeiten der Studierenden wird anlasslich des 80jährigen Bestehens der Anstalt im Museum für angewandte Kunst, Wien I., Weisskirchnerstrasse 3 (Ecke Stubenring), Freitag, den 1.April 1949, 11 Uhr vormittag, durch Herrn Bundesminister Dr.Felix Hurdes eröffnet.

Der derzeitige Präsident der Akademie ist Architekt Prof. Max Fellerer.

50c

Plakatentwürfe für den Wettbewerb ERP. European Cooperation for a Better Standard of Living der Klasse Kirnig, 1950

51 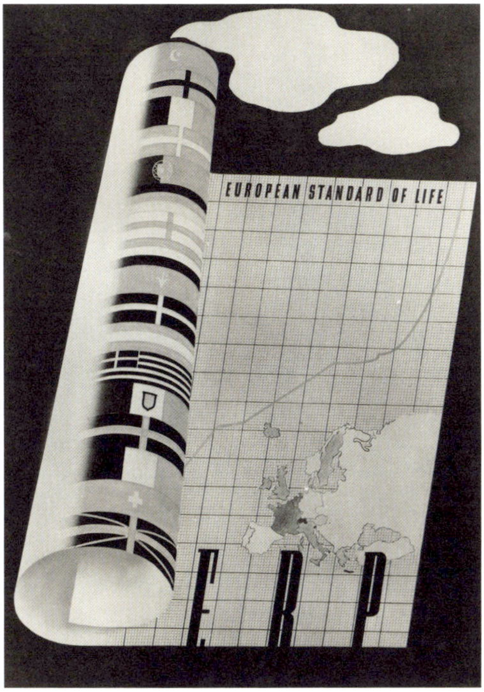

52 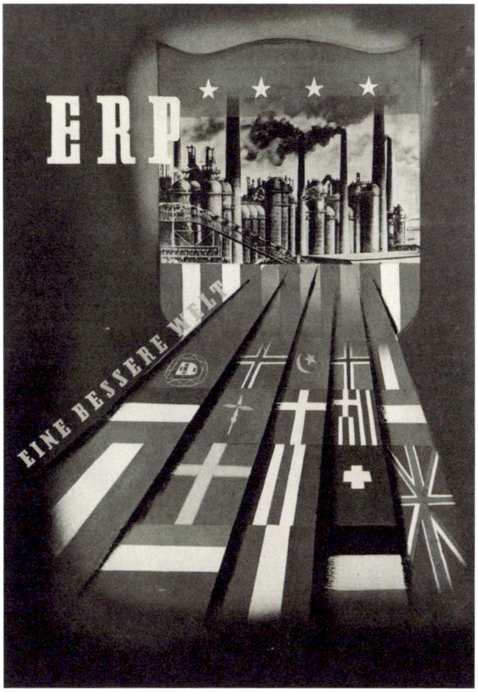

Abb. 51
Emma Reif, Plakatentwurf *ERP. European Standard of Life*, 1950, Fotografie, UaK, IN 18.469/1/FW

Abb. 52
Franz Schliessner, Plakatentwurf *ERP. Eine bessere Welt*, 1950, Fotografie, UaK, IN 18.469/11/FW

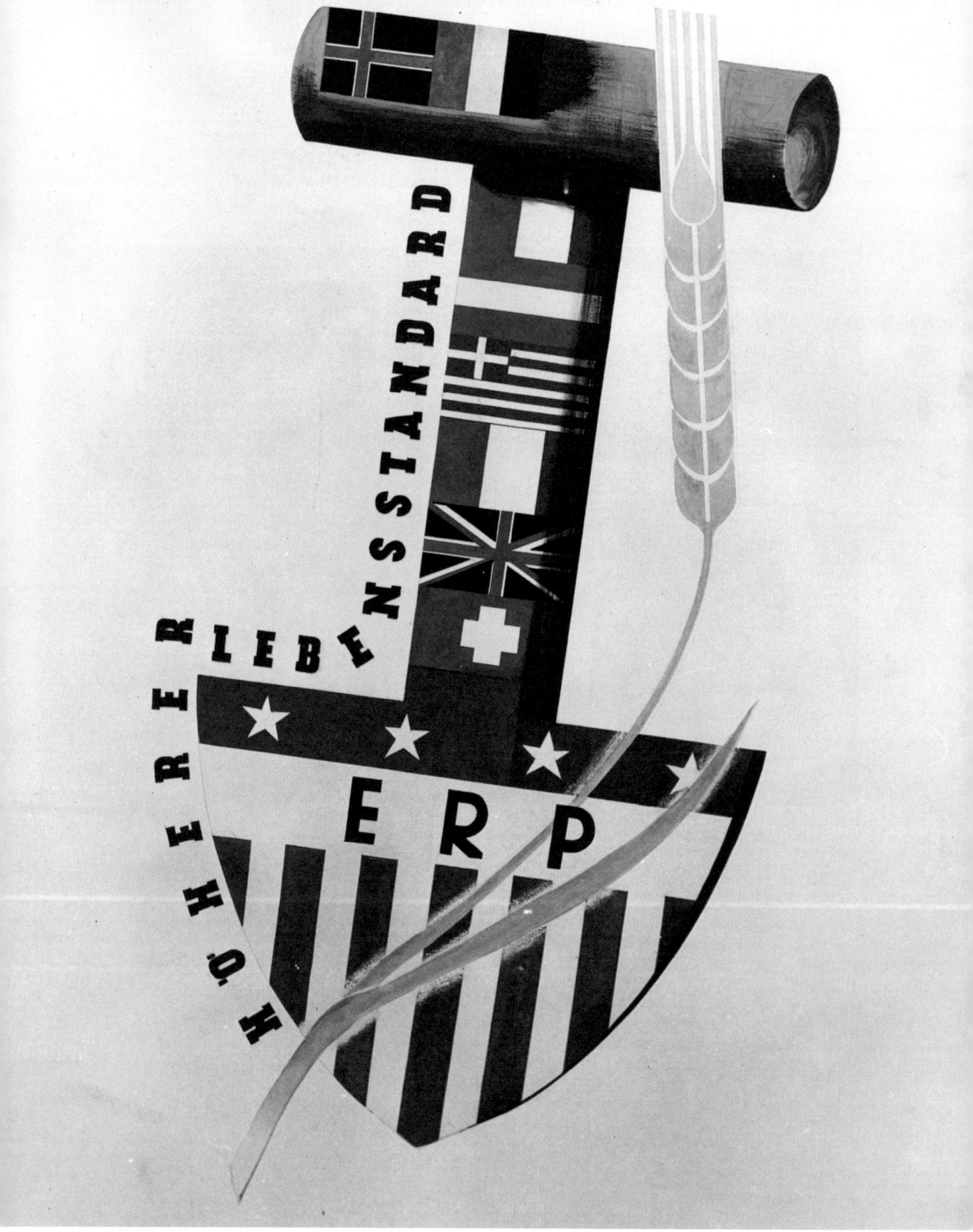
HÖHERER LEBENSSTANDARD
ERP

54

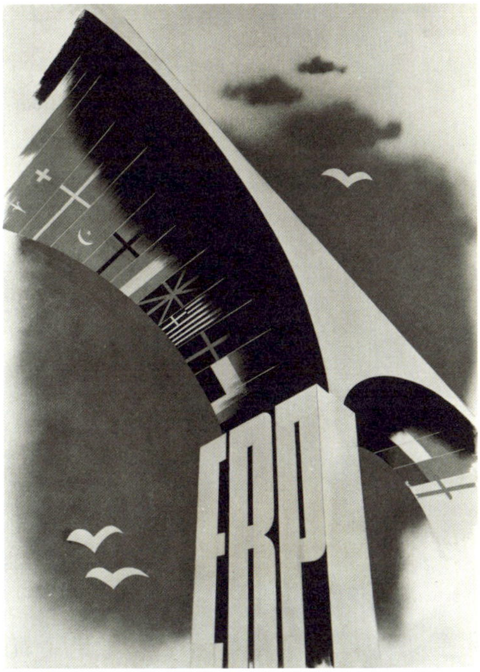

55

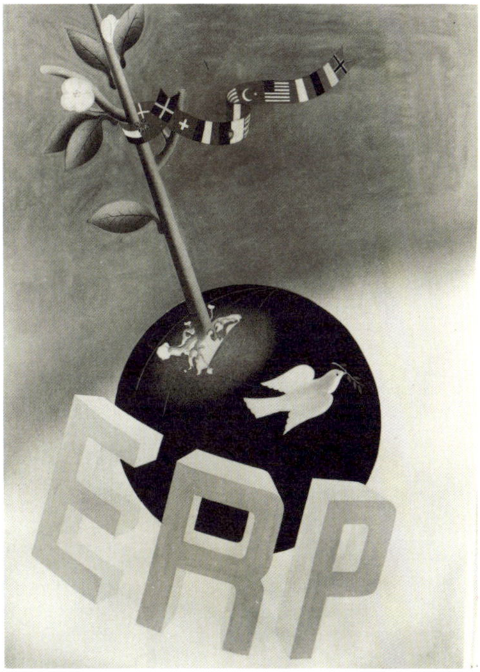

Abb. 53
Ernst Degasperi, Plakatentwurf *ERP. Höherer Lebensstandard*, 1950, Fotografie, UaK, IN 18.469/12/FW

Abb. 54
Stefan Fritz, Plakatentwurf *ERP*, 1950, Fotografie, UaK, IN 18.469/19/FW

Abb. 55
Artur Kunze, Plakatentwurf *ERP*, 1950, Fotografie, UaK, IN 18.469/17/FW

Entwürfe für die Internationale Plakatausstellung der Klasse Kirnig, 1948

Abb. 56
Unbekannte*r Künstler*in,
Entwurf für die *Internationale Plakatausstellung,* 1948,
Deckfarben auf Papier,
UaK, IN 17.312/22

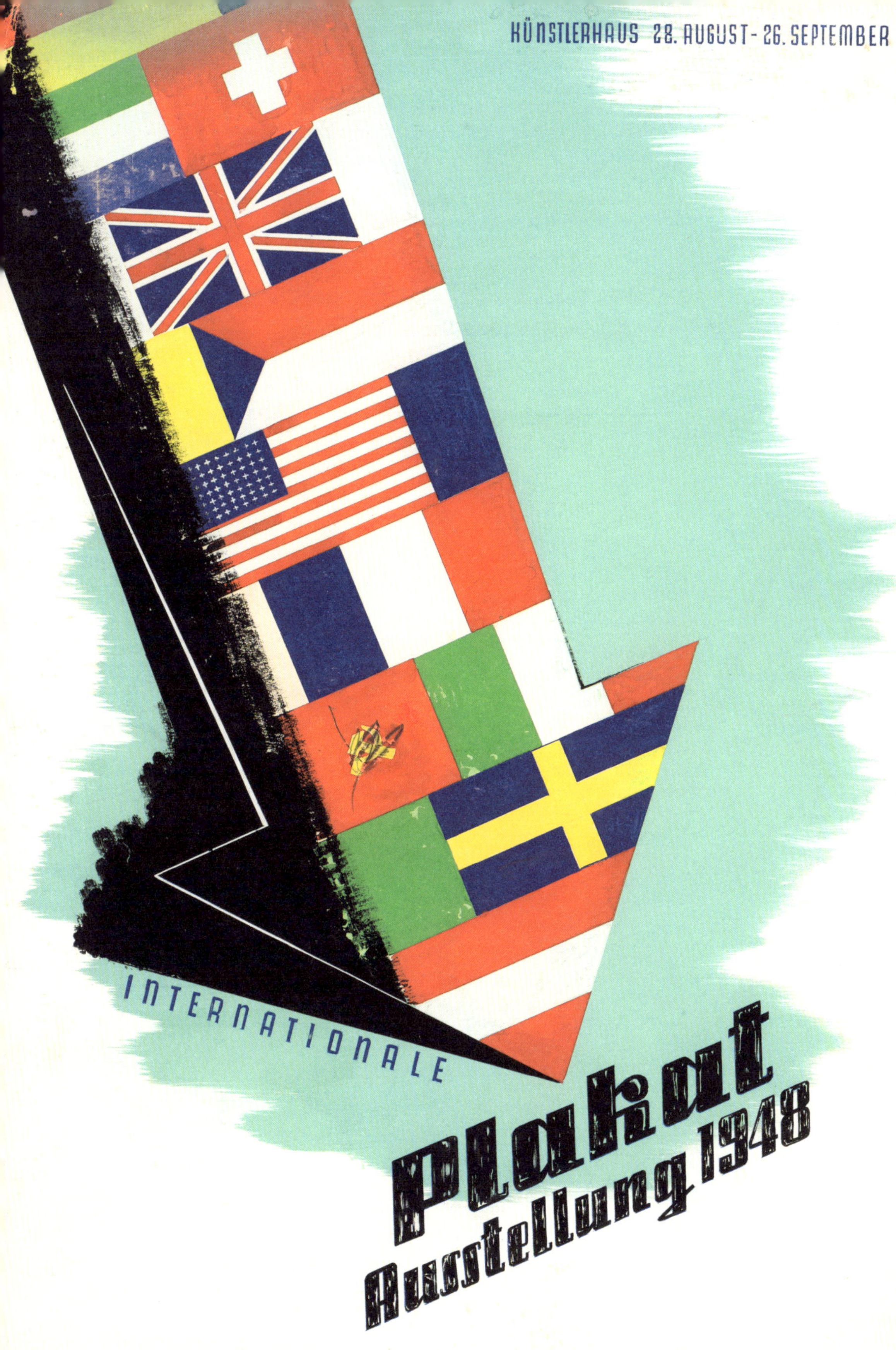
KÜNSTLERHAUS 28. AUGUST - 26. SEPTEMBER
INTERNATIONALE
Plakat
Ausstellung 1948
10164

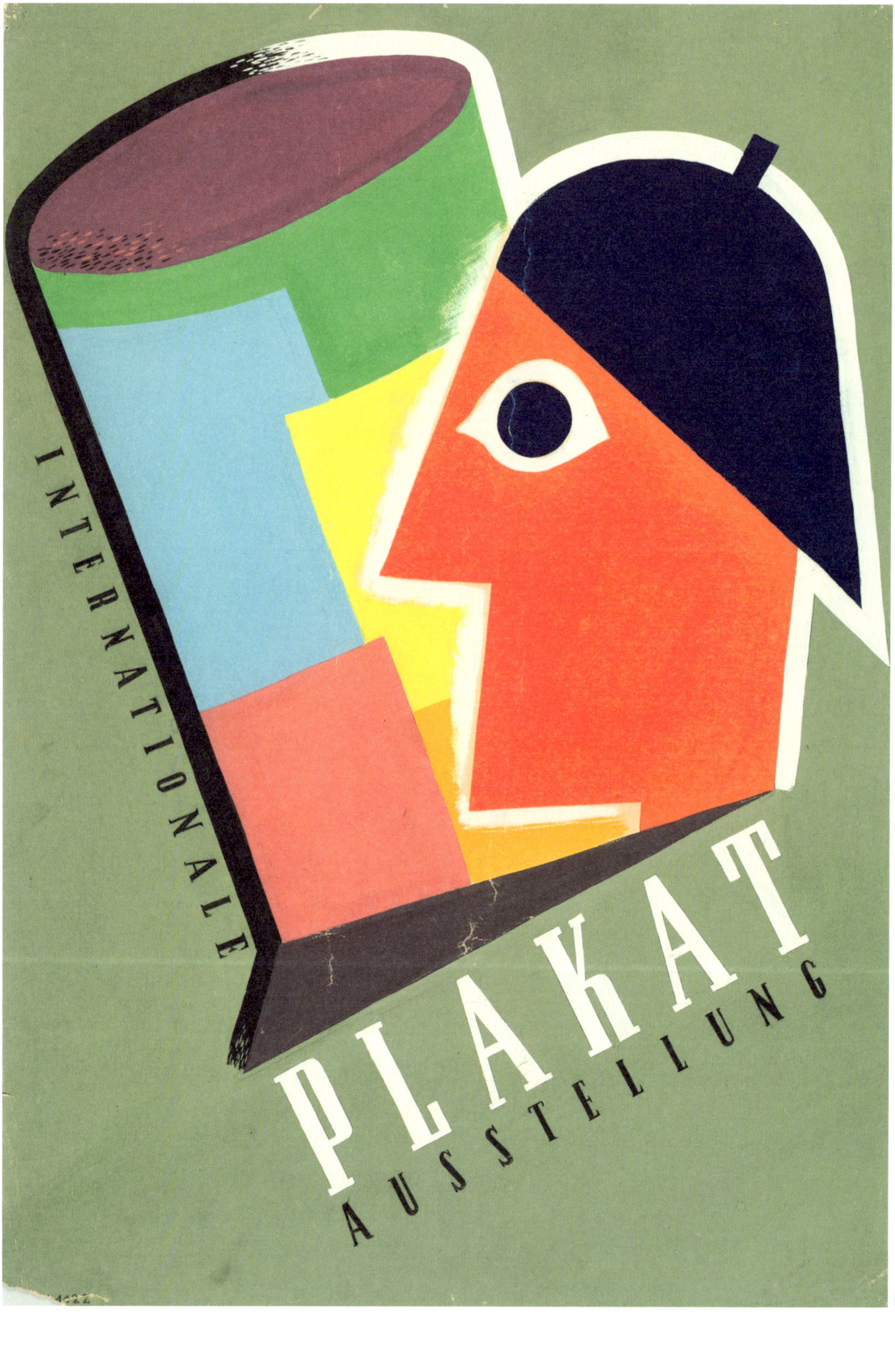

57

58

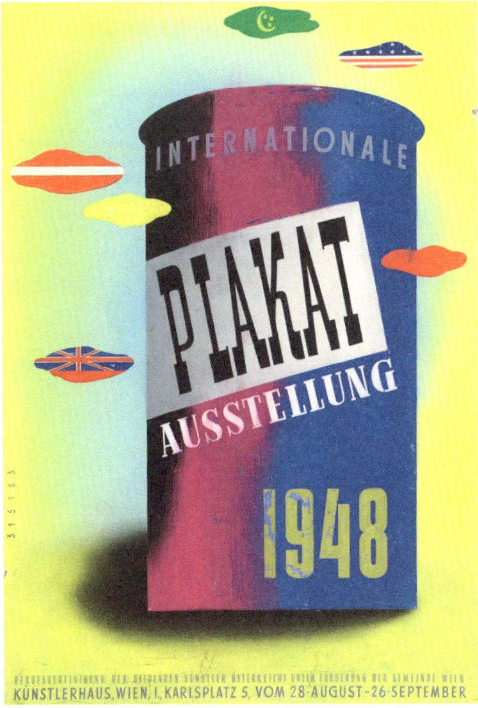

59

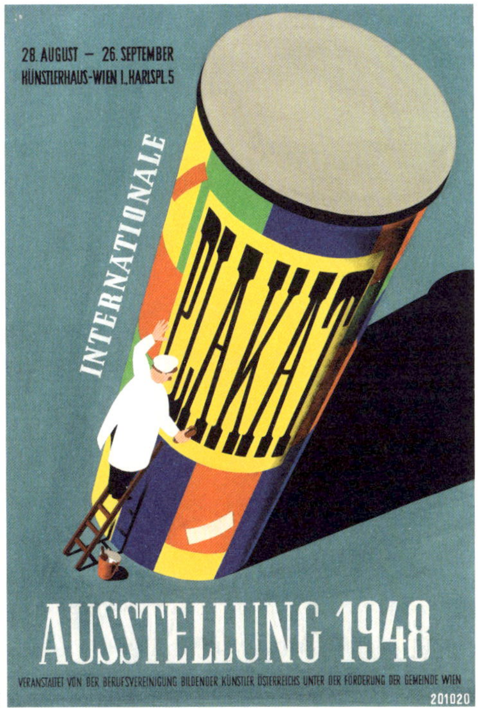

Abb. 57
Hans Belohlav, Entwurf für die *Internationale Plakatausstellung,* 1948, Gouache, Collage auf Papier, UaK, IN 14.593/3

Abb. 58
Emma Reif, Entwurf für die *Internationale Plakatausstellung,* 1948, Tempera auf Papier, UaK, IN 9344/1

Abb. 59
Unbekannte*r Künstler*in, Entwurf für die *Internationale Plakatausstellung,* 1948, Tempera auf Papier, UaK, IN 9344/22

Entwürfe und Modelle aus der Klasse Haerdtl

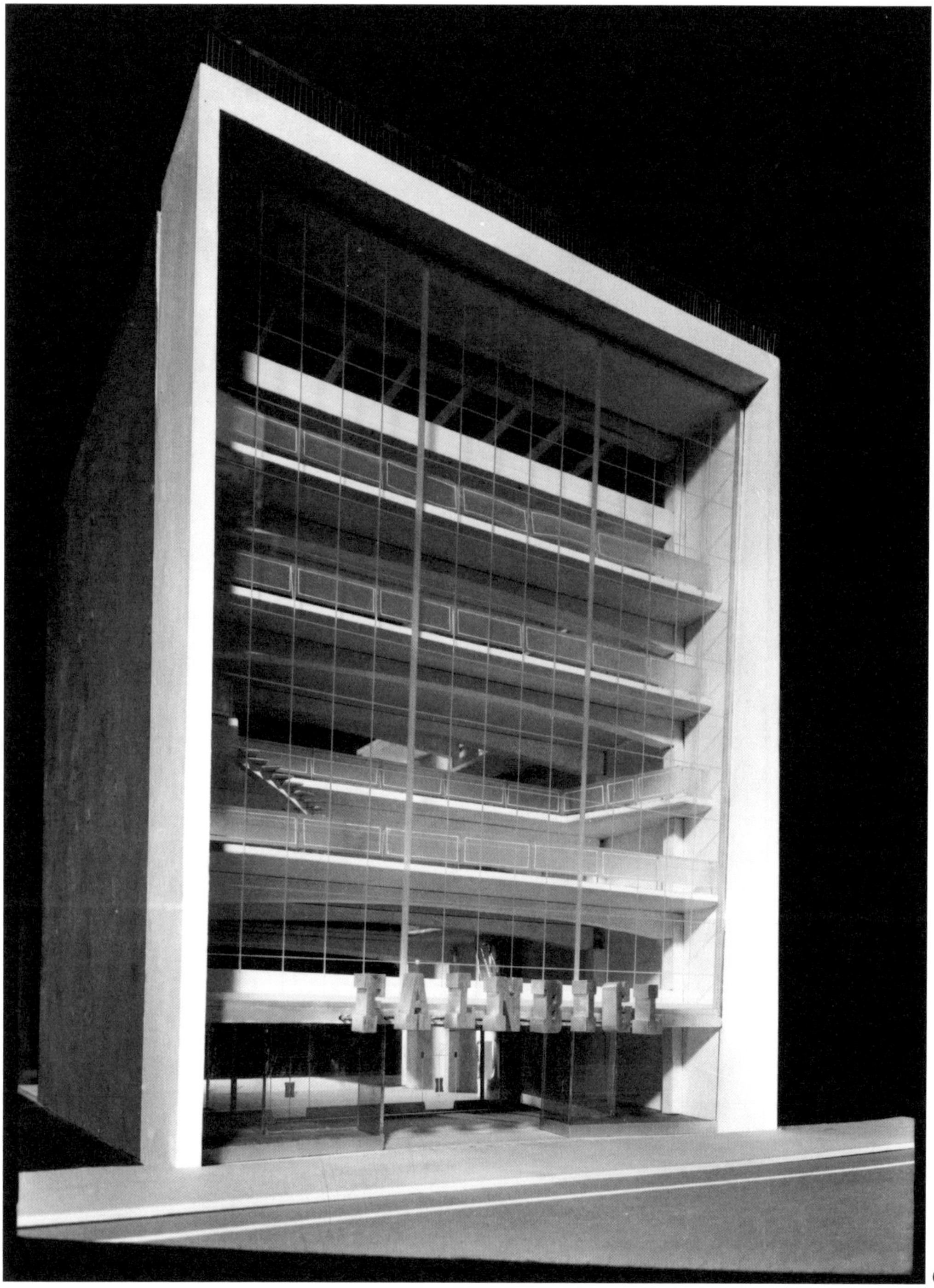

60

61 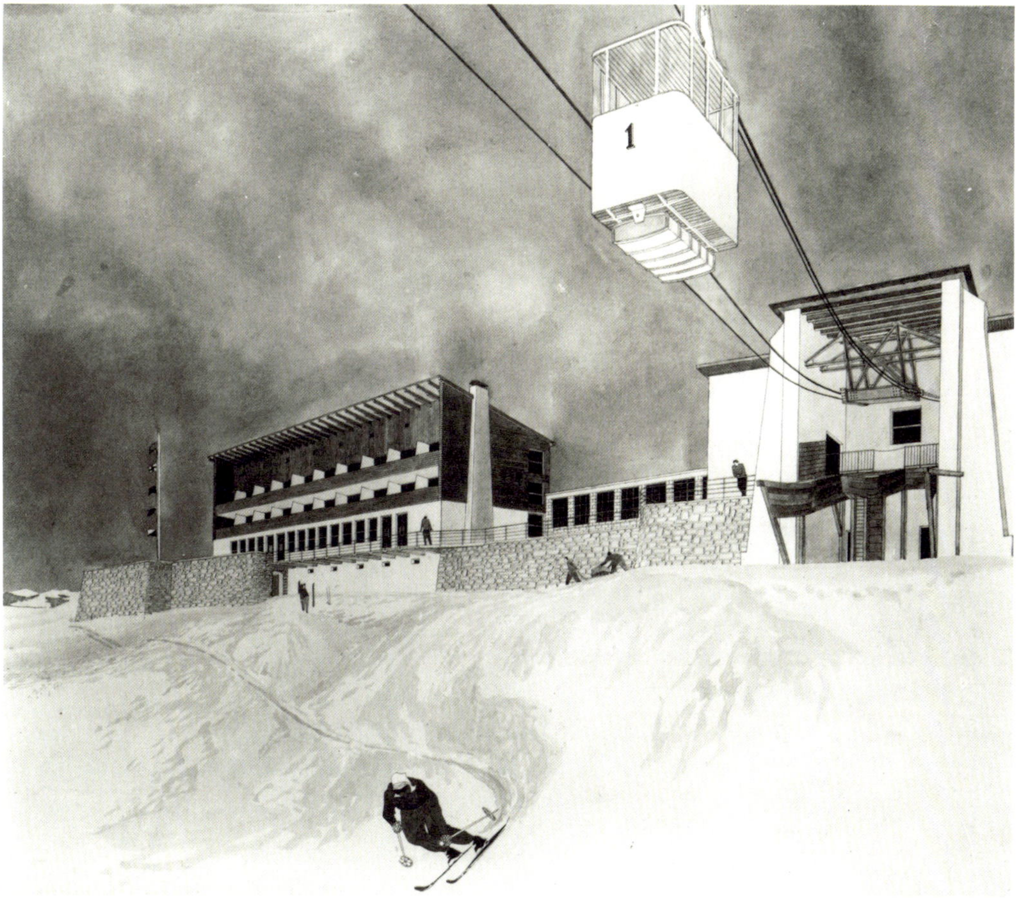

Abb. 60
Helmut Höpflinger, Modellansicht, 1948, Fotografie, UaK, IN 16.330/1/FW

Abb. 61
Heinrich Bergmann, Entwurf für Berghotel auf dem Feuerkogel, Diplomarbeit, 1949, Fotografie, UaK, IN 16.337/2/FW

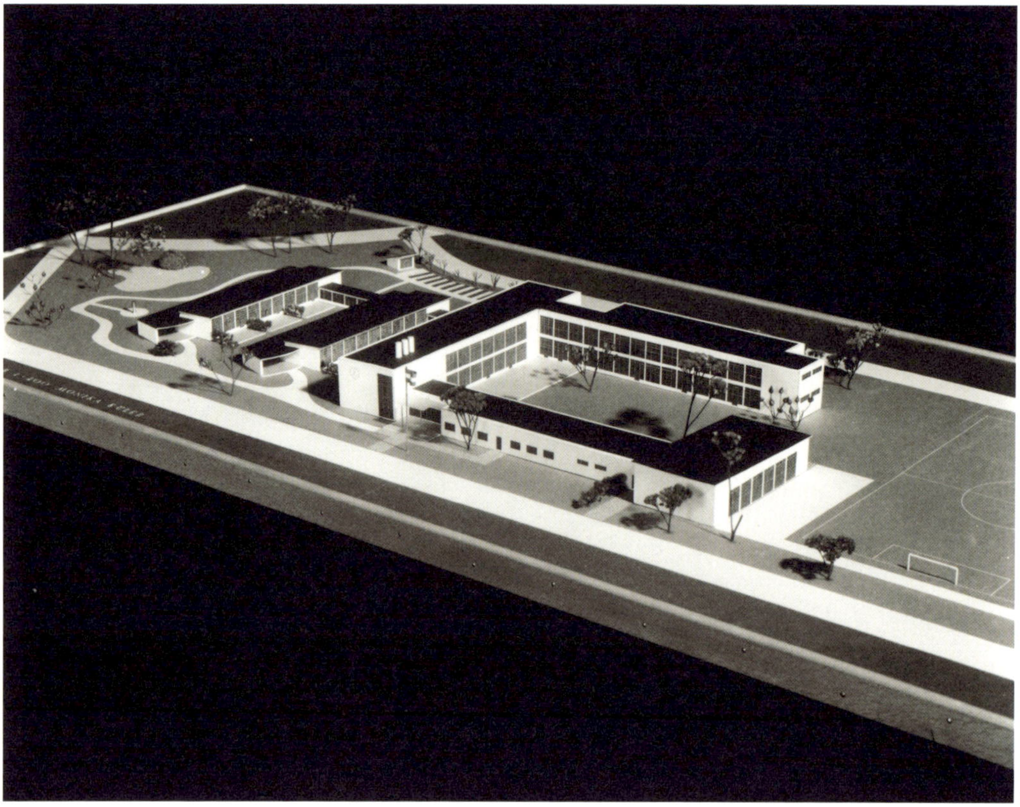

62

Abb. 62
Monika Euler, Modell für die Hauptschule Leopoldau, Diplomarbeit, 1950, Fotografie, UaK, IN 16.338/1/FW

Abb. 63
Unbekannte*r Künstler*in, Modell Modehaus, 1950, Fotografie, UaK, IN 16.331/5/FW

Abb. 64
Felicitas Capellmann, Modell für Restaurant am Nußberg, Diplomarbeit, 1951, Fotografie, UaK, IN 16.339/1/FW

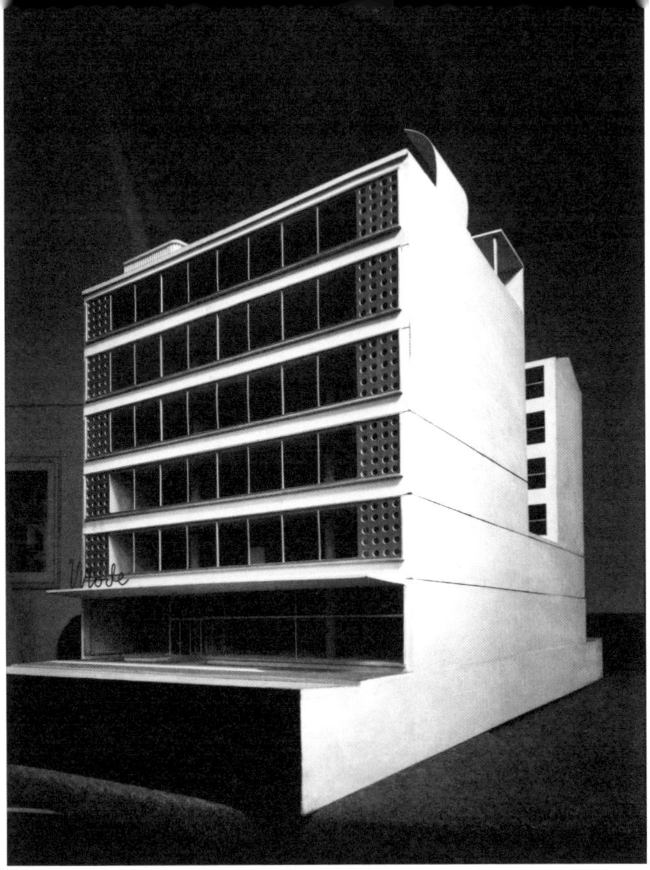

63

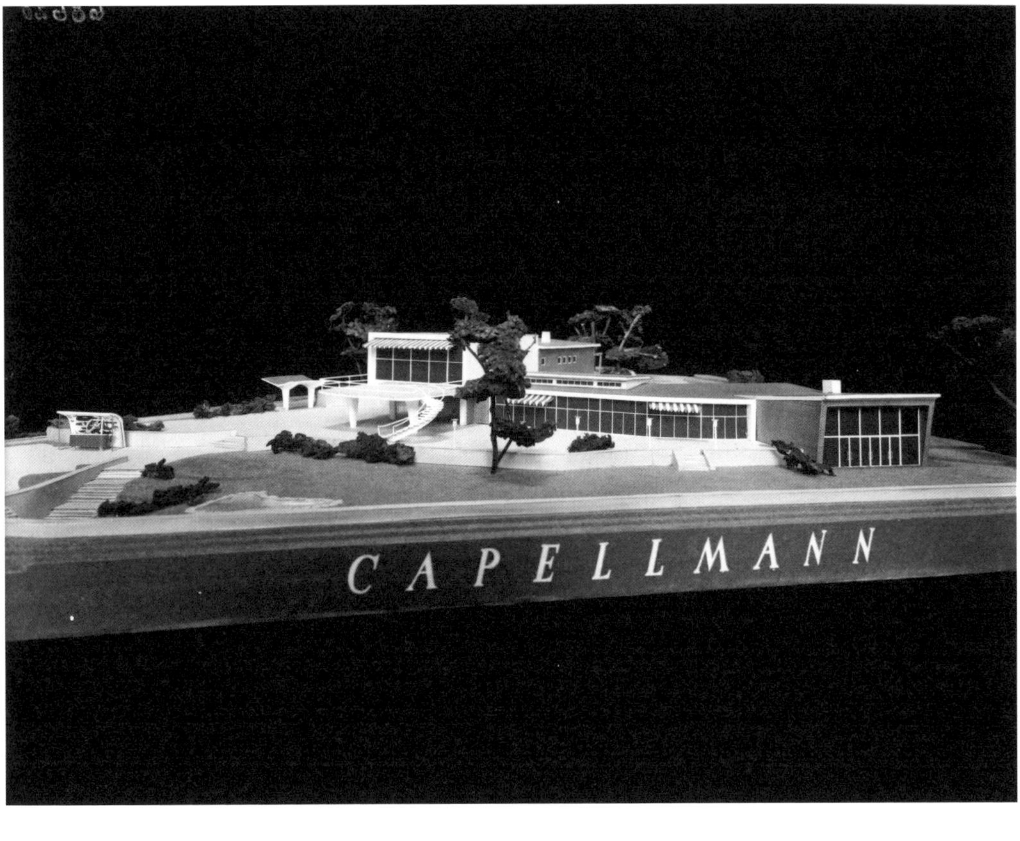

64

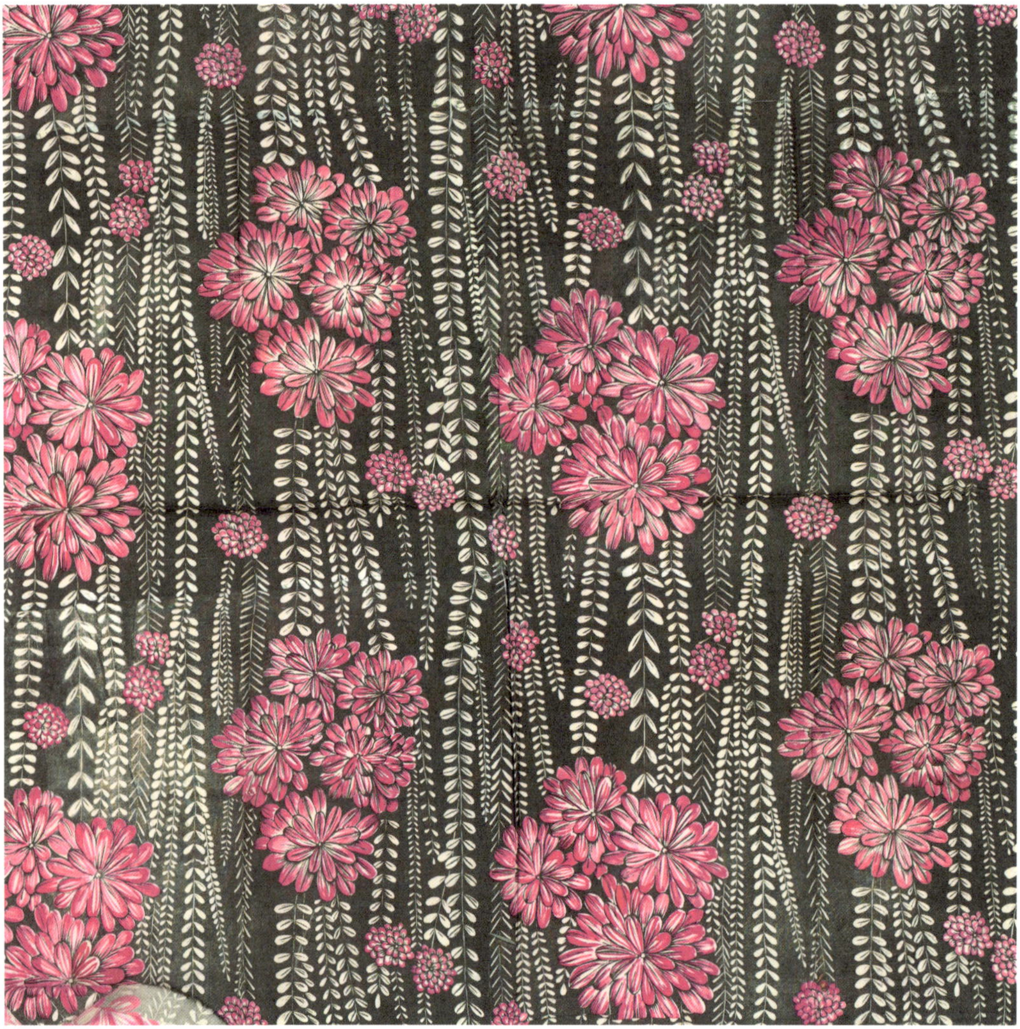

65

Abb. 65
Magdalena Leitenberger, Stoffmuster, ca. 1946, Seide (Leinwandbindung), gefärbt (Batik), UaK, IN KM 8797/2

Abb. 66
Inge Robausch, Stoffmuster, 1946, Seide (Leinwandbindung), bedruckt, UaK, IN KM 8798/2

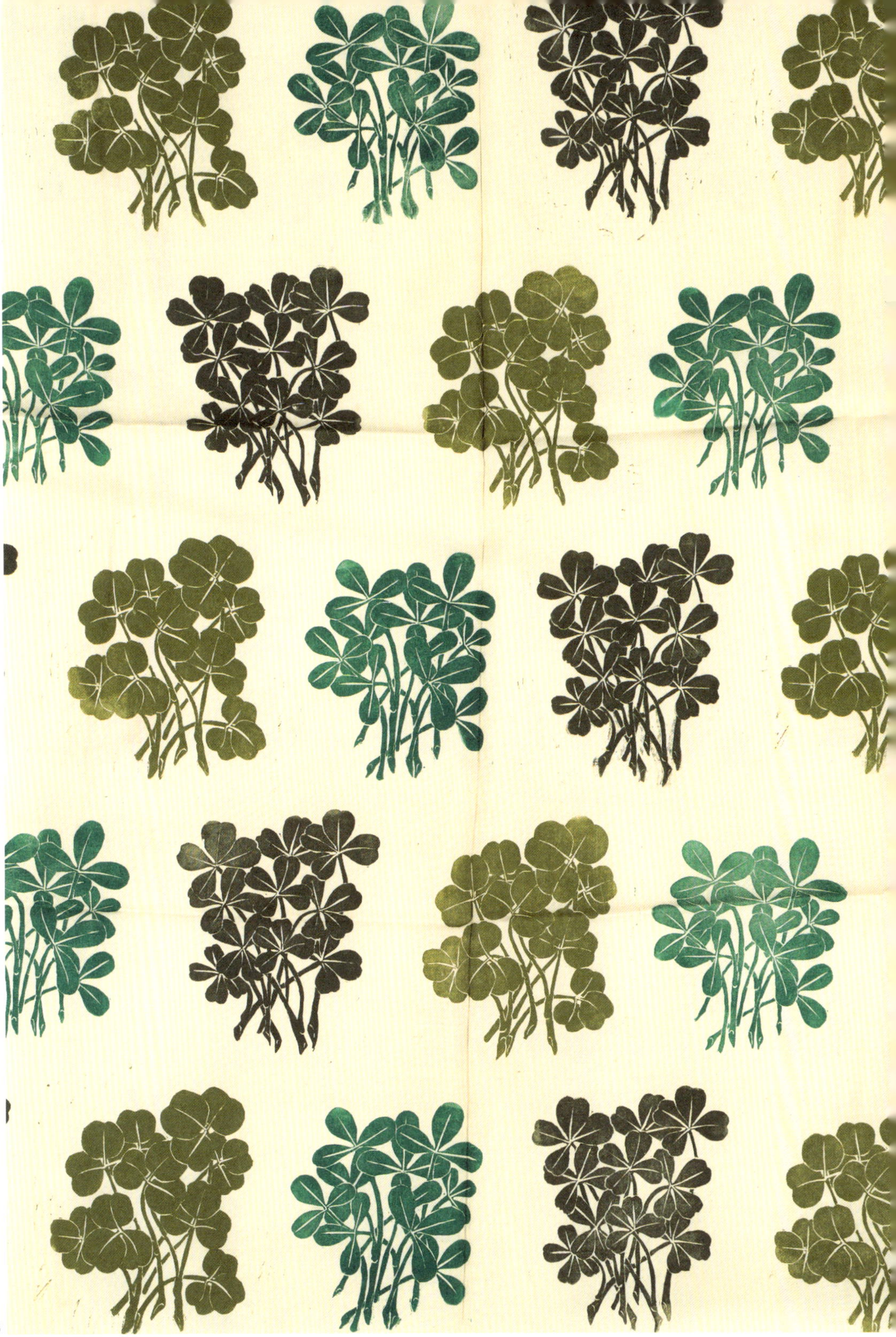

66

Anhang

Chronologie

Die Angewandte betreffende Entwicklungen und Ereignisse

1937

Namensänderung: Staatliche Kunstgewerbeschule in Wien

„Zivilarchitektengesetz“

1938

Beginn der Zwangspensionierungen

1941

Erhebung zur Reichshochschule für angewandte Kun[st] Wien

seit 1909 Direktor Alfred Roller | Direktor Max Fellerer | Direktor Robert Obsieger

1933 | 1934 | 1935 | 1936 | 1937 | **1938** | 1939 | 1940 | 1941 | 1942 | 1943

Politischer Kontext

Austrofaschismus

Einführung der Werkstätte für Kirchliches Kunstgewerbe

Neue Pensionsverordnung

Doppelverdienerverordnung

Pflichtmitgliedschaft der Lehrer*innen bei der Vaterländischen Front

Verbot von Parteien

Einschränkung studentischer Rechte

NS-Zeit

Einführung antisemitischer Maßnahmen

Neue Lehrinhalte, darunter Erblehre und Rassenkunde

Einrichtung der Werkstätte für Volks- und Brauchtum

Kooperationen mit der HJ und dem BDM

1934

Februarkämpfe

25. Juli 1934 Ermordung von Bundeskanzler Engelbert Dollfuß

1938

12./13. März 1938 „Anschluss“

1945

Namensänderung: Hochschule für angewandte Kunst Wien

Gründung der Österreichischen Hochschülerschaft (ÖH)

1948

Namensänderung: Akademie für angewandte Kunst in Wien

„Kunstakademiegesetz"

Minderbelastetenamnestie

Jugendamnestiegesetz

Direktor Max Fellerer

Präsident Max Fellerer

Präsident Ceno Kosak

1945 1946 1947 1948 1949 1950 1951 1952 1953 1954 **1955**

Nachkriegszeit

Entnazifizierung

Demokratisierung

European Recovery Programm (ERP), sog. Marshallplan, US-Wirtschaftshilfe zum Wiederaufbau (1948–1952)

1945

13. April 1945 Befreiung Wiens

1955

15. Mai 1955 Staatsvertrag

Die Angewandte, ihre Bezeichnungen sowie ihre Direktoren, Präsidenten und Rektor*innen

1868–1918
Kunstgewerbeschule des k. k. Österreichischen Museums für Kunst und Industrie

Direktoren:
1868–1871 Josef Storck
1871–1873 Ferdinand Laufberger
1873–1878 Josef Storck
1878–1881 Ferdinand Laufberger
1881–1882 Friedrich Sturm
1882–1883 Michael Rieser
1883–1885 Friedrich Sturm
1885–1886 Michael Rieser
1886–1887 Friedrich Sturm
1887–1888 Josef Storck
1888–1889 Friedrich Sturm
1889–1899 Josef Storck
1899–1904 Felician von Myrbach
1904–1909 Oskar Beyer
1909–1918 Alfred Roller

1919–1937
Kunstgewerbeschule des Österreichischen Museums für Kunst und Industrie
sowie **1937–1941**
Staatliche Kunstgewerbeschule in Wien

Direktoren:
1919–1934 Alfred Roller
1934–1938 Maximilian Fellerer

1941–1945
Reichshochschule für angewandte Kunst Wien

Direktor:
1938–1945 Robert Obsieger

1945–1948
Hochschule für angewandte Kunst Wien

Direktor:
1945–1949 Maximilian Fellerer

1948–1970
Akademie für angewandte Kunst in Wien

Präsidenten:
1949–1954 Maximilian Fellerer
1955–1971 Ceno Kosak

1970–1998
Hochschule für angewandte Kunst in Wien
sowie **seit 1998**
Universität für angewandte Kunst Wien

Rektor*innen:
1971–1975 Carl Unger
1975–1979 Johannes Spalt
1979–1987 Oswald Oberhuber
1987–1991 Wilhelm Holzbauer
1991–1995 Oswald Oberhuber
1995–1999 Rudolf Burger
2000–2023 Gerald Bast
Seit 2023 Petra Schaper Rinkel

Zusammengestellt von Silvia Herkt
Vgl. Susanne Prucher/Silvia Herkt/Susanne Kogler/Severin Matiasovits/Erwin Strouhal (Hg.), Auf dem Weg zur Kunstuniversität: das Kunsthochschul-Organisationsgesetz von 1970, Wien 2021, 172.

Abkürzungen

BDM	Bund Deutscher Mädel
BUS	Bund unabhängiger Studenten
ERP	European Recovery Programm
FÖST	Freie Österreichische Studentenschaft
FPÖ	Freiheitliche Partei Österreichs
HJ	Hitlerjugend
ISADG(S)	International Standard Archival Description (General)
KGS	Kunstgewerbeschule
KPÖ	Kommunistische Partei Österreichs
KWHW/WHW	Kriegs-/Winterhilfswerk
MAK	Museum für angewandte Kunst, ehemals Österreichisches Museum für Kunst und Industrie
NSDAP	Nationalsozialistische Deutsche Arbeiterpartei
NSF	Nationalsozialistische Frauenschaft
NSV	Nationalsozialistische Volkswohlfahrt
ÖH	Österreichische Hochschüler(*innen)schaft
OKD	Oskar Kokoschka Dokumentation Pöchlarn
OKW	Oberkommando der Wehrmacht
ÖVP	Österreichische Volkspartei
RAD	Reichsarbeitsdienst
SA	Sturmabteilung
SDAP	Sozialdemokratische Arbeiterpartei
SED	Sozialistische Einheitspartei Deutschlands
SPÖ	Sozialistische/Sozialdemokratische Partei Österreichs
SS	Schutzstaffel
UK	Unabkömmlichkeit/ Unabkömmlichkeitsstellung
VdU	Verband der Unabhängigen
VF	Vaterländische Front
V.S.St./VSStÖ	Verband Sozialistischer Student*innen in Österreich
WW	Wiener Werkstätte

Archive

AdR	Archiv der Republik
AVA	Allgemeines Verwaltungsarchiv
BArch	Deutsches Bundesarchiv
DÖW	Dokumentationsarchiv des österreichischen Widerstandes
KH-AR	Künstlerhaus Archiv
ONB	Österreichische Nationalbibliothek
ÖStA	Österreichisches Staatsarchiv
PA	Personalakten
TNA	The National Archives of the UK
UaK	Archiv der Universität für angewandte Kunst Wien
VA	Verwaltungsakten
WStLA	Wiener Stadt- und Landesarchiv

Dank

Dank an die Autorinnen sowie an Hermann Amon, Gerald Bast, Raymond Berger, Dominik Buda, Judith Burger, Rosemarie Burgstaller, Luisa Chmiel, Nikolaus Domes, Marlies Dornig, Laura Egger-Karlegger, Nathalie Feitsch, Nina Glückselig, Anja Haering, Daniela Hammer-Tugendhat, Katharina Holas, Ingrid Holzschuh, Beate Huber, Gudrun Huemer, Roswitha Janowski-Fritsch, Eva Kernbauer, Birgit Kirchmayr, Stefanie Kitzberger, Eva Marie Klimpl, Julia König, Helen Kraus, Susanne Kühberger, Martina Kupiak, Albert Lichtblau, Thomas Matyk, Stephen Moody, Verena Moritz, Robert Müller, Lena Müller-Hofmann, Nina Ober, Monika Platzer, Ruth Pleyer, Cosima Rainer, Stefanie Schabhüttl, Petra Schaper Rinkel, Julia Secklehner, Anja Seipenbusch-Hufschmied, Elana Shapira, Stefan Spevak, Simone Spira, Eva Maria Stadler, Stadtgemeinde Waidhofen an der Ybbs (Stadtarchiv, Bibliothek, Museum), Manuel Swatek, Michael Wenusch, Heidrun Wenzel, Nada Yasin, Marie-Noëlle Yazdanpanah, Susanne Zabhelicky, Maximilian Zauner, Gerd Zillner.

Bildnachweis – Bildrechte

Alle Abbildungen von Werken aus Kunstsammlung und Archiv, Universität für angewandte Kunst Wien (UaK), sind mit den Inventarnummern (IN) in den Bildunterschriften ausgewiesen.

Bernadette Reinhold
Abb. A–D, I sowie 1a, b, 2a, b, 3a, b:
UaK: Manuel Lopez Carreon
Abb. G–H, J sowie 1, 3: UaK, Repro: Dominik Buda
Abb. E–F: Photozentralwerkstätte Hochschule für angewandte Kunst Wien
Abb. 2: Estate Hans Felix Kraus

Christina Wieder
1. Die Kunstgewerbeschule Wien im Austrofaschismus (1933–1938)
Abb. A–E, G–V: UaK, Repro: Dominik Buda
Abb. F: UaK, VA 1935/132
Abb. Lamm 1: Editorial Abril, URL: https://todo-en-abril.blogspot.com/p/coleccion-regalo.html (abgerufen 8.12.2023); Abb. Lamm 2: Editorial Abril, URL: https://todo-en-abril.blogspot.com/p/mi-primer-regalito.html (abgerufen 8.12.2023)
Abb. Spira 1–2: UaK, Repro: Dominik Buda; Abb. Spira 3: Deutsches Exilarchiv 1933–1945 der Deutschen Nationalbibliothek, Frankfurt am Main, EB autograph 302
Abb. Rudiger-Littlejohn 1: Fotograf: Alexander Tuma, Viennale, Österreichisches Filmmuseum; Abb. Rudiger-Littlejohn 2: Filmstill, Walt Disney Company, URL: https://disney.fandom.com/wiki/Centaurettes?file=Fantasia-disneyscreencaps.com-6072-1-.jpg (abgerufen 8.12.2023)

2. Von der Kunstgewerbeschule zur Reichshochschule für angewandte Kunst (1938–1945)
Abb. A–E, G–I, K–N, P, R–X: UaK, Repro: Dominik Buda
Abb. F: Privatsammlung, Repro: Ruth Pleyer
Abb. J: ONB, ANNO Historische österreichische Zeitungen und Zeitschriften, URL: https://anno.onb.ac.at/cgi-content/anno?aid=vob&datum=19411106&seite=3&zoom=33&query=%22V%C3%B6lkischen%22%2B%22Beobachter%22%2B%22vom%22%2B%226.%22%2B%22November%22%2B%221941%22&ref=anno-search (abgerufen 8.12.2023)
Abb. O: Stadt Waidhofen a/d Ybbs
Abb. Q: UaK, Repro: Birgit und Peter Kainz
Abb. Y–Z: UaK, Repro: Elke Handel
Abb. Zels 1–2: MAK, IN WWAD 68-2, IN WWAD, WWF 169–159
Abb. Orzech/Vetter 1–2, UaK, Repro: Dominik Buda
Abb. Goldman 1: Alejandro Godoy, Historia del Afiche Chileno, Valparaíso 1992, 76; Abb. Goldman 2: Kulturkreis Looshaus (Hg.), Kitty Goldmann – Malerei, Ausstellungskatalog, Wien 1991, 16.
Abb. Goldberg/Glückselig 1–2: Privatsammlung Nina Glückselig; Abb. Goldberg/Glückselig 3: UaK, Repro: Dominik Buda

3. Der lange Weg von der ~~Reichs~~-/Hochschule zur Akademie für angewandte Kunst
Abb. A–B, D, F, I–P: UaK, Repro: Dominik Buda
Abb. C: Wienbibliothek im Rathaus, Plakatsammlung, IN P-235656
Abb. E: Fotograf: Erwin Karl Meyer, Wienbibliothek im Rathaus, ZPH 1123, 1.2.4.5.
Abb. G–H: UaK, Repro: Birgit und Peter Kainz
Abb. Q: Privatsammlung Lucia Kellner, Repro: Dominik Buda
Abb. Sussmann 1: Foto: Photo Simonis, ONB Bildarchiv, IN Sim 109; Abb. Sussmann 2: UaK, Repro: Dominik Buda
Abb. Kopriva 1–3: MAK IN WWF 215-11, IN KI 12238-5, IN WWF 108-54-3

Bettina Buchendorfer, Silvia Herkt
Sämtliche Abbildungen UaK, Repro: Bettina Buchendorfer (Abb. A), Dominik Buda (Abb. B–I)

Sophie Geretsegger
Abb. A–C, E: UaK, Repro: Dominik Buda
Abb. D: Archiv Geretsegger

Katalog
Sämtliche Abbildungen UaK, Repro: Dominik Buda

Umschlag
Vorderseite: Student*innen der Klasse Paul Kirnig arbeiten an einer Litfaßsäule, Wien 1939/40, Foto: Emma Reif, UaK, Repro: Dominik Buda
Rückseite: Vorbereitungsarbeiten der Klasse Paul Kirnig in der Ausstellung *Niemals Vergessen!, Saal V Lüge, Gewalt, Verrat*, Künstlerhaus Wien, 1946, Fotograf: Erwin Karl Meyer, Wienbibliothek im Rathaus, ZPH 1123, 1.2.4.5.

Bildrechte
Die Bildrechte liegen vor für Werke von
Leo Glückselig: Nina Glückselig
Albert Paris Gütersloh, Lucia Kellner, Heinrich Sussmann: Bildrecht, Wien 2024
Hans Felix Kraus: Estate Hans Felix Kraus
Wilhelm Müller-Hofmann: Lena Müller-Hofmann
Yoichi Okamoto: ONB, Wien
Bil Spira: Simone Spira
sowie bei den Künstler*innen bzw. bei deren Rechtsnachfolger*innen

Wir haben uns bemüht, alle etwaigen Bildrechte ausfindig zu machen und anzuführen. Bei Mängeln oder Fehlern ersuchen wir um Mitteilung an die Herausgeberinnen.

Autorinnen

Bettina Buchendorfer studierte Kunstgeschichte und Geschichte an der Universität Wien. Seit 2018 Mitarbeiterin in Kunstsammlung und Archiv der Universität für angewandte Kunst Wien und im Bereich Archiv- und Sammlungsmanagement unter anderem mitverantwortlich für die Implementierung und Weiterentwicklung von Datenbank- und Digitalisierungsprojekten.

Sophie Geretsegger studierte Kunstgeschichte an der Universität Wien. Arbeit in diversen Galerien, Kuratieren von Ausstellungen, Schreiben und Forschen zur europäischen Kunst des 19. und 20. Jahrhunderts mit Schwerpunkt Jugendstil, Zwischenkriegs- und Nachkriegszeit. Lehrtätigkeit an der Universität für angewandte Kunst Wien ab 1995 an der Abteilung bildende Kunst/ Malerei, seit 2005 Assistenzprofessorin an der Abteilung Kunstgeschichte. Gegenwärtig forscht sie zur Wahrnehmung kultureller Bilder und zu deren veränderten Wirkung in der Fernsehserie Star Trek (1966–2005). Zuletzt erschienen: *Ships, Heroes and New Frontiers, Myth of Travel and Migration – Reshaping Cultures through Ideas and Images* im Rahmen des 35th CIHA World Congress Motion: Migrations, CIHA Sao Paulo 2022.

Silvia Herkt, Masterabschluss in Public Management/ Bereich Wissensmanagement. Seit 1981 Mitarbeiterin im Archiv der heutigen Universität für angewandte Kunst Wien. Ab 2010 Leiterin des Universitätsarchivs und stellvertretende Leiterin von Kunstsammlung und Archiv, welches als Institut dem Zweig Forschung und Lehre in Kunst und Wissenschaft zugeordnet ist. Mitwirkung an zahlreichen Ausstellungen und Publikationen als Autorin und Herausgeberin. Zuletzt erschienen: Universität für angewandte Kunst Wien / Die Angewandte und das Kunsthochschul-Organisationsgesetz (KHOG): Weg und Wirkung, in: Susanne Prucher/Silvia Herkt et al. (Hg.), *Auf dem Weg zur Kunstuniversität: das Kunsthochschul-Organisationsgesetz von 1970*, Wien 2021, 147–172.

Bernadette Reinhold studierte Kunstgeschichte, Geschichte und Philosophie in Wien. Ab 1991 freie wissenschaftliche Tätigkeit im Bundesdenkmalamt (BDA) Wien, 1997–2008 Mitglied der Kommission für Provenienzforschung im BDA. 2005–2008 Mitarbeit am FWF-Projekt zur Wiener Hofburg an der Österreichischen Akademie der Wissenschaften. Vorstandstätigkeit: Österreichische Gesellschaft für Architektur/ÖGfA (2000–2005), Oskar Kokoschka Dokumentation Pöchlarn (seit 2009). Seit 2008 Leiterin des Oskar Kokoschka Zentrums und Senior Scientist (Kunstsammlung und Archiv) an der Universität für angewandte Kunst Wien. Projektleitung: *„Sonderfall" Angewandte. Die Universität für angewandte Kunst Wien im Austrofaschismus, Nationalsozialismus und in der Nachkriegszeit*. Publikationen, Forschungs- und Ausstellungsprojekte sowie Lehrtätigkeit zu Architektur- und Städtebaugeschichte, zur Kunst der Moderne und zur österreichischen Kulturpolitik. Zuletzt erschienen: *Oskar Kokoschka und Österreich. Facetten einer politischen Biografie* (2023); *Margarete Schütte-Lihotzky. Architecture. Politics. Gender. New Perspectives on Her Life and Work* (2023), hg. mit Marcel Bois; *Oskar Kokoschka. Neue Einblicke und Perspektiven. New Insights and Perspectives*, hg. mit Régine Bonnefoit (2021); in Vorbereitung: Architekt*innen-Monographien – Potentiale, Grenzen, Alternativen, hg. mit Ruth Hanisch, Richard Kurdiovsky, Antje Senarclens de Grancy.

Christina Wieder ist Historikerin und Kulturwissenschaftlerin mit den Forschungsschwerpunkten Visual History, (Frauen-)Exilforschung sowie Kunst und Migration. Sie war wissenschaftliche Mitarbeiterin am Schwerpunkt Visuelle Zeit- und Kulturgeschichte der Universität Wien, Lektorin an unterschiedlichen Universitäten sowie Gastforscherin am Institut für Kulturwissenschaft der Humboldt-Universität zu Berlin, an der Universidad de Buenos Aires und an der Cinémathèque française. Derzeit ist sie wissenschaftliche Mitarbeiterin im Projekt *„Sonderfall" Angewandte. Die Universität für angewandte Kunst Wien im Austrofaschismus, Nationalsozialismus und in der Nachkriegszeit*. Zuletzt erschienen: gem. mit Marie-Noëlle Yazdanpanah und Heidrun Zettelbauer (Hg.), *Verhandlungen von Geschlecht und Sexualität in visuellen Kulturen der 1920er- und 1930er-Jahre*, zeitgeschichte 2023, Jg. 50, Heft 1; gem. mit Teresa Hiergeist (Hg.), *Brüchige Ehen. Alternative Konzeptualisierungen partnerschaftlicher Sozialität in der Romania um 1900* (2023).

Namensregister

A

Alton, John — 119
Andersen, Hans Christian — 85
Andersen, Robin Christian — 82
Appel, Carl — 315
Aspetsberger, Friedbert — 91

B

Bacher, Lola — 160
Bakondy, Vida — 260
Barca, Calderón de la — 124
Bass, Rudolf — 97
Bast, Gerald — 26, 393, 395, 337, 338, 456
Bäumer, Eduard — 278, 279
Bayer, Herbert — 143
Beer, Franz — 305, 306
Bei, Neda — 137
Benjamin, Walter — 248
Berger-Hamerschlag, Margarete — 10, 38, 44–49
Bergmann, Heinrich — 447
Berzeviczy-Pallavicini, Friedrich — 22
Beyer, Oskar — 456
Bichler, Hans — 145, 149, 151, 216
Bikel, Theodore — 119
Binder, Joseph — 79, 82, 279, 280
Blaschke, Hanns — 169
Boeckl-Klamper, Elisabeth — 36
Boeckl, Matthias — 371
Böhler, Hans — 82
Böhm, Friedrich — 268
Braun, Walter — 81, 99, 148, 215
Brenner, Anton — 68
Brown, Vanessa — 119
Buchendorfer, Bettina — 8, 11, 29, 39, 335
Buda, Dominik — 39
Bürckel, Josef — 26
Burgstaller, Rosemarie — 34, 182

C

Camus, Albert — 361
Capellmann, Felicitas — 448
Cárdenas del Río, Lázaro — 178
Cargnelli, Christian — 120
Cech, Elisabeth — 134, 404
Chmiel, Luisa — 35
Civita, Cesare — 85
Čižek, Franz — 51, 65, 71, 85, 90, 177, 324
Cobe, Albin — 69
Colloredo-Mansfeld, Graf — 95
Cremer, Fritz — 277, 279

D

Degasperi, Ernst — 441
Dellbrügge, Hans — 195, 196
Dicker-Brandeis, Friedl — 10, 344
Disney, Walt — 120
Dollfuß, Alwine — 105
Dollfuß, Engelbert — 32, 51, 66, 72, 73, 96, 104–106, 110–112, 179, 367, 385, 454

E

Egger-Karlegger, Laura — 45, 57
Elzer, Helene — 420
Epstein, Jehudo — 25, 338, 339
Erker, Linda — 139
Ernst, Richard — 95
Euler, Monika — 448

F

Feitsch, Nathalie — 355
Feldmann, Ilse — 224, 235
Fellerer, Max (Maximilian) — 242, 267–274, 282–284, 289–293, 296, 297, 303, 313, 315, 406, 455, 456
Ferihumer, Konstantin — 226
Fey, Emil — 80
Firnberg, Hertha — 22
Fischer von Erlach, Johann Bernhard — 242
Fischer, Ernst — 288, 296
Fischer, Heinz — 22
Fitzthum, Josef — 29, 32, 78–80, 148, 150, 219, 220, 245, 269, 376, 378
Fliedl, Gottfried — 15
Forst, Willi — 119
Frank, Josef — 68, 167, 312
Franz, Johann — 133
Freier, Willi siehe Spira, Wilhelm
Freisler, Roland — 368
Freund, Bettina — 170
Fritz, Stefan — 420
Frohner, Adolf — 21
Fry, Varian — 102
Fürst, Heiner — 57

G

Garscha, Winfried R. — 328
Georgii, Theodor Otto — 72–74, 76, 116, 156, 164
Geretsegger, Sophie — 8, 11, 30, 39, 57, 359
Glückselig, Leo — 29, 188–190
Goebbels, Joseph — 36, 304
Goldberg, Ita (Ida) — 29, 188–190
Goldman, Fred — 178
Goldman, Harry — 178
Goldman(n), Kitty — 29, 176–178
Goldman, Leopold — 177
Goldman, Lilly — 176
Goldscheider, Friedrich — 272
Goldscheider, Walter — 272
Grabner, Egon — 97–100
Grillparzer, Franz — 111
Guenther, Irene — 247
Guevrekian, Gabriel — 167
Guevrekian, Lydia — 167
Gütersloh, Albert Paris — 28, 32, 66, 68, 73–76, 83, 108, 110–119, 121, 157, 161, 164, 275, 385, 391, 406

H

Haas, (Johann) Otto — 367, 368
Haas, Philipp — 315
Haas, Philomena — 368
Haerdtl, Oswald — 30, 33, 35, 36, 71, 95, 149, 151, 169, 174, 179, 186–188, 196, 212, 215, 240, 247, 271, 298, 311–318, 366, 368, 371, 446, 447
Hagen, Nikolaus — 222, 261
Hahn, Raimund — 420
Haider, Jörg — 21
Halbrainer, Heimo — 275
Hanak, Anton — 68, 324
Hanisch, Ernst — 142
Hartl, Karl — 127
Hauschka, Hermann — 229, 230
Hauser, Carry — 91, 92
Häusler, Philipp — 32, 68, 145–151, 202, 273
Heartfield, John — 232
Herberth, Franz — 169, 170, 270, 273, 275, 303, 362, 428
Herkt, Silvia — 8, 11, 29, 39, 335, 456
Hermann, Ministerialrat — 194
Hildebrand, Adolf von — 72
Hildebrand, Dietrich von — 72
Hildebrand, Irene von — 72
Hitler, Adolf — 22, 32, 36, 146, 162, 179–181, 205, 304
Hoffmann, Josef — 16, 34–36, 65, 69, 71, 89, 95, 99, 103, 111, 117, 167, 169, 212, 239, 240, 242, 313, 318, 324, 366
Holohlavsky, Anton — 297
Holzbauer, Wilhelm — 19, 23
Holzmeister, Clemens — 33, 35, 57, 69, 91, 92, 94, 164
Holzschuh, Ingrid — 35
Hörbiger, Attila — 127
Hrdlicka, Alfred — 21
Huber, Beate — 355
Hurdes, Felix — 288
Hutter, Heribert — 113
Huyser, Leopoldine — 87

J

Jakopitsch, Josef — 81, 229, 230
Jan, Rolf — 124
Janeba, Fritz — 10, 39, 56–61
Janesch, Albert — 276
Jarka, Horst — 91
Jellinek, Adolf — 159
Jencek, Heinrich — 397
Jost, Grete — 128
Jury, Hugo — 197

K

Kammerer, Marcel — 276
Karajan, Hebert von — 287
Karbus, Heinz — 315
Kastner, Eugen — 68
Kellner, Lucia — 321
Kenner, Anton — 70, 71, 97, 98, 152, 222
Kern, Anita — 227
Kirnig, Paul — 20, 24, 25, 26, 82, 127–136, 129, 169, 171,191, 192, 194–197, 200, 203, 207, 208, 210, 211, 219, 223, 226–238, 240, 244, 270–274, 279, 280, 298, 303–311, 318, 321, 342, 361, 370, 397, 400, 402, 403, 414, 415, 418–425, 429, 439, 442, 443
Kitt, Ferdinand — 68, 82, 222
Klaus, Reinhold — 28, 29, 71, 83, 145, 147, 148, 150–152, 155, 161, 162, 165, 171, 175, 180–182, 219–226, 269, 276
Kleiber, Erich — 178
Klimt, Gustav — 16, 31, 111
Klimt, Margarethe — 242, 279
Klüger, Ruth — 13, 40
Kohner, Frederick (Friedrich) — 120
Kokoschka, Olda — 22
Kokoschka, Oskar — 17, 19, 68, 79, 82, 294
Koller, Gabriele — 17, 26, 81
Kopp, Karoline — 87
Kopriva, Erna (Ernestine) — 29, 169, 170, 324–326
Korbel, Susanne — 275
Körner, Theodor — 70, 265
Korunka, Rudolf — 33, 133–135, 280
Kos, Wolfgang — 306
Kosak, Ceno — 71, 163, 164, 303, 455, 456
Kostka, Alexander Wilhelm — 397
Kralicek, Franz — 81
Kraus, Hans Felix — 10, 50–55
Kraus, Helen — 39
Kreisky, Bruno — 15, 368
Kreisler, Fritz — 123
Kremser-Schmidt (Schmidt, Martin Johann) — 111
Kucher, Primus Heinz — 31
Küchler, Eve — 98
Kunz, Alfred — 242
Kunz, Johannes — 89
Kunze, Artur — 441

L

Lamm, Agi (Magdalena Agnes) — 29, 84–86
Lampl, Fritz — 168
Lamprecht, Gerald — 275
Land, Kurt — 119
Landesmann, Hedi — 160
Langhoff, Lukas — 268
Larisch-Ramsauer, Hertha (Herta) — 87, 88, 89, 195, 232, 271, 321
Larisch, Rudolf — 88, 152, 232
Lassmann, Jürgen — 99, 103
Lassnig, Maria — 23
Laufberger, Ferdinand — 456
Lederer, Francis — 119
Leisching, Eduard — 351
Leitenberger, Magdalena — 450
Lenard, Johanna — 128
Lessing, Gotthold Ephraim — 124
Lhotsky, Alfons — 292
Liebeneiner, Wolfgang — 127
Littlejohn, William (Bill) — 120
Löffler, Bertold — 16, 32, 45, 51, 72, 78–83, 97–99, 127–136, 148, 152, 169–171, 240, 276, 294
Loos, Adolf — 45, 177, 242
Lothar, Ernst — 127
Lueger, Karl — 134

M
Malpi, Maria — 168
Marischka, Ernst — 123
Marischka, Hubert — 123
Matejka, Viktor — 14, 265, 288, 299
Matsch, Franz — 79
Maulpertsch (eigentlich: Maulbertsch, Franz Anton) — 111
Mautner, Anna — 364, 365
Mautner, Konrad — 364
Mautner, Stephan — 365
Mayer, Eugen — 151, 188, 273, 274
Mertens, Richard — 340, 341
Meyer, Erwin Karl — 304
Michna, Maria (Marie) — 245–247
Miller, Marion — 402
Misterka, Edmund — 68
Mistral, Gabriela — 178
Moll, Carl — 31
Moody, Stephen — 39
Moore, Fred — 120
Moser, Koloman (Kolo) — 16, 31, 79, 239, 312
Mozart, Wolfgang Amadeus — 111
Mühlmann, Kajetan — 36, 153, 209, 313
Müller, Robert — 10, 45, 51
Müller-Hofmann, Wilhelm — 81, 83, 87, 88, 99, 100, 102, 108–110, 112, 113, 121, 161–164, 220, 247, 273, 275–278, 286, 319, 321, 406
Müller-Zuckerkandl, Hermine siehe Zuckerkandl, Hermine
Myrbach, Felician von — 456

N
Nechansky, Arnold — 68
Neruda, Pablo — 178
Niedermoser, Otto — 71, 117, 121–127, 195, 205, 206, 270, 273, 275, 303, 361, 369, 394, 395
Nierhaus, Irene — 315
Novak, Andreas — 142

O
Oberhuber, Oswald — 10, 15–22, 24, 31, 335–338, 456
Obsieger, Robert — 145, 151–155, 162, 165, 167, 169, 171, 173, 175, 193–196, 205, 215, 217, 220, 223, 237, 245, 247, 271–274, 430, 431, 454
Oerley, Robert — 68, 150
Ohavsky, Josef — 220
Opitz, Ferdinand — 156, 269
Orzech, Jadwiga (Orzek, Orsul, Vetter) — 29, 166–168
Oser, Firma — 174
Oswald, Waltraud — 245
Otto III., Kaiser — 289

P
Pallavicini, Petrus — 84
Pallhuber, Rudolf — 81
Patka, Erika — 10, 15
Pavlik, Anna — 129, 130
Pawlowsky, Verena — 257
Pfoser, Alfred — 91
Picard, Max — 292
Pixner, Franz — 97
Plakolm-Forsthuber, Sabine — 35
Pollak, Käthe — 57
Polzer, Marie — 87
Popp, Alexander — 196, 276
Powolny, Michael — 65, 70, 71, 79, 81, 83, 152
Prati, Carmela — 317
Preminger, Otto — 123
Primavesi, Eugenie — 254, 263
Prutscher, Otto — 68, 169, 170, 303
Pupp, Sissy — 206

R
Rásky, Béla — 104
Rataitz, Adolf — 404
Redslob, Edwin — 34
Reif, Emma — 122, 207–209, 223, 228, 236, 238, 342, 394, 416, 417, 439, 445
Reinhardt, Max — 117, 123
Reinhold, Bernadette — 8, 10, 12, 44, 45, 50, 51, 337
Renner, Gerhard — 91
Renner, Karl — 265, 289
Riefenstahl, Leni — 209
Rieser, Michael — 456
Robausch, Inge — 450
Rodig, Laura — 178
Roller, Alfred — 32, 65, 66, 68, 70, 80, 81, 52, 153, 239, 324, 376–381, 454, 456
Romanskan, Freiherr von — 95
Römer, Thomas — 57
Roth, Joseph — 101, 102
Rudiger-Littlejohn, Fini (Josefine; Vogelbaum, Fini) — 29, 118–120
Rudroff, Ministerialrat — 153
Russ, Erika — 248, 249
Rust, Bernhard — 186, 194–197, 200

S
Sanders, Hans — 81, 151, 153, 154
Sartre, Jean-Paul — 361
Schaper Rinkel, Petra — 456
Scherbs, Julius — 313
Schiebel, Hilde — 420
Schilling, Marianne — 235, 236
Schimanek, Hans Jörg jun. — 21
Schirach, Baldur von — 36, 195, 197, 199, 205, 242, 279
Schmelzenbart, Josef — 212
Schmid-Jesser, Hilda (Hilde) — 87, 88, 100, 155, 12, 163, 164, 247, 275, 298, 318–323
Schober, René — 25, 232, 338
Schoder, Thilo — 68
Schöler, Gustav — 145, 151
Schredl, Ludwig — 75, 76
Schubert, Franz — 111
Schufinsky, Viktor — 177
Schultze-Naumburg, Paul — 37
Schuschnigg, Kurt — 72, 89, 134, 146, 179
Schuschnigg, Vera — 106
Schuster, Franz — 26, 34, 36, 37, 57, 71, 89, 94, 95, 171, 186, 188, 191, 192, 196, 197, 199, 200, 205, 206, 240, 271, 273, 275, 366, 368, 371

Schütte, Wilhelm — 277, 279
Schütte-Lihotzky, Margarete — 7, 10, 22, 36, 277, 279, 344
Schwarz, Birgit — 182
Schwarz, Kurt — 279, 280, 310, 311
Schwarzenbrunner, Johann — 76, 139
Schwarzwald, Eugenie — 177, 364
Secklehner, Julia — 121
Seefehlner, Charlotte — 398
Seipel, Ignaz — 105, 111, 112
Silverman, Lisa — 127
Simenon, Georges — 361
Simmel, Georg — 247
Siodmak, Curt — 119
Slama, Victor Th. (Theodor) — 298, 299, 302, 304
Soyfer, Jura — 100
Spalt, Johannes — 23, 339, 456
Spira, Wilhelm (bil/Bil; Freier, Willi) — 29, 100–102
Spring, Claudia — 365
Stanek, Maria — 426, 427
Steinberg, Michael P. — 121, 124, 295
Stelzhammer, Franz (richtig: Stelzhamer) — 111
Stifter, Adalbert — 111
Stingl, Gertrud — 423
Storck, Josef — 456
Storck-Rossmanit, Susanne — 308, 309
Stößel, Oskar (auch Stössel) — 102
Strauss, Richard — 197
Streccius, General — 197
Strnad, Oskar — 36, 45,57, 65, 68, 71, 117, 152, 156, 167, 188, 300, 311, 312, 324, 366
Stümpfl, Generalleutnant — 197
Sturm, Friedrich — 456
Süßmandl, Helene — 170
Sussmann, Anne — 300, 302
Sussmann, Heinrich — 29, 300–302

T

Tessenow, Heinrich — 36, 167
Thimig, Hans — 123
Thirring, Hans — 292
Thomas, Walter — 195
Thorpe, Julie — 104, 107
Tiefenbrunn, Rudolf — 99, 103
Torberg, Friedrich — 102
Trenker, Luis — 209
Tuma, Alexander — 119
Tuppy, Hans — 22

U

Uhl, Heidemarie — 14
Ulbrich, Hugo — 160
Unger, Carl — 23, 364, 456

V

Vasold, Georg — 258
Veblen, Thorstein — 248
Vetter, Hans (Adolf) — 29, 95, 163, 166–168, 188
Vetters, Richard — 215
Vinzent, Sigmund — 216
Vogel, Amos — 119
Vranitzky, Franz — 19

W

Wächter, Otto — 153, 174
Wagner, Otto — 31, 111
Waldheim, Kurt — 17, 21, 337
Waldmüller, Ferdinand Georg — 111
Wallishauser, Josef — 75, 76, 98, 170, 171
Weissenhofer, Anselm — 74, 108, 110, 113, 116
Wenzel, Heidrun-Ulrike — 303, 305
Werkner, Patrick — 25
Wersin, Wolfgang von — 68, 69
Wessely, Paula — 127, 287
Westhoff, Emma — 87, 272–274
Wetzig, Luise — 130, 397
Wickenburg, Alfred — 82
Wieder, Christina — 8, 11, 27, 29, 30, 39, 44, 45
Wieringer, Franz — 215
Wiesenthal, Simon — 22, 23, 25, 38
Wildgans, Anton — 111, 112
Wilson Kalmar, Ruth — 134, 404
Wimmer-Solm, Carla — 262
Wimmer-Wisgrill, Eduard Josef — 30, 45, 83, 84, 106, 119, 152, 156, 160, 205, 219, 239–255, 279, 360–362, 364
Wimmer, Ighino — 262
Winkler, Heinrich August — 182
Winkler, Johann — 19
Witzmann, Carl — 27, 83, 95, 164, 165, 188, 222
Wohlgemuth, Emil — 95
Wolff, Hugo — 111
Wollheim, Caesar — 160
Wörle, Eugen — 267, 274, 313

Y

Yasin, Nada — 355

Z

Zacherl, Firma — 135, 136
Zambach, Oskar — 76, 77, 98, 202
Zanoskar, Eleonore — 87, 351
Zeller-Zellenberg, Wilfried — 270, 328
Zels, Charlotte — 159
Zels, Ludwig — 160
Zels, Marianne — 29, 156, 157–160
Zels, Otto H. — 160
Zenker, Ministerialrat — 153
Zernatto, Guido — 92
Zuckerkandl, Hermine — 161, 162, 276
Zülow, Franz von — 82
Zweig, Stefan — 248
Zweybrück-Prohaska, Emmy — 87

Impressum

Bernadette Reinhold, Christina Wieder (Hg.)
Kunstsammlung und Archiv,
Universität für angewandte Kunst Wien

Diese Publikation steht im Zusammenhang mit dem Forschungsprojekt *„Sonderfall" Angewandte. Die Universität für angewandte Kunst Wien im Austrofaschismus, Nationalsozialismus und in der Nachkriegszeit*, das unter der Leitung von Bernadette Reinhold von der Universität für angewandte Kunst Wien finanziert und umgesetzt wurde. Details zum Projekt und seiner umfangreichen Gedenkinitiative: https://kunstsammlungundarchiv.at/universitaetsarchiv/sonderfall-angewandte

Projektleitung „Edition Angewandte" für die Universität für angewandte Kunst Wien: Stefanie Schabhüttl, A-Wien

Content & Production Editor für den Verlag:
Katharina Holas, A-Wien

Lektorat: Verena Moritz, A-Wien
Layout, Covergestaltung und Satz: Nina Ober, A-Wien
Lithografie: Pixelstorm, A-Wien
Druck: Holzhausen, die Buchmarke der Gerin Druck GmbH, A-Wolkersdorf
Papier: Munken Polar 120 gsm, Color Style Recycling Diamond 270 gsm
Schriften: Miller Text, Neue Haas Grotesk

Gedruckt mit freundlicher Unterstützung des Nationalfonds der Republik Österreich für Opfer des Nationalsozialismus und des Zukunftsfonds der Republik Österreich

NATIONALFONDS
DER REPUBLIK ÖSTERREICH FÜR OPFER DES NATIONALSOZIALISMUS

ZukunftsFonds
der Republik Österreich

Library of Congress Control Number: 2023947040

Bibliografische Information der Deutschen Nationalbibliothek
Die Deutsche Nationalbibliothek verzeichnet diese Publikation in der Deutschen Nationalbibliografie; detaillierte bibliografische Daten sind im Internet über http://dnb.dnb.de abrufbar.

ISSN 1866-248X
ISBN 978-3-11-136632-6
e-ISBN (PDF) 978-3-11-137149-8

www.degruyter.com